Fritz Peter Habel

EINE POLITISCHE LEGENDE

Fritz Peter Habel

EINE POLITISCHE LEGENDE

Die Massenvertreibung
von Tschechen
aus dem Sudetengebiet 1938/39

Langen Müller

Abbildungsnachweis
Alle Abbildungen aus dem Archiv der Buchverlage Langen Müller Herbig

Mit Förderung der
KULTURSTIFTUNG DER DEUTSCHEN VERTRIEBENEN, Bonn, und
der SUDETENDEUTSCHEN STIFTUNG, München

Umschlagentwurf: Marianne Hartkopf, München
Satz: Filmsatz Schröter GmbH, München
Gesetzt aus: 9/10,5 Punkt Century expanded auf Linotronic 300
Druck und Binden: Jos. C. Huber, Dießen
Printed in Germany
ISBN 3-7844-2589-5

Inhaltsverzeichnis

Seite

B: Anhänge

Vorwort

In dieser Arbeit nehmen die in vielen Büchern üblichen Danksagungen eine zentrale und ungewöhnliche Stellung ein: An über 250 Mitarbeiter in aller Welt, vornehmlich in Deutschland, Österreich und der Tschechischen Republik, geht der Dank für Hergabe und Unterstützung bei der Prüfung von Berichten zur (vorgeblichen) Massenvertreibung von Tschechen aus dem Sudetengebiet im Jahre 1938. Ohne diese Hilfe hätte diese Arbeit nicht geschrieben werden können.

Obwohl das Manuskript grundsätzlich im Januar 1995 abgeschlossen wurde, erreichten mich auch später weitere Berichte und Hinweise. Neben der Bestätigung des dargestellten Bildes eines vielschichtigen historischen Ablaufes zeigten sich darin das Interesse und die Anteilnahme vieler Tschechen und Deutschen an Vorgängen, die fast sechzig Jahre zurückliegen. Auch in diesem Sinne lebt die Geschichte mit uns und über uns weiter.

Für die aus verständlichen Gründen mühsamen Schreib- und Korrekturarbeiten des Arbeitsmaterials bedanke ich mich bei meiner Frau, deutschen Freunden und einem tschechischen Bekannten. Für Unterstützung bei der Veröffentlichung gilt mein Dank Dir. Oskar Böse, der Kulturstiftung der deutschen Vertriebenen in Bonn, der Sudetendeutschen Stiftung in München und dem Verlagshaus Langen Müller.

Der Dank an andere verbindet sich mit der eigenen Verantwortung für (trotz aller Bemühungen) sicherlich noch vorhandene Fehler. Für Hinweise darauf bin ich dankbar.

Form und Inhalt der Arbeit hatten unter knapper Ausbreitung ihres Umfeldes und behutsamer Raffung sowie auf den Nutzer gerichteter Gliederung des Themas ein Optimum zwischen Wiedergabetiefe und Lesbarkeit zu suchen. Im Dickicht aktueller Tagespolitik sollte versucht werden, historische Wunden durch das Skalpell der Wahrheit vom Eiter vergangener Übertreibungen zu befreien und im Interesse der Zukunft mit sorgsamen Stichen zu schließen.

Der hier vorgelegte Bericht ist demnach ein Essay, ein Beitrag auch für Kinder und Enkel über die Verwirrungen und Verirrungen der Väter und Großväter. Die Niederschrift erfolgte in einer Zeit, die neuerlich mühsam zu lernen beginnt, daß tödliches Schwarz und strahlendes Weiß zwar bedeutsame Kategorien der Farbenlehre darstellen, die Geschichte jedoch mehr durch menschliches Grau bestimmt ist. Deswegen ist der Text auch von gewisser Hoffnung getragen: Daß künftig seltener geschehe, was einstmals geschah und heute geschieht.

Grafing b. München
im Frühjahr 1995

Fritz Peter Habel

A
Textteil

I. Einführung

1. Allgemeiner Rahmen und Problementwicklung ab 1945

1.1 Der Zeitraum 1945–1989

Nach dem 2. Weltkrieg (1939–1945) wurden unter anderen[1] auch mehr als 3 Millionen Sudetendeutscher v. a. in den Jahren 1945/46 gezwungen, ihre von altersher[2] angestammten Heimatgebiete[3] im Territorium der 1945 rekonstruierten ČSR zu verlassen bzw. wurden an der Rückkehr gehindert[4]. Über diesen Deportationsvorgang hinaus kam es in seinem Ablauf an zumeist Frauen, Kindern und älteren Männern[5] zu ereignisnah und hinreichend dokumentierten Einzel- und Massengrausamkeiten[6], die zahlreiche Tote[7] bewirkten.
Der Vorgang geriet zwar aus verschiedenen Gründen teilweise in Vergessenheit[8]. Sofern bekannt und erwähnt, war er in Literatur und politischer Praxis aber an sich allseitig unbestritten.
Im Gegensatz dazu war stets prinzipiell strittig, wie die Massendeportation der Sudetendeutschen und die an ihnen begangenen, zahlreichen Grausamkeiten zu bewerten waren. Der Ostblock der Jahre 1945–1989 wollte den Erwerb auch des Sudetengebietes und die Deportation seiner rechtmäßigen Bewohner auf Dauer stabilisieren. Deswegen wurde die Deutschenvertreibung im Innern des kommunistischen Staatenbereiches meistens negiert[9], was nach über vierzig Jahren zur weitgehenden Unwissenheit vieler, vor allem jüngerer Tschechen über die Vorgeschichte und den Ablauf des Vorgangs führen sollte[10]. In der Darstellung nach außen wurde die Sudetenfrage generell allein als Folge des NS-Regimes bezeichnet[11]. Diese Interpretation durch die an sich internationalistische KP-Ideologie wurde nationalistisch im tschechischen Exil flankierend begleitet[12] sowie von fast allen öffentlich wirksam werdenden Tschechen[13] übernommen. Die These lautete in allgemeiner Form, daß es sich beim sog. Abschub der Sudetendeutschen um eine gerechte (bzw. verständliche bzw. bedauerliche) Vergeltung für das Verhalten der Sudetendeutschen vor und während der NS-Zeit 1938–1945 gehandelt habe, die als Maßnahme der Siegermächte des 2. Weltkrieges[14] hinzunehmen sei; der Vorgang wäre damit abgeschlossen.
Auch Teile der westlichen und (west-)deutschen politischen Elite wie Publizisten und Politiker neigten ab ca. 1960 mehr und mehr zu dieser Ansicht[15]. Ihre zeitparallelen, vorgeblich realitätsbezogenen Analysen stellten sich in anderen Fragen zwar oft als falsch heraus[16], doch führte dies weder zu einem Lernprozeß und augenscheinlich zu keinem gesteigerten Verständnis menschenrechtlicher Positionen.

Die Sudetendeutschen, ihre in der politischen Freiheit in Deutschland und Österreich wirkenden Organisationen und viele rechtlich denkende Menschen des In- und Auslandes

beharrten demgegenüber auf einem völlig anderen Standpunkt: Sie betrachteten den Vorgang stets als menschenrechtswidrigen Bruch des im Vertreibungszeitpunkt bereits bestehenden und (von der ČSR mitgetragenen) internationalen Rechts[17] als auch der gerade nach Vorbringen der ČSR noch geltenden Staatsverfassung von 1920[18], die in hier wichtigen Bestimmungen auf internationalem Recht basierte[19]. Diese Rechtsposition wurde im Zeitablauf durch neue internationale Verträge gestärkt[20] und von der internationalen Gemeinschaft unverjährbar[21] gemacht. Um die Deutschenvertreibung von 1945 nicht zur Präzedenzlösung für andere Machtfragen werden zu lassen, sei, so ging das rechtliche Argument weiter, auch möglichst weitgehende Wiedergutmachung geboten. Diese sei zwar vom menschenrechtsfeindlichen, mit Atomraketen bewehrten kommunistischen Staatenblock friedlich nicht durchzusetzen, aber für rechtsstaatlich denkende Menschen aller Völker »selfevident«, d. h. selbsterweislich.
Die sudetendeutsche Argumentationslinie war im rechtlichen Teil derart schlüssig, daß sie von den Vertretern anderer Auffassungen regelmäßig erst gar nicht erwähnt[22] wurde. Der Präzedenzaspekt des sudetendeutschen Vorgangs wurde trotz seiner politischen Relevanz z. B. für das aktuelle Palästinenserproblem[23] völlig übersehen. Vom Schlagschatten des im sog. Kalten Krieg erstarrten politischen Denkens überdeckt, denaturierte das darüber erforderliche gesellschaftliche Gespräch zu akademisch anmutenden Doppelmonologen: Lediglich der Freistaat Bayern erwies sich durchgängig als fähig, auch geschehene Vertreibungen unter menschenrechtlichen Kriterien zu betrachten und politisch entsprechend zu handeln[24].

1.2 Allgemeiner Rahmen ab 1989

In diese Lage brachte der (zeitweise?) Niedergang des als Sowjetunion auftretenden Großrußlands ab 1989 den frischen Wind viele Menschen verwirrender, weil unvorhergesehener Aktualität. Wie bei bereits lange schwärenden, meistens übersehenen allgemeinen Fragen[25] wurden die kurzfristig berichtenden Medien und ebenso kurzatmig reagierenden Politiker durch die neuen Entwicklungen häufig völlig überrascht:

a) Die Ablösung der offiziell und theoretisch internationalen Sowjetunion durch nationalbestimmte Nachfolgestaaten zeigte auf, daß das nationale Prinzip in der politischen Ordnung auch des 21. Jahrhunderts einen beträchtlichen Stellenwert behalten dürfte; die Reaktion im Westen war regelmäßig mindestens Unsicherheit[26].
b) Der gleiche Vorgang konfrontierte im Baltikum, z. B. in Estland die Heimatberechtigten mit der Anwesenheit zahlreicher Menschen, die von der Okkupationsmacht UdSSR in das Gebiet verbracht worden waren[27]; die Antwort des Westens auf baltische Analysen zeigte oft deutliches Unwissen und Unverständnis auf.
c) Darüber hinaus wurde durch diese Entwicklung der sog. Oblast Kaliningrad, d. h. Nordostpreußen zu einer politischen Insel; die unbeholfene Inaktivität der deutschen Regierung, für die eigenen, offensichtlichen Interessen einzutreten[28], stand im klaren Gegensatz zum Verhalten etwa der italienischen Regierung[29].
d) Deutsche allgemeine Politik trug manches zu den Folgeproblemen bei:
Im Zuge der deutschen Wiedervereinigung 1990 entstanden aus mangelnder Vorbereitung[30] und beiläufiger Verhandlung[31] für die Sudetenfrage bedeutsame Versäumnisse[32]. Auch später wurde die Aversion bzw. Unfähigkeit deutscher Verbände und Politiker deutlich, historisch oder nur zeitgleich konsequent zu artikulieren und zu agieren[33].
e) Bei dem Entstehen nationaler Nachfolgestaaten der UdSSR folgten deren neue Grenzen

früheren Verwaltungsmarkierungen Stalins. Die so entstandenen Gebilde wurden in derartigen Grenzen prompt diplomatisch anerkannt[34]. Dabei wäre es insgesamt mindestens möglich und eigentlich unbedingt erforderlich gewesen, die internationalen Grenzen wenigstens neuer Staaten zur Vermeidung des Entstehens neuer Konfliktpotentiale erst dann anzuerkennen, wenn sie dem Selbstbestimmungsrecht der jeweiligen Bewohner entsprochen hätten. Derartige Überlegungen wurden nicht einmal angedacht; die vorhersehbaren, oft blutigen Folgen etwa im Kaukasus, Moldawien und der Krim führten bei den sog. Experten im Westen zu verständnisloser Verwunderung.

f) Der vergleichbare Ablauf bei den vom Standpunkt des demokratischen Selbstbestimmungsrechts ähnlich dubiosen Nachfolgestaaten Jugoslawiens führte zunächst zu ebenso vorhersehbaren sehr großen menschlichen und materiellen Verlusten unter dem aktuell werdenden Begriff »ethnische Säuberung«. Die damit gemeinten blutigen Massenvertreibungen zeigten sodann die Unfähigkeit der etatistisch geschulten Diplomaten der weltweiten Staatengemeinschaft auf, nationale Probleme demokratisch zu ordnen[35]: Von der UN als Kriegsverbrecher designierte serbisch-nationalistische Politiker[36] wirkten unter der gleichen UN an immer neuen Linien auf der Landkarte des unglücklichen Gebietes mit, um den nationalen Aggressoren möglichst Genüge zu tun.

1.3 Problementwicklung ab 1989

In diesem Umfeld, das nach jahrzehntelanger, durch Angst vor Gewaltanwendung bewirkter politischer Stagnation relativ plötzlich durch hektische Aktivität gekennzeichnet war, erhielt auch die Sudetenfrage einn neuen Stellenwert.

Die überkommene ČSR wurde als vom Kommunismus befreite ČSSR zur ČSFR, um dann friedlich in Slowakei und Tschechei bzw.[37] Tschechien zu zerfallen. Schlaglichtartig enthüllte die internationale Symbolfigur der tschechischen Resistance vor und Renaissance nach 1989, der ČSFR/ČR Staatspräsident Václav Havel durch seine Äußerungen das jahrzehntelang angestaute[38] zeitgeschichtliche Wissensdefizit auch[39] vieler Tschechen[40] zur Sudetenfrage und markierte sowohl Fortschritt als auch Bewegungsbedarf: Einerseits verurteilte er als Privatmann den zunächst unverändert als »odsun«/Abschub[41] der Sudetendeutschen nach dem 2. Weltkrieg bezeichneten Vorgang als »böse« und entschuldigungsbedürftig[42]. Als Präsident sprach er dann wiederholt von der »unmoralischen Vertreibung«[43]. Andererseits verweigerte er von vornherein jede Wiedergutmachung an oder gar Rückkehr von Sudetendeutschen. Dabei geriet er in Widerspruch zu sich selbst, als er die Billigung der Vertreibung der Sudetendeutschen mit der Unterstützung der Vertreibung der Juden und ethnischer Säuberungen in Bosnien gleichsetzte[44], für welche selbst er Korrektur verlangte.

Havels Stellungnahmen führten zu erbitterten Protesten vieler Tschechen, deren Mehrheit offensichtlich auch heute noch Entschuldigung für die bloße Vertreibung ablehnt[45].

Auch deswegen stieß der Versuch Havels, die kollektive Verdrängungshaltung zu durchbrechen und die tschechische Vergangenheit durchgreifend zu bewältigen, auf den nachdrücklichen Widerstand des größten Teiles der tschechischen Staats- und Parteienbürokratie. Diese war zwar bemüht, die ČSFR (und dann die ČR) dem Westen anzugliedern: Der Beitritt zum Europarat am 21. 2. 1991[46] und Bemühungen um Aufnahme in die EU sowie die NATO signalisierten die Richtung. Auf dem Weg nach Europa blieb in der Eigentumsrestitution oder -entschädigung für die Sudetendeutschen jedoch eine unterschiedlich gewertete, offene Frage von sehr beträchtlicher Bedeutung: Grundsätzlich gebotene Wiedergutmachung der Enteignung war auch in der ČR[47] durchaus möglich.

Die tschechische politische Führung setzte demgegenüber auf die Wirkung der bekannten Methode historischer Legenden[48], mit der bereits öfter erfolgreich gearbeitet worden war[49].

- Zunächst wurde die rekonstituierte ČSR des Jahres 1945 bis zum 25. 2. 1948[50], dem Zeitpunkt der offenen KP-Machtübernahme in Prag, ohne Rücksicht auf die damalige politische Realität[51] zum demokratischen Rechtsstaat umdefiniert. Dessen Handlungen, zu denen auch die eher beiläufige de jure-Übernahme des vom NS-Regime nach 1938 beschlagnahmten jüdischen Vermögens und die Fortführung dieser Politik durch massenhafte entschädigungslose Enteignung weiterer In- und Ausländer sowie ihrer Vereinigungen gehört hatte, dürften in der neuen tschechischen Demokratie nach 1990 nicht in Frage gestellt werden[52]. Diese sei vielmehr sogar berechtigt, das ihr überkommene Enteignungsvermögen nunmehr zu »reprivatisieren«.
  Diese sog. Stichtagsregelung mußte schrittweise aufgegeben werden[53]. Ende 1994 waren nur noch Teile des Kirchenvermögens und das Gesamtvermögen vertriebener Sudetendeutscher über die ČSR/ČSSR/ČSFR/ČR in Staatshand bzw. im Besitz neuer, unrechtmäßiger Erwerber[54].
- Damit verbunden entwickelte sich eine Art von Versteckspiel um die sog. Beneš-Dekrete von 1945[55], die einerseits als vorgebliche Basis der gesamten ČR-Volkswirtschaft unaufhebbar seien, andererseits durch eher beiläufige Beschlüsse mindestens teilweise außer Kraft gesetzt wurden[56].
- Als aktives Argument zur Stützung eigener bzw. zur Abwehr ausländischer politischer Ansprüche wurde schließlich das von den vorgeblich nur wenigen (statt mindestens rd. 250.000) sudetendeutschen Vertreibungsopfern aufgebaut[57]. Auch die Reaktivierung der demgegenüber vorgeblich sehr vielen tschechoslowakischen/tschechischen Opfer[58] des NS-Regimes rundete das Bild ab.

2 Die Behauptungen

Der methodische Kreis des »es ist unmöglich« (die Vertreibung wenigstens in der Eigentumsfrage wiedergutzumachen), »es war viel schlimmer« (die Verfolgung der Tschechen in den Jahren 1939 bis 1945) und »es war gar nicht so schlimm« (der Abschub/ die Vertreibung der Sudetendeutschen 1945/46) schloß sich dann mit dem Argument »Die anderen haben auch vertrieben«: Gemeint war die vorgebliche Massenvertreibung von Tschechen nach 1938 aus dem Sudetengebiet durch die Deutschen, die hier zu prüfen sein wird.
Die Prüfung dieser Behauptung sollte zwar ihren Ursprung bei Josef Stalin im Jahre 1945[59] beachten, um dann jedoch ihre neuere politologische Basis zu betrachten. Einen nicht uninteressanten Zugang dazu – sowie eine gewisse Erweiterung – bietet der sog. 2. Prager Vertrag.
In der Präambel dieses deutsch-tschechischen Vertrags vom 27.2.1992 über »gute Nachbarschaft und freundschaftliche Zusammenarbeit«[60] wurde u. a. formuliert, er werde abgeschlossen »eingedenk der zahlreichen Opfer, die Gewaltherrschaft, Krieg und Vertreibung <im tschechischen Text: »vyhnáni«[61]> gefordert haben, und des schweren Leids, das vielen unschuldigen Menschen zugefügt wurde«.
Die Problemstellung verdeutlichte dann ein tschechoslowakisches Regierungsdokument vom Frühjahr 1992. Unter Belassung wichtiger Ausdrücke in tschechischer Sprache – die Gegenargumente sind in den Anmerkungen zu finden – hieß es darin u. a.[62]:
»Der Ausdruck vyhnáni hat moralische Bedeutung und es sind mit ihm keinerlei rechtliche Folgerungen verbunden.[63] Die Entscheidung über den odsun <d. h. Abschub> der Deut-

schen aus Polen, Ungarn und der ČSR trafen die großen Siegermächte im Potsdamer Abkommen vom 2. August 1945 im Namen der internationalen Gemeinschaft[64, 65]. Das Potsdamer Abkommen billigte auch den odsun, der vor seinem Abschluß durchgeführt wurde, und an dessen Realisierung sich die großen Siegermächte gleichfalls beteiligten[66]. Der odsun sollte nach dem Potsdamer Abkommen ordnungsgemäß und menschlich durchgeführt werden und war in dieser Form völlig legitim[67]. Bei seiner Realisierung kam es jedoch unzweifelhaft, sei es bereits als Folge des gerechten Zorns, sei es durch Mißgriffe, zu Gewalttätigkeiten, für die es keine Rechtfertigung gibt. Diese Exzesse bei der Realisierung des odsuns, zu denen es besonders in der Phase bis zur Annahme des Potsdamer Abkommens kam, sind durch das Wort vyhnáni ausgedrückt. Der Begriff vyhnáni schließt aber auch das vyhnáni tschechoslowakischer Bürger aus dem tschechoslowakischen Grenzland ein, das nach dem Münchner Abkommen von Deutschland besetzt wurde.«

Selbst von deutschen Verfechtern des Vertrages gab es gegen diesen Abschnitt des tschechoslowakischen Regierungsdokumentes deutliche Distanzierungen[68]. Im vorletzten Satz des Zitates definierte nämlich die tschechoslowakische Regierung ihr aktuelles Rechtsverständnis von Vertreibung wie folgt:

Wenn im Verlauf der (demnach auch heute z. B. in ex-Jugoslawien zulässigen) Deportation einer geschlossenen, größeren Personengruppe rechtmäßig Ansässiger »Gewalttätigkeiten«/»Exzesse« erfolgen, dann seien diese Exzesse, nicht aber die Deportation an sich eine Vertreibung.

Diese tschechoslowakische Regierungsauffassung von 1992 blieb hinter dem dargestellten Stand des internationalen Rechts sogar von 1945 deutlich zurück und ist demzufolge (unter Demokraten) eigentlich indiskutabel. Da von tschechischer Seite vorgebracht, sei sie jedoch zur Erleichterung tschechisch-deutscher Gespräche später aufgegriffen: Im letzten Satz des Zitates unterstellte nämlich die tschechoslowakische Regierung, daß in einer unbestimmten Zeit vor und nach dem 1. 10. 1938 im Sudetengebiet an tschechoslowakischen Staatsbürgern Ähnliches/Vergleichbares erfolgte, wie zwischen Mai und August 1945 in ganz Böhmen und Mähren/Schlesien an den (Sudeten-)Deutschen.

Anmerkungen zu Teil I:

[1] a) Die Vertreibung der Sudetendeutschen ist Teil der zeitgleichen generellen Deutschenvertreibung aus Ostmittel-, Ost- und Südosteuropa und steht in dieser Arbeit einerseits pars pro toto: Es muß oft heißen: »Auch« (der Sudetendeutschen).
Andererseits hat die damit angesprochene Sudetenfrage auch spezifische Aspekte.
b) Die ČSR vertrieb in vergleichbarer Weise auch ca. 150.000 Karpatendeutsche und ca. 100.000 Ungarn.

[2] Zur Vorgeschichte von 1945: Siehe S. 42ff..

[3] Zu Umfang und Bedeutung für die Thematik: Siehe S. 257ff.: Anhang IV, Exkurs 2.
<Der Begriff »Anhang« wird nachfolgend mit »A« abgekürzt.>

[4] Der Hinweis auf die Rückkehrhinderung gilt vor allem für jene zahlreichen Sudetendeutschen, die sich 1945/46 als Angehörige der bisherigen deutschen Wehrmacht außerhalb des Sudetengebietes in Kriegsgefangenschaft bzw. Internierung der Alliierten Siegermächte befanden.
Es ist erforderlich, hierauf gesondert hinzuweisen, da oft lediglich die Zahl der 1946 in organisierten Ausweisungstransporten nach Rest-Deutschland Vertriebenen mit deren Gesamtzahl gleichgesetzt wird.
Zu derartiger Darstellung bereits für 1947: Vgl. meine »Dokumente zur Sudetenfrage«; München, 1984; S. 304.
Nachfolgend zitiert als »DzS«.

[5] Da sich die erwachsenen Männer zum großen Teil in Kriegsgefangenschaft o. ä. befanden.

[6] a) Eine m. E. bis zum Herausgabezeitpunkt umfassende Literaturdarstellung des Gesamtvorgangs ist Krallert-Sattler, Gertrud: »Kommentierte Bibliographie zum Flüchtlings- und Vertriebenenproblem in der BR Deutschland, in Österreich und in der Schweiz«; Wien, 1989.
b) Spezifisch zum sudetendeutschen Vorgang v. a.
»Weißbuch zur Vertreibung der Sudetendeutschen«; Hsg. v. Wilhelm Turnwald; München, 1951; 590 S.
Nachfolgend zitiert als »WB«.
Dieses teilweise in tschechischer Sprache; vgl. Dědinová, Sidonia: »Slyšme i druhou stranu« (Hören wir auch die andere Seite); Budweis, 1991; 290 S.
Auch »Die Vertreibung der deutschen Bevölkerung aus der Tschechoslowakei«; Bd. IV der Reihe »Dokumentation der Vertreibung der Deutschen aus Ost-Mitteleuropa«; Bonn, 1957. Nachdruck DTV 1984.
Nachfolgend zitiert als »DdV«.
c) Beachtenswert erscheint, daß als erste Publikation dieser Art erschienen war »Dokumente der Menschlichkeit aus der Zeit der Massenvertreibungen«; Hsg. v. Göttinger Arbeitskreis; Kitzingen, 1950.
d) Zu weiteren Literaturangaben vgl. meine »Vertreibungsverluste der Sudetendeutschen 1945/46: Neuester Forschungsstand und politische Schätzungen« in »Sudetenland«; München, Jg. 37 (1995), Heft 2; S. 187ff.
Nachfolgend zitiert als »VVSd«.

[7] a) Zum Gesamtkomplex vgl. »VVSd«. Dort auch zahlreiche Literaturangaben.
b) Das vom Statistischen Bundesamt in Wiesbaden herausgegebene Grundlagenwerk »Die deutschen Vertreibungsverluste« (Stuttgart, 1958 <nachfolgend zitiert als »VV«>) belegte aus damals vorliegenden Unterlagen für die Sudetendeutschen rd. 250.000 »ungeklärte Fälle (Nachkriegsverluste)« und ergänzte: »Es muß leider damit

gerechnet werden, daß diese Menschen zum größten Teil Opfer von Flucht, Vertreibung, Verschleppung und anderen Gewaltmaßnahmen geworden sind.«

c) Erst nach 1990 zugängliche Akten der damaligen SBZ/DDR ließen deutlich werden, daß diese Zahl weit höher lag und nunmehr mit rd. 460.000 beziffert werden muß.

d) Tschechische Schätzungen liegen sehr viel niedriger.

e) Um zu gesamtdeutschen Verlustzahlen nach Anfang Mai 1945 in Böhmen und Mähren/(österreichisch) Schlesien zu kommen, sind darüber hinaus die im folgenden in der Senkrechten aufgeführten Personengruppen zu beachten. Das Gebiet wird in der Waagrechten mit B/M/S abgekürzt; die Angaben sind in Tausend Personen; die Fragezeichen der Spalte 5 symbolisieren wohl bei den meisten Gruppen größere Zahlen ungeklärter Fälle/Verluste:

Personengruppen	Gesamtzahlen		davon ungeklärte Fälle/Verluste			Fundstellen
	Anfang 1945 im jeweiligen Heimatgebiet	davon: Anfang Mai 1945 in B/M/S	Gesamt nach 1939 in ČSR	nach Anfang Mai 1945		
				Gesamt	in B/M/S	
	1	2	3	4	5	
- Zivilisten						
• Karpatendeutsche	144.	?		23.	?	»VV«: S. 323, 326
• Reichsdeutsche Schlesier	4,390.	~ 1,200.		387.	?	»VV«: S. 175, 187
• Reichsdeutsche Luftkriegsevakuierte		~ 500.		?	?	»VVSd«
• Reichsdeutsche Kinderlandverschickte		?		?	?	?
- Soldaten und Verwundete der deutschen Wehrmacht		~ 1,000. bis ~ 1,200.	178.		?	Spalte 2: »VVSd« Spalte 3: Volksbund deutsche Kriegsgräberfürsorge; Kassel (Hsg.) »Dienst am Menschen«; o.J (1994); S. 216.

f) Zu den bereits in VVSd (a. a. O.; S. 191) belegten Vorgängen treten auch (aus noch unveröffentlichtem Forschungsmaterial) die blutigen Folgen eines mehrfach beachtenswerten Ablaufes:
Anscheinend von Mai bis Dezember 1945 war der in Sachsen gelegene reichsdeutsche Bahnhof des Ortes Schöna (Kreis Pirna) von tschechischen bewaffneten Einheiten, die mit einem Panzerzug aus Böhmen kamen, besetzt. Auf dem Bahnhof wurden in ihre jeweiligen Heimatgebiete zurückkehrende deutsche Wehrmachtsangehörige abgefangen, eingesperrt, mißhandelt und in mehr als einzelnen Fällen ermordet. Bis Dezember 1945 wurden in von Schöna elbabwärts gelegenen Orten fast 150 deutsche Soldaten tot aus dem Fluß geborgen und bestattet.

8 Dafür verschiedene Begründungen, deren Kombination wichtig erscheint:

a) Das weltweit sichtbare Zurückbleiben der wirtschaftlichen Entwicklung im sog. Ostblock incl. der ČSR/ČSSR gegenüber dem Westen machte jeden Gedanken an Rückkehr ab ca. 1950 materiell wenig attraktiv;

b) die über alle Erwartungen gelungene wirtschaftliche und soziale Eingliederung auch der Sudetendeutschen v. a. in der BR Deutschland;

c) ihr (im Vergleich etwa zu Palästinensern, Basken, Iren) durchgängig absolut friedfertiges Verhalten: »Sudetendeutsche sind keine Palästinenser« formulierte Peter Glotz in der »Prager Zeitung« (Nr. 7 v. 17. 2. 1994, S. 1).
Diese nachfolgend zitiert als »PZ«.

[9] Ausnahmen speziell in der (ab 1960) ČSSR war der »Trialog über das Jahr 1945« vom Januar 1968.
Vgl. DzS; S. 364ff.
Zu v.a. späteren Äußerungen: Vgl. »VVSd«.

[10] Siehe S. 14 mit Anm. I/40.

[11] Vgl. die Note der ČSSR-Regierung vom 29. 12. 1960 in DzS, S. 340f.

[12] Vgl. die Erklärungen des »Rates der freien Tschechoslowakei«, einer Organisation tschechoslowakischer Exilpolitiker mit Schwerpunkt in den USA vom 4. 7. 1952 und Juni 1960 in DzS, S. 319, 338f.

[13] An dieser Stelle ist vornehmlich auf weniger bekannte Abweichungen von dieser Auffassung und den Zeitablauf der Meinungsbildung hinzuweisen.

a) Eine frühe Ausnahme war der tschechische Militär und Politiker Lev Prchala.
Als Armeegeneral drängte er seinen Präsidenten Beneš im Herbst 1938 zum Widerstand gegen Hitler. Prchala versuchte dann, diesen Widerstand 1938/39 in der Karpaten-Ukraine und in Polen zu organisieren. 1939 ging er nach London in die Emigration, geriet in Gegensatz zu Beneš und wurde 1945 aus der tschechoslowakischen Armee ausgestoßen, um später als »durch Kollaboration mit den Nazis belastet« (so Filip, Ota: »Die stillen Toten unterm Klee«; München, 1992; S. 54) bezeichnet zu werden.
Prchala hatte bereits am 12.12.1945 gegen die Vertreibung der Sudetendeutschen protestiert (so Jaksch, Wenzel: »Europas Weg nach Potsdam«; Stuttgart, 1958; 4. Aufl.; München, 1990; S. 508), dies 1950 und 1955 wiederholt und mit der Bitte um Verzeihung an die Sudetendeutschen verbunden.
Vgl. DzS, S. 325.

b) Ihm antworteten verschiedentlich, was später weitgehend vergessen wurde (siehe z. B. S. 32, Anm. I/40b) die Sprecher der Sudetendeutschen Landsmannschaft, so z. B. Bundesminister Seebohm am Sudetendeutschen Tag:
»Wiewohl wir Sudetendeutsche an der Errichtung des Reichsprotektorats Böhmen und Mähren im Jahre 1939 und der während seines Bestandes am tschechischen Volke begangenen Verbrechen völlig unschuldig sind, möchte ich als der legitime Sprecher der Sudetendeutschen außerhalb der Heimat bekennen, obwohl ich so wenig wie General Prchala mit all diesen Vorkommnissen zu tun habe, daß ich in christlichem Geiste das tschechische Volk für das damals ihm zugefügte Unrecht als Deutscher und als Sudetendeutscher um Verzeihung bitte, damit aus dem gegenseitigen Verzeihen die Grundlage für eine Völkerversöhnung erwachsen kann.«
Vgl. »Sudetendeutsche Zeitung«; München v. 7.6.1963.

[14] Zur vorgeblichen Basis im Komplex »Potsdam 1945«: Siehe S. 16 mit Anm. I/64ff..

[15] Zum besseren Verständnis des Themas dieser Arbeit im Rahmen zahlreicher Fehlentwicklungen nach 1989/90 müssen (in aller Kürze) gewisse Aspekte der vorhergehenden Zeit nachgezeichnet werden:

a) Bis etwa zur Mitte der 50er Jahre lehnte die (west-) deutsche Gesellschaft den klar erkannten bolschewistischen Kommunismus, die entstehende DDR und die von Stalin gezogenen Grenzen in Mitteleuropa deutlich ab. So waren z. B. um 1950 über 80% der Deutschen gegen die sog. Oder-Neiße-Linie als Grenze.

b) In dieser Zeit gab es auch in der deutschen Presse als damals wichtigem Massenmedium, der Öffentlichkeit und den deutschen Parteien großes Verständnis für die grundsätzlichen Anliegen der Sudetendeutschen.

Vgl. die (fast völlige) Unterstützung des politischen Zieles der Sudetendeutschen durch z. B. die Spitzenpolitiker der SPD am 22.1.1961; Text in DzS, S. 343 f.
Zur internationalen Beachtung dieses Zustandes vgl. Rouček, Libor: »Die Tschechoslowakei und die Bundesrepublik Deutschland 1949–1989«; München, 1990; S. 29.

c) Schon Ende der 50er Jahre begann eine schrittweise Änderung. Es würde den Rahmen dieser Darstellung sprengen, den z. B. durch die Anerkennung Rot-Chinas auch weltweiten Ablauf umfassend zu dokumentieren: Die Gesamtheit der Unterlagen dürfte erst in Jahrzehnten einsehbar sein.
Als Beispiel für erwartbare weitere Belege unnötigen und unbedarften Aktionismus: Vgl. Blasius, Rainer A.: »Erwin Wickert und die Friedensnote der Bundesregierung vom 25. März 1966« in »Vierteljahreshefte für Zeitgeschichte«; München, Jg. 45, Heft 3 (Juli 1995); S. 539–554.
Zur bereits bekannten Entwicklung: Vgl. die Materialien in DzS, S. 343–428. Zu (Teilen) der Literatur: Siehe meine Arbeit »Nach 40 Jahren. Deutschenvertreibung aus Ostmitteleuropa 1945/46 in der Literatur und Diskussion von 1985« in »Sudetenland«; München, Jg. 28 (1986) und 29 (1987); verschiedene Ausgaben.
Zu den fast einzigen Protesten vgl. die »Beschlüsse zur Deutschlandpolitik«; Hsg. v. »Bund der Vertriebenen«; Bonn, 3 Bände; 1984 ff. Vgl. auch die Erinnerungen prominenter Vertriebenensprecher wie Walter Becher (»Zeitzeuge«; München, 1990) und Herbert Hupka (»Unruhiges Gewissen«; München, 1994).
Zu den stets vorhandenen und von anderen Staaten/Völkern praktizierten Alternativen vgl. DzS, S. 431 ff.

16 a) *Von zentraler Bedeutung ist, Fehler und Versäumnisse deutscher Ostpolitik nicht als dem Sachgebiet spezifisch und isoliert anzusehen, sondern im Kontext ähnlicher bis gleicher Fehlleistungen in völlig anderen gesellschaftlichen Bereichen zu werten:* Viele der (west-)deutschen Akteure in vornehmlich Politik und Publizistik haben hier in Tun und v. a. Unterlassen denkwürdige Beispiele geliefert; man denke nur an die praktisch niemals offen ausgetragene Konfrontation folgender Zielkonflikte:

• Gleichheit aller BürgerInnen und Bürger	• Wehr-/Ersatzdienst nur für Bürger
• Mehr Arbeitsplätze bzw. weniger Arbeitslosigkeit im (weltwirtschaftlich verflochtenen) Wirtschaftsstandort Deutschland	• Deutsche Arbeitskosten (unbestritten die weltweit höchsten) dürfen/ sollen/ müssen jedoch weiter erhöht werden
• Die Verminderung der hohen Steuerbelastung in Deutschland ist unbedingt erforderlich	• (Natürlich) zahlen in Deutschland Studenten keine und Opernbesucher nur Bruchteile des von ihnen verursachten Milliarden Kosten
• Weniger Luftverschmutzung durch fossile Energieträger	• »Kernkraft – nein danke!«

b) Das wenig rationale Vorgehen in der Beurteilung auch unmittelbar materiell einsichtiger Fragen kann sich -von ungesteuertem Erinnerungsvermögen trefflich unterstützt – zu völliger Orientierungslosigkeit ausweiten.
Für diese mangelnde Lernfähigkeit der (west-)deutschen Gesellschaft nur drei knapp dargestellte Beispiele nunmehr aus dem politischen Bereich:

	Fall A	Fall B
• Die Lage	Nach Aggression aus dem Norden Unterstützung Südvietnams durch die USA	Nach Aufbau von Mittelstreckenraketen in Osteuropa Festlegung: Verhandlungen oder Nachrüstung in Westeuropa (sog. »NATO-Doppelbeschluß«) ('79)
• Die jeweilige Parole:	»Amis raus aus Vietnam« ('68)	»Frieden schaffen ohne Waffen – Atomwaffenfreie Zonen – Krefelder Appell« ('80)
• Konsequenz 1. Stufe: Trug bei zu ...	Rückzug der USA ('73)	Sturz von Partei- und Regierungschef Schmidt ('82)
• Konsequenz 2. Stufe	Wegen der siegreichen KP Nordvietnams Flucht zahlreicher sog. boat people aus Südvietnam über das Meer ('75)	Die Parolenforderung wurde jedoch trotzdem nicht realisiert. Im Gegenteil:
• Konsequenz 3. Stufe	Große, wohlpublizierte Hilfsmaßnahmen (z. B. Cap Anamur) ('75) für die boat-people	Folgeverhandlungen führten zur Vernichtung aller Mittelstreckenraketen sogar weltweit ('87)
• Verbindung zwischen Parole und Konsequenzen = aus Lernfähigkeit entstandener Lernerfolg:	Ähnlich Null	

Fall C: In der zweiten Hälfte der 80er Jahre war der Gedanke der Wiedervereinigung in (West-)Deutschland fast völlig abgeschrieben. Selbst als eher nachdenkend einzuordnende deutsche Politiker waren vollauf ausgelastet, die morsche DDR mit Milliardenkrediten und Staatsempfängen zu versorgen. Die Ostvertriebenen standen ziemlich allein mit ihrer Zustimmung zu ausländischen Aufforderungen: »Mr. Gorbatschow: Tear down, tear down this wall!« Diese Aufforderung von US-Präsident Reagan vom 12. 6. 1987 (ähnlich US-Präsident Bush am 31. 5. 1989) an der Berliner Mauer waren für praktisch die gesamte (west-)deutsche »Elite« seniles Gestammel: Weise, lächelnd und abwehrend hieß es, das stehe doch nicht »auf der Tagesordnung der Weltpolitik«. Wenige Monate später wurde es durch die nunmehr sog. Ostdeutschen – und Herrn Gorbatschow – zum Tagesordnungspunkt 1 gemacht.

c) Die mangelnde Lernfähigkeit erweist sich darin, daß Personen, Gruppen und Institutionen, die offensichtlich Fehlbeurteilungen und falsche Empfehlungen gaben, unverdrossen weiter beurteilend und empfehlend tätig sind und unverändert ernst genommen werden (wollen).
Dieser offensichtliche Mangel an politischer Lernfähigkeit der deutschen politischen Elite ist ungemein themenrelevant. Er macht zunächst deutlich, daß die Fehlanlage der gesamten deutschen Ostpolitik ab etwa 1965 nicht problemspezifisch, sondern mindestens teilweise systemimmanent ist.

Die mit diesem Mangel wechselseitig zusammenhängende weitgehende Desorientierung der deutschen Gesellschaft dürfte langfristig wirksam bleiben. Sie wurde auch nach den Ereignissen von 1989/90 deutlich. Man verzeichnete fortdauernde, oft »einäugige« Fehlinterpretation menschenrechtlicher Vertriebenenanliegen (siehe S. 28, Anm. I/33) und Versäumnissen mit hohen materiellen Auswirkungen (siehe S. 27, Anm. I/30/31). Darüber hinaus war augenfällige Hilflosigkeit mit mehreren, themenrelevanten Begriffen festzustellen. Dazu gehörten z. B. Nationalismus (siehe S. 24f., Anm. I/26) und Grenzen (siehe S. 25f., 28f., Anm. I/26 d, I/35). Die Behandlung von daraus erschließbaren geographischen Problemgebieten wie z. B. der Slowakei (siehe S. 25, Anm. I/26 c), dem Baltikum (siehe S. 26, Anm. I/27 b) und Nord-Ostpreußen (siehe S. 27, Anm. I/28) zeigte daher ebenso verständliche wie verhängnisvolle Bewußtseinslücken auf.

Die deutsche Ostpolitik wird darunter auch im 21. Jahrhundert zu leiden haben. Dies sollte diejenigen, die bisher recht behielten, dazu ermuntern, auch künftig nach dem Recht zu streben.

17 Zur Begründung: Siehe S. 36f. für Anm. I/63.

18 a) Die Repräsentanten der ČSR von 1945 betonten öfter die sog. Rechtskontinuität ihrer Einrichtung mit der ČSR von 1918–1938.

Die klassische Formulierung dieses Prinzips gab Präsident Beneš in einer Rundfunkbotschaft vom 24. 7. 1940: »Wir ... vertraten und vertreten ... den Grundsatz, daß die Tschechoslowakische Republik, die Republik Masaryks, auch nach München weitergelebt und weiterexistiert hat. Unser ganzes Rechtssystem geht also völkerrechtlich und politisch weiter: für uns existiert rechtlich mein Abgang vom Amte und aus der Heimat nicht, rechtlich gibt es für uns keine Zerschlagung der Republik, juristisch und politisch existiert für uns nichts, was der gewalttätige Nationalsozialismus nach dem 15. März 1939 bei uns durchgeführt hat. Ich erkläre diese unsere politischen und Rechtsgründe feierlich und ich betone, daß sie für alle hier gelten und daß sie für alle Angehörigen unseres Staates und unseres Volkes gelten, für Tschechen, Slowaken, Deutsche und Karpatorussen und alle übrigen bei uns zu Hause.«

Vgl. Beneš, Edvard: »Šest let exilu a druhé světové války« (Sechs Jahre des Exils und Zweiten Weltkriegs); London, 1945; S. 52f.

Damit galt nach ČSR-Auffassung die Verfassung vom 29. 2. 1920, ohnedies praktisch nur von Tschechen erlassen, auch nach dem 1. 10. 1938 weiter. In ihr waren in den §§ 106 und 128 bis 134 in weitgehender Entsprechung zum internationalen Minderheitenschutzvertrag der ČSR vom 10. 6. 1919 umfassende Schutzbestimmungen für z. B. (auch nicht ČSR-angehörige) Deutsche festgeschrieben.

Zu Textauszügen von Verfassung und Minderheitenschutzvertrag: Vgl. DzS; S. 138ff.

b) Diese ČSR-Verfassung von 1920 legte die gesetzgebende Gewalt jedoch allein in die Kompetenz des Parlaments (§ 6), verlangte für Verordnungen die Angabe einer gesetzlichen Basis (§ 55) und für verfassungsändernde Gesetze deren ausdrückliche Kennzeichnung als solche sowie eine 3/5-Mehrheit (§ 33), verwies den Präsidenten auf eine eher repräsentative Stellung (§ 64) und regelte die Frage seines evtl. Rücktritts (§ 59) so, daß dieser bei Beneš am 5. 10. 1938 eintrat.

Zum Gesamttext der Verfassung: Vgl. »Sammlung der Gesetze und Verordnungen des Čechoslowakischen Staates«; Prag, Jg. 1920, Nr. 121 v. 6. 3. 1920; S. 255–267. Nachfolgend zitiert als »ČSR-Slg.«.

Zur Funktion von Beneš in den Jahren 1939 bis 1945 vermerkte deshalb selbst das tschechische Geschichtsbuch für Hauptschulen in lakonischer Auslassung: »1935–1938 und 1946–1948 ČSR-Präsident«.

Vgl. Sládek, Zdeněk: »Historie v nepokřiveném zrcadle 1939–1968« (Geschichte im unverzerrten Spiegel 1939–1968); Prag, 1991; S. 26.

c) Im Widerspruch zu eigener Erklärung und den Verfassungsvorschriften gab Beneš, dessen Präsidentenfunktion in dieser Zeit wegen seines Rücktritts am 3. 10. 1938 bestenfalls dubios war, im Exil ab 1940 vor, durch sog. Dekrete bzw. Verfassungsdekrete die gesetzgebende Gewalt auszuüben (vgl. die Texte im »Uředni veštnik Československy« d. h. ČSR-Amtsblatt; hrsg. in London).
Man kann dies als bewußte Usurpation bezeichnen, hieß es doch in Art. 1 einer seiner »Verfassungsdekrete über die Erneuerung der tschechoslowakischen Rechtsordnung« vom 3. 8. 1944:
»(1) Die Verfassungs- und sonstigen Rechtsvorschriften des tschechoslowakischen Staates, die bis zum 29. 9. 1938 erlassen worden sind, beruhen auf dem freien Willen des tschechoslowakischen Volkes und bilden dessen Rechtsordnung.
(2) Vorschriften, die auf dem Gebiet dieser Rechtsordnung in einer Zeit erlassen worden sind, als das tschechoslowakische Volk seiner Freiheit beraubt war (Zeit der Unfreiheit), bilden keinen Bestandteil der tschechoslowakischen Rechtsordnung. Die Zeit der Unfreiheit beginnt mit dem 30. 9. 1938.«
Vgl. Ermacora, Felix: »Die sudetendeutschen Fragen«; München, 1992; S. 16 f.

d) Die Texte derjenigen sog. Beneš-Dekrete, welche auch die Sudetenfrage berühren, sind abgedruckt in DdV, S. 204 ff.
Zu den Texten existiert auch umfangreiche Literatur.
Vgl. z. B. Raschhofer, Hermann: »Die Sudetenfrage«; München, 1953; 2. Aufl., 1988.
Ermacora, a.a.O., S. 50 ff., auch S. 75 ff.
Blumenwitz, Dieter: »Die Beneš-Dekrete aus dem Jahre 1945 unter dem Gesichtspunkt des Völkerrechts«; Bonn, 1993.
Kimminich, Otto: »Die Benesch-Dekrete« in »Sudetenland«; München; Jg. 36 (1994); Nr. 3; S. 214–230.
Veiter, Theodor: »Kein Schlußstrich«; München, 1994; S. 114 ff.
Aus dem Material ist unschwer abzuleiten, daß nach dem ab 1920 gültigen ČSR-Staatsrecht und dem Stand des Völkerrechts von 1945 sämtliche die Sudetenfrage betreffenden Dekrete als ex tunc nichtig zu bezeichnen sind.
Siehe dazu auch die Rechtsauffassung des Oberlandesgerichts München aus dem Jahre 1951 auf S. 164: A I, Dokument 22.
<Der Begriff »Dokument« wird nachfolgend mit »D« abgekürzt.>

e) Auf den Tatbestand, daß auch weitere sog. Beneš-Dekrete von 1944 und 1945 (so z. B. über die sog. Narodní Vybory [selbsternannte Nationalausschüsse statt gewählter Gemeindevertretungen] und umfangreiche Eigentumsumschichtungen durch Verstaatlichung von Bergwerken, Banken, Versicherungen und Industrien) der geltenden ČSR-Verfassung von 1920 zuwiderliefen, sei nur hingewiesen.

f) Zum theoretischen und praktischen Vorgehen der ČSFR/ČR nach 1945 siehe S. 15 mit Anm. I/50 ff.

[19] Erlaß und Durchsetzung der die Sudetenfrage betreffenden Dekrete stellten auch einen systematischen und fortgesetzten Bruch des die ČSR in 1945/46 bindenden Minderheitenschutzvertrages vom 10. 9. 1919 dar.
Zum Text: Vgl. DzS, S. 138 ff.
Siehe auch S. 37 f., Anm. I/64.

[20] Zu Angaben über 1945 gültige Verbote von Massenvertreibungen: Siehe S. 36 f., Anm. I/63.
Die deutsche Bundesregierung stellte in ihrer Denkschrift zur Ratifikation des

4. Protokolls der Europäischen Konvention im Bundestag zutreffend fest, »daß das völkerrechtliche Verbot von Massenvertreibungen nicht erst durch <die Konvention> zur verbindlichen Regel des Völkerrechtes wird. Die Entwicklung dieses Verbots reicht vielmehr in ihren Wurzeln bis in die Zeit vor dem Ersten Weltkrieg zurück.« (Vgl. Deutscher Bundestag – 5. Wahlperiode, Drucksache V/1679, S. 8.)
Zu den Texten der neueren, sachrelevanten Verträge vgl. in DzS:

- Die UN-Konvention zur Verhütung des Völkermordes von 1948: S. 20 f.
- Das Genfer Rotkreuzabkommen von 1949: S. 24.
- Das 4. Protokoll der (Europäischen) Konvention zum Schutze der Menschenrechte und Grundfreiheiten von 1963: S. 45.
- Die UN-Konvention: Internationaler Pakt über bürgerliche und politische Rechte von 1966: S. 46 f.

[21] Zum Text der UN-Konvention über die Nichtverjährung von Kriegsverbrechen und Verbrechen gegen die Menschlichkeit von 1968 vgl. DzS, S. 49 f.
Auch die ČR hat in ihrem Strafgesetzbuch (§§ 259 bis 265) das Verbrechen des Völkermordes unverjährbar gemacht.

[22] Vgl. z. B. »Die Vertreibung der Deutschen aus dem Osten«; Hsg. v. Wolfgang Benz; Frankfurt/Main, 1985.

[23] Vgl. dazu DzS, S. 433, 438 ff.

[24] Die bayerische Haltung zu den Sudetendeutschen (als wichtigste der in den Freistaat vertriebenen Deutschen)

a) war jahrzehntelang durchgängig:
Eine CSU-SPD-Regierung (Dr. Ehard – Dr. Högner) erklärte am 6. 6. 1954 die Schirmherrschaft (zum Text: vgl. DzS. 322 ff.); neben mehreren CSU-Regierungen unter Dr. Seidel bis Dr. Stoiber wurde sie auch von einer SPD geführten Regierung (Dr. Högner, 1954–1957) erfolgreich implementiert: Politisch spektakulärstes Ergebnis sollte der Einspruch Bayerns im Bundesrat gegen den 1. Prager Vertrag von 1972 werden.

b) beruhte auf christlich-moralischen, menschenrechtlichen Grundpositionen der Politik:
Die verfehlte Kritik von Vertretern anderer Auffassungen an der bayerischen Haltung, sie sei bloßes Schielen auf sudetendeutsche Wählerstimmen, erwies sich bereits zur Erklärung des bayerischen Einspruchs gegen den sog. Grundvertrag mit der damaligen DDR von 1973 als zu kurzatmig und darf nach fünfzig Jahren biologischen Ablaufs seit der Vertreibung als schlichte Fehlleistung bezeichnet werden.

[25] Z. B. die Entwicklung im islamischen Raum seit der Installierung des theokratischen Khomeini-Regimes im Iran 1979 über die Hochrüstung des Irak bis zum 1. Golfkrieg wegen Kuwait 1990.

[26] a) Indizien für eine gewisse, auch aus Unwissen gespeiste Abwehrhaltung boten bereits die jeweils gewählten Überschriften:
Man las in einem Sammelheft von der »Wiederkehr eines Totgesagten. Der Nationalstaat am Ende des 20. Jahrhunderts«.
Vgl. »Aus Politik und Zeitgeschichte«; B 14/93; Bonn 2. 4. 1993.
Patrick Moynihan nannte seine Publikation über Nationalitätenprobleme schlicht nur »Pandaemonium. Ethnicity in International Politics« (Oxford/New York, 1993). Sein Leitbegriff Pandaemonium (aus John Miltons »Paradise Lost«) implizierte die Identifikation des nationalen Prinzips mit der Hauptstadt der Hölle.
Michael Ignatieff schrieb »Blood and Belongings: Journey into the New Nationalism« (London, 1993). Der Verleger der deutschen Übersetzung beschränkte den Titel auf »Reisen in den neuen Nationalismus« (Frankfurt/Main, 1994).

Der Autor konnte seine These ohne jede Erwähnung des Selbstbestimmungsrechtes in einer Kurzfassung (vgl. »TIME« (US-Wochenzeitschrift, New York); 27. 2. 1995, S. 64) zusammenfassen: »What is wrong with nationalism... is the idea that every nation must have its own state; it is the fantasy of ethnic purity.... There is no much real ethnic purity to be found anywhere in the world.... Nationalists need to stop thinking that their nation must have its own state. Established states, faced with separatist challenges, need to decentralize power so that ethnic groups can protect their cultures and languages without having to separate. Regions faced with nationalist challenges need to find ways in which ethnic territories that lie across borders... can achieve forms of self-rule without fragmenting the state order.«

Offensichtlich haben viele Autoren mit der Nation als dem »plebiscite de tous les jours« (so Ernest Renan in der Pariser Sorbonne am 11. 3. 1882) noch (und gerade) ein Jahrhundert später beträchtliche Schwierigkeiten.

b) So wurden die Vorträge eines im Herbst 1988 abgehaltenen Symposiums unter dem bezeichnenden Titel »München 1938. Das Ende des alten Europa« (Essen, 1990) u. a. von Peter Glotz herausgegeben: Das vergeblich 1938 beendigte »alte« sei »jenes Europa,... das den Nationalstaat als höchsten Wert geschaffen... hat« (S. V f.), definierte der Leiter der Kulturabteilung des Bonner Auswärtigen Amtes.

Einerseits kann man den unter dem üblichen politologischen Schlagwort »München 1938« zusammengefaßten Vorgängen eher anlasten, den Nationalstaat sogar gefördert zu haben. Andererseits läßt diese ziemlich unbedarfte Aussage etwas von der ahnungslosen Überraschung deutlich werden, mit der westliche Beamte und Intellektuelle auf die Renaissance nationalstaatlicher Aspirationen nach Wegfall der sowjetischen Militärmacht in Osteuropa reagierten.

c) Diese Unkenntnis wurde auch den Slowaken zuteil, deren von Masaryk geprägtes Bild (siehe S. 53, Anm. II/23) als eine Art von Tschechen im Westen oft übernommen worden war.

Mitherausgeber Glotz ermahnte damals dann auch die Slowaken nach Vorliegen erster Indizien nationaler Souveränitätsbestrebungen energisch, »Selbstbestimmung <werde> nicht allein durch das eigene Recht bestimmt... und über die Selbständigkeit entscheiden stets und überall nicht allein nationale und sprachliche Rücksichten, sondern auch wirtschaftliche.« Vgl. »Die Welt« <deutsche Tageszeitung; Bonn/Berlin>; 19. 1. 1991.

Diese Feststellung erfolgte pikanterweise während der EG-Ratspräsidentschaft von Luxemburg, das der Slowakei nach vielen Kriterien der Eigenstaatlichkeit um einiges nachsteht.

Später wurde geäußert, der staatsrechtlichen Trennung von Tschechen und Slowaken »sah die westliche Welt... mit Staunen, Fassungslosigkeit und Gekränktheit zu. Da stellten doch zwei gerade dem Kommunismus entkommene Völker... hohe Ziele der (west-)europäischen Wertegemeinschaft in Frage, nämlich Integration und Supranationalität. Der Versuch, politische Konflikte durch Separation und Gründung von neuen Nationalstaaten zu lösen, galt in Europa schon vor den ethnischen Säuberungen auf dem Balkan als anachronistisch.«

Vgl. Kohler, Berthold in der Besprechung von Kipke/Vodička (Hsg.): »Abschied von der Tschechoslowakei«; Köln, 1993, in »Frankfurter Allgemeine Zeitung« (nachfolgend zitiert als »FAZ«); Nr. 125 vom 1. 6. 1994, S. 12.

d) Demgegenüber stellte die Frau des russischen Friedensnobelpreisträgers Sacharow, Jelena Bonner, zutreffend fest:

»Im Westen irritiert mich immer wieder die oberflächliche und zum Teil völlig fehlgeleitete Berichterstattung über Ostmitteleuropa und die ehemalige Sowjetunion. Da ist von einer eklatanten Zuspitzung der Nationalitätenkonflikte die Rede oder von einer Verschärfung nationalistischer Tendenzen. Eine solche Sichtweise ist... absolut falsch.«

Die Völker dieses Raumes wollten vornehmlich Selbstbestimmung: »Die internationalen Organisationen und Institutionen, aber allen voran die UNO und die KSZE, handeln immer noch im Geiste der alten Weltkonzeption, deren Hauptprinzipien die Unantastbarkeit der Grenzen und die territoriale Integrität waren.... Ich weiß nicht, wie in die Satzungen der UNO die Regelungen bezüglich der Unverletzlichkeit der Grenzen und der territorialen Integrität hineingeraten sind. Ich hege den Verdacht, daß seinerzeit Stalin der UNO diese Texte unterschoben hat, wie er auch in seiner Verfassung [sowohl] die territoriale Integrität der Republik und deren Recht auf Selbstbestimmung hineinschrieb. Doch diese Rechte stellen einen Widerspruch dar, sie schaffen die Möglichkeit zu einem Krieg. In Zukunft müssen beide Rechte streng voneinander getrennt werden. Die Unantastbarkeit <gemeint: Unverletzlichkeit> der Grenzen muß selbstverständlich gewahrt bleiben. Aber die territoriale Integrität kann aufgehoben werden, sobald ein Bevölkerungsteil in einem Land seinen Willen nach Selbstbestimmung bekundet.«

Vgl. »Die Welt«; 29. 10. 1992.

Zum Beharren von Politikern auf bestehende Grenzen: Siehe auch S. 29, Anm. I/35 c.

27 a) Nach der Auflösung der UdSSR im Jahre 1991 gab es zahlreiche Aufforderungen an die Nachfolgeeinrichtung GUS und v. a. Rußland, sein Militär und seine Beamten abzuziehen.

Viele der auch »privaten« Neusiedler aus der UdSSR nach 1944 wollten aus vornehmlich wirtschaftlichen Gründen im Baltikum verbleiben. Wegen v.a. der Deportation zahlreicher, früher ansässiger Esten, Letten und Litauer durch die Okkupationsmacht sollten sie dort zu beachtlichen Minderheiten werden.

b) Als Parallele ist die Nomenklatur zu beachten und deswegen am estnischen Beispiel aufzuzeigen, da hier eine überaus liberale Tradition vorlag (ablesbar am Text des estnischen Volksgruppengesetzes von 1925; vgl. DzS, S. 12 f.): Der Außenminister Estlands, Trivimi Velliste bezeichnete die Neusiedler noch nach rd. 50 Jahren als »illegal hierhergekommen« (vgl. »Der Spiegel« <deutsche Wochenzeitschrift, Hamburg>; Nr. 52 v. 21. 12. 1992; S. 140) und sein Amtsnachfolger Luri Luik als eine Minderheit, »whose historical legitimacy is questionable.« Er charakterisierte: »We are dealing with the vestiges of an illegal occupation and immigration.« (Vgl. »TIME«; 4. 7. 1994, S. 77.)

Selbst nach dem völligen Abzug der russischen Truppen am 31. 8. 1994 blieben interessante, offene Probleme: Die Russen hatten vor ihrem Abzug auch rd. 10.000 Offiziere pensioniert, die z. T. erst 35 bis 40 Jahre alt waren. Sie wurden in Estland belassen, das ihnen Pensionen zahlen sollte, aber dazu zunächst nicht bereit war. Auch war die ab 1991 de facto-Ostgrenze Estlands eine von Stalin 1950 festgelegte Verwaltungslinie: Sie beließ entgegen der Festlegung im Frieden von Dorpat aus dem Jahre 1920 gewisse estnische Gebiete bei Rußland.

28 Diese ist im Rahmen einer deutschen Ostpolitik um 1990 zu sehen, die bestenfalls wenig erkennbar war.

Zum Gesamtkomplex vgl. z. B. das Material bei Horst Teltschik (»329 Tage«; Berlin, 1991), Timothy Ash (»Im Namen Europas«; München, 1993), Beschloss/Talbott (»Auf höchster Ebene«; Düsseldorf, 1993) und Vernon Walters (»Die Vereinigung war vorhersehbar«; München, 1994).

Bei Nord-Ostpreußen war auch für Laien feststellbar, daß das nach-sowjetische Rußland offensichtlich nicht wußte, was mit Kaliningrad/Königsberg geschehen sollte. Die Besorgnis im Baltikum über die vor sich hinrostende, atomare russische Militärpräsenz (vgl. z. B. Süddeutsche Zeitung <deutsche Tageszeitung, München; nachfolgend zitiert als »SZ«>; Nr. 185 v. 12. 8. 1994, S. 6) führte zwar sogar zur Forderung an Rußland, in diesem Gebiet die deutschen Ortsnamen wieder einzuführen (vgl. »SZ« Nr. 266 v. 19./20. 11. 1994, S. 8), jedoch nicht zur Beendigung offizieller deutscher Sprachlosigkeit.

29 Welche fast ultimativ von Slowenien im Zusammenhang mit evtl. NATO- und EU-Verbindungen für eigene, z. T. vertriebene Bürger Nachbesserungen früherer Eigentums- und auch Grenzregelungen verlangte (vgl. z. B. »SZ« Nr. 163 v. 18. 7. 1994, S. 2; Nr. 165 v. 20. 7. 1994, S. 8) und die Assoziierung Sloweniens mit der EU monatelang blockierte (vgl. »Deutscher Ostdienst«; <Mitteilungsblatt des »Bundes der Vertriebenen«, Bonn; Nr. 43 v. 28. 10. 1994, S. 3).
Nachfolgend zitiert als »DOD«.

30 Die Regierung Kohl hatte auch angesichts des Niederganges der DDR im Jahre 1989 die von den SPD-Vorgängerregierungen aufgelösten Forschungsbeiräte für die Wiedervereinigung nicht revitalisiert; der für die Beschäftigung in der ex-DDR-Industrie verhängnisvolle Wechselkurs Ostmark zu DM wie 2:1 war eine der lange nachwirkenden Folgen.

31 Das war besonders in der Grundvermögensfrage der zu Ende gehenden DDR zu beobachten:

a) Die Festlegung in der »Gemeinsamen Erklärung« der Regierungen der BR Deutschland und der DDR vom 15. 6. 1990, stets als Forderung der Sowjetunion interpretiert, lautete:
»Die Enteignungen auf besatzungsrechtlicher bzw. besatzungshoheitlicher Grundlage (1945 bis 1949) sind nicht mehr rückgängig zu machen. Die Regierungen der Sowjetunion und der Deutschen Demokratischen Republik sehen keine Möglichkeit, die damals getroffenen Maßnahmen zu revidieren. Die Regierung der Bundesrepublik Deutschland nimmt dies im Hinblick auf die historische Entwicklung zur Kenntnis. Sie ist der Auffassung, daß einem künftigen gesamtdeutschen Parlament eine abschließende Entscheidung über etwaige staatliche Ausgleichsleistungen vorbehalten bleiben muß.«
Vgl. »Bulletin des Presse- und Informationsamtes der Bundesregierung«; Bonn; Nr. 104 v. 6.9.1990, S. 1119 f.
<Nachfolgend zitiert als »Bulletin«>.

b) Diese Festlegung wurde sodann als Anlage III in den (deutschen) Einigungsvertrag vom 31. 8. 1990 aufgenommen, als Gemeinsamer Brief der beiden deutschen Außenminister den anderen Signatarstaaten des sog. »2+4«-Vertrages vom 12. 9. 1990 (vgl. »Bulletin«, Nr. 109 v. 14. 9. 1990, S. 1156 f.) notifiziert und am 23. 4. 1991 sogar vom Bundesverfassungsgericht gebilligt.

c) Vier Jahre später wurde dem seinerzeitigen sowjetischen Staatschef Gorbatschow schriftlich die Frage gestellt: Stimmt es, daß die UdSSR im Laufe der Verhandlungen über die Wiedervereinigung »als unerläßliche Bedingung ein Verbot der Restitution gefordert« habe?
Gorbatschows knappe, gleichfalls schriftliche Antwort: »Nein, das stimmt nicht.«
Vgl. »FAZ« v. 27. 8. 1994.

d) Das durchgängig gegenteilige Verhalten der (west-) deutschen Unterhändler ist vollauf verständlich: Der von ihnen »hingenommene« Ablauf machte das nunmehr vereinigte Deutschland zum bei weitem größten Grundbesitzer des Staates. Über die sog. Treuhandanstalt wurden später Teile dieses Vermögens an kaufkräftige Interessenten »reprivatisiert«.

32 Die ČSFR-Regierung beobachtete diese Lösung der Frage des Grundvermögens in der niedergehenden DDR aus verständlichen Gründen mit großer Aufmerksamkeit (vgl. meine Arbeit »Die Sudetendeutschen«; München, 1992, S. 158.
Nachfolgend zitiert als »Die Sd.«.

33 Einige Beispiele aus einer durchaus verlängerbaren Liste wären:
a) Im Herbst 1994 beklagte richtigerweise die »Gesellschaft für bedrohte Völker«, Göttingen, in einem Flugblatt in größerer Auflage Menschenrechtsverletzungen in Ruanda, im Sudan, in Tibet, Hawai, Indien und Mittelamerika sowie die »Vertreibung von 200.000 Zyprioten« vor 20 Jahren; von deutschen Ostvertriebenen vor 50 Jahren kein Wort.
b) Der damalige SPD-Vorsitzende Scharping trat im Frühjahr 1994 in Prag für die Sudetendeutschen ein und prangerte dann den türkischen Völkermord an den Kurden an. Er wurde deswegen vom deutschen Auswärtigen Amt heftig gerügt (vgl. »SZ« Nr. 72 v. 28. 3. 1994, S. 2). Der Chef dieses Amtes, Kinkel (FDP), mußte sich von seinem tschechischen Amtskollegen Zieleniec öffentlich vorhalten lassen, die Frage der »Aussiedlung« der Sudetendeutschen und der Beneš-Dekrete trotz öfterer Treffen bisher nie »aufgetischt« zu haben (vgl. Interview in der »Frankfurter Rundschau«; 28. 9. 1994). Sein Parteikollege, MdB und Rechtsanwalt Irmer, deckte die Weigerung der ČR-Regierung, mit der Sudetendeutschen Landsmannschaft offiziell zu sprechen im Sommer 1993 mit der ernstgemeinten Begründung, Regierungen sprächen nicht mit privaten Organisationen. Diese Äußerung erfolgte in der gleichen Zeit, in der Südafrika mit dem ANC, Israel mit der PLO und Großbritannien mit der IRA (freilich sämtlich mindestens zeitweise Terrorgruppierungen) verhandelten.

34 Wobei das nunmehr vereinte Deutschland eine das Wissen vieler seiner Diplomaten disqualifizierende, verhängnisvolle Schrittmacherrolle übernahm. Diese Wissenslücken sollten später allgemein bekannt werden, als Ausländerbehörden in Deutschland von deutschen Botschaften im Ausland z.T. ziemlich wirklichkeitsferne Informationen über die innere Lage in jenen Staaten erhielten, aus denen zahlreiche Asylbewerber nach Deutschland kamen.
Kenntnismängel waren freilich allgemein zu beobachten: So hielten z. B. auch Diplomaten der USA selbst nach dem Zerfall der UdSSR viel zu lange am Fortbestehen eines einheitlichen Jugoslawiens fest.
Generell mußten die neuen Nationalitätenprobleme den meisten Politikern und Diplomaten aller Länder einfach unheimlich erscheinen. Sie hatten ihre beachtlichen Erfahrungen jahrzehntelang auf dieser oder jener Seite des »Kalten Krieges« gesammelt, der durch die ideologisch geprägte Position von Staaten mit klar gekennzeichneten Grenzen bestimmt war. Das war bürokratisch beherrschar. Nun gab es – als ärgsten Feind bürokratischen Denkens – plötzlichen Wandel. Die längst überholt erschienenen Fragen von Völkern und Nationen wurden zum unbekannten Neuen, dem Politiker und Diplomaten ohne Erfahrung und Perspektive hilflos gegenüberstanden. Fehler waren unvermeidbar, gravierende Fehler, für die jedoch nicht die gebietsfremden Experten, sondern die jeweils hautnah betroffenen Menschen mit Eigentum, Gesundheit und oft auch dem Leben zu zahlen hatten.

35 a) Zu dafür bekannten und z. T. bereits lange erfolgreich praktizierten Prinzipien neben dem Beispiel der Schweiz vgl. DzS, S. 56ff.
b) Zur normalen Applikationsproblematik:
- Der polnische Politiker Mazowiecki, 1990 als Ministerpräsident seines Landes eifrig

um die Legalisierung der Vertreibung der rechtmäßigen Bewohner Ostdeutschlands bemüht, beklagte ab 1991 als Sonderberichterstatter der Menschenrechtskommission der UN eindringlich die vergleichbare, nunmehrige »ethnische Säuberung« im ehemaligen Jugoslawien (vgl. seinen neuerlichen Bericht in der SZ, Nr. 256 v. 7. 11. 1994, S. 6); seine Mission war zum Scheitern verurteilt.

- Die EG-Vermittler des Nationalitätenkonfliktes, Lord Carrington und Lord Owen, kamen aus Großbritannien, das an dem offenen Nord-Irland-Konflikt und den (noch) verdeckten Fragen des Status von Schottland und Wales in traditionell etatistischer Form bereits lange erfolglos laborierte.

c) Aus Frankreich kam mit der Einladung zu einem »Europäischen Stabilitätspakt« die übliche, reaktionäre Antwort: Man müsse den »Grundprinzipien« der »Unverletzlichkeit der Grenzen, der territorialen Integrität der Staaten sowie der Achtung der Rechte der Angehörigen von Minderheiten... uneingeschränkt Geltung verschaffen«.
Vgl. die gemeinsame Stellungnahme von Bundeskanzler Kohl und Premier Balladur im »Bulletin«, Nr. 51 v. 31. 5. 1994, S. 482.
»Die Tschechen« (, so die »SZ« Nr. 120 v. 27. 5. 1994; S. 7,) »machen aus ihrer Abneigung... <selbst gegen diese> unkontroversen Formeln... kaum ein Geheimnis.«
Der Außenminister des kleinen Staates Estland, Luik, mußte v. a. seine Kollegen aus sogenannten Großmächten daran erinnern, daß Grenzen zwar nicht mit Gewalt, aber »in accordance with international law, by peaceful means and by agreement« jederzeit geändert werden können.
Vgl. »Eesti Ringvade« (Estnische Rundschau); Hsg. v. estnischen Außenministerium; Reval, Jg. 4, Nr. 21 v. 26. 5. 1994; S. 1.

d) Am Beispiel eines aktuellen Grenzproblems im Kaukasus fiel sogar einem Romanautor das Spannungsverhältnis zwischen der Qualifikation der Akteure und den Wünschen der Betroffenen auf.
Zutreffend sah er auf der einen Seite »unsere ›Experten‹, Beamten und Politiker«, die in »Einflußsphären« denken, in denen »die Unterdrückung andersdenkender Minderheiten... ›Ordnung herstellen‹ genannt« wird. In »unbedachter, moderner Arroganz« setzten sie voraus: »Fallen Handelsschranken und wachsen Kommunikationssysteme, rücken die Länder der Welt enger zusammen.«
Demgegenüber die Wünsche der Betroffenen:
»Das Ende des Kalten Krieges hat eine solche Lockerung von Bindungen und Bündnissen bewirkt, bei den Unterdrückten einen solchen Schwund an Geduld, daß die alten und neuen Welten zersplittern wie nie zuvor. Allein in Europa fordern zur Zeit etwa 25 ethnische oder nationale Gruppen mehr Selbstbestimmung.«
Daraus ergebe sich das Problem:
»Was also... ist die grundsätzliche Rechtfertigung für den Anspruch einer Nation auf Unabhängigkeit? Muß ein Volk erst 2000 Jahre die Wüste durchwandern, immer wieder Verfolgung, Erniedrigung und Genozid durchleiden, um sich zu qualifizieren? Bis jetzt antwortete die Geschichte auf diese Frage pragmatisch und brutal: Eine Nation ist ein Volk, das gehörig zäh ist und sich das Land nimmt, das es will, und es behält. Basta.
Doch die internationale Gemeinschaft von heute bekennt sich zu edleren Tendenzen. Mit roher Gerechtigkeit allein gibt sie sich nicht zufrieden, bestimmt nicht. Warum also, mögen wir uns wiederum fragen, akzeptiert sie so eilfertig die grotesken ›Verwaltungsgrenzen‹ als Landesgrenzen, die von den kommunistischen Kartogra-

phen gezogen wurden – wenn diese Grenzen wie im Kaukasus sehr oft nur deshalb erfunden wurden, um lästige Minoritäten zu trennen oder unterzuordnen?

Gehört Abchasien zu Georgien? Oder müssen unsere Außenminister diese Behauptung nur deshalb nachbeten, weil ausgerechnet Stalin sie vorgebetet hat und Moskau sie seither weiterbetet? Die Auseinandersetzung ist potentiell genauso katastrophal, wie es die übereilte Anerkennung des ›Staates‹ Kroatien für Ex-Jugoslawien war.«

Vgl. Carré, John le: »Schlafende Dämonen« in »Der Spiegel«, Nr. 52 vom 26. 12. 1994, S. 116ff.

Das Beispiel zur These hätte auch Kurdistan (im Irak, der Türkei und dem Iran) sein können, um das die Diplomaten ähnliche Manöver anstellten.

36 a) Die papierenen Grenzlinien in Bosnien wurden methodisch in einer Art von falscher Währung gehandelt: Man verglich nämlich Bevölkerungsanteile von 1991 mit dem Gesamtgebiet. Offensichtlich war keiner der Teilungsdiplomaten je im Gebiet, sonst wüßte er, wie Millionen Touristen dies tun, daß beträchtliche Gebietsteile unbewohnt waren, weil sie unbewohnbar sind (Karst- und Gebirgsflächen).

Dann wurde mit dieser falschen Meßlatte darüber hinaus vermutlich Falsches vorgeschlagen. Den 31% Serben gab der Vance-Owen-Plan vom Februar 1993 immerhin ca. 42% und das fehlgeschlagene Ultimatum der sog. Kontaktgruppe (darunter Deutschland) rd. 49% des Gebietes. Die Serben besetzten etwa 70% und wollten mit diesem Gebiet zu Serbien. Das durften sie aber nicht, denn Titos Grenzlinien sollten, so wollte es auch Deutschland, nicht in Frage gestellt werden.

b) Das von der UN bestellte Kriegsverbrechertribunal für das ehemalige Jugoslawien beabsichtigte (vgl. »SZ«, Nr. 236 v. 13. 10. 1994, S. 7), im November 1994 die ersten Anklagen von festgestellten »ethnischen Säuberern« durchzuführen.

Die Institution, dem Namen nach mit der Nürnberger Einrichtung von 1945 vergleichbar, konnte weder Todesurteile verhängen noch in Abwesenheit eines Angeklagten verhandeln. Die verantwortlichen oberen »Schreibtischtäter« dürften daher für das Gericht schwer erreichbar bleiben. Immerhin sollen u. a. Präsident Karadžič und Armeechef Mladič angeklagt werden, durch v. a. »Deportation von Zivilpersonen, Völkermord und Verbrechen gegen die Menschlichkeit« begangen zu haben, was unverjährbar wäre.

Ob damit eine Trendwende in der internationalen Beurteilung derartiger Vorgänge erfolgte, bleibt abzuwarten.

37 Die z. T. eher beiläufige Vermeidung des seit langem üblichen Ausdrucks »Tschechei«, weil angeblich erst durch Hitler geprägt, gehört in eine Gesamttendenz mindestens sprachlicher Unschärfe/Mehrdeutigkeit, wenn nicht gar (bewußter) Verwirrung:

a) Diese Tendenz hat zunächst objektive Gründe. Es ist schwierig, den schnellen Entwicklungen sprachlich zu folgen. So ist viel Unsicherheit die Basis für Ausdrücke wie »somalische Rebellen« (tatsächlich: Banden) oder »russische Konservative« (tatsächlich: Neobolschewiken, sprachstrukturell den Neonazis ähnlich).

b) Auch bloßes Unwissen spielt eine sichtbare Rolle, v. a. bei geographischen Bezeichnungen. In diesem Bereich wurden und werden oft fremdsprachliche Bezeichnungen wie Kowno, Bratislava und Ljubljana verwendet, obwohl es deutsche Namen gibt (nämlich Kaunas, Pressburg und Laibach), die z. B. bei Prag, Warschau und Belgrad durchaus üblich blieben.

c) Dazu kommen in neuen Problembereichen Sprachschöpfungen, die den gemeinten Sachverhalt nur mit totaler Bedeutungsänderung wiedergeben.

Ein Beispiel dafür ist »Grenzüberschreitung«: Dieser Begriff hatte bisher nur die

Bedeutung, daß Personen und/oder Waren eine politische Grenze querten, deren oft gegenüber früher vermindertes Gewicht jedenfalls die grundsätzliche Rückkehrmöglichkeit nicht ausschloß.
Neuerlich wird jedoch der gleiche Ausdruck unbefangen als Übersetzung von »overshoot« in der Ökologie verwendet. Hier geht es aber um eine unumkehrbare Überschreitung vorgeblich absoluter Grenzen (z. B. der Aufnahmefähigkeit von Wasser für Schadstoffe), hinter denen eigengesetzlich der »Untergang« beginnt.
Vgl. den Originaltext und die deutsche Übersetzung der »Neuen Grenzen des Wachstums« von Donella und Dennis Meadows; Stuttgart, 1992.

d) Eine weitere Quelle der Sprachverwirrung ist der angeblich beleidigende Inhalt von Begriffen wie Putzfrauen (dafür Raumpflegerinnen), Zigeuner (dafür Sinti und Roma), Krüppel (dafür Behinderte), Alte (dafür Senioren), Lehrlinge (dafür das besonders griffige Azubi).

e) In einer derart durch auch sog. political correctness umfunktionierten sprachlichen Umwelt ist es dann nur ein kleiner Schritt, statt »Vertreibung« Ausdrücke wie »Abschub« (siehe S. 33, Anm. I/41), »Entvölkerung« (so in einem SPD-Antrag vom 23. 6. 1994, BtagsDS 12/8086) oder »mißlungene Nachsiedlung« (so in einem von einem bayerischen Ministerium mitzuverantwortenden Gutachten vom Juli 1994) zu verwenden. Dabei wird offensichtlich kaum bedacht, wie nahe man dem »Wörterbuch des Unmenschen« des NS-Regimes kommt, in dem es, methodisch ähnlich, statt Mord »Sonderbehandlung« hieß.

f) Gelegentlich ist die begangene Fälschung jedoch klar zu erkennen: »Ausländische Mitbürger«, seit der Zeit der Hysterie um eine sachliche Differenzierung zwischen Bewerbung um politisches Asyl und Flucht aus der Armut in den angenommenen Reichtum verwendet, bleibt auch in der EU ein »schwarzer Schimmel«.

[38] Dies hatte Havel selbst bereits 1975, durch Erfahrung hellsichtig, in einem Brief an den damaligen ČSSR-Präsidenten Husak so ausgedrückt:
»Je rationaler jener offizielle Kalender des Pseudogeschehens jahrelang aufgebaut worden ist, um so irrationaler gestaltet sich dann der plötzliche Einbruch der wirklichen Geschichte. Ihre ganze jahrelang unterdrückte Einzigartigkeit und Unberechenbarkeit, ihr ganzes jahrelang verleugnetes Geheimnis bricht in einem einzigen Augenblick hervor: und während uns jahrelang nichts Geringfügiges und Alltägliches zu überraschen vermochte, erleben wir jetzt eine einzige große Überraschung – und die hat es in sich. Die ganze ›Unordnung‹ der Geschichte, jahrelang durch künstliche Ordnung unterdrückt, schießt plötzlich hervor.«
Vgl. Kriseová, Eva: »Václav Havel – Dichter und Präsident – Die autorisierte Biografie«; Berlin, 1991; S. 101.

[39] Die deutschen Wissenslücken sollten nicht unterschlagen werden:
So meinte eine angesehene Zeitung, die Deutschen in der Tschechoslowakei wären »bis 1945 kaum unter dem Sammelbegriff Sudetendeutsche bekannt« gewesen (»FAZ« v. 18. 2. 1991). Ein Professor der Politologie stellte fest, daß ihre Vertreibung gerechtfertigt gewesen sei, da mindestens die »Mitglieder und Wähler der Sudetendeutschen Partei« sich »gegenüber der Tschechoslowakei höchst illoyal verhalten haben« (Leserbrief in der »FAZ« v. 31. 12. 1990); dem Experten war unbekannt, daß noch 1940 die ČSR-Exilregierung eine Stimmabgabe für die SdP selbst 1938 als Votum für ein »ausgesprochenes tschechoslowakisches und nicht für ein getarntes Naziprogramm« bezeichnet hatte (vgl. DzS, S. 212).
Man konnte vom FAZ-Herausgeber Reismüller lesen, daß wenige Jahre vor Kriegsende 1945 auf dem »Prager Wenzelsplatz... Tschechen wahllos aus den Passanten gegriffen,

an die Hauswände gestellt und erschossen wurden« (»FAZ« v. 13. 11. 1990). Auf Anfrage wurde als Quelle »Prager Verwandte« angegeben, »die uns von jenen Massenerschießungen nach dem Attentat auf Heydrich erzählten, und zwar aus direkter Beobachtung. Das Entsetzen stand ihnen bei dem Bericht, wenige Wochen nach dem Vorgang, noch in den Augen.« Dem Verfasser wurde unter Verweis auf die Toten der sog. Heydrichiade im Sommer 1942 entgegengehalten: »An keiner Stelle ist bisher auch nur behauptet worden, daß auch nur eine einzige dieser Hinrichtungen... an den Hauswänden des Wenzelsplatzes vollstreckt worden sei.« Der Wunsch nach »behutsamem Umgang mit einem diffizilen historischen Ablauf« führte jedoch nicht einmal zu einer Reaktion.
Die Meinung des »Spiegel« (v. 9. 7. 1991), »Minderheitenschutz genießen die rund 53.000 Deutschstämmigen in der ČSFR bereits seit 1968«, konnten selbst beiläufige Beobachter als mehrfache Fehlinformation identifizieren.
Ein weiterer deutscher Professor verwandelte den letzten NS-Reichsprotektor von Böhmen und Mähren, den Pfälzer Dr. Frick in einen Sudetendeutschen (Leserbrief in der »FAZ« v. 29. 5. 1991).
Zusätzliche Behauptungen vergleichbarer Tendenz sind zu erwarten.

40 a) Zu einer wichtigen Basis der Desinformation vgl.: »Deutsch-tschechische Beziehungen in der Schulliteratur und im populären Geschichtsbild«; Hsg. v. Hans Lemberg und Ferdinand Seibt; Braunschweig, 1980; v. a. S. 163 ff.

b) Die Konsequenzen machte der tschechische Publizist Ota Filip (in der »FAZ« v. 8. 3. 1991) deutlich: »Wer heute in Böhmen und Mähren unter 50 <Jahren alt> ist, der weiß in der Regel nichts vom Unrecht an den böhmischen und mährischen Deutschen und viele wollen auch nichts davon wissen... Viele Prager glauben, Deutsche seien in ihre Stadt erst unter Hitler gekommen. In den Schulbüchern der Tschechoslowakei findet sich kein Wort über den Beitrag der Deutschen zur Geschichte des Landes.«
Selbst Filip zeigte Wissenslücken. So mahnte er über 30 Jahre nach Abgabe (siehe S. 19, Anm. I/13 b) die sudetendeutsche Entschuldigung an die Tschechen als noch nicht erfolgt an.
Vgl.: »Greise Herren – unbelehrbar« in »Die Zeit«, <deutsche Wochenzeitung, Hamburg>; Nr. 18 vom 29. 4. 1994.

c) Auf dieser Basis gab es nunmehr zahlreiche Fehlmeldungen.
So informierte eine tschechische Zeitung ihre Leser, »daß die Sudetendeutschen schon nach dem Ende des 1. Weltkrieges tschechische Menschen aus ihren Häusern jagten, buchstäblich von einer Stunde zur anderen; ihren Besitz mußten sie zurücklassen. Dabei beschossen sudetendeutsche Kampfgruppen... auch die Zivilbevölkerung« (»Rudé Právo« <Rotes Recht, im folgenden zitiert als »RP«>; Prag, 7. 9. 1990). Zu dieser Zeit besetzten jedoch tschechische Truppen das Sudetengebiet (siehe S. 43). Verschiedene tschechische Zeitungen berichteten ebenso unzutreffend, daß es ab 16. Mai 1945 im Sudetengebiet einen Sabotagekrieg der Deutschen mit zahlreichen tschechischen Toten und ab 2. August 1945 umfangreiche Werwolfaktivitäten gegeben habe (»Forum«; Prag, 21. 2. 1990, »Svobodné Slovo« <Freies Wort>, Prag, 6. 6. 1990).

d) Auch Havels eigene Informationspolitik blieb zwiespältig.
Der damalige Dissident hatte sich um 1960 für den (damals noch) verpönten deutschen Schriftsteller Franz Kafka und in diesem Zusammenhang auch für den Wohnort seiner Schwester Ottla in einem westböhmischen Ort interessiert.
Im Vorabdruck seiner autorisierten Biographie (»Die Welt«, 27. 3. 1991) wie auch in der Buchfassung (vgl. Kriseová: a. a. O., S. 19) hieß es dann: »Niemand von denen, die vor dem <2. Welt->Krieg im Ort ansässig gewesen waren, lebte mehr hier. 1938 hatten

die Deutschen die Tschechen vertrieben und 1945 hatten die Tschechen die Deutschen aus dem Dorf gejagt.«

Der gemeinte Ort hieß im Vorabdruck schlicht Siřem, in der Buchfassung bereits »Siřem (Zürau)«. Der nächste Schritt erfolgte freilich nicht. Es wäre nämlich unschwer festzustellen gewesen, daß für Zürau im Kreise Podersam die Volkszählung von 1910 keinen einzigen tschechischen und 358 deutsche Einwohner feststellte. Die letzte ČSR-Volkszählung (1930) erbrachte bei 366 Sudetendeutschen 13 tschechische Zuwanderer. Demzufolge war die aufgezeigte Entsprechung von 1938 und 1945 bestenfalls unreflektiert.

Ähnlich unpräzise blieb Havel gegenüber seinem deutschen Amtskollegen von Weizsäcker: Am 15. 3. 1990 auf der Prager Burg umging er für 1938 die Bezeichnung Sudetendeutsche, um sie, in sich widersprüchlich, sowohl als »tschechoslowakische Bürger deutscher Nationalität« als auch als »Mitbürger« Hitlers, demnach Staatsangehörige des Deutschen Reichs zu bezeichnen.

Vgl. die Wiedergabe in »Die Sd.« S. 155.

Es darf vermutet werden, daß Havel die Gelegenheit des »Gedenkjahres 1995« nutzen wird, um seine früher geäußerten Ansichten der herrschenden Meinung in der ČR anzupassen.

41 Der Begriff »odsun« ist in tschechischen Wörterbüchern vor dem 2. Weltkrieg lediglich ein militärischer Fachausdruck für den »Verkehr von Mannschaften und Gütern (Verwundete, Zivilbevölkerung, Beute, Wertgegenstände usw.) von der Front in die Etappe«.

Nach dem 2. Weltkrieg ist diese Bedeutung aus den Wörterbüchern völlig verschwunden. Als allgemeine Bedeutung wird nunmehr »Abschub, Abtransport« angegeben, als spezielle Bedeutung für die Form »o. Němců« in deutscher Sprache »Aussiedlung, Umsiedlung der Deutschen«.

42 Bereits am 23. 12. 1989; vgl. RP v. 3. 1. 1990.

43 So am 10. 6. 1992; vgl. »Die Sd.«, S. 158.

44 Wiedergabe nach Santner, Inge: »Havels Kampf gegen das große Vergessen« in »Die Presse« <-Beilage> Spectrum«; <österreichische Tageszeitung, Wien>; 28. 8. 93, S. VI.

45 a) Zur Meinung vieler Tschechen:
Vgl. z. B. die »Neue Umfrage zur sudetendeutschen Frage« in PZ; Nr. 35 v. 2. 9. 1993, S. 9.

b) Zur Meinung eines einzelnen Tschechen:
Siehe S. 205f.: A III, Bericht 3.

c) Die Meinung vieler Tschechen dürfte mitbegründen, daß ihnen die bereits z. B. 1963 (siehe S. 19, Anm. I/13b) erfolgte sudetendeutsche Entschuldigung für die Protektoratsentwicklung 1939 unbekannt blieb: Auf diese wurde anscheinend von sudetendeutscher Seite nach 1990 nicht ausreichend hingewiesen.

46 a) Die ČSFR trat am 18. 3. 1992 auch der (Europäischen) Konvention zum Schutze der Menschenrechte und Grundfreiheiten vom 4. 11. 1950 sowie deren Zusatzprotokollen (zum Text vgl. weitgehend »Menschenrechte«, Hsg. von der Bundeszentrale für politische Bildung; Bonn, 1991; S. 192–235) bei und erkannte die Zuständigkeit der Europäischen Kommission und des Gerichtshofes für Menschenrechte und Artikel 25 bzw. 46 für die Behandlung sog. Individualbeschwerden an.
Die ČR sollte Beitritt und Anerkennung per 1. 1. 1993 übernehmen.

b) Dabei schränkte die ČSFR ihre Anerkennung der Behandlung sog. Individualbeschwerden vor diesen europäischen Instanzen bemerkenswert ein: Die Sachbestimmungen von Konvention und der Protokolle Nr. 4 und Nr. 7 dürfen dort nur behandelt

werden, »in case the violation of the rights guaranteed in these documents occured after these documents came into force for the Czech and Slovak Federal Republic«.
Die Protokolle Nr. 4 und Nr. 7 gewährleisten In- und Ausländern den Schutz vor willkürlicher Vertreibung. Die Erklärung der ČSFR versuchte daher, von ihr anscheinend vermutete Klagen von Sudetendeutschen mindestens zu erschweren.

c) An der offiziellen Publizierung des Vorganges in Deutschland war bemerkenswert, daß der Beitritt und die Anerkennung durch die ČSFR mittels einer »Bekanntmachung« des Auswärtigen Amtes mitgeteilt, die Einschränkung zu Protokoll Nr. 4 und Nr. 7 jedoch nicht einmal angedeutet wurde (zum Text vgl. Bundesgesetzblatt 1992, Teil II, Nr. 37 v. 24. 10. 1992, S. 1064f.), obwohl ein anderer, hier nicht sachrelevanter Vorbehalt der ČSFR ausgiebige Darstellung erfuhr.
Deswegen vgl. zum Text der ČSFR-Einschränkung zu den Protokollen Nr. 4 und Nr. 7:
Conseil de l'Europe: »Feuille d'information n°30 <–> Droits de l'homme«; Januar–Mai 1992, S. 6; bzw. Council of Europe – Secretariat General: »Notification of Declaration«; Straßburg, 29. 4. 1992; Aktenzeichen JJ 2765 C – Tr. 5/60 <–> ETS/STE No. 5, S. 2.

[47] Als vergleichbares Beispiel in Inhalt und Methode ist Ungarn zu erwähnen: Bis 1995 wurden 95% von über 630.000 Anträgen auch Ungarndeutscher auf Grund eines Entschädigungsgesetzes vom Sommer 1992 durch Hergabe von börsengängigen Entschädigungsscheinen erledigt, die auch als Zahlungsmittel bei Versteigerungen von staatlichem Grund und Boden sowie als Eigenkapital bei Investitionsgesellschaften (für z. B. Hotelerrichtungen) eingesetzt werden können.
Vgl. »DOD«; Jg. 37, Nr. 28 v. 14. 7. 1995; S. 11.

[48] Diese Methode ist dadurch zu charakterisieren, daß auf ein Körnchen allgemein bekannter Wahrheit ein riesiges Gebäude von implizierten und ausgesprochenen Schlußfolgerungen aufgebaut wird, um politische Interessen zu instrumentalisieren. Das allgemein bekannte Beispiel der sog. Dolchstoßlegende, bezogen auf den Grund für die Kapitulation des Deutschen Reiches am Ende des 1. Weltkrieges, illustriert dies anschaulich.

[49] Einige Beispiele, die hier nicht im einzelnen analysiert werden sollen:

- Die tausendjährige Geschichte der ČSR, abgeleitet aus einem sagenhaften »Großmährischen Reich« und einem vorgeblich unabhängigen Staat vom 7. Jahrhundert bis 1526,
- die nationale »Dunkelheit«, das »temno« der Tschechen. Es soll 1620 mit dem Sieg der »deutschen« Habsburger über den sog. Winterkönig Friedrich von der Pfalz begonnen haben, der freilich auch »Deutscher« war. Es dauert bis 1919. Aus ihm stiegen die Tschechen dann wieder hervor, um
- die einzige, einigermaßen funktionierende Demokratie Mittel- und Osteuropas zwischen 1919 und 1938 zu bilden.

Siehe auch S. 52f., Anm. II/15, 24.

[50] Dieser Termin wurde durch ČSFR-Gesetz vom 2. 10. 1990 fixiert.

[51] In der Realität war die ČSR zwischen 1945 und 1948 jedoch ein totalitärer Staat ohne Achtung der Menschenrechte: Traditionelle, auch tschechische Parteien waren verboten, die Schlüsselministerien und Massenorganisationen unter KP-Kontrolle, die Wählerlisten durch Streichung aller Deutschen und hunderttausender Slowaken und Tschechen derart erfolgreich bereinigt, daß die KPČ 1946 ähnlich »legal« 38% der Stimmen erreichen konnte, wie das NS-Regime im Deutschen Reich 1933 das die Diktatur Hitlers ermöglichende Ermächtigungsgesetz durch Streichung der Mandate der KPD.

52 So der ČSFR-Ministerpräsident Čalfa am 30.11.1990 zum Sprecher der Sudetendeutschen, Franz Neubauer (vgl. »Die Sd.«; S. 156).
Eine gewisse Parallele zum dubiosen Vorgehen in der ehemaligen DDR nach der deutschen Wiedervereinigung von 1990 (siehe S. 15 mit Anm. 32) ist unverkennbar.

53 a) Zunächst erhielten die Kirchen Teile und die heimatverbliebenen Deutschen ihr landwirtschaftliches Vermögen, dann wurden nach nachdrücklicher Intervention Israels auch jüdische Einzelpersonen und später jüdische Organisationen (wie z. B. Kultusgemeinden) entschädigt. Auch ein Teil des Adels erhielt wesentliche Teile seines Großgrundbesitzes zurück. Tschechische Emigranten erkämpften sich die von einer großen Mehrheit der heimatverbliebenen Tschechen abgelehnte Entschädigung vor dem Tschechischen Verfassungsgericht in Brünn (vgl. »SZ«, Nr. 171 vom 27. 7. 1994, S. 9). Vor dem gleichen Gericht lief ein Prozeß eines heimatverbliebenen Sudetendeutschen um nichtlandwirtschaftliches Vermögen und könnte eventuell auch beim Europäischen Gerichtshof in Straßburg internationalisiert werden.
b) Die damit umrissenen Abläufe hatten auch fast skurrile Aspekte. So berichtete Veiter (a. a. O.; v. a. S. 59 f.) von einem 1993 an ihn gerichtetem Schreiben des »Generalinspektors« des ČR-Außenministeriums Dr. Vosalik mit zwei relevanten Mitteilungen: Es seien die Potsdamer Beschlüsse, die »in zwingender Form die Vermögenskonfiskation ... <auch> ... der Sudetendeutschen ... zur Folge haben ... Auch die Liechtensteiner <seien> hinsichtlich ihres in der Tschechoslowakei enteigneten Vermögens wie die Sudetendeutschen zu behandeln.«
Natürlich hatte diese Auffassung primär handfeste, materielle Gründe. Darüber hinaus wird jedoch vermutlich auch die kommunistische Aversion gegen Liechtenstein, das 1945 trotz massiver sowjetischer Drohungen die Menschenrechte verfolgter Russen schützte, beiläufig in die neue ČR eingebracht.
Vgl. dazu meine Darstellung »Nach 40 Jahren. ... VI. Vaduz 3. 5. 1945« in »Sudetenland«; Jg. 38 (1986), Nr. 3; S. 217.
Zum Verhältnis beider Staaten im Jahre 1994: Vgl. »Prager Wochenblatt«, Jg. 4, Nr. 9/1 v. 6. 9. 1994; S. 2 f.

54 Das sudetendeutsche Eigentum wurde erst nach 1990 in großen Aktionen öffentlich versteigert. Zahlreiche Investoren schätzen offensichtlich das Risiko, in Prozesse wegen Hehlerei verwickelt zu werden, gering ein, obwohl
a) dieses Vorgehen von folgenden, von der neuen ČSFR/ČR mitgetragenen internationalen Vereinbarungen untersagt war: Dem
  - Zusatzprotokoll zur Europäischen Konvention zur Sicherung der Menschenrechte und Grundfreiheiten vom 20. 3. 1952, Art. 1
    (zum Text vgl. BGBl. 1956, Teil II; S. 1879 f.);
  - Internationalen Übereinkommen zur Beseitigung jeder Form von Rassendiskriminierung vom 7. 3. 1966, Art. 5
    (zum Text vgl. BGBl. 1969, Teil II; S. 961 ff.);
  - Dokument des Kopenhagener Treffens der KSZE vom 29. 6. 1990, Teil II, Ziff. 9.6
    (zum Text vgl. »Bulletin«; Nr. 88 v. 4. 7. 1990; S. 761)
b) und die Sudetendeutschen gegen die Versteigerungen ihres Eigentums zeitgerecht öffentlich protestierten.

55 Siehe S. 22 für Anm. II/18 zu deren allgemeiner Beurteilung.

56 So das Dekret über das Staatsmonopol an der Produktion und dem Vertrieb von Filmen durch den ČR-Regierungsbeschluß Nr. 445/1992 (über den Verkauf der Filmstudios in Prag-Barandov an die Fa. Cinepoint) und das Gesetz Nr. 273/1993 über Audiovision.
Generell hatte die Verfassung der ČR vom 16. 12. 1992 ohnedies v. a. in Art. 10 den

Vorrang ratifizierter Abkommen zum Schutz der Menschenrechte und Grundfreiheiten »vor dem Gesetz« verkündet.

57 Siehe dazu S. 108 mit Anm. IV/20.

58 a) Zu früheren Behauptungen und deren Richtigstellung vgl. die Angaben und Literatur in DzS, S. 481 ff.
b) Neues Aufgreifen u. a. in der anonymen Schrift »Komu sluši omluva« (Wer hat sich zu entschuldigen?); Prag, 1992; S. 66.
c) Eine Übertragung der Zahlen vom bisherigen Bezugsterritorium ČSR auf die ČR ist wohl auch zu erwarten.

59 In der Diskussion der sog. Großen Drei, nämlich US-Präsident Roosevelt, dem britischen Premierminister Churchill und dem Partei- und Staatschef der UdSSR Stalin am 18. 7. 1945 in Potsdam zu den festzulegenden Grenzen Deutschlands charakterisierte Stalin das »Sudetenland« in Vorzeichnung künftiger tschechischer Behauptungen wie folgt: »Das ist das Gebiet, aus dem die Deutschen die Tschechen vertrieben haben.«
Vgl. Fischer, Alexander: »Teheran, Yalta, Potsdam«. Die sowjetischen Protokolle von den Kriegskonferenzen ›Großen Drei‹«; 3. Aufl.; Köln, 1985; S. 214.

60 a) Zum Text des Vertrages vgl. »Bulletin«; Nr. 24 v. 4. 3. 1992; S. 233.
b) Der Vertrag enthielt nunmehr auch in der tschechischen Fassung die korrekte Übersetzung der Bundesrepublik Deutschland mit »Spolková Republika Německo«.
Im 1. Prager Vertrag von 1970 hatten die Bonner Diplomaten ihren Staat mit »Spolková Republika Německá«, d. h. Bundesrepublik Deutschlands bezeichnen lassen.
Ein tschechischer Kenner deutscher Sprache und Mentalität hatte dies genußvoll kommentiert: »Die Deutschen haben die Verhandlungen zwar von Gesandten, nicht aber von Geschickten führen lassen!«
c) Der 2. Vertrag von 1992 enthielt dafür den viele Slowaken beeindruckenden Präambelteil, »daß der tschechoslowakische Staat seit 1918 nie zu bestehen aufgehört hat«. Wenige Monate später hörte sein Bestehen (neuerlich) auf.
d) Dem Vertrag war ein Briefwechsel beigefügt: »Beide Seiten erklären übereinstimmend: Dieser Vertrag befaßt sich nicht mit Vermögensfragen.«

61 Vyhnání: Im modernen Tschechisch entsprechen diesem Ausdruck in deutscher Sprache primär »Vertreibung«/»Verbannung«, sekundär der medizinische Fachausdruck »Abtreibung«.

62 Zum Text vgl. »Důvodová zpráva« (Motivenbericht) des ČSFR-Außenministeriums an die Föderalversammlung der ČSFR [zum sog. Nachbarschaftsvertrag mit Deutschland vom 27. 2. 1992]; Nr. 1373; o. O. [Prag]; o. Datum [vermutlich März/April 1992].

63 Hiermit wird ein politisch verständlicher tschechoslowakischer Wunsch ausgedrückt, der rechtlich unerfüllbar ist:
Bereits die Haager Landkriegsordnung in der Form des »Abkommens, betreffend die Gesetze und Gebräuche des Landkriegs« vom 18. 10. 1907 (zum Text vgl. RGBl. 1910, Nr. 2, S. 107–151; hier v. a. S. 109, 148, 150 f.), hatte implizit (in der Präambel) Vertreibungen verboten und explizit (in Art. 46) Privateigentum geschützt, sowie (in Art. 56) diesem Gemeinde-, Kirchen- und (auch staatliches) Universitätseigentum gleichgestellt. Ausdrücklich wurde im Friedensvertrag von Versailles vom 28. 6. 1919 zwischen dem Deutschen Reich und u. a. der ČSR sogar die Wiedergutmachung von »Schäden« vereinbart, »die ... Zivilpersonen ... zugefügt sind ... infolge von Gefangensetzung, Verschickung, Internierung, Abschiebung ... und Zwangsarbeit« (zum Text vgl. RGBl. 1919, Nr. 140, S. 687–1349; hier v. a. S. 985, 997).
In juristischer Fortführung war dann unter Mitwirkung der ČSR bis 1945 das Statut des

Internationalen Militärtribunals (IMT) in Nürnberg erarbeitet worden (zum Text vgl. DzS, S. 17f.). Die Hauptschuldigen des 2. Weltkrieges in Europa sollten auch deswegen 1946 z. T. zum Tode verurteilt und hingerichtet werden, weil sie der »Deportation... von Angehörigen der Zivilbevölkerung ... in besetzten Gebieten« in Zeiten des Krieges als überführt galten.

Verurteilungen und Hinrichtungen in Nürnberg 1946 erfolgten ziemlich gleichzeitig mit der Deportation der Ost- und Sudetendeutschen in Friedenszeiten. Damit sind jedoch nicht die Hauptkriegsverbrecher von Nürnberg exkulpiert, sondern ist umgekehrt der Rahmen internationalen Rechts zur Beurteilung der Deutschenvertreibungen 1945/46 umrissen.

Diese rechtliche Lage wurde ab 1948 weiter verstärkt. Siehe dazu S. 23f., Anm. I/20.

64 Hier wird unvollständig Unzutreffendes in unrichtiger Formulierung vertreten:

a) § 106 der Verfassung der ČSR vom 29. 2. 1920, die nach Meinung aller damaligen und seitherigen Machthaber der ČSR bis 1948 in Kraft war (siehe S. 22f., Anm. I/18) und durch seine Herkunft aus Art. 2 des Minderheitenschutzvertrages zwischen der ČSR und den Alliierten und Assoziierten Hauptmächten des 1. Weltkrieges vom 10. 9. 1919 internationales Recht war, hatte die ČSR u. a. verpflichtet, »allen Einwohnern ohne Unterschied der... Staatsangehörigkeit, <und der> Sprache... vollen und ganzen Schutz von Leben und Freiheit zu gewähren« (zu den Texten vgl. DzS, S. 138).

b) Diesem Gebot zuwiderhandelnd hatte die ČSR-(Exil-)Regierung seit mindestens 1938 die teilweise Deportation der Sudetendeutschen geplant. Später wurde dieses Vorhaben trotz der Möglichkeit zu friedlichem Ausgleich mit den Vertretern demokratischer Sudetendeutscher (vor allem Wenzel Jaksch) sogar schrittweise in Richtung auf die totale Vertreibung auch ausgewiesener NS-Gegner ausgeweitet (zu den Belegen vgl. DzS, S. 219ff., 238, 245ff.).

c) Im Unterschied zum Vorgehen der Exilregierung Polens (Ungarn wurde seit Dezember 1944 auch de jure von einer Alliierten Kontrollkommission unter Sowjetmarschall Woroschilow regiert) richtete nur die Exilregierung der ČSR wiederholte formelle Anträge an die Regierungen der Hauptsiegermächte des 2. Weltkrieges, »to evacuate« die Sudetendeutschen bzw. ihr »removal« zu gestatten, (zum Text der ČSR-Noten vom 23. 11. 1944 und 3. 7. 1945 vgl. DzS, S. 277ff., S. 288f.).

d) Die Regierungen haben demzufolge keine »Entscheidung« getroffen, sondern »recognized« (anerkannt), daß der Transfer auch der Sudetendeutschen »will have to be undertaken« (durchzuführen ist).

e) Darüber hinaus ist die Reihenfolge des Textes falsch: Sie lautete im Original »Poland, Czechoslovakia and Hungary«.

Auch die Behauptung, die »großen Siegermächte« hätten »im Namen der internationalen Gemeinschaft« gehandelt, bleibt im historischen Text ohne jeden Beleg.

Zum Originaltext vgl. US-Außenministerium (Hsg.): »Foreign Relations of the United States: The Conference of Berlin 1945«; Bd. II; Washington, 1960; S. 1478, S. 1495f., S. 1499, S. 1511 (im folgenden zitiert als FRUS).

Zu Auszügen der deutschsprachigen Übersetzung vgl. DzS, S. 290f.

f) Schließlich täuscht die Bezeichnung »Potsdamer Abkommen« einen nicht vorhandenen internationalen Vertrag vor und ist in beiden Bezeichnungsteilen falsch: Es handelt sich um die »Berlin Conference« bzw. »Tripartite Conference of Berlin«, von der es ein »Protocol of Proceedings« und einen mit ihm textlich nicht identischen »Report« gibt (deswegen nachfolgend »PP/R der TC of Berlin«).

Inhaltlich ist »PP/R der TC of Berlin« ein Konglomerat von auch Wünschen und

Ankündigungen. Die Anerkenntnisse konnten freilich nur in den Grenzen der allgemeinen Regeln des Völkerrechts bedeutsam werden; Verbrechen gegen die Menschlichkeit, wie Deportationen (siehe S. 36f., Anm. I/63) fielen aus diesem Rahmen heraus.

Da »PP/R der TC of Berlin« selbst formal keinen Vertrag darstellt, ist es auch in der amtlichen Dokumentenniederschrift dieser Zeit, den »U[nited] N[ations] T[reaty] S[eries]« nicht enthalten, obwohl dort z. B. sogar die (bloße) Erklärung der »Übernahme der deutschen Staatsgewalt durch die Alliierten« vom 5. 6. 1945 verzeichnet ist. Vgl. UNTS, Nr. II, S. 230.

Zur daher insgesamt zutreffend qualifizierenden Bezeichnung durch ein deutsches Gericht als »Berliner Protokoll«: Siehe S. 164ff.: AI, D22.

g) Von derart dürftiger Basis ausgehend können dann heutige Massenmedien den Komplex Potsdam in völlig freier Phantasie darstellen:
»Die Potsdamer Konferenz im August 1945 beschloß den Abschub aller Angehörigen der deutschen Nationalität mit Ausnahme der Antifaschisten und Deutschen in Mischehen.«
Vgl. Harantová, Emilie: »Pohled z druhé strany« (Die Ansicht der anderen Seite) in »Magazin dnes« <der> »Mladá Fronta dnes« (Magazin Heute der Jungen Front Heute); (Wochenzeitung für v. a. junge Menschen); Prag; Jg. 11, Nr. 24 v. 16. 6. 1994; S. 18–22, hier S. 22.

h) Da es im (generell dubiosen) ČSR-»Recht« von 1945 zwar Bestimmungen zu u. a. Vermögensentzug und Bestrafung der Sudetendeutschen, nicht aber zur Vertreibung als Massendeportation an sich gab, dürften weitere Bemühungen erfolgen, das »PP/R der TC of Berlin« aufzuwerten und neubestätigt in die aktuelle Diskussion einzubringen (zu einen derartigen Versuch: Siehe S. 95; Anm. III/90bb).
Jedenfalls hat die Bundesrepublik Deutschland dem »PP/R der TC of Berlin« vom 2. 8. 1945 mindestens bezüglich der Deutschenvertreibung m. W. niemals rechtliche Wirkung zuerkannt, sondern es stets als eine ohnedies eigentlich sogar doppelt nichtige, weil einerseits menschenrechtswidrige und zudem Absprache nur unter Dritten angesehen. Deutschland könnte, wenn überhaupt, m. E. nun durch ein möglicherweise noch gültiges Relikt der Besatzungszeit teilweise gebunden sein: Art. 1 des 9. Teils des sog. Überleitungsvertrages (aus der Besatzung in die Souveränität) vom 26. 5. 1955 (zum Text: Vgl. BGBl. II, S. 405ff.) gebietet, vor dem 5. 6. 1945 getroffene alliierte Maßnahme vor deutschen Gerichten nicht in Frage zu stellen. Das »PP/R der TC of Berlin« liegt nach diesem Termin; die ČSSR/ČSFR/ČR hat gegen das Terminende (ohnedies nur evtl.) deutscher Bindung nie protestiert; der von den und für die Sudetendeutschen vielfach erhobene Einspruch gegen ihre Vertreibung blieb gültig aufrechterhalten; alle bisherigen und auch künftigen Bemühungen, Massendeportationen über »PP/R der TC of Berlin« legitimieren/legalisieren zu wollen, sind daher von vornherein hinfällig.

65 Zur Beurteilung des Umfelds der Potsdamer Zusammenkunft erscheint neben der Stalin-Sicht des Sudetengebiets (siehe S. 36, Anm. I/59) relevant:
Das eigentliche Motiv mindestens der USA bei der Anerkennung des ČSR-Antrages in Potsdam war, damit (auch) für die Sudetendeutschen die ansonsten (offensichtlich von den damaligen Regierungen der ČSR und der UdSSR geplante) Deportation in arktische Gebiete der UdSSR zu vermeiden (vgl. »Expelles and Refugees of German Ethnic Origin <–> Report No. 1841 of a Special Subcommittee of the Committee on the Judiciary <, US-> House of Representatives«; Washington, 24. 3. 1956; S. 6. Auszug aus diesem sog. Walter-Bericht in DzS, S. 291).

[66] Das ist eine Falschaussage:

- »PP/R der TC of Berlin« kennt keine »Billigung« bisheriger (d. h. vor dem 2.8.1945 erfolgter) »Abschübe«.
- »PP/R der TC of Berlin« fordert vielmehr auch die Regierung der ČSR auf, »to suspend further expulsions«, d. h. weitere Vertreibungen (man beachte den Ausdruck) aufzuschieben.
  Vgl. FRUS, S. 1495 f., S. 1511.
- An diesen Vertreibungen waren die Siegermächte höchstens derart »beteiligt«, daß sie ihnen zugeschobene Flüchtlinge übernahmen.

[67] Wiederum ein politisch verständlicher tschechoslowakischer Wunsch, der rechtlich unerfüllbar ist:
Massenvertreibungen von In- oder Ausländern konnten nach dem dargestellten Stand des ČSR- und internationalen Rechts von 1945 (siehe S. 36 f., Anm. I/64) ohne Rücksicht auf die Umstände weder legal noch legitim sein.

[68] Vgl. das Protokoll der Ratifizierungsdebatte im Deutschen Bundestag.

II. Grundlagen zum Thema

3 Maßstab und Beweislage

Es bietet sich zwar förmlich an, den Maßstab der tschechoslowakischen Regierungsauffassung von 1992 sofort an die Vorgänge von 1938/39 einerseits und von 1945/46 andererseits anzulegen und die Ergebnisse zu werten.
Diese Vorgehensweise wäre zwar möglicherweise im politischen Bereich angebracht und legitim, kann jedoch sachlich nicht befriedigen. Es hieße nämlich, unter Ansatz eines (ohnedies falschen) Maßstabs sofort Wertungen vorzunehmen, ohne den Tatbestand, wenigstens so weit irgend möglich, abzuklären.

3.1 Der Maßstab

Den vorhandenen Definitionen zum Begriff Vertreibung[1] sollte an dieser Stelle keine neue hinzugefügt werden: Es ist wohlbekannt, daß darunter die Massenwanderung unter staatlichem Zwang mindestens eines hohen Anteils einer rechtmäßig seit altersher anwesenden (= ansässigen) Personengruppe zu verstehen ist.
Relevant erscheinen jedoch zwei Zusätze:

- Es ist bewiesen als auch selbsterweislich, daß Massendeportationen/-vertreibungen von jeweiligen In- oder Ausländern (mindestens seit 1945) bereits an sich international verboten waren[2]. Es ist klar, daß Massenvertreibungen an sich bereits Massengewalttätigkeiten und Massenexzesse darstellen.
- Zuwiderhandlungen gegen dieses strafbewehrte Verbot werden – wie gegen jede übergesetzliche und gesetzliche Vorschrift – stets vorkommen. Sie ändern nichts an dem Rechtssatz an sich und bleiben stets Verstöße, die, soweit irgend möglich, zu bestrafen[3] bzw. wiedergutzumachen sind. Sie werden auch durch den Zeitablauf, ausgedrückt in der angesichts menschlicher Möglichkeiten unzulässig ohnmächtigen Formel von der »normativen Kraft des Faktischen«, nicht geheilt.

Darüber hinaus ist eine Abgrenzung des Begriffs Vertreibung sachbedeutsam. Verschiedene Beispiele seien vorausgeschickt:

- 1945 mußten auch die deutschen Soldaten der Heeresgruppe Schörner und die öffentlichen Bediensteten des Reichsprotektors Frick das zeitweilig als »Protektorat Böhmen und Mähren« bezeichnete Siedlungsgebiet der Tschechen verlassen. Ungeachtet der Umstände war dies natürlich keine Vertreibung; die Personengruppen, die nach 1939 zugewandert waren, wanderten eben ab.
- 1919 bis 1941 und 1945 bis 1991 unterstanden Slowenien und Kroatien jugoslawischer, 1940 bis 1991 die baltischen Staaten der Gebietshoheit der UdSSR. Der nach 1991

erfolgte Abzug fremdnationaler Truppen, öffentlicher und anderer vom bisherigen Staat implantierter Beschäftigter und Siedler wurde m. W. ohnedies in keinem Fall als »Vertreibung« bezeichnet. Ganz im Gegenteil forderten verschiedene internationale Organisationen wie UN, KSZE und EG/UN den neuen Staat Rußland wiederholt auf, seine Soldaten, Beamten und Arbeiter abzuziehen.

Die Anwendung des Prinzips auf die Tschechen im Sudetengebiet 1938 ist offensichtlich: Die von der ČSR ab 1919 in das Gebiet eingeschleusten fremdnationalen Truppen, öffentliche Bedienstete und Siedler konnten nicht vertrieben werden; sie wurden zurückgerufen bzw. wanderten genauso ab, wie sie zugewandert waren[4].

3.2 Vom Nutzen vergleichender historischer Beispiele

Generell sowie für die spätere Behandlung nach ČSFR-Maßstab ist vorab die methodische Warnung zu werten, wonach historische Abläufe unvergleichbar seien: Voraussetzungen, Einzelheiten und Konsequenzen wären, so mag argumentiert werden, zu unterschiedlich, als daß ein solches Vorhaben sinnvoll sein könne.

Dem ist entgegenzusetzen, daß kein Geringerer als Carl von Clausewitz bereits um 1820 zu bedenken gab (nachfolgend in den Begriffen unserer Zeit)[5]: »Historische Beispiele machen alles klar und haben außerdem in den Erfahrungswissenschaften die beste Beweiskraft... Die detaillierte Darstellung eines historischen Ereignisses und die Gegenüberstellung mehrerer Ereignisse machen die Ableitung eines Lehrsatzes möglich: Der Beweis liegt in den angeführten Umständen selbst.« Gerade aus dem nüchternen Vergleich zwischen verschiedenen historischen Abläufen kann darüber hinaus historisches Verständnis mit beträchtlicher meinungsbildender Kraft erwachsen.

Um dies zu erreichen, erscheinen freilich klare Vergleichsmöglichkeiten erforderlich.

3.3 Die jeweilige Materialbasis

Damit ist der methodische Bereich der (jeweiligen) Materialbasis angesprochen.

Die Vertreibung der Sudetendeutschen 1945/46 wird zwar gelegentlich umgangen bzw. verschleiert. Sie ist aber ein in Zeitablauf, Umfang und Status der Betroffenen sowie Umstände des Vorganges mannigfach belegter und auch von tschechoslowakischer Seite insgesamt nicht bestrittener[6] Vorgang. Zahlreiche zeitgenössische Berichte, vielfach in wechselseitiger und mit den amtlichen tschechoslowakischen Anordnungen verzahnter Form, liegen bereits seit Jahrzehnten veröffentlicht vor[7].

Zur vorgeblichen Vertreibung tschechoslowakischer Bürger aus dem Sudetengebiet 1938/39 gibt es (bisher) nichts Entsprechendes; auch das erwähnte tschechoslowakische Regierungsdokument von 1992[8] enthält keine Angaben.

Diese Situation ist aus einem weiteren Grund recht bedenklich. Dem bekannten Lehrsatz »quot non est in litteris non est in mundo« (was nicht in den Büchern steht, existiert nicht) darf ein sachlicher Betrachter nämlich nicht vertrauen: »If historians are not careful, deficient documentation reinforces deficient interpretations. Those who fear to discuss undocumented topics run the risk of implying, that such topics are not important.«[9]

Diese Sachlage erforderte daher, aus zugänglichen Unterlagen möglichst viele zeitgenössische Angaben über Zahl und Lebensumstände von (damals z. T. ehemaligen) tschechoslowakischen Staatsbürgern im Sudetengebiet um 1938 zusammenzutragen (siehe Anhang II, insgesamt über 80 Berichte) und durch unveröffentlichte Berichte und veröffentlichte

Angaben aus der Erinnerung an vor nunmehr über fünfzig Jahren alte Vorgänge (siehe Anhang III, weitere rd. 60 Berichte) zu ergänzen[10].

Das Bemühen um Eigendokumentation war einerseits sehr zeitaufwendig, blieb notwendigerweise sporadisch[11], führte an manchen Stellen zur verfahrensmäßig erwartbaren Hergabe von Fehlinformationen[12] und zeigte auf, daß auch (bzw. gerade) zeitgenössische Berichte übertreiben oder bereits in sich widersprüchlich sind[13]. Das Gesamtbild ist jedoch eindeutig und wird an den entsprechenden Stellen dieser Studie angemessen verwertet.

Generell bleibt die Beleglage trotz allem schief: Der sudetendeutsche Vorgang ist durchgängiger, schlüssiger und umfassender nachgewiesen. Andererseits ist es das Arbeitsfeld primär tschechischer Historiker bzw. Regierungsstellen, ihre ggf. vorhandenen, weiteren Unterlagen aufzubereiten und der internationalen Prüfung geschlossen und vergleichsfähig vorzulegen. Es ist zu erwarten, daß dies demnächst erfolgt.

3.4 Das wissensmäßige Umfeld

Dokumente, Berichte und Abläufe gehören in den allgemeinen historischen Zusammenhang. Bereits allgemeine Kenntnisse geschichtlicher Art sind jedoch aus verschiedenen Gründen gering. Das Wissen auch um relevante Details ist noch geringer[14]. Es ist daher erforderlich, wenigstens einige wichtige Sachprämissen vorauszuschicken.

4 Das historische Umfeld

4.1 Bis 1919

Unter bewußter Beschränkung auf die Entwicklung ab[15] dem »dialektischen (Entwicklungs-)Sprung« um die Mitte des 19. Jahrhunderts[16] erscheint besonders bedeutungsvoll, daß sich um diese Zeit die bisher eher geographisch definierten Untertanen des Kaisertums Österreich in Böhmen, Mähren und (Österreichisch-)Schlesien zunehmend als Tschechen und Deutsche sowie als Bürger zu empfinden begannen.

Zur inneren Ordnung der österreichischen Reichshälfte des Kaiserreiches war 1863 das Heimatrecht festgelegt worden, das jedem inländischen Einwohner in seiner Gemeinde das »Recht des ungestörten Aufenthaltes[17] verbürgte und dies in eigenen »Heimatscheinen« öffentlich-rechtlich beurkundete. Die gesetzlichen Heimatrechtsbestimmungen regelten auch die Konsequenzen aus Eingemeindungen[18] und das Heimatrecht öffentlicher Bediensteter am zugewiesenen Amtssitz[19]; sie wurden, wenn erforderlich, von regelmäßig bürokratisch orientierten Beamten eines übernationalen Kaiserhauses angewendet.

Das Heimatrecht spielte auch in den k.u.k. Volkszählungen[20] eine wichtige Rolle.

4.2 Nach 1919

Als Konsequenz des verlorenen 1. Weltkrieges (1914–1918) wurde (auch) die sog. Doppelmonarchie »Österreich-Ungarn« von den Siegermächten territorial zerlegt; Maßstab sollte das Selbstbestimmungsrecht der Völker[21] sein; einer der sog. Nachfolgestaaten war die sog. »Čechoslovakische Republik« (ČSR)[22].

Als Staat von Tschechen und ggf. auch von Slowaken[23] entsprach diese Neugründung[24] dann dem Selbstbestimmungsrecht, solange sie das Territorium des eigenen Volkes nicht überschritt. Das war durchaus möglich. Auch nach ansehnlichen Zeiträumen liberaler Bewegungsfreiheit und Mobilität in Böhmen, Mähren und (Österreichisch-)Schlesien lebten die Deutschen wie die Tschechen jeweils zu rd. 90% in Gebieten, in denen sie regelmäßig über 90 % der Gesamtbevölkerung stellten[25]. Generell gab es demnach keine nationale Gemengelage; die verwaltungsmäßige (und ggf. staatliche) Trennung durch staatliche Anerkennung weitgehend gegebener, nationaler Grenzen wäre relativ leicht vollziehbar gewesen.

Dem stand vor allem ein sich im Rahmen imperialistischer Vorstellungen[26] bewegender politischer Wille der tschechischen Staatsführung entgegen[27]. Auch andere Gründe, deren Darstellung hier zu weit führen würde[28], trugen dazu bei. Das von den Deutschen bewohnte Gebiet der drei Länder wurde jedenfalls der ČSR eingegliedert, die sich darüber hinaus territorial noch etwas arrondieren durfte[29]. Das geschah offensichtlich gegen den ausdrücklichen Willen einer vermutlich weit überwiegenden Mehrheit der selbstbestimmungsberechtigten Bevölkerung des Gebietes[30]. Die Eingliederung widersprach auch dringenden Vorstellungen der nunmehrigen Republiken Deutsch-Österreich und Deutsches Reich[31] (denen auch die bereits beschlossene staatliche Vereinigung[32] untersagt wurde[33]). Es sollte offenbleiben, ob damit diese Zuweisung des nunmehr als Sudetengebiet zu bezeichnenden Territoriums an die ČSR nicht völkerrechtlich fehlerhaft war.

Seine Eingliederung in die ČSR erfolgte jedenfalls durch miteinander verbundene internationale Verträge, deren jeweilige Artikel 1 bis 26 die Satzung des neugeschaffenen Völkerbundes waren. In dieser war auch Art. 19 enthalten, der die Überprüfung »unanwendbar gewordener Verträge«[34] ausdrücklich vorsah.

Zu dem Vertragssystem gehörte auch ein weitgehend in die spätere ČSR-Verfassung[35] übernommener Minderheitenschutzvertrag[36]. Dieser sicherte allen Einwohnern ohne Rücksicht auf z. B. Staatsangehörigkeit bzw. Sprache »den vollen und ganzen Schutz von Leben und Freiheit« zu. Das Sudetengebiet von 1919/20 umfaßte rd. 27.000 km^2 und hatte nach den Volkszählungen von 1910 rd. 3,35 Mio. Einwohner, davon rd. 3,1 Mio. Deutsche und rd. 260.000 Tschechen[37]; unter den Deutschen hatten sich nach dem Religionsbekenntnis rd. 84.000 Juden befunden.

Für die Zahl der Tschechen ist zu beachten, daß in den Volkszählungen von 1910 die Nationalität nach der Umgangssprache erhoben wurde. Da die deutsche Sprache als Weltsprache hohe Attraktivität besaß, konnte tschechischerseits nicht ganz zu Unrecht von einer gewissen Benachteiligung gesprochen werden. Andererseits kann für 1910 nationalpolitische Neutralität der Erhebungsbehörden und des Staates unterstellt werden.

Man wird insgesamt davon ausgehen können, daß sich – vergleichbar zu späteren Erfassungen – 1919 max. 250.000 Menschen mit tschechischer Muttersprache und dem Bekenntnis zur tschechischen Nationalität im Sudetengebiet befanden[38].

Obwohl ihre Eingliederung in die ČSR von den meisten Sudetendeutschen abgelehnt worden war, wäre ein Zusammenleben in einem Staat trotzdem möglich gewesen. Dieser hätte freilich, wie 1919 von prominenter tschechischer Seite zwar signalisiert[39], aber nie offiziell oder offiziös versprochen, etwa wie die Schweiz aufgebaut werden müssen: Als Bundesstaat mit nationaler Toleranz, in dem wesentliche öffentliche Funktionen in die Kompetenz autonomer nationaler Verwaltungseinheiten fallen und allgemeine Fragen nur durch auch national qualifizierte Mehrheiten (etwa von »Kantonen«) entschieden werden können.

Demgegenüber war die ČSR zwar auf der personalen Ebene des einzelnen Bürgers demokratisch-autonom aufgebaut (z. B. Einführung der Gleichheit im Gemeindewahlrecht). Die ČSR kannte aber praktisch keine Kanton-ähnliche Mittelinstanz[40] mit eigener Rechtspersönlichkeit[41] und folgte deutlich dem zentralistischen Staatsprinzip: Die Staats-

führer Masaryk und Beneš hatten zunächst für die Festlegung ihrer Grenzen außer einem dubiosen historischen[42] ein spezifisches Nationalitätenprinzip aufgestellt, das eine insgesamt nicht vorhandene nationale Gemengelage behauptete[43], die nur mit manipulierten Statistiken[44] »belegt« werden konnte. Sie trat dann als Nationalstaat[45] einer faktisch nicht einmal sprachlich existierenden tschechoslowakischen Nation[46] auf. Das Selbstbestimmungsrecht des tschechischen Volkes über sein Gebiet wurde imperialistisch ausgeweitet: Die eigene Staatlichkeit der Tschechen unter dem Titel ČSR war wegen des beanspruchten Territoriums unauflöslich mit dem Anspruch auf Ausbeutung und nationale Aufsaugung von Teilen des deutschen, ungarischen und ukrainischen Volkes sowie der Gesamtheit der Slowaken auf deren Gebiet verflochten. Dieser Charakter des Staates wurde anfangs nur von den Sudetendeutschen[47] und später von der übernationalen KP der ČSR[48] erkannt und zu politischen Handlungsanweisungen instrumentalisiert[49]. Sie führte auch zu einer weltweiten Besonderheit: Nur in der ČSR nach 1923 konnte die bloße Darstellung der Staatsentstehung als Aufwiegelung bezeichnet und mit bis zu 2 Jahren Gefängnis bestraft werden[50].
Diese Konzeptionsschwächen der ČSR wurden formal überaus erfolgreich überdeckt. Man verwies zunächst, vermutlich unter Einsatz beträchtlicher staatlicher Propagandamittel[51], auf die Demokratie der ČSR inmitten einer staatlichen Umwelt, die zunehmend in autoritär-faschistische Herrschaftsmodelle überging[52]. Demgegenüber wurden die Konsequenzen des tschechischen Zentralismus beharrlich übersehen. Seine Protagonisten waren eine stets vorhandene parlamentarische Mehrheit von tschechischen Abgeordneten ideologisch unterschiedlichen Parteien, die jedoch in nationalen Fragen in Zweifelsfällen überaus stabil sein konnte: Ob in Regierung oder parlamentarischer Opposition war sie stets durch die Vorteile der ČSR für die Tschechen (z. B. durch sonst nicht erreichbare öffentliche Arbeitsplätze im Sudetengebiet und in der Slowakei) derart verbunden, daß die zentralistische Nationalstaatsnorm trotz entgegenstehender Realität der Nationalitäten der ČSR förmlich einzementiert war.
Auch das Heimatrecht wurde genutzt: Die ČSR hatte nicht nur die bisher dazu geltende Gesetzgebung des österreichischen Reichsteiles integral übernommen. Darüber hinaus war der territoriale Geltungsbereich auf die vordem ungarischen Gebiete erweitert und die gesamte Staatsangehörigkeit incl. des Neuerwerbs auf dem Heimatrecht aufgebaut worden (wobei sogar der bemerkenswerte Begriff einer »čechoslovakischen Rasse« verwendet wurde). Das gesamte Regelungswerk erhielt Verfassungsrang[53].
Von ursprünglich natürlicher tschechischer Zuwanderung in das Sudetengebiet[54] wurde aber nunmehr auf staatlich gesteuerte Unterwanderung[55] des deutschen Gebietes umgestellt: »Die planmäßig von den neuen staatlichen Gewalten seit 1919 gelenkte tschechische Unterwanderung der deutschbesiedelten Gebiete... hatte nicht den Charakter einer Industriewanderung, einer Wanderungsbewegung, die auf einem Lohn- und Wirtschaftsgefälle beruht und deshalb als ein natürlicher soziologischer Vorgang erklärt und erklärlich gemacht werden könnte, sondern stellte sich völlig eindeutig als ein mit staatlichen Mitteln und Möglichkeiten unternommener Versuch mit dem nationalistischen Endziel dar, im Sinne des tschechoslowakischen Nationalstaatsgedankens Volksbodengrenze und Staatsgrenze zur Deckung zu bringen. Die Träger dieser Unterwanderungsbewegung sind... nicht... Personen, die eines höheren und rascheren Verdienstes wegen, noch mit der Bereitschaft, sich der neuen Umgebung einzupassen... in fremdvolkliches Siedlungsgebiet hinüberzuwechseln, sondern ›Hraničáři‹, Grenzler, die völlig freiwillig, ohne persönliche Notwendigkeit, im Bewußtsein einer nationalen Sendung in das deutschbesiedelte Gebiet gingen, um dort als Angehörige der herrschenden Staatsnation aufzutreten und im Sinne der Tschechisierung wirksam zu werden.«[56]
Ein wichtiger Bestandteil der vorhandenen staatlichen Möglichkeiten der ČSR waren

öffentliche Bedienstete. Der Minderheitenschutzvertrag von 1919 und das tschechoslovakische Sprachengesetz vom 29. 2. 1920 hatten alle Behörden, Gerichte, Post- und Bahndienststellen selbst in zu 100% deutschsprachigen Gemeinden verpflichtet, auch »čechoslovakisch«, d. h. tschechisch zu amtieren[57]. Zahlreiche Entlassungen nur deutschsprechender öffentlicher Bediensteter und ihr Ersatz durch Tschechen waren die Folge. Die gleichen Bestimmungen gaben jedoch den Sudetendeutschen nur dann gewisse Rechte in Schule, öffentlichen Geldmitteln und Sprachengebrauch vor Ämtern und Gerichten (nicht aber auf öffentliche Beschäftigung), wenn sie im jeweiligen Gerichtsbezirk mehr als 20% der Einwohner ausmachten. Dieser Prozentsatz wurde in den staatlichen Volkszählungen festgestellt; deren Politisierung war die natürliche Folge.

Darüber hinaus kam es wegen der Bestimmungen über das Heimatrecht öffentlicher Bediensteter am Dienstsitz[58] zu einer Aushöhlung dieser Schutzbestimmung für die jeweils vorher Ortsanwesenden, d. h. die Deutschen. Der Ablauf wurde nämlich regelmäßig von nationalbewußten tschechischen Beamten in Prager Zentralen als Instrument des staatlichen Willens eingesetzt, die Grenze des tschechischen Siedlungsgebietes, die »Sprachengrenze bis an die tatsächliche Landesgrenze« d. h. an die Staatsgrenze[59] der »von Tschechen für Tschechen«[60] regierten ČSR vorzuverlegen. Dazu wurde auch eine – möglicherweise sachlich gebotene – Bodenreform[61] in den Ergebnissen nationalistisch manipuliert, indem sowohl förmliche tschechische Siedlungskolonien im Sudetengebiet entstanden[62] als auch vornehmlich tschechische Bauern die entstehenden Restgüter erhielten[63]. Für die Kinder von öffentlichen Bediensteten, Kolonisten und Bauern wurden tschechische öffentliche und private Schulen im Sudetengebiet erforderlich[64]; sie bedingten den Zuzug tschechischer Lehrkräfte für die als »Minderheitsschulen«[65] bezeichneten Einrichtungen. Dieses als »nationales Schneeballsystem« zu bezeichnende Verfahren führte wegen des bereits vor der Einrichtung der ČSR entwickelten nationalbestimmten Einkaufssystems[66] in wechselseitiger Abstützung zum Zuzug tschechischer Kleinhändler, Gastwirte, Handwerker, Ärzte und Rechtsanwälte; der Staat, d. h. die ČSR, stützte diese Herstellung einer nationalen Infrastruktur durch öffentliche Kredite und Kreditgarantien[67].

Zu diesen Erscheinungsformen des Unterwanderungsprozesses, dessen staatliche Steuerung bestritten wurde[68], der aber auch durch die geringe Verwurzelung der Zuwanderer belegt ist[69], traten weitere Aspekte hinzu: Eingemeindungen in vordem überwiegend deutsche Städte führten auch wegen der entsprechenden Heimatrechtsbestimmungen zur starken Veränderung des nationalen Erscheinungsbildes[70]. Wehrdienstpflichtige der ČSR kamen grundsätzlich in national anders strukturierte Garnisonen; d. h. nichtdeutsche Rekruten vornehmlich in das Sudetengebiet (siehe dazu S. 244–256: A IV, Exkurs 1). Zu dieser generellen Verschiebung traten zeitweilige Verlegungen, die passend auf Wahl- bzw. Volkszählungstermine abgestellt waren[71] und neben Militärpersonen auch öffentliche Bedienstete umfaßten.

In den Volkszählungen wurde zwar die Nationalität erhoben und als »Stammesangehörigkeit« definiert, »deren äußeres Hauptmerkmal in der Regel die Muttersprache ist«[72]. Jedermann konnte sich auch zu einer beliebigen Konfession und der jüdischen Nationalität zugehörig erklären. Noch vorhandene deutsche öffentliche Bedienstete und deutsche Partner gemischtnationaler Ehen unterlagen jedoch massivem Druck, sich bei Volkszählungen als Tschechen zu »bekennen«[73]. Um den Vergleich zwischen so ermittelten Volkszählungsprozentsätzen und politischen Wahlen mit geheimer Stimmabgabe für grundsätzlich nationale Parteien mit z. T. deutlich anderen Ergebnissen zu erschweren, wurden auch zu Wahlterminen zeitweilige öffentliche Arbeiten mit tschechischen Arbeitern im Sudetengebiet organisiert[74].

4.3 Der Zustand 1930

Die Konsequenzen dieser Entwicklung sind der ČSR-Volkszählung vom 15. Dezember 1930[75] zu entnehmen: Es wurde nämlich ermittelt, daß sich in der Gesamtheit jener Gemeinden der ČSR, die 1938 das Sudetengebiet bilden sollten, bei der ČSR-Volkszählung 1930 insgesamt rd. 3,650.000 Einwohner, darunter rd. 27.000 Deutsche mit israelischer Konfession und rd. 743.000 Tschechen incl. der Hultschiner befunden hatten[76]. Darüber hinaus wurden in ganz Böhmen und Mähren-Schlesien rd. 71.000 deutsche Ausländer ermittelt.

4.4 Nach 1930

Das Sudetengebiet blieb bis 1938 Teil der ČSR, die durch internationale Verträge eingerichtet und als Mitglied des Völkerbundes dem Art. 19 seiner Satzung unterlag, wonach »unanwendbar gewordene Verträge« überprüft werden können[77].
1938 erklärte sich die ČSR auf starkes Drängen von Großbritannien und Frankreich in einem internationalen Notenwechsel[78] bereit, die überwiegend von Sudetendeutschen bewohnten Gebiete Böhmens, Mährens und (ex-österreichisch) Schlesiens an das Deutsche Reich abzutreten. Das gleichfalls internationale Münchner Abkommen[79] regelte daraufhin lediglich Ablauffragen. Mehrere bilaterale Verträge zwischen dem Deutschen Reich und der ČSR folgten[80].
Die nicht mit dem sog. »Reichsgau Sudetenland« zu verwechselnden sog. »Reichsangeschlossenen sudetendeutschen Gebiete« mit rd. 29.000 km (im folgenden: Sudetengebiet) hatten am 17. 5. 1939 rd. 3,4 Mio. Einwohner, davon rd. 3,1 Mio. Deutsche und ca. 319.000 Tschechen[81]. Das Sudetengebiet wurde von der gesamten Völkerrechtsgemeinschaft einschließlich der ČSR als Teil des Deutschen Reiches de jure anerkannt[82].
Die Abläufe 1939 und während des Zweiten Weltkrieges sind bekannter: Zunächst löste sich die Slowakei aus der (seit Oktober 1938) Č-SR. Dann vernichtete der deutsche Führer und Reichskanzler Hitler das Selbstbestimmungsrecht des tschechischen Volkes durch die Errichtung des sog. Reichsprotektorates Böhmen und Mähren[83]; schließlich entfesselte er den 2. Weltkrieg.
In seinem Verlauf nahmen für eine fortbestehende ČSR sprechende tschechische Politiker sowie leitende Personen der gegen das Deutsche Reich Hitlers verbündeten weltweiten Koalition ihre bisherige Zustimmung zur Zugehörigkeit des Sudetengebietes zum Deutschen Reich stillschweigend oder ausdrücklich zurück[84].
Das Sudetengebiet hatte dennoch nach dem 8. 5. 1945 de jure den Status eines durch die UdSSR und die USA besetzten Gebiets des Deutschen Reiches, das de facto der neuerrichteten, ihre Rechtskontinuität mit der 1. ČSR betonenden 2. ČSR übergeben wurde[85]. Auch später wurden weder einseitige, formelle und ausdrückliche Erklärungen abgegeben noch gar Vereinbarungen abgeschlossen, das Sudetengebiet mit oder ohne seine Bevölkerung der ČSR einzugliedern. Es erfolgten stets nur implizierende Umwegsformulierungen, wie z. B. »Deutschland in seinen Grenzen von 1937« oder »Bekräftigung der Unverletzlichkeit der bestehenden gemeinsamen Grenze«. Das trifft auch auf die beiden Prager Verträge von 1970 und 1992, die 1994/95 vorgesehene »Schlußstrich-« oder »Abschlußerklärung« sowie auf den sog. 2+4-»Vertrag über die abschließende Regelung in bezug auf Deutschland« von 1990 zu. Letzterer umging in Titel und Text selbst den Ausdruck »Friedensvertrag« (wie etwa die klar als solcher bezeichnete Vereinbarung zwischen Israel und Jordanien vom 26. 10. 1994). Damit wurde nur die formale Konsequenz daraus gezogen, daß wichtige

qualitative Merkmale jedes Friedensvertrages entweder bereits vor Jahrzehnten erfolgt waren (wie die Beendigung des Kriegszustandes und die Wiederaufnahme diplomatischer Beziehungen sowie die Freilassung der Kriegsgefangenen) und andererseits dem geltenden Völkerrecht entsprechende, qualifizierte Territorialregelungen politisch (noch) nicht möglich erschienen. Darüber hinaus ist der Widerspruch aller Gebietsfeststellungen in deutschen Ostverträgen seit 1970 zum Selbstbestimmungsrecht als »zwingender Norm des allgemeinen Völkerrechts« allgemein bekannt. Dieser Widerspruch führt gemäß Art. 53 der Wiener Vertragsrechts-Konvention vom 23. 5. 1969 unmittelbar zur unheilbaren völkerrechtlichen Nichtigkeit[86]. Am Beispiel des rechtlich vergleichbar dürftig fundierten sog. »Deutsch-deutschen Grundvertrages« von 1970 wurde deutlich, daß derartige Provisorien auch praktisch nach kurzer Zeit obsolet werden können.

Jedenfalls war das Sudetengebiet nach dem 1. 10. 1938 vom Deutschen Reich und nach dem 8. 5. 1945 von der ČSR beherrscht. Wenn man als Frieden bezeichnet, daß in einem Gebiet keine organisierten Militäroperationen gegen einen gleichfalls organisierten und bewaffneten militärischen Gegner erfolgen, dann bestand in diesen Zeiten Frieden im Sudetengebiet. Die Massenvertreibung der Sudetendeutschen 1945/46 erfolgte daher im Frieden.

Das Heimatrecht blieb in der 2. ČSR einerseits formal gültig. Über die dargestellte nationalpolitische Aushöhlung nach 1919 hinaus wurde es nunmehr zunächst mißbraucht (ein Regierungsdekret vom 17. 5. 1945[87] bezog sich auf die sog. Heimatrechtsliste der Gemeinden[88] als Basis für die Benachteiligung der Deutschen bei der Lebensmittelzuteilung) und dann durch lange geplante[89], organisierte Massenverfolgung und -deportation der meisten Sudetendeutschen incl. ihrer Juden und ihrer Gegner des NS-Regimes sowie vieler Ungarn offen gebrochen:

- Es gab um den 8. 5. 1945 ca. 3,3 Mio.[90] lebende Sudetendeutsche, die in Böhmen und Mähren-Schlesien, vornehmlich im Sudetengebiet, heimatberechtigt[91] waren.
- Demgegenüber gab es im Mai 1947 nur mehr ca. 230.000[92] Sudetendeutsche in der ČSR.
- Innerhalb von zwei Jahren verringerte sich die Zahl der lebenden Anwesenden einer großen Volksgruppe um über 90%.

Wieviele davon dabei den Tod fanden, ist umstritten: Die amtliche deutsche Zahl des Statistischen Bundesamtes von bereits 1958 liegt bei rd. 250.000[93]; neue Aktenfunde aus Beständen der untergegangenen sog. DDR lassen sogar weit höhere Zahlen vermuten[94]. Tschechoslowakische Autoren haben zunächst ungefähr Null angegeben[95] und später rd. 24.000 (bis 42.000) konzediert[96]. Ihr Vorbringen ist mit ausführlicher Begründung[97] widerlegt worden.

Das derart pervertierte Menschenrecht auf Heimat wurde dann durch ČSR-Gesetz im Juni 1948 auch formal beseitigt[98]. Nunmehr konnte auch vielen Tschechen ihre Heimat entzogen werden. Durch Dekret vom 25. 10. 1948 wurden die Staatsorgane ermächtigt, Personen, die »den Aufbau der Volksdemokratie gefährden«, den Wohnsitz vorzuschreiben. Die Bestimmung soll bis ca. 1958 insgesamt rd. eine halbe Million Tschechen und Slowaken betroffen haben, unter ihnen auch den späteren Literatur-Nobelpreisträger von 1984, Josef Seifert. Die ihnen amtlich zugewiesenen »Wohnsitze« waren oft die gleichen Lager und Gefängnisse, die bis 1947 zur Verfolgung und Vertreibung der Sudetendeutschen genutzt worden waren[99]. Verpflegung und Behandlung waren schlecht; die Zahl der Todesopfer der jahrelangen »Umerziehung« blieb bis heute unbekannt. Die Dimension des Vorganges war daraus abzulesen, daß nach 1990 etwa 218.000 als »zu Unrecht Verurteilte« rehabilitiert[100] wurden.

4.5 Um 1990

Ohne an dieser Stelle auf andere Aspekte der Sudetenfrage[101] um 1990 einzugehen, sei eine kurze Aktualisierung zum Heimatrecht nachgeschaltet.
In dieser Zeit führte einerseits die Einengung der historischen Wurzeln des Rechtes zum Versuch intellektueller Abwertung selbst des Heimatbegriffes als veraltet[102] bzw. zur Frage nach dem Inhalt[103] des Heimatrechtes, die wohl als rhetorisch zu verstehen war[104]; die einschlägigen Definitionen sind seit langem bekannt und veröffentlicht[105].

Zeitlich parallel zu derartigen Aussagen mußte man jedoch auch notieren, daß 1992 als weiteres deutsches Bundesland[106] nunmehr auch der Freistaat Sachsen das »Recht auf die Heimat« in die Verfassung aufnahm[107]. Im internationalen Raum war das ungarische Parlament zu beachten: Dieses legte im Juli 1993 gesetzlich die Rechte der Minderheiten im Staate fest. Neben einem klaren Verbot von Einschmelzungs- oder umgekehrt Vertreibungspolitik sowie einer imponierend umfassenden Festlegung von Selbstverwaltung und Kulturautonomie wurde deutlich formuliert: »Jede... Person hat das Recht auf die Ungestörtheit des Lebens in der Heimat... Das Recht auf Heimat bedeutet die Freiheit und den Schutz der Bindung nicht nur zum eigenen Geburtsort, sondern auch zum Geburts- oder Wohnort der Eltern, Erzieher und Ahnen, zur Urheimat sowie zu deren Kultur und Traditionen.«[108]

Anmerkungen zu Teil II:

1 Siehe die einschlägige, v. a. völker- und menschenrechtliche Literatur.

2 Siehe S. 13 mit Anm. I/20 und S. 15 mit Anm. I/63.

3 Siehe S. 14 mit Anm. I/36.

4 a) Zu den Aufforderungen an Rußland nach 1991:
Siehe S. 13 mit Anm. I/27.

b) Zur Rückkehr bzw. zum Rückruf tschechischer Beamter aus dem Sudetengebiet durch offizielle tschechische Stellen:
Siehe u. a. S. 190f.: A II, Bericht 21.

c) Gelegentlich wird im Zusammenhang mit der Darstellung der Verfolgung von Juden und politischen Gegnern durch das NS-Regime 1938 einerseits und der Deutschenvertreibung 1945 andererseits die Auffassung vertreten, daß im Herbst 1938 »auch die Vertreibung der tschechischen Staatsbeamten« aus dem Sudetengebiet erfolgte, die »nicht mehr zurückkehren« konnten.
Vgl. den Leserbrief von Erich Rossmeissl in der »Brücke« <Zeitschrift der sudetendeutschen Sozialdemokraten, München>; Jg. 33, Nr. 13 (30. 6. 1979); S. 6.
Abgesehen davon, daß dieser Personenkreis nach 1945 zurück»transferiert« wurde, meinte dazu zutreffend ein sudetendeutscher Historiker, der Vorgeschichte und Ablauf des Vorgangs in einer kleineren Stadt Nordböhmens (1910: rd. 9.900 Deutsche, 61 Tschechen; 1930: rd. 9.900 Deutsche und 2.100 Tschechen) beobachtete: Die meisten Tschechen waren »als Beamte und Angestellte der Staatsverwaltung nach 1918 hergekommen und verließen daher aus demselben Grunde 1938 wieder die Stadt. Diesen Abzug mit dem radikalen Abschub aller Deutschen aus ihrer angestammten Heimat zu vergleichen und damit zu ›verrechnen‹, wie dies heute verschiedentlich geschieht, zeugt von hochgradiger geistiger Unredlichkeit.«
Vgl. Prinz, Friedrich: »Szenenwechsel«; München 1995; S. 125 f.

d) Verständlich erscheint, daß vor allem im Vorgangszeitpunkt jüngere Menschen ihre Entfernung von einem gewohnten Ort mit vertrauten (z. B. Schul-)Freunden derart unangenehm empfanden, daß sie dies später mit der gleichfalls negativ besetzten Behauptung wiedergaben, »vertrieben« worden zu sein.
Bei objektiver Betrachtung ist jedoch erkennbar, daß diese Reaktion auch als Folge einer normalen, innerstaatlichen Versetzung des öffentlich bediensteten Familienernährers von einem Dienstsitz zu einem anderen erfolgen kann. Dafür die Bezeichnung »Vertreibung« zu verwenden ist ungerechtfertigt.

5 a) Zum Originaltext vgl. Clausewitz; Carl v.: »Vom Kriege«; 4. Aufl.; Berlin, 1912, S. 120, 122:
»Historische Beispiele machen alles klar und haben nebenher in Erfahrungswissenschaften die beste Beweiskraft... Anders kann man... aus der umständlichen Darstellung eines historischen Ereignisses und aus der Zusammenstellung mehrerer irgendeine Lehre ziehen, die also in diesem Zeugnis selbst ihren wahren Beweis findet.«

b) Eine neuere Ansicht besagt zunächst ganz allgemein, »daß Vergleiche nicht nur eine zulässige, sondern eine notwendige wissenschaftliche Methode sind. Denn nur so können Ähnlichkeiten und Unterschiede ermittelt werden.«
Zutreffend sodann die klaren Randbedingungen des Vergleiches: »Aber dabei ist zu beachten, daß erstens die mörderischen Untaten einer Diktatur keinesfalls durch den Vergleich mit denen einer anderen Diktatur historisierend zu entschuldigen sind und daß zweitens vergleichen nicht gleichsetzen heißt, sondern die totalitäre Erfahrung

als aktuelle Warnung auf eine breitere Basis stellt, indem sie ebenso rechts- wie linksdiktatorische Formen totalitärer Verführungskraft und Machtperversion erkennbar macht.«
Vgl. Bracher, K.-D.: »Zeitgeschichtliche Erfahrungen als aktuelles Problem« in »Aus Politik und Zeitgeschichte« (Beilage zur Wochenzeitung »Das Parlament«); Bonn; Nr. 11/87; S. 3–14, hier S. 4; Hervorhebung im Original.

[6] Siehe S. 14 mit z. B. Anm. I/42 bis 46.

[7] Siehe S. 12 mit Anm. I/6.

[8] Siehe S. 15 mit Anm. I/62.

[9] So Norman Davies (»The Misunderstood War«; Besprechung von Gerhard L. Weinbergs Arbeit »A World at Arms: A Global History of World War II«; Cambridge, 1993) in der »New York <Times Book> Review« vom 9. 6. 1994, S. 20.

[10] a) Die gelegentliche Verschiebung von Erinnerungsberichten zu solchen zeitgenössischer Art bewirkte ein ČSR-Spezifikum:
Durch Gesetz vom 30. 1. 1920 und Regierungsverordnung vom 9.6.1921 (zu den Texten vgl. »ČSR-Slg.« 1920, Nr. 80, S. 135, und 1921, Nr. 211, S. 571 ff.) war jeder Gemeinde die Anlage eines sog. »Gemeindegedenkbuches« vorgeschrieben worden.
Es war öfter festzustellen, daß heutige Berichterstatter auf in Gemeindegedenkbüchern verzeichnete zeitgenössische Angaben zurückgriffen.
b) Zur Anonymisierung der Wissensträger bisher unveröffentlichter Berichte: Siehe S. 344.

[11] Dies gilt in verschiedener Hinsicht:
a) Das sicherlich in vielen weiteren auch veröffentlichten sudetendeutschen Ortschroniken, Heimatbüchern u. ä. vorhandene Material konnte aus Zeitgründen nicht systematisch ausgewertet werden.
b) Zwar wurde jedem Hinweis auf tschechische Publikationen zum Thema nachgegangen, doch kann nicht ausgeschlossen werden, daß weitere existieren.
c) Die Überprüfung auch präziser tschechischer Angaben war oft nicht möglich, da keine Wissensträger mehr leben.
d) Die eingeholten Berichte kamen in unserer Zeit, deren Kommunikation weniger durch Schrift als durch Sprache (Telefon!) bestimmt ist, nur von bestimmten, nämlich (noch) schreibwilligen Personen.

[12] a) Generell wurde versucht, durch Quervergleiche und -informationen die Gefahr von Fehlern möglichst zu verringern.
Dabei erkannte Widersprüche in Erinnerungsberichten wurden vermerkt.
Siehe z. B. S. 216, Anhang (A) III, Bericht (B) 30 gegen 47.
<Der Begriff »Anhang« wird nachfolgend mit »A«, der Begriff »Bericht« mit »B« abgekürzt.>
b) Trotz vieler Verifikationsbemühungen, die vor allem bei Berichten über vorgeblich blutige Ausschreitungen erfolgten und vermerkt wurden (siehe z. B. S. 109: Anm. IV/38), kann aus verständlichen Gründen (z. B. wegen der Frage nach zumutbar noch ermittelbaren Zeugen) keine Gewähr für die Richtigkeit der berichteten Ereignisse/Sachverhalte übernommen werden.
c) Die Unterschiedlichkeit der Berichte wird evident, wenn man in den Extremen das z. T. im besten Sinne naive Erzählen einfacher Menschen mit klar auf Wirkung (d. h. Gegenmaßnahmen) berechneten zeitgenössischen Berichten von Organisationsbestandteilen der SS vergleicht.
Bei sorgsamer Durchsicht bieten jedoch beide Arten sachrelevante Einblicke in die zu

verdeutlichenden Zusammenhänge. Dies gilt nicht mehr, wenn aus bestimmten Gründen offensichtlich gefälscht wurde (siehe S. 123: Anm. IV/27 h).

d) Auch deswegen wurde bei der Auswertung der Berichte oft mit dem Beispielsprinzip verfahren:
Wenn ein Sachverhalt belegt wird, so sind die angeführten Belegstellen regelmäßig nicht erschöpfend angegeben. Auch in anderen, nicht ausdrücklich angeführten Berichten können Belege vorhanden sein.

13 Siehe z. B.
S. 186f.: A II, B 14. Auch deswegen Erweiterung zu S. 273–280: A IV, Exkurs 4 für Nürschan (Mies) mit Littitz.
S. 187: A II, B 15. Auch deswegen Erweiterung zu S. 266–272: A IV, Exkurs 3 für Polička.
Auch S. 186: A II, B 13 für tschechische Zeitungen im Sudetengebiet und S. 190f.: A II, B 21 für Lundenburg (Nikolsburg).

14 Auch wegen des nunmehr meinungs- statt wissensbezogenen Schulsystems in verschiedenen Ländern und der damit zusammenhängenden Priorität z. B. optimaler kommunikativ-sozialer Kompetenz vor geschichtlichem Basiswissen:
Man wage es, locker über die Ausbeutung der Polen durch Deutsche referiernde »Experten« z. B. nach der wenigstens ungefähren Zahl der Polen in den deutschen Ostprovinzen (Grenzen 1937) oder gar der Tschechen im Sudetengebiet von 1919 zu fragen.

15 Zur Zeit vorher wegen der Sachrelevanz für gewisse Zusammenhänge (siehe S. 53 für Anm. II/24) in aller Kürze:

a) Nach dem Beginn nachgewiesener, organisierter menschlicher (wenigstens Teil-) Seßhaftigkeit in den fruchtbaren Gebieten von Böhmen und Mähren zunächst durch Kelten und später Germanen sowie dem zeitweisen Einfluß von Hunnen und Awaren schlugen v. a. länger heidnisch bleibende und demzufolge als Sklaven verkaufbare Slawen auch germanischen Ursprungs dort ihre Wohnsitze auf.

b) In den darauffolgenden Zeitläufen bis in das 19. Jahrhundert hinein wohnten im Gebiet slawisch/tschechisch bzw. alt-, mittel-neu(hoch)deutsch sprechende und orthodox/katholisch/jüdisch/hussitisch/protestantisch gläubige Menschen. Sie waren vornehmlich Bauern, aber auch Städter in einer örtlich/stammlich/feudal/absolutistisch geprägten politischen Struktur als Stammesangehörige/Abhängige/Untertanen. Ihr wechselvolles Schicksal wurde nur wenig von ihnen selbst, sondern vornehmlich von Herzögen, Grafen und Fürsten, Bischöfen und Reformatoren, Päpsten, Königen und Kaisern bestimmt.

16 a) Gelegentlich wird unter Rückprojizierung historisch späterer Begriffe dieser grundlegende Unterschied nicht herausgearbeitet.

b) So implizierte Jan Křen (»Die Konfliktgemeinschaft« München, 1993) durch Verwendung des sachlich und zeitlich beachtenswerten Untertitels »Tschechen und Deutsche in den böhmischen Ländern 1780–1918« (Hervorhebung nicht im Original) einen grundsätzlich gleichen Anfangs-und Endzustand.

c) Auch bei Ferdinand Seibt (»Deutschland und die Tschechen«; München, 1974; Neufassung 1993) findet man neben recht bedeutenswerten Passagen das Konzept, die »Geschichte einer Nachbarschaft in der Mitte Europas« vom 6. Jahrhundert bis in die Gegenwart zunächst allgemein durch identische Begriffe und den Zeitraum 1740 bis 1918 im besonderen durch die Kapitelüberschrift »Nachbarschaft in Fortschritt, Industrie und Nationalismus« (S. 191ff.) förmlich zu linearisieren.
Der Autor selbst interpretierte sich dann wie folgt (in Friedrich Uttitz: »Tschechen und Deutsche oder Tschechen und Sudetendeutsche«; Ruf-Sendung des WDR 3 vom 28. 11. 1994):

»Ich habe mein Buch benannt Deutschland und die Tschechen, weil es mir von deutscher Seite um den großen, über tausend Jahre hin historischen Raum geht, den man nicht einfach definieren kann. Wir wissen alle, welche gewaltige Wandlungen dieses Gebiet durchgemacht hat, staatlicher und organisatorischer Art, das man Deutschland nennt. Aber ich habe mit großem Bedacht nicht von den Tschechen und Sudetendeutschen gesprochen, denn das ist eine Entwicklung der neueren Zeit... Denn vor 700 Jahren war der Bauer, der in dieses Land einwanderte, um zu kolonialisieren, der war nicht ein Deutscher, der war in erster Linie ein Bauer. Und vor dreihundert Jahren war der Handwerker, der da ins Land kam, ähnlich zunächst seinem Stand zugeordnet, seinen Erwerbsmöglichkeiten, seinen Lebensmöglichkeiten. Er kam nicht als Deutscher in unserem modernen Verständnis und er wirkte und lebte nicht so... Das sind die Geschichtsbilder der Großväter, und sie sind... national bestimmt und einfach falsch.«

Man würde sich wünschen, daß derartige Einsichten sowohl angewendet (z. B. auf eben den Begriff »Deutschland«, der in den über 1000 Jahren vor 1993 wohl deutlich unterschiedliche Inhalte umfaßte) als auch durchgängig gebraucht werden (z. B. auch auf das Empfinden des tschechisch-redenden Bauern vor 700 Jahren). Die Rückprojektion nationaler Probleme des 19. und 20. Jahrhunderts in frühere Zeiten führte und führt nämlich geradewegs in politisch nutzbare Mythen und Legenden.

Zu Konsequenzen derartiger Betrachtungsweisen: Siehe Anm. II/24 auf S. 53.

d) Demgegenüber sind für etwa den Zeitraum 1740 bzw. 1780 bis 1918 als bedeutsame Entwicklungsgrößen (in aller Kürze) festzuhalten:
- Im Gefolge von technologischen und medizinischen Entdeckungen und Erfindungen (von der Dampfmaschine bis zu Schutzimpfungen) starke Bevölkerungsvermehrung.
- Aus praktischen Erwägungen Metrifikation (vereinheitlichte Maße und Gewichte) und Alphabetisierung (Lesen und Schreiben) dieser größeren Bevölkerung.
- Dem allmählich veränderten Rechtsbewußtsein aller Beteiligten entsprechender Übergang früherer »Untertanen« zu Bürgern mit primären und unveräußerlichen Menschenrechten (Liberalismus).
- Die Differenzierung des soziologischen Gefüges vornehmlich von Bauern in eine Gruppen-/Klassen-/Standesgesellschaft mit Arbeitern, Angestellten und freien Berufen unter allmählicher Bedeutungsabnahme von Adel und Geistlichkeit.
- Der schrittweise Übergang der Entscheidungsbefugnis über letztlich alle politischen und gesellschaftlichen Fragen von bisheriger »gottgewollter Obrigkeit« an diese Bürger oder ihre Repräsentanten (Demokratie).
- Schließlich, gerade für dieses Gebiet bedeutungsvoll: Die Strukturierung der Personengesamtheiten von Böhmen, Mährern und Schlesiern, aufgesetzt auf Alphabetisierung, Liberalismus und Demokratie, vornehmlich als Folge des Schubeffektes der Jahre 1848/49 nach Tschechen/Slawen und Deutschen/Germanen unter nachlassender Bindekraft einer grundsätzlich anationalen Monarchie (Nationalismus).

Zusammenfassend: Die Entwicklung im 19. Jahrhundert führte (auch) in den böhmischen Ländern zu einem deutlicheren Unterschied zwischen ca. 1800 und ca. 1900, als dies zwischen ca. 800 und ca. 1800 in einem ganzen Jahrtausend erfolgte; der Ausdruck »dialektischer (Entwicklungs-)Sprung« soll dies verdeutlichen.

Die Hervorhebung von 1848/49 ist in der gesamten einschlägigen Literatur von Helfert über Friedjung und Redlich bis zu Namier, Hantsch und Kann festzustellen. Die Massenwirksamkeit dieser Jahre belegte u. a. eindrucksvoll Gustav Otruba in

»Nationale Fragen im Spiegel der Wiener Flugschriften 1848« in »Wiener Geschichtsblätter«; 37. Jg. (1982), Heft 3; S. 129–158.

[17] a) Siehe S. 139, auch 140: A I, D(okument) 1, § 1.
b) Zu entsprechenden, aber bei weitem engeren Regelungen
- in Preußen 1794: vgl. DzS, S. 5f.
- in Würtemberg 1828: vgl. Reyscher, A. L. (Hsg.): »Sammlung der Würtembergischen Gesetze«; Bd. 15, Abt. 2; Tübingen, 1847; S. 1064.

Hier wurde primär ein Ort festgelegt, an dem in Notfällen Unterstützung eingefordert werden konnte; die öffentlich-rechtliche Beurkundung fehlte völlig.

[18] Siehe S. 139: A I, D 1, § 3.

[19] Siehe S. 144: A I, D 2, § 10.

[20] Die Heimatberechtigung war Zählkriterium.

[21] Vgl. die zeitgenössischen Definitionen in DzS, S. 3ff.

[22] So der offizielle Staatsname in deutscher Sprache; vgl. DzS, S. 143, Anm. 6.

[23] Entgegen den quasi-Beitrittsprinzipien im sog. Pittsburger-Vertrag vom 30.5.1918 (zum Text vgl. DzS, S. 109) wurde die Verfassung der ČSR von 1920 demgegenüber praktisch ohne slowakische Mitarbeit erstellt; vgl. DzS, S. 162.
Zur zeitgenössischen slowakischen Meinung über den Anschluß an die Tschechei erscheint durchaus symptomatisch, daß, vergleichbar dem Sudetengebiet, auch die Slowakei von den Tschechen militärisch besetzt werden mußte. Unterschiede waren, daß sich beträchtlich größere Teile der Bewohner dagegen mit den Waffen zur Wehr setzten und die Tschechen nicht nur deswegen den Anschluß unter militärischem Standrecht und starkem Druck der Alliierten auf Ungarn vollzogen.
Die zeitgenössische Meinung der Tschechen über die Slowaken wird durch die These Masaryks von 1915 illustriert: »Slowaken sind Böhmen, obwohl sie ihren Dialekt als Schriftsprache benutzen.«
Vgl. Stehle, Hansjakob: »Nachbarn nun auch füreinander«. Besprechung des Buches von Karl-Peter Schwarz »Tschechen und Slowaken«; Wien, 1993 in der »Zeit« vom 7. 1. 1994.
Diese Auffassung wurde von Beneš übernommen. Noch im Dezember 1943 sagte er in Moskau: »Die Slowaken sind Tschechen, die einen der verschiedenen tschechischen Dialekte sprechen«.
Vgl. Fierlinger, Zdenék: »Ve službách ČSR« (In den Diensten der ČSR); Bd. 2; Prag, 1947; S. 196f.

[24] Die Behauptung, es habe im 7. Jahrhundert auf dem Territorium der ČSR von 1919 einen »unabhängigen Staat« gegeben – gedacht wird hier an das sog. Großmährische Reich – ist als historische Rückprojektion zu erkennen.
Ähnliches gilt von der proklamativen Behauptung, ein »unabhängiger Staat, bestehend aus Böhmen, Mähren und Schlesien«, sei »im Jahre 1526 mit Österreich und Ungarn in ein Abwehrbündnis gegen die Türkei eingetreten«. Tatsächlich war das angesprochene Gebiet vorher und nachher abhängiger Teil des bis 1648 de jure souveränen »Heiligen Römischen Reiches« und wechselte damals lediglich die Herrscherfamilie.
Beide Behauptungen in der Unabhängigkeitserklärung der ČSR vom 18.10.1918; zum Text vgl. DzS, S. 112f.
Zur korrekten staats- und völkerrechtlichen Beurteilung vgl. Hermann Raschhofer und Otto Kimminich: »Die Sudetenfrage«; München, 1988, S. 19ff.
Siehe auch S. 34, Anm. I/49 und S. 51f., Anm. II/15.

[25] a) Zu den Gesamtzahlen des Sudetengebietes in Böhmen, Mähren und Schlesien 1910 siehe S. 284f.: Anhang V; Tabelle 1; Spalten 8, 9: Auch Angaben für den Gebietsstand nach 1919.

b) Zu Gerichtsbezirken, der mittleren Verwaltungseinheit:
Zum 1. 1. 1914 hatten von insgesamt 332 Gerichtsbezirken in Böhmen und Mähren 291 eine nationale Mehrheit von über 80% (davon 177 tschechisch und 115 deutsch).
Nur 41 (d. h. 12%) hatten geringere nationale Mehrheiten. Ihre gebietliche Anpassung an die nationale Lage war geplant.
Vgl.: »Statistische Daten über die sprachliche Zusammensetzung der Zivilbevölkerung des Königreiches Böhmen/der Markgrafschaft Mähren. Auf Grund der Volkszählung vom Jahre 1910 und nach dem Stand vom 1. Jänner 1914.«; o. Hsg., o.O., o.J. (1916?).

c) Zu Gemeinden:
»Im Jahre 1921 waren fast 1000 Gemeinden 100prozentig deutsch, praktisch ohne einen einzigen tschechischen Einwohner, während die Zahl der deutschen Gemeinden, in denen eine tschechische Minderheit von 20–49,9 v. H. vorhanden war, nur 277 betrug.«
Vgl. Bohmann, Alfred: »Menschen und Grenzen: Bd. 4: Bevölkerung und Nationalitäten in der Tschechoslowakei«; Köln, 1975; S. 120.
<Im folgenden zitiert als »MuG«>

d) Zur allgemeinen Lage:
Es »sind im allgemeinen die Grenzen zwischen deutschem und tschechischem Gebiet klar und gehen manchmal sogar durch die Mitte eines Dorfes oder einer Stadt. Tatsache ist auch, daß beide Nationen nebeneinander leben, wobei jede ihr eigenes sprachliches, kulturelles und wirtschaftliches Leben führt; sie durchdringen einander also nicht wie politische Parteien oder Kirchen.«
Vgl. Radl, Emanuel: »Der Kampf zwischen Tschechen und Deutschen«; Reichenberg, 1928; S. 159.

e) Demgegenüber der ČSR-Politiker Masaryk in Verbindung mit einem spezifischen Nationalitätenbegriff in einer Denkschrift für den britischen Außenminister Sir Edvard Grey im April 1915:
»Though we advocate the principle of nationality, we wish to retain our German minority. It seems to be a paradox, but it is on the principle of nationality that we retain the German minority. Bohemia is a quite unique example of a mixed country; in no country are two nationalities so intermixed and interwoven, so to say, as in Bohemia.«
Zum Gesamttext vgl. den Abdruck des »Mémoires« in Nowak, Karl Friedrich: »Chaos«; München, 1923, S. 313ff., hier S. 340.

f) Diese vorgebliche Gemengelage von Deutschen und Tschechen konnte (und kann) nur dadurch »belegt« werden, daß amtliche Volkszählungszahlen durch falsche Sekundärliteratur und eigenwillige Minderheitendefinitionen ersetzt wurden.
Dafür nachfolgendes Beispiel:
J. W. Brügel (»Tschechen und Deutsche 1918–1938«; München, 1967; S. 565) entnahm verschiedener Sekundärliteratur für 1910, daß *fünf* Bezirke (*darunter* Teplitz) 21% sowie Reichenberg und Gablonz 26% bzw. 25% tschechischen Bevölkerungsanteil gehabt hätten.
In einer späteren Publikation (»Zankapfel Deutsch-Böhmen« in »Bohemia-Jahrbuch«; München, Bd. 21/I (1980); S. 377) zitierte sich Brügel selbst wie folgt: »Die Bezirke Teplitz, Reichenberg und Gablonz hatten bei der österreichischen Volkszählung von 1910 tschechische Minderheiten von 21, bzw. 26 und 25 Prozent.«
Primärliteratur (nämlich die »Österreichische Statistik«, Hsg. v. d. K.K. Statistischen Zentralkommission; 1. Bd., 2. Heft; Wien, 1914) zeigt demgegenüber auf, daß

1910 Teplitz 13%, Reichenberg und Gablonz je 7% tschechischen Bevölkerungsanteil hatten.

Brügel behauptete auch (in 1967 für »vor 1912«, in 1980 für »vor 1918«), daß nur 6 Bezirke in Böhmen, darunter St. Joachimsthal und Graslitz, nicht aber Eger völlig »ohne tschechische Minderheit« waren. Der Begriff blieb undefiniert.

Tatsächlich hatte St. Joachimsthal immerhin 0,1% Tschechen, Eger aber 0,0% tschechische Bevölkerung.

Läßt man den Begriff »Minderheit« entsprechend üblicher ČSR-Festlegung bei 20% beginnen, so wiesen von 226 Gerichtsbezirken Böhmens im Jahre 1914 nur 22 andersnationale Minderheiten auf.

Vgl. »Statistische Daten ...«: a.a.O.

26 Vgl. dazu Kuffner, Hanuš: »Náš štát a světovy mír«; Prag, 1918; in deutscher Sprache »Unser Staat und der Weltfriede«; Warnsdorf, 1922.

Hier wurde in einem anti-deutschen Gesamtprogramm auch ein »Staat des tschechischen Volkes« mit folgenden Grenzen gefordert: Im Osten die Oder bis zur Höhe von Berlin. Im Norden eine Linie knapp südlich Berlin zur Elbe bei Torgau, dieser folgend bis Pirna und dann Ausgreifen nach Sachsen. Im Westen der Naab in der Oberpfalz folgend bis incl. einem »Brückenkopf« Regensburg und im Süden die Donau mit weiteren »Brückenköpfen« um Passau, östlich Melk und bei Hainburg bis zum Neusiedler See.

Es ist schwer zu beurteilen, welche Bedeutung Kuffners Arbeit hatte:

Kurt Glaser (»Czecho-Slovakia«; Caldwell, Ida., USA., 1961; S. 48f.) meinte, daß eine vergleichbare Arbeit Kuffners bereits 1912 entstand, auf dieser Basis die tschechischen Politiker Klofáč und Kramář 1914 das russische Außenministerium informierten und später Kuffners Plan »was submitted to the Paris Peace Conference« des Jahres 1919.

Wenzel Jaksch (»Europas Weg nach Potsdam«; 4. Aufl.; München, 1990; S. 486) stellte demgegenüber lediglich in Frage, ob Kuffners Auffassung der »Standpunkt des tschechischen Volkes« gewesen sei.

Unter indirekter Bezugnahme auf Glaser war sich Brügel (a. a. O.; 1967; S. 40, 555) ganz sicher, daß Kuffner irrelevant und die Annahme falsch sei, es handle sich um ein Pseudonym für Beneš.

Jedenfalls war von Kuffner nichts mehr zu hören, nachdem er seine Arbeit veröffentlicht hatte. Grundzüge davon waren freilich sowohl in den damaligen politischen Vorstellungen von ČSR-Präsident Masaryk (vgl. DzS, S. 116, 118) und den »Memoires« von ČSR-Außenminister Beneš (siehe folgende Anm. II/27) deutlich zu erkennen.

27 Es ist aus den »Memoires« der ČSR an die Pariser Friedenskonferenz 1919 abzulesen.

Abgesehen von dem bekannten »Memoire III«, welches »das Problem der Deutschen in Böhmen« schon im Titel geographisch einschränkte und dann im Text, in den Statistiken und in der Kartenbeigabe weiter gezielt verminderte, verlangte die ČSR viel mehr: Ohne Rücksicht bzw. unter Manipulation der jeweiligen Bevölkerungszusammensetzung nach Nationalitäten sollte eine territoriale Verbindung mit Jugoslawien am Neusiedler See zu Lasten Ungarns und (Deutsch-)Österreichs erreicht, große Teile Schlesiens, insbesondere das Gebiet von Glatz und um Ratibor annektiert sowie eine spezifische Regelung für den Bereich der sog. Lausitzer Wenden erreicht werden. Darüber hinaus wurden zahlreiche »Grenzberichtigungen« gegenüber Deutschland und (Deutsch-)Österreich gefordert.

Zu den umfangreichen Gesamttexten vgl. Gordon, Helmut: »Die Beneš-Denkschriften«; Berg, 1990; S. 102ff.; Auszug des »Memoire III« in DzS, S. 118ff.

28 Ohne weitere Bewertung seien vor allem angeführt:

- Die völlige Niederlage der sog. Mittelmächte;

- das Bestreben Frankreichs, starke Bundesgenossen zu haben;
- die Angst vor der aus der UdSSR ausgreifenden kommunistischen Bewegung, die zeitweise auch Ungarn, Bayern und Sachsen beherrschte und Polen bedrohte, sowie
- das fachliche Unvermögen bzw. der politische Unwillen traditionell denkender Diplomaten, vorhandene zukunftsweisende Ideen praktisch zu applizieren.

29 a) In Südböhmen um das Gebiet von Weitra/Gmünd v.a. wegen des wichtigen Bahnhofsknotenpunktes in Gmünd, in Südmähren um das Gebiet von Feldsberg und in Schlesien um das sog. Hultschiner-Ländchen.
Zu jeweiligem Territorium und Bevölkerung:
Siehe S. 284f.: Anhang V, Tabelle 1, Zeilen 10, 22, 34.

b) Zu den sog. Hultschinern ist beachtenswert:
- Bei der Volkszählung des Deutschen Reiches vom 1. 12. 1910 bekannten sich von der Bevölkerung 36.000 zur in dieser Volkszählung anerkannten Nationalität der »Morawer«.
- Die Zuweisung zur ČSR wurde von einer großen Mehrheit der Bevölkerung derart abgelehnt, daß am 4. 5. 1920 für das gesamte Gebiet der militärische Ausnahmezustand verhängt werden mußte.
  Vgl. Bohmann, Alfred: »Das Sudetendeutschtum in Zahlen«; München, 1958; S. 9. <Nachfolgend zitiert als: »SiZ«.>
- Anläßlich der tschechoslowakischen Volkszählungen von 1921 und 1930 gaben viele der bisherigen Morawer/Mährer als Nationalität »Moravane« (Mährer) bzw. »Slezane« (Slonsaken) an; dies wurde von den Verwaltungsbehörden der ČSR massenhaft in »Tschechoslowaken« (d. h. Tschechen) geändert (vgl. Bohmann: a. a. O.).
- 1927 bis 1931 protestierten Hultschiner in Petitionen an den Völkerbund erfolglos gegen ihre Einbeziehung in die ČSR. Vgl. DzS, S. 156.
- Bei allen politischen Wahlen in der ČSR von 1920 bis 1938 wählten stets eine absolute Mehrheit der jeweils Stimmberechtigten deutsche Parteien.
- Am 1. 10. 1938 wurde das Gebiet der Hultschiner in das Deutsche Reich rückgegliedert.
  Am 17. 5. 1939 wurde bei der Volkszählung ein Bevölkerungsstand von rd. 53.000 festgestellt, von denen sich rd. 52.000 als Deutsche erklärten.

Vgl. auch Abmeier, Hans-Ludwig: »Abtretung des Hultschiner Ländchens« in »Ostdeutsche Gedenktage 1995«; Hsg. v. d. Kulturstiftung der deutschen Vertriebenen; Bonn, 1994; S. 301–303.

30 Dies ist zwischenzeitlich selbsterweislich geworden.
Vgl. »Deutsche Gesandtschaftsberichte aus Prag... Teil I:... 1918–1921«; Hsg. v. Manfred Alexander; München, 1983: Dort bereits für den 13. 11. 1918 die Feststellung, daß 80% der »deutschböhmischen Bevölkerung« den Anschluß an Deutschland anstreben (S. 81). Bis zum 29. 1. 1919 hatte sich dies wegen u. a. des Verhaltens der »tschechischen Besatzungstruppen« eher noch verstärkt (S. 142).
Vgl. auch die Belege in DzS, S. 110 ff.

31 Vgl. DzS, S. 124 ff., 132 f.

32 Vgl. DzS, S. 114, 124 ff.

33 Durch die Friedensverträge von Versailles vom 28. 6. 1919 und von St. Germain vom 10. 9. 1919; zum Text der Bestimmungen vgl. DzS, S. 133, 137.
Hellsichtig meinte weit vor Hitler ein Tscheche (vgl. Radl: a. a. O., S. 161):
»Deutschland wird sicherlich den Frieden von Versailles korrigieren, und in der Welt wird sich dagegen kein Protest erheben; Österreich wird den Anschluß an Deutschland vollziehen... und das Nationalitätenprinzip, das man im Kampfe gegen Deutschland

anwendete, wird in dessen Händen zur Waffe werden. Auch zur Waffe gegen die Tschechoslowakei, deren Bevölkerung zu einem Drittel deutsch ist?«

34 a) Zum Text vgl. DzS, S. 12.

b) Die Möglichkeit der »Überprüfung« der ČSR-Grenzen war international durchaus bekannt und sollte auch genutzt werden.

Der ČSR-Delegierte im Internationalen Ausschuß des Münchner Abkommens, Gesandter Mastny, berichtete aus diesem Gremium, daß im Zusammenhang mit praktischen Fragen der Festlegung des Gebietes »vorwiegend deutschen Charakters« am 5. 10. 1938 folgende Stellungnahmen abgegeben wurden (vgl. seinen Bericht vom 1. 11. 1938 in Král, Václav: »Das Abkommen von München 1938«; Prag, 1968; S. 304–315, hier S. 309):

»Der italienische Botschafter <d. h. Attolico> erklärte, die anwesenden Botschafter Frankreichs, Englands und Italiens müßten auf der Grundlage des Jahres 1918, bezw. 1910 bestehen, weil die am Abkommen von München beteiligten Großmächte dieses als eine ›Revisions-Vereinbarung‹ angesehen hätten, die das Unrecht des Versailler Friedens wiedergutmachen und den Deutschen das ihnen zustehende, aber verweigerte Selbstbestimmungsrecht nachträglich wiedergeben sollte. In diesem Sinne, so betonte der italienische Botschafter, habe Mussolini und hätten auch die übrigen Regierungschefs die Verhandlungen in München geführt. Der englische Botschafter <d. h. Henderson> schloß sich den Ausführungen des italienischen Botschafters sofort rückhaltlos an.«

Henderson ergänzte und präzisierte am gleichen Tag in einem Telegramm an den britischen Außenminister Halifax (vgl. DBFP; 3. Serie, Bd. 3, Nr. 134; S. 99):

»I submit... that Munich protocol constituted revision of a treaty in accordance with Article 19 of the Covenant. Strict justice necessitated return to status quo ante 1918...«

35 Vom 29. 2. 1920.
Zum Text und zur Beurteilung der Umstände: Vgl. DzS, S. 138 ff., 146 f.

36 Vom 10. 9. 1919. Zum Text vgl. DzS, S. 138 ff.

37 Siehe S. 283 f.: Anhang V, Tabelle 1; Spalten 8, 9, Zeile 52.

38 Zu Entwicklung und Umfang des für die Gesamtzahl wichtigen Teilgebietes der sog. Hultschiner: Siehe S. 56, Anm. II/29 b.

39 So z. B. in der diplomatisch formulierten Note vom 20.5.1919, die Beneš an die Friedenskonferenz in Paris übermittelte; zum Text vgl. DzS, S. 131 f.

40 Die Befugnisse der bisherigen Kronländer wurden im Gegenteil beschnitten; das Land Schlesien, das eine nichttschechische Mehrheit aufwies, wurde 1925 mit Mähren verschmolzen.

41 Auch die Rechtsstellung der Gemeinden wurde eingeschränkt. Im Bereich des Volkszählungswesens verloren sie alle Befugnisse, die auf staatlich ernannte Zählkommissare und -revisoren übergingen. Nach parlamentarischer Anfrage wurde ein vertraulicher Erlaß des ČSR-Innenministeriums bekannt, der u. a. für die Volkszählung 1930 festlegte:

»Bei der Ernennung von Funktionären für die Volkszählung muß als richtunggebender Grundsatz gelten, daß diese Aufgabe nur solchen Personen zugeteilt wird, die vom Standpunkte der Staatstreue und auch vom tschechoslowakischen nationalen Standpunkte vollständig verläßlich sind. Ganz besonders ist er auf jene Bezirke zu verwenden, wo die Erstarkung des tschechoslowakischen Elementes erwünscht ist. Dort, wo auch Minderheitensprachen gesprochen werden, muß bei der Ernennung von Kommissären auf solche Personen das Augenmerk gerichtet werden, die tschechoslowakisch national fühlen und die Minderheitensprache beherrschen.«

Vgl. »Volkszählung in der Tschechoslowakei« in »Sudetendeutschland«; (Monats-) »Zeitschrift der sudetendeutschen Freiheitsbewegung«; Jg. XII, Nr. 1; Wien, Jänner 1931; S. 1.

[42] Siehe S. 53, Anm. II/24.

[43] Siehe S. 54, Anm. II 25e.

[44] Z. B. im »Memoire III«, siehe S. 55, Anm. II/27.

[45] So bereits die (frühe) Entscheidung des Obersten Verwaltungsgerichts der ČSR vom 19. 3. 1919; zum Text vgl. DzS, S. 130.

[46] Zum Begriff siehe u. a. die ČSR-Verfassung vom 29. 2. 1920 (Text: DzS, S. 146 f.), zur Anwendung siehe z. B. das Sprachengesetz vom gleichen Datum, insbes. § 4 (Text: DzS, S. 147 ff.).

[47] Zu Analyse und ausformuliertem Widerspruch: Vgl. den Text der Staatsrechtlichen Erklärungen der Abg. Rudolf Lodgman von Auen und Josef Seliger am 1./2. 6. 1920 in DzS, S. 149 ff.

[48] Auf dem 6. Parteitag der KPČ im März 1931; vgl. die Texte in DzS, S. 176 f.

[49] Dabei sind zwei Aspekte bemerkenswert:

a) Die sudetendeutschen Nationalsozialisten forderten noch 1930 öffentlich nur Autonomie (vgl. ihr Programm in DzS, S. 175 f.); die tschechoslowakische, übernationale KP 1931 offen die Sezession.

b) Schon 1920 (zum Wortlaut vgl. DzS, S. 152 f.) nahm der BdL-Abgeordnete Křepek das Muster der tschechischen Resistance gegen das k.u.k. Österreich bis 1918 als Vorbild für sudetendeutsches Verhalten gegen Staatsidee und –praxis der ČSR nach 1918 in Anspruch.

[50] a) Zum Text des ČSR-Staatsschutzgesetzes vom 19. 3. 1923, insbesondere § 14, Ziff. 1, vgl. DzS, S. 158 ff.:
Das Delikt wurde zwischen »militärischen Verrat« und »Aufreizung zum Rassenhaß« gestellt.

b) Praktisch bedeutete diese Vorschrift, daß z. B. die Publikation einer bloßen Gegenüberstellung von »Bestimmungen des Vertrages von St. Germain und der Verfassungsurkunde der Tschechoslowakischen Republik« im Jahre 1936 von einer ČSR-Bezirksbehörde (ca. Landratsamt) verboten werden konnte.
Vgl. »Die SdP im Parlament – Ein Jahresbericht 1935/36«; Hsg. v. Konstantin Höss; Karlsbad, 1937; S. 284.

[51] Entsprechende Unterlagen wurden nach dem Einmarsch deutscher Truppen in Prag am 15. 3. 1939 entdeckt; in der NS-Zeit erfolgten daraus Veröffentlichungen (vgl. Urban, Rudolf: »Demokratenpresse im Lichte Prager Geheimakten«; Prag, 1943; in tschechischer Sprache »Tajné fondy III. sekce« (Die geheimen Finanzmittel der 3. Abteilung <des ČSR-Außenministeriums>; Prag 1943).

Selbst wenn man Ausgangsmaterial (wieviel von diesem Geld wurde einfach unterschlagen?) und die NS-Edition zurückhaltend wertet (keine Zuwendungen in Berlin vor 1933?), ergab sich aus ihr für diesen völlig verständlichen und überaus logischen Aspekt tschechischer Politik der Zwischenkriegszeit ein eindrucksvolles Bild. Teilweise mit den Faksimilebelegen wurden hohe, auch laufende Zahlungen v. a. an Presseorgane und Journalisten in Paris, London, Genf und Wien, aber auch bis nach Melbourne belegt; die finanzielle Betreuung umfaßte auch Beamte des britischen Außenministeriums und die englische Wissenschaftlerin Elizabeth Wiskemann (von ihr z. B. »Czechs and Germans«, London 1938).

Bekannt ist darüber hinaus, daß in einem (in Deutschland abgehörten) Telefongespräch der ČSR-Gesandte in London, Masaryk (Sohn des früheren ČSR-Präsidenten) noch am

16. 9. 1938 vom nunmehrigen Präsidenten Beneš weiteres Geld anforderte. In verdeckter Sprache: »Ich brauche jetzt hier gerade genug, wissen Sie.« Darauf Beneš: »Werden es sofort veranlassen.«

Vgl. die Berichte im Public Record Office London, Akte Foreign Office 371/21742; wiedergegeben bei Irving, David: »Das Reich hört mit«; Kiel, 1989; S. 144 f.

52 Italien ab 1925, Polen und Litauen ab 1926, Jugoslawien ab 1929, Portugal ab 1930, Deutschland und Österreich ab 1933, Bulgarien und Lettland ab 1934, Spanien ab 1936/39, Rumänien ab 1938.

53 Siehe S. 144ff.: A I, D 3.

Beachtenswert ist, daß der Staatsangehörigkeitswechsel der Heimatberechtigten natürlich keinen Verlust des Heimatrechtes bewirkte.

54 a) Alfred Bohmann (MuG, S. 109) berichtet zum Anlaß:

»Zweifellos ... hat es ... im vorigen <d. h. 19.> Jahrhundert, etwa seit den siebziger Jahren, als um Dux und Brüx im nordwestlichen, noch rein deutschbesiedelten Bereich Böhmens die ersten Braunkohlenfelder ober- und untertags erschlossen wurden ... eine noch nicht gelenkte Zuwanderung aus den binnentschechischen Gebieten gegeben, und zwar von dem Zeitpunkt an, als der gesteigerte Bedarf an Arbeitskräften aus der geographisch in erster Linie hierfür in Betracht kommenden deutschen Erzgebirgsbevölkerung allein nicht mehr gedeckt werden konnte und deshalb auf – wegen der größeren Verdienstmöglichkeiten im Bergbau – sich anbietende billige ungelernte Arbeitskräfte aus Innerböhmen zurückgegriffen wurde. Das nordwestböhmische Kohlenrevier weitete sich aus, die tschechische Zuwanderung verstärkte sich, so daß nicht bloß der landwirtschaftliche Charakter des Gebietes völlig verändert, sondern auch das bis dahin rein deutsche Siedlungsgebiet zunehmend in ein nationales Mischgebiet umgewandelt wurde.«

b) Bohmann dann zu Territorium und Volumen:

»Die tschechische Zuwanderung im nordwestböhmischen Braunkohlengebiet von 1880–1910

	Die Zahl der Tschechen im Jahre	
Bezirk	1880	1910
Brüx*	3166	25 054
Dux	3 582	21 420
Bilin	1 543	12 845
Teplitz-Schönau	2 476	
Zusammen	10 767	59 319

* Mit dem Gerichtsbezirk Oberleutensdorf.«

55 a) Bohmann (MuG, S. 108) zur Bedeutung dieser Frage:

»Tatsächlich ist die Frage der tschechischen Unterwanderung der deutschbesiedelten Gebiete schlechthin das beherrschende Problem in der politischen und soziologischen Auseinandersetzung zwischen den beiden Völkern in den Böhmischen Ländern, zwischen Tschechen und Sudetendeutschen gewesen. Es hat, beginnend bereits in den achtziger Jahren des vorigen Jahrhunderts und verstärkt fortgesetzt während der Zeit des Bestandes der ersten Tschechoslowakischen Republik, kein deutsch-tschechisches Problem gegeben, das sich in seiner Bedeutung und beständigen Folgewirkung auch nur annähernd mit dieser Frage hätte messen können.«

b) Bohmann (MuG, S. 111–117) hat die 122 Gerichtsbezirke in den böhmischen Ländern betrachtet, die noch am 1. 12. 1930 mehr als 50% Sudetendeutsche aufwiesen, und ihre Bevölkerungszusammensetzung mit jener früherer Zeiträume verglichen. Aus seinen (hier verkürzten) Zahlen ergibt sich ein eindrucksvolles Bild der Beschleunigung, den die ČSR-Unterwanderung 1919–1930 im Vergleich zu den natürlichen Wanderungen vorher aufwies:

Anteil der Deutschen in %	1880	Natürliche Wanderungen = geringe Schwankungen	1910	Staatliche gestützte Unterwanderung = gravierender Umbruch	1930
100	19	- 2	17	- 17	0
90,0 - 99,9	82	+ 1	83	- 12	71
50,0 - 89,9	21	+ 1	22	+ 29	51
Se Ger Bez	122		122		122

56 a) Vgl. Bohmann: MuG, S. 110 f.
b) Nach ähnlicher Darstellung der Unterwanderung im Schlußbericht des britischen Lords Runciman vom 21. 9. 1938 über seine Vermittlerrolle in der ČSR: »Ich glaube, daß diese Klagen in der Hauptsache berechtigt sind <und konnte selbst im Herbst 1938> seitens der ČSR-Regierung keine Bereitschaft feststellen, <sie> durch auch nur einigermaßen angemessene Maßnahmen zu beheben.«
Zum Text vgl. DzS, S. 225.
c) Zum Verhältnis tschechischer Angehöriger des öffentlichen Dienstes zur jeweiligen Bevölkerungsverteilung und zum Einsatz derart zugezogener Personen in der Gemeindepolitik: Vgl. die Darstellungen in DzS, S. 474.

57 a) Zum Text des Gesetzes vgl. DzS, S. 147 f.
b) Für die Dimension der nationalen Auswechslung von öffentlichen Bediensteten ist auch anzumerken, daß alle Gemeinden einem sog. Gerichtsbezirk (etwa Landkreis) zugeordnet waren, dessen Territorium sich seit 1860 kaum geändert hatte. Rein deutsche Gemeinden am Rande des geschlossenen deutschen Sprachgebietes, jedoch einem Gerichtsbezirk zugeschlagen, der 1921 mehr als 80% Tschechen auszählte, waren zu völlig tschechischer Amtsführung auch im Verkehr mit den eigenen deutschen Einwohnern verpflichtet.

58 Zum Text der gültigen Bestimmung von 1896:
Siehe S. 144: A 1, D 2, § 10.

59 Ausdrucksvolle, öffentliche Formulierung dieser Absicht durch das Organ der Partei des nunmehrigen Staatspräsidenten Beneš noch aus dem Jahre 1936 in DzS, S. 188.

60 So zusammenfassend der britische Gesandte in Prag, Sir Joseph Addison in einer Analyse vom 3.3.1934; zum Text vgl. DzS, S. 180 f.

61 a) Das ČSR-Gesetz darüber vom 16. 4. 1919 war von der Revolutionären Nationalversammlung (d. h. praktisch nur von Tschechen) beschlossen worden. Von ihr waren z. B. auch Kirchen und Klöster betroffen. Wer mehr als 150 ha Ackerland oder mehr als 250 ha überhaupt besaß, wurde einschließlich der darauf stehenden Wirtschaftsgebäude (darunter etwa 60 Zuckerfabriken, rd. 300 Bierbrauereien und ca. 400 Branntweinbrennereien) gegen eine eher nominelle Entschädigung enteignet. Darunter fielen im Sudetengebiet etwa 8.400 km^2 von insgesamt rd. 27.000 km^2, d. h. rd. 31% des Gesamtgebietes.
Vgl. Bohmann, SiZ; S. 62.
b) Jörg K. Hoensch: »Geschichte der Tschechoslowakischen Republik 1918–1978«; 2. Aufl.; Stuttgart, 1978; S. 38) notierte: »Das Gesetz über die Errichtung eines Bodenamtes <, welches die nachfolgende Umverteilung durchzuführen hatte, > schloß

eine Beteiligung der Minderheiten an der Umverteilung von Grund und Boden aus und stellte faktisch die ausschließliche Berücksichtigung der tschechischen Interessen sicher.«

Bohmann (a. a. O.) belegt mit Äußerungen politisch einflußreicher politischer Tschechen den primär nationalen Aspekt des Vorgangs; nur ca. 800 km^2 (d. h. weniger als 10%) aus der beschlagnahmten Fläche sollen deutschen Bewerbern incl. ihrer Gemeinden bis ca. 1937 zugeteilt worden sein, die im Sudetengebiet selbst nach der ČSR-Volkszählung von 1930 noch rd. 80% der Gesamtbevölkerung ausmachten.

c) Die Vergabemodalitäten scheinen neben dem nationalen Aspekt auch aus bürokratischen Gründen außerordentlich unübersichtlich und langwierig gewesen zu sein. Jedenfalls verwaltete das Bodenamt direkt oder indirekt noch 1938/39 beträchtliche Gebiete. Dann trat noch der beachtliche Behörden- und Kompetenzdschungel des nur äußerlich monolithischen NS-Regimes hinzu. Jedenfalls vermerkt Heinz Höhne (»Der Orden unter dem Totenkopf«; Gütersloh, 1967; S. 272), die SS habe nach dem 15. 3. 1939 vergeblich die Errichtung eines Bodenamtes versucht. Tatsächlich scheiterte anscheinend die Bemühung der SS, das aus der ČSR verbliebene Bodenamt des nunmehrigen »Protektorates« mit seinen umfangreichen Einkommensquellen zu übernehmen.

Vgl. Brandes, Detlev: »Die Tschechen unter deutschem Protektorat«; Bd. 1; München, 1969; S. 167 f.

62 Siehe die Nachweise für Littitz (Ostböhmen):
S. 276: A IV, Exkurs 4.
für Hohenstadt (Nordmähren) und Znaim (Südmähren):
S. 210 f.: A III, B 8.

63 Siehe die Nachweise für Sichelsdorf (Nordmähren) und Luditz (Ostböhmen):
S. 209 f.: A III; B 7.

64 Der Zusammenhang ist in der Denkschrift der Deutschen sozialdemokratischen Arbeiterpartei (der ČSR) an den Internationalen Sozialistenkongreß in Hamburg vom 21. 5. 1923 eindrucksvoll belegt; zum Text vgl. DzS, S. 161 ff., hier S. 163 f.

65 Die Bezeichnung war vermutlich gewollt doppeldeutig: Natürlich stellten die zugewanderten Tschechen in den Bezirken und Gemeinden des Sudetengebietes eine Minderheit dar. International sah man jedoch als Minderheiten im Nationalstaat von Tschechen und Slowaken, der ČSR, nur Polen, Ungarn, Ukrainer und eben vor allem Sudetendeutsche. Die Verwendung des Begriffs »Minderheitsschule« vermittelte den falschen Eindruck, es handle sich bei diesen um Schulen mit der Unterrichtssprache einer Minderheit, nämlich v. a. der deutschen.

66 Gekennzeichnet durch Parolen wie »Svůj k svému« (= Jeder zu seinem). Damit praktisch v. a. gemeint: Jeder (tschechische) Käufer zu seinem (tschechischen) Verkäufer.
Vgl. »Die 10 Gebote für das tschechische Volk« aus etwa dem Jahre 1900 in DzS, S. 121 f.

67 So z. B. das ČSR-Gesetz über die Bauförderung von 1921, Slg. Nr. 102.
Vgl. auch Bohmann, MuG, S. 111, Anm. 2.

68 Von tschechischer Seite ist die fortschreitende tschechische Unterwanderung des Sudetengebietes damit erklärt worden, daß es sich hierbei um einen »natürlichen soziologischen Vorgang« handele, der mit dem Wirtschaftsgefälle zwischen dem überwiegend agrarischen binnentschechischen und dem hochindustrialisierten sudetendeutschen Gebiet in engstem Zusammenhang stehe. So kann man die Argumentation von ČSR-Präsident Beneš gegenüber den deutschen diplomatischen Unterhändlern Graf Trauttmansdorff und Albert Haushofer am 18. 12. 1936 zusammenfassen. Gleichzeitig bedeutete Beneš, daß die tschechoslowakische Staatsführung gegen diesen »soziologischen

Vorgang«, da er »natürlich begründet« sei, weder etwas unternehmen könne, noch dazu gewillt sei.
Zu der Unterredung vgl. die Texte in DzS, S. 189.

69 Sudetendeutsche Geistliche beobachteten (lt. verschiedenen mündlichen Mitteilungen an den Verfasser) ein interessantes Indiz für den geringen Ansässigkeitsgrad tschechischer Zuwanderer im Sudetengebiet: Die Toten dieses Personenkreises wurden regelmäßig »nach Hause« in das innertschechische Gebiet überführt, um dort beerdigt zu werden.

70 a) Siehe dazu die entsprechende Bestimmung auf S. 193: A I, D 1, § 3.
b) Als Beispiel der Auswirkungen die Volkszählungsangaben der mährischen Hauptstadt Brünn:

	Deutsche	Tschechen
1910	81.617	41.943
1930	52.165	200.213

71 a) Siehe dazu Angaben bereits für die Gemeindewahl 1919: S. 182f., A II, B 7 für Pohrlitz (Nikolsburg) in Südmähren.
b) Zum Volkszählungstermin 1.12.1930 wurde berichtet:
»Trautenau <Nordböhmen> erhielt ausgerechnet am 1. Dezember 600 tschechische Infanteristen als Verstärkung der ständigen Garnison, obwohl die neue Kaserne noch feucht ist und die Verlegung des Militärs erst für das Frühjahr geplant war. Eine ganze Reihe deutscher Bezirksstädte bekam am 1. Dezember ›Schlafkompagnien‹ tschechischer Eisenbahner und Finanzwächter zu Gast. In Hohenstadt (Mähren) allein waren für solche Zählgäste rund 200 Privatquartiere bereitgestellt. Auf diese Weise wurde die tschechische Minderheit in vielen Orten, darunter auch Mährisch-Schönberg <Nordmähren>, um 50 bis 70 v. H. erhöht. In Oderfurt <Schlesien> zählte man gegen 400 tschechische Streckenarbeiter als dauernd anwesend, obgleich sie nur einige Tage bei der dortigen Bahnverwaltung beschäftigt waren.«
Vgl.: »Volkszählung...« a. a. O.; siehe auch S. 86: Anm. III/9.

72 So die Definition in »Čechoslovakische Statistik«; Hrsg. v. Statistischen Staatsamt <der ČSR>; Bd. 9, Reihe VI: Volkszählung; Heft 1, I. Teil; Prag, 1924; S. 13: § 8 der »Anleitung zur Ausfüllung der einzelnen <Zählungs->Bogenspalten«, hier zu Spalte 11.
Siehe auch die Bestimmung für das Erhebungspersonal S. 57f., Anm. II/41.

73 Hierüber liegen zahlreiche Berichte vor.

74 Siehe noch für 1938 S. 171: A II, B 1, Ziff. D22 für Prachatitz (Südböhmen).

75 Zu den Ergebnissen vgl. Bohmann, SiZ und MuG.

76 Siehe S. 284f.: A V, Tabelle 1, Spalten 18 bis 24.

77 Siehe S. 57: Anm. II/34.

78 a) Zum Text der Noten vom 19./21. 9. 1983:
Vgl. DzS, S. 222f., 226.
b) Zur vorausgegangenen Abtretungsbereitschaft von ČSR-Präsident Beneš und auch Ministerpräsident Hodža bezogen auf größere Teile des Sudetengebietes:
Vgl. DzS, S. 219f. sowie DBFP II; Nr. 888, S. 333, Nr. 902, S. 358.

79 Vgl. im Auszug DzS, S. 232ff., zu wichtigem Zusatz:
Siehe S. 146: A I, D 5.

80 a) Zu einigen der Abmachungen:
Siehe S. 149ff.: A I, D 6, 7 und 9 bis 11.
b) Zur Entwicklung der Grenzfestlegung:
Siehe S. 257ff.: A IV, Exkurs 2.
Zu einem dabei aufgetretenen, zeitweiligen Vorgang:
Siehe S. 266ff.: A IV, Exkurs 3.

81 a) Siehe S. 284 f.: A V, Tabelle 1, Spalten 25 bis 34.
b) Bohmann beschreibt (in »MuG«, S. 219) das wichtige Problem der Staatsangehörigkeit der nichtdeutschen Bevölkerung im Zeitpunkt der Volkszählung vom 17. 5. 1939. Sie war offen »im besonderen bei jenen Tschechen, die erst nach dem Ersten Weltkrieg in die durch den Vertrag von Saint-Germain tschechoslowakisch gewordenen deutschbesiedelten Gebiete der Böhmischen Länder zugezogen waren, und in allen jenen Fällen, bei denen die Ehefrauen von nach 1918 zugezogenen Tschechen, Slowaken und anderen nichtdeutschen Volkszugehörigen Deutsche waren. In der auf den Ergebnissen der Volkszählung von 1939 fußenden reichsdeutschen Bevölkerungsstatistik werden deshalb Reichsangehörige, Ausländer, Staatenlose und ›Sonstige‹ gesondert aufgeführt. <Es wurden dabei u. a. festgestellt> 128.435 ›Sonstige‹ (3,9 v. H.), alle Personen nämlich, deren Staatsangehörigkeit am 17. Mai 1939 noch nicht geklärt war, von denen bei regional vielfach unterschiedlich streng gehandhabter amtlicher Auslegung noch viele nachher die deutsche Staatsbürgerschaft erhielten.
<Hier Anmerkung:>
Als der <2. Welt->Krieg ausgebrochen war, zeigten sich viele Personen, deren Staatsangehörigkeit auch bis dahin noch nicht geklärt war, an dem Erwerb der deutschen Reichsbürgerschaft nicht mehr sonderlich interessiert, weil damit auch besondere Pflichten für Männer, vor allem der Wehr- oder Wehrersatzdienst, verbunden waren.«

82 Siehe die Belege in DzS, S. 237 f.

83 a) Die Sudetendeutschen in ihrer Gesamtheit sind an dem Unrecht der Protektoratserrichtung und der während seines Bestandes erfolgten Verbrechen des NS-Regimes (Stichwort v. a. Lidice) nicht beteiligt gewesen.
b) Trotzdem haben sich ihre Sprecher schon vor Jahrzehnten hierfür in »christlichem Geiste entschuldigt« (siehe S. 19, Anm. I/13 b).
c) Zu den tschechischen Opfern des NS-Regimes vgl. DzS, S. 481 ff. Dort auch Nachweis für die Angabe von Jörg K. Hoensch mit »über 36.000«.
Neuerlich in Reaktivierung früherer KPČ-Meldungen 360.000 für die gesamte ČSR (vgl. »Komu sluši omluva«; Angaben dazu siehe S. 316: A V, Tabelle 2, Ziff. 52) bzw. 300.000 nur für Tschechien (vgl. »Die Brücke«, München v. 15. 10. 1994, S. 15).

84 a) Zur sog. Rechtskontinuität der ČSR nach 1938: Siehe S. 22 f: Anm. I/18.
b) Zum Anerkennungswiderruf der ČSR:
Vgl. die Formulierung in DzS, S. 238, Anm. 4;
zu Großbritannien und Frankreich vgl. DzS, S. 266; die UdSSR und die USA verhielten sich konkludent.
c) Es wird kaum beachtet, daß vor und nach dem 8. 5. 1945 seitens der nunmehr alleinbestimmenden alliierten Siegermächte mindestens Tendenzen vorlagen, die eigentlich verbieten, den seitherigen faktischen Annexionsumfang im Osten Deutschlands als zwangsläufig und unabänderlich anzusehen.
Das Sudetengebiet betreffend sendete dorthin bis Anfang 1945 aus der UdSSR ein »Sudetendeutscher Freiheitssender« mit dem Tenor »Die Sudetendeutschen sollen in Zukunft Herren im eigenen Haus sein!« (vgl. DzS, S. 252). Sicherlich nicht als doppeldeutige Propaganda abwertbar ist, daß der britische Außenminister Eden auf sein Verlangen noch am 13. 2. 1945 von Dr. Beneš eine Landkarte mit den zur Abtretung an Deutschland vorgesehenen Teilen des Sudetengebietes erhielt (vgl. Brandes, Detlev: »Eine verspätete Alternative zum Münchner ›Diktat‹« in »Vierteljahreshefte für Zeitgeschichte«; München, Jg. 42, Heft 2 [April 1944]; S. 221–242, hier S. 233).

Diese Tatbestände sind im Kontext damit zu werten, daß ähnliches auch für das sog. Oder-Neiße-Gebiet vorlag: Noch am 20. 2. 1945 wurde von der im Auftrag der UdSSR operierenden sog. »Gruppe Ulbricht« ganz Niederschlesien und Pommern in alle Aufbauplanungen für die spätere SBZ territorial und personell voll einbezogen; Ulbricht selbst war für den Einsatz in Breslau vorgesehen (vgl. »›Gruppe Ulbricht‹ in Berlin April bis Juni 1945«; Hsg. v. Gerhard Keiderling; Berlin, 1993). Im Zusammenhang mit dem bereits länger bekannten, erfolgreichen Eingreifen selbst Stalins am 29. 7. 1945 in Potsdam, von Polen die Zustimmung zum Verbleib beträchtlicher Teile Schlesiens östlich der (Görlitzer) Neiße bei Deutschland zu erreichen (vgl. FRUS, Nr. 1391, S. 1539) führt der Bogen bis zum mehrmaligen Wechsel zwischen deutscher und polnischer Verwaltung von Stettin incl. seines westlichen Vorfeldes, der sogar erst am 19. 11. 1945 (vgl. »DOD« v. 1. 12. 1995) in der seither praktizierten Form entschieden wurde.

[85] Zu den Bindungen der daher de jure als Besatzungsmacht zu bezeichnenden ČSR durch die Haager Landkriegsordnungen von 1907 und das Nürnberger Statut von 1945, Zivilbevölkerung nicht zu deportieren, siehe S. 36f.: Anm. I/63.

[86] Nach dem Staatsrecht der BR Deutschland sind die deutschen Ostverträge und der 2+4-Vertrag gleichfalls nichtig: Ob als Grenzanerkennung oder Abtretung gewertet, verstoßen sie gegen das Selbstbestimmungsrecht, das spätestens gemäß Art. I, Abs. 1 der von allen Beteiligten ratifizierten Menschenrechtskonventionen vom 19. 12. 1966 zu den Menschenrechten zählt. Im Art. 1, Abs. 2 des Grundgesetzes aufgeführt, gehören diese zu den gemäß Art. 79, Abs. 3 durch Gesetzgebung unveränderbaren Grundsätzen. Weder eine Volksabstimmung, die bekanntlich ohnedies nicht stattfand, noch Interpretationen irgendwelcher Stellen oder Personen können diese Rechtslage ändern, die gleichfalls allen Beteiligten bekannt war und ist.

[87] Vgl. »ČSR-Slg.« 1945; Nr. 6, S. 11; hier § 1, Ziff. 2, 3, 5.

[88] Wahrscheinlich eingerichtet durch die §§ 5–18 des österreichischen Gesetzesartikels XXII/1886 über die Gemeinden und die § 11 des böhmischen und mährischen bzw. § 10 des schlesischen Gemeindegesetzes.

[89] a) Siehe dazu die Nachweise auf S. 37: Anm. I/64 b, c.

b) Zu neueren Versuchen, die zentrale Verantwortung für die Vertreibung der Sudetendeutschen von Beneš auf die britische Regierung zu verlagern, vgl. Müller, Rolf-Dieter/Ueberschär, Gerd R. »Kriegsende 1945«; Frankfurt/M, 1994; S. 121.

Die Darstellung fußte zunächst auf Klaus-Dietmar Henke (»Der Weg nach Potsdam« in »Die Vertreibung der Deutschen aus dem Osten«, Hsg. von Wolfgang Benz; Frankfurt/M, 1985, S. 64f.). Henke baute auf Forschungsarbeiten von Detlev Brandes auf, welche dieser als »Großbritannien und seine osteuropäischen Alliierten 1939–1943« (München, 1988) publizierte.

Zum Gesamtkomplex vgl. meine Arbeit »Der Stoff, aus dem Legenden sind: Der Anteil von Edvard Beneš an der Vertreibung der Sudetendeutschen« in »Literaturspiegel«; Hsg. vom Arbeitskreis sudetendeutscher Akademiker; München, Nr. 39 (April 1995); S. 1–16.

[90] Vgl. DzS, S. 478, Zeile 1, mit den dort verzeichneten Quellen.

[91] Siehe S. 12 mit Anm. I/2, auch S. 42ff.

[92] Vgl. DzS, S. 478, Zeile 2.4.

[93] Siehe S. 17: Anm. I/7b.

[94] Vgl. »VVSd«.

[95] So Luža; vgl. DzS, S. 478, Spalte 5.

[96] Vgl. »VVSd«.

[97] a. a. O.

[98] Gesetz vom 30. 6. 1948 über die Aufhebung des Heimatrechtes; Vgl. «ČSR-Slg.« 1948; Nr. 174; hier §§ 1, 5.

[99] Instruktiv der Bericht über das Schicksal eines Brünner Tschechen nach 1948 im Pilsener Zuchthaus Bory: »Die Wächter haben keinerlei nationale Probleme, nach den Deutschböhmen nun tschechische Christen, Nichtkommunisten und sonstige Klassenfeinde zu schikanieren. Alles dasselbe Ungeziefer!«
Vgl. Wulffen, Barbara von: »Der Mährer Zdeněk Rothrekl und seine ›Böhmische Folklore‹« in »Sudetenland«; München; Jg. 36 (1994), Heft 1; S. 71.

[100] Zeitungsmeldung von Ende 1993.

[101] Z. B. der offenen Eigentumsfrage:
Siehe dazu S. 14 mit Anm. I/47.

[102] Ein derartiger Versuch formulierte folgendermaßen:
»Bis zur Gründung des Norddeutschen Bundes war das Heimatrecht in den meisten deutschen Staaten Voraussetzung für die Ausübung wichtiger Rechtsbefugnisse: vor allem beruhte auf dem Heimatrecht der Anspruch auf Unterstützung im Falle der Verarmung. Bezeichnenderweise durch das Gesetz über Freizügigkeit (1867) wurde das Heimatrecht durch das Recht des Unterstützungswohnsitzes, dann durch den Grundsatz des gewöhnlichen Aufenthalts verdrängt. Im Medium dieser rechtlichen Bestimmungen wird der Zusammenhang deutlich zwischen der Aufhebung fester Bindungen und der Herausbildung eines neuen Heimatbegriffs. Der Heimatbegriff wird nun frei, Bedeutungen anzunehmen, die den Ersatz für das bezeichnen, was mit den alten Bindungen verlorenging. ›Heimat‹ hat seinen Ort nun vor allem im Heimatgefühl, das an Artefakte und Symbole gebunden ist, die vom Fortschrittsprozeß noch nicht erfaßt sind.«
Vgl. Piepmeier, Rainer: »Philosophische Aspekte des Heimatbegriffes« in »Heimat. Analysen, Themen, Perspektiven«; Bonn, 1990; S. 91–108, hier S. 95.

[103] Loužil, Jaromír: »Heimatrecht – was ist das eigentlich?« in »PZ« Nr. 51/52 vom 23. 12. 1993, S. 16.

[104] Der Fragesteller gab in seinem Beitrag nämlich an, das Heimatrecht von Österreich und der 1. ČSR sowie die einschlägige Literatur zu kennen.
Offensichtlich hat er auch die Arbeit von Jaromír Jermář »Právo na domov« (Recht auf Heimat; Prag, 1967) übersehen, die bei aller marxistischen Tendenz den Inhalt und moderne Aspekte durch Darstellung der (west-)deutschen Diskussion einigermaßen präzise umschrieb.

[105] Vgl. neben den bereits erwähnten Bestimmungen DzS, S. 15ff.

[106] Zum Text des Art. 2 der Verfassung des Bundeslandes Baden-Württemberg vom 19. 11. 1953 vgl. DzS, S. 30f.

[107] Zum Text des Art. 5 der Verfassung von Sachsen vgl. »Vorschriftensammlung für die Verwaltung in Sachsen«; Hsg. v. Gerhard Brunner; 4. Ergänzung; Stuttgart u. a., 1992; Nr. 1001; S. 4.

[108] Zum Text vgl. »Gesetz Nr. LXXVII des Jahres 1993 über die Rechte der nationalen und ethnischen Minderheiten« vom 7. 7. 1993; Hsg. v. Amt für nationale und ethnische Minderheiten; Budapest 1993; hier § 3, Ziff. 4; S. 5.
Zur Konsequenz bei der Entschädigungsfrage der vertriebenen Ungarndeutschen:
Siehe S. 34, Anm. I/47.

III. Massenvertreibung von Tschechen 1938: Analyse nach internationalem Maßstab

Nach Darstellung einiger wichtiger Prämissen kann nunmehr an die Prüfung tschechischer Behauptungen herangegangen werden, es habe 1938 eine Massenvertreibung von Tschechen aus dem Sudetengebiet gegeben.

5. Die Behauptungen über Tschechen

Es liegen u. a.[1], bezogen auf Tschechen[2], folgende Angaben, vor (Hervorhebungen nicht in den Originalen):

- Es »mußten *alle* tschechischen Einwohner« die Sudetengebiete verlassen. »Auf Betreiben der Henleinpartei wurden *auch alle* Alteingesessenen vertrieben.«
  (Dr. Eis in Fernsehfilm; Oktober 1993[3])
- Es fand »die Vertreibung *der* tschechischen Bevölkerung« aus den sogenannten Sudeten statt, d. h. aller Tschechen.
  (Damals Botschafterin Vašaryova; Juni 1992[4])
- Es wurden »die meisten Tschechen« aus dem Sudetengebiet vertrieben.
  (»FAZ«-Herausgeber Reismüller; 21. 3. 1994[5]).
- »In den Jahren 1938–39 wurden aus dem Sudetengebiet 835.750 Bürger tschechischer Nationalität vertrieben (vyhnáno)«.
  (Zeitung »Svobodné slovo«; 4. 3. 1992[6])
- Es »wurde eine halbe Million tschechischer Bürger . . . aus dem Sudetenland vertrieben«.
  (Damals Außenminister Dienstbier; Januar 1990[7])

Die zusammenfassende Darstellung zahlreicher weiterer Angaben in Texttabelle 1 (siehe S. 67) macht neben weit auseinanderliegenden Zahlen deutlich, daß weder zeitliche noch nationale »Ordnungen« festzustellen sind: Deutsche wie tschechische Angaben aus den 30er bis zu den 90er Jahren sind ziemlich unterschiedlich.

Texttabelle 1

TSCHECHISCHE »FLÜCHTLINGE« / »VERTRIEBENE« AUS DEM SUDETENGEBIET 1938–1939:

Angaben in Tsd. Personen

JAHR DER ANGABE: 19..	GLIEDERUNG NACH GRÖSSENORDNUNGEN	QUELLE ZUR ANGABE
'61, '64	70., 73.	16 (D) 20 (T)
'53, '56, '64, '92, '62, '64, '78, '65, '78, '88, '94, '94	100., 100., 100., 115., 116, 116., 116.–122., 120., 122., 122., 122., 128.	7, 8, 22, 52, 18, 20d 33j, 23, 33i, 41, 63, 62
'39, '39, '45, '83, '39, '39, '39, '39	140.–200., 150., 150., 150., 152., 180.–200., 200.	33k, 1, 2, 37, 38a, 38b, 33i
'54	200.–300.	54
'70, '74, '89, '93, '94	400., 400., 400., 400., 400.	27, 29, 44, 56, 65
'57, '38, '57, '90, '95	414., 500., 500., 500., 500.	9d (D), 5y (D), 9c (D), 46 (T), 66 (T)
'58	550.	10c (D)
'38	500.–600.	5y (D)
'93	»Hunderttausende« (= 200.–900.)	59 (T)
'92	836.	51 (T)
'94	»Die meisten«	61 (D)
'92, '93	»Die«, »Alle«	53 (T), 60 (T)

Quelle (auch Gesamttext):
Siehe S. 286ff.: Anhang V, Tabelle 2, Ziff. (wie oben)

Anmerkung (für Extreme):
T = *t*schechische, *D* = *d*eutsche Angabe

6. *Analyse*

Die Prüfung der Behauptungen muß bei der Frage nach der Zahl der Tschechen im Sudetengebiet beginnen und diese in den historischen Zusammenhang ab 1919 stellen. Dazu muß auf die letzte, vorausgegangene Volkszählung im Jahre 1910 aufgesetzt und zugleich die Volkszählungszahl von 1930 sachgerecht differenziert werden.

6.1 Die zahlenmäßige Entwicklung der Tschechen von 1910–1930

Daß sich die Zahl der Tschechen im Sudetengebiet von 1919 mit (in Zeile 2) rd. 250.000 bis 1930 auf (in Zeile 5) ca. 690.000[8] fast verdreifachte, verdeutlicht die nachfolgende Texttabelle 2:

Texttabelle 2

TSCHECHEN IM SUDETENGEBIET 1910–1930:

Angaben in Tsd. Personen; gerundete Schätzungen in Klammern

	Tschechen			Hultschiner	Summe
	Alteingesessene	Zuwanderer	Gesamt		
	1	2	3	4	5
1. 1910: Volkszählung »Umgangssprache« Gebiet ČSR 1919	224.	•	224.	37.	261.
2. 1910: Schätzung »Nationalität«	(250.)		(250.)		
3. 1921: Schätzung (= 1910)	(250.)				
4. 1921–1930: Geburtenüberschuß ca. 6%	(+15.)				
5. 1930: Volkszählung »Nationalität« genaue Zahlen			688.	55.	743.
gerundet	(265.)	(425.)	690.		

Quellen und Anmerkungen:

Zeile 1) Die Angaben umfassen das Sudetengebiet 1919 ohne Sprachinseln: Siehe S. 284 f.: Anhang V, Tabelle 1; Spalte 9; Zeilen 34, 52.

2) Siehe S. 43.

3) Eine Auszählung nach Nationalitäten 1920/21 liegt weder für das Territorium des Sudetengebiets 1919 noch 1938 vor. Da die Gesamtbevölkerung der Sudetenländer 1910 und 1921 jeweils rd. 10 Mio. betrug (d. h. Aufzehrung des natürlichen Bevölkerungsüberschusses durch Kriegsverluste und Auswanderung), kann dies auch für die alteingesessenen Tschechen des Sudetengebietes angenommen werden.

4) Vgl. die Angaben in Bohmann: MuG, S. 91.

5) Die Angaben umfassen das Sudetengebiet 1938. Siehe S. 284 f.: Anhang V, Tabelle 1; Spalten 18–24.

Spalte 4) Zu den Hultschinern: Siehe S. 56, Anm. II/29 b.

6.2 Analyse des Zustandes 1930

Angesichts des dargestellten Trends der ČSR-Politik und zahlreicher Feststellungen zum nationalpolitischen Eifer der Erhebungsbehörden[9] wird zunächst anzunehmen sein, daß die undifferenzierte Zahl von rd. 743.000 ČSR-offiziellen Tschechen die Höchstgrenze darstellt.

Für die Verwendung/Zitierung dieser (undifferenzierten) Zahl in der Literatur ergibt sich ein zwiespältiges Bild (siehe S. 286 ff.: Anhang V, Tabelle 2 mit dortigen Ziffern):

Nur recht selten (Ziff. 17, 33) werden rd. 730.000 bis 760.000 Tschechen korrekt der ČSR-

Statistik von 1930, der Volkszählung von 1930 oder wenigstens dem Jahr 1930 zugeordnet und damit zeitlich von potentiellen Flucht-/Vertreibungsvorgängen um 1938 abgegrenzt. Der deutlich größere Teil der auch politische Meinung bildenden Literatur hat demgegenüber die (undifferenzierte) Zahl von rd. 740.000 Tschechen im Jahre 1933 anscheinend einfach nach 1938 hineinprojiziert. Jedenfalls zeigt sie regelmäßig über 700.000 Tschechen bzw. »Bürger tschechischer/tschechoslowakischer Rasse« (Ziff. 1,3) auf, denen folgendes zugeschrieben wurde:

Sie
- lebten im (Abtretungs-/Okkupations-)Gebiet von 1938 vor der Okkupation (Ziff. 18, 19, 24, 56)
  und
- gingen der ČSR verloren (Ziff. 14)
  als
- deutscher Anteil der Okkupation/kamen unter deutsche Okkupation. (Ziff. 12, 21)

Sie
- wurden durch Deutschland annektiert, an Deutschland abgetreten, (Ziff. 1 bis 4)
  gingen nach/an Deutschland verloren, (Ziff. 7, 15, 28, 35)
  wurden dem Reich einverleibt/eingegliedert (Ziff. 24, 32, 55)
  und
- kamen unter Nazi-Herrschaft, wurden Hitlers Untertanen. (Ziff. 8, 48)

Damit ist dann auch ein oft beiläufiger Übergang zu verschiedenen Zahlen tschechischer Flüchtlinge/»Vertriebene« um 1938 möglich.
Eine sachliche Analyse des historischen Ablaufs muß demgegenüber die Zahl der Tschechen im Sudetengebiet lt. ČSR-Volkszählung von 1930 differenzieren. Die Texttabelle 2 (siehe S. 68) zeigt (in Zeile 5) dazu auf, daß sich die Tschechen aus drei größeren Personengruppen zusammensetzten:
- rd. 265.000 seit mindestens 1910 ansässigen Tschechen mit ihren Kindern (Spalte 1);
- festgestellten etwa 55.000 sog. Hultschinern[10], die von der ČSR im Gegensatz zu ihren klar ausgedrückten Wünschen und Verhalten als Tschechen in Anspruch genommen und festgestellt wurden (Spalte 4); und demzufolge
- rd. 425.000 Tschechen, die seit 1919 zuwanderten (bzw. eingeschleust wurden[11]) (Spalte 2).

6.3 Die tschechischen Zuwanderer im Sudetengebiet von 1930 bis 1938

Diese Zahlen müßten sich bis 1938 weiter erhöht haben. Unter Ausklammerung der sog. Hultschiner könnten zu dieser Zeit einschließlich ihrer Kinder[12] ortsanwesend gewesen sein
- rd. 280.000 seit mindestens 1910 ansässige Tschechen;
- rd. 455.000 zwischen 1919 und 1930 zugewanderte Tschechen, sowie
- eine zunächst unbekannte Zahl von Tschechen, die nach 1930 zuwanderte.

Diese »Unbekannte« ist tschechischerseits bisher nicht publiziert worden, obwohl sie mindestens näherungsweise aus den bereits erwähnten[13] Heimatrechtslisten der sudeten-

deutschen Gemeinden, die im Machtbereich der ČSR/ČSSR/ČSFR/ČR verblieben, ermittelbar sein müßten[14].
Bis zu deren Vorliegen darf man wohl wie folgt ableiten:

- Als eine Art von Maximum kann man für 1930 bis 1938 eher eine Verstärkung der Unterwanderungsbemühungen der ČSR annehmen (vor allem durch Fortsetzung der Landvergabe an tschechische Bauern, aber auch tendenziell in den nationalpolitischen Auswirkungen des sog. Machnik-Erlasses von 1936[15] erkennbar). Dann ist in linearer Fortschreibung der bisherigen Entwicklung[16] eine bis in die Hunderttausende gehende Zahl weiterer Zuwanderer vorstellbar.
- Als eine Art von Minimum für 1930 bis 1938 könnte man aber auch vermuten, daß die Tschechisierung der Beamtenschaft im Sudetengebiet um 1930 bereits weit fortgeschritten und die dortige allgemeine wirtschaftliche und soziale Lage im Vergleich zum tschechischen Gebiet – siehe etwa die entsprechenden Arbeitslosenzahlen[17] – weit schlechter war. Dann ist vorstellbar, daß in Teilen des Gebietes sowie des Zeitraumes vor 1938 sogar gewisse Rückwanderungen von Tschechen aus dem Sudetengebiet stattfanden.

6.4 Die Struktur der tschechischen Zuwanderung in das Sudetengebiet nach 1919 bis 1938

Selbst ohne Kenntnis völlig exakter Zahlen ergibt jedoch eine weitere Differenzierung sachrelevantes Material zur vorgeblichen »Vertreibung« nach 1938.
Wenn man die tschechische Gesamtzuwanderung nach beruflich orientierten Personengruppen (jeweils mit Familienangehörigen) gliedert, kann wie folgt unterschieden und überschlägig quantifiziert werden:

6.4.1 ČSR-Militär

A) Die Gruppe bis 1938
Es handelt sich hierbei um in Garnisonen befindliches ČSR-Militär incl. ihrer Offiziere sowie der Armee unterstellte bzw. mit ihr kooperierende paramilitärische Verbände in ihrer Friedensstärke (d. h. ohne seit Mai/September 1938 zusätzlich mobilisierte Personen) und Zivilbedienstete des Militärs, jedoch ohne die längerfristig Beschäftigten an den Befestigungsarbeiten im Sudetengebiet.

B) Personenzahl
Ihre Zahl kann nach eingehender Prüfung für 1930 mit ca. 45.000[18] beziffert werden. Sie dürfte sich bis 1938 auf rd. 60.000 erhöht haben; ein spezifischer Ansatz von rd. 50.000 erscheint daher für 1930 gerechtfertigt.

C) Verbleib nach 1938
Die Personen hatten sich vor der etappenweisen Räumung des Sudetengebietes Anfang Oktober 1938 aus dem Gebiet zurückzuziehen[19].

6.4.2 Öffentliche Bedienstete aller Einsatzgebiete

A) Die Gruppe bis 1938
Der bis in die Gegenwart vorherrschende Eindruck der Sudetendeutschen, wonach der wesentliche Anteil der tschechischen Zuwanderer aus öffentlichen Bediensteten bestand[20], wird durch neue Einzelberichte zu Bahn[21], Post[22], Lehrer für Kinder zugewanderter Tschechen[23] sowie Straßenbauverwaltung[24], Forstverwaltung[25], allgemeine Verwaltung und Gerichtsbarkeit[26] unterstrichen; die Gesamtheit aller Einsatzgebiete öffentlicher Bediensteter ist bereits aus zeitgenössischen Berichten nachweisbar[27].

B) Personenzahl

B1) Fraglich bleibt, ob aus amtlichen ČSR-Statistiken die Gesamtzahlen tschechischer öffentlicher »Bediensteter« überhaupt ablesbar ist.

a) Praktisch gehörten zu den öffentlichen Bediensteten der ČSR wegen deren Wirtschaftsordnung nämlich auch Tausende von Monopolnutzern (z. B. Beschäftigte bei Herstellung[28] und Vertrieb von Tabakwaren, letztere die sog. Trafikanten[29]). Diese Stellen wurden im Sudetengebiet nach 1919 überwiegend an Tschechen vergeben. Da jedoch die Trafikanten auf eigene Rechnung arbeiteten, wurden sie als Selbständige angesehen und statistisch auch als solche und nicht als öffentliche Bedienstete geführt.

b) Eine andere bedeutende Unsicherheit der staatlichen ČSR-Statistiken liegt in den Konsequenzen folgender Zusammenstellung:
- Die Gesamtzahl aller öffentlichen ČSR-Bediensteten (also Tschechen und Deutsche) bei »Staat, Land u. ä.« in den Ländern Böhmen und Mähren/Schlesien wird in der ČSR-Statistik für 1920 mit rd. 67.000 und für 1930 mit rd. 61.000 ausgewiesen[30].
- Durch die ČSR-Bodenreform von 1919/20 wurde neben landwirtschaftlichem Boden (darüber siehe S. 45 mit Anm. II/61–63) auch rd. 5.000 km^2 Wald verstaatlicht, der fast völlig beim Staat ČSR verblieb und zu rd. 90% von einer »Zentraldirektion der staatlichen Wälder und Güter«[31] verwaltet wurde. Für die Waldbewirtschaftung war sicherlich eine in die Tausende gehende Zahl nunmehr öffentlicher Bediensteter erforderlich; zum Gesamtumfang hieß es: »Im Jahre 1938 wurde von sudetendeutscher Seite die Zahl der durch die Bodenreform um Stellung und Verdienst gebrachten Deutschen auf rund 40.000 Arbeiter und Angestellte geschätzt«[32].
- Die dargestellte Verminderung vorgeblich aller öffentlichen Stellen beim (ČSR-)Staat von 1921 bis 1930 bietet einfach keinen zahlenmäßigen Raum für eine bedeutsame Erhöhung auf dem Forstsektor von (ČSR-)»Staat« und (Böhmen, Mähren-Schlesien) »Land«.
- Die Erläuterung könnte sein, daß in diesen Zahlen keine sog. »Taglöhner« enthalten sind[33]. Diese bereits durch ihre Bezeichnung hinreichend charakterisierte Kategorie war jedoch in der Sozialstruktur der ČSR ziemlich bedeutungsvoll und offensichtlich ebenfalls nationalpolitischer Diskriminierung unterworfen[34].

c) Schließlich kennt die offizielle ČSR-Statistik mindestens bis 1930 nur die Auszählungskriterien Beruf und soziale Stellung (z. B. den erwähnten Begriff »Taglöh-

ner«); Beschäftigung und Arbeitslosigkeit sind ihr unbekannt, obwohl es bei rd. 6,5 Mio beschäftigbaren Personen im Jahre 1930[35] auch 105.000 Arbeitslose gab, seit 1921 stets eine Sockelarbeitslosigkeit von rd. 50.000 mit einer Zwischenspitze in 1922/23 von 127.000 und 207.000 Personen vorgelegen hatte und ab 1930 die Zahlen abermals deutlich anstiegen[36].
Dies dürfte primär Konsequenz des vorindustriellen ČSR-Sozialsystems gewesen sein[37], berechtigt jedoch zu weiterer Reserve.

d) Aus diesen Gründen liefert die offizielle ČSR-Statistik über die Nationalitätenverteilung der öffentlichen Bediensteten schon systembedingt nur Teilaussagen. Sie stellten darüber hinaus in den Erfassungsebenen nur die ČSR insgesamt und z. T. die Länder Böhmen und Mähren-Schlesien dar, jedoch nicht das Sudetengebiet, und endeten regelmäßig um 1930. Von dort her hätte es 1930 rd. 203.000 tschechische »berufstätige Staatsangestellte«[38] (also ohne Taglöhner) gegeben.

B2) Es gibt aber auch mehrere Zahlenangaben, die deswegen von besonderer Bedeutung für die vorliegende Aufgabenstellung sind, weil sie sich direkt auf 1938/39 und z. T. auch direkt auf das Sudetengebiet beziehen.

a) Da sind zunächst Belege zum Gesamtumfang der Personengruppe, die aus in den Jahren 1938/39 in die Rest-Č-SR rückgeführten/rückgekehrten/neu zu verwendenden öffentlichen Bediensteten und ihren Familienangehörigen bestand und z. T. von »anderen« tschechischen Flüchtlingen deutlich abgesetzt wurde. Um die unterschiedlichen Angaben entsprechend ordnen und würdigen zu können, wurden sie in Texttabelle 3 (siehe S. 73) zusammengefaßt.

b) Zu diesem Material sind einige Anmerkungen erforderlich:
- Es ist nicht zu ersehen, ob über Beamte und Angestellte hinaus in der Personengruppe auch Arbeiter oder gar Taglöhner enthalten sind.
- Die textlichen Aussagen zum jeweiligen Zeitpunkt der Angaben werfen Fragen auf, die (in Spalte 10) notiert wurden.
- Die zwei Angaben zu den durchschnittlichen Familienangehörigen öffentlicher Bediensteter (in Zeilen 6 und 7) sind dahingehend auswertbar, daß man zurückrechnet: Wenn (z. B. in Zeile 7) 54.000 öffentliche Bedienstete mit ihren Familienangehörigen 160.000 Personen umfaßten, dann stellen die sich ergebenden 106.000 Angehörigen durchschnittlich 1,9 je öffentlichen Bediensteten dar.

Damit ist zunächst nicht irgendein Durchschnitt[39], sondern genau die themenrelevante Personengruppe erfaßt. Diese Staatsbediensteten hatten Einkommen, die gerade für Familiengründung und –unterhalt durch besondere Sicherheit gekennzeichnet waren.
Darüber hinaus liegen Berichte vor, wonach tschechische öffentliche Bedienstete bereits vor dem 1. 10. 1938 Familienangehörige aus dem Sudetengebiet in das Innere der ČSR evakuierten[40]: Diese Berichte erscheinen zeitadäquat, da vor diesem Datum die erhebliche Gefahr eines verheerenden Krieges genau für dieses Gebiet bestand.
Deswegen erscheint ein Ansatz von rd. 2,0 Familienangehörigen je öffentlichem Bediensteten durchaus vorgangsangemessen.

Texttabelle 3

TSCHECHISCHE ÖFFENTLICHE BEDIENSTETE

	Zahlen (Tsd. Personen)							Kurzangabentext zu Spalten 1–6		
	Öffentliche Bedienstete					(Andere Tschech. Flüchtlinge	Summe			
	Öffentl. Bedienstete selbst			Familienangehörige der öffentl. Bedienst.	Gesamt					
	Aus allen Abtretgs.-gebiet. u. Slowakei	Nur aus der Slowakei	Nur aus d. Sudeten- und Olsagebiet					Zeitpunkt	Inhalt	Fragen:
	1	2	3	4	5	6	7	8	9	10
1.	70.			•		116.	186.	I/39	warteten auf neue Verwendung	Wie viele bereits untergebracht?
2.	70.			•	•	(330.)	400.	•	»strömten«	Einzelpersonen?
3.	80.			•		157.	237.	VII/39	warteten auf neue Verwendung	
4.	90.			•		140.–200.	230.–290.	XII/38	sind überzählig bzw. kommen	
5.	94.			•		•	•	III/39	bereits in neuer Verwendung	Wie viele noch unterzubringen?
6.		18.		(32.)	50.	•	•	VI/39	•	
7.			54.	(106.)	160.	•	•	•	insges. übersiedelten	Vorher Flucht?
8.			100.	•	•	•	•	•	werden übersiedeln	

Quellen und Gesamttexte:

Zeile 1) Siehe S. 301: A V; T 2; Ziff. 18c, d
Zeile 2) Siehe S. 306: A V; T 2; Ziff. 27c
Zeile 3) Siehe S. 312: A V; T 2; Ziff. 42
Zeile 4) Der Berichterstatter des Budgetausschusses im Č-SR-Parlament, Abg. Nemeš. Wiedergabe seiner Äußerung in der tschechischen Zeitung »Nová Doba« (Neue Zeit). Von dort übernommen in den »Dorfboten« (deutsche Zeitung, Böhmisch Budweis) vom 7. 1. 1939.
Zeile 5) Siehe S. 305: A V; T 2; Ziff. 25
Zeile 6, 7) Siehe S. 313: A V; T 2; Ziff. 45a, c
Zeile 8) Nur aus dem Sudetengebiet. Siehe S. 296: A V; T 2; Ziff. 6
• = keine Angabe
() = Zahl als Differenz ausgewiesener Angaben ermittelt

B3) Darüber hinaus gibt es, quasi von der anderen Seite, gewisse quantifizierte Belege, aus denen über die Neueinstellung von Sudetendeutschen nach dem 1. 10. 1938 auf die Zahl tschechischer öffentlicher Bediensteter im Sudetengebiet vor diesem Zeitpunkt in den bedeutungsvollen, wenngleich nur einen Teil aller öffentlichen Bediensteten umfassenden Bereichen Bahn[41] und Post[42] zurückgeschlossen werden kann.

a) Texttabelle 4 (siehe S. 75) stellt dieses Material über Teile des Zeitablaufes (die Entwicklung 1919–1921 ist nicht nachvollziehbar) dar:
Am Absinken des deutschen Anteils von 1921 bis 1930 (in Zeile 3 gegen Zeile 6 der Spalten 3 bis 6) ist zunächst unschwer zu erkennen, daß die korrespondierende »Überbeschäftigung« von Tschechen im öffentlichen Dienst – eine Art Monopolrente des ČSR-Nationalstaates – von 1921 bis 1930 sprunghaft zunahm.
Deswegen gab es dann um den 1. 10. 1938 nur rund 10.000 bzw. 4.000 sudetendeutschen Bahn- bzw. Postbedienstete (Zeile 7).
Daraus wurden bis ca. 15. 5. 1939 durch Neueinstellung gut 40.000 bzw. 14.000 Sudetendeutsche (Zeile 11).
Allein aus Bahn und Post ergaben sich daher rd. 40.000 tschechische Rückkehrer aus dem Sudetengebiet in die Rest-Č-SR (Zeile 12).

b) Für den Amtsbereich Allgemeine Verwaltung und Justiz liegt die punktuelle Abschätzung mehrerer Wissensträger zu verschiedenen Städten in Böhmen für den Zeitraum 1919 bis 1938 vor[43]. Auf dieser Basis kann man für die mittlere Verwaltungsebene des gesamten Sudetengebietes bis zu rd. 13.000 tschechische öffentliche Bedienstete[44] erwarten.
Das Sudetengebiet war darüber hinaus auf der unteren Verwaltungsebene in rd. 3.700 Gemeinden[45] gegliedert, die in der Dimension von Städten wie Reichenberg und Troppau bis zu kleinen Ortschaften reichten. Hier pro Gemeinde durchschnittlich auch nur zwei tschechische Bedienstete zu vermuten, erscheint nicht übertrieben, bedeutet jedoch insgesamt weitere rd. 7.000 tschechische öffentliche Bedienstete.

d) Damit wären in einer Art von Kontrollrechnung allein aus den Teilbereichen Bahn, Post und Allgemeine (Staats-)Verwaltung auf mittlerer und unterer Ebene bereits etwa 60.000 tschechische öffentliche Bedienstete im Sudetengebiet 1938 nachweisbar; ohne weitere über 10.000 in Armee und paramilitärischen Verbänden bereits enthaltene Personen (siehe S. 70) sind hier auch vermutlich um die 35.000 im öffentlichen Auftrag im Sudetengebiet an Befestigungsarbeiten »privat« tätige Nichtdeutsche zu beachten. Die großen Bereiche der Staatsmonopole (sowohl z. B. Tabak wie verstaatlichte Forsten) als auch von Straßenbau und -unterhaltung und der vermutlich kleinere Bereich Kultur (z. B. Lehrer, aber auch Hausmeister für tschechische »Minderheits-«Schulen) können auch deswegen nicht einbezogen werden, weil die Frage der Einbeziehung von Arbeitern und Taglöhnern offen erscheint.

Texttabelle 4

Bevölkerung und öffentliche Bedienstete Gesamt, Bahn und Post in Böhmen, Mähren und (Österreichisch-)Schlesien [B, M, S] und im Sudetengebiet nach 1921

	Bevölkerung		Öffentliche Bedienstete (Tsd. Personen)					
			Alle Bediensteten	darin				
				Bahn		Post		
	Böhmen Mähren, Schles.	Sudetengebiet	B., M., S.	B., M., S.	Sud.-gebiet	B., M., S.	Sud.-gebiet	tsch. Gebiet
	1	2	3	4	5	6	7	8
A) Maßstab und ČSR-Entwicklung								
1. 1921: Gesamt			245.8	129.0		33.3		
2. davon Deutsche			62.7	35.3		9.8		
3. Deutsche in %	30,3	•	25.8	27.4	•	29.4	•	
4. 1930: Gesamt			235.8	122.6		37.5		
5. davon Deutsche			32.4	12.7	11.4	5.8	•	
6. Deutsche in %	29,2	79,6	13.7	14.8		15.5		
B) Angaben zu 1938/39 (vornehmlich Deutsche)								
7. 1938, 1.10.					(10.)	(5.)	(4.)	
8. , ca. 20.10.							9.	1.1
9. , 31.12.							12.	
10. 1939, 15.4.					40.			
11. , ca. 15.5.					(40.)		(14.)	
C) Ergebnis								
12. (= 11 minus 7): bis Okt. 1938 tschech. öffentliche Bedienstete; später: Rückwanderer					ca. 30.		ca. 10.	

Quellen und Anmerkungen:

Zeilen 1–6: Spalten 1 und 2: Siehe S. 284f.: A V; T 1; Z 57, 62; Sp 13, 14, 20, 21.
Spalte 3ff.: Oberschall und Scheitter-Schwarzenfeld: a. a. O.

Zeilen 7, 11: Schätzungen

Zeilen 8, 9: Aktenauswertungen: Siehe S. 149f.: A I, D 8.

Zeile 10: Siehe S. 178f.: A II, B 4.

• : Keine Angaben auffindbar

B4) Zusammenfassend erscheint der Versuch wenig sachgerecht, die Fülle von Angaben und Überlegungen in eine einzige Zahl zu integrieren. Sie sollten vielmehr in ihrer Spannbreite dargestellt werden:
Die Zahl tschechischer öffentlicher Bediensteter im politisch-wirtschaftlichen Sinne[46] im Sudetengebiet im September 1938 wird im *Minimum* mit etwa 70.000 plus (mal Faktor 2,0) ca. 140.000 Familienangehörigen anzusetzen sein; das sind rd. 210.000 Personen.
Im *Maximum* kann man – vor allem bei Fortdauer der Unterwanderung nach 1930 – bis zu 120.000 plus (mal Faktor 2,0) ca. 240.000 Familienangehörige vermuten; das wären bis zu 360.000 Personen.

C) Verbleib nach 1938
Diese nichtdeutschen öffentlichen Bediensteten, überwiegend nach 1919 in das Sudetengebiet verbracht, sind nach dem Herbst 1938 zurückgekehrt[47], da nach dem Anschluß des Gebietes an das Deutsche Reich ihre bisherige, von der ČSR zu Lasten der Sudetendeutschen geschaffene Existenzgrundlage hinfällig geworden war und sie Beschäftigungsansprüche gegen die Rest-Č-SR hatten.
Darüber hinaus liegen Berichte vor, wonach die öffentlichen Bediensteten von ihren öffentlichen Arbeitgebern, d. h. der ČSR, aus dem Sudetengebiet in die Rest-ČSR sofort nach dem 1. 10. 1938 zurückgerufen[48] bzw. personengruppenweise überführt wurden[49]. Schließlich liegen ein Abkommen mit dem Deutschen Reich vom 23. 11. 1938[50] und ein Č-SR-Regierungsbeschluß vom 21. 12. 1938[51] vor, welche die organisierte Überführung des gesamten beweglichen Eigentums der abgewanderten bzw. zurückgerufenen tschechischen öffentlichen Bediensteten und anderer Personen regelten.
Dabei ist zu vermuten, daß mindestens einzelne dieser tschechischen öffentlichen Bediensteten mit Angestellten- und Arbeiterstatus im Sudetengebiet verblieben[52].
Daß die Abwanderung der vom bisherigen Staat implantierten fremdnationalen öffentlichen Bediensteten bei Wechsel der Gebietshoheit nicht als Vertreibung bezeichnet werden kann, wurde bereits vermerkt[53].

6.4.3 Bauern

A) Die Personengruppe bis 1938
Es ist allgemein bekannt, daß vornehmlich auf den durch die ČSR-Bodenreform von 1919[54] zerschlagenen Gütern des sudetendeutschen Großgrundbesitzes bzw. des übernationalen Adels praktisch nur tschechische Bauern angesetzt wurden[55].

B) Personenzahl
Neben den bereits erwähnten forstwirtschaftlichen Arbeitsplätzen[56] und Berichten über personenintensive Siedlungsaktivitäten von Nichtdeutschen auf ehemaligem Großgrundbesitz[57] im Sudetengebiet liegt die Angabe vor, daß dort bis 1936 rd. 28.000 tschechische Bewerber landwirtschaftliche Besitztümer zugesprochen erhielten[58]. Man wird daher das daraus abzuleitende Zuwanderungspotential bis 1938 einschließlich der Familienangehörigen auf rd. 75.000 vornehmlich tschechischer Personen schätzen müssen. Auch höhere Zahlen sind vorstellbar.

C) Verbleib nach 1938
Es liegen mehrere Berichte über den ungestörten Verbleib auch zugewanderter tschechischer Landwirte und auf zerteiltem Grundbesitz angesiedelter Personen nach 1938 im Sudetengebiet vor[59].

6.4.4 Arbeiter

A) Die Personengruppe bis 1938
In Fortführung der bereits im 19. Jahrhundert begonnenen Zuwanderung tschechischer Billig-Arbeitskräfte in das ursprünglich deutschsprachig-landwirtschaftliche und nunmehrige gemischtsprachige Industriegebiet um Brüx und Dux[60] ist hier von einer besonderen Situation zu sprechen.
Es wird im nordböhmischen Industrierevier (um Aussig, Brüx/Dux, aber auch um Reichenberg und Trautenau) von fortdauernder Zuwanderung tschechischer Industriearbeiter nach 1919 berichtet[61].

B) Personenzahl
Man wird die daraus abzuleitende Zuwanderung bis 1938 einschließlich der Familienangehörigen auf rd. 75.000 nichtdeutsche Personen schätzen können[62]. Auch höhere Zahlen sind vorstellbar.

C) Verbleib nach 1938
Es wird berichtet, daß ein Teil dieser Personengruppe nach 1938 im Sudetengebiet verblieben bzw. nach kurzzeitiger Abwesenheit zurückgekehrt sei[63].

6.4.5 Andere

A) Die Zusammensetzung der Personengruppe bis 1938
Hierunter fallen zunächst private Personen, die wirtschaftliche und soziale Bedürfnisse einer Art von nationaltschechischer »Infrastruktur« für vornehmlich die tschechischen Zuwanderer nach 1919 und die Befestigungsbeschäftigten nach 1935 zu erfüllen hatten: Das Grundprinzip des seit 1919 auch staatlich gestützten Nationalitätenkampfes lautete: »Svůj k svému-Koupite u nám« (Etwa: Der Seine zu den Seinen – Kaufen Sie bei uns!). Unter Ausklammerung der bereits erwähnten (siehe S. 71) Trafikanten werden in diese Personengruppe z. B. Gastwirte[64], Geschäftsleute[65], Handwerker[66], hauptamtliche Sokol-Funktionäre[67] u. ä. einzuordnen sein.
Darüber hinaus gibt es Berichte über tschechische Rentner, die zuzogen[68], sowie über Familiengründungen mit zugezogenen tschechischen Partnern[69].

B) Personenzahl
Die Zahl dieser Personen ist unbekannt; man wird unter 50.000 annehmen können.

C) Verbleib nach 1938
Ein mindestens teilweiser Verbleib im Sudetengebiet nach 1938 ist belegt[70].

6.4.6 Zusammenfassung

Um den Geburtenüberschuß 1930 bis 1938 ergänzt zeigt Texttabelle 5 (siehe unten) in zeitlicher Verlängerung der Tabelle 2 (siehe S. 68) die vermutlichen (Minimal-) Zahlen der Tschechen im Sudetengebiet 1938 nach Personengruppen auf.

Die Betrachtung ergibt, daß der weit überwiegende Teil des tschechischen Bevölkerungspotentials im Sudetengebiet 1938 weniger als zwanzig Jahre im Gebiete war.
Diese kurze Anwesenheitszeit von Rückkehrern ist auch in einer Reihe von Berichten vermerkt[71]; ihre geringe Verwurzelung war zu beobachten[72]. Deswegen ist für viele dieser Personen die Vermutung zulässig, daß es für sie unter Berücksichtigung nunmehr wegfallender persönlicher wirtschaftlicher Vorteile aus tschechischer, nationalpolitischer Herrschaft über den bloßen Anschluß dieses Gebietes an das Deutsche Reich kaum weiteren Anstoßes bedurfte, um das Gebiet wieder zu verlassen[73].

Texttabelle 5

TSCHECHEN IM SUDETENGEBIET 1930–1938
nach Personengruppen

	Tsd. Personen incl. Familienangehörige (gerundet)							
	Alt-eingesessene	Zuwanderer davon Militär	Zuwanderer davon Öff. Bed.	Zuwanderer davon Bauern	Zuwanderer davon Arbeiter	Zuwanderer davon Andere	Gesamt	Summe
	1	2	3	4	5	6	7	8
1. 1930: Volkszählung	265.						425.	690.
2. 1930–38: Geburtenüberschuß	+ 15.						+ 30.	+ 45.
3. 1930–38: Zuwanderung	0						•	•
4. (= 1 bis 3) 1938: Stand	280.						455.	735.
5. Zuwanderergruppe		50.	210.	75.	75.	45.		
6. zusammengefaßt		260.		195.				

Fundorte und Anmerkungen:
Zeile 1: Siehe S. 68: Texttabelle 2
2: Wiederum ca. 6%
3, Spalte 7: Nimmt man hier positive Zahlen an, so erhöht dies vornehmlich die Zahl der öffentlichen Bediensteten im engeren und weiteren Sinne. Diese könnte, statt wie in Zeile 5, Spalte 3 eingearbeitet, 210.000, bis gegen 360.000 betragen haben (siehe S. 76).
5, Spalte 2: Siehe S. 70.
Spalte 3: Siehe S. 71 bis 76.
Spalte 4: Siehe S. 76f.
Spalte 5: Siehe S. 77.
Spalte 6: Siehe S. 77.

Erwähnungsbedürftig erscheinen auch gewisse wesentliche Umstände der Rückkehr: So besagen praktisch alle Berichte, daß rückwandernde Tschechen ihr gesamtes bewegliches Eigentum mit sich führten[74]. Falls dies aus verschiedenen Gründen nicht erfolgen konnte, wurde es ihnen bald wieder zugeführt[75] oder zugänglich gemacht[76] oder jahrelang aufbewahrt und nach 1945 wieder ausgehändigt[77]. Mehrere Berichte besagen auch, daß für die Nutzung zurückgelassenen Grundvermögens entweder mindestens längere Zeit effektive Mietzahlungen erfolgten[78], der Mietwert wenigstens auf einem Sperrkonto angesammelt wurde[79] oder ein »normaler« Verkauf möglich war.

6.5 Tschechen im Sudetengebiet 1939

6.5.1 Verbliebene und rückgewanderte Tschechen lt. (deutscher) Volkszählung vom 17. 5. 1939

Nach dieser Ergänzung kann nunmehr verhältnismäßig einfach eine Art von räumlich/zeitlicher Überleitung von 1938 nach 1939 erfolgen, indem in Texttabelle 6 (siehe unten) die Texttabelle 5 (siehe S. 78) um die Ergebnisse der deutschen Volkszählung vom 17. 5. 1939 verlängert wird. Diese wies 319.000 (gerundet: 320.000) Tschechen im Sudetengebiet aus[80].

Texttabelle 6

TSCHECHEN IM SUDETENGEBIET 1938/39

	Tsd. Personen incl. Familienangehörige (gerundet)				
	Alt-eingesessene	Zuwanderer: davon Militär u. Öff. Bed.	Zuwanderer: davon Bauern, Arbeiter u. andere	Gesamt	Summe
	1	2 + 3	4 + 5 + 6	7	8
1. Stand 1938	280.	260.	195.	455.	735.
2. Stand 1939:					
21 Im Sudetengebiet	280.	0	40.	40.	320.
22 Anderswo (v. a. im »Protektorat«)	0	260.	155.	415.	415.

Fundorte:
Zeile 1: Siehe S. 78: Texttabelle 5
21: Exakte Zahl Spalte 8: 319.: Siehe S. 284f.: A V, Tab 1, Z 62, Sp. 33
22: Ermittelt als Differenz Zeile 1 minus Zeile 21.

Es ist relativ einfach zu ersehen, daß diese Zahl die rd. 230.000 Alteingesessenen deutlich, nämlich um ca. 40.000 überdeckt: In etwa dieser Höhe verblieben demnach neben den alteingesessenen Tschechen tschechische »private« Zuwanderer des Zeitraums nach 1919 auch nach 1938 im Sudetengebiet.

6.5.2 Andere Zahlen

Für die Zahl der Tschechen im Sudetengebiet 1939 gibt es neben der Volkszählung 1939 auch andere höhere Schätzungen. In auszugsweiser Zusammenfassung:

Wer schätzte?	Wann?	Wieviel?	Fundort
Deutsche Stellen	1939	400.000	81
Tscheche	1988	426.000	82
Tscheche	1967	500.000	83
Tschechen	1978/94	500.–700.000	84

An dieser Stelle sind zwei miteinander in Verbindung stehende Anmerkungen zu machen:

- Obwohl die deutsche Volkszählung vom 17. 5. 1939 in ihrem Veröffentlichungsbild sogar ausgesprochenen NS-Befehlen widersprach[85], kann und soll nicht ausgeschlossen werden, daß die Erfassungsstellen im Sudetengebiet sich noch an Erfahrungen mit ČSR-Volkszählungen[86] erinnerten und einzelne Tschechen als Deutsche reklamierten[87].
- Je höher die Zahl der im Sudetengebiet nach 1938 verbliebenen Tschechen angesetzt wird, um so geringer wird bereits rein zahlenmäßig das bloße Möglichkeitsfeld für ihre vorgebliche Massenabwanderung: So könnte z. B. eine Zahl von 475.000 verbliebenen Tschechen bedeuten, daß die entsprechende Zahl der »privaten« Abwanderer zum Mai 1939 auf Null zurückgehen würde.

Jedenfalls bleibt die behauptete Massenvertreibung unbelegt.

6.6 Berichte über vorgebliche örtlich/gebietliche Massenvertreibungen von Tschechen 1938

Nachdem damit die das ganze Sudetengebiet betreffenden Behauptungen (siehe S. 66f.) als falsch erkannt wurden, ist es erforderlich, örtlichen Pauschalbehauptungen nachzugehen, die auch in der Literatur das übliche zähe Leben von Legenden aufweisen.

- Der Fall Polička

  Es wurde (und wird bis 1993) unter Einsatz verschiedener Medien auch international behauptet, die Stadt Polička (Ostböhmen) sei unter Vertreibung ihrer tschechischen Bevölkerung dem Sudetengebiet zugewiesen worden.
  Demgegenüber war festzustellen, daß dies nicht zutraf[88].

- Der Fall des Gebietes um Nürschan (Mies)

  Es wurde (und wird bis 1994) auch international behauptet, die gesamte tschechische Zivilbevölkerung aus Nürschan und sechs weiteren Ortschaften in der Umgebung sei am 27. 10. 1938 in die Č-SR vertrieben worden.
  Auch hier war festzustellen, daß dies nicht zutraf[89].

Es ist zu vermuten, daß mit diesem oder ähnlichem Tenor künftig weitere derartige Behauptungen aufgestellt[90] und dann auch in die sog. veröffentlichte Meinung infiltriert werden.

7. *Die Behauptung über »Tschechoslowaken«*

Mehrere vorgebrachte Behauptungen[91] ergänzten die Zahl vorgeblich vertriebener Tschechen um

- 7.000 bis 30.000 (v. a. sudetendeutsche) Juden, sowie
- 2.000 bis 15.000 das NS-Regime ablehnende Sudetendeutsche, v. a. Sozialdemokraten.

Auch das bereits erwähnte ČSFR-Regierungsdokument vom Februar 1992[92] besagte, es habe eine »Vertreibung (vyhnáni) tschechoslowakischer Bürger aus dem tschechoslowakischen Grenzland« stattgefunden.

8. *Analyse*

8.1 *Behauptungskonsequenz*

Generell ist zunächst die Konsequenz zu beachten, welche die Erwähnung von tschechoslowakischen Juden und Anti-Nazis deutscher Nationalität in diesem Zusammenhang auslösen müssen.

Bekanntlich konnten nach 1945 (auch) jene Tschechen, die 1938/39 von dort abgewandert/geflohen waren, in das Sudetengebiet zurückkehren. Sie wurden dabei von der damaligen ČSR-Regierung aktiv unterstützt.

Demgegenüber wurden Personen deutscher Nationalität mit jüdischer Religion und/oder nachgewiesenem Anti-NS-Verhalten 1945/46 von der ČSR endgültig vertrieben[93] bzw. an der Rückkehr gehindert (z. B. Wenzel Jaksch) sowie bis mindestens 1994 durch keinen der jeweiligen Machthaber der ČSR/ČSSR/ČSFR/ČR zur Rückkehr auch nur aufgefordert.

Man kann obige Position der ČSFR-/ČR-Regierung ab 1992 wie folgt charakterisieren: Sie macht zunächst aus einer vorgeblich 1938 vertriebenen Personengruppe, nämlich den Tschechen, die 1945 zurückkehren konnten, und anderen Gruppen, nämlich deutschen Juden und Anti-Nazis, die 1938 zeitweilig und 1945 von ihrer ČSR-Vorgängerin endgültig vertrieben wurden, eine Personen*gesamtheit* »tschechoslowakische Bürger«. Sie stellt sodann die – bekannterweise nur zeitweilige – Flucht/Vertreibung dieser Personengesamtheit 1938 fest, um die endgültige Vertreibung eines Teiles dieser Personen nach 1945 überhaupt nicht zu erwähnen.

Unabhängig von dieser Inkonsistenz ist das Schicksal dieser Personengruppen zu prüfen.

8.2 *[Sudeten-]deutsche bzw. deutschsprechende Juden*

Für Personen unterschiedlicher ČSR-Nationalität[94], die das NS-Regime der sog. jüdischen Rasse[95] zuwies, war schon vor den Pogromen der sog. Reichskristallnacht des 9. 11. 1938[96] und ohne diesbezügliche spezifische Maßnahmen zwingender Emigrations- d. h. Vertreibungsdruck gegeben. Von vermutlich ursprünglich rd. 27.000[97] waren trotzdem am 17. 5. 1939 noch ca. 3.000 im Sudetengebiet verblieben[98] und bekannten sich in der Volkszählung dieses Tages als deutsche Juden[99]. Sie sollen dem Holocaust des NS-Regimes durch zeitgerechtes Ausweichen weitgehend entkommen sein[100].

Hier liegt eine Massenvertreibung vor: Sie begann 1938 und dauert – wie dargestellt – bis heute, da die verschiedenen zwischenzeitlichen ČSR-, ČSSR-, ČSFR- und ČR-Regierungen bzw. Parlamente die Vertreibung durch das NS-Regime aufrechterhielten und durch keine Rückkehreinladung an die Überlebenden offiziell beendigten.

8.3 Sudetendeutsche Gegner des NS-Regimes

Die sudetendeutschen Sozialdemokraten unter Wenzel Jaksch erhielten noch bei den Gemeindewahlen 1938 im Sudetengebiet fast 10%[101] aller deutschen Stimmen und repräsentierten damit rd. 300.000 »tschechoslowakische Staatsbürger«. Die Zahl der sudetendeutschen Mitglieder der übernationalen KPČ wird für 1937 mit mindestens 13.000[102] angegeben; in der Gesamtzahl wird man mit um die 40.000 rechnen können. Zu den sudetendeutschen NS-Gegnern gehörten auch christlich gebundene Menschen, darunter eine Reihe katholischer Priester sowie Ordensleute und -schwestern[103].
Für aktive Repräsentanten dieser heterogenen, nur durch ihre Anti-NS-Haltung verbundenen Gruppierungen war 1938 gleichfalls eine bedrohliche Lage entstanden. Es dürften rd. 30.000 bis 50.000[104] vornehmlich aus politischen Gründen[105] in das Innere der ČSR ausgewichen sein. Von ihnen gingen nach späterer Rückweisung vieler Personen durch die ČSR-Behörden[106] rd. 3.000 bis 5.000[107] in die Emigration. Darüber hinaus wurden rd. 20.000 nach Übergang der Gebietshoheit an das Deutsche Reich kurzzeitig festgesetzt und Tausende für mehrere Monate in ein NS-KZ eingeliefert; eine geringere Zahl erhielt langjährige Freiheitsstrafen[108].
Das menschliche Schicksal vieler Angehöriger dieser Gruppierungen war ausgesprochen tragisch: Die sudetendeutsche Sozialdemokratie hatte zur Avantgarde im Kampf um das sudetendeutsche Selbstbestimmungsrecht[109] gehört. Öffentlich hatten auch Sudetendeutsche kommunistischer Überzeugung im Kampf gegen den ČSR-Nationalimperialismus Parolen vertreten[110], die weit über das hinausgingen, was die »Deutsche Nationalsozialistische Arbeiterpartei« der ČSR[111] äußerte. Im Herbst 1938 wurden daher einerseits auch ihre politischen Vorstellungen verwirklicht; der Kanzler des Deutschen Reiches hieß damals andererseits weder Friedrich Ebert noch Ernst Thälmann, sondern Adolf Hitler.
Von Massenvertreibung zu sprechen, wenn von rd. 350.000 Menschen maximal 10.000 (zeitweise) emigrieren mußten, erscheint jedoch nicht begriffsadäquat. Auch die sudetendeutschen Gegner des NS-Regimes von 1938 wurden erst 1945/46 durch die ČSR vertrieben, als sie beinahe zur Gänze mit der Masse der Sudetendeutschen ihre von altersher überkommenen Wohnsitze verlassen mußten[112].

8.4 Die Masse der Sudetendeutschen

Zur Abrundung des historischen Bildes von 1938 sei auch die weit überwiegende Mehrheit der Sudetendeutschen erwähnt: Sie wurde später der Zerschlagung der ČSR »schuldig befunden«[113]. Noch 1941 bezeichnete demgegenüber die ČSR-Exilregierung in London die über 90%ige Stimmabgabe der Sudetendeutschen für die SdP Konrad Henleins bei den Gemeindewahlen 1938 als Votum für ein »ausgesprochen tschechoslowakisches und nicht ein getarntes Naziprogramm«[114]. So ist erklärbar, daß zuverlässige Zeitzeugen die Verhaftung auch zahlreicher SdP-»Amtswalter« (= Funktionäre) und Mitglieder durch die Gestapo-Organe des NS-Regimes nach dem 1. 10. 1938 belegen[115]. Schließlich hatte die SdP nach Meinung des NS-Regimes »keinen der Entwicklung der NSDAP vergleichbaren politischen Kampf <d. h. keinen ideologischen gegen Andersdenkende bzw. rassischen gegen Juden> geführt..., sondern ausschließlich einen Kampf um die Erhaltung des Deutschtums auf dem Boden der ehemaligen Tschechoslowakei«[116]. Bedeutsam für ein differenziertes Bild auch der Vergleich eines anti-NS-Regime eingestellten Zeitzeugen: »Trunkene Begeisterung« der Österreicher, aber »Aufatmen der Sudetendeutschen wegen »wirklicher Befreiung« von »schwerem Druck«[117] sicher auch der Kriegsgefahr. Das zur bloßen Ergänzung entworfene SdP-Bild wird eben auch z. B. durch das einfache Mitglied Oskar Schindler repräsentiert: In einem weltweit vertriebenen, mit einigen »Oscars« ausgezeichneten quasi-dokumentarischen Film sah man eine im Zeitablauf in Menschlichkeit hineinwachsende Person bis zum 8. 5. 1945 gleichzeitig offen das Mitgliedsabzeichen der NSDAP tragen und sein Vermögen ohne Zwang in die Rettung wenigstens von rd. 1.200 Juden investieren. Ohne Schindlers wiederum ohne Not erfolgte Flucht 1945 wäre er von der ČSR trotzdem genauso vertrieben worden, wie die meisten seiner Landsleute.

9. Befund

Zusammenfassend wird man zunächst festzustellen haben, daß nach internationalem Maßstab 1938 im Sudetengebiet tatsächlich eine Massenvertreibung begann: Die der sudetendeutschen *Juden*.
Diese Vertreibung wurde 1945 von der ČSR finalisiert und dauert bis heute an.
Die *Tschechen* gliederten sich – wie dargestellt – *vor* der Eingliederung des Sudetengebietes in das Deutsche Reich in verschiedene Personengruppen: Als relevante Hauptkategorien erweisen sich 1938 rd. 280.000 Alteingesessene und (mindestens) ca. 500.000 Zuwanderer nach 1919; unter letzteren stellten (mindestens) 260.000 Militärpersonen und öffentliche Bedienstete mit ihren Familienangehörigen die größte Gruppe dar.
Zur Zahl der im Sudetengebiet *nach* dem 1. 10. 1938 verbliebenen Tschechen gibt es zwar Propagandaparolen, jedoch keine ernstzunehmende Stimme, die von Null spricht. Dieser summarische Befund wird durch Literaturbelege und zahlreiche Berichte gestützt, in denen sämtlich die Anwesenheit zahlreicher, oft im einzelnen beschriebener Tschechen im Sudetengebiet bis weit nach 1940 belegt wird.
Nach der deutschen Volkszählung vom 17. 5. 1939 wurden im Sudetengebiet 319.000 Tschechen festgestellt, von denen 194.000 als Reichsangehörige bezeichnet wurden; in vereinzelten Literaturangaben findet man diese wieder. Andere, selbst halbamtliche, seinerzeit unveröffentlichte deutsche Angaben berichten für den Herbst 1939 von höheren Zahlen; tschechische Stimmen bemängeln die Nationalitätenerfassung der Volkszählung vor allem in Südböhmen und Südmähren und behaupten für die gleiche Zeit sogar bis zu 700.000 Tschechen.

Aus dem gesamten Datenmaterial erscheint zunächst zusammenfassend jedenfalls kaum bestreitbar, daß etwa Ende 1939 bis Mitte 1940 (d. h. ca. 18 Monate nach Beendigung der faktischen Gebietshoheit der ČSR) im Sudetengebiet deutlich mehr Tschechen lebten, als zu Beginn dieser Gebietshoheit im Jahre 1919.
Diese Feststellung gilt nicht nur für das Gesamtgebiet, sondern grundsätzlich für alle relevanten Bezirke/Kreise des Gebietes (siehe S. 330–341: A V, T 3, Sp 28–31).

Wenn man die obigen Ausgangsdaten für 1938 mit diesen Zahlen für 1939 verbindet, ergibt sich folgendes überschlägige Bild für den Verbleib der tschechischen Personengruppen nach dem 1. 10. 1938:

Die im Jahre 1938 mit rd. 280.000 zu beziffernden tschechischen Alteingesessenen verblieben offensichtlich fast vollständig im Sudetengebiet.

Darüber hinaus verblieben weitere, seit 1919 zugewanderte und vornehmlich privat tätige Tschechen im Sudetengebiet, und zwar:

- Ca. 40.000, wenn man die Volkszählungsergebnisse von 1939 ansetzt.
- Über 400.000, wenn man die tschechischen Maximalzahlen berücksichtigt.

Damit verkehrt sich die tschechische Behauptung von Massenvertreibung aus dem Sudetengebiet 1938/39 – gerade bei Verwendung tschechischer Zahlen – zum Befund, daß über die Zahl der Alteingesessenen und ihrer Kinder hinaus im Gegenteil sogar zahlreiche, vermutlich weitgehend erst nach 1919 zugewanderte Tschechen im Sudetengebiet von 1938/39 verblieben[118].

Die Rückwanderung der ČSR-seitig seit 1919 im Sudetengebiet implantierten Militärpersonen und öffentlichen Bediensteten einschließlich ihrer Familienangehörigen in ihre Heimatgebiete war ebensowenig eine Vertreibung, wie die Flucht bzw. der Abtransport der 1945 im »Protektorat« befindlichen deutschen Soldaten der Heeresgruppe Schörner und der Beamten des »Reichsprotektors« Frick.

Darüber hinaus ist für die Zeit ab Herbst 1938 die Gesamtheit aller (z. B. gegenläufigen) Wanderungsbewegungen aus dem Sudetengebiet zu beachten. Sie hatten zwar zusammenhängende, aber durchaus nicht nur nationale Gründe. Neben dem zunächst nur allgemein und vornehmlich den Juden aller Nationalitäten drohenden NS-Regime mußten ab Mitte September 1938 im Sudetengebiet viele Bewohner aller Nationalitäten einen Krieg befürchten. Die potentiell verheerenden Auswirkungen eines solchen waren jedermann aus den damaligen Wochenschauaufnahmen des gleichzeitigen spanischen »Bürgerkriegs« vollauf geläufig. Zunächst primär davor flohen viele Menschen[119]; die Sudetendeutschen vornehmlich – aber eben nicht nur – nach Deutschland, Tschechen in das Innere der ČSR, wobei ihre öffentlichen Bediensteten ihre Familienangehörigen aus dem Sudetengebiet in die gleiche Richtung evakuierten. Die ČSR-Generalmobilmachung (23. 9. 1938) führte zur Massenwanderung von Wehrpflichtigen in ihre Stellungen oder in die Desertion und verstärkte Kriegsangst mit Evakuierung/Flucht weiterer deutscher und tschechischer Angehöriger. Für die Zeit vor dem 1. 10. 1938 wird als Fluchtmotiv auch die Angst sudetendeutscher NS-Gegner und marxistisch-nationalistisch tätiger Tschechen im Sudetengebiet vor evtl. Vergeltung durch das NS-Regime anzuführen sein. Diese potentiell Gefährdeten antizipierten jenen Einmarsch deutscher Truppen, den zeitgleiche ČSR-Darstellungen als undenkbar bezeichneten; ihr Ausweichen in das Innere der ČSR traf daher auf wenig Vorbereitungen öffentlicher ČSR-Stellen[120].
Nach dem 1. 10. 1938 fiel durch die Regelung von München einerseits die Kriegsgefahr weg, die vor ihr Geflüchteten konnten zurückkehren[121]. Darunter subsumierten die ČSR-Behörden anscheinend auch sudetendeutsche NS-Gegner, die nunmehr teilweise zurückgewiesen wurden[122]. Die ČSR-Armee und ihre paramilitärischen Verbände zogen ab, wobei die Soldaten nachfolgend in ihre jeweiligen nationalen Heimatgebiete demobilisiert wurden[123].
Andererseits wurde nach dem 5. 10. 1938 die Begrenzung des nunmehr unter deutsche NS-Herrschaft kommenden Sudetengebietes klarer[124]. Daraus ergab sich zunächst als weitere Wanderungsbewegung der (auch) auf Rückruf der ČSR-Zentralbehörden erfolgte Abzug (weiterer) tschechischer öffentlicher Bediensteter mit ihren Familienangehörigen in die Rest-Tschechei[125]. In dieser Phase kam es dann neben zeitweisen Unklarheiten und Übergangsschwierigkeiten, die propagandistisch ausgewertet wurden[126], auch zur Übersiedlung von vornehmlich nach 1919 in das Sudetengebiet eingewanderten und dort auch z. T. entsprechend tätig gewordener Tschechen. Sie erfolgte insgesamt ohne öffentlichen und offiziellen deutschen/NS-Druck[127] (»Wer nicht gehen wollte, der mußte nicht«[128]) und in

relativ hohem Umfang zu Verwandten im tschechischen Sprachgebiet[129]. Ein Teil dieser Tschechen dürfte vor[130] bzw. nach[131] dem 17. 5. 1939, dem Datum der Volkszählung im Deutschen Reiche, in das Sudetengebiet zurückgekehrt sein, nachdem deutlich geworden war, daß keine Massenverfolgung von Tschechen eingesetzt hatte[132] und selbst Optanten für die ČSR-Staatsbürgerschaft ungestört blieben[133].

Für den Fortzug jener Tschechen, die nach zeitweiser Anwesenheit im Sudetengebiet nach 1919 nunmehr, d. h. nach etwa 1939, im damaligen »Protektorat« verblieben, erscheint der Begriff »Exodus« angemessen:

Dieser von dem tschechischen Historiker Dr. Maček in die Diskussion gebrachte Ausdruck[134] bedeutet nach theologischem Sprachverständnis den Auszug der Kinder Israels aus Ägypten. Er ist historisch/politisch so belegt, daß Menschen freiwillig mit allen Besitztümern aus einem ihnen fremden Gebiet, in das sie unter mindestens gewissem Druck ihrer Obrigkeit verbracht worden waren, in ihr Heimatgebiet zurückkehren.

Es wird noch darzustellen sein[135], daß offensichtlich rd. vierzig v. a. nach 1919 zugewanderter Tschechen mit ihren Familien (oder insgesamt ca. hundertvierzig von mindestens fünfhunderttausend Zuwanderer) nach dem 1. 10. 1938 durch formale Ausweisung aus dem nunmehr dem Deutschen Reich zugehörigen Sudetengebiet entfernt wurden.

Zwar ist jeder einzelne Vertriebene einer zuviel. Mit aller gebotenen Deutlichkeit muß jedoch der gerade in Böhmen und Mähren-Schlesien durch die ČSR gesetzte Maßstab einer Massenvertreibung beachtet werden: Sie ist dadurch charakterisiert, daß von den Gewaltträgern des Gebietes öffentlich (z. B. auf Plakaten und in den jeweils vorhandenen Medien) verkündet wird, die evtl. sogar äußerlich gekennzeichneten Angehörigen einer bestimmten Personengruppe, nämlich praktisch alle anwesenden Überlebenden vorhergegangenen Terrors, hätten das Gebiet zu verlassen. Dann werden diese Personen von den Gewaltträgern erfaßt (z. B. zusammengetrieben oder aus vorhandenen Registern selektiert und/oder in Lagern konzentriert), oft auf Listen verzeichnet und aus dem Gebiet in massenhaften Transporten hinausbefördert. Das war 1945/46 bei den Deutschen im Sudetengebiet der Fall: Vorliegende Plakate, gesonderte Kennzeichen (und Lebensmittelkarten) für Deutsche sowie systematische diesbezügliche Vereinbarungen von gebietlichen und gesamtstaatlichen Gewaltträgern der damaligen ČSR dokumentieren[136] diese von Millionen sudetendeutschen Zeugen erlebte öffentlich organisierte Massenvertreibung. Sie wurde von allen späteren Regierungen der ČSR, ČSSR, ČSFR und ČR auch gar nicht erst geleugnet, sondern eher als nationale Großtat gefeiert.

An diesem von Tschechen gesetzten Maßstab kann und muß die vorgebliche Massenvertreibung von Tschechen aus dem Sudetengebiet 1938/39 gemessen werden: Wenn es nur in einer einzigen der rd. 3.700 sudetendeutschen Gemeinden eine äußerliche Kennzeichnung von Tschechen gegeben hätte, stünde in ihr längst ein Denkmal. Wenn es seitens eines einzigen der über 50 damaligen Landräte von Nikolsburg über Frachatitz, Mies und Hohenelbe bis Neutitschein eine Vertreibungsanordnung etwa in Plakatform gegeben hätte, wäre sie längst weltweit publiziert. Die behauptete Massenvertreibung von Tschechen aus dem Sudetengebiet 1938/39 ist daher als Desinformation zu bezeichnen, die vermutlich politisch motiviert ist.

Anmerkungen zu Kapitel III

[1] In Texttabelle 1 (siehe S. 67): Zusammenstellung vieler veröffentlichter Flüchtlings- bzw. vorgeblicher »Vertriebenen«-Zahlen.
Zu den jeweils umrahmenden Texten: Siehe S. 286 ff. Anhang V; Tabelle 2, Ziffer 1–63.
<Im folgenden werden abgekürzt:
*A*nhang mit *A*;
*B*ericht mit *B*; die Berichte werden den Bezirken/Kreisen zugeschrieben.
*T*abelle mit *T*;
*Z*iffer mit *Z*>

[2] Zu nicht quantifizierten vorgeblich vertriebenen »tschechoslovakischen Bürgern«: Siehe S. 16 und S. 81.

[3] Siehe S. 319: A V; T 2, Z 60; Hervorhebungen nicht im Original.

[4] Siehe S. 316: A V; T 2, Z 53.

[5] Siehe S. 319: A V; T 2, Z 61.

[6] Siehe S. 316: A V; T 2, Z 51.

[7] Siehe S. 314: A V; T 2, Z 46.

[8] Zu beachten ist freilich, daß das Sudetengebiet von 1919 mit dem von 1930/1938 nicht ganz identisch ist.
Siehe S. 284 f.: A V; T 1; Spalte 4, Zeile 51, und Spalte 25, Zeile 55.

[9] a) Siehe S. 45.
b) Das ČSR-Volkszählungsrecht (Gesetz vom 8. 4. 1920; »ČSR-Slg.« 1920, Nr. 256, S. 547; Regierungsverordnung vom 30. 10. 1920; Nr. 592, S. 1505 ff.) schrieb z. B. auch vor, daß kasernierte Soldaten ohne Rücksicht auf ihre Heimatzugehörigkeit am Dienstort zu erfassen waren. Der (in praktisch allen Fällen tschechische) Kasernenbefehlshaber hatte sie in gemeinsame Zähllisten, die auch die Nationalität umfaßten, einzutragen (§ 10, 11 der Regierungsverordnung). Diese Erfassungsmethodik wurde von niemandem kontrolliert; Leitlinie des Verhaltens soll gewesen sein, »jeder tschechoslowakische Soldat müsse der tschechoslowakischen Nation zugezählt werden«.
Vgl. »Volkszählung...« (Anm. II/41); siehe auch S. 62: Anm. II/71 b.

[10] Siehe S. 56 für Anm. II/29 b.

[11] Dieser Personenkreis wird daher in fast allen Berichten erwähnt.

[12] Bei (siehe S. 68: Texttabelle 2, Zeile und Anm. 4) ca. 6% Geburtenüberschuß.

[13] Siehe S. 42 mit Anm. II/87, 88.

[14] Zu Möglichkeiten der Ermittlung:
a) Die Heimatrechtslisten (siehe Anm. III/13 oben) waren noch 1945 derart spezifiziert vorliegend, daß die Ermittlung der Deutschen offiziell darauf gestützt wurde.
Im Umkehrschluß müßte die Zahl der Tschechen mindestens für 1945 und in Rückbearbeitung auch für 1938 ermittelbar sein.
b) Eine weitere Möglichkeit der Quantifizierung tschechischer Zuwanderung in den Jahren 1930 bis 1938 ergäbe sich wenigstens tendenziell für die Erwachsenen aus der Veränderung der für tschechische Parteien in sudetendeutschen Gemeinden abgegebenen Stimmen zwischen z. B. den Gemeindewahlen 1931 und 1938.
Die gegen die Aussagefähigkeit vorzubringenden spezifischen Argumente (Stimmen für KPČ nicht national gegliedert; bei Gemeindewahlen geringere nationale Bindung als bei Parlamentswahlen; Veränderung auch durch Verschiebung der Altersstruktur, d. h. der Wahlberechtigung denkbar) wären dabei ebenso zu berücksichtigen wie die verschiedentlich zu beobachtende offensichtliche Manipulation von Wahlergebnis-

sen durch die Beteiligung nur zeitweilig anwesender Personen (siehe S. 171: A II, B 1, Ziff. D 22 für Prachatitz).

Trotzdem sollte beachtet werden, daß sich z. B. in Mähr. Schönberg die Zahl tschechischer Stimmen von den Parlamentswahlen im Jahre 1929 mit 585 und den Gemeindewahlen 1931 mit 866 bis zu den Gemeindewahlen 1938 auf 1.228 fast verdoppelten.

Vgl. Jersák, Jan: »Šumpersko 1918–1945« (Das Gebiet um <Mähr.> Schönberg 1938–1945); Mähr. Schönberg, 1946; S. 30.

c) Insgesamt eher journalistisch aufzufassen sind beleglose Aussagen wie z. B.: »Eine Million Tschechen sollen sich nun <d. h. nach dem 1. 10. 1938> dem ›Dritten Reich‹ unterwerfen. Tausende von ihnen flüchten . . . in den tschechischen Rechtsstaat.«
Diese Aussage für Ende September/Anfang Oktober steht unter einem Foto, das Personen in Winterbekleidung auf einem Bahnhof mit schneebedeckten Personenwagen zeigt.
Vgl. Biman, Stanislav/Cílek, Roman: »Der Fall Grün und das Münchner Abkommen«; Berlin-Ost, 1983; <tschechische Originalfassung: »Partie hnědých pěšáků« (etwa: Die Landpartie der braunen Infanterie); Aussig, 1976; S. 176.

15 »Ein Erlaß des <ČSR->Verteidigungsministers Machník aus dem Jahr 1936, der die Vergabe von Heeresaufträgen regelte, zwang deutsche Firmen, tschechische Arbeiter und Angestellte in einem Umfang zu beschäftigen, der der nationalen Zusammensetzung in jener Gegend entsprach, in der sich der Firmensitz befand.«
Vgl. Slapnicka, Helmuth: »Die böhmischen Länder und die Slowakei 1919–1945« in »Handbuch der Geschichte der Böhmischen Länder«; Hsg. v. Karl Bosl; Bd. IV; Stuttgart, 1970; S. 68.

16 a) Siehe S. 68: Texttabelle 2, Spalte 2:
In zwölf Jahren (Dezember 1918 bis Dezember 1930) rd. 475.000; d. h. pro Jahr rd. 40.000.
In 7,5 Jahren (Januar 1931 bis Jahresmitte 1938) bedeutete dies bis zu 325.000.
b) Siehe auch S. 88, Anm. III/27b.

17 Vgl. DzS, S. 472.

18 Siehe dazu S. 244 bis 256: A IV, Exkurs 1.
Dort auch Quantifizierung in der ČSR-Volkszählung von 1930 mit hoher Wahrscheinlichkeit als Tschechen erfaßter, sudetendeutscher Wehrpflichtiger.
Siehe auch S. 86, Anm. III/9b zu Erfassungsprinzipien.

19 Vgl. den Textabdruck der Bestimmung des Münchner Abkommens vom 29.9.1938 in »Akten zur Deutschen Auswärtigen Politik 1918–1945«; Serie D, Bd. II, Baden-Baden, 1950; Nr. 675, Ziff. 7, S. 813.
<Im folgenden zitiert als »ADAP«.>›

20 a) Siehe z. B. S. 234f.: A III, B 74, Teil D.
b) Bei der Analyse der Vorgehenstechnik tschechischer »Vertreibungs-«behauptungen haben öffentliche Bedienstete im Rahmen ungenauer zeitlicher und geographischer Angaben große Bedeutung:
So wurde z. B. ein deutscher Reporter mit der schlichten Aussage konfrontiert, in der Stadt X sei 1938 durch Vertreibung die Zahl der Tschechen von über 5.000 auf knapp 500 vermindert worden. Die Aussage blieb unwidersprochen stehen.
Eine Kurzrecherche ergab, daß die Zahl X für den gleichnamigen politischen Bezirk im Jahre 1930 galt; in der Bezirksstadt X waren es 1930 nur 3.500 und 1910 unter 100: Ca. 3.400 vornehmlich öffentliche Bedienstete mit ihren Angehörigen waren 1938 abgezogen; die Zahl der Tschechen war 1939 trotzdem fünfmal so hoch, wie vor der ČSR-Übernahme der Stadt X im Jahre 1918.

21 Siehe S. 204, 209f., 211f.: A III; B 1, 7, 9 für Eger, Landskron und Neubistritz.
Als interessantes Detail für die Bahnstrecke Neudek–Karlsbad etwa im Jahre 1937: »There were five stops during the short 12 mile <= ca. 20 km> journey ... At each a stationmaster with a red cap stood to attention <, this was> a show of authority for no matter how thoroughly German the villages around might be, the station-master was always Czech. Sometimes he spoke German, often he did not«.
Vgl.: Henisch, Heinz K.: »First Dance in Karlsbad«; State College (Pa., USA), 1993; S. 39.

22 Siehe S. 149f.: A I; D 8.

23 Siehe S. 211f.: A III; B 9 für Neubistritz.

24 a. a. O.

25 Siehe S. 207f.: A III; B 6 für Hohenelbe.

26 Siehe S. 210f.: A III; B 8 für Znaim.

27 a) Siehe S. 168ff., 190f.: A II; B 1, 21 für Mies, Luditz und Nikolsburg.
b) Zum Zeitablauf in Nordmähren sind Mitteilungen Jersáks (a. a. O.; S. 17) aus dem Jahre 1946 interessant:
»Das tschechische Element verstärkte sich in den Jahren 1930–1938 durch eine Vermehrung der Zahl der Staatsangestellten, durch die Verstaatlichung der Polizei, die gemäß Gesetz über die Staatsverteidigung erfolgte Einrichtung der staatlichen Grenzwache und die Verstärkung der Garnisonen <siehe dazu S. 254f. in A IV, Exkurs 2>, durch Zuzug tschechischer Händler und Handwerker wie auch durch Enteignung und Ankäufen von Grundstücken. In acht Bezirken Nordmährens waren 40.000 Staatsbedienstete, von denen im Jahre 1930 die Tschechen die Hälfte stellten, im Jahre 1938 jedoch bereits drei Viertel. Und diese 30.000 bildeten den Kern der tschechischen Grenzler (hraničařu), führende und bewußte Beschützer der Interessen der Republik in diesem exponierten Gebiet. Es war darum auch eine der späteren Forderungen der Deutschen, diese Kader aus dem Sudetengebiet abzuberufen.«
Die erwähnte Forderung bezog sich natürlich nur auf Militärpersonen.

28 Als interessanter Beleg hierfür ist zu bezeichnen, daß bei der Räumung des Sudetengebietes im Oktober 1938 in einer Aufzählung der »Evakuierung staatlicher und anderer Ämter« neben einer »Minderheiten- <d. h. tschechischen> Schule und <dem> Minderheiteneisenbahnerhaus« auch die »staatlichen Tabakfabriken in Landskron und Zwittau« erwähnt wurden.
Vgl. »A-Zet Večerný České slovo« (Abendliches Tschechisches Wort), Prag, 11. 10. 1938.

29 Siehe z. B. S. 229: A III, B 62.

30 Vgl. Oberschall, Anton: »Berufliche Gliederung und soziale Stellung der Deutschen in der Tschechoslowakei«; Teplitz-Schönau, o. J. (nach 1936); S. 31.
Quelle: »›Tschechoslowakische Statistik‹, Band 20–23, sowie ›Mitteilungen des Statistischen Staatsamtes‹, Jg. 1933, Nr. 190, und Jg. 1934, Nr. 42.«
Die Zahl der Deutschen auch in Bohmann, SiZ, S. 56.

31 Zur »Oberbehörde« »Bodenamt«: Siehe S. 60f. für Anm. II/61.

32 a) Vgl. Bohmann: SiZ, S. 62f.
b) Ein Beispiel aus dem Bezirk Mähr. Schönberg (vgl. Jersák: a. a. O.; S. 17f.):
»Desgleichen erfuhr das tschechische Element eine bedeutende Stärkung durch die Enteignung großer Waldkomplexe, der Herrschaft der Harrachs in Janowitz, des Deutschritterordens in Klein Mohrau, der Lichtensteins in Groß Ullersdorf, des Barons Klein in Wiesenberg, denn in die Forstämter wurden tschechische Bürger berufen. So wurde beispielsweise in Klein Mohrau im Jahre 1933 eine tschechische

Minderheitsschule eröffnet, da die <tschechische> Kinderzahl bereits im Jahre 1937 von 5% auf 43% anstieg.«
Dabei mußte auch eine kreative Abgrenzung der Schulsprengel erfolgt sein, da die Gemeindewahl (der Erwachsenen) 1938 in Klein Mohrau bei insgesamt 435 abgegebenen exakt 0 tschechische Stimmen aufwies (so Jersák: a. a. O.; S. 31).

33 Vgl. Oberschall: a. a. O.; S. 31.

34 Das könnte aus der nachfolgenden Aufstellung für Böhmen und Mähren/Schlesien abgelesen werden:

		Tschechen	Sudetendeutsche
1920:	Taglöhner selbst	310.000	98.000
	mit Fam. Angeh.	565.000	184.000
	(in % der Bevölkerung)	(8,4%)	(6,2%)
1930:	Taglöhner selbst	175.000	117.000
	mit Fam. Angeh.	300.000	196 000
	(in % der Bevölkerung)	(4,1%)	(6,5%)

Angaben aus Oberschall: a. a. O.; S. 49.

35 Vgl. Oberschall: a. a. O.; S. 31.

36 a) Die Zahlen lt. Mitchell, B. R.: »European Historical Statistics 1750–1970«; London, 1975; S. 166, 169 (für Gesamt ČSR, keine Herkunftsangabe):

1921	72.000	1931	291.000
22	127.000	32	554.000
23	207.000	33	738.000
24	96.000	34	677.000
25	49.000	35	678.000
26	59.000	36	623.000
27	53.000	37	409.000
28	39.000		
29	42.000		
30	105.000		

Der dargestellte Begriff wird wie folgt definiert: »Averages of monthly numbers of application for work at labour exchanges and (until 1936) private placement agencies«

b) Bohmann: SiZ, S. 100 (gleichfalls ohne Herkunftsangabe) gibt identische Zahlen von 1929 bis 1933 an.

c) Schreitter-Schwarzenfeld (, Karl: »Die Sudetendeutschen in ihrer gesellschaftlichen Stellung«; Prag, 1933; S. 64 f.) notierte u. a. für Ende August 1933 nach »Mitteilungen des Deutschen Hauptverbandes der Industrie«, veröffentlicht in der Prager Zeitung »Bohemia« vom 29. 9. 1933 für Böhmen und Mähren-Schlesien 540.309 Arbeitslose, davon 250.177 »in den deutschen Gebieten«.

d) Generell erscheint gesichert, daß die Arbeitslosigkeit im Sudetengebiet erheblich höher lag und deutlich länger dauerte als im tschechischen Sprachgebiet.
Vgl. dazu Glaser: a. a. O., S. 29; Hoensch: a. a. O., S. 54; Slapnicka: a. a. O., S. 66 f.; Seibt: a. a. O., S. 318 f.
Vgl. auch DzS, S. 472.

37 Hier kann das System nur ansatzweise umrissen werden:
Im Deutschen Reich gab es seit Juli 1927 eine staatliche Arbeitslosenversicherung mit Rechtsanspruch auf Unterstützung nach dem Prinzip von Beitragsleistung und Versorgungs-Gegenleistung.
In der 1. ČSR herrschte dagegen das sog. »Genter«-System: Nur Gewerkschaftsmitglieder erhielten aus Gewerkschaftsmitteln eine zeitweilige Unterstützung, zu der die ČSR-

Regierung für max. 13 Wochen Arbeitslosigkeit einen Zuschuß leistete. Arbeitslose Nichtgewerkschaftsmitglieder und »ausgesteuerte« Arbeitslose waren auf freiwillige Leistungen ihrer Heimatgemeinde angewiesen, zu denen erst später wöchentliche Lebensmittelgutscheine im Wert von ca. 2,5 Stundenlöhnen traten. Diese sog. Czech-Karten waren nach dem ČSR-Minister für soziale Fürsorge Ludwig Czech benannt. Der Vorsitzende der sudetendeutschen Sozialdemokraten bekleidete diese Stellung in der Regierung von 1929 bis 1934.

[38] Vgl. Oberschall: a. a. O.; S. 31.

[39] Dazu vgl. Oberschall: a. a. O.; S. 52 f.

[40] Siehe S. 172: A II; B 1, Ziff. D 71 für Trautenau.

[41] Siehe S. 178 f.: A II; B 8 für große Teile des Gesamtgebietes.

[42] Siehe S. 149 f.: A I; D 8.

[43] a) Die erste Angabe dazu lautete:

»Beamte deutscher Nationalität in den Ämtern der ČSR in den beiden Bezirksstädten des südlichen Böhmerwaldes Krummau und Kaplitz in den Jahren 1919 bis 1938: In den Ämtern waren durchschnittlich an die 25 bis 30 Bedienstete davon waren Deutsche:

	Krummau:	Kaplitz:
<1> Bezirkshauptmannschaft:	3	2
<2> Finanzamt:	1	3
<3> Bezirksgericht:	4	3
<4> Staatspolizei:	2	1
<5> <örtliche> Gendarmerie:	1	2«

Die Angabe stammte von Wissensträger F. Z. A-4040, Linz, und beruhte auf eigener Erfahrung und Rückfragen bei Kollegen.

b) Die Städte Krummau und Kaplitz waren Sitz sowohl eines ihm vorgeordneten sog. »Politischen« wie auch eines sog. »Gerichtsbezirks«.

Für diese Kombination Politischer und Gerichtsbezirk ergäbe sich daher eine Gesamtzahl öffentlicher Bediensteter von (5 × 25 bis 30 =) 125 bzw. 150, durchschnittlich rd. 137 Personen, davon 11 Deutsche, d. h. rd. 125 Tschechen.

Auf der Verwaltungsebene Gerichtsbezirk gab es v. a. die Positionen 3 bis 5 der Aufstellung. Daraus Gesamtzahl (3 × 25 bis 30 =) 75 bis 90, durchschnittlich 82 Personen, davon 6–7 Deutsche, d. h. rd. 75 Tschechen.

c) Diese Quantifizierung wurde durch Angaben aus Braunau (Nordböhmen) tendeziell bestätigt: Hierbei wurden für 1934 (neben der Darstellung üblicher Durchsetzung von Bahn, Post und Zoll im gesamten Bezirk) für die Bezirkshauptmannschaft und das Finanzamt namentlich 47 Personen aufgeführt, von denen 39 als Tschechen identifiziert wurden.

Vgl. »Die Wahrheit siegt« in »Braunauer Rundbrief« <Heimatzeitung, Rohr (Ndby.)>; Jg. 1994, Nr. 3–6; S. 151 ff.

[44] a) Das Sudetengebiet umfaßte in der Struktur der ČSR-Verwaltung von vor 1938

- rd. 60 Städte mit Sitz sowohl eines Politischen wie eines Gerichtsbezirkes und
- rd. 75 Städte, die nur Sitz eines Gerichtsbezirks waren.

Vgl. »Sudetendeutsches Ortsnamenverzeichnis«; Hsg. von der Bundesanstalt für Landeskunde und Raumforschung, Bad Godesberg; 2. Aufl.; München, 1987; S. 13 ff.

b) Daraus ergäbe sich *überschlägig* für die Zahl tschechischer öffentlicher Bediensteter auf dieser Verwaltungsebene:

60 (Dienstsitze) Pol. Bezirk und Gerichtsbezirk (d. h. mal 125)		= 7.500
75 (Dienstsitze nur) Gerichtsbezirk (d. h. mal 75)		= 5.500
	Gesamt:	ca. 13.000.

45 Vgl. Bohmann: SiZ; S. 127.

46 Das heißt vornehmlich die in den offiziellen ČSR-Statistiken erfaßten, aber v. a. in den »Maximum«-Zahlen ergänzt um jene Personen, die wegen staatlichen ČSR-Einflusses hoheitlich geordnete Beschäftigung hatten, auch ohne formal öffentlich Bedienstete zu sein.

47 Zu lokalen Rückwanderungsberichten für einzelne öffentliche Bedienstete (oft mit Familienangehörigen) siehe z. B. S. 169: A II, B 1 für Mies.

48 Siehe S. 190 f.: A II, B 21 für Nikolsburg.

49 Siehe S. 169, 173: A II, B 1 für Luditz und Mies; S. 313: A V, T 2, Z 45 für verschiedene Gebiete.

50 Siehe S. 153 f.: A I, D 11.

51 Siehe S. 313: A V, T 2, Z 45.

52 Siehe S. 149 f.: A I, D 8: Einige Abschnitte deuten darauf hin.

53 Siehe S. 40 f.

54 Zur Bodenreform: Siehe S. 45 mit Anm. II/61 bis 63.

55 Vgl. z. B. Bohmann: SiZ, S. 61 ff.

56 Siehe S. 71.

57 Siehe S. 210 f.: A III, B 9 für Znaim mit 462 Wohnungen;
für Hohenstadt mit 30 Wohnungen;
S. 231: A III, B 67 für Kaplitz mit 11 Häusern;
S. 276 in A IV, Exkurs 4 für Mies mit rd. 200 Wohnungen.

58 Vgl. Bohmann: SiZ, S. 63.
Zu Berichten über Ansetzung von Bauern siehe
S. 158: A I, D 15 für Hohenstadt,
S. 205, 209 f., 211 f.: A III, B 2, 7, 9 für Luditz, Landskron und Neubistritz.
S. 229 f.: A III, B 63–65 für Krumau.

59 a. a. O. – Besonders beachtlich: Unter den Verbleibenden auch ein nach 1919 zugewanderter tschechischer ex-Legionär und Optant für die Č-SR; siehe S. 210: A III, B 7.

60 Siehe S. 44 mit Anm. II/54
Auch S. 158: A I, D 15.

61 Siehe S. 195 f.: A II, B 25.

62 a. a. O.

63 a. a. O.

64 Siehe S. 189: A II, B 20 für Dux.

65 Siehe S. 223 f.: A III, B 21 bis 49 für Nordböhmen.
Auch S. 88, Anm. III/27 für Mähr. Schönberg.

66 Siehe S. 223 f.: A III, B 21 bis 49, Antworten zu Frage 10–12.

67 Siehe S. 274 in A IV, Exkurs 4 für Mies.

68 Siehe S. 206: A III, B 4 für Leitmeritz.

69 Siehe S. 231 f.: A III, B 71 für Freiwaldau.
Zum (möglicherweise nicht kompletten) Umfang gemischtsprachiger Ehen:
In der (deutschen) Volkszählung 1939 bekannten sich im Reichsgau Sudetenland rd. 15.000 Bewohner mit tschechischer und ca. 13.000 mit tschechischer und deutscher Muttersprache zur deutschen Nationalität; umgekehrt erklärten sich etwa 1.400 Personen mit deutscher und rd. 4.300 mit deutscher und tschechischer Muttersprache als Tschechen. Von insgesamt ca. 44.000 Eheschließungen im Jahre 1939 waren etwa 1.300 gemischtnationale Ehen.
Vgl. Bartoš, Josef: »Okupované pohraničí a české obyvatelstvo 1938–1945« (Das besetzte Grenzgebiet und die tschechische Bevölkerung 1938–1945); Prag, 1978; S. 73 und Bohmann: SiZ; S. 141.

Für 1940 wurde aus den Gebieten Brüx/Dux und Troppau eine starke Zunahme sog. »Mischehen« gemeldet.
Siehe S. 199: A II, B 32.

70 Siehe S. 223 f.: A III, B 21 bis 49, Antworten zu Frage 10–12.

71 Siehe z. B. S. 204 f.: A III, B 1 für Eger;
S. 206: A III, B 4 für Leitmeritz;
S. 207: A III, B 6 für Arnau.

72 Siehe S. 62 für Anm. II/69.

73 a) Bohmann (: MuG, S. 215 ff.) entwickelte zunächst die Voraussetzungen:
»Solange die erste Tschechoslowakische Republik bestand, verstärkte sich die <im Sudetengebiet> lebende Bevölkerung durch ständigen Zuzug aus dem Innern der Böhmischen Länder in die Randgebiete, während viele, vor allem ländliche Bezirke im Innern Böhmens, auf der Böhmisch-Mährischen Höhe und in Mittelmähren, bevölkerungsmäßig stagnierten, ja selbst einen Bevölkerungsrückgang aufzuweisen hatten. Diese Wanderungsbewegung war unnatürlich, staatlich gelenkt und diente tschechischen nationalpolitischen Zielen: die deutschbesiedelten Gebiete sollten in national gemischte umgewandelt, allmählich aufgespaltet und letzten Endes in überwiegend tschechisches Siedlungsgebiet umgestaltet werden.... Während der dreißiger Jahre war dieser Zustrom aus dem tschechischen Landesinnern infolge der ständigen Ausschöpfung des innertschechischen Bevölkerungsreservoirs zwar schwächer geworden, versiegt war er nie.«
Dann beschrieb er den Prozeß:
»Im September 1938 machte sich nun erstmalig eine mit der politischen Entwicklung parallel laufende rückläufige Wanderungsbewegung aus den Randgebieten in das tschechischbesiedelte Innere der Böhmischen Länder bemerkbar, die ebenfalls nationalen Charakter hatte und nach dem Abschluß des Münchener Abkommens zu einer Rückflut vor allem der während der tschechoslowakischen Herrschaft zugezogenen tschechischen Bevölkerungsteile wurde, die aus nationalen Gründen die Sudetengebiete wieder verließen.«

ba) Eine andere Aussage ergänzte zu selbsterklärten Motiven der Rückwanderer:
»Es ist offensichtlich, daß zahlreiche Tschechen – insbesondere erklärten dies Legionäre, Sokolfunktionäre und Gemeindevorsteher – aus nationalen und kulturellen Gründen flohen; der größte Teil gab jedoch auf Fragen des Prager Instituts für Flüchtlingsfürsorge an, bereits erlebte oder <noch> befürchtete wirtschaftliche Schwierigkeiten seien ausschlaggebend für das Verlassen der Heimat gewesen. Das unterschied die tschechischen von den deutschen und auch den jüdischen Flüchtlingen, bei denen politische Gründe vor wirtschaftlichen lagen.«
Vgl. Šíma, Jaroslav: »Českoslovenští přestěhovalci v letech 1938–1945« (Die tschechoslowakischen Umsiedler in den Jahren 1938–1945); Prag, 1945; S. 104.

bb) Zu den erwähnten Organisationen:
»Legionäre«: Österreichische Militärangehörige, die während des Ersten Weltkrieges in Gefangenschaft gerieten bzw. desertierten und dann in die sog. Tschecho-Slowakischen Auslandslegionen (einer Art Armee) in z. B. Rußland eintraten.
»Sokol«, d. h. Falke: Laizistischer, sehr nationaler tschechischer Turnverband.

bc) Die Angabe darf jedoch nicht dahin mißverstanden werden, als ob z. B. alle Legionäre oder alle tschechischen Bürgermeister abwanderten.
Zu im Sudetengebiet verbliebenen:
Siehe S. 210: A III, B 7 für Legionär in Luditz;
S. 214: A III, B 12 für Bürgermeister in Prachatitz.

74 Siehe S. 173, 169: A II, B 1 für Luditz und Mies;
S. 204: A III, B 1 für Eger;
S. 221: A III, B 21 bis 48, Antwort auf Frage 6, für v. a. Reichenberg.

75 Zum Text der staatlichen Vereinbarung siehe S. 153f.: A I; D 11.
Die Vereinbarung sah (siehe deren Absatz II) die Rückgabe auch an Personen vor, denen nicht einmal die kurzzeitige Einreise gestattet wurde, d. h. für offenkundige politische Gegner.

76 Zu einem interessanten Einzelfall:
Siehe S. 155f.: A I, D 12 für Marienbad.

77 Siehe z. B. S. 208: A III, B 6 für Hohenelbe.

78 Siehe S. 222: A III, B 21 bis 48, Antwort auf Frage 8, für v.a. Reichenberg.
S. 235: A III, B 75 für Trautenau.

79 Siehe S. 275f.: A IV, Exkurs 3 für Mies.

80 a) Siehe S. 284f.: A V, T 1, Z 62, Sp. 33; davon waren 194.000 »Reichsangehörige«, d. h. sie besaßen als seit mindestens 1910 Alteingesessene am 17. 5. 1939 die Staatsangehörigkeit des Deutschen Reichs.
Zu der für diesen Personenkreis bestehenden Optionsmöglichkeit:
Siehe S. 151: A I, D 9; S. 63 für Anm. II/81.
Zu festgestellten Optantenzahlen und zu (vermutlich) endgültigen Zahlen festgestellter Tschechen:
Siehe S. 108 mit Anm. IV/27.

b) In dieser Volkszählung dürften sich über die sog. Hultschiner hinaus (siehe S. 56 für Anm. II/29) auch andere, bisher fälschlicherweise als Tschechen erfaßte Personen, z. B. Soldaten (siehe S. 244: A IV, Exkurs 1) zutreffend als Deutsche bekannt haben.

c) Die Behauptung von Jaroslav Kučera (»Odsunové ztráty sudetoněmeckého obyvatelstva« [Die Abschubverluste der sudetendeutschen Bevölkerung]; Prag, 1992; S. 11), daß sich v. a. »wegen der imponierenden Erfolge des Nazismus« bei der Volkszählung am 17. 5. 1939 bis zu 150.000 Tschechen als Deutsche bekannten, war nur durch seine Zielfunktion der Verminderung der sudetendeutschen Vertreibungsverluste 1945/46 belegt.
Siehe dazu S. 94, Anm. III/87c.

81 Siehe S. 158: A I, D 15.

82 Siehe S. 312: A V, T 2, Z 41.

83 Siehe S. 306: A V, T 2, Z 27d.

84 a) Siehe S. 307: A V, T 2, Z 33g.

b) Václav Kural (»Konflikt místo společenství« <Konflikt statt Gemeinsamkeit>; Prag, 1994; S. 36) führte aus: »Die tschechischen Quellen schwanken zwischen 410.000 (Maček, Weg, S. 44) und 700.000 (Bartoš, OaR S. 33)... Als real kann man die angegebenen ungefähr 700.000 ansehen.«
Kurals Bezug auf Maček ist nachvollziehbar; siehe die Wiedergabe des Textes auf S. 320: A V, T 2, Z 62.2c. Demgegenüber ist der Bezug auf Bartoš mysteriös: Im Literaturverzeichnis von Kural ist für Bartos nur die Arbeit »Okupované pohraničí...« (siehe S. 307: A V, T 2, Z 33) verzeichnet. Darin befindet sich jedoch auf der von Kural angeführten Seite 33 (incl. der dazugehörigen Anmerkungen) keine einzige Zahlenangabe zu Personen. Erst auf S. 71 berichtet Bartoš von »auf jeden Fall über 500.000« Tschechen im Sudetengebiet 1939; siehe die Wiedergabe des Textes auf S. 307: A V, T 2, Z 33g.

85 Siehe dazu S. 99: Anm. III/99b.

86 Siehe dazu S. 45 mit z. B. Anm. II/71
auch S. 57 für Anm. II/41.

87 a) V. a. in Südböhmen und Südmähren; vgl. Bartoš: a. a. O.

b) Darüber hinaus waren die Abgrenzungskriterien zwischen deutschen Volkszugehörigen und Tschechen v. a. bei sog. »Mischehen« nicht immer durchgehend klar: Man muß sich fragen, wie in der Volkszählung 1939 die Deutsche aus dem auch aus anderen Gründen bemerkenswerten Beispiel erfaßt wurde:
1919 heiratete eine Deutsche einen in eine sudetendeutsche Stadt versetzten »wohlhabenden tschechischen Beamten, der Vorstand einer Finanzdirektion... war. Beide bewegten sich nurmehr in nationaltschechischen Kreisen und er galt als fanatischer Tscheche. 1939 blieben beide unangefochten im Sudetenland und er bezog – inzwischen altershalber im Ruhestand – eine seiner letzten Dienststellung entsprechende <reichs-> deutsche Pension. 1945 war er maßgeblich im <ČSR-> Nationalausschuß und bei der Vertreibung der Deutschen tätig.«
Vgl. Schmied, Erich: »Probleme der deutschen Volkszugehörigkeit« in »Sudetenland«; München; Jg. 28 (1986), Nr. 1; S. 51–54, hier S. 53.

c) Im Rahmen eines wegen anderer Hauptthematik später darzustellenden Gedankenganges (siehe S. 120, Anm. IV/24) bezifferte Kural (a. a. O.; S. 45) die Gesamtzahl derartiger Vorgänge sogar mit »über 200.000«.
Diese unbelegte Zahl könnte eine schöpferische Aufrundung von Angaben bei Kučera sein. Letzter erhielt 130.000 bis 150.000 Personen bisher tschechischer Nationalität, die am 17. 5. 1939 vorgeblich als Deutsche erfaßt wurden, als Ergebnis einer Schätzung (vgl. seine »Odsunové ztraty...«: a. a. O.; S. 13, sowie S. 11, 12 mit Anm. 27), die auf Bartoš (»Okupované...: a. a. O.; S. 24) fußend, die deutsche Zuwanderung aus dem Altreich incl. Österreich in die Reichsangeschlossenen sudetendeutschen Gebiete bis 17. 5. 1939 mit »höchstens 40.000« angab.
Dem steht die Aussage Slapnickas (a. a. O.; S. 104) entgegen, daß in das Sudetengebiet »bis zur Volkszählung (17. 5. 1939)... etwa 200.000 Altreichsdeutsche... zugewandert« seien. Diese Größenordnung ist plausibel, da aus dem Sudetengebiet zunächst mindestens 260000 nichtdeutsche Militärpersonen und öffentliche Bedienstete incl. Familienangehöriger abgezogen waren (siehe S. 79) und im Gebiet vom NS-Regime zusätzlich neue öffentliche Stellen (z. B. in der Staatsverwaltung ein »Reichsgau« und drei Regierungspräsidien) mit neuem Personal aufgebaut wurden.
Auch eine andere Überlegung bestätigt die Plausibilität der Angabe Slapnickas: 1930 zählte die ČSR im Gesamtgebiet Böhmen und Mähren/Schlesiens 7,265.000 Tschechen. 1939/40 lebten im gleichen Gebiet rd. 7,645.000 Tschechen (davon im Protektorat [vgl. »Statistisches Jahrbuch für das Deutsche Reich«; Jg. 1941/2; Berlin, 1942; S. 17] 7,226.000 und im Olsa-Gebiet ca. 100.000 [vgl. Bohmann: MuG; S. 240 f.]), d. h. insgesamt fast 400.000 mehr. Selbst ohne die Zahl tschechischer Arbeitskräfte im Deutschen Reich und der Emigranten im westlichen und östlichen Ausland zu berücksichtigen ergibt sich daraus keinerlei Grundlage für einen 1938/39 vorgeblich erfolgten massenhaften »Übergang« von Tschechen zu Deutschen.
Zur Dimensionierung eines derartigen Vorgangs hat Kural (a. a. O.) selbst den Maßstab geliefert, als er ihn mit 1910 bis 1921 verglich. In dieser Zeit verringerte sich die Zahl der Deutschen (siehe S. 284 f.: A V, Tab. 1, Zeile 57) von 3,488.000 auf 2,973.000, d. h. um über 500.000. Dies wird selbst unter Berücksichtigung des Wechsels im Erfassungskriterium (von Umgangssprache zu Muttersprache) mindestens als administrative Umstellung massenhafter Art zu bezeichnen sein; die diesbezügliche Behandlung der sog. Hultschiner wurde bereits erwähnt (siehe S. 56 für Anm. II/29 b).

88 Zu Behauptung und Fakten: Siehe (incl. dort verzeichneter Quellen) S. 266 bis 272: A IV, Exkurs 3.

89 Zu Behauptung und Fakten: Siehe (incl. dort verzeichneter Quellen) S. 273 bis 280: A IV, Exkurs 4.

90 a) Ein Beispiel für ein weiteres Gebiet bringt Václav Černy (in »Pamĕti IV« <Erinnerungen IV>; Toronto [Kanada], 1976; S. 37): »Auch aus dem dem tschechischen Náchod benachbarten Braunauer Ländchen gingen nach München <d. h. nach dem 1. 10. 1938> alle Tschechen, alteingesessene und die neuen Republikaner <d. h. vermutlich Zuwanderer nach 1919> ins Landesinnere.«

Demgegenüber berichtete von den rd. 400 seit 1910 alteingesessenen Tschechen im gesamten Gerichtsbezirk Braunau selbst eine vom örtlichen ČSR-Nationalausschuß 1948 zum 600jährigen Bestehen der gleichnamigen Bezirksstadt herausgegebenen Schrift, daß nach 1938 allein in ihr »etwa 15 bis 18 tschechische Familien« verblieben. Und noch mehr als 50 Jahre nach diesen Ereignissen konnte Wissensträger J. S., 73230 Kirchheim/Teck, sofort Namen und Beruf von fünf alteingesessenen Braunauer Tschechen nennen, die von 1938 bis 1945 mit ihren Familien ungestört in Braunau verblieben.

b) Als Herkunftsquellen aller Arten von Behauptungen, ob auf ganze Gebiete oder einzelne Personen bzw. Familien bezogen, sind v. a. zu vermuten:

ba) Ein »Tschechischer Verband der Freiheitskämpfer«, Sitz Prag.

- Lt. seiner Satzung will er u. a.: »In Zusammenarbeit mit Historikern sicherstellen, daß die Geschichte des nationalen Widerstandes für künftige Generationen (,) . . . vor allem für die Jugend (,) . . . wahrheitsgemäß aufgearbeitet, bewertet und berichtet wird.«
- Als Aktivität ist bekannt, daß er die Zahl sudetendeutscher Vertreibungsopfer der Jahre 1945 bis 1946 aus dem Gebiet Asch auf die weniger Verstorbenen während der sog. ordentlichen Ausweisungstransporte 1946 verminderte.

bb) Ein »Klub des/der tschechischen Grenzlandes/Grenzgebiete«.

- Von Aussig forderte er den US-Präsidenten Clinton auf, die »Entscheidung der Potsdamer Konferenz über den Abschub der Sudetendeutschen« zu bekräftigen.
  Vgl. Sudetendeutsche Zeitung, München, Nr. 3 v. 21. 1. 1994, S. 2.
- Ende Mai 1994 hatte er in Aussig seinen ersten Nationalkongreß. Die Zahl der örtlichen Klubs wachse. Ihre zentrale Programmthese »ist die Verteidigung des Grenzgebietes vor angeblicher Germanisierung, als deren Hauptinstrument die Euroregionen bezeichnet werden«.
  Vgl. PZ Nr. 33 v. 18. 8. 1994, S. 13.
- Der Vorsitzende in Tetschen (Nordböhmen), Petr Joža, städtischer Beamter: »Die Sudetendeutschen . . . haben die Tschechen aus den Gebieten vertrieben, die 1938 dem Reich angeschlossen wurden«.
  So im Bericht von Helge Hirsch in der »Zeit« v. 22. 7. 1994, S. 2.
- »Diese Klubs scheinen überparteilich zu sein, es genügt jedoch, die angegebene Kontakt<-telefon->nummer zu wählen und am anderen Ende meldet sich das Kreissekretariat der Kommunistischen Partei« berichtete der Stadtarchivdirektor von Aussig, Vladimir Kaiser.
- Vgl. »Telegraf« <tschechische Tageszeitung, Prag> v. 16.8.1994.
  Nach einer anderen Meldung arbeiten im Klub, »der nach eigenen Angaben 10.000 Mitglieder hat . . ., Kommunisten und nationalistische Republikaner eng zusammen«.
  Vgl. »SZ« Nr. 222 v. 26. 9. 1994, S. 9.

bc) Ein im Herbst 1993 entstandener »Kreis tschechischer Bürger, die 1938 aus dem Grenzland vertrieben wurden«.

- Sein Mitglied Miroslav Klen verbreitete eine Mitteilung über u. a. 122.000 im Jahre 1938 vertriebene Tschechen aus dem Sudetengebiet.
  Zu Text und Umständen: Siehe S. 324: A V, T 2, Z 63.
- Der Kreis lud die SL zum Dialog ein.
  Vgl. Meldung von Radio Prag in deutscher Sprache am 3. 8. 1994, 16.00 Uhr.
- Der Kreis soll lt. seinem Sekretär, Pavel Macháček, rd. 1.000 Mitglieder haben. Vertretene Ansichten sind, daß »die heutigen Sudetendeutschen... für die Vertreibung der Tschechen aus den Grenzgebieten <d. h. aller Tschechen aus dem Sudetengebiet 1938> verantwortlich« sind. »Es ist wahr, daß beim ›odsun‹ <der Deutschenvertreibung 1945/46> fast 15.000 Deutsche den Tod erlitten. Doch was ist das gegen die 360.000 tschechischen Kriegstoten?«
  Vgl. »Česky denik« (Tschechisches Tagblatt); Prag; 27. 8. 1994.
- Auf einen Artikel im »Svobodné slovo« (Freies Wort), v. 10. 8. 1994 kamen angeblich Hunderte von Zuschriften. In einer Auseinandersetzung mit zwei Schreiben meinte Macháček (im »Svobodné slovo« vom 26. 9. 1994) u. a.:
  1945/45 seien »genau 2,402.000« Deutsche aus der ČSR vertrieben worden (tatsächlich 2,921.000 (vgl. DzS, S. 478); die Kriegsgefangenen wurden vermutlich übersehen.
  Die »Tschechen«, so ging das Argument weiter, hätten im 2. Weltkrieg »360.000 Tote, von den Deutschen liquidiert«, verloren.
  Zu den tschechischen Ziviltoten siehe S. 63 für Anm. II/83c.
  Schließlich gab es eine in mehrfacher Hinsicht bemerkenswerte Aufstellung für die Zeit des 2. Weltkrieges 1939–1945:

  »Von der Bevölkerung der Masaryk-ČSR kämpften

	Personen	Von ihnen fielen
In der deutschen Armee	500.000	205.000
In der sowjetischen Armee	60.000	13.600
In der englischen Armee	14.000	1.200
In der französischen Armee	13.600	1.600
Im Nahen Osten	2.500	100«

  Einerseits wurden hier die Sudeten- und Karpatendeutschen für die ČSR reklamiert; andererseits wurde die slowakische, ungarische und polnische Armee übersehen.

bd) Im Umfeld derartiger Behauptungen wurde dann auch ggbf. mit handfesten Lügen gearbeitet:

- Dazu gehörte eine im Sommer 1995 in der ČR weit verbreitete angebliche »Information« von Bundeskanzler Kohl und Bundesfinanzminister Waigel an die Leitung der SL über Absprachen Bonns mit der Regierung der ČR zu Gunsten der Sudetendeutschen; ein in der ČR gegen die rechtsstehende politische Partei, welche als Verfasser festgestellt wurde, eingeleitetes Verfahren dürfte im Sande verlaufen.
- Schwerer als Lüge erkennbar war ein beim Sudetendeutschen Tag 1995 in München verteilter »Zeugenbericht des tschechoslowakischen Schachgroßmeisters Ludek Pachmann«: In ihm wurden geschickt teilweise zutreffende Ereignisse aus dem Jahre 1945 in Prag derart miteinander verbunden, daß ein dann unzutreffender Gesamteindruck vermittelt werden konnte. Pachmann wies den

Bericht als Wiederholung bereits früher versuchter Desinformationskampagnen gegen seine menschenrechtliche Haltung zurück. Offensichtlicher Zweck derartiger Aktionen: Diskreditierung nicht nur des (jeweiligen) Zeugen, sondern Abschreckung aller evtl. öffentlich auftretenden Wissensträger.

91 Siehe S. 288 bis 291: A V, T 2, Sp. 11, 13.

92 Siehe S. 15 f.

93 Siehe auch S. 105 mit Anm. IV/13.

94 V. a. deutscher und jüdischer Nationalität; zu letzteren siehe S. 45.

95 Nach früheren Festlegungen (z. B. Berufsbeamtengesetz v. 7. 4. 1933; (vgl. RGBl. I, Nr. 134, S. 175 ff.) ist die Definition im Komplex der sog. Nürnberger Gesetze zu beachten: Das »Reichsbürgergesetz« vom 15. 9. 1935 (vgl. RGBl. I, Nr. 100, S. 1146 f.) unterschied zwischen Personen mit »deutschem und artverwandtem Blut« und anderen.
Die erste Verordnung zum Gesetz vom 14. 11. 1935 (vgl. RGBl. I, S. 1333) besagte u. a. in § 5: »Jude ist, wer von mindestens drei der Rasse nach volljüdischen Großeltern abstammt« und ergänzte in § 2: »Jüdischer Mischling ist, wer von einem oder zwei der Rasse nach volljüdischen Großelternteilen abstammt ... Als volljüdisch gilt ein Großelternteil ohne weiteres, wenn er der jüdischen Religionsgemeinschaft angehört hat.«

96 Siehe S. 189 f.: A II, B 20, A 3.

97 Als Ausschnitt des Holocausts zum Schicksal der sudetendeutschen Juden:
a) Zahlenangaben stehen stets unter dem Vorbehalt, daß vor 1938 die Zahl der Juden in der weitausgreifenden NS-Definition (siehe oben, Anm. III/95) nie erfaßt wurde.
b) Zahlen für 1930 sind:
In der ČSR-Volkszählung dieses Jahres bekannten sich in der Gesamtheit der Böhmischen Länder (d. h. im ab 1938 Sudetengebiet, Olsagebiet und dem ab 1939 sog.

Tabelle zu S. 98:

	Gebiet (Terminologie 1938)	Zeitpunkt -raum	Angaben in Tsd. Personen						Fundstelle:
			Zahl	Juden ...				Quelle:	
				unspezifiziert	nach Konfession	nach Nationalität	anderes	x = Ja ? = unklar 0 = keine	
1.	Sudeten- und Olsa-Gebiet	1930: ČSR Volkszählung	30.438		(x)			x	9 h
			31.084	x				x	(Kuč)
2.	Reichsangeschlossene sd. Gebiete Gesamt oder Sudetengebiet oder von Deutschland besetzt	1930: ČSR Volkszählung	27.387	x				x	(Kuč)
			24.000		x			x	48 a
			6.659			x		x	2 e
			6.345			x		x	48 a
		vor/ in 1938	120.000				deutsche J.	0	37
			65.000	x				0	64
			60.000	x				0	34 c
			60.000	x				0	58
			30.000	x				x	47
			27.073	x				?	42 b
			22.000		(x)			x	42 a
			20.–30.		(x)			0	34 d
			20.000	x				0	36
			19.000	x				x	42 c
3.	(Reichsgau) Sudetenland	1930 VZ	27.073					?	50
			27.037		(x)			0	9 h
			20.–22.	x				0	40
			20.000				deutsche J.	x	9 e

Protektorat) 37.000 Personen zur jüdischen Nationalität (darunter auch Konfessionslose und Katholiken) und 36.000 Deutsche zur jüdischen Konfession.
Vgl. Bohmann, MuG, S. 99, 151.

c) Daraus wurden, oft ohne Definition, was gemeint, zahlreiche Angaben bzw. Schätzungen über die durch Maßnahmen des NS-Regimes verfolgten Juden gemacht. Eine Zusammenstellung ergibt das Bild der Tabelle auf S. 97; zu den jeweiligen Zusammenhängen siehe die Fundstellen auf S. 286ff., A V, T 2 unter den dort angegebenen Ziffern; für Kučera: a. a. O.; S. 12.

d) Festgestellt wurden für den 1. 12. 1930 in den ab 1938 »Sudetendeutschen Gebieten« 27.374 »Glaubensjuden«, d. h. Personen jüdischer Konfession und damals deutscher, čechoslovakischer oder jüdischer Nationalität.
Vgl. »Wirtschaft und Statistik«; Hsg. vom Statistischen Reichsamt, Berlin; Jg. 20 (1940), Nr. 5/6; S. 84.

e) Zur Zeit zwischen dem Sommer 1938 und der Volkszählung vom 17. 5. 1939 wurde berichtet, daß bereits bis zum November 1938 insgesamt 17.000 Juden »from the Sudetenland... had moved into the interior of Czechoslovakia« (vgl. Rothkirchen: S. 311: A V, T 2, Ziff. 40), da hier eine Abwanderungsmöglichkeit bestand, »ohne eine Staatsgrenze überschreiten und erhebliche materielle Güter zurücklassen zu müssen« (vgl. »Wirtschaft und Statistik«; a. a. O.).

f) Zum Schicksal von Personen aus diesem Kreis vgl. Henisch: a. a. O., auch das von Prof. E. Franzis (in »SZ« vom 18. 1. 1994)
sowie z. B. S. 169: A II, B 1 für Mies.
S. 275: A IV, Exkurs 4 für Tuschkau.

98 a)

Die Angaben für den 17.5.1939 betrafen ...	... den Reichsgau Sudetenland und dort ...		... die Reichsangehörigen sudetendeutscher Gebiete und dort ...	
	... Reichsangehörige	... Reichsangehörige + ausländische	... Reichsangehörige	... Reichsangehörige + ausländische
Fundstelle	... Juden gemäß NS-Definition (siehe S. 97; Anm. III/95):			
»Wirtschaft + Statistik« a.a.O	•	2.341	•	2.649
Siehe S. 298: A V, T2, Ziff. 9 h	1.534	•	•	•
VV, S. 329	1.769	•	2.035	•
SiZ, S. 134	1.769	•	2.035	•
MuG, S. 218	1.769	2.363	2.035	2.683, 2.604

b) Ein gutes Beispiel für die Problematik von Angaben bot Kučera. Er schrieb zunächst (a. a. O., S. 12):
»Nach den Ergebnissen der Volkszählung im Deutschen Reich am 17. 5. 1939 lebten im Abtretungsgebiet nur 2.649 Juden.« Die angegebene Quelle war: »Wirtschaft und Statistik, Jg. 19, 1.a 2. März – Heft 1939, s. 84.«.
An anderer Stelle (a. a. O., S. 17) fuhr Kučera fort:
»Als Folge der Abwanderung der Mehrheit der jüdischen Bevölkerung aus dem Grenzgebiet in das spätere Protektorat führt die reichsdeutsche Statistik im Mai 1939 2.341 Personen jüdischen Bekenntnisses (vyznání) an <dazu keine klar ersichtliche Quelle>... An sog. Mischlingen 1. und 2. Grades im Sinne der Nürnberger Gesetze wies die deutsche Statistik im Sudetengebiet insgesamt (v Sudetech celkem) 3.486 aus«. (Quelle wiederum »Wirtschaft und Statistik, Jg. 19, 1.a 2. März – Heft 1939, s. 87.«).

Da es offensichtlich unmöglich war, Ergebnisse einer im Mai 1939 durchgeführten Volkszählung bereits im März 1939 zu publizieren, mußte die Quellenangabe überprüft werden. Sie ergab, daß an der angeführten Stelle nichts Themenrelevantes enthalten war.

Angaben zum Thema konnten erst im Jahrgang 20 (1940), Nr. 5/6 (1. + 2. März, Heft 1940) lokalisiert werden. An dieser Stelle waren als »vorläufiges Ergebnis der Volkszählung vom 17. Mai 1939« für die »Sudetendeutschen Gebiete« 2.649 Juden (S. 84) und für den »Reichsgau Sudetenland« 2.341 Juden und 3.487 »Mischlinge« aufgeführt (S. 87). Es wurde auch klar dargestellt (S. 84), daß diese Zahlen nicht Personen jüdischen Bekenntnisses, sondern jüdischer »Rasse« (siehe S. 97: Anm. III/95) darstellen und Ausländer beinhalten.

99 a) Auf einer sog. »Ergänzungskarte« zur Volkszählung war zunächst der evtl. Abschluß eines Hoch- oder Fachschulstudiums zu vermerken. Dann: »Für jeden der vier Großelternteile war nach bestem Wissen anzugeben, ob er der Rasse nach Volljude ist oder war« (vgl. »Wirtschaft und Statistik«: a. a. O.; S. 84).

Die »Ergänzungskarte« war dem Zähler im verschlossenen Umschlag auszuhändigen, in der Gemeinde ungeöffnet weiterzuleiten und erst im Statistischen Reichsamt bzw. dem von ihm beauftragten Landesamt zu öffnen und auszuwerten (vgl. Durchführungsanordnungen zur Volkszählung).

b) Der Ausweis so erhobener Juden als Deutsche war eigentlich unzulässig. Ein Geheimerlaß des Reichsinnenministers Frick vom 29. 3. 1939 (d. h. vor dem Volkszählungstermin 17. 5. 1939) legte nämlich u. a. fest:

»Deutscher Volkszugehöriger ist, wer sich selbst als Angehöriger des deutschen Volkes bekennt, sofern dieses Bekenntnis durch bestimmte Tatsachen, wie Sprache, Erziehung, Kultur usw. bestätigt wird. Personen artfremden Bluts, insbesondere Juden, sind niemals deutsche Volkszugehörige, auch wenn sie sich bisher als solche bezeichnet haben.«

Vgl. Brandes: a. a. O.; S. 160.

c) Entgegen dieser Festlegung erscheinen in den erst später veröffentlichten Volkszählungsdaten Juden als Deutsche. Man könnte darin ein Indiz für Rudimente statistischer Unabhängigkeit von politischen Zwängen sehen. Wahrscheinlicher ist die Erklärung über eine Systemimmanenz des NS-Regimes. Der unkritischen Übernahme seiner Selbstdarstellungen als monolithisch steht nämlich in der historischen Realität ein deutlicher Zuständigkeitswirrwarr gegenüber.

Diesen Kompetenzendschungel hatte bereits 1934 Reichsinnenminister Frick von seinem bayrischen »Amtskollegen« (und NSDAP-Gauleiter) Adolf Wagner wie folgt analysiert erhalten:

»Nach der heutigen Rechtslage unterstehen Ihnen als dem Reichsinnenminister die Reichsstatthalter. Adolf Hitler ist Reichsstatthalter in Preußen. Er hat seine Rechte an den preußischen Ministerpräsidenten delegiert. Sie selbst sind aber auch preußischer Innenminister. Als Reichsinnenminister untersteht Ihnen also rechtlich Adolf Hitler und der preußische Ministerpräsident. Da Sie personengleich mit dem preußischen Innenminister sind, unterstehen Sie wiederum dem preußischen Ministerpräsidenten und sich selbst als Reichsinnenminister. Ich bin zwar kein Rechtsgelehrter und Historiker, glaube aber, daß es eine solche Konstruktion kaum jemals gegeben hat.«

100 a) Zur Gesamtzahl sudetendeutscher Juden von 1930 mit 27.000 (siehe S. 97, 98: Anm. III/97 c) berichtete Leopold Grünwald (»Sudetendeutsche Opfer und Täter«; Wien, 1983; S. 42), daß »30.000 sudetendeutsche Juden in die Emigration . . . gelangten«.

Der daraus entstehbare Eindruck erscheint bedauerlicherweise zu günstig: Es sollte nicht vergessen werden, daß sich der Machtbereich des NS-Regimes nach 1938 ausweitete und vermutlich auch manche zunächst emigrierte sudetendeutsche Juden z. B. in Frankreich einholte.

b) Kučera (a. a. O.; S. 17, 30) behauptete, daß alle rd. 6.000 Juden und Mischlinge, die am 17. 5. 1939 im Sudetengebiet festgestellt worden waren, »Opfer der nazistischen Rassen-... Verfolgung« wurden. Das ist sicher falsch.

c) So hatte Rudolf Wlaschek (»Juden in Böhmen«; München, 1990; S. 165 ff.) für mehrere Deportationstransporte sudetendeutscher Juden aus Aussig und Karlsbad nach Theresienstadt in den Jahren 1942–1945 das weitere Schicksal über Namenslisten verfolgt und zusammengefaßt: Von rd. 530 Personen waren über 220 als 1945 »zurückgekommen« bzw. »gerettet in der Schweiz« festgestellt worden.
Neben klaren Emigrationsnachweisen (siehe S. 98; Anm. III/97 f) liegen darüber hinaus Berichte über zumindest einzelne sudetendeutsche Juden vor, welche die NS-KZ's überlebten.
Vgl. z. B. Mannheimer, Max: »Erinnerungen eines sudetendeutschen Juden« in »Sudetenjahrbuch 1995 der Seliger-Gemeinde«; München, 44. Jg. (1994); S. 38 f. Auch Hahn, Karl Josef: »Nazi-Opfer im Sudetenland« in »Mitteilungen des Sudetendeutschen Priesterwerkes«; Königstein, Nr. 4, Dezember 1994; S. 8 f.

d) Zum späteren Schicksal weiterer Überlebender, die nach dem 8. 5. 1945 in ihre sudetendeutsche Heimat zurückkehrten, siehe S. 105 mit Anm. IV/13.

101 Vgl. DzS, S. 212.

102 Siehe S. 310: A V, T 2, Z 34 x.

103 Vgl. Grulich, Rudolf: »Vergangenheit muß aufgearbeitet werden« in »Mitteilungen des Sudetendeutschen Priesterwerkes«; Königstein, Nr. 2 (Juli) 1994; S. 16 f.; auch a. a. O.; Nr. 1 (März) 1995; S. 4 f., 7 ff., 26 f.
Zu »Ordensschwestern im Sudetenland« vor, unter und nach dem NS-Regime vgl. Grulich, Rudolf in »Sudetenland«; München; Jg. 33 (1991), Nr. 3; S. 254 ff.
Siehe auch S. 306: A V, T 2, Z 29.

104 Siehe S. 288–291: A V, T 2: Verschiedene Angaben zu Spalte 11.

105 Auch aus Schicksalssorge vor dem wahrscheinlichen Krieg.

106 a) Siehe S. 288–291: A V, T 2. Verschiedene Angaben in Sp. 11.

b) Ein Beispiel für den Ablauf:
»Einer der beiden Flüchtlingszüge aus Neudek bei Karlsbad endete damals <1938> am Bahnhof Kladno ... In Přitočno <nahe Kladno> wurden sie in Notlagern untergebracht. Die Bevölkerung des Ortes nahm sich sehr um diese Flüchtlinge an und versorgte sie, so gut es ging ... Mehrere junge Männer und auch einige Familien versuchten mehrmals, bis nach Prag durchzukommen, aber alle Straßen, die zur Hauptstadt führten, waren von der Polizei abgesperrt. Dennoch gelang es einigen wenigen, sich über Felder und Buschland durchzuschlagen, zunächst nach Prag und dann bis nach Schweden und England.
Für die Neudeker Flüchtlinge in Přitočno hieß es jedoch eines Tages, von der tschechischen Gendarmerie mit Nachdruck empfohlen, daß sie wieder packen und zum Bahnhof Kladno zurücklaufen sollten. Dort wartete noch der Sonderzug, der mit seinen verzweifelten Insassen in das inzwischen von Hitlers Wehrmacht besetzte Sudetenland zurückfahren mußte. Im Bahnhof Karlsbad wurden die ersten Männer aus dem Zug geholt. Die übrigen wurden, ebenso wie die vom tschechischen Militär zurückgekehrten Männer, in Neudek »gefaßt«. Einige führende Nazis in dem Textil- und Metallarbeiterstädtchen Neudek hatten sie an die Gestapo verraten. Sie wurden, nachdem sie befehlsgemäß in der Meldestelle vorgesprochen hatten, sofort festge-

nommen und unter dem Gejohle einiger Nazis, die am Marktplatz schon darauf gewartet hatten, zum Gericht hinuntergetrieben. Von dort ging es in den meisten Fällen zunächst ins Zuchthaus Zwickau und dann weiter in das KZ Dachau. Erst im folgenden Frühjahr kehrten die meisten von ihnen nach Neudek zurück, um umgehend zum Arbeitseinsatz ins Reich geschickt oder zur Wehrmacht eingezogen zu werden.«
Vgl. »Die Brücke«; München, Jg. 48; 15. 7. 1994; S. 16.

c) Zum Text einer Empfehlung des ČSR-Verteidigungsministeriums vom 7. 10. 1938, die »jüdischen und deutschen Flüchtlinge«, die sich im Gebiet von Kolin, Kuttenberg und Poděbrad ballen (hromadí), aus allen tschechischen Gebieten auszuweisen, vgl. Bubeníčkova, R.: »Deset řijnových dnu roku 1938« (10 Tage des Oktober 1938) in »Odboj a revoluce – zprávy« (Widerstand und Revolution-Nachrichten); Jg. 6 (1968), Nr. 4; Prag; S. 118–183, hier S. 166 f.

107 Siehe S. 288–291: A V, T 2, Sp. 11.

108 Siehe im allgemeinen S. 306, 309 f.: A V, T 2, Z 29, 34.
Auch Einzelberichte S. 169, 183: A II, B 1 für Mies; B 8 für Nordböhmen.
In der Gemeinde Rossbach (Asch) mit rd. 4.200 deutschen Einwohnern wurden nach dem 1. 10. 1938 30 Personen in kurzzeitige Schutzhaft genommen und 28 Personen für längere Zeit in ein KZ eingeliefert; unter den letzteren gab es 4 Tote.
Vgl. Hofmann, Herbert: »Das Heimatbuch von Rossbach«; Hof, 1970; S. 591 f.

109 a) Zum Text des Nationalitätenprogramms der österreichischen Sozialdemokraten vom 18. 9. 1899 mit dem Ziel eines demokratischen Nationalitätenstaates vgl. DzS, S. 93.
b) Zur Ablehnung des Nationalstaates ČSR durch den ersten Parteivorsitzenden Seliger im Jahre 1920 vgl. DzS, S. 150 ff.
c) Die Meinung des nächsten Parteivorsitzenden Czech im Jahre 1920 vor dem Parteitag in Tetschen:
»Wir verlangen die Umbildung dieses Staates in einen demokratischen Nationalitätenstaat. Wir haben dies im alten Österreich in dem Brünner Programm für Österreich gefordert und wir verlangen es auch heute in diesem Staat.«
d) Zur eindrucksvollen Anklage der ČSR vor dem Internationalen Sozialistenkongreß 1923 als »Staat der Gewaltherrschaft« vgl. DzS, S. 161 ff.
e) Die sudetendeutschen Sozialdemokraten führten 1938 dann durch ihr Verhalten den Nachweis, daß in ihrer Werteskala die Demokratie nicht nur theoretisch vor der Nation eingeordnet war.

110 Noch 1931. Vgl. DzS, S. 176 f.
Die Motivierung der Forderungen sei hier nicht diskutiert.

111 Zum (vermutlich nicht nur taktisch zu verstehenden) Autonomieprogramm von 1930 vgl. DzS, S. 175 f.

112 Siehe S. 310: A V, T 2, Z 34 j. für teilweisen »Kadertransfer« in die damalige SBZ.

113 Siehe S. 31 für Anm. I/39.

114 Vgl. DzS, S. 212: »Gemeindewahlen ...«; Anm. 2.

115 a) Der dem Widerstand gegen das NS-Regime zuzurechnende deutsche Abwehroffizier Groscurth gab darüber mehrere Berichte.
Siehe S. 176 f., 182, 183, 185: A II, B 3, 6, 8, 11.
b) Zum Schicksal eines hohen SdP-Funktionärs vgl. Brand, Walter: »Auf verlorenem Posten«; München, 1985.
c) Siehe auch S. 306: A V, T 2, Z 29.

116 Zum Text dieser »Entscheidung des Stellvertreters des Führers der NSDAP, Reichsminister Rudolf Heß« vom April 1939: Vgl. DzS, S. 239 f.

US-Gesandtschaftsberichte aus Prag vom Sommer 1938 unterstützen diese These, in dem sie die Mitgliedschaft auch prominenter Juden in der SdP belegen (vgl. »Sudetendeutsche Zeitung« vom 18. 11. 1994, S. 3).

[117] Siehe S. 175: A II, B 2, Abschnitt E 2.

[118] Unter den insgesamt ungestört Verbliebenen befanden sich auch mindestens je ein ehemaliger Legionär und ČSR-Optant (siehe S. 210: A III, B 7) in Luditz; sowie ein ehemaliger Gendarmeriekapitän und der Bürgermeister (siehe S. 214: A III, B 12) in Prachatitz.

[119] Siehe die zeitgenössischen Berichte S. 169, 172: A II, B 1.

[120] a) Mündliche Informationen eines Augenzeugen berichteten von darauf zurückzuführenden chaotischen Verhältnissen auf z. B. Prager Bahnhöfen.
b) Zur Warnung vor vorgeblich sehr hohen und dann tatsächlich beträchtlich geringeren Flüchtlingszahlen:
Siehe S. 175f.: A II, B 2, Abschnitt E 3.

[121] Das betraf zwar vornehmlich Sudetendeutsche (siehe dazu S. 168ff.: A II, B 1, Abschnitt D 73), aber auch Tschechen (a. a. O.; Abschnitt D 10.4).

[122] Siehe den Bericht über einen derartigen Vorgang S. 100: Anm. III/106.

[123] a) Zu Zahlen und Dislozierung der ČSR-Armee etc. im Frieden:
Siehe S. 244–256: A IV, Exkurs 2.
b) Die Entlassung aller Sudetendeutschen, »die dies wünschen«, aus den ČSR-Verbänden war in Ziff. 8 des Münchner Abkommens vom 29. 9. 1938 festgelegt.
Vgl. DzS, S. 233.

[124] Siehe S. 257–265: A IV, Exkurs 2, v. a. S. 261.

[125] Siehe S. 41 mit Anm. II/4.

[126] Für derartige Abläufe in Polička und um Nürschan:
S. 266–280: A IV, Exkurs 3 und 4.

[127] a) Zu Berichten über derartig rückwandernde Tschechen siehe
S. 213ff.: A III, B 12 für Prachatitz,
S. 205f.: A III, B 3 für Leitmeritz,
S. 207ff. und 235f.: A III, B 6 und 76 für Hohenelbe.
Zu dieser Kastegorie dürften auch weitere Personen bzw. Familien gehören, die (siehe S. 49, Anm. II/4d) einen objektiv als insgesamt bloßen Wohnsitzwechsel zu bezeichnenden Vorgang subjektiv z. T. als »Vertreibung« empfanden und berichteten.
b) Davon deutlich abzusetzen sind einzelne offensichtliche Ausnahmen:
Siehe S. 124; Anm. IV/33.

[128] Siehe S. 235: A III, B 75 für Trautenau.

[129] a) So waren im Lande Mähren im Oktober 1938 bereits »ungefähr die Hälfte <der Rückwanderer> in Unterkunft bei ihren Verwandten und Bekannten.« Im Januar 1939 waren von rd. 60.000 Rückwanderern nur mehr 5.500 (d. h. unter 10%) in »öffentlichen Unterkünften«.
Vgl. Štěpánek, Zdeněk: »Péče o utečence z okupovaného pohraničí Moravy a Slezska v letech 1938–1939« (Die Fürsorge für Flüchtlinge aus dem besetzten Grenzgebiet Mährens und Schlesiens in den Jahren 1938–1939) in »Časopis Matice Moravské« (Zeitschrift des <National-> Vereins Mährens); Brünn, Jg 62 (1993), Nr. 1; S. 43–54, hier S. 45, 47.
Auch Šima: a. a. O.; S. 106.
b) Von wenigen Sudetendeutschen in sehr grenznahen Kreisen zum nach 1945 verbleibenden deutschen Sprachgebiet abgesehen kamen demgegenüber die Sudetendeutschen 1945/46 grundsätzlich zu zwar konationalen, aber persönlich Fremden und

mußten darüber hinaus in hohem Umfang jahrelange Zeit in Massenlagern hinnehmen.

Vgl. z. B. Kornrumpf, Martin: »In Bayern angekommen«; München, 1979; S. 40ff.

130 Siehe S. 173: A I, B 1, Abschnitt D 10.4..

131 Siehe S. 188: A II, B 17, Abschnitt E 1.

132 Siehe S. 199ff.: A II, B 30ff.

133 Siehe S. 209f.: A III, B 7.

134 M. W. erstmalig bei einer Konferenz in Iglau Anfang April 1994.
Bericht (und dabei publizierten Zahlen) siehe S. 319: A V, T 2, B 62.1. Zu späterer Eigenveröffentlichung siehe S. 320: B 62.2.

135 Siehe S. 124 für Anm. IV/33.

136 Aus v. a. dem Jahr 1945 gibt es zahlreiche öffentliche ČSR-Weisungen (auch in Plakatform) aus verschiedenen Gemeinden des Sudetengebietes, die unter Strafandrohung den Befehl zur äußerlichen Kennzeichnung und zum organisierten massenweisen Verlassen der Heimatgemeinde für rechtmäßig ansässige Deutsche enthielten, wovon auch ausgewiesene Antifaschisten nicht ausgenommen waren.
Vgl. z. B. die Anweisung aus Böhmisch Leipa vom 14. 6. 1945 in DdV I, S. 325f. Dort, wie auch in WB, auch weitere Befehle.
Trotz sehr intensiver Bemühungen gelang es nicht, auch nur eine einzige vergleichbare öffentliche Weisung irgendwelcher deutscher Behörden bzw. NS-Einrichtungen im Sudetengebiet aus dem Jahre 1938 beizubringen. Sie wurden auch in der tschechischen Literatur nicht publiziert.

IV. Massenvertreibung von Tschechen 1938: Analyse nach ČSFR-Maßstab

10. Die Behauptung

Die weiter oben bereits dargestellte[1] tschechoslowakische Regierungsauffassung von 1992 geht von einem spezifischen und völlig anderen Vertreibungsbegriff aus. In komplexen, entschlüsselungsbedürftigen Formulierungen wird beleglos behauptet:

- Vyhnání (d. h. eine Vertreibung) läge (nur) dann vor, wenn sich im Zuge eines als legitim bezeichneten sog. odsuns (d. h. Abschubs) »Grausamkeiten«/Exzesse« ereignen.
- Ein derartiges »vyhnání« sei an den Sudetendeutschen vor allem zwischen Anfang Mai und Anfang August 1945 begangen worden.
- Ein (vergleichbares) »vyhnání« habe aber auch an tschechoslowakischen Bürgern nach der Eingliederung des Sudetengebiets in das Deutsche Reich im Herbst 1938 stattgefunden.

11. Analyse

11.1 Fragestellung, Zeiträume, Personengruppen

Das diesen Behauptungen zu Grunde liegende tschechoslowakische Vertreibungsverständnis steht, wie gleichfalls bereits dargestellt[2], im Widerspruch zum Verfassungsrecht der ČSR ab 1919, zum urteilsbewehrten, von der ČSR mitgetragenen internationalen Rechtsverständnis seit mindestens 1945 und zu einer Vielzahl späterer internationaler, von der ČSR ratifizierter Abkommen.
Trotzdem sollte auf diese Behauptungen eingegangen werden: Ein (sudeten-)deutsch-tschechischer Dialog ist anzustreben. Offensichtlich legt die tschechische Seite hohen Wert auf diese Argumentationslinie; ihr, möglicherweise innenpolitisch begründeter[3] Stellenwert scheint so hoch zu sein, daß sie selbst diese Behauptungen einschließlich der ihr immanenten Aufrechnungsproblematik[4] in die Diskussion brachte.

Natürlich sind historische Situationen in Vorgeschichte, Rahmenbedingungen des Ablaufs und Konsequenzen niemals völlig deckungsgleich[5]. Das gilt v. a. dann, wenn ein sich zeitgleich als totalitär bezeichnendes System, wie das NS-Regime von 1938[6], einer auch Jahrzehnte später[7] als demokratisch bezeichneten Regierung, wie der Beneš-Verwaltung von 1945, gegenübergestellt wird. Diese Mängel hat jedoch derjenige zu verantworten, der die Ähnlichkeit/Vergleichbarkeit behauptete.

Ähnlich liegt es mit der Dokumentation der beiderseitigen Lagen: Wie ebenfalls dargestellt[8], ist das Schicksal der Deutschen in Böhmen und Mähren-Schlesien 1945 ausgiebig und unwidersprochen dokumentiert; die Lage »tschechoslowakischer Staatsbürger« im Sudetengebiet nach 1938 wird demgegenüber zunächst vergleichsweise beleglos beklagt. Sie ist nur aus verstreuten Dokumenten und Einzelberichten rückzuerschließen. Dies ist jedenfalls versucht worden[9].

Vor diesem Hintergrund stellt sich folgende zu beantwortende Frage:

Ist es richtig, daß
- in der Zeit um und nach dem 1. 10. 1938
- in den »Reichsangeschlossenen sudetendeutschen Gebieten«
- an tschechoslowakischen Bürgern, v. a. Tschechen
- nach Art und Umfang Ähnliches/Vergleichbares erfolgte,
- wie zwischen (vornehmlich) Mai und August 1945
- in ganz Böhmen und Mähren, v. a. wiederum im Sudetengebiet
- an den Sudetendeutschen?

Die Beantwortung dieser Fragestellung kann in kurzer Form dadurch erfolgen, daß exzeßanfällige Aspekte der Lage der Deutschen in der ČSR mit jener von Tschechoslowaken im Sudetengebiet zu vergleichbarer Zeit verglichen werden.

Dabei sind zu differenzieren:

a) Die Zeiträume
   Die ČSFR-Regierung präzisierte für die Sudetendeutschen den Zeitraum auf Mai bis August 1945, d. h. ca. 3 Monate.
   Von sudetendeutscher Seite muß, wenn von Vertreibung gesprochen wird, mindestens der Zeitraum bis 27. November 1946 reklamiert werden, an dem der letzte von der ČSR organisierte Massenvertreibungstransport die Grenze der US-Zone des damaligen Vier-Zonen-Deutschlands überquerte[10], d. h. ca. 1½ Jahre.
   Die entsprechenden Zeiträume für die Tschechoslowaken im Sudetengebiet wären dann Oktober 1938 plus 3 Monate, d. h. Dezember 1938, bzw. plus 1½ Jahre; d. h. März 1940.

b) Die Personengruppen
   Unter den »Tschechoslowaken« im Sudetengebiet 1938 ist entsprechend der Zeit zwischen den NS-Maßnahmen gegen bzw. der Lage von Tschechen, Juden und sudetendeutschen NS-Gegnern zu unterscheiden, die jeweils langandauernd gebietsanwesend waren.
   Zu den Juden wurde bereits nach internationalem Maßstab die Vertreibung festgestellt[11].
   Daher kann sich die Prüfung nunmehr auf sudetendeutsche NS-Gegner und tschechische Volkszugehörige beschränken.

Auf der anderen Seite richteten sich die ČSR-Maßnahmen des Jahres 1945 nicht nur gegen die anwesenden[12] ansässigen (d. h. Sudeten-)Deutschen, darunter auch gegen mehr als einzelne deutsche Juden[13] und NS-Gegner[14], sondern systematisch gegen alle anwesenden Deutschen. In wichtigen Aspekten ihrer Lage stehen daher die Sudetendeutschen[15] pars pro toto für auch andere anwesende Deutsche[16] und Nichtdeutsche[17].

11.2 Das »vyhnani« der Sudetendeutschen 1945/46

An dieser Stelle soll die Lage der Sudetendeutschen 1945/46 derart strukturiert werden, daß ein Vergleich mit der Lage v. a. der Tschechen in und nach 1938 möglich ist[18]: Texttabelle 7 (siehe S. 107) verdeutlicht den Vergleich in aller Kürze.

Die Sudetendeutschen des Sommers 1945 waren

- nach dem Muster antisemitischer NS-Maßnahmen
  allgemein sichtbar gekennzeichnet (durch Kleidungsaufnäher oder Armbinden z. B. mit einem Hakenkreuz oder »N« <für Němec, d. h. Deutscher>)[19],
  dadurch öffentlichem Terror preisgegeben, sowie
  in den Existenzgrundlagen durch beträchtlich niedrigere Lebensmittelrationen diskriminiert.

Die Sudetendeutschen wurden

- durch zahlreiche ČSR-amtliche öffentliche Aufrufe zur Verfolgung freigegeben;
- praktisch rechtlos gestellt, da sie Polizei und Justiz nicht anrufen konnten, sondern von diesen verfolgt wurden;
- massenhaft mißhandelt, verletzt, verhaftet und/oder aus ihren Wohnungen über zunächst oft örtliche in auch zentrale Konzentrationslager (zur Verwendung des Begriffes: Siehe S. 119 für Anm. IV/20 d) verbracht (z. B. Theresienstadt, Neu-Hodolein in Olmütz, Bory in Pilsen). Dort wurden sie besonders blutig terrorisiert.

Die Sudetendeutschen unterlagen bei Strafe auch der Einlieferung in derartige Lager

- der Abschaffung der Privatsphäre (durch Gebote, ihre Wohnungen bzw. Häuser nicht zu verschließen);
- allgemeinem Nutzungsverbot öffentlicher Einrichtungen (z. T. sogar der Gehwege und des Kirchenbesuches);
- allgemeinem Reiseverbot (unter seltenen Ausnahmen, die regelmäßig mit Bestechung und/oder Schikanen verbunden waren); sowie
- allgemeiner Informationssperre (wegen Einstellung aller deutschsprachigen Medien und oft Verbot des Zusammentreffens auch nur von zwei Personen).

Die Sudetendeutschen verloren

- durch sofortige Beendigung alle mit ihnen bestehenden Beschäftigungsverhältnisse sowie durch weitgehenden, faktischen Genehmigungsentzug alle freien Berufe wie Ärzte, Gastwirte usf.;
- alle bisherigen, z. T. noch in der Zeit vor 1918 begründeten Ansprüche auf Renten- und Pensionszahlungen;
- durch Sperrung alle Sparguthaben;
- zunächst durch Plünderung (d. h. willkürliche, gebietsweise unterschiedliche, aber stets mit Verhaftungssanktion verbundene »Abgabeverpflichtung«) Teile ihres Eigentums (z. B. Kraftfahrzeuge, Radio-, Photo- und Elektrogeräte, Schreib- und Nähmaschinen);
- parallel dazu durch Umleitung von Mietzahlungen für Wohnungen an Unberechtigte, Erhebung von Zwangsmieten bei Eigentümern, willkürliche Erhöhung beibehaltener

Texttabelle 7

VERTREIBUNG / VYHNANI IM ČSFR-REGIERUNGSVERSTÄNDNIS 1992
Kurzfassung

Während eines odsuns kommen »Gewalttätigkeiten/Exzesse« vor: Diese sind nicht näher definiert. Daher:

DEFINITIONSVERSUCH:	ANWENDUNG				
	1938/39				1945/46
	Abwandernde Tschechen		Verbleibende Tschechen		Anwesende Sudetendeutsche *
Die Menschen der odsun-Gruppe werden v. a.	Behauptet	Bisher belegt	Behauptet	Bisher belegt	Belegt
	1	2	3	4	5
1. für Terrorisierung gekennzeichnet			nein	•	ja; Hakenkreuz/N/weiße Armbinden
2. mißhandelt – verletzt			ja	bedauerliche Einzelfälle	ja; + massenhaft
3. verhaftet			ja		ja; gruppenabhängig + hoher Prozentsatz
4. in Konzentrationslager verbracht			ja		ja; + zu Hunderttausenden
5. getötet			ja		ja; 250. (–450.)
6. (Über-)Lebende zu Zwangsarbeit			ja		ja; zu Hunderttausenden
7. (Über-)Lebende massenhaft deportiert	ja	falsche Aussage	ja	nein	ja; zu über 90 %
Den Menschen der Gruppe werden v. a. entzogen/verboten					
11. Wohnungen	ja	Berichte über »besenreine« Übergabe	nein	•	ja; zunächst weitgehend, dann komplett
12. Eigentum: bewegliches Vermögen	ja	Mitnahme/Nachsendung/Verwaltung	nein	•	ja; zunächst weitgehend, dann komplett
unbewegliches Vermögen	ja	Mietzahlung/Sperrkonto	nein	•	ja; komplett
Vermögen von Gemeinschaften			ja	allg. Einschr.	ja; komplett
Pensionen, Renten			nein	•	ja; komplett
13. Beschäftigungsverhältnisse			nein	•	ja; komplett
14. Nutzung öffentl. Einrichtungen (z. B. Verkehrsmittel)			nein	•	ja; komplett
15. Wahl-Optionsrecht			nein	Ausübung	ja; komplett
16. Schulen			ja	Einschr.	ja; komplett
17. Sprache u. Informationen in ihr (Zeitungen, Rundfunk)			z. T.	Einschr.	

* Die meisten Charakteristika galten mindestens tendenziell auch für ausgewiesene Gegner des NS-Regimes und Juden, wenn bzw. weil sie Deutsche waren.

kriegswirtschaftlicher Abgabeverpflichtungen in der Landwirtschaft und Einsetzung von tschechischen Verwaltern in allen Betrieben jeder Art, oft unter Verhaftung bzw. Deportation der deutschen Eigentümer zunächst Teile, sowie

- durch allgemeine und entschädigungslose Enteignung ihr gesamtes Eigentum einschließlich aller Werkzeuge, Betriebsmittel und oft auch persönliche Erinnerungsstücke wie Eheringe bis auf tragbares Handgepäck, das meist mehrmals gründlich auf (auch willkürlich dazu erklärte) Wertsachen durchsucht worden war.

Die Sudetendeutschen mußten wieder unter Sanktionsdrohung

- sämtlich regelmäßig über mehrere Monate meistens unbezahlte und unversicherte, oft unter unzumutbaren Arbeitsbedingungen auch besonders gefährliche (Urangruben) Zwangsarbeit leisten, was angesichts nicht vorhandener bzw. nicht geleisteter medizinischer Versorgung auch für Kranke und Mütter mit Säuglingen neben kaum beschaffbaren Geldmitteln Voraussetzung für den Bezug kärglicher Lebensmittelrationen/Massenverpflegung war.

Nachdem in diesem Ablauf mindestens 250.000, wahrscheinlich aber deutlich mehr Sudetendeutsche umkamen[20], wurden die überlebenden Anwesenden innerhalb von rd. 18 Monaten nach Übergang der faktischen Gebietshoheit an die ČSR[21] zu weit über 90% im Wortsinne vertrieben.

11.3 Das »vyhnani« der Tschechen 1938/39

Demgegenüber war die vorgeblich vergleichbare »Vertreibung« der Tschechen nach der Eingliederung des sudetendeutschen Gebiets im Oktober 1938 in das Deutsche Reich ein völlig anderer Vorgang (siehe wiederum Texttabelle 7, S. 107).

11.3.1 Grenze, Staatsbürgerschaft und Option

Die endgültige Abgrenzung des Sudetengebietes von der Rest-ČSR schlug auch kleinere, seit altersher überwiegend von Tschechen besiedelte Gebiete z. B. in Nordmähren und Ostschlesien zum Deutschen Reich[22].

Die im Gesamtgebiet ortsanwesenden Tschechen waren grundsätzlich in zwei verschiedene Gruppen gegliedert:

a) Nach dem 1. 1. 1910 zugewanderte und im Sudetengebiet verbliebene Tschechen behielten die Č-SR- bzw. erhielten nach dem 15. 3. 1939 die Protektoratszugehörigkeit.

b) Im Sudetengebiet bereits vor dem 1. 1. 1910 wohnhafte, d. h. alteingesessene Tschechen wurden mit ihren Familienangehörigen Bürger des Deutschen Reichs mit tschechischer Muttersprache, konnten jedoch bis 29. 3. 1939[23] für die Staatsangehörigkeit der Č-SR[24] und (ab 16. 3. 1939) die sog. Protektoratsangehörigkeit[25] optieren.
Die Č-SR-Regierung ließ den Tschechen im Altreich und Österreich abraten, für die Č-SR zu optieren[26]. Die Optionsmöglichkeit wurde jedoch offensichtlich mindestens in Nordböhmen in hohem Umfang genutzt[27]. Es erscheint daher unzutreffend, daß die Option »became inoperative until in the following March <d. h. 1939> it became obsolete«[28]: Die Optionsentscheidung wurde offensichtlich vom NS-Regime bis 1945 dahinge-

hend beachtet, daß Optanten mit allen Konsequenzen mindestens in weiten Teilen des Sudetengebietes als Nicht-Reichsbürger galten[29].

Wesentlich war, daß weder tschechische Nationalität noch Option den Zwang zum Verlassen des Sudetengebietes nach sich zog[30]; auch die Optanten verblieben trotz gegenteiliger Befürchtungen[31] in ihrem Eigentum und ihren Heimat- bzw. Anwesenheitsgemeinden[32].

Es liegen jedoch auch bestätigte Berichte vor, wonach einzelne, oft marxistisch oder politisch aktiv anti-deutsch eingestellte Tschechen von deutschen Dienststellen verschiedener Art aus dem Sudetengebiet im Oktober 1938, aber auch später, formal ausgewiesen wurden[33]. Dafür hätte es zwar eine Rechtsgrundlage, aber erst ab dem 20. 11. 1938[34] gegeben, die darüber hinaus ab 4. 3. 1939 vereinbarungsgemäß »vorläufig nicht« angewendet werden sollte[35]. Mindestens bis zum 15. 3. 1939, dem Tag der Protektoratserrichtung, war jede Ausweisung ein internationaler Vorgang, der allein durch deutsche Anordnungen nicht rechtskräftig werden konnte[36]. Eine spätere, bekannte Anordnung betraf insbesondere protektoratsangehörige Rückkehrer aus dem nunmehrigen Protektorat in das Sudetengebiet[37].

11.3.2 Vorgänge im Zusammenhang mit Leben und Gesundheit von Tschechen

Zum physischen Schicksal der Tschechen war festzustellen:
Es liegt ein Bericht vor, wonach es im Frühjahr 1939 bei der Musterung tschechischer Männer zur deutschen Wehrmacht an mehreren Orten vor allem in Nordmähren wegen des gemeinsamen Singens tschechischer Lieder zu Massakern, d. h. zu Massentötungen kam[38]. Belege für diesen von Zeitzeugen heftig bestrittenen Vorgang konnten ebensowenig gefunden werden, wie für verschiedene Pauschalbehauptungen zahlreicher Todesopfer[39] oder eine längere Aufstellung, welche Massengräber von Tschechen im Sudetengebiet aus der Zeit nach 1938[40] umfaßte.

Hingegen möchte man mehreren Berichten über Verhaftungen vieler auch Tschechen[41] hohen Wahrscheinlichkeitsgrad zubilligen. Da sowohl zahlreiche Berichte über den ungestörten Verbleib vieler Tschechen im Sudetengebiet als auch Belege über vergleichbare Massenverhaftungen von Sudetendeutschen vorliegen[42], könnte das primäre Ziel der NS-Gewalt nicht das andersnationale Tschechentum, sondern die zeitweise[43] Neutralisierung des ideologischen Gegners, z. B. des Marxismus, in allen Nationalitäten gewesen sein. Auch Angaben, daß zahlreiche bisher arbeitslose Tschechen zur Beschäftigung im Deutschen Reich gingen[44], dürften zutreffen. Angesichts der dort herrschenden Wohnungssituation ist die Unterbringung in Lagern kein Nachweis für Zwang, der auch wegen anfänglich ungünstiger Beschäftigungslage im gesamten Böhmen und Mähren mindestens für die Jahre 1938 und 1939 schwer nachweisbar sein dürfte.
Ähnlich sind prima facie zunächst glaubwürdige Berichte zu beurteilen, wonach einzelne, oft namentlich genannte und politisch oft aktiv antideutsch oder kommunistisch eingestellte Tschechen verhaftet[45], mißhandelt[46] und leicht bis tödlich[47] verletzt wurden: Die bei noch lebenden Zeitzeugen bzw. Wissensträgern durchgeführten Verifikationsbemühungen für diese angesichts der Zeitumstände grundsätzlich denkbaren[48], wenngleich im Begehungsfall bedauerlichen Vorkommnisse erbrachten nach über fünfzig Jahren meist keine klaren Ergebnisse.
Mindestens tendenziell falsch erscheinen jedoch veröffentlichte Stellungnahmen einzelner Sudetendeutscher, die derartige Vorgänge prinzipiell entweder pauschal[49] oder aus eige-

nen Erfahrungen[50] bestreiten. Das ist nur in etwa jener Ausdrucksweise behauptbar, in der einer der Zeitzeugen formulierte: »Es wurden keine Tschechen enteignet, beraubt, vertrieben oder erschlagen, *wie 1945* Angehörige der sudetendeutschen Volksgruppe von tschechischem Mob und sogenannten Revolutionsgarden« (Hervorhebung nicht im Original)[51]. Diese, durch die vorliegende Untersuchung als zutreffend bestätigte Unvergleichbarkeit zwischen 1938/39 und 1945/46 macht zugleich den Sinn der historischen Parallelbetrachtung wie das Risiko jedes Aufrechnungsversuches deutlich.

11.3.3 Wirtschaftliche und soziale Aspekte

Natürlich wurden die Tschechen, ob seit 1938/39 Reichsbürger oder Protektoratsangehörige, nicht öffentlich gekennzeichnet. Nach den Erfahrungen der ČSR-Zeit von 1919 bis 1938 war zwar eine gewisse wirtschaftliche und soziale »Umkehrdiskriminierung« der Tschechen befürchtet worden[52]; sie ist jedoch nur in Ansätzen zu belegen[53]. Umgekehrt wird aber vergleichbare Berücksichtigung von Tschechen bei sozialen Unterstützungsmaßnahmen mindestens aus gewissen Gebieten berichtet[54].

Allen Tschechen wurde – mindestens offiziell – Straffreiheit für die Vergangenheit gewährt[55]. Nicht-Reichsbürger wurden weder zum Reichsarbeitsdienst noch zur Wehrmacht eingezogen[56], erhielten (ab Herbst 1939) die gleichen Lebensmittelrationen wie deutsche und tschechische Reichsbürger[57] und hatten gegenüber diesen sogar vergleichsweise höhere Nettoverdienste[58].

Die im Sudetengebiet wohnhaften reichs- und ČS-R- und später protektoratsangehörigen Tschechen verblieben in allen privaten Beschäftigungsverhältnissen und Rentenbezügen[59], sowie – sofern nicht verhaftet – in ihren Wohnstätten und ihrem beweglichen und unbeweglichen Eigentum. Es liegen Berichte vor, wonach viele gewerbliche und industrielle Betriebe[60] sowie der Lebensmittelgroßhandel[61] auch lange nach Eingliederung des Sudetengebiets in das Reich in tschechischer Hand blieben; nationalspezifische Enteignungen[62] und Vereinsauflösungen[63] fanden nicht statt. Die Existenz von Vorschriften oder Handhabungen, durch welche die Bewegungs- und Reisefreiheit der reichsangehörigen Tschechen des Sudetengebietes im gesamten Deutschen Reich (freilich, wie auch für die Deutschen ohne das Protektorat) und der Č-SR- bzw. Protektoratsangehörigen im gesamten Sudetengebiet eingeschränkt worden wäre, wurde nicht einmal behauptet.
Zwar durften Tschechen vor den ab 1938 deutschsprachig amtierenden Behörden und Gerichten offiziell ihre Muttersprache nicht gebrauchen[64]. Daraufhin wurde aus vielen Orten die »demonstrative öffentliche Anwendung der tschechischen Sprache«[65] berichtet. Den Tschechen blieben viele Schulklassen[66] und wurden z. T. ebenso neu errichtet[67], wie Zeitungen in tschechischer Sprache[68]; tschechische Bürgermeister und sogar sog. »Ortsbauernführer« amtierten mindestens noch im August 1940[69]. Auf den in ihrem Besitz verbleibenden Rundfunkempfängern war den Tschechen der Empfang tschechischer Sendungen aus der Č-SR und später dem Protektorat problemlos möglich.
Ein interessantes Beispiel für ihre politische Lage war, daß die reichsangehörigen Tschechen zur »Sudetendeutschen Ergänzungswahl zum Großdeutschen Reichstag« am 4. 12. 1938 stimmberechtigt waren; rd. 150.000 beteiligten sich: Die volksabstimmungsähnliche Frage »Bekennst Du Dich zu unserem Führer Adolf Hitler, dem Befreier des Sudetenlandes und gibst Du Deine Stimme dem Wahlvorschlag der NSDAP?« wurde dabei von rd. 80% der abstimmenden Tschechen bejaht[70].

Das Abstimmungsergebnis ist auch deswegen als Indiz für die wirkliche[71] Stimmung unter den Tschechen wertbar, wenn man ihre ca. 20% Nein-Stimmen den (weniger als 1%) Nein-Stimmen der Deutschen gegenüberstellt.
Dieser Gruppe von bis zu einem runden Fünftel der Tschechen im Sudetengebiet konnte unter dem NS-Regime dann sogar verschiedene Arten von »civil disobedience« praktizieren: Trotz harter Strafandrohungen[72] wurden die Radiogeräte bald auf die Sendungen aus London und später Moskau umgestellt[73], Treffen wurden organisiert[74]. Junge Tschechen veranstalteten trotz bereits jahrelanger Erfassung in der H<itler-> J<ugend>, die oft abgelehnt wurde[75], eigene Tramper-Fahrten, Tanz-, Sport- und Musikzusammenkünfte in Trachten mit Gesang[76] und verweigerten Arbeitsdienst und sog. »Pflichtjahr«[77].

11.3.4 Rückkehr- und Zuwanderungstendenzen

Unter Berücksichtigung dieser Umstände (und diese zugleich bestätigend) erscheint es verständlich, daß zunächst in die Rest-Č-SR abgewanderte Tschechen, die sich oft nahe der neuen Grenze zum Sudetengebiet niedergelassen hatten[78], entsprechend mehreren Berichten[79] in das Sudetengebiet freiwillig wieder zurückkehrten[80]. Diese Entwicklung scheint derart bedeutsam zu sein, daß der Reichsinnenminister bereits im Frühjahr 1940 insgeheim die Vollmacht zur Ausweisung einzelner Protektoratsangehöriger aus der sog. Grenzzone gab, jedoch klar hinzusetzte: »Massenausweisungen von Protektoratsangehörigen haben auf alle Fälle zu unterbleiben«[81]. Der Grenzübertritt zwischen dem Deutschen Reich incl. dem Sudetengebiet einerseits und dem Protektorat blieb jedenfalls in beiden Richtungen an gesonderte Genehmigungen gebunden[82] und wurde ansonsten bestraft[83].
Die neuerliche Zuwanderungsbewegung von Tschechen in das Sudetengebiet verstärkte einerseits illegale Tätigkeiten bis zu Flugblatterzeugung und -versendung[84] und führte zur (wohl als Vorwurf gemeinten) Feststellung, die Tschechen profitierten von Kriegswirtschaftsmaßnahmen[85]. Als übereinstimmende Aussagen zum allgemeinen Trend könnte bezeichnet werden, daß ideologische und interessenmäßig so weit auseinanderliegende Berichterstatter wie ein tschechisch-kommunistischer Wissenschaftler und der Sicherheitsdienst der SS die Lage tschechischer Arbeiter in Nordböhmen für Ende 1939 bzw. tschechischer Bauern in Südmähren für Ende 1940 mit relativ nicht schlecht bzw. besser als die der Deutschen charakterisierten[86].
Der Zeitraum der vorliegenden Betrachtung endet aus dargestellten Gründen[87] eigentlich bereits etwa im März 1940. Im Ausblick sei nur hinzugefügt, daß sich die Zuwanderung von Tschechen in das Sudetengebiet auch später fortsetzte, als viele der v. a. zur Wehrmacht eingezogenen vornehmlich deutschen Männer auch durch angeworbene oder dienstverpflichtete[88] Tschechen ersetzt wurden. Daraus ergab sich eine Schätzung, die für Anfang 1945 von 575.000 bis 620.000 Tschechen im Sudetengebiet berichtete[89].

12. Befund

An den Sudetendeutschen wurden in den drei bzw. 18 Monaten nach dem 8. 5. 1945 bewußt und staatlich durch eine vorgeblich demokratische Regierung gelenkte Maßnahmen vorgenommen, die ihre Zahl um mindestens 90% verringerten und die daher mindestens als vyhnaní, präziser wohl als Genocid, d. h. Völkermord[90], zu bezeichnen sind.
An den Tschechen im Sudetengebiet fand in den drei bzw. 18 Monaten nach dem 1. 10. 1938 durch das totalitäre NS-Regime (bei allen belegbaren Übergriffen) so wenig Vergleichbares statt, daß sich ihre Zahl mit hoher Wahrscheinlichkeit sogar erhöht haben dürfte.

Die ČSFR-Regierungsbehauptung von 1992, es habe nach ihren eigenen Kriterien an Tschechen im Sudetengebiet nach dem Herbst 1938 ein vyhnaní stattgefunden, das der Sudetenvertreibung auch nur bis Sommer 1945 entspräche, ist daher nach vorliegendem Belegstand als unbedarfter Versuch politischer Manipulation zu bezeichnen.
Die Ungeschicklichkeit liegt in den selbstgewählten Kriterien massenhafter »Exzesse«/ »Gewalttätigkeiten«: Diese fanden 1938 bis 1940 im Vergleich zu 1945/46 in auch nur ansatzweiser Vergleichbarkeit einfach nicht statt.

Anmerkungen zu Kapitel IV:

1 Siehe S. 15f.
2 Siehe die Belege in Kapitel I und II.
3 Zu den diesbezüglichen »pressure groups« siehe S. 95f. für Anm. III/90.
4 Diese muß nunmehr möglichst sachlich/sinnvoll bewältigt werden.
5 Siehe dazu S. 41f. mit Anm. II/5.
6 Vgl. die einschlägigen Gesetze des NS-Regimes und Reden seiner Führer.
7 Zur Verfassungs- und Rechtsrealität: Siehe S. (dzt. 4) mit Anm. I/51.
8 Siehe S. 41f. mit den zugehörigen Anmerkungen.
9 Siehe die Bemühungsbeschreibung auf S. 41f. mit Anm. II/10–13.
10 Vgl. Bohmann: SiZ, S. 272.
Zur zunächst Verfolgung, dann Unterdrückung und später Diskriminierung der heimatverbliebenen Sudetendeutschen in der ČSR ab 1947:
Vgl. »Die Sd.«; S. 120ff.
11 Siehe S. 81.
12 Natürlich auch gegen die nicht anwesenden sudetendeutschen v. a. Kriegsgefangenen, denen die Rückkehr verwehrt bzw. unzumutbar gemacht wurde.
13 a) Zu Einzelschicksalen von nach dem 8. 5. 1945 nicht mehr in ihre sudetendeutsche Heimat zurückgekehrten Juden: Siehe S. 100 für Anm. III/100.
b) Zu Schicksalen von Rückkehrern vgl. die Berichte in »WB« S. 586 (mit Verweisen) und in »DdV«, Bd. 1; S. 100ff. (mit Verweisen).
Der tschechische Pater Přemisl Pitter berichtete im Dezember 1945 von zwei sudetendeutschen Juden, die Theresienstadt und Auschwitz bzw. Ravensbrück überlebten, aber sich nunmehr in Haft bzw. im Lager Modřany bei Prag befänden und »zur Abschiebung ins Reich als Deutsche vorgesehen« seien.
Vgl. Pasák, Tomáš: »Přemysl Pitter...«in »Der Weg in die Katastrophe«; Hsg. u. a. v. Detlev Brandes; Essen, 1994; S. 201–213, hier S. 211.
Wissensträger E. K. (damals Karlsbad), 81476 München, wies laut mündlichem Bericht vom Mai 1994 im März 1946 den damaligen Polizeipräsidenten von Kladno, Herrn Škach, darauf hin, daß sich im ČSR-KZ für Deutsche in Kladno-Motičín mehrere sudetendeutsche Juden und eine Jüdin befänden.
In einer Sendung des Fernsehens 3-SAT vom Anfang Juni 1995 soll von der sudetendeutschen Jüdin Olga Kurz berichtet worden sein: Mehrere Jahre vor 1945 im NS-KZ Theresienstadt wurde sie nach der Befreiung in ČSR-Lagern bis 1958 festgehalten.
c) Zum generellen Schicksal sudetendeutscher Juden in der ČSR nach 1945 notierte Kurt Wehle (»The Jews in Bohemia and Moravia 1945–1948« in »The Jews of Czechoslovakia«; a. a. O.; S. 499–530, hier S. 509): Der tschechische Antisemitismus sei nach dem Holocaust unverändert bzw. durch die NS-Propaganda sogar gestiegen. Das dafür hauptsächlich genannte Motiv »was that of nationality: the Jews who lived there were hated because they were regarded as Germans! There was no change in this attitude after the war, and since the hatred for all things German was fierce and directed at everything German, it extended also to those Jewish citizens of Czechoslovakia who had declared themselves members of the German nationality group in the 1930 census. During the first few months following the war, it happened that Jews who had just taken off the yellow badge of shame had to wear a white armband with the letter ›N‹ for Nemec (›German‹). They were in danger of being deported to Germany. Jews who had held professorships at universities in Czechoslovakia before the war and had listed

the German language as their mother tongue were now denied the pensions to which they were entitled as Czechoslovak citizens under Czechoslovak law«.

d) Es gibt tschechische Aktenvermerke, wonach »deutschsprechende Juden« mindestens in regionale Ausweisungstransporte von Sudetendeutschen des Jahres 1945 einbezogen wurden. Bei genauer Durchsicht der nachfolgenden Angabe Kučeras (a. a. O.; S. 17; Hervorhebung nicht im Original) könnte sie eine Bestätigung dafür sein: »Amtliche Unterlagen der ČSR gaben zum 1. 11. 1946 *(d. h. nach dem Ende des systematischen odsuns)* nur insgesamt 1.876 deutscher Juden in den böhmischen Ländern an.«
Es gibt auch eine (bislang unbestätigte) Aussage, wonach selbst Juden, die sich 1930 zur jüdischen Nationalität bekannt hatten, nach Überleben der NS-Zeit im Jahre 1945 von ČSR-Behörden nachträglich zu Deutschen erklärt, enteignet und auch nach 1989 weder rehabilitiert noch entschädigt worden sein sollen.

e) Das weitgehende allgemeine tschechische Verhalten erscheint jedoch nur dann überraschend, wenn die Deutschenvertreibung 1945/46 irrtümlich als vergangenheitsbezogene, spezifisch ideologische Maßnahme gegen »Faschismus« oder »Nazismus« mißverstanden und nicht als generell antideutscher Vorgang erkannt wird.

14 Den emigrierten sudetendeutschen Sozialdemokraten wurde durch die ČSR-Behörden bereits 1945 weitgehend die Rückkehr in die Heimat verboten.

15 a) Es ist zu beachten, daß das Vorgehen gegen die Sudetendeutschen nicht nur in den im Textteil aufgeführten, veröffentlichten Sammelwerken (d. h. »Dokumentation der Vertreibung« und »Weißbuch«, siehe S. 12 mit Anm. I/5) dokumentiert ist. Neben den bei der Erstellung erhobenen, aber unveröffentlicht gebliebenen existieren zahlreiche weitere Berichte. So hat z. B. der spätere Bundeskanzler Brandt im Dezember 1945 aus Hof (Oberfranken) unter dem Titel »Sudetendeutsche Tragödie« für westliche Zeitungen berichtet.
Sich z. T. wechselweise zitierend sind darüber hinaus Aussagen in vielen Gemeinde- und Gebietschroniken sowie Heimatbüchern der Sudetendeutschen zu finden.
Zu weiteren Fundorten: Vgl. »VVSd«.
Es ist zu vermuten, daß in der damaligen SBZ/DDR zahlreiche Wissensträger existierten, die nicht mehr berichten können.
Auch verhinderte Verbrechen sind bekannt, bei denen US-Soldaten (der damaligen Besatzungsmacht in Westböhmen), aber auch Tschechen einschritten.
Vgl. »Dokumente der Menschlichkeit aus der Zeit der Massenvertreibungen«; Hsg. v. Göttinger Arbeitskreis; Kitzingen, 1950; S. 18ff., S. 163–194.

b) Es gibt auch tschechische zeitgenössische Veröffentlichungen.
Vgl. »VVSd«.

c) Zum Vorgehen gegen die Sudetendeutschen existieren auch unveröffentlichte tschechische Akten. So erwähnte Kučera (a. a. O.; S. 25 f.) zunächst einen zusammenfassenden Bericht über »einige, gegen die deutsche Bevölkerung gerichtete Zwischenfälle, ... in deren Verlauf es zu Opfern an Toten kam«. Die Vorgänge ereigneten sich in Reichenberg, Freudenthal, Schönpriesen (Aussig), Lundenburg (Nikolsburg), Taus und Böhmisch Kamnitz (Tetschen). Der Bericht, dessen Datum nicht angegeben wurde, trage den Sperrvermerk »Nur zur persönlichen Information des Herrn (ČSR Innen-)Ministers«. Kučera erwähnte auch eine von der Tschechoslowakischen Verfassungsgebenden Nationalversammlung am 10. 7. 1947 geschaffene Kommission des Sicherheitsausschusses zur Untersuchung aller Fälle massenhaften »Einschreitens« vor allem gegen Deutsche nach dem 5. 5. 1945. Kučera notierte, über die Tätigkeit der Kommission liege nur die »beiläufige Anmerkung« vor, daß sie »Konsequenzen aus

Vorgängen gezogen habe, die den Gesetzen und unserem politischen Fühlen widersprachen«.

Die tschechische Seite sollte diese Unterlagen veröffentlichen, damit sie mit den Berichten im sudetendeutschen »WB«, den entsprechenden Teilen der »DdV« und den je Kreis vorliegenden Zahlen der »Gesamterhebung« verglichen werden können, um Klarheit zu erhalten und vielleicht auch die tschechische Öffentlichkeit sachgerecht zu informieren.

d) Darüber hinaus dürfte es zusätzliche Vorgänge geben, die erst nach 1990 bekannt wurden. Dazu gehören u. a.:

- Die Tötung bzw. Hinrichtung von mindestens 400 (sudeten-)deutschen Zivilisten und Soldaten, darunter vermutlich auch Angehörige der russischen Wlassow-Armee in Miröschau/Mirošov, Bezirk Rokitzan/ Rokycany;
  vgl. »Land an der Miesa« <Heimatbrief>; Dinkelsbühl; Jg. 47, Nr. 484 (April 1995); S. 169.
- Die öffentliche Erschießung bzw. Ermordung von mindestens 16 Deutschen in Johannisbad (Trautenau), unter denen sich mindestens 4 luftkriegsevakuierte Jugendliche von ca. 14 Jahren aus dem Ruhrgebiet oder Berlin befanden sowie der Tod weiterer über Görlitz und Oberschlesien bis nach Fünfeichen bei Brandenburg verschleppten Einwohner;
  vgl. »Riesengebirgsheimat« <Heimatbrief>; Nürnberg; Jg. 46, Nr. 11 (November 1992) bis Jg. 48, Nr. 11 (Dezember 1994).

Diese Vorgänge stehen für vermutlich zahlreiche, die in »WB« und »DdV« nicht enthalten sind.

e) Ein anderer, vermutlich mindestens teilweise einzubeziehender Vorgang hat eine bemerkenswerte Vorgeschichte:

Die Gemeinde Rottenschachen, bis 1919 im Pol.Bez. Gmünd, Land Niederösterreich, wurde durch den Vertrag von St. Germain der ČSR zugeschlagen, erhielt den Namen Rapšach und wurde dem Bezirk Wittingau zugeordnet, in dem sich bereits die Gemeinde Schwarzbach befand.

	Einwohnerzahlen						
	1910		1921		1939		1939
	Gesamt	davon Deutsche	Gesamt	davon Deutsche	Gesamt	davon Deutsche	Gesamt
Rottenschachen	2.217	1.660	2.131	141	1.712	10	1.642
Schwarzbach	735	432	665	7	624	5	•

Die »Umstellung« der Einwohner von Deutschen zu Tschechen in 1921 und 1930 dürfte der Handhabung bei den Hultschinern (siehe S. 56 für Anm. I/29 b) vergleichbar und insgesamt ungerechtfertigt gewesen sein.

1938 wurde Rottenschachen in das Sudetengebiet einbezogen und dem Landkreis Gmünd zugeordnet; Schwarzbach verblieb in der Č-SR und später dem Protektorat.

Am 24. 5. 1945 wurden in Schwarzbach 14 »Deutsche« bzw. »Faschisten und Verräter« zum Tode verurteilt und sofort erschossen. Weiteren 26 zunächst zum Tode Verurteilte aus Rottenschaden blieb die Urteilsvollstreckung erspart.

Zu Vorgang, Tätern etc. vgl. »FAZ« Nr. 191 v. 18. 8. 1995, S. 4. Einen früheren Hinweis gab Wissensträger B. D. aus Prag.

16 Die ČSR-Maßnahmen vornehmlich des Jahres 1945 betrafen auch zahlreiche Deutsche nichtsudetendeutscher Herkunft.
Siehe S. 18 für Anm. I/7 e.

[17] Die allgemeine Lage der Vorgangszeit und die spätere antideutsche Nutzung der Abläufe wird auch dadurch gekennzeichnet, daß Todesfälle bei alliierten Soldaten/Gefangenen öffentlichkeitswirksam »den Deutschen« zugeschrieben wurden und werden.
Siehe S. 228: A III, B 43, aus Weiskirchen (Reichenberg) Antwort zu Frage 16: Von Tschechen erschossener französischer Kriegsgefangener angeblich im Kampf gegen die Deutschen gefallen.
A. a. O. aus Mies: Von US-Soldaten erschossene Sowjetoffiziere angeblich im Kampf gegen den Hitlerfaschismus gefallen.
Siehe S. 278 f.: A IV, Exkurs 4 Littitz: Abgeschossene US-Flieger noch im April 1945 angeblich von Deutschen zu Tode gemartert.

[18] Zu den Belegen für die Sudetendeutschen siehe S. 12 mit Anm. I/6, für die Tschechen S. 129 ff. mit Anm. IV/53 ff.

[19] Sogar nachgewiesen »antifaschistische« Deutsche mußten mindestens zeit- und gebietsweise z. B. ein rotes Armband tragen. Diesbezügliche Bestätigung des ČSR-»Nationalausschusses« aus Braunau (Nordböhmen) vom 15. 5. 1945 liegt vor.

[20] An dieser Stelle sind Charakterisierung und Verbindung der verschiedenen Belegarten angebracht:

a) Die Vorgangsbeschreibungen (z. B. im WB und der DdV) umfassen als verbale Darstellungen bekannter und beschriebener Vorgänge nur Auszüge aus dem Gesamtgeschehen. Sie sind teilweise mehrfach, z. T. aber überhaupt nicht veröffentlicht.
Siehe dazu S. 115 für Anm. IV/15.
Am Beispiel DdV kann quantifiziert werden: 1950 bis 1953 waren im Auftrag des damaligen Bundesministeriums für Vertriebene rd. 2.000 Berichte erhoben, zu einem kleinen Teil in der »Dokumentation der Vertreibung« 1957 veröffentlicht und dann im Bundesarchiv gelagert worden. Anscheinend nur aus diesem Material wurden später über sog. Auswertungsbögen je Kreis vom Bundesarchiv 6.000 Tote festgestellt worden, wobei z. B. die Opfer des Prager »Aufstandes« vom Mai und der Vorgänge in Aussig am 31. 7. 1945 ausdrücklich ausgeklammert blieben. Einschließlich dieser und geschätzter 100.000 Opfern unter den hier mit ca. 350.000 geschätzten, in Lagern internierten Sudetendeutschen ergab sich im Ostdokumentationsbestand des Bundesarchivs eine Gesamtverlustzahl der »Deutschen aus der ČSR« von 130.000 Personen. Diese Angabe wurde auch von Kučera widerspruchslos notiert (a. a. O.; S. 28).
Zur Zahl der in Lagern verschiedenster Art internierten Sudetendeutschen ist zu vermerken, daß tschechische Angaben von rd. 120.000–140.000 für Juli/August und über 100.000 für Anfang September 1945 vorliegen, während Bohmann (vgl. SiZ, S. 199) sie auf »wenigstens eine Million« bezifferte. Es darf vermutet werden, daß die tschechischen Zahlen Stichtagsangaben darstellen, welche z. B. die bereits zur Zwangsarbeit in die Landwirtschaft verbrachten und die Toten nicht mehr umfassen; damit dürfte sie aus dem Gesamtumfang nun einen schmalen Ausschnitt wiedergeben.
Festzuhalten bleibt, daß die als Basis der Auswertungsbögen der DdV vorliegenden Berichte weder flächendeckend waren noch den Anspruch erhoben, das Geschehen umfassend quantifiziert wiederzugeben; an einem Beispiel wird das noch zu verdeutlichen sein.

b) Die sog. »Gesamterhebung zur Klärung des Schicksals der deutschen Bevölkerung in den Vertreibungsgebieten« (3 Bände, München, 1965) belegte demgegenüber einzelne Namen und Anschriften von Personen, die 1939 und 1945 lebten und umfaßte von der Einzelperson her summierte Personenzahlen und pauschale Vorgangsarten.
Von den verschiedenen Vorgangsarten interessiert hier vornehmlich, daß es unge-

klärte Fälle gab (teilweise mit »Todeshinweis«, teilweise auch »ohne jeden Hinweis«). Unter den geklärten Fällen waren auch Tote enthalten, jedoch nur durch (um ca. im Jahre 1960 noch lebende) Augenzeugen belegte Opfer. Diese sog. Augenzeugentoten wurden nach verschiedenen Kriterien wie »gewaltsamer Tod« oder »Selbstmord« gegliedert.

Bezogen auf die Sudetendeutschen in den mit anderen Darstellungen, z. B. den »Deutschen Vertreibungsverlusten« des Statistischen Bundesamtes vergleichbaren Staatsgrenzen vom 31. 12. 1937 ergab die »Gesamterhebung« (Bd. II, S. 427, 439; Bd. III, S. 471) rd. 20.000 sog. Augenzeugentote und rd. 295.000 ungeklärte Fälle, d. h. ein Verlustpotential von ca. 315.000 Personen.

c) Die Problematik unqualifizierter Verwendung derartiger Zahlen kann an drei Beispielen verdeutlicht werden:

- Beispiel A: Bekannter Vorgang und Wiedergabe in der »Gesamterhebung«

  Am 31. Juli 1945 fand in Aussig/Elbe ein allgemein bekanntes, lokales Vorgehen gegen die dortigen Sudetendeutschen statt, das man als eine Art Pogrom bezeichnen kann. Die Zahl der Opfer – in der Terminologie der »Gesamterhebung« wohl »gewaltsamer Tod«, da weder z. B. »in Lagern verstorben« noch »Selbstmord« – wird mit mindestens 1.000 angegeben.

  Vgl. DdV; Bd. 2; S. 284ff. mit mehreren Berichten, auch tschechischen Ursprungs und Zahlenangaben bis zu 2.700.

  Die Opfer kamen wegen der damaligen Reisebeschränkungen für Deutsche vornehmlich aus der Stadt und dem engeren Umfeld von Aussig. Die »Gesamterhebung« verzeichnet für den Stadt- und Landkreis Aussig (in Bd. 2, S. 474, 476) zusammen aber nur 145 gewaltsame Todesfälle. Nimmt man die »ungeklärten Fälle« mit »Todeshinweis«, d. h. Tod lt. »Hörensagen« hinzu, es sind dies 457, so liegt man immer noch weit unterhalb der niedrigsten Schätzung für diesen einzigen, wenn auch besonders markanten Tag aus einer langen Zeit der Übergriffe in diesem Gebiet. Man muß in die »ungeklärten Fälle« der »Gesamterhebung« eintreten (dort »Vermißtenhinweis« für darüber hinaus 3.002 Personen und »ohne jeden Hinweis« für weitere 4.336 Personen), um eine Deckung für die vermutliche Gesamtopferzahl allein dieses Vorgangs zu finden.

  Zur Aktualisierung sei die Meinung von Vladimir Kaiser, Leiter des Archivs der Stadt Aussig, angeführt (vgl. Reissmüller, Johann G.: »Das Massaker von Aussig« in »FAZ« Nr. 163 v. 17. 7. 1993; neuerlich Darstellungen in »Tschechen und Deutsche – Historische Tabus«; München, 1994, sowie in »Česky-Böhmen Express«, August 1994): In letzterer Wiedergabe hieß es, daß »bislang unbekannte Quellen... gestatten,... die einseitige Interpretation dieser Vorfälle durch die sudetendeutsche Historiographie, die 400–8000 Opfer anführt, zu demythologisieren... Eine völlig seriöse Schätzung der Opfer dieser Vorfälle ist 50 bis 100 Personen.«

  Die offensichtlich auf Einzelbelegen aufgebaute, vorgeblich völlig seriöse Schätzung war methodisch ebenso fragwürdig wie die Nichtbelegung der angeblich von Sudetendeutschen behaupteten bis zu 8 000 Toten.

- Beispiel B: Gegebenes Gebiet, Angaben in »Ostdokumentation« und »Gesamterhebung«

  Die »Gesamterhebung« verzeichnete im Kreis Kaaden (in Bd. 2, S. 505) die »Augenzeugen«-Zahl von 147 für »gewaltsamer Tod (erschossen usw.)«. Eine Publikation über die Ostdokumentation enthält aus den sog. Auswertungsbögen das Beispiel »Kreis des Tatortes: Kaaden«. Sogar nach Ausklammerung offensichtlicher

Mehrfachangaben sowie Vernachlässigung einer nichtquantifizierten Angabe »12 Tage lang Erschießungen auf dem Marktplatz« sind hierin allein für Erschießungen 236 Fälle angegeben (vgl. »Vertreibung und Vertreibungsverbrechen 1945–1948«; hsg. von der Kulturstiftung der Vertriebenen; Bonn, 1979; S. 84–87).

- Beispiel C: Bekannter Vorgang und Wiedergabe in »Gesamterhebung«

In der mährischen Landeshauptstadt Brünn wohnten 1930 über 52.000 Deutsche. Ohne die verschiedenen zwischenzeitlichen Ereignisse (Geburten, Sterbefälle aus natürlicher Ursache, Bombenangriffen, Zuzug und Wegzug aus privaten und politischen Gründen, Einberufung zur Wehrmacht) quantifizieren zu können, könnte es Ende Mai 1945 in Brünn rd. 30.–40.000 Deutsche gegeben haben.

Der größte Teil von ihnen einschließlich körperlich und geistig behinderter Kinder, Kranker aus Heimen und Spitälern und Personen aus sog. Mischehen wurde im sog. Brünner Todesmarsch ab 30. 5. 1945 über rd. 60 km an die österreichische Grenze getrieben; Rhona Churchill bezifferte ihre Zahl (in der Londoner »Daily Mail« vom 6. 8. 1945) mit rd. »25.000 Frauen, Kindern, alten und kranken Menschen«; andere Schätzungen sprechen von annähernd 30.000 Personen.

Die Vorkommnisse und fürchterlichen Verhältnisse bei diesem Vorgang wurden durch deutsche und tschechische Zeugen hinreichend belegt.

Bereits im Juni 1980 hatte daher ein Prager Experte erklärt, daß bei der Vertreibung der Deutschen aus Brünn »etwa 15.000 Menschen ums Leben gekommen seien« (vgl. Filip, Ota: »Die stillen Toten unterm Klee«; München, 1992; S. 48). Nach Filips ersten Feststellungen im Jahre 1990 (vgl. z. B. die Angaben zu den allein im Orte Pohrlitz bestatteten bzw. festgestellten über 800 Opfer ausweislich des örtlichen Totenbuches mit entfernten Seiten und ergänzenden Totenscheinen: a. a. O.; S. 163–177, v. a. 170–175) kamen auf der ersten Marschstrecke bis zu diesem Orte über 1.700 Menschen ums Leben. Später (Aussage im Fernsehfilm »Odsun« von Karl Peter Schwarz, gesendet u. a. im Bayer. Fernsehen, 30. 9. 1995) nannte er die Zahl von 8.000 Toten, vermutlich als Gesamtzahl. Die Zahl der Toten zwischen Pohrlitz und der österreichischen Grenze, wo in einem wochenlangen Lager eine Typhusepidemie herrschte, ist m.W. unbekannt; in Österreich selbst werden (so Borth, Fred: »Aus der Heimat vertrieben«; Bisamberg b. Wien, 1993; S. 86) über 1.000 Gräber von klar dem Todesmarsch zuzuordnenden Opfern betreut. Die Wiener Tageszeitung »Die Presse« (vom 24./25. 9. 1968) berichtete von insgesamt rd. 6.000 Toten.

Diesen Angaben mit zwischen 6.000 und 15.000 Opfern stehen in der »Gesamterhebung« für die Summe aller Vertreibungsvorgänge aus dem gesamten Oberlandratsbezirk Brünn nur 1.911 »Augenzeugen«-Tote (in Bd. 2, S. 562) gegenüber.

Wiederum ist zur Aktualisierung anzumerken, daß auf Anzeige tschechischer Schriftsteller im Jahre 1995 eine gerichtliche Untersuchung des Todesmarsches von 1945 durch die Staatsanwaltschaft in Brünn erfolgte: Ihr dubioses Ergebnis war v. a., daß es neben 7 Selbstmorden lediglich 2 erschossene und 457 wegen körperlicher Erschöpfung und Ruhr gestorbene Deutsche gegeben habe. Dieses Resultat war möglich, da offensichtlich nur Teile der 1995 noch aus dem Jahre 1945 vorhandenen Akten durchgesehen und darüber hinaus weder überlebende Zeugen befragt noch gar Exhumierungen vorgenommen wurden.

Generell zu den drei Beispielen gilt: Die Diskrepanzen zwischen relativ hohen vorgangsspezifischen Angaben und relativ niedrigen Ergebnissen der Ermittlung je Verwaltungseinheit sind durchaus einleuchtend. Wenn gleichzeitig viele Menschen sterben, ist die Wahrscheinlichkeit eines (lange überlebenden) Augenzeugen ziemlich gering.

d) Auf örtlichen Angaben aufgebaute Klärungsbemühungen werden durch die Auswirkungen der ČSR-Methode weiter kompliziert, Sudetendeutsche z. T. in überörtliche Lager einzuweisen.
Die Bezeichnung »Konzentrationslager« für wenigstens eine Mehrzahl dieser Lager wurde mindestens in einer amtlichen Anweisung des ČSR-Innenministeriums vom 9. 8. 1945 (Az. Z/7958/1945) an die Landesnationalausschüsse verwendet. Dabei wurde auch von der regelmäßigen Festhaltung von Jugendlichen zwischen 14 und 18 Jahren in diesen Einrichtungen ausgegangen.
Nachweis bei Pasák, Tomáš: »Přemysl Pitter...«: a. a. O.; S. 211, Anm. 29.
Die Inschrift »Koncentrační tábor« stand auch bis mindestens August 1945 über dem Haupteingang des Lagers Olmütz-Neu Hodolein (eigenes Wissen des Verfassers).
Derartige Einrichtungen in Budweis und Theresienstadt wurden von einem US-Gericht in Deutschland und einem jüdischen Zeitzeugen als einem NS-KZ »ähnelnd« oder »nicht besser« bezeichnet.
Vgl. DzS, S. 296 f.
Aus dem Lager Theresienstadt werden von Mitarbeitern der heutigen Gedenkstätte bei 3.700 festgehaltenen Sudetendeutschen über 500 Tote gemeldet (vgl. PZ, Nr. 14 v. 8. 4. 1993, S. 12); sie dürften vordem auch in weiten Bereichen Nordböhmens wohnhaft gewesen sein.
Schon die offiziellen Totenlisten des KZ Olmütz-Neu Hodolein verzeichnen für nur wenige Monate seines längere Zeit andauernden Bestandes fast 1.900 Tote (Wissensträger H. P., 83052 Bruckmühl); sie kamen auch aus weiten Teilen Nordmährens.
In der »Strafanstalt« Bory in Pilsen starben nach eingehenden Recherchen mindestens rd. 2.000 Personen (vgl. »Sudetendeutsche Zeitung«, Nr. 38 v. 23. 9. 1994, S. 3) auch aus vielen Kreisen Westböhmens.

e) Diese Vergleiche und Tatbestände machen deutlich, daß gebietliche Teilzahlen zwar wertvolle subsidiäre Quellen zur Verdeutlichung der Geschehnisse sind, aber nur verifizierend herangezogen werden können.

f) Basis für umfassende Aussagen kann nur eine Rechnung nach dem System der sog. Bevölkerungsbilanz sein. Sie enthält, grob ausgedrückt (zu Details: Vgl. »VV«, S. 9 f.)

Anfangsbestand
– Endbestand
+/– Bereinigungen um vorgangsfremde Entwicklungen
= ungeklärte Fälle

Diese ungeklärten Fälle dürften meistens Tote enthalten.
Die »sog. Abschubverluste« der Sudetendeutschen 1945/46 betragen nach seit 1992 vertretener tschechischer Meinung nur zwischen 24.000 und 70.000 Personen (zu den Zahlen und deren Diskussion vgl. »VVSd«).
Bei einer Sitzung der deutsch-tschechischen Historikerkommission am 30. 10. 1995 wurde diese Position von den deutschen Historikern mit 15.000 bis 40.000 übernommen (so das Prager »Právo« vom 31. 10. 1995) bzw. bisherige deutsche Zahlen in der Größenordnung einer Viertelmillion als »zu hoch« bezeichnet (so die »FAZ« vom 8. 11. 1995). Zu den deutschen Historikern gehörte auch Prof. Hoensch, der (in seiner »Geschichte der Tschechoslowakischen Republik«; Stuttgart, 1966; S. 131; 2. Aufl. 1978, S. 114; 3. Aufl. »Geschichte der Tschechoslowakei«; 1992, S. 126) von »225.600 direkten oder indirekten Opfern« berichtete.
Demgegenüber ist festzuhalten, daß nach Berechnungen des Statistischen Bundesamtes von 1958, d. h. vor Öffnung der DDR-Archive, die »ungeklärten Fälle/Vertrei-

bungsverluste« rd. 250.000 Personen umfaßten. Nach Öffnung waren es rd. 460.000 Menschen.
Vgl. »VVSd«.

21 Siehe S. 47 mit Anm. II/90 bis 92.

22 a) Zur Festlegung der Grenzlinie: Siehe S. 257–265: A IV, Exkurs 2.
b) Zu Hinweisen auf das Bewußtsein, nunmehr auch kleinere, aber geschlossen tschechische Gebiete z. B. im NSDAP-Gau Bayr. Ostmark »zugeteilt« erhalten zu haben: Siehe die bemerkenswert positive Begrüßung der »hundsköpfigen Choden« S. 198: A II, B 28.

23 Später wurde diese Frist bis zum 30. 6. 1939 verlängert (siehe S. 152f.: A I, D 9, Anm. 1). Dieser Zeitpunkt war bis zum 17. 5. 1939, dem Datum der deutschen Volkszählung auch im Sudetengebiet, noch nicht erreicht. Deswegen mußte (siehe S. 284f.: A V, T 1, Sp 28, Z 55: 128.000 von rd. 3,4 Mio) für ca. 4% der Einwohner die Staatsangehörigkeit »ungeklärt« lauten.

24 Mit dem Charakter und dem Inhalt von Optionen haben manche Autoren beträchtliche Schwierigkeiten:
a) So berichtete Hans Schenk (»Die böhmischen Länder«; Köln, 1993; S. 105), daß sich nach der Protektoratserrichtung im März 1939 die dortigen »Deutschen, die bis 1939 die Staatsbürgerschaft der Tschechoslowakei besessen hatten, um die deutsche Staatsangehörigkeit bewerben mußten ... Im Unterschied dazu war der Wechsel der Staatsbürgerschaft in den nach den Bestimmungen des Münchner Abkommens an das Reich 1938 angeschlossenen sudetendeutschen Gebieten automatisch und en bloc erfolgt.«
Die erste Aussage war falsch: »Auf Grund der dt. VO <deutschen Verordnung des Reichsinnenministeriums> vom 20. 4. 1939 ... erwarben ... die volksdeutschen Bewohner des Protektorates, wenn sie am 10. 10. 1938 das Heimatrecht in einer Gemeinde Länder Böhmen oder Mähren-Schlesien gehabt hatten, mit Wirkung vom 16. 3. 1939 die deutsche Staatsangehörigkeit.«
Vgl. Schmied, Erich: »Das Staatsangehörigkeitsrecht der Tschechoslowakei«; Frankfurt/M, 1956; S. 26.
b) Für die Tschechen bot ein anderer Autor (vgl. Kural, a. a. O., S. 44 f.) eine interessante Variante des tatsächlichen Ablaufes, die zur vollen Würdigung die Darstellung des gesamten Gedankenganges erfordert:
Er begann mit den (bereits diskutierten; siehe S. 93 für Anm. III/84) rd. 700.000 Tschechen, die im Sudetengebiet lebten (ohne Angabe, wann) und zog davon im ersten Schritt »160.000 Personen vornehmlich tschechischer Nationalität« ab, die »einerseits aus Angst vor Repressalien der Henleinleute flohen, andererseits von den Henleinleuten wortwörtlich vertrieben wurden.« Da in der gesamten dubiosen Formulierung abgezogene nichtdeutsche Militärpersonen und öffentliche Bedienstete überhaupt nicht erwähnt wurden, müßten diese hier gemeint oder mindestens enthalten sein.
Der Autor fuhr dann fort: »Es sollten daher <im Sudetengebiet> ungefähr 500.000 Tschechen verbleiben«; diese teilt er weiter in die 319.000 bei der Volkszählung 17. 5. 1939 festgestellten Tschechen und über 200.000 auf, die »zur anderen Seite übergingen«, d. h. sich der deutschen Nationalität zuschrieben bzw. ihr zugeschrieben wurden (zur Dimensionierung siehe S. 80 und Anm. III/87).
Dann begann die bemerkenswerte Darstellung des Themas »Option«:

Darstellung Kural:

»Ein Teil des derart verringerten Restes, etwa 125.000 Personen, entschloß sich für die Übersiedlung (pro přesídlení) in die Nach-Münchner ČSR zu optieren (optovat); das wurde ihnen jedoch von den Deutschen trotz vorausgegangenen Abkommens nicht ermöglicht. Der zweite Teil – in der Mehrzahl Bauern – lehnte die Option ab. Damit erwarben sie <d. h. die Angehörigen dieser zweiten Personengruppe> automatisch die reichsdeutsche Staatsangehörigkeit, obwohl sie sich gleichzeitig zur tschechischen Nationalität bekannten.«

Tatsächlicher Ablauf:

Die Option lt. des Vertrages vom 20. 11. 1938 (siehe S. 146, 151 ff.: A I, D 5, 9) war nur für jene Nichtdeutsche (und deren Angehörige) vorgesehen, die vor dem 1. 1. 1910 im Sudetengebiet geboren waren und an sich die deutsche Staatsangehörigkeit erhalten hatten. Die Option erfolgte dann für die Č-SR-Staatsbürgerschaft und zog den Zwang/das Recht auf Übersiedlung vertragsgemäß und regelmäßig auch faktisch nicht notwendigerweise nach sich.

[25] Zum Text der Protektorats-Regierungsverordnung v. 11. 1. 1940:
Siehe S. 159 f.: A I, D 16.

[26] Zum Text vgl. S. 157: A I, D 14.

[27] a) Ein tschechischer Autor (vgl. Bartoš; a. a. O.; S. 87) meinte:
»Wir haben keine genauen Angaben über die Anzahl der Optanten zur Verfügung.«

b) Wenigstens für vier relevante böhmische Landkreise gibt es derartige Zahlen aus einer deutschen Unterlage:
Siehe S. 162: A I, D 19.

c) Die darin enthaltenen Angaben müssen jedoch sorgsam gelesen werden:
Angeblich wurde »für die Option im gesamten Reiche eine starke Propaganda getrieben«.
Tatsächlich riet die Č-SR (aus hier irrelevanten Gründen) von der Option ab.
Siehe S. 157: A I, D 14.
Angeblich war »den <d. h. allen> im Sudetengau wohnenden Tschechen« die Option gestattet worden.
Tatsächlich waren es jedoch einerseits weniger, nämlich nur die vor dem 1. 10. 1910 geborenen »Nichtdeutschen« und andererseits mehr, nämlich die im gesamten Deutschen Reich wohnhaften Tschechen.
Siehe S. 151 ff.: A I, D 9.
Deswegen muß man die Aussage, ein gewisser Prozentsatz »aller dort wohnenden Tschechen <hätten> Optionsgesuche eingereicht«, mit gewisser Skepsis werten.
Die Optantenzahlen im Quervergleich: Siehe S. 328–339: A V, T 3, Spalte 25.

d) Ein anderer Überlegungsstrang führt zur Bestätigung dieser Zurückhaltung.
Bohmann (SiZ, S. 133 f.) hatte aus unveröffentlichtem Archivmaterial nur für die Regierungsbezirke und andere Gebiete oberhalb der Verwaltungsebene Kreis unabgestimmte Ergebnisse der Volkszählung 17. 5. 1939 zur Volkszugehörigkeit publiziert.
Bartoš (a. a. O., S. 147) fand gleiches oder ähnliches Material in von ihm ausgewerteten Akten des ČSSR-Staatsarchives Troppau, qualifizierte (»Hier geht es deutlich um Endergebnisse«) und publizierte die Werte für ausgewählte Stadt- und Landkreise mit hohem tschechischen Bevölkerungsanteil (a. a. O., S. 166).
Für diese 1978 veröffentlichten Bartoš-Zahlen wurde als Quelle das »Staatsarchiv Troppau, Inv. Nr. 957« angegeben; weiteres Material solle unter den Inv. Nr. 551, 1820 und 1781 enthalten sein.

Aus der Inv.Nr. 551 des Staatsarchivs Troppau hatte bereits 1969 Franz Svatosch (»Das Grenzgebiet unter dem Hakenkreuz«; Dissertation der Päd. Hochschule Potsdam; S. 467) die tschechische Bevölkerung aller Kreise des Reg.Bez. Troppau gemäß Volkszählung 1939 publiziert; einige Zahlen von Bartoš differieren davon.
Die Zahlen des Reg.Bez. Troppau von Svatosch und die darüber hinausgehenden Angaben von Bartoš: Siehe S. 330–341: A V, T 3, Spalte 24.

e) Wenn man die Angaben zu Optanten der vier Landkreise nach der deutschen Unterlage mit der endgültigen Nationalitätenauswertung nach Bartoš vergleicht, ergibt sich ein zu erwartendes, unterschiedliches Bild:

	Optanten	Anteil der Optanten an Tschechen	»Tschechen«	Tschechen lt. Volkszählung
	absolut	%	absolut	absolut
	1	2	3 (= 2 auf 100 %)	4
Brüx (Landkreis)	7.916	63 %	12.600	25.0 (00)
Dux (Landkreis)	5.801	71 %	8.100	9.5 (00)
Hohenelbe (Landkreis)	19.547	79 %	24.700	12.4 (00)
Reichenberg (Landkreis)	7.355	77 %	9.600	8.1 (00)

f) Zur Optionserwähnung in Berichten siehe auch
S. 186f.: A II, B 14, Anm. 5 zur Lage um Nürschan (Mies).
S. 207: A III, B 5, Anm. 2 zu vorgeblichen Konsequenzen für Handwerkstätigkeit.

g) In den Zusammenhang endgültiger Tschechenzahlen im Sudetengebiet aus der Volkszählung 1939 gehören auch deutsche offizielle Schätzungen.
Diese Angaben (siehe S. 160ff.: A I, D 17) wurden teilweise nur für Summen von Kreisen gemacht. Stellt man die Bevölkerungszahlen dafür zusammen, ergibt sich folgendes Ablaufbild (in gerundeten Zahlen, Tausend mit einer Dezimale):

	Kreis/Kreise				
	-Brüx und Dux	Leitmeritz	Teplitz-Schönau	Landkreis Aussig	Hohenelbe, Gablonz u. Landkreis Reichenberg
• 1930: 1. Die Gesamtbevölkerung betrug	159.0	79.2	111.5	61.7	250.9
2. Darin waren Tschechoslowaken (d. h. vornehmlich Tschechen):	66.1	18.0	25.3	11.2	58.2
• 1939: 1. Die Gesamtbevölkerung betrug	130.4	71.5	97.1	56.2	216.3
2. Darin waren (lt. Bartoš) Tschechen:	34.5	5.3	10.0	4.6	33.5

Diese Angaben erscheinen wegen des Abzugs nichtdeutscher Militärpersonen und öffentlicher Bediensteter insgesamt einleuchtend.
Demgegenüber besagte der Bericht (S. 160ff.: A I, D 17), deutsche Stellen hätten für 1939/40 geschätzt:

Zahl der Tschechen	48.(0)	7.(0)	16.(0)	20.(0)	15.(0)
Das erscheint		vorstellbar.			
Das erscheint				wenig wahrscheinlich/ nicht plausibel	
Die Berichtsangaben/zum Quervergleich: Siehe S. 330–341: A V, T 3, Spalte		26		27	

h) Manche zeitgenössischen deutsche Angaben sind zunächst nur einfach unglaubwürdig.
So sollen 1939 im »tschechischen Korridor von Hohenstadt ... ungefähr 80.000 Tschechen« (siehe S. 158: A I, D 15) gewohnt haben. Definiert man dieses Gebiet als die Addition der Kreise Hohenstadt, Landskron und Mähr. Schönberg, kommt man nach der Volkszählung 1939 lt. Bartoš und Svatosch jedoch nur auf knapp über 50.000 Tschechen.
Zdeněk Antoš (»›Blut und Boden‹: ke konečnému řešení národnostné otázky v sudetské župě« Zur ›Endlösung‹ der Nationalitätenfrage im Sudetengau] in »Slezský Sborník« [Schlesischer Almanach]; Jg. 64 (24), Nr. 1; Troppau, 1966; S. 28–59, hier S. 32) berichtete zunächst aus den Akten des damaligen Regierungspräsidenten im heutigen Staatsarchiv Troppau, verschiedene Landräte hätten 1939 tschechische Bevölkerungsanteile gemeldet, die bis zu 10% über den Volkszählungsergebnissen vom 17. 5. 1939 lagen.
Eine Prüfung dieser Angaben im Zusammenhang mit allgemeinen Zahlen ergibt folgendes Ablaufbild: (in gerundeten Zahlen, Tausend Personen bzw. % mit einer Dezimale):

	Kreis			
	Hohenstadt	Neutitschein	Troppau Land	Wagstadt
• 1930: 1. Die Gesamtbevölkerung betrug	62.2	86.3	48.0	57.1
2. Darin waren Tschechen	36.0	38.0	31.8	40.9
3. Das waren Tschechen in %	57.8	44.0	66.2	70.0
• 1939: 1. Die Gesamtbevölkerung betrug	60.3	84.6	47.8	54.7
2. Darin waren (lt. Bartoš) Tschechen	31.2	29.7	26.5	34.1
3. Das wären Tschechen in %	51.7	35.1	55.4	62.3

Das erscheint wegen des Abzugs nichtdeutscher Militärpersonen und öffentlich Bediensteter insgesamt einleuchtend.

	Hohenstadt	Neutitschein	Troppau Land	Wagstadt
• Antošs Zahlen deutscher Landräte für 1939 waren Tschechen in %	60	45	66	75
das wären für 1939 Tschechen	36.2	38.1	31.5	41.0
und eine Personendifferenz zu 1930 von	+ 0.2	+ 0.1	- 0.3	+ 1.0

Das bedeutet, daß in diesen Kreisen 1939 insgesamt relativ und absolut sogar mehr Tschechen wohnten als 1930, und erscheint wenig wahrscheinlich/nicht plausibel.
Die Angaben von Antoš in absoluten Zahlen zum Quervergleich:
Siehe S. 330–341: A V, T 3, Spalte 27.

i) Antoš hatte seine Angaben dahingehend qualifiziert, es sei »mehr oder minder verständlich«, daß diese Landräte »mit der stillschweigenden Zustimmung des Regierungspräsidenten« die Tschechen-Anteile erhöht hätten, »da sie Anträge auf Zuteilungen aus dem Grenzlandfürsorgefond begründen mußten«.
Diese auch in unserer Zeit allgemeinen Subventionsbetruges plausible Erklärung dürfte auch für den oben erwähnten tschechischen Korridor von Hohenstadt zutreffen. Der Hinweis von Antoš fehlte in der Wiedergabe bei Bartoš (a. a. O.; S. 147).

j) Auch sonst waren manche Angaben von Bartoš nicht nachvollziehbar: So zitierte er (a. a. O.; S. 167) zweimal Keil, Theo (Hsg.) »Die deutsche Schule in den Sudetenländer<n>, Mnichov 1967, S. 609« für Angaben und Feststellungen, zu denen an der angegebenen Stelle überhaupt nichts zu finden ist.
Deswegen möchte man ihm auch zu Zahlen für Südböhmen und Südmähren (a. a. O.;

S. 166 f.), die für 1930 zwischen Bezirk und Landkreis oszillieren, mindestens quantitativ nicht folgen.

28 So Wiskemann, Elizabeth: »Germany's Eastern Neighbours«, London, 1956; S. 52.

29 a) Mitteilungen mehrerer Wissensträger aus verschiedenen Bezirken.
b) Siehe auch S. 193: A II, B 22 Abschnitt 2.4b zur vermutbaren Konsequenz bei der Reichstagsergänzungswahl am 4. 12. 1938.

30 Das entsprach dem deutsch-tschechoslovakischen Vertrag vom 20. 11. 1938 (zum Text vgl. S. 151 ff.: A I, D 9). Auch die berichtete deutsche Anwendungspraxis enthält dazu keinerlei Hinweise.

31 a) Vgl. dafür Bartoš: a. a. O.; S. 76.
b) Grund der Befürchtungen könnten die entsprechenden Festlegungen nach 1919 gewesen sein (siehe S. 144–146, hier 146: A I, D 3, Anm. 3):
Für die Sudetendeutschen hatte es damals die Option nur verbunden mit dem Zwang gegeben, innerhalb eines Jahres ihre Heimat zu verlassen.
Die Optionsmöglichkeit für Tschechen 1938 war demgegenüber nicht mit dem Zwang zum Wohnsitzwechsel verbunden.
Siehe S. 151 ff.: A I, D 9.

32 Siehe z. B. S. 210: A III, B 7, Abschnitt Da für Luditz.

33 a) Siehe dazu die folgenden Angaben:

Nr.	Datum	Ort (Kreis)	Name bzw. Personenzahl (bekannte Vorgeschichte)	Wer befahl lt. Bericht die Ausweisung	Verifikations-bemühung, -ergebnis	Beleg S. ...: Anhang, Bericht
– 1	Anf.X/38	Saubsdorf (Freiwaldau)	Edward Horalek und Familie (nach 1919 zugezogen, politisch tätig)	örtliche SdP	Vorgang bekannt; publiziert	231 f.: III / 71
– 2	Anf.X/38	Littitz (Mies)	Ca. 20 Familien (nach 1920 zugezogen, Erwachsenen z. T. politisch tätig)	Gestapo	Vorgang bekannt	277: IV / Exkurs 4
– 3	ca. 9.11.38	Dux	Informant und andere (?)	Gestapo	?	189 f.: II / 20
– 4	ca. 1940	Blauda Mähr. Schönberg	15 Bauernfamilien (alteingesessen)	?	Vorgang publiziert	237 f.: III / 80
– 5	1941	Chotieschau (Mies)	3 Bauernfamilien (»anti-deutsch«)	Gestapo Landrat dagegen	Vorgang bekannt; publiziert	275 f.: II / Exkurs 4
			Gesamt: ca. 40 Familien incl. je 2 Familienangehörige = ca.120 Personen			

b) Die gegenteilige Auffassung mancher Sudetendeutscher, (»Es wurde kein Tscheche von deutschen Behörden ausgewiesen«, so S. 233 f.: A III, B 73) ist daher mindestens ungenau.
c) Zu mindestens ähnlich ungenauen sowie unbelegten Berichten über vorgebliche Einzelausweisungen:
Siehe S. 235 f.: A III, B 24 für Hohenelbe.
S. 237: A III, B 79 für Dux.
S. 190 f.: A II, B 21 für Lundenburg.

34 Vgl. den Text des § 2 des deutsch-tschechoslowakischen Staatsangehörigskeitsvertrages vom 20. 11. 1938: S. 152 in A I; D 9.

[35] Vgl. den Text der Ziff. I der Zusatzvereinbarung vom 4. 3. 1939: S. 153 in A I; D 8, Anm. 1.

[36] a) Eine (später publizierte) Anordnung von K. H. Frank vom 12. 11. 1938 zeigte zwar an, wofür Regelungsbedarf bestand, enthielt jedoch auch keine – und sei es bis 15. 3. 1939 ohnedies unwirksame – Ausweisungsbefugnis:

»Ich habe Veranlassung, auf folgendes hinzuweisen:

1. Die Behörden der Geheimen Staatspolizei sind ausschließlich zuständig
   a) für Festnahmen aus politisch-polizeilichen Gründen
   b) für Beschlagnahmen von Grundstücken, Wohn- und Geschäftsräumen, Mobiliar, Einrichtungsgegenständen usw. aus politisch-polizeilichen Gründen.
2. Andere Behörden sowie die Dienststellen der NSDAP und ihrer Gliederungen sind zu Beschlagnahmen und Festnahmen aus politisch-polizeilichen Gründen nicht befugt. Sie können diese Maßnahmen nur bei den Behörden der Geheimen Staatspolizei anregen.
3. Die Befugnis der Bezirkshauptleute zur Einsetzung von Treuhändern für leerstehende Räume, deren Eigentümer abwesend oder unbekannt sind (vgl. Verordnung des Oberbefehlshabers des Heeres vom 18. 10. 1938) wird davon nicht berührt.
4. Unbefugte Beschlagnahmen und Festnahmen werden strafrechtlich verfolgt.

Ich erwarte genaue Beachtung vorstehender Anordnung.«

Text lt. »Die Deutschen in der Tschechoslowakei 1933–1947«; Hrsg. v. Václav Král; Prag, 1964; S. 363.

b) Auch die Generalklausel von »Sicherheit und Ordnung« im sog. Himmlerbefehl v. 22. 10. 1938 (siehe S. 178: A II, B 3 (Abschnitt D 2c) war international irrelevant.

[37] Siehe den Text der Anweisung des Reichsministers des Innern vom 19. 3. 1940: S. 162; A I, D 8.

[38] Siehe S. 195: A II, B 24.

[39] a) Siehe S. 194f.: A II, B 23 für mehrere Orte.

Verifikationsbemühungen ergaben, daß die Behauptungen für Brüx, Teplitz und Znaim nicht nachprüfbar waren. Der Vorgang in Dux wurde von Zeitzeugen bestritten. Den Vorgang in Pohrlitz (Nikolsburg) kannte nicht einmal die 1973 verfaßte tschechische Ortschronik.

b) Die Darstellungstechnik anderer Behauptungen besteht aus zunächst Pauschalaussagen, die anschließend nicht belegt werden (können?) und in das Umfeld offensichtlich teilweiser bis völliger Falschaussagen gestellt werden.

Als Beispiel dafür der Bericht über die »vielen« Toten von Mähr. Schönberg (siehe S. 239ff.: A III, B 82). Nicht belegbar und im Umfeld mehrerer dubioser Angaben stehend sind sie selbst der tschechischen Ortschronik (vgl. Jersák, Jan: »Šumpersko 1938–1945« [Das Schönberger Gebiet 1938–1945]; Mähr. Schönberg, 1946) unbekannt. Die Versender des Berichtes charakterisierten ihn daher zutreffend als ein »eher publizistisches, von der Subjektivität lebendes Konzept«.

c) Ähnlich erklärt Karel Richter (»Sudety«; Prag, 1994) für die Zeit nach dem 1. 10. 1938 zunächst: »Horden von Henleinleuten... schlagen die Tschechen, denen es nicht gelang <zu fliehen> oder die nicht fliehen wollten. Es kommt auch zu schweren Verwundungen und Morden« (S. 131 f.).

Dann wurde jedoch nur von einem einzigen Todesfall berichtet (S. 132): Von sechs namentlich aufgeführten SdP-Mitgliedern sei Josef Perner aus Liessnitz (Teplitz-Schönau) erschlagen worden. Er war aber kein Tscheche, sondern ein sudetendeutscher Sozialdemokrat; der behauptete Vorgang war nicht (mehr) verifizierbar.

Diese Aussage stand neben verschiedenen dubiosen Darstellungen: So wurden die Reichstagsergänzungswahlen vom 4. 12. 1938 nur als Indiz für das »Wollen der

Sudetendeutschen« (S. 141) angeführt; Stimmberechtigung und Ergebnis bei den Tschechen im Sudetengebiet (siehe S. 110f. dzt. 118 mit Anm. IV/70) blieben unerwähnt.

Dem Internationalen Ausschuß, den das Münchner Abkommen von 1938 einrichtete, wurde vorgeworfen, die ČSR im Stich gelassen zu haben: »Wo blieb die versprochene Volksabstimmung?« (S. 136). Daß die ČSR-Regierung selbst im Ausschuß am 13. 10. 1938 erklären ließ, »sie betrachte die Abhaltung einer Volksabstimmung als überflüssig« und der Ausschuß dann so beschloß (zum Text vgl. »Das Abkommen von München 1938«; Hsg. von Václav Král; Prag, 1968; S. 315) blieb unerwähnt.

Der Autor Richter hatte als eine Art von Vorspann sein Buch bezeichnenderweise wie folgt charakterisiert: Es sei »keine historisch-wissenschaftliche Monographie, sondern eine Literatur der Tatsachen«.

40 Vgl. Doležal, Jiři – Křen, Jan (Hsg.): »Die kämpfende Tschechoslowakei. – Dokumente über die Widerstandsbewegung des tschechoslowakischen Volkes«; Prag, 1964; S. 146. Für das Sudetengebiet wurden mit dem Vermerk »u. a.« folgende Orte von »Massengräbern« angegeben, die offensichtlich Tschechoslowaken/Tschechen betrafen:

Kreis	*Ort(e)*
Kaplitz	Hohenfurth
Markt Eisenstein	Neuern
Mies	Staab
Tachau	Turban
Luditz	Buchau
Karlsbad	Drahowitz
Elbogen	Neurohlau
Podersam	Kaschitz, Scheles
Komotau	Priesen
Brüx	Oberdorf, Triebschitz
Teplitz-Schönau	Hertine, Schallau, Voitsdorf
Aussig	Mariaschein
Trautenau	Haindorf

Verifikationsbemühungen an drei der angegebenen Orte führten zu folgendem Ergebnis: In zwei Orten (darunter Turban/Tachau) wurde von Wissensträgern die Existenz eines Massengrabes von Personen irgendwelcher Nationalität entschieden bestritten.

In Staab, Krs. Mies, gab es ein solches. Es handelte sich um Opfer eines NS-Transportes von KZ-Häftlingen aus Buchenwald nach Dachau, der am 13. 4. 1945 am Bahnhof eintraf. Ca. 240 Tote wurden entladen und beerdigt. Die ČSR-Instanzen ließen die sterblichen Überreste von Staaber Deutschen zwischen dem 6. und 8. 9. 1945 z. T. mit bloßen Händen exhumieren, versuchten eine – meistens unmögliche – Identifikation und organisierten eine neuerliche Beerdigung in einem »Háj umučených« (Hain der Märtyrer), der heute noch besteht. Die bedauerlichen Vorkommnisse betrafen daher keine Tschechen im Sudetengebiet im Zeitraum 1938–1940.

41 a) Siehe S. 189f.: A II, B 20 für Dux.
S. 190f.:A II, B 21 für Lundenburg (Nikolsburg).

b) Ein tschechischer Abgeordneter wandte sich Anfang März 1939 an den Č-SR Justizminister um Hilfe für 37 Tschechen (aus Brüx, Dux, Bilin und Postelberg/Saaz), die sich noch immer im KZ Dachau befänden.

Vgl. Malá, Irena/Lejsuk, Petr: »Okupace československého pohraničí hitlerovským Německem po Mnichovu« (Die Besetzung der tschechoslowakischen Grenzgebiete durch Hitler-Deutschland nach München) in »Sborník archivních prácí« (Sammelband archivalischer Arbeit); Jg. IX (1959); Nr. 1; Prag; S. 3–58, hier S. 42 f.

c) Ohne Angabe ihrer Nationalität wird für die Gestapoleitstelle Reichenberg (bis 17. 6. 1939) von 2.500, für die Stapostelle Karlsbad (bis 31. 3. 1939) von 886 und für die Stapostelle Troppau (bis 25. 11. 1938) von 390 Verhafteten berichtet.
Vgl. Kaden, Helene: »Die faschistische Okkupationspolitik in Österreich und der Tschechoslowakei 1938–1945«; (Ost-)Berlin, 1958; S. 55 mit Anm. 50.

d) Man wird freilich auch das Jahr der Aussage zu beachten haben, wenn ein Berichterstatter über das Gebiet Hohenelbe aus dem Zeitraum Oktober bis Dezember 1938 unter Angabe verschiedener Zahlen (auch entlassener bzw. nicht auffindbarer Personen) nie von verhafteten Tschechen, sondern meistens von Kommunisten bzw. Marxisten spricht; einmal ist auch von anti-deutscher Einstellung die Rede.
Vgl. Kmoníček, Josef: »Příspěvek k dějinám Vrchlabska v letech 1938–1941« (Beiträge zur Geschichte des Gebietes Hohenelbe in den Jahren 1938–1941) in »Odboj a revoluce<->zprávy« (Widerstand und Revolution-Nachrichten); Prag; Jg. 6, Nr. 1 (Februar 1968); S. 157–169, hier S. 159 f.

42 Siehe für sudetendeutsche NS-Gegner S. 82 (mit Anm III/108);
für andere Sudetendeutsche S. 82 (mit Anm. III/115).

43 Die Dauer der Verhaftungs-(Verbringungs-)Zeit dürfte unterschiedlich gewesen sein. Neben jahrelangen (z. T. KZ-)Haft muß es auch bei allen Personengruppen erheblich kürzere Zeiten gegeben haben, da Gestapochef Heydrich bereits am 30. 10. 1938 die Erfassung der »Entlassenen« anordnete (siehe S. 177: A II, B 3 Abschnitt D 2 b).
Vgl. auch den Situationsbericht der Gestapo für November 1938 vom 8. 12. 1938, abgedruckt bei Boris Čelovský: »Řešení české otázky podle německých dokumentů 1933–1945« (Die Lösung der tschechischen Frage nach deutschen Dokumenten 1933–1945); Mährisch-Ostrau, 1995; S. 198 f.

44 a) Es liegt ein Bericht vor (abgedruckt bei Malá: a. a. O., S. 44), daß in Nesselsdorf (Neutitschein) am 10. 12. 1938 arbeitslose Tschechen für Dresden angeworben und am 13. 12. 1938 aus Freiberg (Neutitschein) 700 Arbeiter in ein Barackenlager bei Berlin kamen, wo sie bei Befestigungsarbeiten beschäftigt werden sollten.
Dabei ist zu beachten: »Die Tschechen aus dem Sudetengebiet wurden als deutsche Staatsangehörige tschechischer Nationalität angesehen und weder im Jahre 1938 noch später in den <Beschäftigungs->Statistiken in der Gruppe der Ausländer geführt.«
Vgl. Mainuš, František: »Totálni nasagení« (Totaler Einsatz); Brünn, 1970; S. 11, Anm. 7.

b) Im Zusammenhang mit einer Wallfahrt zahlreicher Tschechen zum St. Laurentinsfest in Taus (d. h. im Protektorat) im Spätsommer 1939 wurde auch ein etwa 20jähriger Wallfahrer interviewt. Für die damalige Zeit, in der die Arbeitsaufnahme in Deutschland aus wirtschaftlichen Gründen freiwillig erfolgte, zitierte ihn der Bericht, vermutlich zutreffend, wie folgt:
»Ach, mir geht es jetzt gut, ich bin Maurer und arbeite in Nürnberg an der Kongreßhalle. Ich bin heute nur herübergekommen, um dieses Fest mitzumachen und meine Angehörigen zu sehen. Am Montag aber fahre ich wieder ins Reich.«
Vgl. »Bayerische Ostmark« (Tageszeitung, Bayreuth) vom 26./27. 8. 1939.

c) Tendenziell ist für 1939 zu beachten, daß die Zahl der Arbeitslosen des Protektorates von (im März) ca. 93.000 auf (im Juni) ca. 17.000 und das vor allem deshalb zurückgegangen war, weil im August »bereits 80.000 Tschechen im Reiche« arbeiteten.
Siehe S. 301 f.: A V, T 2, Ziff. 18.
»Die meisten tschechischen Arbeiter gingen freiwillig auf Arbeit ins Reich, angelockt

von hohen Löhnen <,Sozialleistungen> und dem hohen Umrechnungskurs der Mark zur tschechischen Krone.«

Vgl. Konečný, Zdeněk/Mainuš, František: »Pracovní nasazení Čechů v Německu před vypuknutím druhé světové války« (Der Arbeitseinsatz von Tschechen in Deutschland vor dem Ausbruch des Zweiten Weltkrieges) in »Sborník prací filosofické fakulty Brněnské univerity« (Sammelband von Arbeiten der Phil. Fakultät der Brünner Universität); Brünn; Jg. 16 (1969); S. 121–142, hier S. 142.

d) Erst in späteren Jahren traten Zwangsverpflichtungen an die Stelle der ursprünglichen Freiwilligkeit.

Die pauschale Zusammenfassung mit den Vorgängen aus dem Jahre 1938 zum Begriff »Zwangsarbeit«, wie das später durch einen »Verband der ehemaligen tschechischen Zwangsarbeiter« durchgeführt, in einer Ausstellung dokumentiert und in der Gesamtzahl von 600.000 zusammengefaßt wurde (vgl. Schuller, Konrad: »Die Exponate sprechen für sich« in der »FAZ« v. 3. 9. 1995) erscheint mindestens undifferenziert.

[45] Siehe z. B. die Berichte
S. 182f.: A II, B 7 für Pohrlitz (Nikolsburg);
S. 183: A II, B 9 für Botenwald (Neutischein),
S. 184: A II, B 10 für Kaaden und Podersam.

[46] Siehe dazu folgende Angaben:

Nr.	Datum in 1938	Ort (Kreis)	Name bzw. Personengruppe	Von	Was geschah angeblich?	Verifikations-bemühung, -ergebnis	Beleg S. ...: Anhang, Bericht
– 1	9./10. 10.	Neumühl (Nikolsburg)	Müller Veverka und Familie	Ordnern	mißhandelt und verschleppt	Personen bekannt, Vorgang nicht	180 f.: II / 5
– 2	9./10. 10.	Schiltern (Znaim)	Viele Tschechen	Ordnern	verprügelt	ein einziger wg. Denunziation	180 f.: II / 5
– 3	9./10. 10.	Schönwald (Znaim)	Viele Tschechen	?	mißhandelt	absolut unwahr	180 f.: II / 5
– 4	9./10. 10.	Schattau (Znaim)	• Alle Tschechen • Postbote	Ordnern	• mißhandelt • schwer verletzt	Kein Wissensträger gefunden. Tschechische »Retribution« nach 1945 bekannt.	180 f.: II / 5
– 5	9./10. 10.	Pulgram (Nikolsburg)	Die Tschechen	?	tyrannisiert; deutsche Soldaten sahen zu	Deutsche Ortschronik kennt Vorgang nicht	180 f.: II / 5
– 6	ca. 11. 10.	Wüstpohlom (Wagstadt)	Schulleiter Uhrović und weitere »öffentl. tätige« Tschechen	Polizei	mißhandelt	Kein Wissensträger gefunden	189: II / 18
– 7	ca. 11. 10.	Brüx	Tschechen	Ordnern	geohrfeigt	nicht nachprüfbar	189: II / 19
– 8	9./10. 10.	Dux	Tschechen	?	geschlagen	nicht nachprüfbar	189: II / 20
– 9	4./12. 10.	Schubirow (Mähr. Trübau)	▪ Schuldirektor Prchala und 5 weitere Tschechen ▪ Legionär Strnad	? ?	mißhandelt angeschossen, fast erschlagen	z. P.: Vorgang nicht bestätigt z. S.: Kein Wissensträger gefunden	193: II / 22, Ziff. C 24 a
–10	9./10.	Pohrlitz (Nikolsburg)	Mann namens Oprchal	Jugend	derart mißhandelt, daß er erblindete	trifft zu	194: II / 23

47 Siehe dazu folgende Angaben:

Nr.	Ort Kreis	Datum	Vorgang Namen	Verifikationsbemühung, -ergebnis	Beleg S. ...: Anhang, Bericht
– 1	Frainersdorf (Znaim)	9. 10. 1938	Lichy, Ferdinand: Starb an den Folgen von Mißhandlungen im Krankenhaus Trebitsch	Person und Vorgang: unbekannt	180 f.: II/5
– 2	Schiltern (Znaim)	9./10. 10. 1938	Zwei tschechische Bürger erschlagen	Absolut unwahr	180 f.: II/5

48 Zu Verhaftungen und Mißhandlungen sowie zu Eigentumsübergriffen gegen Sudetendeutsche unmittelbar vor dem 1. 10. 1938:
Siehe S. 168 ff.; A II, B 1, v. a. Ziff. D 3, D 6.

49 Hier wurden örtlich möglicherweise zutreffende Angaben insgesamt unzulässig pauschaliert:
a) Siehe S. 233; A III, B 72: »Weder in unserem Bezirk noch anderswo . . . wurde einem Tschechen ein Haar gekrümmt.«
b) Siehe S. 234; A III, B 74, Aussage D 1: Tschechen »wurden nicht . . . mißhandelt«.

50 Hier wurde örtlich oder wissensmäßig eingeschränkt:
a) Siehe S. 234; A III, B 74, Aussage D 4: »Mir ist nichts davon bekannt, daß Tschechen 1938 mißhandelt . . . wurden.«
b) Siehe S. 234: A III, B 74, Aussage D 6: »Ich kann mich <sogar in 34 Jahren vor 1938> an keinen einzigen Fall erinnern, daß in unserer Stadt <Komotau> und in den Dörfern des Kreises Tschechen verprügelt <und> mißhandelt . . . wurden.«

51 Siehe S. 233 f.: A III, B 73.

52 Siehe (zu den erfragten Abwanderungsgründen) S. 92 für Anm. III/72 b.

53 a) Zu Boykottaufrufen in Reichenberg und Brüx
siehe S. 186, 189: A II, B 12, B 19.
b) Zu demgegenüber praktisch ungestörter Wirtschaftstätigkeit tschechischer Geschäftsleute in den Gebieten Aussig, Bärn, Friedland, Gablonz und Reichenberg
siehe S. 223 ff.: A III; B 21 bis 49, Antwort auf Fragen 10 bis 12.

54 Siehe S. 188, 198 f.: A II, B 17 für Trautenau, B 29 für Prachatitz.

55 a) Dazu wurde ein »Erlaß des Führers und Reichskanzlers <d. h. Hitlers> über die Gewährung von Straffreiheit« vom 7. 6. 1939 herausgegeben, in dem es u. a. hieß (zum Gesamttext vgl. RGBl. 1939 I; Nr. 108 vom 19. 6. 1939; S. 1023 f.):
»Aus Anlaß der Heimkehr der sudetendeutschen Gebiete in das Reich und der Übernahme des Protektorats über Böhmen und Mähren gewähre ich Straffreiheit nach folgender Maßgabe:
<Artikel 1, § 1, § 2: Löschung von politischen Strafen für Sudetendeutsche>
§ 3 (1) Für Straftaten und Verwaltungsübertretungen, die von Angehörigen der ehemaligen tschecho-slowakischen Republik nicht deutscher Volkszugehörigkeit oder von Personen tschechischer Volkszugehörigkeit vor dem 1. Dezember 1938 aus politischen Beweggründen in den sudetendeutschen Gebieten oder im Hinblick auf das Schicksal dieser Gebiete begangen sind, gewähre ich Straffreiheit ohne Rücksicht auf die Art und Höhe der verwirkten Strafe. Strafen, die beim Inkrafttreten dieses Erlasses rechtskräftig erkannt und noch nicht vollstreckt sind, werden erlassen. Anhängige Verfahren werden eingestellt, neue Verfahren werden nicht eingeleitet.
(2) Ausgenommen von der Straffreiheit sind:
a) Verbrechen gegen das Leben,
b) Raub,

c) Sprengstoffverbrechen, wenn durch die Tat ein Mensch getötet oder verletzt worden ist,
d) Handlungen, bei denen die Art der Ausführung oder die Beweggründe eine gemeine Gesinnung des Täters erkennen lassen.

...«

Zu dem Erlaß wurde auch eine Durchführungsverordnung vom 30. 6. 1939 veröffentlicht.

Zum Text vgl. RGBl. 1939 I; 5. 7. 1939; S. 1087 f.

b) Bemühungen bei zwei potentiellen Wissensträgern,die nach 1938 in der Justizverwaltung des Sudetengebietes tätig waren, wenigstens den örtlichen Umfang eventueller Realisierungsmaßnahmen zu erfahren, blieben insgesamt ergebnislos: Man hatte nur von einem Prozeß gegen einen tschechischen Gendarmen wegen Mordverdacht gehört, der jedoch nach längerer Dauer wegen Beweisnot eingestellt worden sein soll.

56 Was potentielle Optanten veranlaßte, von dieser Möglichkeit Gebrauch zu machen.

57 Siehe S. 223 f.: A III, B 21 bis 49, Antwort auf Frage 13 für Nordböhmen.
Siehe auch S. 212: A III, B 11 für Tachau.

58 Da ihnen für Deutsche übliche Zwangsabgaben wie Beiträge zum Winterhilfswerk (WHW) und die NS-Volksfürsorge nicht abgezogen wurden.
Siehe S. 195 f.: A II, B 25 für Nordböhmen.

59 Mitteilungen mehrerer Wissensträger aus verschiedenen Kreisen.

60 Siehe S. 274: A IV, Exkurs 4 für Mies.
Siehe S. 200: A II, B 35 für Troppau.
Siehe S. 223 f.: A III, B 21 bis 49, Antwort auf Fragen 10 bis 12 für Aussig, Bärn, Friedland, Gablonz und Reichenberg.
Demgegenüber S. 207: A III, B 5 über den Abgabezwang für Gablonz.

61 Siehe S. 202: A II, B 41.

62 a) Man konnte wegen ihres Titels zunächst vermuten, daß eine »Verordnung <des Reichsinnenministers Frick> über die Einziehung volks- und staatsfeindlichen Vermögens in den sudetendeutschen Gebieten« vom 12. 5. 1939 wegen der dortigen Tschechen spezifisch für das Sudetengebiet war.
In der Verordnung hieß es nämlich u. a. in § 1: »Der Reichsstatthalter im Sudetengau ... <kann> Vermögen von Personen oder Personenvereinigungen, die volks- und staatsfeindliche Bestrebungen gefördert haben, ..., zugunsten des Reichs einziehen.«
Zum Gesamttext vgl. RGBl. I; Nr. 91 vom 15. 5. 1939; S. 911 f.

b) Eine Prüfung ergab jedoch, daß vergleichbare Vorschriften zunächst im Deutschen Reich (Reichsgesetz vom 26. 5. 1933; RGBl. 1933 I; S. 293), später auch für das 1938 eingegliederte Österreich (Verordnung vom 18. 11. 1938; RGBl. 1938 I; S. 1620 f.) und das 1935 eingegliederte Saargebiet (Verordnung vom 31. 1. 1939; RGBl. 1939 I; S. 126) erlassen worden waren.
Somit dürfte hier keine spezifisch anti-tschechische Vorschrift vorliegen.

c) Bemühungen bei zwei Wissensträgern, wenigstens den örtlichen Umfang der Vorschriftsanwendungen zu erfahren, ergaben Unkenntnis ihrer Existenz bzw. mindestens zeitweise Nichtanwendung.

d) Siehe auch oben Anm. IV/60.

63 Die Tätigkeit des sog. NS-Stillhaltekommissars richtete sich gegen alle, auch gegen sudetendeutsche Vereinigungen.
Siehe dazu S. 196 f.: A II, B 26.

64 Der Runderlaß des Reichsministeriums des Innern vom 22. 11. 1938 über die Einführung

der deutschen Sprache als alleiniger Amtssprache in den »Reichsangeschlossenen sudetendeutschen Gebieten« wird bei Kaden (a. a. O.; S. 97) erwähnt.

65 Siehe S. 201: A II, B 40 für Brüx/Dux, Hohenelbe und Neutitschein.

66 Siehe S. 158f.: A I, D 15 für Dezember 1940 im Reg.Bez. Aussig;
S. 163f.: A I, D 20 für Dezember 1940 in Südmähren; (dort von Tschechen auch neue Klassen gefordert).

Vgl. v. a. Keil: a. a. O.; S. 128, 558ff. (z. T. auf tschechischen Quellen basierend):
Schulen mit tschechischer Unterrichtssprache 1940/ 41:

	Schulen	Klassen	Lehrer	Schüler
Reg.-Bezirk Troppau	188	509	619	20.000
Reg.-Bezirk Aussig und Eger	ca. 110	ca. 300	ca. 370	12.000
Gesamt	rd. 300	rd. 800	rd. 1.000	32.000

Zur wechselvollen Entwicklung in Nordmähren und Schlesien vgl.: Mainuš, František: »České školství v pohraničí za nacistické okupace se zvláštním zřetelem k severní Moravě a Slezsku« (Das tschechische Schulwesen in den Grenzgebieten zur Zeit der nazistischen Besetzung unter besonderer Berücksichtigung Nordmährens und Schlesiens« in »Slezký sborník« (Schlesischer Almanach); Troppau, Jg. 57 (1959), Nr. 3; S. 277–312.

67 Siehe S. 198f.: A II, B 29 für Prachatitz.

68 Siehe S. 186: A II, B 13.

69 Siehe S. 196f.: A II, B 26.

70 Siehe S. 191ff.: A II, B 22; dort auch Quelle und Begründung für Erhebung gesonderter Zahlen für tschechische Stimmberechtigte (nachfolgende Angaben in Tausend Personen bzw. Stimmen):

	Gesamt				
		Davon:			
	Summe	außerhalb des Sudetengebietes	im Sudetengebiet		
			Gesamt	Deutsche	Tschechen
	1 (= 2 + 3)	2	3 (= 4 + 5)	4	5
1. Stimmberechtigte	2,535.	323.	2,212.	•	•
2. Abgegebene Stimmen	2,500.	315.	2.185.	2,039.	146.
3. Ungültige Stimmen	5.	+ 0	5.	2.	3.
4. Abgegebene gültige Stimmen	2,495.	315.	2,180.	2,037.	143.
5. Davon: Ja	2,468.	314.	2,154.	2,036.	118.
Nein	27.	1.	26.	1.	25.

71 a) Zu Berichten über Zwischenfälle: Siehe S. 192f.: A II, B 22.

b) Die Zahl tschechischer Stimmberechtigter und demzufolge die tschechische Stimmbeteiligung ist nicht verzeichnet. Selbst wenn man diese unberücksichtigt läßt, ist die Zahl tschechischer Nein-Stimmen ein gewisses Indiz für relative Freiheit der Stimmabgabe.
Umgekehrt haben offensichtlich mehr als nur einzelne Tschechen den Anschluß des Sudetengebietes an das Deutsche Reich begrüßt. Ein Bericht sogar aus dem innertschechischen Gebiet aus der Zeit vor dem 1. 10. 1938 zitierte zu den Gründen zunächst einen tschechischen Arbeiter aus Prag während eines sonntäglichen Kaffeegespräches mehrerer Tschechen: »›No, tenhle Hitler, to je vám chlap! Dieser Hitler, das ist euch vielleicht ein Bursche! So einen täten wir auch brauchen, der sich bei uns möchte

um die Arbeiter kümmern – und überhaupt um die kleinen Leute...‹ Mit dieser Behauptung erntete er allgemeines Kopfnicken, nicht einmal der Onkel Tonda wollte ihm widersprechen. Und dann haben sie auf den Hitler mit Slibowitz angestoßen.«
Vgl. den Bericht von Otfried Preussler in der »FAZ«; Nr. 186 v. 12. 8. 1995.

[72] Siehe S. 200: A II, B 34 für Troppau und Nordböhmen.
Man beachte den diametral unterschiedlichen Inhalt der Berichte über die Sanktionen des NS-Regimes.

[73] a. a. O.
Siehe auch S. 158f.: A I, D 15 für Nordböhmen.

[74] Siehe S. 200: A II, B 34 und 36 für Nordböhmen, ca. Mitte 1940;
S. 201: A II, B 37 (auch) für Nordmähren, ca. Mitte 1940;
S. 202: A II, B 45 für Brüx, November 1940.

[75] Siehe S. 191: A II, B 21 für Nikolsburg, November 1938;
S. 236: A III, B 76 für Nikolsburg, nach 1938.

[76] Siehe S. 158f.: A I, D 15 für Nordböhmen, Januar 1940;
S. 201f.: A II, B 36, 38 für Nordböhmen, Juni bis August 1940;
S. 202: A II, B 45 für Brüx, November 1940.

[77] Siehe S. 201: A II, B 36 für Nordböhmen, Mitte 1940;
a. a. O.: A II, B 39 für Komotau, Hohenelbe, Troppau, Neutitschein, August 1940.
Man beachte das erwähnte Strafverbot in dieser Zeit.

[78] So Šíma: a. a. O.; S. 44.

[79] Siehe S. 188: A II, B 17 für Trautenau, Herbst 1938;
S. 195f.: A II, B 25 für Nordböhmen, vor Herbst 1939;
S. 199f.: A II, B 33 für Brüx, April 1940.

[80] Vgl. Faltys, Antonín: »Postaveni českého pohraničí v rámci Velkoněmecké říše v letech 1938–1945« (Die Stellung des tschechischen Grenzgebietes im Rahmen des Großdeutschen Reiches 1938–1945) in »Historie a vojenstvi« (Geschichte und Soldatentum); Prag, Jg. 7 (1968); S. 386–420, hier S. 414:
»An der Rückwanderung, die vor allem in den Jahren 1939–1940 stattfand, beteiligten sich vorwiegend Arbeiter, speziell Bergleute, Maurer und Glasarbeiter.«

[81] Siehe S. 162: A I, D 18.
Dort auch Definition der »Grenzzone«, die nur Teile des Sudetengebietes umfaßte.

[82] Siehe S. 165, 166: A I, D 21 für Gablonz.

[83] Siehe S. 202: A II, B 46 für Markt Eisenstein.

[84] Siehe S. 197f.: A II, B 27 für Nordböhmen, Ende 1939;
S. 202: A II, B 43 für Karlsbad, November 1940;
a. a. O.: A II, B 44 für Troppau, November 1940.

[85] Siehe S. 199: A II, B 31 für Mähr. Schönberg, Februar 1940.

[86] Siehe S. 195f.: A II, B 25 für Nordböhmen, Ende 1939;
S. 163f.: A I, D 20 für Südmähren, Dezember 1940.

[87] Siehe S. 105 mit Anm. 10.

[88] Zunächst wurden – vergleichbar mit Maßnahmen im Deutschen Reich – auch für alle Tschechen und Deutschen im Protektorat sog. Arbeitsbücher (26. 5. 1941) und dann in Stufen eine allgemeine Arbeitspflicht (4. 5. 1942, 2. 2. 1943) eingeführt.

[89] Siehe S. 307: A V, Tab 3, Ziff. 33h.

[90] So die Bezeichnung im Gutachten des österreichischen Völkerrechtlers Felix Ermacora für die Bayerische Staatsregierung.
Text in seiner Arbeit »Die sudetendeutschen Fragen«; München, 1992.

V. Zusammenfassung

Nachfolgend soll das inhaltliche Ergebnis der Befunde zusammengefaßt und in den allgemeinen Kontext derzeitigen Erkenntnisstandes in Deutschland, Europa und der Welt gestellt werden.

1. Die vorgebliche Massenvertreibung von Tschechen aus dem Sudetengebiet in und nach 1938

Ohne das in der Studie aufgezeigte Material neuerlich auszubreiten, waren in ihr bloße Behauptungen mit dem belegbaren und belegten historischen Ablauf zu konfrontieren.
Zunächst ging es dabei um eine zwar bereits früher, aber vor allem nach 1990 vorgebrachte Behauptung: Es habe 1938/39 eine Massenvertreibung der bzw. von Tschechen aus dem Sudetengebiet gegeben. Diese Behauptung erwies sich als falsch.
Dann war ein darauf aufbauender, von der ČSFR-Regierung 1992 vorgebrachter Behauptungskomplex zu untersuchen: Vertreibungen seien nicht Zwangswanderungen von Menschengruppen an sich, sondern nur die dabei erfolgenden »Gewalttätigkeiten«. Derartige »Exzesse« seien, den Vorgängen an Sudetendeutschen 1945/46 (nach Art und Umfang) vergleichbar, 1938/39 an Tschechen im Sudetengebiet erfolgt. Diese Behauptung erwies sich als absurd.
Methodisch mußte daher auch klargestellt werden, welche Vorgänge sprachlogisch im Deutschen als Vertreibung (und im Tschechischen als vyhnání) bezeichnet werden dürfen: Nur die von einer bewaffneten Gewalt bewirkte Massenzwangswanderung mindestens eines hohen Anteils einer rechtmäßig seit langem ansässigen, durch gemeinsame z. B. Sprache oder Religion verbundenen Personengruppe. Abgrenzend dazu wurde erörtert, in welchen Fällen die Verwendung des Begriffs nicht erfolgen darf, bzw. mindestens unseriös ist: Für die Rückwanderung gruppenfremder Militärpersonen und öffentlicher Bediensteter mit deren Familienangehörigen aus zeitweilig besetztem Gruppengebiet. Das Beispiel deutscher Truppen und Beamter im 1939 bis 1945 fremdnational okkupierten und als »Protektorat Böhmen und Mähren« bezeichneten Siedlungsgebiet der Tschechen ist dazu offensichtlich; dieser Vorgang, wie auch andere, wurde niemals als »Vertreibung« fehlbezeichnet.
Diese Tatbestände ergaben, bezogen auf die Tschechen im Sudetengebiet, folgende zusammenfassende Einordnung:
Als das Gebiet 1919 der neuerrichteten ČSR zugeschlagen wurde, lebten unter den rd. 3,3 Mio. Einwohnern auch ca. 200.000 Tschechen. Diese hatten sich bis 1930 auf rd. 215.000 unter insgesamt rd. 690.000 vermehrt, so daß ca. 475.000 tschechische Zuwanderer

festzustellen waren. Die Zahl der Tschechen im Jahre 1938 ist unbekannt; die Zuwanderer nach 1919 können zu diesem Zeitpunkt durchaus über 500.000 betragen haben.
Vor, um und nach dem 1. 10. 1938 zogen zahlreiche dieser Zuwanderer in ihre Heimat im tschechischen Sprachgebiet zurück. Trotzdem wurden im Sudetengebiet in der deutschen Volkszählung vom 17. 5. 1939 rd. 320.000 Tschechen festgestellt (tschechische Stimmen sprechen von noch höheren Zahlen). Bereits die deutschen Daten bedeuten jedoch, daß sogar Teile der tschechischen Zuwanderung nach 1919 auch nach 1939 im Sudetengebiet verblieben. Zahlreiche (in den Anhängen der Studie meistens erstveröffentlichte) Berichte belegen darüber hinaus vornehmlich die Anwesenheit vieler namentlich beschriebener Tschechen, aber auch die formale Ausweisung von rd. 120 Personen v. a. aus den mindestens 500.000 Zuwanderern. Dies als Massenvertreibung zu bezeichnen ist, wie dargestellt, schlicht falsch.
Bei der Analyse der Gesamtheit objektiver Zahlen und subjektiver tschechischer Behauptungen wird der innere sachliche Widerspruch im Dreieck einer Feststellung mit zwei Behauptungen überaus plastisch. Ohne nochmals auf sämtliche erläuternden und abgrenzenden Details einzugehen: Nachdem seit 1919 rd. 500.000 Zuwanderer des öffentlichen Sektors eintrafen, verzeichnete die ČSR-Volkszählung 1930 im Sudetengebiet rd. 700.000 Tschechen. Dann wird für 1938/39 einerseits die Zahl tschechischer Vertriebener aus dem Gebiet mit bis zu über 830.000 beziffert und andererseits die Zahl verbliebener Tschechen mit bis zu 700.000 angegeben. Diese unstimmige Mathematik dürfte nicht nur auf eine der tschechischen Lücken integrierter historischer Forschung, sondern auch darauf zurückzuführen sein, daß sich nur die isolierten Behauptungen, dann freilich trefflich, zu politischer Instrumentalisierung eignen.
Der Begriff Vertreibung ist nur für eine Gruppe der Sudetendeutschen selbst zutreffend, nämlich für ihre Juden. Deren Vertreibung begann um 1938 durch das totalitäre NS-Regime; die Überlebenden des späteren Holocausts blieben auch unter der ČSR-Regierung von 1945 und allen ihren Nachfolgern bis heute vertrieben.
Die ČSFR-Behauptung von 1992, den Vorgängen an den Sudetendeutschen 1945/46 seien 1938/39 vergleichbare Vorgänge an den Tschechen im Sudetengebiet vorausgegangen, wurde bereits summarisch als »absurd« bezeichnet. Dazu ist eine kurze Rekapitulation angebracht.
Zwischen dem Mai 1945 und Ende 1946 (d. h. in 18 Monaten nach dem Übergang der faktischen Gebietshoheit über das Sudetengebiet an die ČSR) wurde unter allgemeiner Terrorisierung und Tötung von Hunderttausenden die weit überwiegende Masse der Überlebenden vertrieben (bzw. an der Rückkehr gehindert). Diesen gewaltigen Vorgang vollzog eine Regierung, die von sich selbst behauptete, demokratisch zu sein und von ihren Nachfolgern bis heute als solche bezeichnet wird.
Zwischen dem Oktober 1938 und dem Frühjahr 1940 (d. h. in 18 Monaten nach dem Übergang der Gebietshoheit über das Sudetengebiet an das Deutsche Reich) verblieb demgegenüber nach Abzug von ČSR-Militär und Verwaltungspersonal der größte Teil »zivil-privater« Tschechen vergleichsweise wenig gestört im Sudetengebiet. Das erfolgte unter dem NS-Regime, welches wenig später von vielen Staaten der Welt wegen anderer schändlicher Verbrechen bekämpft, besiegt und vernichtet wurde.
Wäre die Massenvertreibung der Sudetendeutschen 1945/46 vergleichbaren Vorgängen 1938/39 an Tschechen gefolgt, wäre damit die Beneš-Regierung von 1945 nur als Imitator des NS-Regimes demaskiert. Die Untersuchungsbefunde zerstören selbst dieses »Alibi«.
Wird schließlich der Inhalt des Begriffs Vertreibung vom allgemeinen Verständnis einer Massendeportation gelöst und lediglich auf damit vorgeblich verbundene »Gewalttätigkeiten« transferiert sowie auf die Tschechen im Sudetengebiet 1938 angewendet, führt sich die

vorgebrachte Behauptung im Wortsinne selbst ad absurdum: Solche Exzesse fanden nämlich vergleichbar einfach nicht statt. Offensichtlich folgt die gesamte Behauptung daher generell dem uralten Prinzip »semper aliquid haeret« (etwas bleibt immer hängen).
Die Vertreter dieser Behauptung sollen damit nicht recht behalten dürfen.

2. *Die Positionierung der Behauptungen*

Die (widerlegten) Behauptungen sollen zunächst als Begründung für die Massenvertreibung der Sudetendeutschen dienen. Darüber hinaus haben sie die zusätzliche politische Aufgabe, den fortdauernden tschechischen Besitz rückgabepflichtigen und -fähigen sudetendeutschen Eigentums (vor allem an Grund und Boden) zu rechtfertigen.
Es ist verständlich, daß viele Tschechen daran hängen und jedem Gespräch darüber ausweichen. Es ist einsichtig, daß ihre Regierung dies den Organisationen der Sudetendeutschen mit der denkwürdigen Begründung verweigert, sie seien kein Staat, sondern private Gruppen. Auch die tschechische Regierung hat nämlich gesehen, daß Gespräche ihrer südafrikanischen Kollegen mit dem nichtstaatlichen ANC und ihren israelischen Kollegen mit der nichtstaatlichen PLO zur Neuordnung von Macht und Gebiet und damit auch Besitz und Eigentum führten. Die Organisationen der Sudetendeutschen sind mit ANC und PLO und der IRA in (Nord-)Irland freilich auch tatsächlich nicht zu vergleichen. Sie haben niemals Bomben und Terror eingesetzt und mögen gerade deswegen für Staaten, wie die Tschechoslowakei/ČR, die anscheinend nur der Gewalt weichen, nicht gesprächswürdig sein.
Die Menschen der Welt an der Schwelle des 21. Jahrhunderts, denen täglich über Millionen Bildschirme von aktuellen »ethnischen Säuberungen« in z. B. ex-Jugoslawien, Kurdistan und Tibet mit dem Tenor erforderlicher Korrektur berichtet wird, sollten nachfragen: Wie war denn das 1945 und 1946 im damaligen Ostdeutschland? Muß nicht auch hier »nachgebessert« werden?

3. *Ein Ausblickversuch*

Viele Tschechen hoffen, daß dies nicht geschieht. Die vorrangig rechtlich denkenden (Sudeten-)Deutschen dürften, so meinen sie, immer weniger und damit schwächer werden. Der tschechischen Position der Nutzung faktischen Besitz dürfte, so meinen sie weiter, Bundesgenossen mit gleicher Interessenstruktur zuwachsen. Es gelte, nur eine kurze Zeit zu überdauern, dann würde die Mitgliedschaft in EU und NATO alles Vergangene überdekken. Bis dahin sei es erforderlich, einfach zu schweigen bzw. mit Schutzbehauptungen auch dubioser Art durchzuhalten. Deswegen wird auch von der widerlegten Massenvertreibung der Tschechen aus dem Sudetengebiet 1938 noch oft zu hören sein. Historische Legenden, die aktuelle Besitzansprüche stützen, haben ein überaus zähes Leben.
Zwar ist die Geschichte weder ein Verfassungsgericht noch ein Vollstreckungsbeamter. Rechtlich begründetes Wissen hat jedoch schon manche Legende zerstört: Erkannte Wahrheit obsiegte und manches vorgeblich »tausendjährige« Gebilde ging unter, wenn und weil seine Grundlage ungerecht war.

4. Die Abgrenzungen

Diese Zusammenfassung bliebe tagesnah und vordergründig, würde sie nicht durch klare Abgrenzungen ergänzt.

Da ist zunächst die Abgrenzung von der sog. Aufrechnung. Mit allem Nachdruck sei unterstrichen, daß die Prüfung des von der tschechoslowakischen Regierung 1992 ins Gespräch eingeführten Vergleiches zwischen der Vertreibung der Sudetendeutschen 1945/46 und der vorgeblichen Vertreibung tschechoslowakischer Bürger 1938/39 nicht als Aufrechnung mißverstanden werden darf: Eine solche kann es nicht geben, da sonst die Denkmuster von Adolf Hitler und Josef Stalin die Maßstäbe der moralischen Landkarten unserer Zeit bestimmen würden.

Darüber hinaus ist die Abgrenzung von der Kollektivbetrachtung zu betonen. Natürlich ist es in der Darstellung massenhafter Vorgänge unvermeidlich, pauschal zu beschreiben und zu analysieren. Die zahlreichen Einzelschicksale der vorgelegten Berichte sollten daher nochmals hervorgehoben werden: Vom tschechischen Postmeister aus Sangerberg, Krs. Marienbad, der seine brav gewässerten Palmen wohl zurückerhielt, über den Metalldreher, der Saubsdorf, Krs. Freiwaldau, mit seiner tschechisch-deutschen Familie verlassen mußte, den Frauen in Pusta Poloma, Krs. Wagstadt, die erfolgreich für tschechische Wahlkommissionsvertreter in der Hitler-»Wahl« am 04. 12. 1938 eintraten, bis zum verprügelten Trafikanten in Schiltern, Krs. Znaim. Zur Feststellung, daß keine Massenvertreibung von Tschechen aus dem Sudetengebiet 1938 stattfand, gehören auch sie als Teil der »ganzen Wahrheit«: Jeder einzelne wirklich Vertriebene, jeder einzelne tatsächlich Geschundene ist einer zuviel.

5. Die Absicht

Den Tenor dieser Sicht von Geschichte in der Gegenwart hat Václav Havel so formuliert: »Ich glaube an die Macht der Wahrheit und des guten Willens als Hauptquellen unseres gegenseitigen Verständnisses«. Die notwendige, ergänzende Replik erfolgte durch den bayerischen Ministerpräsidenten Dr. Stoiber: »Viel wäre schon gewonnen, wenn seine <d. h. Havels> Landsleute und insbesondere die politisch Verantwortlichen diese Werte beherzigten.«

Wahrheit und guter Wille sind natürlich wichtig, bleiben aber eine der zahlreichen Worthülsen unserer Zeit, falls keine konkrete Anwendung erfolgt. Eine solche müßte in den Worten eines ausgewiesenen Gegners jeder Art von Totalitarismus und zugleich Mandatars des in unserer Zeit vielfach verletzten Rechtsbewußtseins beinhalten: »Kollektive Schuldzuweisungen sind immer ungerecht. Weder sind die Sudetendeutschen daran schuld, daß Hitler die Tschechoslowakei zerschlug, noch tragen alle Tschechen die Verantwortung für die Vertreibung... Im Europa von morgen muß das Recht auf die eigene Heimat sowie ein wirkliches Volksgruppenrecht zu den Grundlagen des Zusammenlebens der Völker gehören.« Zur Realisierung dieses Ziels, hier von S.K.H. Otto von Habsburg formuliert, ist auch nüchternes Wissen darüber erforderlich, wie es eigentlich gewesen ist. Dazu soll diese Arbeit beitragen.

B: Anhänge

Anhang I:

Dokumente

1. 1863, 3. 12.: (Kaiserlich österreichisches) Gesetz »betreffend die Regelung der Heimatverhältnisse«
2. 1896, 5. 12.: (K. ö.) Gesetz »betreffend die Regelung der Heimatverhältnisse«
3. 1920, 9. 4.: (ČSR-) Gesetz mit Verfassungsrang *(Fortgeltung Heimatrecht)*
4. 1911/1935: K. ö. und ČSR Heimatschein
5. 1938, 30. 9.: Münchner Abkommen *(wg. Option)*
6. 1938, 6. 10.: DR-ČSR Vereinbarung über Flüchtlingsrückführung *(Festlegung von Eisenbahnzügen)*
7. 1938, 7. 10.: DR-ČSR Vereinbarung über Rückgabe während der ČSR-Mobilmachung requirierter Pferde etc.
8. 1938, Oktober: Akten des RPM zum Personal im Sudetengebiet
9. 1938, 20. 11.: DR-ČSR Vertrag »über Staatsangehörigkeits- und Optionsfragen«
10. 1938, 23. 11.: DR-ČSR Vereinbarung über die Ausführung der Grenzziehung
11. 1938, 23. 11.: DR-ČSR Vereinbarung über Wiederaushändigung zurückgelassener Wohnungseinrichtungen etc.
12. 1938, Oktober bis Dezember: Freigabe der Wohnungseinrichtung eines ČSR-Postbeamten
13. 1938, 25. 11.: ČSR-Regierungsverordnung *(Zur Durchführung von Ziff. 9)*
14. 1939, 23. 2.: Č-SR-Außenministerium in Prag an konsularische Vertretungen *(Warnung vor Option für die Č-SR)*
15. 1939, 13. 12.: SD-Bericht zur Lage der tschechischen Minderheit im Sudetengebiet
16. 1940, 11. 1.: Verordnung der Regierung des »Protektorates Böhmen und Mähren« *(Im Sudetengebiet nicht heimatberechtigte Tschechen = Protektoratsangehörige)*
17. 1940, 17. 1.: SD-Bericht zur Lage der tschechischen Minderheit im Reg.Bez. Aussig
18. 1940, 19. 3.: Anweisung des RdI *(Unerwünschte einzelne Protektoratsangehörige können ausgewiesen werden; »Massenausweisungen . . . haben auf alle Fälle zu unterbleiben«)*

19. 1940, 15. 7.: SD-Bericht zu ungeklärtem Verhältnis der tschechischen Optanten

20. 1940, 5. 12.: SD-Bericht zur Lage der tschechischen Minderheit in Südmähren

21. 1944, 2. 5.: Durchlaßschein für (Sudeten-)Deutsche zur Einreise in das Protektorat.

22. 1951, 14. 6.: Urteil des Oberlandesgerichts München *(Beneš-Dekrete sind rechtswidrig)*

1. »Gesetz vom 3. December 1863,

betreffend die Regelung der Heimatverhältnisse.

Wirksam für Böhmen, Dalmatien, Galizien mit Krakau, Oesterreich unter und ob der Enns, Salzburg, Steiermark, Kärnthen, Krain und die Bukowina, Mähren, Schlesien, Tirol, Vorarlberg, Görz und Gradiska, Istrien und die Stadt Triest mit ihrem Gebiete.

In Ausführung des Artikels II des Gesetzes vom 5. März 1862 (R. G. Bl. Nr. 18)[1] finde Ich zur Regelung der Heimatverhältnisse in den Königreichen und Ländern, für welche dieses Gesetz gilt, mit Zustimmung beider Häuser des Reichsrathes Nachstehendes festzusetzen:

I. Abschnitt.

Allgemeine Bestimmungen.

§ 1

Das Heimatrecht in einer Gemeinde gewährt in derselben das Recht des ungestörten Aufenthaltes und den Anspruch auf Armenversorgung.

§ 2

Nur Staatsbürger können das Heimatrecht in einer Gemeinde erwerben.
Jeder Staatsbürger soll in einer Gemeinde heimatberechtigt sein. Das Heimatrecht kann ihm aber nur in Einer Gemeinde zustehen.

§ 3

Das Heimatrecht erstreckt sich auf den ganzen Umfang des Gemeindegebietes.
Wird daher eine Gemeinde mit einer anderen zu Einer Gemeinde vereinigt oder durch Einverleibung eines Theiles einer anderen Gemeinde erweitert, so wird das Heimatrecht, welches bisher nur in einem Theile der in solcher Weise vergrößerten Gemeinde zustand, auf den ganzen Umfang der letzteren von selbst ausgedehnt.[2]

§ 4

<[3]>

EINSCHUB: FAKSIMILE DES ORIGINALES

105.

Gesetz vom 3. December 1863,

betreffend die Regelung der Heimatverhältnisse.

Wirksam für Böhmen, Dalmatien, Galizien mit Krakau, Oesterreich unter und ob der Enns, Salzburg, Steiermark, Kärnthen, Krain und die Bukowina, Mähren, Schlesien, Tirol, Vorarlberg, Görz und Gradiska, Istrien und die Stadt Triest mit ihrem Gebiete.

In Ausführung des Artikels II des Gesetzes vom 5. März 1862 (R. G. Bl. Nr. 18) finde Ich zur Regelung der Heimatverhältnisse in den Königreichen und Ländern, für welche dieses Gesetz gilt, mit Zustimmung beider Häuser des Reichsrathes Nachstehendes festzusetzen:

I. Abschnitt.

Allgemeine Bestimmungen.

§. 1.

Das Heimatrecht in einer Gemeinde gewährt in derselben das Recht des ungestörten Aufenthaltes und den Anspruch auf Armenversorgung.

§. 2.

Nur Staatsbürger können das Heimatrecht in einer Gemeinde erwerben.

Jeder Staatsbürger soll in einer Gemeinde heimatberechtigt sein. Das Heimatrecht kann ihm aber nur in Einer Gemeinde zustehen.

§. 3.

Das Heimatrecht erstreckt sich auf den ganzen Umfang des Gemeindegebietes.

Wird daher eine Gemeinde mit einer anderen zu Einer Gemeinde vereinigt oder durch Einverleibung eines Theiles einer anderen Gemeinde erweitert, so wird das Heimatrecht, welches bisher nur in einem Theile der in solcher Weise vergrößerten Gemeinde zustand, auf den ganzen Umfang der letzteren von selbst ausgedehnt.

§. 4.

Wird eine Gemeinde in zwei oder mehrere Gemeinden getrennt oder mit einem Theile einem anderen Gemeindegebiete einverleibt, so sind die Heimatberechtigten dieser Gemeinde mit allen ihnen im Heimatrechte folgenden Personen jener Gemeinde als heimatberechtigt zuzuweisen, welche in dem Besitze desjenigen Gebietes ist, in dem sie zur Zeit der Trennung, beziehungsweise Einverleibung, wohnten, oder, falls sie sich zu dieser Zeit in der Gemeinde nicht mehr aufhielten, vor ihrem Abzuge aus derselben zuletzt gewohnt hatten.

In soweit die Zuweisung nicht nach diesen Bestimmungen durchgeführt werden kann, ist für dieselbe der Wohnsitz maßgebend, den derjenige, welchem die Zuzuweisenden im Heimatrechte folgten, zuletzt in der Gemeinde hatte.

Heimatberechtigte, bei welchen auch dieser Anhaltspunct fehlt, sind, in soferne nicht zwischen den betreffenden Gemeinden eine Vereinbarung zu Stande kommt, einer dieser Gemeinden durch die politische Behörde zuzuweisen.

II. Abschnitt.

Von der Begründung, Veränderung und dem Verluste des Heimatrechtes.

§ 5

Das Heimatrecht wird begründet:
1. Durch die Geburt (§ 6);
2. durch die Verehelichung (§ 7);
3. durch die Aufnahme in den Heimatverband (§§ 8–9);
4. durch die Erlangung eines öffentlichen Amtes (§ 10).

§ 6

Eheliche Kinder erlangen in jener Gemeinde das Heimatrecht, in welcher der Vater zur Zeit ihrer Geburt heimatberechtigt ist, oder, falls er früher verstorben, zur Zeit seines Ablebens heimatberechtigt war.
Uneheliche Kinder sind in jener Gemeinde heimatberechtigt, in welcher ihrer Mutter zur Zeit der Entbindung das Heimatrecht zusteht.
Legitimirte Kinder, in soferne sie nicht eigenberechtigt sind, werden in jener Gemeinde heimatberechtigt, in welcher ihr Vater zur Zeit der stattfindenden Legitimation das Heimatrecht besitzt.
Durch Annahme an Kindesstatt oder Uebernahme in die Pflege wird das Heimatrecht nicht begründet.

<§§ 7 bis 13:[4]>

§ 14

Militärpersonen werden bezüglich des Heimatrechtes, welches ihnen bei ihrem Eintritte in den Militärdienst und nach ihrem Austritte aus demselben zusteht, nach dem gegenwärtigen Gesetze beurtheilt.

§ 15

Wer die Staatsbürgerschaft verliert, wird seines Heimatrechtes dadurch verlustig.[5]

§ 16

Sollte eine Person, welche die Staatsbürgerschaft verloren hat, in Folge von Staatsverträgen wieder übernommen werden müssen, oder sollte sie in den österreichischen Staat, um daselbst zu verbleiben, wiederkehren und dann deren Uebernahme von einem anderen Staate nicht erzielt werden, so tritt sie in das Heimatrecht zurück, welches sie vor dem Verluste der Staatsbürgerschaft hatte.

§ 17

Das Heimatrecht in einer Gemeinde erlischt durch die Erwerbung des Heimatrechtes in einer anderen Gemeinde.
Die Verzichtleistung auf das Heimatrecht ist ohne Wirkung, so lange nicht der Verzichtleistende anderwärts ein Heimatrecht erworben hat.

<§§ 18 bis 21, §§ 22 bis 31:[6]>

V. Abschnitt.

Von den Heimatscheinen.

§ 32

Der Heimatschein[7] ist die Urkunde, welche bestätigt, daß der Person, welcher er ertheilt wird, das Heimatrecht in der Gemeinde zusteht.

§ 33

Die Heimatscheine werden von der Heimatgemeinde nach dem diesem Gesetze angeschlossenen Formulare ausgefertigt.
Denselben ist das Siegel der Gemeinde aufzudrücken.
Für die Ausfertigung darf eine Gebühr an die Gemeinde nicht abgenommen werden.

§ 34

Die Ertheilung eines Heimatscheines darf keinem Heimatberechtigten verweigert werden.

§ 35

Ein Heimatschein ist ungiltig, wenn die Gemeinde nachzuweisen vermag, daß der Inhaber des Heimatscheines zur Zeit der Ausstellung desselben das Heimatrecht in einer anderen Gemeinde hatte.

<§§ 36 bis 48:[8]>

Franz Joseph m. p.«

Anmerkungen:

[1] Dort hieß es:
»Jeder Staatsbürger soll in einer Gemeinde heimatberechtigt seyn. Die Heimathsverhältnisse werden durch ein besonderes Reichs-Gesetz bestimmt.«
Vgl. »Reichsgesetzblatt für die im Reichsrathe <Österreichs> vertretenen Königreiche und Länder«; 42. Stück; Nr. 18 v. 5. 3. 1862; S. 36.

[2] Diese Bestimmung sollte in der ČSR ab 1919 (zur Fortgeltung siehe S. 144ff.: A I, D 3) bei Eingemeindungen z. B. in die Stadt Brünn erhebliche nationalpolitische Bedeutung erlangen.
Siehe S. 45 mit Anm. II/69.

[3] § 4: Regelung bei Gemeindetrennungen.

[4] §§ 7, 11 bis 13: Regelungen für Ehefrauen und Kinder
Die §§ 8–10 wurden durch Gesetz vom 5. 12. 1896 geändert und werden daher in dieser Fassung wiedergegeben (siehe unten: A I, D 2).

[5] Das trat dann 1918/20 beim Übergang von der p. ö. in die ČSR-Staatsbürgerschaft nicht ein.
Siehe S. 144ff.: A I, D 3.

[6] Es folgten:
»III. Abschnitt – Von der Behandlung der Heimatlosen« (§§ 18–21);
»IV. Abschnitt – Von der der Gemeinde obliegenden Armenversorgung« (§§ 22–31)

[7] Siehe das nachfolgende Faksimile:

[8] § 35: Ungültigkeit von Heimatscheinen
Es folgten:
»VI. Abschnitt – Von der Competenz und dem Verfahren in Heimatsangelegenheiten« (§§ 36 bis 43); sowie im
VII. Abschnitt (§§ 45 bis 48) Regelungen für Gutsgebiete und schließlich (§§ 49 bis 50) Schlußbestimmungen.

Quelle:
»Reichsgesetzblatt für die im Reichsrathe <Österreichs> vertretenen Königreiche und Länder«, 43. Stück; Nr. 105 v. 3. 12. 1863, S. 368ff.

****

2. »Gesetz vom 5. December 1896,

wodurch einige Bestimmungen des Gesetzes vom 3. December 1863 (R. G. Bl. Nr. 105), betreffend die Regelung der Heimatverhältnisse, abgeändert werden.

Mit Zustimmung beider Häuser des Reichsrathes finde Ich anzuordnen, wie folgt:

Artikel I

Die §§ 8, 9 und 10 des Gesetzes vom 3. December 1863, R. G. Bl. Nr. 105, betreffend die Regelung der Heimatverhältnisse, werden hiermit aufgehoben und haben an deren Stelle nachfolgende Bestimmungen zu treten:

EINSCHUB: FAKSIMILE DES ORIGINALES

Jahrgang 1896. 743

Reichsgesetzblatt

für die

im Reichsrathe vertretenen Königreiche und Länder.

LXXXVI. Stück. — Ausgegeben und versendet am 19. December 1896.

222.

Gesetz vom 5. December 1896,

wodurch einige Bestimmungen des Gesetzes vom 3. December 1863 (R. G. Bl. Nr. 105), betreffend die Regelung der Heimatverhältnisse, abgeändert werden.

Mit Zustimmung beider Häuser des Reichsrathes finde Ich anzuordnen, wie folgt:

Artikel I.

Die §§. 8, 9 und 10 des Gesetzes vom 3. December 1863, R. G. Bl. Nr. 105, betreffend die Regelung der Heimatverhältnisse, werden hiermit aufgehoben und haben an deren Stelle nachfolgende Bestimmungen zu treten:

§. 1.

Das Heimatrecht wird durch ausdrückliche Aufnahme in den Heimatverband erworben.

§. 2.

Die ausdrückliche Aufnahme in den Heimatverband kann von der Aufenthaltsgemeinde demjenigen österreichischen Staatsbürger nicht versagt werden, welcher nach erlangter Eigenberechtigung durch zehn der Bewerbung um das Heimatrecht vorausgehende Jahre sich freiwillig und ununterbrochen in der Gemeinde aufgehalten hat.

Wird der Aufenthalt in einer Gemeinde unter Umständen begonnen, durch welche ein freiwilliger Aufenthalt ausgeschlossen ist, so beginnt der Lauf der zehnjährigen Frist erst mit dem Tage, an welchem diese Umstände aufgehört haben. Treten solche Umstände erst nach Beginn des Aufenthaltes ein, so ruht während ihrer Dauer der Lauf der zehnjährigen Frist.

Durch freiwilliges Aufgeben des Aufenthaltes in der Gemeinde wird die begonnene zehnjährige Aufenthaltsfrist unterbrochen. Als eine Unterbrechung des Aufenthaltes wird jedoch eine freiwillige Entfernung nicht angesehen, wenn aus den Umständen, unter welchen sie erfolgt, die Absicht erhellt, den Aufenthalt beizubehalten.

Die in einer Gemeinde begonnene Ersitzung des Heimatrechtes wird durch eine lediglich infolge der Erfüllung der gesetzlichen Wehrpflicht bedingte Abwesenheit weder gehemmt noch unterbrochen. Dagegen ruht während der Dauer einer anderweitigen unfreiwilligen Abwesenheit der Lauf der zehnjährigen Frist.

Der Bewerber darf ferner während der festgesetzten Aufenthaltsfrist der öffentlichen Armenversorgung nicht anheimfallen. Die Befreiung vom Schulgelde hinsichtlich der eine Schule besuchenden Kinder, sowie der Genuss eines Stipendiums, endlich eine nur vorübergehend gewährte Unterstützung sind nicht als Acte der Armenversorgung anzusehen.

§. 3.

Zur Geltendmachung des in Gemäßheit des §. 2 dieses Gesetzes erworbenen Anspruches auf die ausdrückliche Aufnahme in den Heimatverband sind nicht bloß der Anspruchsberechtigte selbst beziehungsweise seine Nachfolger im Heimatrechte, das heißt jene Personen, welche gemäß der Bestimmungen der §§ 6,

§ 1

Das Heimatrecht wird durch ausdrückliche Aufnahme in den Heimatverband erworben.

§ 2

Die ausdrückliche Aufnahme in den Heimatverband kann von der Aufenthaltsgemeinde demjenigen österreichischen Staatsbürger nicht versagt werden, welcher nach erlangter Eigenberechtigung durch zehn der Bewerbung um das Heimatrecht vorausgehende Jahre sich freiwillig und ununterbrochen in der Gemeinde aufgehalten hat.
Wird der Aufenthalt in einer Gemeinde unter Umständen begonnen, durch welche ein freiwilliger Aufenthalt ausgeschlossen ist, so beginnt der Lauf der zehnjährigen Frist erst mit dem Tage, an welchem diese Umstände aufgehört haben. Treten solche Umstände erst nach Beginn des Aufenthaltes ein, so ruht während ihrer Dauer der Lauf der zehnjährigen Frist.

<1>

§ 10

Definitiv angestellte Hof-, Staats-, Landes-, Gemeinde-, Bezirksvertretungs- und öffentliche Fonds-Beamte und Diener, Geistliche und öffentliche Lehrpersonen, endlich die k. k. Notare erlangen mit dem Antritte ihres Amtes das Heimatrecht in der Gemeinde, in welcher denselben ihr ständiger Amtssitz angewiesen wurde.[2]

<3>

Wien, am 5. December 1896.

Franz Joseph m. p.

Badeni m. p.«

Anmerkungen:

[1] Es folgten Bestimmungen zur 10-Jahres-Frist für Inländer und Ausländer sowie über Verfahren und Gebühren.

[2] Diese Bestimmung sollte in der ČSR ab 1919 (zur Fortgeltung siehe S. 144ff.: A I, D 3) durch politische Nutzung zur Unterwanderung deutscher Gemeinden erheblich nationalpolitische Bedeutung erlangen. Siehe S. 45 mit Anm. II/58.

[3] Es folgten in den Art. II und III Verfahrens- und Durchführungsbestimmungen.

Quelle:
»Reichsgesetzblatt« <Österreichs>; 86. Stück; Nr. 222 v. S. 12, 1896, S. 743 f.

****

3. »Verfassungsgesetz vom 9. April 1920

mit dem die bisherige Regelung der Erlangung und des Verlustes der Staatsbürgerschaft und des Heimatrechtes (právo domovský) in der ČSR ergänzt und geändert wird.

<——————>

Die Nationalversammlung der ČSR hat folgendes Gesetz beschlossen:

Staatsbürgerschaft

II) *Wer sind Čechoslovakische Staatsbürger?*

§ 1: Čechoslovakische Staatsbürger sind:

1. Seit dem 28. Oktober 1918 Personen, die spätestens am 1. Januar 1910 das Heimatrecht in jenem Gebiet der ehemaligen österreich-ungarischen Monarchie hatten, das jetzt zur ČSR gehört und seit damals ununterbrochen beibehielten.
2. Frühere Staatsangehörige des Deutschen Reiches, die ihren rechtlichen Wohnsitz in Gebieten haben, die früher zum Deutschen Reich gehörten und von ihm der ČSR zufallen <d. h. die sog. Hultschiner; siehe S. 56 für Anm. II/29>.

. . .

§ 2: Bei Personen, die auf dem Gebiet der ČSR geboren wurden oder werden, wird die ČSR-Staatsbürgerschaft vermutet, wenn nicht nachgewiesen wird, daß der Geborene eine andere Staatsbürgerschaft erwarb.

II) *Erwerb und Verlust der ČSR-Staatsbürgerschaft*

§ 3: Die bisherigen Regelungen über den Erwerb und den Verlust der Staatsbürgerschaft, sofern durch dieses Gesetz nicht geändert, bleiben gültig.

§ 4: Eine andere Staatsbürgerschaft, als nach den Bestimmungen des Teils I dieses Gesetzes zugehörig, können durch Option wählen:

1) Staatsbürger, aufgeführt in § 1, Abs. 1, die vor dem Zeitpunkt, an dem sie Angehörige irgendeiner Gemeinde in jenem Gebiet wurden, das in § 1, Abs. 1 aufgeführt ist, das Heimatrecht in einem anderen Teil der ehemaligen österreichungarischen Monarchie hatten, das außerhalb des Umfangs der ČSR liegt.
2) Ausländer <mit Heimatrecht in dzt. ČSR-Territorium.>

Die Optionszeit beträgt im zutreffenden Falle ein Jahr und erfolgt im Falle Abs. 1 zu Gunsten des Staates, auf dessen Gebiet die frühere Heimatgemeinde liegt, im Falle Abs. 2 zu Gunsten der ČSR.

3) Staatsbürger, die nach Sprache und Rasse (racou) keine Čechoslovaken sind.
4) Ausländer, die nach Sprache und Rasse Čechoslovaken sind und nur deshalb die Staatsangehörigkeit von Italien, Polen, Österreich, Rumänien, Jugoslawien oder Ungarn erwarben, weil sie nach ihrem Heimatrecht zu einer Gemeinde der ehemaligen österreich-ungarischen Monarchie gehörten, die außerhalb des Gebietes der ČSR liegt.

Die Optionszeit beträgt 6 Monate und wird im Falle der Ziffer 3 zu Gunsten von Italien, Polen, Österreich, Rumänien, Jugoslawien oder Ungarn ausgeübt, wenn in diesem Staat die Mehrheit der Bevölkerung die Sprache des Optanten spricht oder seiner Rasse angehört, im Falle <der Ziffer> 4 zu Gunsten der ČSR.

...

5) Staatsbürger, die im § 1, Abs. 2 erwähnt wurden.
6) Deutsche Staatsbürger tschechoslovakischer Nationalität...

Die Optionszeit beträgt 2 Jahre und erfolgt im Falle der Ziff. 5 zu Gunsten der deutschen, im Falle der Ziff. 6 zu Gunsten der Staatsbürgerschaft der ČSR.

...

§ 8: Personen, die für eine fremde Staatsangehörigkeit optierten, sind verpflichtet, ihren Wohnsitz innerhalb von 12 Monaten nach dem Tag der Option in den Staat zu verlegen, für den sie optierten. Sie können ihr hiesiges unbewegliches Eigentum nach den für ČSR-Bürger geltenden Gesetzen behalten und in der angeführten Frist ihr bewegliches Eigentum ohne irgendwelche Ausführabgaben mitführen.

<§§ 9 bis 12:[1]>

Heimatrecht

§ 13: Die bisherigen Regelungen über Erwerb und Verlust des Heimatrechtes, sofern durch dieses Gesetz nicht geändert, bleiben in Geltung.

<[2]>«[3]

Anmerkungen:

[1] In diesen §§ folgten Bestimmungen für v. a. Personen, die das Heimatrecht erst nach dem 1. 10. 1910 erworben hatten.

[2] a) Im zweiten Absatz des § 13 wurde das österreichische Gesetz vom 5. 12. 1896, Nr. 222 (siehe S. 142ff.: A I, D 2) für die Slowakei und Karpaten-Ukraine eingeführt.
b) Im § 14 wurde für den Erwerb der ČSR-Staatsbürgerschaft die vorherige Zusage des Heimatrechtes durch eine Gemeinde verlangt.

c) Im § 15 wurde den Bediensteten der ČSR, seiner Einrichtungen und Betriebe das Heimatrecht der Gemeinde ihres ständigen Amts- oder Dienstsitzes zuerkannt, in § 17 den Mitgliedern des Hauses Habsburg-Lothringen das Heimatrecht »auf dem Gebiet der ČSR« verwehrt und aberkannt.

d) Die §§ 16, 18 bis 21 regelten Ein- und Ausführungsfragen.

3 Insgesamt gesehen und ohne letzte völkerrechtliche Feinheiten zu beachten:

31) Die Regelungen können etwa wie folgt zusammengefaßt werden:

<table>
<tr><td>a</td><td colspan="4">Im Territorium der ČSR von 1919/20 Heimatrecht?</td></tr>
<tr><td>b</td><td colspan="3">Ja</td><td rowspan="3">Nein</td></tr>
<tr><td>c</td><td colspan="2">Erworben vor dem 1.1.1910?</td><td rowspan="2">Erworben nach dem 1.1.1910?</td></tr>
<tr><td>d</td><td>In der Masse des Gebietes</td><td>Im Hultschiner Ländchen</td></tr>
<tr><td rowspan="2">Diese Personen werden:</td><td>ČSR-Staatsangehörige; wenn Deutsche, mit Optionsmöglichkeit für Österreich</td><td>ČSR-Staatsangehörige mit Optionsmöglichkeit für das Deutsche Reich</td><td colspan="2">Können für ČSR-Staatsangehörigkeit optieren</td></tr>
<tr><td colspan="2">und Zwang zum Wohnsitzwechsel = Verlassen der Heimat</td><td colspan="2"></td></tr>
</table>

32) Fundorte der Darstellung:

a) Die Regelung für die Hultschiner war in den Artikeln 84 und 85 des Versailler Vertrages vom 28. 6. 1919 festgelegt.
Zum Text vgl. »Sammlung der Gesetze und Verordnungen« der ČSR 1921, Nr. 217 v. 22. 6. 1921, S. 585 ff., hier S. 701.

b) Als Regelung für die Masse der Sudetendeutschen war v. a. im Minderheitenschutzvertrag vom 10. 9. 1919 festgelegt (zum Text vgl. Epstein, Leo: »Studienausgabe der Verfassungsgesetze der Tschechoslowakischen Republik«; Reichenberg, 1923; S. 251 ff.), daß die Sudetendeutschen »für jede Staatsbürgerschaft optieren können, die offen für sie ist« (Art. 3, Abs. 2).
Dies hatte die ČSR nur für Österreich zugelassen; siehe oben § 4, Ziff. 3.

c) Der Zwang zum Wohnsitzwechsel für alle Optanten innerhalb von 12 Monaten (siehe oben § 8) stand jedoch bereits im Versailler Vertrag (a. a. O.) bzw. im Minderheitenschutzvertrag (Art. 3, Abs. 3).

d) Die Optionsmöglichkeit von 1938 (siehe S. 151 ff.: A 1, D 9) beinhaltete diesen Zwang zum Wohnsitzwechsel nicht.

Quelle:
»Sammlung der Gesetze und Verordnungen des Čechoslovakischen Staates« <nachfolgend zitiert: ČSR-Slg«.> vom 21. 4. 1920; Nr. 236; S. 527–530.

****

4. Heimatscheine, die das Heimatrecht öffentlich-rechtlich dokumentierten

<Faksimiles auf S. 147 und 148>

Quelle:
Kretschmer, Rudolf: »Saubsdorf im Wandel der Zeiten«; Nördlingen, 1992; S. 324 f.

****

5. Münchner Abkommen vom 29. 9. 1938

(Auszug)

»7.) Es wird ein Optionsrecht für den Übertritt in die abgetretenen Gebiete und für den Austritt aus ihnen vorgesehen. Die Option muß innerhalb von sechs Monaten vom Zeitpunkt des Abschlusses dieses Abkommens an ausgeübt werden. Ein deutsch-tschechoslowakischer Ausschuß wird die Einzelheiten der Option bestimmen, Verfahren zur Erleichterung des Austausches der Bevölkerung erwägen und grundsätzliche Fragen klären, die sich aus diesem Austausch ergeben.«

Quelle:
ADAP; Serie D, Bd. II; Nr. 675; S. 813.

****

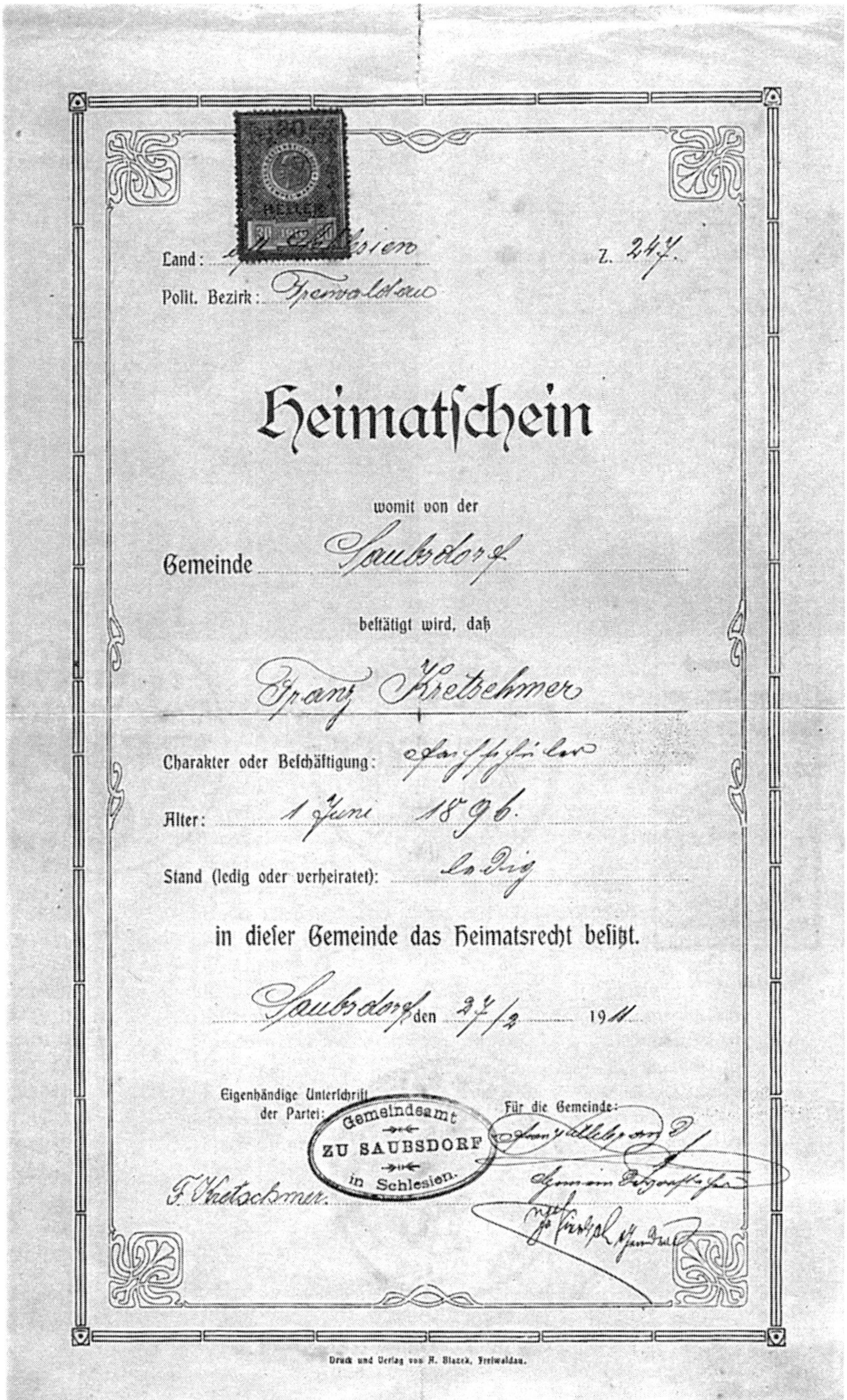

30 HELLER

Land: Schlesien Z. 247.

Polit. Bezirk: Freiwaldau

Heimatschein

womit von der

Gemeinde Saubsdorf

bestätigt wird, daß

Franz Kretschmer

Charakter oder Beschäftigung: Fachschüler

Alter: 1 Juni 1896.

Stand (ledig oder verheiratet): ledig

in dieser Gemeinde das Heimatsrecht besitzt.

Saubsdorf den 27/2 1911

Eigenhändige Unterschrift der Partei: F. Kretschmer

Für die Gemeinde: [illegible]

Gemeindeamt ZU SAUBSDORF in Schlesien.

Druck und Verlag von A. Blazek, Freiwaldau.

Českosl. rep.
Tschechosl. Rep.
Země: Moravskoslezské.
Land: Mähren-Schlesien.
Polit. okres: Frývaldov.
Polit. Bezirk: Freiwaldau.

KOLEK 1 KORUNA

Obec: Supíkovice.
Gemeinde: Saubsdorf.
Číslo: 463/H
Zahl:

Domovský list — Heimatschein

jímžto obec Supíkovice potvrzuje, že
womit von der Gemeinde Saubsdorf bestätigt wird, daß

jméno: / Name: Franz Kretschmer -

zaměstnání: / Beschäftigung: obecní tajemník Gemeindesekretär

narozen dne: / geboren am: 1.VI.1896 místo: / Ort: Supíkovice Saubsdorf

stav: / Stand: --------- ženatý verheiratet --------

v této obci od / in dieser Gemeinde seit narození der Geburt

na základě / auf Grund § 6. zák. ze dne 3.12.63. des Ges. v. má právo domovské. / das Heimatsrecht besitzt.

V Supíkovicích, / Saubsdorf, dne / am 11. listop. / November 1935.

Vlastnoruční podpis strany: / Eigenhändige Unterschrift der Partei: F. Kretschmer

Jménem obce: — Für die Gemeinde:

Alois Wenzel
Obecní rada. — Gemeinderat.

OBECNÍ ÚŘAD SUPÍKOVICE okres Frývaldov, Gemeindeamt Saubsdorf Bez. Freiwaldau, Slezsko - Schl.

Starosta. — Bürgermeister.

SCHOLZ, ZUCKMANTEL

6. »Vereinbarung (Regierungsabkommen) über die Rückführung von Flüchtlingen aus der Tschechoslowakei nach Sudetenland und in umgekehrter Richtung <,> abgeschlossen in Berlin am 6. Oktober 1938

<——————>

Unterzeichner:
für die deutsche Regierung:
Reichsbahndirektor Holtz (Reichsverkehrsministerium)
für die tschechoslowakische Regierung:
Sektionschef Ing. Koller (Eisenbahnministerium in Prag)

Zweck und Inhalt:
Die Vereinbarung enthält 4 Artikel. Sie regelt die Rückführung der Flüchtlinge in beiden Richtungen über 7 Eisenbahnstrecken nach jeweils vorangehender Vereinbarung zwischen deutschen und tschechoslowakischen Verbindungsoffizieren und enthält die gegenseitige Garantie der Sicherheit des zivilen Eisenbahnpersonals und des Eisenbahnmaterials.

Fundstelle:
PA, Staatssekretär, Abtretung Sudetenland, Aufz. über Sitzung des Unterausschusses B v. 6. 10. 1938, Anlage 2«.

Wiedergabe nach Singbartl, Hartmut: »Die Durchführung der deutsch-tschechoslowakischen Grenzregelung von 1938 in völkerrechtlicher und staatsrechtlicher Sicht«; München, 1979; S. 129.

****

7. »Vereinbarung über die Rückgabe requirierter Pferde, Kraftwagen und anderer Fahrzeuge <7. 10. 1938;

——————>

Der tschechoslowakische Entwurf dieser Vereinbarung wurde in der Sitzung des Unterausschusses B am 7. Oktober 1938 von Reg.Rat Schubert übergeben und unverändert von der deutschen Delegation (Gesandter Martius) angenommen.
Die Namensangabe der Unterzeichner fehlt auf der dem Sitzungsprotokoll als Anlage 3 beigegebenen Abschrift der Vereinbarung.

Zweck und Inhalt:
Zweck der Vereinbarung ist die Zurückstellung der während der tschechoslowakischen Mobilmachung requirierten Pferde, Kraftfahrzeuge und anderen Beförderungsmittel an die Eigentümer, die im Abtretungsgebiet ansässig sind. In 5 Artikeln sind Art und Weise einer sukzessiven Rückgabe dieser Gegenstände geregelt.

Fundstelle:
PA, Staatssekretär, Abtretung Sudetenland, Aufz. über Sitzung des Unterausschusses B v. 7. 10. 1938, Anlage 3«.

Wiedergabe nach Singbartl: a. a. O.; S. 130

****

8. »Personalbestand und -aufbau der Deutschen Reichspost in den sudetendeutschen Gebieten Oktober bis Dezember 1938

(Aktenbericht aus den Beständen des Bundesarchivs Potsdam, eigenerstellt im Juli 1994)

---

1) *Bestand*

In der Bestandsgruppe 47.01 »Reichspostministerium« (im folgenden: RPM) befinden sich vor allem zwei Akten:

- »Überleitung der Post- und Telegraphenverwaltung in den sudetendeutschen Gebieten auf die DRP<-> 10. 10. 1938–1939«; Archiv-Nr. 18366; paginiert.
- »Personalwesen der sudetendeutschen Beamten, Allgemeines <-> 30. 9. 1938–1940«; Archiv-Nr. 22201; unpaginiert.

2) *Inhaltsauszug:*

1. Offensichtlich vor dem 10. 10. 1938 beauftragte das RPM die Präsidenten aller an das Sudetengebiet angrenzenden Oberpostdirektionen (im folgenden: OPD), nämlich Bamberg, Breslau, Chemnitz, Dresden, Oppeln, Regensburg, Landshut, Linz und Wien, sog. »Sonderbeauftragte« für den ihnen zugewiesenen Teil des Sudetengebietes zu ernennen.
2. Diese Sonderbeauftragten hatten dem RPM ab 10. 10. 1938 »wöchentlich kurz zu berichten« (18366; S. 14).
3. Am 19. 10. 1938 verfügte das RPM an die Sonderbeauftragten, im Rahmen der Berichte auch die Zahlen des beschäftigten Personals nach festgelegtem Raster zu melden (18366; S. 111).
   Die wichtigsten Kriterien der Aufgliederung waren:
   - Sudetendeutsche Postbedienstete, die bei der Besetzung »in den Dienst der DRP übernommen wurden«;
   - Andere Sudetendeutsche (darunter auch »frühere Postbedienstete«), die »später eingestellt wurden«;
   - Eingesetzte reichsdeutsche Beamte;
   - Offener Personalbedarf.
4. Diese Berichte lagen für fast alle OPD'en vor (18366; S. 112, 125, 147, 160, 199, 220, 236). Mehrfach wird auf vermutliche Unvollständigkeit hingewiesen. Wien berichtete später ohne Formblattform (18366; S. 322); der Bericht von Linz war unauffindbar.

5.1 Später stellte dann »Der Beauftragte des Reichspostministers beim Reichskommissar für die sudetendeutschen Gebiete« den »Stand der Einrichtungen der DRP in den sudetendeutschen Gebieten am 31. 12. 1938« für alle OPD'en dar (18366, S. 441 ff.).
Hierin wurde tabellarisch neben den »Postbeförderungseinrichtungen« (d. h. z. B. Zahl und Streckenlänge der zur Postbeförderung eingerichteten Lkw-Linien) und Angaben zu Fernmeldediensteinrichtungen (d. h. z. B. Kabellängen) auch die »Personalverhältnisse« erfaßt.
Der Raster dafür war:
(1) Zahl der eingestellten sd. Beamten
(2) Zahl der eingestellten sd. Ruhestandsbeamten
(3) Zahl der eingestellten Angestellten
(4) Zahl der eingestellten Lohnempfänger
(5) Zahl der Beamten im Nebenamt
(6) Abgeordnete Altreichs- und österreichische Beamte, Angestellte
Da weder eine Zahl offener Stellen noch eine Summe je OPD angegeben war, dürfte die Vollständigkeit für den Normalbetrieb vermutlich nicht gegeben gewesen sein.

5.2 Die Positionen 3, 4 und 5 wiesen Unterpositionen auf:
»– davon sd. Arbeitslose«
»– davon sd. Kriegsbeschädigte«
Ob es sich bei der Differenz um Tschechen oder andere Sudetendeutsche (z. B. Anlernlinge) handelte, blieb unklar.

6. Ein Aktenvermerk des RPM vom 17. 10.1938, Aktenzeichen »IV r 8002-7« (in Archiv-Nr. 22201) gab u. a. wieder:
»Herr Min.Rat Dr. Helbling aus Prag, der Führer der Abordnung der tschecho-slowaki-

schen Postverwaltung, hat auf Befragen bei einer Besprechung im RPM am 14. 10. 38 erklärt, daß in den im Staatsverband der Tschecho-Slowakei verbleibenden Landesteilen nach den neuesten Informationen (Stand: 13. 10. 38) noch sudetendeutsche Post- und Telegraphenbeamte in folgender Zahl beschäftigt werden:

im Bezirk der Postdirektion Prag	489 Personen
im Bezirk der Postdirektion Brünn	436 Personen
im Bezirk der Postdirektion Pardubitz	113 Personen
im Rest des ehemaligen Postdirektionsbezirks Troppau	62 Personen
zusammen:	1.100 Personen.

Für die Bezirke der Postdirektionen Preßburg und Kaschau liegen Zahlen nicht vor, sie können nur .... gering sein.««

3) *Verwendung*

Es wurden auf S. 75 in Texttabelle 4 verwendet:

3.1 Die gerundete Addition der Berichte lt. Ziff. 2.4 in Zeile 8, Spalte 7:
Es handelt sich um 9.000 Personen. Insgesamt sind darin 66 Postbedienstete tschechischer Nationalität verzeichnet.

3.2 Die gerundete Addition der Angaben aus Ziff. 2.5 in Zeile 9, Spalte 7:
Es handelt sich um 12.000 Personen. Die Gesamtdifferenzzahl lt. Ziff. 5.2 (*Maximum* der Postbediensteten evtl. tschechischer Nationalität) beträgt 1.712.

3.3 Die Angabe der Ziff. 2.6 mit 1.100 Personen in Zeile 8, Spalte 8.

Anmerkung:
Fotokopien der erwähnten Unterlagen in meinem Besitz.

****

9. »Vertrag zwischen dem Deutschen Reich und der Tschechoslowakischen Republik über Staatsangehörigkeits- und Optionsfragen <vom 20.11.1938 ——————>

...

§ 1

Diejenigen tschechoslowakischen Staatsangehörigen, die am 10. Oktober 1938 ihren Wohnsitz in einer mit dem Deutschen Reich vereinigten Gemeinde gehabt haben, erwerben unter Verlust der tschechoslowakischen Staatsangehörigkeit mit Wirkung vom 10. Oktober 1938 die deutsche Staatsangehörigkeit, wenn sie

a) vor dem 1. Januar 1910 in dem mit dem Deutschen Reich vereinigten Gebiet geboren sind
oder
b) die deutsche Staatsangehörigkeit mit dem 10. Januar 1920 verloren haben
oder
c) Kinder oder Enkelkinder einer Person sind, auf die die Voraussetzungen der Buchstaben a oder b zutreffen,
oder
d) Ehefrauen von Personen sind, auf die die Voraussetzungen der Buchstaben a, b oder c zutreffen.

Tschechoslowakische Staatsangehörige deutscher Volkszugehörigkeit, die am 10. Oktober 1938 ihren Wohnsitz außerhalb des früheren tschechoslowakischen Staatsgebiets gehabt haben, erwerben unter Verlust der tschechoslowakischen Staatsangehörigkeit mit Wirkung vom 10. Oktober 1938 die deutsche Staatsangehörigkeit, wenn sie am 10. Oktober 1938 das Heimatrecht in einer mit dem Deutschen Reich vereinigten Gemeinde besessen haben.
Eine Ehefrau erwirbt die deutsche Staatsangehörigkeit nicht, wenn sie ihr Ehemann nicht erwirbt.

§ 2[1]

Die Deutsche Regierung kann bis zum 10. Juli 1939 das Verlangen stellen, daß Personen nichtdeutscher Volkszugehörigkeit, die nach den Bestimmungen dieses Vertrages tschechoslowakische Staatsangehörige bleiben und seit dem 1. Januar 1910 in das mit dem Deutschen Reich vereinigte Gebiet zugezogen sind, sowie ihre die tschechoslowakische Staatsangehörigkeit besitzenden Abkömmlinge das Deutsche Reich innerhalb einer Frist von drei Monaten verlassen. Die Tschechoslowakische Regierung wird diese Personen in ihr Gebiet aufnehmen.
Die Tschechoslowakische Regierung kann bis zum 10. Juli 1939 das Verlangen stellen, daß Personen deutscher Volkszugehörigkeit, die zur Zeit des Inkrafttretens dieses Vertrages tschechoslowakische Staatsangehörige sind und seit dem 1. Januar 1910 in das jetzige Gebiet der Tschechoslowakischen Republik zugezogen sind, sowie ihre Abkömmlinge die Tschechoslowakische Republik innerhalb einer Frist von drei Monaten verlassen. Diese Personen verlieren damit die tschechoslowakische Staatsangehörigkeit; die Deutsche Regierung wird sie in ihr Gebiet aufnehmen. Dies gilt nicht für Personen, welche die tschechoslowakische Staatsangehörigkeit nach dem 30. Januar 1933 erworben haben und bis zu dem genannten Zeitpunkt deutsche oder österreichische Staatsangehörige gewesen sind.

§ 3

Personen nichtdeutscher Volkszugehörigkeit, die nach den Bestimmungen des § 1 die deutsche Staatsangehörigkeit erwerben, können bis zum 29. März 1939[2] für die tschechoslowakische Staatsangehörigkeit optieren.

§ 4

Deutsche Volkszugehörige, die tschechoslowakische Staatsangehörige bleiben, können bis zum 29. März 1939[2] für die deutsche Staatsangehörigkeit optieren. Dies gilt nicht für Personen, welche die tschechoslowakische Staatsangehörigkeit nach dem 30. Januar 1933 erworben haben und bis zu dem genannten Zeitpunkt deutsche oder österreichische Staatsangehörige gewesen sind.

<§§ 5 bis 11:[3]>

§ 12

Personen, die das Gebiet des Deutschen Reiches oder der Tschechoslowakischen Republik verlassen müssen, weil dieses Verlangen auf Grund des § 2 gestellt worden ist, sowie Optanten, die bis zum 31. März 1940 ihren Wohnsitz in denjenigen Staat verlegen, für den sie optiert haben[4], dürfen das gesamte bewegliche Gut, das sie am Tage der Unterzeichnung dieses Vertrages besessen haben, mitnehmen und brauchen keine Abgaben hierfür zu entrichten. Ausgenommen hiervon sind bares Geld, Wertpapiere und Sammlungen, die für das Ausfuhrland von besonderer historischer oder kultureller Bedeutung sind; die Behandlung dieser Sachen bleibt einer besonderen Vereinbarung vorbehalten.

<§§ 13, 14:[5]>«

Anmerkungen:

1 Siehe dazu den Abschnitt I der unter Anm. 6 wiedergegebenen Zusatzvereinbarung.

2 Siehe dazu den Abschnitt II der unter Anm. 6 wiedergegebenen Zusatzvereinbarung.

3 Es folgten Bestimmungen, bei welchen Behörden und auf welche Weise (§§ 5, 6, 11) die kostenfreie (§ 8), formell abzugebende (§ 7) und unwiderrufliche (§ 10) Optionserklärung, die auch Familienangehörige umfaßte (§ 9), abzuwickeln ist.

4 Damit war kein *Zwang* zum Wohnsitzwechsel nach Option gegeben, wie dies die alliierten und die ČSR-Bestimmungen nach 1919 (siehe S. 144ff.: A I, D 3) verfügt hatten.

5 Ein gemischter Ausschuß der Vertragspartner (§ 13) sollte auftretende Zweifelsfragen des Vertrages klären, der am 26. 11. 1938 in Kraft trat (§ 14).

6 »Zusatzvereinbarung <vom 4. 3. 1939>
zu dem am 20. November 1938 zwischen dem Deutschen Reich und der Tschecho-Slowakischen Republik abgeschlossenen Vertrag über Staatsangehörigkeits- und Optionsfragen.

Die Deutsche Regierung und die Tschecho-Slowakische Regierung haben durch ihre unterzeichneten Bevollmächtigten in Bezug auf den Vertrag vom 20. November 1938 zwischen dem Deutschen Reich und der Tschecho-Slowakischen Republik über Staatsangehörigkeits- und Optionsfragen folgendes vereinbart:

I.
Die Deutsche Regierung und die Tschecho-Slowakische Regierung werden – unter Vorbehalt einer anderweitigen Verständigung hierüber – den § 2 des vorgenannten Vertrags vorläufig nicht anwenden.

II.
Die in den §§ 3 und 4 des vorgenannten Vertrags vorgesehenen Fristen werden bis zum 30. Juni 1939 einschließlich verlängert.
Zu Urkund dessen haben die Bevollmächtigten diese Zusatzvereinbarung unterzeichnet.«

Quellen:
a) Vertrag:
- »RGBl 1938« II; S. 896 ff.;
  dort auch Text in tschechischer Sprache.
- »Slg.« 1938; Nr. 300, S. 1032 ff.

b) Zusatzvereinbarung: »Akten A<uswärtiges> A<mt>, P<olitische> A<bteilung>, R<egisternummer> 103758«; Abschrift in meinem Besitz.

****

10. »Deutsch-tschechoslowakische Vereinbarung über die Ausführung der Grenzziehung

getroffen in Berlin am 23. November 1938

<———————>

Unterzeichner:

auf deutscher Seite:
Frhr. von Richthofen
auf tschechoslowakischer Seite:
Heidrich

Zweck und Inhalt:
Die Vereinbarung hat 5 Artikel.
Art 1 betrifft die Berichtigung bei Übertragung der Grenzlinie aus dem Kartenwerk 1:75.000 in ein Kartenwerk 1:25.000, das nach Art. 2 am Tag der Unterzeichnung der Vereinbarung abgeschlossen wird.
Die Absteckung der Grenze im Gelände erfolgt ab 30. November 1938 durch deutsch-tschechoslowakische technische Arbeitsgruppen (Art. 3).
Nach Art. 4 werden die deutsche und die tschechoslowakische Delegation unverzüglich die Wünsche hinsichtlich von Einzelheiten des Grenzverlaufs prüfen, deren Erledigung aus wirtschaftlichen, verkehrstechnischen oder kulturellen Gründen keinen Aufschub zuläßt, und auf Grund dieser Prüfung weitere Anordnungen bezüglich der Absteckung im einzelnen geben.
Art. 5 betrifft die Ausstattung der mit der Ausführung der Arbeiten an der Grenze beauftragten Personen mit Ausweisen.

Inkrafttreten:
Die Vereinbarung ist mit der Unterzeichnung in Kraft getreten.

Fundstelle:
PA, Staatssekretär, Abtretung Sudetenland«

Wiedergabe nach Singbartl: a. a. O.; S. 147.

****

11. »Vereinbarung

zwischen der Deutschen und der Tschecho-Slowakischen Regierung über die Wiederaushändigung zurückgelassener Wohnungseinrichtungen und persönlicher Gebrauchsgegenstände <vom 23. 11. 1938>

I.

1. Personen, die im Zusammenhange mit den politischen Ereignissen der letzten Wochen unter Zurücklassung beweglichen Eigentums ihren Wohnsitz oder Aufenthaltsort aus dem Deutschen Reich in die Tschecho-Slowakei oder aus der Tschecho-Slowakei in das Deutsche Reich verlegt haben, können ihr zurückgelassenes bewegliches Eigentum nach ihrem jetzigen Wohn- bzw. Aufenthaltsort abbefördern. Es ist wünschenswert, daß die Abbeförderung möglichst beschleunigt wird.
2. Die Abbeförderung beschränkt sich auf Wohnungseinrichtungen und persönliche Gebrauchsgegenstände (Kleider, Wäsche) usw. sowie auf das zur Ausübung eines Berufs notwendige Werkzeug. Bei Gegenständen, die einen Altertumswert besitzen, ist die Einholung einer besonderen Genehmigung gemäß den darüber in beiden Staaten geltenden Bestimmungen erforderlich. Andere bewegliche Vermögenswerte, insbesondere bares Geld und Wertpapiere, dürfen nicht mitgenommen werden. Die allgemeine Auseinandersetzung zwischen beiden Ländern wegen der Transferierung von Vermögen wird hierdurch nicht berührt.
3. Bis zur Durchführung des Abtransports gewährleisten beide Regierungen die Sicherstellung des zurückgelassenen Eigentums, soweit sie für die Verwaltung und die Aufrechterhaltung der Ordnung am Unterbringungsort verantwortlich sind.

II.

1. Die Abbeförderung erfolgt grundsätzlich durch den Eigentümer, der jedoch den Abtransport auf eigene Verantwortung auch durch einen persönlichen Bevollmächtigten oder durch ein Transportunternehmen bewerkstelligen lassen kann.
2. Falls behördlicherseits Bedenken gegen die Einreise des Eigentümers bestehen, kann die Genehmigung zum Abtransport davon abhängig gemacht werden, daß er durch einen persönlichen Bevollmächtigten oder ein Transportunternehmen vorgenommen wird.
3. Um zu vermeiden, daß durch eine Häufung von Abbeförderungen zu gleicher Zeit Schwierigkeiten entstehen, behalten sich beide Regierungen vor, den Zeitpunkt des jeweiligen Abtransports durch die Bezirksbehörden entsprechend regeln zu lassen.

III.

1. Zur Herbeiführung der Abbeförderungsgenehmigung hat der Eigentümer einen Antrag in zweifacher Ausfertigung an die zuständige Bezirksbehörde – in Deutschland: Landrat; in der Tschecho-Slowakei: Bezirksamt –, in deren Bereich sich das zurückgelassene Eigentum befindet, einzureichen.
2. Der Antrag muß folgende Angaben enthalten:
<vornehmlich Personalien der Beteiligten, sowie>
d) eine kurze Aufstellung des abzubefördernden Gutes (bei Zimmereinrichtungen genügt Angabe des Benutzungszweckes) <und>
e) den Zeitraum, innerhalb dessen das Gut abbefördert werden soll . . .

IV.

1. Die Bezirksbehörde wird eine Ausfertigung des Antrages an die für den betreffenden Antragsteller ehemals zuständige Gemeindebehörde leiten und die zweite Ausfertigung dem Antragsteller mit einem Vermerk über die getroffene Entscheidung wegen der Durchführung des Abtransports zugehen lassen.[1]
<Es folgten Bestimmungen über die Reisepapiere der Beteiligten.>
4. Für die Reise zum Zwecke der Abbeförderung wird dem Eigentümer bzw. dessen Bevollmächtigten freies Geleit und polizeilicher Schutz zugesichert.

V.

1. Die Abbeförderung kann von der Erfüllung der aus dem Mietvertrage bestehenden Verpflichtungen abhängig gemacht werden. Die Einzahlung rückständiger Mieten erfolgt auf dem Wege über den gegenseitigen staatlichen Verrechnungsverkehr.

2. Beide Regierungen werden dahin wirken, daß langfristige Mietverträge möglichst kurzfristig gelöst werden können. Es besteht Einigkeit darüber, daß die Miete bei einer Weitervermietung der Räume nur bis zum Tage dieser Weitervermietung gefordert werden kann.

VI.
Die vorstehende Vereinbarung gilt für einen Abtransport von zurückgelassenem Eigentum, der spätestens bis zum 31. Januar 1939 beantragt wird.
<Schlußformel>«

Anmerkung:
[1] Die Vereinbarung enthielt bei genauer Regelung anderer Details keinerlei Hinweis, was bei einer negativen »Entscheidung« erfolge. Diese war offensichtlich überhaupt nicht vorgesehen.

Quelle:
(Deutscher) »Reichs- und Staatsanzeiger« Nr. 301 vom 27. Dezember 1938; S. 2.

****

12. »Freigabe der im Oktober 1938 zeitweilig beschlagnahmten Wohnungseinrichtung eines tschechischen Postbeamten

(Aktenbericht aus den Beständen des Bundesarchivs Potsdam, Bestandsgruppe 47.01 »Reichspostministerium«, Archiv Nr. 22201 »Personalwesen der sudetendeutschen Beamten, Allgemeines <–> 30. 9. 1938–1940« [unpaginiert], eigenerstellt im Juli 1994).

<——————>

1. *»Abschrift von Abschrift*

Sangerberg,[1] am 14. 10. 1938

Geehrter Herr Postmeister!

Auf Ihr Schreiben v. 10. Oktober 1938[2] teile Ihnen mit, daß Ihre Wohnung behördlich abgesperrt, und im Sinne des Erlasses der Bezirksbehörde Marienbad vom 10. Oktober 1938 Zl. 65 gemeindeamtlich versiegelt, und sämtliche Sachen von Neumann, Sekretär Schreiter und einer höheren Militärsperson aufgenommen wurde, da angeblich auf der Post ein Fehlbetrag von über cca *Kc 15.000.–* vorherrscht. Ihre Sachen sind daher beschlagnahmt. – Die zwei Palmen stehen wegen Begießen auf den Coridor, und will Neumann abholen lassen.

Betreffs Ihrer Sachen auf der Post Schreibmaschine, Eisenbett, Polster etc. befinden sich diese noch dort.

Sonst vorläufig ohne Wehr[3], zeichne

hochachtungsvoll
Johann Pöpperle, m. p.«

2. *»Abschrift*

Berlin, den 30. Oktober 1938

An
Herrn Oberpostrat Dr. Körner, Reichspostministerium,
Berlin W 66

Sehr geehrter Herr Oberpostrat,

Auf Grund der mir zugekommenen amtlichen Mitteilung aus Praha erlaube ich mir Sie auf folgenden Vorfall aufmerksam zu machen:

Der Postrevident Alois Sevcik, der ehemalige Vorstand des Postamtes Sangerberg, hat von seinem früheren Hausbesitzer Johann Pöpperle in Sangerberg den in Abschrift beiliegenden Brief bekommen. Nach diesem Briefe sollten seine Privatsachen wegen einem angeblichen Fehlbetrag in der Postamtskasse beschlagnahmt worden sein.

Nachdem bei dem Abschube des Kassabestandes Sevcik nach den amtlichen Weisungen gehandelt hat, erscheint die von der Bezirksbehörde in Marienbad getroffene Verfügung als vollkommen unbegründet.

Ich bitte Sie deshalb die notwendigen Erhebungen einleiten und das Resultat dem Postministerium in Praha zukommen lassen zu wollen.
Mit dem Ausdrucke der vorzüglichen Hochachtung
gez. Dr. Helbling«

3. Der Reichspostminister ließ das Schreiben Dr. Helbling mit weiteren zwei Anlagen (vermutlich Schreiben Ziff. 1, 2) am 11. 11. 1938 dem »Leiter der Abwicklungsstelle des RPM für das Land Österreich und das sudetendeutsche Gebiet« in Wien zugehen
»mit dem Ersuchen um Prüfung und weitere Veranlassung unter Bezugnahme auf die Ziffer 7 der Ihnen zugegangenen ›Vereinbarungen zwischen dem Reichspostministerium in Berlin und dem Ministerium für das Post- und Telegraphenwesen in Prag über die Durchführung der aus dem Münchener Abkommen vom 29. September 1938 sich für die beiden Postverwaltungen ergebenden Fragen.‹«[4]

4. Der Leiter der Abwicklungsstelle teilte jedenfalls dem RPM am 26.11.1938 mit:
»Die Beschlagnahme der Wohnungseinrichtung des Postrevidenten Alois Sevcik ist durch den Ortsgruppenleiter der NSDAP in Sangerberg vorgenommen worden. Der Ortsgruppenleiter war der Meinung, dass der Postrevident Sevcik die Kassen- und Wertzeichenbestände der tschechischen P.V. zu unrecht mitgenommen habe und hat infolgedessen seine Wohnungseinrichtung beschlagnahmt. Nachdem er über die Vereinbarung[4] zwischen dem RPM und dem Ministerium für das Post- und Telegraphenwesen in Prag aufgeklärt wurde ist die Beschlagnahme sofort aufgehoben. Sevcik kann nunmehr über seine Wohnungseinrichtung verfügen.«

5. Das RPM konzipierte daraufhin am 1. 12. 1938 ein Antwortschreiben[5]:
»An
das Ministerium für Post- und Telegraphenwesen
z. Hd. von Herrn Ministerialrat Dr. Helbling
in *Prag*
Auf das gefällige Schreiben vom 30. Oktober 1938 an Herrn Oberpostrat Dr. Körner
Die Beschlagnahme der Wohnungseinrichtung des Postrevidenten Alois Sevcik in Sangerberg ist – und zwar <diese zwei Worte: handschriftlicher Zusatz> nicht von der Post – s. Zt. in der Annahme vorgenommen worden, daß S. die Kassen- und Wertzeichenbestände des Postamtes zu Unrecht mitgenommen habe. Die Beschlagnahme ist inzwischen im Hinblick auf die Vereinbarung <im Konzeptentwurf: »Vereinbarungen«; der Plural handschriftlich gestrichen> zwischen dem Ministerium für Post- und Telegraphenwesen in Prag und dem Reichspostministerium aufgehoben worden. S. kann also über seine Wohnungseinrichtung verfügen.««

<6>

Anmerkungen:
Kopien der erwähnten Schreiben in meinem Besitz.
1 Sangerberg = Landkreis Marienbad; zur Bevölkerungszusammensetzung siehe S. 334f.: A V, Tab. 3.
2 Dieses Schreiben wurde nicht gefunden.
3 Vermutlich gemeint: »Gewähr«.
4 Diese »Vereinbarung(en)« wurden nicht gefunden.
5 Kopie des herausgegangenen Briefes war nicht auffindbar.
6 Die Archivbestände sagen dazu zwar nichts aus:
Trotzdem erscheint die Unterstellung zulässig, daß Herr Ševčík seine Wohnungseinrichtung einschließlich der gewässerten Palmen zurückerhielt.

****

13. »Regierungsverordnung vom 25. November 1938

zur Durchführung des Vertrages vom 20. November 1938 zwischen der Čecho-Slovakischen Republik und dem Deutschen Reich über Staatsangehörigkeits- und Optionsfragen.

<——————>

...

§ 1

Die Bestimmungen des zwischen der Čecho-Slovakischen Republik und dem Deutschen Reich am 20. November 1938 abgeschlossenen und in der Sammlung der Gesetze und Verordnungen am 26. November 1938 unter Nr. 300 kundgemachten Vertrages über Staatsangehörigkeits- und Optionsfragen haben auch innerstaatliche Wirksamkeit.

§ 2

(1) Wenn eine Person, die nach den Bestimmungen des im § 1 angeführten Vertrages čecho-slovakischer Staatsangehöriger bleibt oder wird, nicht das Heimatrecht in irgend einer Gemeinde im gegenwärtigen Gebiete der Čecho-Slovakischen Republik besitzt, wird ihre Heimatszuständigkeit in nachstehender Reihenfolge bestimmt in der Gemeinde:

a) wo sie zuletzt das Heimatrecht besaß,
b) wo ihre Eltern, gegebenenfalls ihre Großeltern das Heimatrecht besitzen oder zuletzt besaßen,
c) wo sie ihren Wohnsitz hat,
d) wo sie zuletzt ihren Wohnsitz hatte,
e) wo ihre Eltern, gegebenenfalls ihre Großeltern den letzten Wohnsitz haben oder hatten,
f) wo sie ein unbewegliches Vermögen besitzt.

(2) Kann die Heimatszuständigkeit nicht nach Absatz 1 bestimmt werden, so bestimmt sie das Ministerium des Innern nach freiem Ermessen.

...«

Quelle:
»ČSR-Slg.« 1938; Nr. 301, S. 1041.

****

14. Das »ČSR-Außenministerium in Prag an die tschechoslowakischen diplomatischen Vertretungen in Deutschland am 23. 2. 1939.

<——————>

»Wenn bei Ihnen ein Angehöriger der Tschecho-slowakischen Volksgruppe um Rat in der Optionsfrage ersucht, wirken sie diskret ein, daß er nicht für die ČSR optiere.
In Berlin wird über die Regelung des Schutzes der tschechoslowakischen Volksgruppe in jeder Richtung verhandelt und auch über die Verlängerung der Optionsfrist bis zum 29. Juni.[1] Man muß sich daher mit der Abgabe der Optionserklärung nicht übereilen.
Die Gewinnung der tschecho-slowakischen Staatsangehörigkeit wird auch nach Ablauf der Optionsfrist erleichtert werden.
Die wirtschaftlichen Verhältnisse in der ČSR sind derzeit schwierig.«

Anmerkung:
[1] Siehe dazu S. 152: A I, D 9, Anm. 6.

Quelle:
Král, Václav (Hsg.): »Das Abkommen von München 1938«; Prag, 1968; Nr. 297, S. 342.

****

15. Gruppierungen der tschechischen Minderheit im Sudetengebiet

(SD-Bericht[1] vom 13. 12. 1939[2])

»Die Befreiung des Gaues Sudetenland brachte ein *Rückfluten* aller der in den letzten Jahren eingedrungenen *tschechischen* Bevölkerungselemente mit sich, die im sudetendeutschen Gebiet nicht Wurzel gefaßt hatten. Vor allem verließen mit den tschechischen Soldaten das Gebiet die tschechischen Staatsbeamten, die seit 1933 im sudetendeutschen Gebiet dauernd verstärkte Staatspolizei, Gendarmerie, die leitenden Beamten der staatlichen Unternehmungen (Eisenbahn, Post, Bergbau, Forste) und die Leiter der tschechischen Bankfilialen und in früher deutsche Unternehmungen eingedrungene Leute der tschechischen Wirtschaft. Insgesamt verließen nach Angaben des seinerzeit von den Tschechen aufgezogenen Instituts für Flüchtlingshilfe[3] aus den sudetendeutschen Gebieten *152.000 Tschechen* das sudetendeutsche Gebiet. Nach Schätzungen von sudetendeutscher Seite betrug die Zahl der damals zurückgezogenen Tschechen *180.000 bis 200.000*.
Zurückgeblieben sind alle diejenigen Tschechen, welche seit längerer Zeit im Sudetenland saßen oder in den letzten Jahren Haus- und Grundbesitz erworben hatten. Es blieb daher zurück die Masse der tschechischen Bauern, ein Teil der aus der tschechoslowakischen Bodenreform mit Grund und Boden beteiligten und seit 1921 eingewanderten Kolonistenbauern und Restgutbesitzer. Es blieben weiter hier die Mehrzahl der tschechischen Arbeiter in der Industrie und im Bergbau; es blieben ferner hier tschechische Eisenbahner, Postangestellte, Hilfsorgane der Verwaltungsbehörden, Handwerker, Gewerbetreibende und Kaufleute.
Diese *tschechische Bevölkerung von schätzungsweise 400.000* (die Ergebnisse der Volkszählung vom 17. 5. sind bisher nicht bekannt) verteilt sich über den Gau sehr *unregelmäßig*. Es gibt gewisse Gebiete des Gaues, die hinsichtlich des hohen Prozentsatzes an tschechischer Bevölkerung als volkspolitische Gefahrenzonen bezeichnet werden müssen. Diese *Gefahrenzonen* sind ungefähr folgende:

1. *Das Gebiet von Troppau und Neu-Titschein.* In diesen Kreisen bildet die tschechische Bevölkerung die Mehrheit. Zum Großteil handelt es sich um alteingesessenes tschechisches Bauerntum, das eine vollkommen ausgebaute soziale Struktur entwickelt hat. In diesen teilweise über 90% tschechischen Dörfern finden wir neben den Bauern den tschechischen Handwerker, tschechische Gewerbetreibende, den tschechischen Kaufmann, den tschechischen Vieh- und Getreidehändler, ebenso wie die Intelligenz durch den tschechischen Lehrer vertreten ist.

2. *Der tschechische Korridor von Hohenstadt.* In diesem Gebiet mit ungefähr 80.000 Tschechen, die in 77 zur Mehrheit tschechischen Gemeinden wohnen, liegen die Dinge ähnlich wie im Gebiet Troppau – Neu-Titschein. Allerdings hat hier die Verfestigung des tschechischen Bauerntums durch reichliche Zuteilungen aus der tschechoslowakischen Bodenreform größere Bedeutung als im Troppau – Neu-Titscheiner Abschnitt.

3. *Die Gefahrenzone entlang der Iserstraße* (von Braunau bis Deutsch-Eiche). Das tschechische Element ist hier beruflich zum Teil als Bauern und Kleinbauern, zum anderen Teil als Arbeiter und Handwerker tätig.

4. *Das Dux-Brüxer Kohlenrevier.* Seit 1850 wurden in dieses Gebiet Arbeiter aus den anschließenden tschechischen Landschaften Innerböhmens hereingenommen, die auch heute noch dort arbeiten und eine starke und besonders unruhige Minderheit bilden.

5. *Das Gebiet vor Pilsen in den Kreisen Mies und Bischofteinitz.* Es handelt sich hier teils um Bauern, teils um Arbeiter im Gebiet um Nürschan, Bergarbeiter.

Schließlich gibt es noch einige gefährdete Einbruchsstellen. Vor allem das *Elbtor im Kreis Leitmeritz* und entlang der gesamten Protektoratsgrenze unterstützungsbedürftige und bedrohte Gemeinden.
Die Volksdeutschen dieser Gebiete erwarten, daß im Rahmen der Stärkung des deutschen

Volkstums im Sudetengau planmäßig an der Durchdringung dieser genannten Gebiete mit deutschem Volkstum und deutschen Kultur- und Wirtschaftsmaßnahmen gearbeitet wird, zumal sich die deutschfeindlichen Aktionen der tschechischen Minderheit seit Kriegsbeginn immer wieder auf die angegebenen Gebiete konzentrierten.«

Anmerkungen:

[1]a) Zur Charakterisierung dieser Berichte (in aller Kürze): Etwa 30.000 V[ertrauens]-Leute des S[icherheits-]D[ienstes] im R[eichs]S[icherheits]H[aupt]A[mt] waren angewiesen (z. B. in der Arbeitsanweisung des SD-Leitabschnittes Stuttgart vom 12. 10. 1940): »Jeder V-Mann muß überall ... jede Gelegenheit wahrnehmen, um durch Gespräche in unauffälliger Form die tatsächliche stimmungsmäßige Auswirkung aller wichtigen ... innerpolitischen Vorgänge und Maßnahmen zu erfahren.«

b) Der deutsche Historiker Eberhard Jäckel verwendete die SD-Berichte zur Schilderung, »Wie die Deutschen das Ende des Krieges erlebten« (in der Monatszeitschrift »Damals«; Stuttgart; Nr. 5/95; S. 16ff.), und charakterisierte sie im einzelnen und ihrer Zusammenfassung wie folgt:
»Zwar gab es damals noch keine Meinungsforschung. Aber die <NS->Regierung war von Anfang an daran interessiert gewesen zu erfahren, was die Leute dachten, wie ihre Stimmung war. Zahlreiche Behörden, vor allem der SD, der Sicherheitsdienst der Partei, schrieben auf, was ihnen zu Ohren kam. Diese Berichte begannen auf der örtlichen Ebene und wurden dann für größere Gebiete, am Ende für das ganze Reich zusammengefaßt. Tausende solcher Berichte sind erhalten, in vielen Bänden auch veröffentlicht, und wenn man sie liest, bekommt man einen sehr plastischen Eindruck von dem, was die durchschnittlichen Deutschen dachten und fühlten.«

[2] Die durch Kursivdruck hervorgehobenen Stellen sind auch in der Fundstelle kursiv gedruckt.

[3] Siehe dazu S. 292: A V, Tab. 2, Ziff. 2.

Fundstelle:
Boberach, Heinz (Hsg.): »Meldungen aus dem Reich«; 17 Bde., Bd. II; Herrsching, 1984; S. 567.

****

16. Regierungsverordnung vom 11. Januar 1940 über Protektoratszugehörigkeit

»...

§ 1

Angehörige des Protektorates Böhmen und Mähren wurden mit Wirkung vom 16. März 1939 frühere tschechoslowakische Staatsangehörige, die

a) am 16. März 1939 den Wohnsitz, das Heimatrecht oder den Anspruch auf Heimatzugehörigkeit[1] in einer Gemeinde auf Protektoratsgebiet hatten, oder

b) am 10. Oktober 1938 den Wohnsitz[2] in einer Gemeinde der früheren tschecho-slowakischen Länder Böhmen und Mähren-Schlesien hatten, die damals[3] dem Deutschen Reiche angegliedert wurden, jedoch bei dieser Angliederung die tschecho-slowakische Staatszugehörigkeit beibehielten oder durch Option[4] neuerlich erwarben, oder

c) Angehörige der tschechischen Nationalität sind und am 16. März 1939 das Heimatrecht in der Slowakei oder der Karpatenukraine hatten.

§ 2

Die Erlangung der Protektoratszugehörigkeit durch Personen, die in § 1 aufgeführt sind, erstreckt sich auf Personen, die ihnen nach den geltenden Bestimmungen im Heimatrecht folgen.

<§§ 3 bis 8:[5]>«

Anmerkungen:

[1] Dieser »Anspruch« beruhte vermutlich auf der Č-SR Regierungsverordnung Nr. 301 v. 25. 11. 1938; Text siehe S. 157: A I, D 13. Der Text von § 2 wurde in die Verordnung vom 11. 1. 1940 wortgleich als § 4 übernommen.

[2]a) Im Vergleich ist an dieser Stelle bemerkenswert, daß in Abs. b das Heimatrecht fehlt, das in Abs. a und c aufgeführt ist.

b) Daher ist zusammenfassend zutreffend, »daß alle in den sudetendeutschen Gebieten lebenden, jedoch dort nicht ›heimatberechtigten‹ Tschechen als Protektoratsangehörige festgestellt« wurden. So Bohmann: SiZ, S. 125.

3 Tschechen aus dem sog. Olsa-Gebiet (Anschluß an das DR erst im September 1939) blieben hier anscheinend unberücksichtigt.

4 Siehe dazu auch S. 108f. mit Anm. IV/23ff.

5 Es folgen Bestimmungen zur Abgrenzung (§ 3), Definition (§ 4) und Durchführung (§ 5–8).

Quelle:
»Sammlung der Gesetze und Verordnungen des Protektorates Böhmen und Mähren«; Jg. 1940, Teil 4; Prag; Nr. 19 v. 18. 1. 1940; S. 19f. Eigene Übersetzung.

****

17. Lage der tschechischen Minderheit im Regierungsbezirk Aussig

(SD-Bericht vom 17. 1. 1940)[1]

»Im Regierungsbezirk Aussig leben insgesamt *144.000 Tschechen* das sind etwa *15% der Gesamtbevölkerung.* Im Iserstraßengebiet lebt die tschechische Minderheit in einem geschlossenen Siedlungsraume. Er erstreckt sich auf die Landkreise Hohenelbe, Gablonz und Reichenberg. Es wohnen hier insgesamt *15.000 Tschechen* in etwa *35 rein tschechischen Ortschaften.* Durch dieses Gebiet führt die wichtigste Verkehrsstraße nach dem Ostsudetengau und den 3 Landkreisen Trautenau, Hohenelbe und Braunau längs der Iser, deshalb *Iserstraßengebiet* genannt.
Ein zweites großes tschechisches Siedlungsgebiet liegt im *Brüx-Duxer Kohlenrevier.* Hier leben in gemischtsprachigen Ortschaften etwa *48.000 tschechische Volkszugehörige.*
Entlang der Protektoratsgrenze leben in verschiedenen Landkreisen, nicht in geschlossenen Siedlungsräumen, tschechische Volkszugehörige; so im Landkreis Aussig 20.000, im Landkreis Teplitz-Schönau 16.000 und im Landkreis Leitmeritz 7.000. Die an das Altreich grenzenden Landkreise des Regierungsbezirkes Aussig haben fast keine tschechischen Volkszugehörigen aufzuweisen.
Die Bewohner des Iserstraßengebietes sind zum Großteil Kleinbauern, die neben ihrer landwirtschaftlichen Tätigkeit meist als Gelegenheitsarbeiter bei Straßen- und Wirtschaftsbauten Arbeit suchen.
Die Tschechen im Brüx-Duxer Kohlengebiet sind fast ausnahmslos im Bergbau beschäftigt. Im Leitmeritzer Landkreis setzen sich die Tschechen aus Bauern und landwirtschaftlichen Arbeitern zusammen.
Ihrer früheren politischen Einstellung nach waren die Tschechen im Iserstraßengebiet zum Großteil Anhänger der Benesch-Partei, im Brüx-Duxer Kohlengebiet tschechische Sozialdemokraten oder Kommunisten.
Rassisch gesehen sind die im Iserstraßengebiet wohnenden Tschechen dinarisch-ostisch mit nordischem Einschlag, die Tschechen im Kohlengebiet ausgesprochen ostisch. Im Iserstraßengebiet sind die Tschechen vor allem römisch-katholisch – daneben bestehen auch 4 größere Gemeinden der Tschechoslowakischen Kirche. Im Brüxer Gebiet sind neben vorwiegend römisch-katholischer Religionszugehörigkeit sehr viele Konfessionslose vorhanden.
<2>
Entwicklung der Lage seit dem Krieg
Durch die Tschechisierungspolitik vor 1938 war das *tschechische Schulwesen* in den Randgebieten außerordentlich gut entwickelt. So wurden im Brüxer Kohlenrevier sämtliche tschechischen Schulen aufgelöst, die tschechischen Kinder in sogenannte Übergangsschulen geschickt, das sind Volksschulen, in welchen deutsche Lehrer teilweise deutsch und tschechisch unterrichten, um nach einigen Jahren in rein deutsche Schulen umgewandelt zu werden. Im Iserstraßengebiet bestehen heute noch 49 tschechische Schulen, davon 3 Bürgerschulen mit 102 Schulklassen. Die Lehrer in diesem Gebiet sind heute noch tschechischer Volkszugehörigkeit. Die tschechische Lehrerschaft ist äußerst beweglich und versucht im Unterricht sowohl wie im Privatleben, die

tschechische Jugend in dem Sinne zu beeinflussen, daß der nationale Widerstand besonders unter den Jugendlichen gekräftigt wird.
Der bisherige Verlauf des Krieges hat bei der tschechischen Mindernheit bewirkt, daß die vorher offen zur Schau getragene Ablehnung allgemein in ein *trotziges und verschlossenes Verhalten* umgewandelt wurde. Auf der einen Seite steht eine *kleinere Gruppe radikaler, illegal zusammengefaßter, durch engste Verbindung nach dem Protektorat ausgerichteter Nationaltschechen*, auf der anderen Seite die *breite Masse* derer, die durch die Vorkommnisse *eingeschüchtert* sind, die dem heutigen Zustand zwar feindlich gegenüber steht, jedoch nicht den Willen hat, dies irgendwie kundzutun.
Die *illegale Arbeit* der tschechischen Minderheit ist eine vierfache:

1. Verbreitung von *Flüsterparolen.*
2. Verbreitung von *Flugschriften und Kettenbriefen.*
3. Abhören *ausländischer Rundfunksendungen.*
4. Illegale nachrichtendienstliche Tätigkeit.

Die Verbreitung verschiedenartigster Flüsterparolen geschieht in allen Teilen des Regierungsbezirks Aussig, wo Tschechen wohnen. Ein Teil dieser Parolen entstammt den Rundfunknachrichten der ausländischen Hetzsender, zum Großteil jedoch den in besonders verläßlichen tschechischen Kreisen verbreiteten Flugschriften und Kettenbriefen. Insbesondere im Iserstraßengebiet ist eine äußerst rege Verbreitung dieser Ketten- und Flugschriften festzustellen. So wurden seit Kriegsbeginn etwa 35 verschiedene Flugschriften in Umlauf gesetzt. Die Flugschriften zielen alle letztlich darauf ab, die Tschechen zum Durchhalten bis zum Tag der angeblichen Befreiung aufzurufen.
In den Flugschriften und Kettenbriefen wurden überdies die tschechischen Sendezeiten des englischen und französischen Rundfunks bekanntgegeben und die Bevölkerung aufgefordert, diese Sendungen, insbesondere die Reden Benesch's und Jan Masaryk's abzuhören und mündlich zu verbreiten.
Die nachrichtendienstliche Organisation der Tschechen nach dem Protektorat hin ist außerordentlich weit vorgeschritten. Die kleinsten Geschehnisse werden durch zahlreiche Grenzgänger nach dort berichtet. Allgemein finden die Tschechen bei den Protektoratsangehörigen einen wesentlichen Rückhalt. Der illegale Grenzverkehr ist nach Beschränkung der Ausgabe der Übertrittsscheine[3] gewaltig gestiegen. Insbesondere in der Weihnachtszeit war dieser Verkehr sehr groß. Selbst bis ins Riesengebirge kamen Protektoratsangehörige ohne Übertrittsscheine. In Grenzorten ist der illegale Übertritt auch bei Tanzunterhaltungen besonders rege. Diese Tanzunterhaltungen, die einen ausgesprochenen nationalen Charakter zeigen, sind oft die Ursache kleinerer oder größerer Demonstrationen tschechischerseits gewesen. So wurden in der Sylvesternacht 1939–40 in Ober-Ponikla 3 deutsche Hilfsgrenzangestellte belästigt, beschimpft und schließlich einer niedergeschlagen und das Hoheitszeichen von der Mütze abgerissen. Erst nach Abgabe von Schreckschüssen konnte die Ruhe wieder hergestellt werden.
Die Deutschen dieser Gebiete sind der Ansicht, daß die Auseinandersetzung mit der tschechischen Minderheit in positiver Richtung weiter entwickelt werden könnte, wenn:

1. die Vorbedingungen[4] zwischen der tschechischen Minderheit und dem Protektorat stärker überwacht und nach Möglichkeit eingeschränkt werden,
2. das deutsche Schulwesen einen stärkeren Ausbau und das tschechische nach Möglichkeit eine weitere Drosselung erfährt,
3. in diese Gebiete (wie bereits berichtet) keine polnischen Gefangenen gelegt werden,
4. davon abgesehen wird, in diese Gebiete als Arbeitskräfte weitere Tschechen zuzuziehen,
5. vermieden wird, daß aus diesen Gebieten deutsche Arbeitskräfte ins Reich abwandern und umgekehrt die deutsche Volkstumsposition durch weitere zahlenmäßige Verstärkung des Deutschtums und durch entsprechende wirtschaftliche Intensivierung ausgebaut wird.«

Anmerkungen:
[1] Die durch Kursivdruck hervorgehobenen Stellen sind auch in der Fundstelle kursiv gedruckt.
[2] Teilweise Wiedergabe (bis vor Zwischenüberschrift »Entwicklung der Lage seit dem Krieg«) als undatier-

ter »Situationsbericht des Regierungspräsidenten in Aussig« in Král, Vaclav (Hsg.) »Die Deutschen in der Tschechoslowakei«; Prag, 1964; S. 389 f.

[3] Siehe zu dieser Regelung für Tschechen und Deutsche S. 164, 165: A I, D 21 sowie S. 202: A II, B 46.

[4] Vermutlich gemeint: Verbindungen.

Fundstelle:
Boberach: a. a. O.; S. 655 ff.

****

18. Anweisung des Reichsinnenministeriums vom 19. März 1940

»Betrifft: Sicherung der Grenze gegenüber dem Protektorat Böhmen und Mähren.

Um eine Überfremdung und weitere Unterwanderung in den an das Protektorat Böhmen und Mähren grenzenden deutschen Gebieten durch Tschechen zu verhindern, werden die Landräte in der Grenzzone gegenüber dem Protektorat Böhmen und Mähren (§ 1 der Grenzzonenverordnung vom 2. 9. 1939 (– RGBl. I, S. 1578 –) auf Grund des Gesetzes über die Sicherung der Reichsgrenze ... vom 9. März 1937 (RGBl. I, S. 281) ermächtigt, einzelne Angehörige des Protektorats Böhmen und Mähren, deren Aufenthalt in der Grenzzone unerwünscht ist, aus diesem Gebiet auszuweisen. Die Ausweisung kann räumlich und zeitlich beschränkt werden. In erster Linie sind die Protektoratsangehörigen aus diesen Gebieten wieder zu entfernen, die aus Anlaß der Eingliederung des Sudetenlandes geflohen waren und seitdem unerlaubt wieder zurückgekehrt sind. Die weiteren Richtlinien über die Handhabung des Ausweisrechts im einzelnen erlassen die zuständigen höheren Verwaltungsbehörden, die auch für die Entscheidung von Beschwerden gegen Ausweisungsverfügungen zuständig sind. Massenausweisungen von Protektoratsangehörigen haben auf alle Fälle zu unterbleiben. Bei der Prüfung der für eine Ausweisung in Frage kommenden Einzelfälle sind die Gesichtspunkte des Arbeitseinsatzes zu berücksichtigen.
Die Befugnisse der Staatspolizeistellen bleiben unberührt.
Die Meldebehörden sind anzuweisen, ihr besonderes Augenmerk darauf zu richten, daß die Protektoratsangehörigen bei der polizeilichen Meldung richtige Angaben über ihre Staatsangehörigkeit machen.
Von einer Veröffentlichung dieser Anordnung ist abzusehen.«

Fundstelle:
Král, Václav (Hsg.): »Die Deutschen in der Tschechoslowakei«; Prag, 1964; S. 400 f.

****

19. Auswirkungen der ungeklärten Verhältnisse der tschechischen Optanten

(SD-Meldung vom 15. 7. 1940)

»Auf Grund des Münchener Abkommens wurde es den im Sudetengau wohnenden Tschechen freigestellt, Optionsgesuche zugunsten der damaligen Rest-Tschechei einzubringen. Im Dezember 1938 wurde für die Option im gesamten Reich eine starke Propaganda getrieben, die zur Folge hatte, daß eine außerordentlich große Anzahl von Optionsgesuchen eingebracht wurde. So haben beispielsweise im Landkreis Brüx 79% (19.547), im Landkreis Dux 77% (7.355), im Landkreis Reichenberg 71% (5.801) und im Landkreis Hohenelbe 63% (7.916) aller dort wohnenden Tschechen[1] Optionsgesuche eingereicht.
Bei einem großen Teil dieser tschechischen Optanten ist die Staatsangehörigkeit noch ungeklärt, da die von ihnen eingereichten Optionsgesuche bisher nicht entschieden und abschließend bearbeitet worden sind. Unter den Tschechen des Regierungsbezirks Außig kristallisieren sich, abgesehen von der Zweiteilung in radikale und gemäßigte Tschechen, immer deutlicher zwei

Gruppen heraus, die »Optierten«, wie sie sich selbst nennen und die »Nichtoptierten«. Die »optierten« Tschechen fühlen sich als die volkstreuen und nationalen Tschechen und behandeln die »Nichtoptierten« mit einer gewissen Mißachtung.
Die Unklarheit der Staatsangehörigkeit dieser Tschechen, deren Optionsgesuche noch nicht erledigt wurden, wirkt sich praktisch in der Weise aus, daß sie verschiedene Bestimmungen und Verordnungen als für sie geltend nicht anerkennen. So glauben auf dem Gebiete des Schulwesens die »optierten« Tschechen, daß sie den erlassenen Verfügungen keine Folge zu leisten brauchen. So wird allgemein behauptet, daß den Kindern der »optierten« Tschechen auch weiterhin der Schulbesuch im Protektorat gestattet werden müsse.
Da laufend neue Probleme im Zusammenhang mit der Option auftauchen, würde es von maßgeblichen Stellen begrüßt werden, daß möglichst bald eine Klärung der staatsrechtlichen Stellung der Optanten herbeigeführt würde.«

Anmerkung:
[1] Zur Qualifizierung der zahlenmäßigen Angaben siehe S. 122, Anm. IV/27e.

Fundstelle:
Boberach: a. a. O.; S. 1381 f.

****

20. Zur Lage der tschechischen Minderheit im Grenzgebiet von Niederdonau

(SD-Meldung vom 5. 12. 1940)

»Die Tschechen im Grenzgebiet von Niederdonau, besonders in den Grenzstädten Lundenburg, Mähr.-Kromau, Znaim und Auspitz, stellen nach den vorliegenden Meldungen neuerdings wieder sehr stark ihr Tschechentum heraus. Dieses komme, so wird berichtet, vor allem daher, daß die tschechischen Bauern vielfach jenseits der Protektoratsgrenze Landbesitz hätten und so in engstem Kontakt mit dem Protektorat stehen. Das anmaßende Verhalten der Tschechen in der Stadt Auspitz, das u. a. in Redewendungen wie: ›Auspitz werde eine tschechische Stadt oder ein deutsches Elendsdorf bleiben‹, seinen Ausdruck finde, sei hierauf zurückzuführen. Darüber hinaus sei insbesondere in diesem Gebiet bei Fragen der Einschulung von Tschechenkindern festzustellen, daß die Tschechen sogar versuchten, eine *eifrige Propaganda* für die Errichtung *neuer tschechischer Schulen* zu treiben, obwohl es tschechische Volksschulen in Znaim, Großmaispitz, Deutsch-Königs <vermutlich: D. Knönitz oder Kinitz>, Rakschitz und in Lundenburg mit zusammen 16 Volksschulklassen gebe. Inzwischen schickten die wirtschaftlich bessergestellten Kreise ihre Kinder in die tschechischen Schulen nach Wien oder in das Protektorat. Die *deutschen Grenzlandschulen* könnten sich mit den z. Zt. *vom tschechischen* Staat errichteten *nicht messen*, was zu unliebsamen Vergleichen führe. Eine *großzügige Ausgestaltung der deutschen Grenzlandschulen in Südmähren* sei daher dringend notwendig.
Die vor Beginn des Krieges verschiedenfach festzustellende Neigung, dem Deutschtum gegenüber eine aufgeschlossenere Haltung zu zeigen, sei durch den Krieg wieder völlig in den Hintergrund getreten. Dies komme daher, daß beim Bekenntnis zum tschechischen Volkstum eine Befreiung vom Dienst in der Wehrmacht eintrete, wovon von den Tschechen weitgehend Gebrauch gemacht werde, um auf diese Weise zu Hause der Arbeit nachgehen zu können.
Die *wirtschaftliche Lage* der Tschechen sei *gegenüber dem Grenzlanddeutschtum* eine ausgesprochen *günstige*. Dieses komme daher, daß der *tschechische Staat* und die tschechischen Vereine mit *großzügigen Maßnahmen*, Steuerbegünstigungen usw. die Wirtschaftskraft des Tschechentums, insbesondere in den *Grenzgebieten* zu fördern bestrebt gewesen seien. Die *deutsche Grenzbevölkerung* sei dem gegenüber von den Begünstigungen ausgeschlossen gewesen. Es ergab sich daher nach der Eingliederung das Bild, daß die *tschechischen Bauernhöfe* und Gewerbebetriebe in *durchweg besserem* und leistungsfähigerem Zustand waren als die *deutschen Betriebe*. Dieses Bild habe sich auch heute noch im wesentlichen erhalten, weil die außenpolitischen Ereignisse seit dem Anschluß eine intensive Förderung des Deutschtums verhindert

hatten. Dazu komme noch, daß die *tschechischen Bauern* ihre *Söhne* und ihre *eigenen Arbeiter* zur Verfügung hätten, während die deutschen Bauern unter allen Erschwernissen bei der Beschaffung von Arbeitskräften mit *Polen* und *Kriegsgefangenen* sich behelfen müßten. Darüber hinaus seien die Anforderungen nach *tschechischen Arbeitern* und Angestellten in allen Betrieben sehr groß, so daß sie heute schon aufgrund ihrer fachlichen Fähigkeiten in der Regel *gut bezahlte Posten einnähmen.* Sie würden von den *Betriebsführern* umso mehr *bevorzugt* beansprucht, da letztere nicht damit zu rechnen brauchten, sie durch *Einziehung zum Militär* zu verlieren. Hierdurch entstehe die Gefahr einer *Überfremdung deutscher Betriebe.*
Die *Grundstücksverkehrs-Verordnung* und die *Grenzzonen-Verordnung* hätten zwar die Möglichkeit gegeben, umerwünschten Grunderwerb durch Tschechen zu unterbinden. Praktisch häuften sich jedoch noch immer die Fälle, daß für die freiwerdenden tschechischen Grundstücke *keine deutschen Nachfolger gefunden* werden könnten, wodurch der Zweck der Verordnung vereitelt werde. Die angestrebte Gründung einer Gesellschaft für den freiwerdenden tschechischen Besitz sei bisher noch nicht gelungen. Durch die *Bodenreform* sei der *tschechische Großgrundbesitz* und der bäuerliche Grundbesitz vielfach auf *Kosten der Deutschen* ungeheuerlich *gestärkt* worden, deren finanziell schwächere Schicht dabei leer ausgegangen und zum Teil arbeitslos geworden sei.
Die allgemeine gute Lage der tschechischen Bevölkerungsentwicklung bilde nach wie vor ein *Gefahrenmoment* für das *Grenzland,* da die *Geburtszahlen auf tschechischer Seite* wesentlich höher lägen als bei der *deutschen Bevölkerung.* Die Gefahr einer fremdvölkischen Unterwanderung bestehe jedoch, solange die Grenze zum Protektorat erhalten bleibe, vorläufig nicht. Um die tschechischen kriegsbedingten Vorteile abzustellen, ohne die Tschechen gleichzeitig am deutschen Freiheitskampf direkt zu beteiligen, wird aus Parteikreisen vorgeschlagen, Tschechen besonders stark bei geeigneten Arbeitsdienstverpflichtungen heranzuziehen.«

Anmerkung:
Die durch Kursivdruck hervorgehobenen Stellen sind auch in der Fundstelle kursiv gedruckt.

Fundstelle:
Boberach: a. a. O.; S. 1839 f.

***

21. Durchlaßschein für Deutsche zur Einreise aus dem Sudetengebiet in das Protektorat vom 2. 5. 1944

<Faksimile auf S. 165>

***

22. Das Oberlandesgericht in München Entscheidung vom 14. Juni 1951: »Beneš-Dekrete« sind völkerrechtswidrig.

---

a) Vorgeschichte
Dem Prozeß lag der Tatbestand zugrunde, daß ein heimatvertriebener Sudetendeutscher, dessen Mobiliar enteignet und einem anderen Sudetendeutschen zugewiesen worden war, sein Eigentum von diesem, der dann auch ausgewiesen wurde, zurückverlangt hatte.
Das Oberlandesgericht hatte die Berufung des Beklagten gegen das Urteil 1. Instanz als Berufungsgericht zu behandeln. Es hat diese als unbegründet zurückgewiesen und damit den Anspruch des Klägers auf Herausgabe seiner Möbel als rechtens anerkannt.

b) Wesentliche Entscheidungsgründe des Oberlandesgerichts waren:[1]
»Gegenüber dem Herausgabeanspruch des Klägers beruft sich der Beklagte nach wie vor auf die Dekrete des Präsidenten der tschechoslowakischen Republik vom 19. 5. 1945 und vom 25. 10. 1945, von welchen das erstere die Beschlagnahme (Entziehung der Verfügungsge-

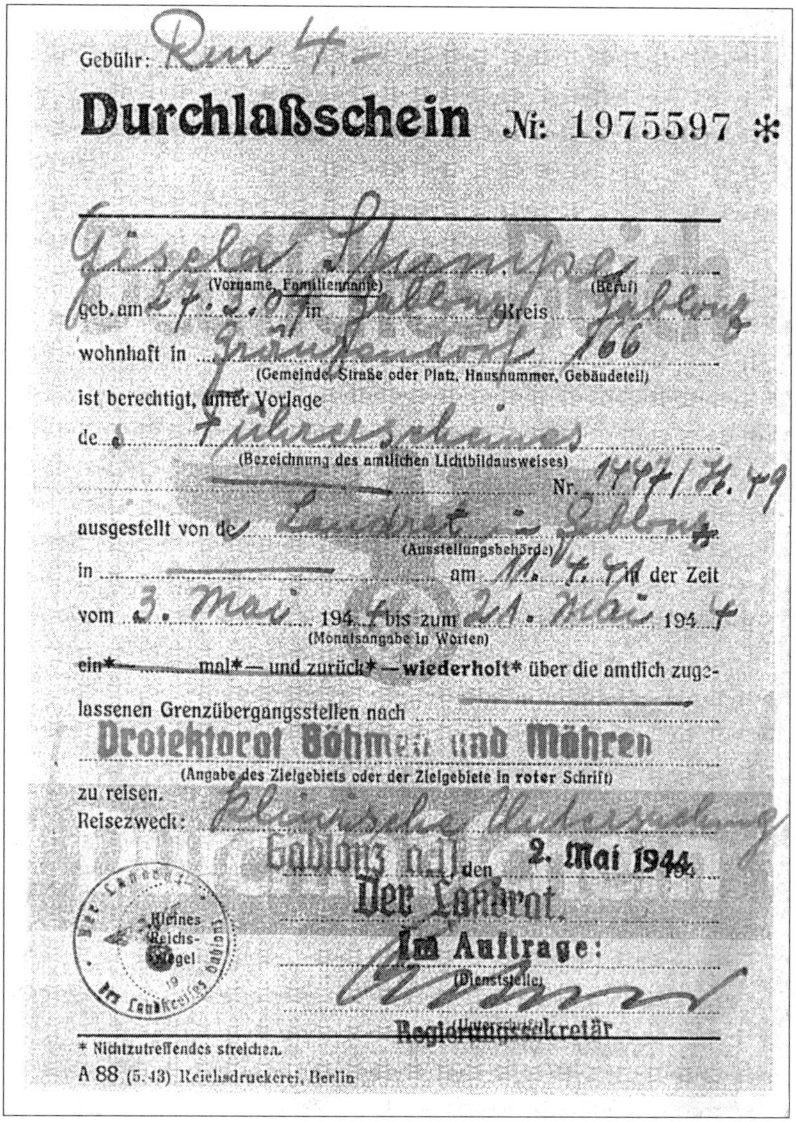

Gebühr: Rm 4.–

Durchlaßschein №: 1975597 *

(Vorname, Familienname) (Beruf)

geb. am ... in ... Kreis ...

wohnhaft in ...

(Gemeinde, Straße oder Platz, Hausnummer, Gebäudeteil)

ist berechtigt, unter Vorlage

de... Führerscheines

(Bezeichnung des amtlichen Lichtbildausweises)

Nr. 1447/H. 49

ausgestellt von de... Landrat in Gablonz

(Ausstellungsbehörde)

in ... am 11. 4. 41 in der Zeit

vom 3. Mai 1944 bis zum 21. Mai 1944

(Monatsangabe in Worten)

ein*— ... mal*— und zurück* —**wiederholt*** über die amtlich zugelassenen Grenzübergangsstellen nach

Protektorat Böhmen und Mähren

(Angabe des Zielgebiets oder der Zielgebiete in roter Schrift)

zu reisen.

Reisezweck: Klinische Untersuchung

Gablonz n. N., den 2. Mai 1944

Der Landrat.

Im Auftrage:

(Dienststelle)

(Unterschrift)

Regierungssekretär

Der Landrat ... des Landkreises Gablonz — Kleines Reichssiegel

* Nichtzutreffendes streichen.

A 88 (5.43) Reichsdruckerei, Berlin

walt), das letztere die Konfiskation (Entziehung des Eigentums) des gesamten Eigentums der Sudetendeutschen zu Gunsten der tschechoslowakischen Republik zum Gegenstande hat.[2] Nach § 1 des letztgenannten Dekrets ist das gesamte Vermögen der Sudetendeutschen, soweit sich dieses z. Zt. der Erlassung dieser Maßnahme auf dem Gebiete der Tschechoslowakei befunden hat, ohne Ersatz für die tschechoslowakische Republik konfisziert worden. Unter der Voraussetzung der Rechtswirksamkeit dieses Erlasses hätte damit der Kläger sein Eigentum an den streitbefangenen Gegenständen verloren. Das Landgericht hat jedoch die Rechtswirksamkeit der tschechoslowakischen Enteignungsmaßnahmen verneint. Dieser Rechtsauffassung ist im Ergebnis zuzustimmen. Der Senat folgt dabei weitgehend den Ausführungen von Prof. Dr. Beitzke in der Zeitschrift für ausl. u. intern. Privatrecht 1949/50, 15. Jhrg, Heft 1 S. 145ff., der dort u. a. zu 2 Entscheidungen der Amtsgerichte Waiblingen vom 26. 6. 48 und Dingolfing vom 14. 12. 48 Stellung nimmt, die ebenfalls die Rückgabe des

Eigentums Sudetendeutscher zum Gegenstande haben, das auf Grund der oben erwähnten Dekrete des Präsidenten der tschechoslowakischen Republik enteignet und über das anderweitig verfügt wurde.«
<Den Dekreten kann mit> »der Vorbehaltsklausel des Art. 30 EGBGB begegnet werden.[3] Diese ist im vorliegenden Falle gerechtfertigt und zwar aus folgenden Gründen: Zunächst bestehen gegen die Enteignungsmaßnahmen der tschechoslowakischen Republik gegenüber dem Vermögen der Sudetendeutschen eine Reihe schwerwiegender völkerrechtlicher Bedenken. Dabei ist davon auszugehen, daß die Sudetendeutschen, die auf Grund der Staatsverträge zwischen dem Deutschen Reich und der Tschechoslowakei aus den Jahren 1938 und 1939 die deutsche Reichsangehörigkeit erworben haben, nach dem tschechoslowakischen Verfassungsdekret vom 2. 8. 1945 deutsche Staatsangehörige geblieben und damit in den tschechischen Staatsverband nicht wieder zurückgekehrt sind. Die beiden Dekrete des tschechoslowakischen Staatspräsidenten vom 19. 5. und 25. 10. 1945 stellen daher eine *ausländische diskriminierende Sondergesetzgebung*[4] dar, die nach einem ganz allgemein anerkannten Rechtsgrundsatz des internationalen Privatrechts im Inlande, d. i. im vorliegenden Falle in Deutschland, *ohne Wirkung* bleibt. Dabei ist nach Ansicht des Senats die Anwendung des Grundsatzes, daß unbeschadet dessen im Auslande bereits wirksam gewordene Rechtsveränderungen bestehen bleiben sollen, jedenfalls dann nicht berechtigt, wenn, wie im vorliegenden Falle, die eigenen Staatsangehörigen betroffen werden. Selbst wenn man es aber auch für bedenklich hält, die Vorbehaltsklausel gegenüber Konfiskationen ganz allgemein anzuwenden, so müssen solche Konfiskationen wenigstens im Verhältnis der von ihnen betroffenen Deutschen zueinander – also ohne daß der konfiszierende Staat, dessen Angehörige oder die Angehörigen dritter Staaten davon berührt werden – ohne Wirkung bleiben. Insoweit ist der ursprüngliche Eigentümer der konfiszierten Sache als näher berechtigt anzusehen als der neue Erwerber und dieser kann sich ersterem gegenüber nicht auf das nach der Konfiskation erworbene Eigentum berufen.
Wie das Landgericht weiter zutreffend dargelegt hat, steht die durch die Erlasse des Präsidenten der tschechoslowakischen Republik vom 19. 5. und 25. 10. 1945 angeordnete entschädigungslose Enteignung deutscher Staatsangehöriger in Widerspruch zu der in Art. 14 des Grundgesetzes vom 25. 5. 1949 niedergelegten deutschen Rechtsauffassung über den Schutz des Eigentums, wonach eine entschädigungslose Enteignung schlechthin unzulässig ist. Darüber hinaus findet die Maßnahme der tschechoslowakischen Republik aber auch im internationalen Recht keine Stütze. Abgesehen davon, daß die entschädigungslose Enteignung von Ausländern im allgemeinen weitgehend als *völkerrechtswidrig* angesehen wird, kann sie sich weder auf einen den letzten Krieg abschließenden Staatsvertrag noch auf Vereinbarungen zwischen den Siegermächten als Rechtsgrundlage berufen. Das Berliner Protokoll vom 2. 8. 1945[5] sieht lediglich Bevölkerungsverschiebungen »in ordnungsmäßiger und humaner Form« vor. Eine restlose und entschädigungslose Wegnahme der gesamten Habe ist aber mit diesen Richtlinien *unvereinbar*. Auch das Kontrollratsgesetz Nr. 5 greift nicht Platz, weil es nur Entziehung des Auslandsvermögens von in Deutschland lebenden Personen vorsieht. Darüber hinaus verstößt – unter dem Gesichtspunkt des Kriegsrechts betrachtet – die völlige entschädigungslose Enteignung *gegen die Haager Landkriegsordnung*[6] und die darin niedergelegten Grundsätze des Gewohnheitsrechts. Eine Rechtfertigung der Enteignung als »Repressalie« scheitert einmal daran, daß Repressalien nur zulässig sind, um den Gegner zur Einhaltung des Rechtes während der Kampfhandlungen zu zwingen, nach Beendigung der Kampfhandlungen und nach Kapitulation des Gegners für Repressalien somit kein Raum mehr ist. Zum anderen müssen auch Repressalien stets mit *den Grundsätzen der Menschlichkeit vereinbar* sein, was jedoch bei den Enteignungsmaßnahmen der tschechoslowakischen Republik *nicht zutrifft*. Ein Vergleich mit früheren Bevölkerungsverschiebungen zeigt, daß regelmäßig die Mitnahme oder die entgeltliche Veräußerung der Habe gestattet wurde. Eine Ausweisung mit unentgeltlicher Konfiskation der Habe widerspricht offensichtlich den in langjähriger Praxis entwickelten Grundsätzen des Minderheitenschutzes. Schließlich handelt es sich auch nicht um eine Eigentumsentziehung im Zuge allgemeiner Sozialisierungsmaßnahmen; im übrigen ist in diesem Rahmen nicht einmal die Sowjetunion so weit

gegangen, wie hier die Tschechoslowakei gegenüber den Sudetendeutschen. Die diesen gegenüber vorgenommenen Konfiskationen haben ihren Grund lediglich in der Zugehörigkeit der Eigentümer zum deutschen Volkstum. Sie wirken den Betroffenen gegenüber wie eine Kollektivstrafe, ohne daß ersichtlich wäre, wodurch diese eine so harte Behandlung verdient hätten. Dabei ist besonders darauf hinzuweisen, daß selbst bei den sehr weit gehenden Maßnahmen der Besatzungsmacht in der Ostzone gegen Kriegsverbrecher Hausrat und Mobiliar grundsätzlich belassen wurde, so daß die aus der Tschechoslowakei ausgewiesenen Sudetendeutschen *härter bestraft sind als Kriegsverbrecher.*
Die Dekrete des Präsidenten der tschechoslowakischen Republik vom 19. 5. und vom 25. 10. 1945 verstoßen somit nicht nur gegen anerkannte Grundsätze des Völkerrechts, sondern auch des Naturrechts. Die Anwendung der Vorbehaltsklausel des Art. 30 EGBGB ist somit auch unter diesem Gesichtspunkte nach Ansicht des Senats gerechtfertigt.
Ist nun aus den vorangeführten Gründen die von der tschechoslowakischen Republik im Jahre 1945 ausgesprochene entschädigungslose Enteignung sudetendeutschen Eigentums *rechtsunwirksam,* so ist einerseits der Kläger Eigentümer der z. Zt. im Besitze des Beklagten befindlichen Möbel u. Einrichtungsgegenstände geblieben und daher gem. § 985 BGB berechtigt, vom Beklagten die Herausgabe seines Eigentums zu fordern. Andererseits hat die Rechtsunwirksamkeit der Konfiskation auch zwangsläufig die *Rechtsunwirksamkeit* der Eigentums- und Besitzzuweisung seitens des Narodni Vybor an den Beklagten zur Folge, so daß dieser hieraus keine Besitzrechte gegenüber dem Kläger gem. § 986 BGB ableiten kann.«
<Der erkennende Senat des Oberlandesgerichtes hielt es dann> »mit Rücksicht auf die grundsätzliche Bedeutung der im vorliegenden Fall zur Erörterung stehenden Rechtsfragen für angezeigt, die Revision gegen das vorstehende Urteil an den Bundesgerichtshof in Karlsruhe zuzulassen«.[7, 8]

Anmerkungen:

[1] Das Urteil hatte das Aktenzeichen 4 U 157/51.

[2] Zum Wortlaut der Dekrete vgl. DdV, Bd. 1, S. 204ff., 263ff. Zu den Sachverhalten: S. 22f. für Anm. I/18.

[3] Art. 30 des Einführungsgesetzes zum *B*ürgerlichen *G*esetz*b*uch (EGBGB) vom 18. 8. 1896 lautete in der 1951 gültigen Fassung:
»Die Anwendung eines ausländischen Gesetzes ist ausgeschlossen, wenn die Anwendung gegen die guten Sitten oder gegen den Zweck eines deutschen Gesetzes verstoßen würde.«

[4] Die hier wie auch später durch Kursivdruck hervorgehobenen Stellen sind in der Fundstelle gesperrt gedruckt.

[5] Man beachte die bereits im Titel »Berliner Protokoll« zum Ausdruck kommende sachverständige Zurückhaltung.

[6] Zum Sachverhalt siehe S. 15 mit Anm. I/63 bis 67.

[7] a) Der Bundesgerichtshof hob das Urteil auf und verwies es an das OLG zur Neuverhandlung zurück:

- Durch Gesetz Nr. 63 der <West->Alliierten Hohen Kommission vom 31. 8. 1951 seien Klagen wegen deutschen Eigentums, über das eine alliierte Regierung <d. h. auch die ČSR> »im Zusammenhang mit dem Krieg gegen Deutschland« verfügt hatte, der deutschen Gerichtsbarkeit an sich entzogen.
- Es müsse jedoch folgendes noch geprüft werden: Das AHK-Gesetz entzöge nur solche Vorgänge deutscher Gerichtsbarkeit, die entsprechend alliiertem Recht, in diesem Fall dem ČSR-(d. h. Beneš-) Dekret vom 25. 10. 1945 erfolgten. Letzteres nahm jedoch Teile des beweglichen Vermögens, darunter möglicherweise auch Teile der verfahrensstrittigen Gegenstände aus (§ 2, Ziff. 1) und verlangte die formale Zustellung der Enteignungsentscheidung (§ 1, Ziff. 4).
  In dieser Entscheidung vom BGH nicht ausgesprochene Konsequenz: Wenn nur eine dieser beiden Bedingungen nicht erfüllt sei, liege deutsche Gerichtsbarkeit vor.
  Vgl. Urteil des IV. Zivilsenats v. 29.1.1953; Aktenzeichen IV ZR 201/51.

b) Die neuerliche Entscheidung des OLG München ist unbekannt: Urteile werden nach 30 Jahren vernichtet.

[8] Die <West->Alliierte Hohe Komission wurde durch die sog. Pariser Verträge vom 19./23. 10. 1954 (speziell Prot. C, Nr. 2, Art. 1; dort Liste I, Art. 1) mit Wirkung vom 5. 5. 1955 aufgelöst.
Ohne weitere Prüfung der Fortgeltung von Urteilen auf Grund von Gesetzen der <West->Alliierten Hohen Kommission ist jedenfalls beachtenswert, daß die internationalem Privatrecht folgende Entscheidung des OLG München vom 14. 6. 1951 die stehende deutsche Rechtsmeinung war und ist.

Fundstelle:
»Ascher Rundbrief«; Jg. IV, Folge 5; München, 8. 3. 1952; S. 1ff.

****

Anhang II:

Zeitgenössische Berichte: Tschechen im Sudetengebiet um 1938

Vorbemerkungen:

1) Es handelt sich v. a. um zeitgenössische und durchgängig um bereits publizierte Berichte, die einen Überblick der allgemeinen Entwicklung, Existenz und Lebensumstände der Tschechen im Sudetengebiet um und nach 1938 sowie der NS-Maßnahmen gegen Regimegegner geben. Die Berichte wurden chronologisch geordnet.

2) Die Darstellungen folgen grundsätzlich dem Raster:

Laufende Nummer (1–46) A) *Ort (Bezirk/Kreis); Datum des Berichtes (bzw. Zeitraum)* Zur Zusammensetzung der Bevölkerung von erwähnten Orten bzw. Bezirken/Kreisen des Sudetengebietes nach Nationalitäten: Siehe S. 330 bis 341: A V, T 3.

B) *Kurzbeschreibung des Inhaltes*

C) »*Text*«; darin
- Ortsnamen in Originalform;
- <In eckigen Klammern:> V. a. Verweise auf Anmerkungen und Fundstellen.

D) (Evtl.) *Anmerkungen*; darin auch Hinweise von Zeitzeugen (anonymisiert; siehe dazu S. 344).

E) *Quelle(n)*, Fundstelle(n)

3) Trotz vieler Bemühungen zur Verifizierung kann aus verständlichen Gründen keine Gewähr für die Richtigkeit der Angaben/Aussagen übernommen werden.

****

1) **A) Allgemein; Mai bis Oktober 1938.**

B) Die nachfolgende Zeitdarstellung aus Mies (Westböhmen) <D 1> wird durch ergänzende Anmerkungen aus mehreren Orten bzw. Bezirken/Kreisen des Sudetengebietes (Prachatitz, Krumau, Markt Eisenstein, Neuern und Rehberg im Böhmerwald, Luditz und Zieditz in West-, Schatzlar in Nordböhmen sowie Mähr. Schönberg in Nordmähren) zu einem symptomatischen bis repräsentativen Überblick, der vermutlich aus anderen Orten weiter ergänzbar wäre.

Die Berichte fußen oft auf noch vorhandenen bzw. zugänglichen sog. »Gemeindegedenkbüchern« (siehe S. 50 für Anm. II/10).

C) »Polizeigewalt – Im Mai <1938> fanden auch die Wahlen in die Gemeindevertretung statt <D 2>. Sie brachten einen ungeahnten Stimmenzuwachs für die SdP. Bei der konstituierenden Sitzung am 26. Juni wurden der vorher aus der Haft entlassene Fotograf Julius Lenhard zum 1. Bürgermeister, Rechtsanwalt Dr. Alfred Panz zum ersten und Manlik zum zweiten Stellvertreter gewählt. Daraufhin sprengte die tschechische Gendarmerie die Versammlung und entfernte die Gewählten gewaltsam unter dem Protest der Sitzungsteilnehmer aus dem Sitzungssaal.

...

Die allgemeine Lage wurde immer gespannter. Bereits im Juli verließen einige Juden die Stadt. Nun aber, Ende August, Anfang September, setzte eine regelrechte Flucht der Juden ein. Sie verkauften Hals über Kopf, was verkäuflich war oder nahmen Schulden auf. Ihnen folgten einige tschechische Chauvinisten, aber niemandem wurde ein Haar gekrümmt. Jeder konnte mitnehmen, was er wollte.

...

Verhaftung – Anfang September wurden etwa 30 Personen, meist führende SdP-Mitglieder, verhaftet, nach Pilsen eingeliefert und später nach Kyjow <d. h. Gaya> in Mähren verschleppt. <D 3>

Konfisziert – Alle Schußwaffen und jegliche Munition mußten am 20. September abgeliefert werden. Gleichzeitig wurden die motorisierten Fahrzeuge der Zivilbevölkerung eingezogen, im Rathaus (Motorräder) und in der Kaserne (Pkw und Lkw) deponiert. <D 4, D 5>

Aufmarsch der Armee – Am 25. September mußten sämtliche Radioapparate bei der Staatspolizei abgegeben werden. <D 6> Zivilisten wurden als Zwangsarbeiter zum Bau von Schützengräben eingesetzt. Der Aufmarsch der tschechoslowakischen Armee begann. Daraufhin setzte eine Massenflucht der deutschen Bewohner ein. <D 7> Die Nähe der besetzten Bunker und Artilleriestellungen ließ nichts Gutes erwarten. <D 8>

...

Generalmobilmachung – Am 23.September verkündete die Tschechoslowakei die Generalmobilmachung ihrer gesamten Streitkräfte. Zum Unterschied von der Mobilisierung im Jahre 1921 leistete diesmal nur ein Teil der mobilisierten Deutschen dem Einberufungsbefehl Folge. <D 9>

...

München – ...

Eiliger Abzug <der Tschechen> <D 10>

2. Oktober. Es erfolgte die Rückgabe der beschlagnahmten Radioapparate.
3. Oktober. Etwa 500 Kommunisten, die aus den bereits besetzten Gebieten geflüchtet waren, wurden zwangsweise einquartiert.

...

4. Oktober. Tschechische Soldaten und Beamte wurden zusammengezogen, um abtransportiert zu werden. <D 10> Etwa um 13.30 Uhr begannen einige Soldaten in Uniform und Zivilisten (Beamte) am Ringplatz und in einigen Gassen zu randalieren und suchten sich privat zu rächen. Die Deutschen blieben gelassen und ruhig.
5. Oktober. Mit Fahrzeugen aller Art flüchteten Tschechen und Juden in das Innere Böhmens.

<Es folgen Angaben zur Desarmierung der ČSR-Befestigungen, zum Abrücken der Truppen und Einmarsch der deutschen Wehrmacht.>

9. Oktober:

»Verlautbarung – Nachmittags setzte die Verhaftung von Kommunisten und deutschen Sozialdemokraten ein, die sich stark exponiert hatten. Dabei kamen mitunter Übergriffe vor, denn es wurden bei dieser Gelegenheit auch frühere Rechnungen quittiert. <D 11>

Beschlagnahme – Gleichzeitig mit der Wehrmacht rückten auch Angehörige der SS und

SA ein. Das Vermögen der geflüchteten Juden und Tschechen wurde unter den Schutz der Polizei gestellt, die Schlüssel am Landratsamt deponiert.

...

Verhaftungen – Die Verhaftungswelle erstreckte sich auch auf Angehörige der R.S.W. = Republikanische Schutzwehr. <D 12>

...

Rückkehr – 15. Oktober

...

Politische Gefangene kehrten von Bory zurück, ebenso die dreißig Geiseln. Am Ringplatz fand ihre Begrüßung statt. Zahlreiche bei der tschechoslowakischen Armee aktiv dienende Unteroffiziere sowie alle während der Mobilisierung eingezogenen deutschen Soldaten kehrten nach Mies zurück.

...

Rückgabe – 18. Oktober. Die vor der Mobilisierung abgelieferten Waffen der Zivilbevölkerung wurden zurückgebracht. Die wertvollsten Gewehre fehlten, Ramschzeug gab es mehr, als abgeliefert wurde, Munition war überhaupt keine bei der Übernahme des Transports durch Polizeiwachtmeister Tietze und die Parteileitung vorhanden. Die Rückgabe an die Besitzer erfolgte kurze Zeit nachher im ›Sudetenlager‹.

...

Beamte – 24. Oktober. Alle von den Tschechen entlassenen oder zwangspensionierten Beamten mußten sich melden und traten meist sofort den Dienst an.

...

Demgegenüber begann die geordnete Abwanderung aller zurückgebliebenen tschechischen Beamten und Angestellten. <D 10> Sie konnten ihr gesamtes Mobiliar und Inventar mitnehmen, selbstverständlich auch Wertgegenstände, Bücher, Bilder usw. Die Polizei gewährte Schutz bei der Räumung der Wohnungen und legte ordnungsgemäße Protokolle von der Übernahme tschechischen Vermögens an. Der Abtransport erfolgte durch bespannte oder motorisierte Fahrzeuge, die meist aus Pilsen kamen, oder mit der Eisenbahn.

Leere Häuser – Die von Juden und Tschechen vor dem Einmarsch verlassenen Häuser und Wohnungen wurden beschlagnahmt und teilweise für öffentliche Zwecke oder Ämter freigegeben.

Schließungen – Unmittelbar nach dem Einmarsch wurde der sozialdemokratische Kreiskonsum »Vorwärts« beschlagnahmt und unter Treuhänderverwaltung gestellt. Ebenso wurden die tschechische Volks- und Bürgerschule sowie der Kindergarten gesperrt und die freigewordenen Räume der deutschen Handelsakademie in Pilsen zur zeitweisen Benützung übergeben.

...

Rückgabe – Für das Wirtschaftsleben wirkte sich sehr aus, daß von den zurückziehenden tschechischen Truppen alle motorisierten Fahrzeuge sowie Pferde mit Wagen weggeschafft wurden. Sie kamen zunächst nach Blattnitz und Nürschan, von wo aus sie in das Innere der Tschechoslowakei verteilt wurden. Den abgelieferten Pferden wurden auf den Hufen Nummern eingebrannt. Diese sehr guten Bauernpferde mußten in der CSR die Herbstbestellung durchführen. Als Pferde und Wagen zurückgegeben wurden, kamen nur alte und schlachtreife Tiere mit frisch aufgebrannten Nummern der früheren Brennstempel zurück. Auch die guten Wagen hatten die Tschechen ausgetauscht.« <E 1>

D 1) Zur Bevölkerungszusammensetzung der erwähnten Orte hier wie in den Folgeberichten: Siehe S. 330–341: A V, T 3.

D 2) Zur *ČSR-Gemeindewahl* im Sommer 1938:
21) Ergebnisse in Zieditz (Falkenau) am 12.6.1938:
»Von 1092 gültigen Stimmen entfielen 846 auf die SdP, 65 auf die Sozialdemokraten und 181 auf die Tschechen.« <E 2>

22 Wahlvorbereitungen in Prachatitz unter der Überschrift »Die Unvollendete«: »So nennen sie <gemeint: Die Bewohner von Prachatitz> jene Straße, deren Bau die Tschechen kurz vor der letzten Gemeindewahl in Angriff nahmen, um möglichst viele tschechische Arbeiter nach Prachatitz zu bringen und so die Mehrheit der Deutschen zu brechen. Dieses Manöver gelang ihnen auch mit Hilfe anderer Wahlschwindeleien. Sie errangen eine knappe künstliche Mehrheit. Danach wurde der Straßenbau eingestellt, die tschechischen Arbeiter zogen wieder ab und die Straße blieb unvollendet.« <E 3.1>

D 3) Zur *Verhaftungen von Sudetendeutschen* im September 1938 durch ČSR-Organe:

31) Zahlreiche Verhaftungen »am Tage der Mobilmachung« in Zieditz <E 2>. In Krumau am 21. 9. und Verbringung nach Budweis. <E 3.2>

32) Bericht aus Schatzlar (Trautenau):
»In der Nacht <vom 23./24. 9. 1938> und am Morgen wurden zahlreiche Geiseln ausgehoben... <Am 24. 9.> hatte man 38 deutsche Schatzlarer Bürger auf dem Marktplatz zusammengetrieben <und> im Gerichtsgebäude unter dem Vorsitz des Staatspolizei-Kommissars Dr. Beranek peinlich verhört... Die Frauen und Angehörigen dieser Geiseln standen weinend am Ringplatz und mußten zusehen, wie ihre Männer mißhandelt und geschlagen wurden. Soweit die Namen der Geiseln noch bekannt sind, gehörten dazu <es folgen 24 Namen>...
19 von ihnen <wurden> am Abend nach Trautenau gebracht, wo sie vom Militär auf das schwerste mißhandelt wurden.... In Jicin und dem Strafhaus Karthaus wurden die Mißhandlungen fortgesetzt....«<E 4.1>

33) Daher ist die Vermutung zulässig, daß es sich um ein allgemeines, mit den ČSR-Mobilisierungsmaßnahmen verbundenes Vorgehen handelte.

D 4) Zur *Beschlagnahme (auch) von Pferden*:

41) Siehe Bericht über Rückgabe in Mies weiter unten.

42) Siehe auch Berichte über Beschlagnahme im Bezirk Kaaden (S. 184 f.: A II, B 10 und Budweis <E 3.3>.

43) Hierbei handelte es sich um eine allgemeine ČSR-Mobilisierungsmaßnahme; siehe den Text der deutsch – tschechoslowakische Rückgabevereinbarung vom 7. 10. 1938 S. 149: A I, D 7.

44) Die, mindestens regional zu beobachtende, nationale Diskriminierung selbst dieses allgemeinen Vorgangs belegen Berichte aus Polička (Ostböhmen):
»Ende September – Musterung <d. h. mobilisierungskonforme Beschlagnahme> von Pferden und Wagen auf dem Marktplatz, vornehmlich von deutschen Bauern«. <E 12.1>
»Kommisar Novák vom Bezirksamt... stellte gegenüber den deutschen Eigentümern aus den anliegenden Gemeinden unseres Bezirkes eindeutig fest: Zuerst ihre Pferde und Wagen und erst später die Pferde und Wagen unserer Leute.« <E 12.2>

D 5) Zur *Beschlagnahme von PKW und LKW*:

51) »Die in den Grenzgebieten registrierten Motorfahrzeuge wurden während der Mobilmachung im Herbst 1938 in beschädigtem Zustand an die Armee abgeliefert. Laut Meldung des II. Armeekorps fehlten 30% der in den Grenzgebieten registrierten Fahrzeuge. Das III. Armeekorps meldete ›einen katastrophalen Zustand der reqirierten Fahrzeuge: 45% fahruntauglich‹ ... Die Ablieferungsmoral scheint überhaupt nicht hoch gewesen zu sein: In den tschechischen Regionen erreichten die eingezogenen LKW 50%, in den deutschen sogar nur 10–30% der Soll-Stände.« <E 5.1>

52) Die gesetzliche Basis in der ČSR für die Beschlagnahme aller privaten Transportmittel, auch Fahrräder im Mobilmachungs-Fall lag im § 89 des Staatsverteidigungsgesetzes vom 13. 5. 1936; zum Text vgl. »ČSR-Slg.« Nr. 131, S. 461 ff., hier S. 499 f.

D 6) Zur *Beschlagnahme von Radioapparaten*:
61) Bericht aus Zieditz (Falkenau):
»Am 26. September mußten sämtliche Radioapparate abgegeben werden.« <E 2>
62) Bericht aus Markt Eisenstein und Böhm. Kubitzen. <E 3.4>
63) Daher ist gebietsweites, organisiertes Vorgehen der ČSR-Behörden zu vermuten.

D 7) Zur *Massenflucht deutscher und tschechischer Zivilpersonen*:
71) Ähnlicher Bericht bereits für die Zeit ab 23. 9. 1938 aus Schatzlar (Trautenau): Hier auch Hinweis auf zeitweise Flucht vieler Tschechen und dauernde Evakuierung zahlreicher tschechischer Kinder. <E 4.1>
72) Einzelberichte über Flucht des Schriftstellers Hans Watzlik aus Neuern (Markt Eisenstein) nach Straubing (Nby) und von Kaplan Johann Grill aus Rehberg (Bergreichenstein) nach der Oberpfalz. <E 3.5>
73) »Die Fluchtbewegung verstärkte sich, als im September von der deutschen Gesandtschaft in Prag der Rat gegeben wurde, Frauen und Kinder aus den deutschen Siedlungsgebieten außer Landes zu schicken.«
Zum zahlenmäßigen Umfang der Fluchtbewegung sind gewisse Ableitungen aus dem Volumen der späteren Rückführung der ins »Altreich« Geflüchteten aus einer der mindestens vier beteiligten Reichsbahndirektionen möglich:
»Die Reichsbahndirektion Dresden hat allein vom 1. bis 20. Oktober 1938 nach und vom Sudetenland 195 Flüchtlingszüge und 201 Leerzüge gefahren.« <E 6>
74) Nach dem 16. 9.: Bericht aus Zieditz:
Es »verließen viele Einwohner die Gegend. Mehrere Flüchlingszüge gingen ins Landesinnere ab. Aus Zieditz wanderten etwa 160 Tschechen und 20 Deutsche ab«. <E 2>

D 8) Zur *Begründung der Massenflucht auch*:
»Die Lage hat sich aufs Äußerste zugespitzt ... Unsere Heimat soll Kriegsschauplatz werden, heißt es allgemein.« <E 2>

D 9) Die *Befolgung* der *Einberufungsbefehle* zur ČSR-Armee nach der Generalmobilmachung (Bekanntgabe über Prager Rundfunk am 23. 9., ca. 23.00 Uhr) *durch die Sudetendeutschen* ist im Rahmen allgemeiner Repressionsmaßnahmen zu werten und wird unterschiedlich berichtet:
91) Tschechische Maßnahmen nach Akten von 1938:
»Bereits am 16. September 1938 ordnete die Abt. I des Generalstabs an, den einrückenden Deutschen seien nur Uniformen, aber keine Waffen auszufolgen. Die Erfassung in Arbeitskommandos, <bzw. die> Erwägung, <die Deutschen> ohne Waffe in Arbeitsbatallionen zusammenzufassen, ... hat auch stattgefunden ... aber die <komplette> Verwirklichung scheiterte am Mangel slawischer Bewachungsmannschaften.« <E 5.2>
92) Tschechische Darstellung aus dem Jahre 1939:
»Although Herr Henlein announced by radio from Germany that those Sudeten-Germans who obeyed their mobilisation orders would be committing an act of high treason against the German nation ... apart from a few isolated exceptions, the Sudeten Germans obeyed unhesitatingly their mobilisation orders.« <E 7>
93) Sudetendeutsche Darstellungen aus den Jahren 1938/39:
* Schatzlar (Trautenau):
»Dem tschechischen Mobilmachungsbefehl 1938 leisteten nur wenig Deutsche Folge; sie gingen lieber über die Grenze in das benachbarte Schlesien und meldeten sich dort freiwillig im Sudetendeutschen Freikorps.« <E 4.2>
* Zieditz (Falkenau):
Nach dem 16. 9.: »Zahlreiche Reservisten wurden einberufen ... Deutsche Jungmänner flüchteten über die Reichsgrenze.« <E 2>

94) Differenzierte Darstellung aus Akten des ČSR-Generalstabes 1938:
»Laut Meldung des tschechoslowakischen militärischen Nachrichtendienstes (Abt. II d. Gen. Stabs) folgten überwiegend deutsche Reservisten aus den Binnenbezirken dem Mobilmachungsbefehl. Reservisten aus den Grenzbezirken sind nicht eingerückt, oder später desertiert. Die sogenannten »B-Einheiten« <gedacht für Hilfsdienst ohne Waffe>, mit einem hohen Prozentsatz Angehöriger der Minderheiten, erreichten bei manchen Truppenteilen nicht einmal die Hälfte des Soll-Standes. Zum I. Armeekorps (Südwest-Böhmen) rückten nur 30–40% der deutschen Reservisten ein, beim II. Armeekorps (Nord-Böhmen) ca. 60%, beim III. Armeekorps (Süd-Mähren) knapp über 20%.« <E 5.3>

95) Zusammenfassend im Jahre 1991:
»Erstaunlich war es aber, daß auch noch in dieser emotional aufgeladenen Situation die große Mehrheit der 300.000 einberufenen Sudetendeutschen... loyal zu den Fahnen eilte.« <E 8>

D 10) Zum *Abzug der Tschechen*:

10.1) Bericht aus Luditz für den 29. 9. 1938:
»Die meisten Tschechen, vor allem Beamte und Lehrer, die nach 1918 in die deutschen Gebiete gekommen waren, verließen fast unbemerkt Luditz mit ihrem Hab und Gut, denn außer Wohnungen hatten sie kaum Besitz.
Durch den Luditzer Bahnhof fuhren 15 große Lastzüge mit 2 bis 3 Lokomotiven bestückt, die auf der Nebenstrecke den Besitz der Tschechen dorthin schafften, wo sie hergekommen waren.
Auch die Juden, die mit ihren Familien schon lange in Luditz ansässig waren, verließen Luditz.« <E 9>

10.2) Bericht aus Schlackenwerth (Karlsbad):
»Niemand krümmte nur einem der in diesen letzten Septembertagen 1938 ihre nach 1918 bezogenen Häuser, Wohnungen und Staatsstellen innehabenden Tschechen nur ein Haar, als sie diese wieder verließen und dorthin zurückkehrten, wo sie ihre Heimat hatten. Sie konnten die Häuser verkaufen und alles andere mitnehmen, sie waren keinerlei Haß- oder Rachegefühlen ausgesetzt und wer bleiben wollte, konnte auch in Zukunft in Schlackenwerth bleiben. Das ist die Wahrheit. Im Gegenteil winkten den Abziehenden so mancher Schlakkenwerther noch freundschaftlich zu.« <E 13>

10.3) Bericht aus Mähr. Schönberg für die Zeit ab 29. 9. 1938:
<Anscheinend bereits vorher erste Abzugswelle nach 1919 zugezogener Tschechen.> »Nach dem Münchner Abkommen <und der Bekanntgabe des Verlaufes der endgültigen Grenze> gab es weitere, hastige Übersiedlungen in das Binnenland. Über den Rundfunk wurde zwar die tschechische Bevölkerung aufgefordert, in ihren Orten zu verbleiben, diese nicht zu verlassen und auf dem von ihren Vorfahren ererbten Boden auszuharren. Wer aber konnte schon bleiben? <Es blieben die meisten alteingesessenen Tschechen; siehe S. 239: A III, B 81, Ziff. D 1> ... Am 7. Oktober ging die Mehrzahl der Tschechen aus den nördlichen Teilen Mährens weg und am selben Tag war im wesentlichen auch der Auszug aus der Stadt <d. h. Mähr. Schönberg> abgeschlossen.« <E 14>

10.4) Zieditz (Falkenau) für die Zeit bis Dezember 1938:
Von den etwa 160 im September v. a. vor der Kriegsgefahr geflohenen Tschechen »kamen... bis Ende Dezember etwa 50 zurück«. <E 2>

10.5) Siehe auch S. 172: A II, B 1, Ziff. D 71.

D 11) Zur *Verfolgung von sudetendeutschen NS-Gegnern*:

11.1) Bericht aus Zieditz (Falkenau) für 1938 bis nach 1950:
Unter den Verfolgten befand sich auch Josef Leicht, 1884 geboren, Spengler, 1908 bis 1927 Eisenbahnarbeiter, 1919–1934 Gemeinderat der DSAP, ab 1934

Gemeindevorsteher (d. h. Bürgermeister) von Zieditz. Über sein Schicksal wird berichtet:

»Im Jahre 1938 hat sich Josef Leicht der Verhaftung durch die neuen Machthaber durch seine Flucht ins Innere Böhmens entzogen. Leider bekam er dort keine Bleibe und mußte nach kurzer Zeit wieder in seine Heimatgemeinde Zieditz zurückkehren. Vielen war es nach dem Kriege <d. h. nach 1945> sehr peinlich, als sie dem früheren Gemeindevorsteher bei seiner Rückkehr aus dem verhinderten Exil <d. h. 1938> einen schlimmen Empfang bereiteten. Die Pfui- und Verräterrufe waren noch das Mindeste. Da er in der Heimat keine Arbeit fand und sich der Gefahr der weiteren Verhaftung entziehen wollte, ging er mit seiner Frau nach Pegnitz, wo er wieder in seinem Beruf arbeitete. Anfangs der 40er Jahre kehrte er wieder nach Zieditz in sein Häuschen zurück, wo er dann in einem der ortsansässigen Bergwerke Arbeit fand. Während dieser Zeit war er ein einsamer Mann, denn kaum einer war bereit mit ihm zu sprechen.

Nach dem Krieg stellte er sich sofort wieder der sozial-demokratischen Bewegung zur Verfügung und hat auch wieder den Menschen, auch solchen, die ihm während der vorausgegangenen Jahre weniger freundlich gesinnt waren, geholfen.

Mit dem Antifaschisten-Transport siedelte er 1946 nach Regensburg-Neutraubling aus und von dort weiter nach Pegnitz in sein damaliges Exil, wo er sein Leben als Sozialdemokrat beendete.« <E 2>

10.2) Siehe auch verschiedene Berichte an anderen Stellen.

D 12) Die RSW (auch RW) war die Wehrorganisation der sudetendeutschen Sozialdemokraten und seit Mitte September 1938 von der ČSR-Regierung verboten. <E 10>
»17. 9. 1938:
Polizeidirektion Prag verbietet das Tragen der Verbandsuniformen der RW.« <E 11>

E 1) Vgl. Weschta, Wilhelm: »Mies 1877–1945«; Dinkelsbühl, 1971; S. 135ff.
Die Arbeit basiert auf zeitgenössischen Tagebüchern.

E 2) Vgl. Döllner, Josef: »Blättern im Heimatgedenkbuch der Gemeinde Zieditz« in »Sudetenjahrbuch der Seliger-Gemeinde«; Jg. 41 (1992); München, 1991; S. 101ff.
Die Arbeit zitiert aus dem bis Ende 1939 fortgeführten Gemeindegedenkbuch.

E 3) Vgl. »Bayerische Ostmark« (Tageszeitung, Bayreuth); Ausschnittsammlung im Sudetendeutschen Archiv, München; Manuskript Nr. F 197:
3.1) Ausgabe v. 21. 1. 1939, S. 33.
3.2) Ausgaben v. 21. 9. und 5. 10. 1938, S. 4, 21, 23.
3.3) Ausgabe v. 24. 9. 1938, S. 7.
3.4) Ausgaben v. 27. 9. und 1. 10. 1938, S. 7, 20 f.
3.5) Ausgaben v. 27. 9. und 28. 9. 1938; S. 8f., S. 10 f.
<Nachfolgend zitiert als »BO«>

E 4) Vgl. Prätorius, Karl: »Schatzlar und seine Bezirksgemeinden«; Marburg, 1993;
4.1) S. 493, 496.
4.2) S. 493.

E 5) Vgl. Kostrba-Skalitzky, Oswald: »Bewaffnete Ohnmacht. Die tschechoslowakische Armee 1918–1938« in »Die Erste Tschechoslowakische Republik als multinationaler Parteienstaat«; Hsg. v. Karl Bosl; München 1979;
5.1) S. 522.
5.2) S. 521.
5.3) S. 521 f., dort auch Herkunft der zeitgenössischen Angaben.

E 6) Vgl. Pischel, Werner: »Sudetenland und Deutsche Reichsbahn« in »Eisenbahnen im Sudetenland«; Hsg. v. Siegfried Bufe; Eggelham, 1991; S. 52–72; hier S. 60.
Die Arbeit beruht auf zeitgenössischen Tagebüchern.

E 7) Vgl. Ripka, Hubert: »Munich before and after«; London, 1939; S. 137.

E 8) So Prinz, Friedrich: »Geschichte Böhmens 1848–1948«; Frankfurt/Main, 1991; S. 425.

E 9) Vgl. »Aus der Geschichte der Stadt Luditz« in »Heimatbuch des Kreises Luditz«; Hsg. von der Arbeitsgemeinschaft Heimatbuch Kreis Luditz; München, 1971; Neufassung 1993; S. 92.
Angaben aus bis 1942 geführter zeitgenössischer Chronik, die sich heute im Archiv in Karlsbad befindet.

E 10) Vgl. Grünwald, Leopold: »Sudetendeutscher Widerstand gegen Hitler«; München 1978; S. 17.

E 11) Vgl. Kürbisch, Friedrich G. : »Chronik der sudetendeutschen Sozialdemokratie 1863–1938«; Stuttgart, 1982; S. 80.

E 12) Siehe die Materialbasis zu Polička: S. 266–272: A IV, Exkurs 3:
12.1) »Dat.«, S. 1.
12.2) »Vencovsky«; Teil 1, S. 7.

E 13) Foh, Karl: »Erinnerungen«, Hammelburg, 1993; S. 8.

E 14) Jersák, Jan: »Šumpersko 1938–1945« (Das Gebiet von Mährisch Schönberg 1938–1945); Mähr. Schönberg, 1946; S. 42.

****

2) **A) Allgemein; Anfang Oktober 1938**

B) Stimmung vieler Sudetendeutscher, gemessen an der Begrüßung deutscher Truppen im Vergleich zum Einmarsch in Österreich im März 1938; gleichzeitige Stimmung der Prager Tschechen.

C) »The troops have been very much heartened . . . by the exuberance of the welcome which they have received from the Sudeten population. This welcome has far transcended even the rapturous reception accorded to the advance into Austria earlier in the year.« <E 1>
»Die Begeisterung der Bevölkerung war ungeheuer. Der Unterschied gegen Österreich erheblich. Dort waren mehr oder minder die Leute trunken, hier merkte man eine wirkliche Befreiung und ein Aufatmen der Leute nach schwerem Druck.« <E 2>
Demgegenüber die Stimmung vieler Prager Tschechen, tschechischer Flüchtlinge und die tschechische Meinung über sich selbst und die Sudetendeutschen in dieser Zeit:
»Prague was blacked out and in a state of military emergency. The results of the Munich Conference became known, as I recall it, on the morning after my arrival <d. h. am 30. 9. 1938>. I was present on the Vaclavsky Namesti as they were being announced over the loudspeakers; and one of my first impressions of the post-Munich Prague was thus the sight of crowds of people weeping, unabashedly, in the streets at this death knell of the independence their country had enjoyed for a brief twenty years.« <E 3>
»One morning, only three or four days after my arrival, there burst into our office an attractive young lady wearing a collegiate American fur coat and tossing, in her indignation, a most magnificent head of golden hair. Without further ado, she proceeded to burn us all up for our sleepy inactivity. The advance of the Germans into the Sudeten area was causing the Czech inhabitants of that region, she said, to flee by the hundreds of thousands. <D 1> Within a day or two these hordes would be descending on Prague. No one was making any provision to feed them, to house them, to care for them. It was time for us to bestir ourselves. ›Why,‹ she demanded to know, ›don't you do something about it?‹
The other secretary of the legation and I responded with a weary and polite disdain. What in the world could we ›do‹ about it? . . . Besides, we suspected that her fears were exaggerated, as indeed they turned out to be.« <D 1> <E 3>

»No one can deny the efforts the Czechs have put forth to develop their territories and to lay the foundations of a permanent, healthy state. No one can look at their beautifully prepared atlases or follow the excellent Sokol foot-trails through the Bohemian forests without sharing their grief at the rude smashing of the clay which they tried so hard to mold into a sound and enduring vessel. It is impossible not to agree when they tell you that they were not responsible for the presence of three million Germans within the natural strategic and economic frontiers of Bohemia <D 1>, and that they feel themselves to have been, despite their lack of experience in government, more considerate hosts to their own racial minorities than many of those who have now, with such sudden flutters of indignation, gathered non-Slavic minorities under the maternal wing.« <E 4>

D 1) Kennan, der später sehr bekannte US-Diplomat und Politikwissenschaftler, war im Herbst 1938 an die Gesandtschaft der USA in Prag versetzt worden.
Er etabliert seine naiv-unbefangene Chronistenrolle durch Zustimmung zum unhistorisch/ademokratischen (und zugleich potentiell explosiven) Selbstverständnis seiner tschechischen Gewährsleute: Sie seien »nicht verantwortlich« für die Einbeziehung der Sudetendeutschen in die »natürlichen strategischen und wirtschaftlichen Grenzen von Böhmen.«
Der so ausgewiesene Zeitzeuge konnte daher die zeitweise Furcht vor »Hunderttausenden« tschechischer Flüchtlinge aus dem Sudetengebiet wie auch ihre Widerlegung durch die tatsächlichen Abläufe überzeugend notieren.

E 1) Bericht des britischen Militärattaches in Berlin, Oberst McFarlane vom 10. 10. 1938 an den britischen Botschafter in Berlin, Sir Neville Henderson; von diesem weitergegeben an den britischen Außenminister, Viscount Halifax am 12.10.1938. Abgedruckt in »Documents on British Foreign Policy 1919–1939«; 3. Serie, Band III; London, 1950; Nr. 191, S. 161 ff., hier S. 166.
Im folgenden zitiert als »DBFP«.

E 2) Groscurth, Helmuth: »Tagebücher eines Abwehroffiziers 1938–1940«; (Mit-)Hsg. v. Helmut Krausnick; Stuttgart, 1970; S. 131 f.
Groscurth war deutlicher Gegner des NS-Regimes.

E 3) Kennan, George F.: »Memoirs (1925–1950)«; New York, 1967, Bantam Edition 1969; S. 91 ff.

E 4) Dgl.: »From Prague after Munich«; Princeton, N.J., USA; 1968; S. 4 f.
Das Zitat stammt aus einer Niederschrift mit dem Titel: »Personal notes on the Munich crisis, written in early October 1938«.

****

3) A) **Marienbad, Karlsbad; 3. 10. 1938**

B) »Reisebericht aus dem Sudetenland« von Major Groscurth:

C) »Am 3. Oktober fuhren wir <gemeint u. a. Admiral Canaris> von Bad Elster <über Eger> nach Marienbad. Dort Rücksprache mit dem Kommandierenden General [Freiherr v. Weichs], dem Chef des Stabes und dem Ic des GKdos. [Generalkommandos] XIII. Es herrschte beträchtliche Aufregung, weil die Gestapa <D 1> bereits anfing mit umfangreichen Verhaftungen <D 2> von Leuten der SdP <D 3>. Auch in Eger hatten wir von Frank <D 4> gehört, daß Schwierigkeiten entstanden seien. Frank hatte kurzerhand zwei Leute festgesetzt, die im Auftrage des SD gegen Henlein noch in den letzten Tagen gehetzt hatten <D 5>. Auf Empfehlung des Kommandierenden Generals XIII. AK [Armeekorps] fand eine Besprechung mit dem Kreisleiter Senator Frank statt, einem ehemaligen österreichischen Generalstabsoffizier. Dieser sprach sich in den heftigsten Worten gegen die Verhaftungen seitens der Gestapa aus. Es sollen bereits 200 Verhaftungen erfolgt sein. Senator Frank sprach von den ›Lausbuben‹ der Gestapa, die ihm alles zerschlügen. Das Benehmen dieser Leute sei indiskutabel. Senator Frank war selber mit all' seinen politischen Leitern in der ČSR verblieben und hatte ein Freikorps ›Heimatland‹ aufgestellt, das bis zuletzt die Ordnung aufrechterhalten konnte. Senator Frank teilte weiter mit, daß auch innerhalb des Freikorps eine Aufbruch-Clique gebildet sei, die stark gegen Henlein hetzt. Er schilderte weiter, daß ein infamer Machtkampf bereits jetzt ausgebrochen sei. Diese Dinge wurden in Karlsbad dem Oberbefehlshaber [General v. Reichenau] und seinem Chef des Stabes vorgetragen. Der Oberbefehlshaber erklärte sich bereit, Senator Frank am nächsten Tage zu empfangen. Durch den Chef des Stabes, General Bernard, wurde sofort ein Befehl herausgegeben, daß alle Verhaftungen nur mit Wissen der SdP-Kreisleitung und des AOK [Armeeoberkommandos] erfolgen dürften.« <E 1>

D 1) Gestapa = Geheimes Staatspolizei*amt*, Behördennamen der Gestapo = Geheime Staatspolizei. <E 2>

D 2) a) Während des Einmarsches in Österreich im März 1938 hatten aus Gestapo und SD (Sicherheitsdienst der SS) gebildete »Einsatzgruppen« als praktisch selbständige Polizeieinheiten im militärischen Operationsgebiet der Wehrmacht »Ungesetzlichkeiten« (so sogar Reinhard Heydrich, Chef der Gestapo, in Rede vor dem 28.9.1938) begangen; er drohte »schärfste Maßnahmen« an, wenn sich diese wiederholen würden.
Heydrich hatte insgeheim bereits ab Februar 1938 durch z. B. Tschechisch-Unterricht für ausgewählte SS-Offiziere und die laufende Organisationsentwicklung der Einsatzgruppen für die Besetzung des Sudetengebietes vorgeplant. Nunmehr entwickelte er für seine Konkurrenten im NS-Verantwortungsdschungel nur schlecht zugängliche, durch diese Einsatzgruppen abzuwickelnde »Vorbereitungen zur Beseitigung der deutschen Kommunisten im sudetendeutschen Gebiet«. Die dadurch alarmierte deutsche Wehrmachtführung konnte zwar erreichen, daß offiziell die ihrem Abwehrchef Canaris unterstehende, v.a. aus früheren Beamten der Kriminalpolizei bestehende Geheime Feldpolizei mit dieser Aufgabe betraut wurde.
Heydrich selbst hatte daraufhin jedoch lediglich versprechen lassen, »alle Vorbereitungen« im Einvernehmen mit der Wehrmacht zu treffen; in seine Maßnahmen ließ er sich offensichtlich nicht hineinreden. <E 3>

b) Die erwähnten Einsatzkommandos kamen mit klaren Richtlinien, wie eine Gestapo-Stelle zu arbeiten. In den Weisungen hieß es u. a.:
»Festnahmen und Durchsuchungen (mit Beschlagnahmen, Sicherstellungen usw.) erfolgen:
a) auf Grund der Sonderfahndungsliste (!) <auch als ›Fahndungsbuch‹ bezeichnet>, die jedem Beamten usw. gegen Quittung ausgehändigt wird und die als geheimer Gegenstand zu behandeln ist,
b) auf Grund erstatteter Anzeigen, in deren Verfolgung sorgfältig und verantwortungsbewußt abzuwägen ist, daß einerseits keinesfalls Unschuldige unnötig schikaniert werden dürfen und daß anderseits der sudetendeutschen Bevölkerung gezeigt werden muß, daß die deutsche Polizei zielklar und kraftvoll durchgreift.«
Außerdem wurden die allgemeinen Schutzhaftbestimmungen durch eine Sonderregelung dahingehend geändert, daß die Dauer der vorläufigen Festnahme von 10 Tagen auf 4 Wochen zu verlängern sei.
Die durchschnittliche Dauer dieser vorläufigen Festnahmen scheint jedoch relativ kurz gewesen zu sein. Nur so ist eine Anweisung im Rundschreiben des Chefs der Sicherheitspolizei vom 30. 10. 1938 zu erklären, die »seit dem Einrücken der deutschen Truppen auf sudetendeutschem Gebiet festgenommenen und inzwischen wieder freigelassenen Personen« zu erfassen. <E 4>

c) Die bürokratische Abdeckung dieser Maßnahmen erfolgte durch die 3. Verordnung des Reichsinnenministers <d. h. von Frick> vom 22. 10. 1938 zum Erlaß des Führers und Reichskanzlers <d. h. von Hitler> über die Verwaltung der sudetendeutschen Gebiete vom 1. 10. 1938. Darin hieß es:
§ 1: »Der Reichsführer SS und Chef der deutschen Polizei im Reichsministerium des Innern <d. h. Himmler> kann die zur Aufrechterhaltung der Sicherheit und Ordnung notwendigen Verwaltungsmaßnahmen auch außerhalb der sonst hierfür bestimmten gesetzlichen Grenzen treffen.« <E 5>

D 3) Groscurth charakterisierte: Unter auch leitenden Mitarbeitern der »Sudetendeutschen Partei, Vorsitzender Konrad Henlein« (SdP) habe es viele gegeben, die dem »logenähnlichen politischen Club« »Kameradschaftsbund« mit spezifischer Denkrichtung <E 6> entstammten.
Die SS unter Himmler und Heydrich habe demgegenüber auf den »politisch extremen, in und neben der SdP stehenden Aufbruchkreis« gesetzt. Gemeinsam sei man nach dem 1. 10. 1938 nicht nur gegen offensichtliche Gegner des NS-Regimes, sondern auch gegen mißliebige SdP-Mitglieder und Funktionäre vorgegangen. <E 1>
Zu Henleins Haltung gegenüber dem »Aufbruch«-Kreis: Siehe S. 182: A II, B 6, 2. Absatz.

D 4) Gemeint: Karl Hermann F., Stellvertreter Henleins; nicht zu verwechseln mit SdP Kreisleiter Senator Frank.

D 5) Henlein war »bis zum Jahre 1938 von vielen politischen Stellen <im Dritten Reich> restlos abgelehnt« worden. <E 1>

D 6) Alle diese Vorkommnisse blieben offensichtlich wohl verdeckt. Ein britischer Offizier berichtete:
»Unlike the procedure adopted in the Austrian scramble, the use made of para-military formations on this occasion has been soldierly and well coordinated. In all instances which have come to my notice, all para-military formations were placed under the command of the army command in the sector concerned. Considerable numbers of S.S. – mostly Verfügungstruppen in their field grey service uniforms – and of the ›green‹ Schutzpolizei have been employed. They have been used in most cases purely for police work and the restoration and maintenance of order in localities as the German advance reached them.« <E 7>

E 1) Groscurth: a. a. O; S. 132 f.

E 2) Zu Details vgl. Höhne, Heinz: »Der Orden unter dem Totenkopf«; Gütersloh, 1967; v. a. S. 165 f., 185, 210, 259 usw.

E 3) Groscurth: a. a. O.; S. 126 f.

E 4) Vgl. Wlaschek, Rudolf M.: »Juden in Böhmen«; München, 1990; S. 93. Angaben aus Akten des Bundesarchivs, Koblenz.

E 5) Zum Gesamttext vgl. RGBl. 1938 I, S. 1453.

E 6) Zum sog. KB vgl. Brand, Walter: »Auf verlorenem Posten«; München, 1985.

E 7) Vgl. »DBFP«: a. a. O.

****

4) **A) Allgemein, Anfang Oktober 1938**

B) Angaben eines verantwortlichen Wissensträgers der damaligen Reichsbahndirektion Dresden über den Zustand der Bahn im Sudetengebiet.

C) »Die zu übergebenden Gebiete wurden in einem trostlosen Zustand vorgefunden. <D 1> Die Tschechen hatten nach der Mobilmachung und bei der Räumung der Gebiete in

größtem Umfang rollendes Material, Lokomotiven, Personenwagen und Güterwagen in das Innere der Tschechoslowakei abgezogen. Auch die wenigen vorhandenen Kraftwagen waren fortgeführt worden. <D 2> Das tschechische Eisenbahnpersonal war geflüchtet, darunter viele leitende Beamte von Dienststellen wie Bahnhöfen und Güterabfertigungen. Die Tschechen hatten zahlreiche sudetendeutsche Beamte dieser Dienststellen aus nationalpolitischen Gründen in das Innere der Tschechoslowakei versetzt. Auf mehreren Strecken . . . war der Oberbau zerstört.«
<Der Berichterstatter stellt dann die Ausbesserungsarbeiten dar, die durch ein umfangreiches Kfz-Transportsystem mit aus dem »Alt-Reich« geliehenen Lkw und Bussen sowie zahlreichen Reichsbahnbediensteten flankiert wurden, welche jedoch bald wieder zurückgeführt werden mußten.>
»Die DR <D 3> griff daher selbstverständlich sofort auf sudetendeutsche Beamte und Arbeiter zurück, die auf den abgetretenen Strecken im Dienst der ČSD gestanden hatten und nicht geflüchtet waren, dann auf die sogenannten Rückwanderer, die als Sudetendeutsche in das Innere der Tschechoslowakei versetzt waren, jetzt aber zurückkehrten oder von den Tschechen abgeschoben wurden, und schließlich auf die aus politischen Gründen vorzeitig pensionierten Beamten . . . Bis Ende 1938 wurden rund 9 000 Beamte der ČSD <D 4> in das Reichsbeamtenverhältnis übernommen. Bis Anfang April 1939 wurden über 35.000 Sudetendeutsche bei den vier wiederholt genannten Reichsbahndirektionen als Beamte und Arbeiter eingestellt.« <D 5>

D 1) Über den Zustand v. a. der Bahnhöfe war vom 10.–15. 10. 1938 v. a. in Bodenbach, Aussig, Reichenberg, Warnsdorf und Brüx/Dux sogar ein Film gedreht worden, der am 20. 10. 1938 vor den Beschäftigten des Reichsverkehrsministeriums in Berlin uraufgeführt wurde.

D 2) Nach mehreren Zwischenstufen wurde am 14. 11. 1938 dann eine endgültige Vereinbarung zwischen dem ČSR- und dem deutschen Verkehrsministerium unterzeichnet und bis zum 10. 12. 1938 realisiert, wonach die ČSR neben anderem rd 1.000 Lokomotiven und Triebwagen, 1.170 Schnellzugs-, 2.200 Personenzugs- und 23.000 Güterwagen in das Sudetengebiet zurückführte.

D 3) DR = Deutsche Reichsbahn

D 4) ČSD = Československé státni dráhy, d. h. Tschechoslowakische Staatliche Bahnen.
In einer Vereinbarung vom 7. 10. 1938 war u. a. »die Abholung des nicht geflüchteten tschechischen Personals <der ČSD> und ihres Eigentums« in Zügen der ČSD geregelt worden, sodaß es sich hier nur um Deutsche handelte.

D 5) a) Der Wissensträger überblickte lediglich die Aktivitäten der Reichsbahndirektionen (RBD) Oppeln, Breslau, Dresden und Regensburg.
b) Die Streckenlänge der Eisenbahnen der »Reichsangeanschlossenen sudetendeutschen Gebiete betrug 3.525 km; der Anteil dieser vier RBD mit 3.091 km ca. 88% davon.
Das bedeutet, daß nach 1938 fast 40.000 deutsche Eisenbahner im Gesamtgebiet tätig wurden, in dem vordem vermutlich nur mehr 10.000 deutsche und demzufolge rd. 30.000 tschechische Bahnbedienstete, vornehmlich Zuwanderer nach 1919 tätig gewesen waren.
Zur Zahl der Bahnbediensteten: Siehe S. 74f.

E) Pischel: a. a. O.; S. 55, 60ff.

5) **A) Südmähren; um den 9.–14. 10. 1938**

B) Zusammenfassende Darstellung (sudeten-) deutscher Übergriffe gegen Tschechen in verschiedenen Orten Südmährens.

C) »An terroristischen Aktionen beteiligten sich <verschiedene> Gruppen des Okkupationsapparates, aber auch die örtlichen Nazisten standen nicht zurück, sondern traten sehr bereitwillig in der Rolle von Vollstreckern ›deutscher Gerechtigkeit‹ auf. So mißhandelten z. B. in der Gemeinde Nové Mlýni Ordner <D 1> die ganze Familie des tschechischen Müllers Veverka und verschleppten anschließend den Müller. <D 2> In Vranovská Ves, das am 9. 10. nachmittags besetzt wurde, terrorisierten Ordner zusammen mit örtlichen Nazisten die tschechische Bevölkerung sofort am ersten Abend nach der Okkupation. Den Tschechen Ferdinand Lichy schlugen sie derart zusammen, daß er an den Folgen der Mißhandlungen am 13. 10.im Krankenhaus in Třebič starb <D 3>. In Štítary verprügelten Ordner viele tschechische Bürger und in der Nacht zum 10. Oktober wurden zwei Bürger tschechischer Nationalität erschlagen <D 4>. Auch in Šumvald wurden viele tschechische Bürger mißhandelt. <D 5> In Šatov wurden alle Tschechen mißhandelt. Bei dem Toben der Ordner wurde der Postbote schwer verletzt, den die Naziaktivisten mit Eisenstangen schlugen. <D 6> In Bulhary sahen auch reichsdeutsche Soldaten der Tyrannisierung der tschechischen Bürger untätig zu«. <D 7>

D 1) Häufig gebrauchte Kurzbezeichnung für Unterorganisation der S[udeten]d[eutschen] P[artei]. Ursprünglich zum Schutz eigener Veranstaltungen gegründet gibt es für den Herbst 1938 zahlreiche Berichte von aktiven Angriffen auf (z. T. nur vermutete) Gegner der Partei.

D 2) Zu Nové Mlýni, d. h. Neumühl (Nikolsburg):
21) An dieser Stelle Quellenangabe: »S[taats] A[rchiv] B[rünn], B 40, kart.[on] 298, Band 67. (Telefonische Nachricht des Bezirkshauptmannes in Židlochovic <Gross-Seelowitz>.) VHA, Hl. Št., 2. odd., čj. 1136 [= Militärhistorisches Archiv, Generalstab, 2. Abteilung, Tagebuch Nr. 1136] (Situationsbericht über den 13.–14. X. 1938).«
22) Verifikationsbemühungen ergaben (v. a. Wissensträger E.L., 76227 Karlsruhe):
* Person Veverka bekannt.
* Mißhandlung und Verschleppung 1938 unbekannt, somit wegen Kleinheit des Ortes unwahrscheinlich. Wenn überhaupt, Zusammenhang mit Vorgeschichte zu vermuten.
* Herr V., (nach 1919 zugezogener) tschechischer Legionär, war Verwalter eines in der Bodenreform enteigneten, ehemals Liechtensteinschen Meierhofes, zu dem Mühle und Fähre über den Fluß Thaya bei Neumühl gehörten.
Deutscher Fährmann Köstinger wurde um 1920 von V. durch Tschechen ersetzt. V. soll Finanzierung notwendiger Instandhaltungsarbeiten an Fähre nicht genehmigt haben.
In späten 20er Jahren brach Fähre bei Überfahrt; 23 tschechische Schulkinder ertranken; V. wurde angeklagt, aber freigesprochen; an Vorgang erinnerte Gedenkstein.

D 3) Zu Vranovská Ves, d. h. Frainersdorf (Znaim):
31) An dieser Stelle Quellenangabe: »SAB, B 69, Erinnerungsbuch der Polizeistation Vranovská Ves«.
32) Verifikationsbemühungen ergaben (v. a. Wissensträger F.S., A 1090 Wien):
* Person Lichy unbekannt;
* Mißhandlung mit Todesfolge unbekannt, somit wegen Kleinheit des Ortes unwahrscheinlich.

D 4) Zu Štítary, d. h. Schiltern (Znaim) ergaben Verifikationsbemühungen (v. a. Wissensträger E.B., 73779 Deisizau):

* Es sei »absolut unwahr«, daß zwei Tschechen erschlagen wurden.
* Es seien nicht viele, sondern nur ein einziger Tscheche verprügelt worden: Der nach 1919 zugezogene Trafikant Stummpfohl, der wiederholt nur Sudetendeutsche wegen Hinterziehung der sog. Schlachtsteuer und bei der Mobilmachung 1938 wegen Nichtabgabe von Pferden denunziert hatte. Herr St. habe dann Schiltern verlassen, sei 1945 zurückgekehrt und habe sich blutig gerächt.

D 5) Zu Šumvald, d. h. Schönwald (Znaim) ergaben Verifikationsbemühungen (gleichfalls E.B.), daß das Behauptete völlig unwahr sei.

D 6) Zu Šatov, d. h. Schattau (Znaim) ergaben Verifikationsbemühungen einerseits, daß kein aussagefähiger Wissensträger ermittelbar war.
Andererseits konnte aus dem Bericht eines früheren Bürgermeisters des Ortes, Othmar Griebler, vom 28. 11. 1961 über Ereignisse im Jahre 1945 entnommen werden: »Franz Neubauer, Maurer und Landwirt, etwa 67 Jahre alt, wurde – angeblich wegen Teilnahme an Schlägereien mit Tschechen im Jahre 1938 – verhaftet und schwer mißhandelt. Sein Sterbetag ist mir nicht bekannt...
Weiters wurden wegen Teilnahme oder Duldung von Schlägereien mit Tschechen im Herbst 1938 drei Schattauer vom Volksgericht in Znaim zu langjährigen Kerkerstrafen verurteilt, von welchen zwei an den Folgen der Gefangenschaft starben. Eduard Prager, von 1938 bis 1945 Bürgermeister, wurde zu acht Jahren Kerker verurteilt und nach Verbüßung der Strafe entlassen. Alois Kornherr, geboren am 19. Juni 1902 in Kaidling, wurde wegen Teilnahme an den Schlägereien zu 18 Jahren verurteilt und im Jahre 1956, drei Wochen vor seinem am 17. Juni im Juliusspital in Würzburg erfolgten Tod, mittels Krankenauto zu seiner Familie nach Deutschland abgeschoben. Auch Thomas Folly, Maurer geboren am 21. September 1901 in Schattau, wurde vom Volksgericht in Znaim zu einer mehrjährigen Kerkerstrafe verurteilt und wegen seines schlechten Gesundheitszustandes ein halbes Jahr vor seinem Ableben aus der Haft nach Deutschland zu seinen Angehörigen abgeschoben. Er ist am 15. April 1956 in Kleinblankenbach gestorben.«
Vgl. Bornemann, Felix: »›Weil Sie Deutscher sind...‹«; Stuttgart, 1964; S. 110.

D 7) An dieser Stelle Quellenangabe: »Militärhistorisches Archiv, Generalstab, 2. Abteilung, 840 (Situationsbericht über den 11. X. 1938);
Sb. Německý imperialismus proti ČSR (1918–1939) [Slg. Deutscher Imperialismus gegen die ČSR (1918–1939)]; S. 472.«
Zu Bulhary, d. h. Pulgram (Nikolsburg) ergaben Verifikationsbemühungen (Wissensträger A.R., 86529 Schrobenhausen):
* Auf Hinweis von ortsansässigen Deutschen haben deutsche Soldaten den alteingesessenen Tschechen Jan Fischer aus unbekanntem Grund geschlagen.
* Andere Tschechen, v. a. nach 1920 zugewanderte und auf bodenreformierten Höfen angesiedelte Bauern (darunter z. B. H. Michlovsky) blieben bis 1945 völlig unbehelligt.

Die 1991 erschienene Chronik der Gemeinde Pulgram enthält (S. 364) für die Tage nach Einmarsch der deutschen Truppen (»28. mot. Art. Regiment aus Erfurt«) nichts zu derartigen Vorgängen.

E) Sýkora, Jaroslav: »Mnichovský diktát a jižní Morava« (Das Münchner Diktat und Südmähren) in »Vlastivědný věstnik moravský« (Mährische heimatkundliche Blätter); Brünn, Jg. 25 (1973), Nr. 2; S. 158–168, hier S. 162.
Vom gleichen Autor unter dem Titel »Jižní Morava v prvních dnech po Mnichovu« (Südmähren in den ersten Tagen nach München), neuerlich veröffentlicht in »Odboj a revoluce« (Widerstand und Revolution); Prag, Jg. 6 (1988), Nr. 4; S. 208–226, hier S. 214.

****

6) A) **Reichenberg; 12. 10. 1938**

B) »Dienstberichte aus dem Sudetenland 1938« von Major Groscurth

C) »Major Schn.[iewind] hat auf Befehl des O[ber]B[efehlshabers] Heeresgruppe 3 die Forderung an den Stellvertreter von Oberführer Jost <D 1> gerichtet, alle Verhaftungen innerhalb von 24 Stunden den örtlichen Kreisleitern usw. der SdP zu melden unter gleichzeitiger Meldung an die Heeresgruppe. Antwort steht noch aus. Sollte sie negativ sein, wird der OB die Durchführung befehlen. Es sollen im Bereich der Heeresgruppe 3 bisher etwa 500 Verhaftungen erfolgt sein. Aber auch Entlassungen sind bereits erfolgt. Ein klares Bild über die gegenwärtige Zahl der Verhafteten ist zur Zeit nicht vorhanden <D 2>. Der OB hat Befehl erteilt, daß nur amtliche Stellen Verhaftungen vornehmen dürfen. Die SdP hatte sogar die Einrichtung von K.Z. (Konzentrationslagern) beabsichtigt. Die tatsächlichen Verhaftungen sollen nur nach dem Fahndungsbuch <D 3> erfolgt sein . . .
[Später teilte Henlein dem Berichterstatter Groscurth mit:]
Verhaftungen in größerem Umfange seien nicht erfolgt. Führende Leute der SdP seien nicht verhaftet. Er habe auch Weisung gegeben, daß von der Partei keine Aufbruch-Leute <D 4> verhaftet würden. Eine große Zeit müsse große Menschen finden. Der frühere Zwiespalt müsse ausgemerzt werden. Er habe sich nur einverstanden erklärt mit der Verhaftung der aus der ČSR zurückkehrenden Marxisten. Diese Leute müßten hart angefaßt werden, denn sie seien bereit gewesen, mit der Waffe in der Hand der deutschen Wehrmacht entgegenzutreten« <D 5>.

D 1) Jost war der damalige Gebietschef der Auslandsspionage des SD.

D 2) Das anscheinend in dieser Frage vorhandene Chaos wird auch dadurch gekennzeichnet, daß sich nach einem anderen Bericht (vgl. »SZ« Nr. 90 vom 20.4.1994, S. 11) in Rückersdorf (Friedland) der örtliche Bürgermeister Ressel jeder Verhaftung selbst durch die Gestapo erfolgreich widersetzte.

D 3) Das Fahndungsbuch des Gestapa enthielt zu verhaftende Personen auf Grund bei dem Gestapa vorhandener Karteiunterlagen unbekannter Herkunft, ohne den Verhaftungsgrund erkennen zu lassen. Siehe dazu S. 183: A II, B 8.
Zur sog. Sonderfahndungsliste: Siehe S. 177: A II, B 3, D 2b.

D 4) Zum sog. Aufbruch-Kreis: S. 178: A II, B 3, D 3.

D 5) Vermutlich Bezug auf die Rundfunkrede Henleins vom ca. 24. 9. 1938, die Ripka erwähnte (siehe S. 172: A II, B 1, D 92).

E) Groscurth: a. a. O.; S.327 f.

****

7) A) **Pohrlitz (Nikolsburg) (1), 12. 10. 1938**

B) In den Ort kamen am 9. 10. 1938 deutsche Truppen, die am 12. 10. in geschlossener Formation vor vielen Einwohnern vom Balkon des Rathauses durch A. Mödritzer begrüßt wurden. Er sagte u. a.:

C) »Es ist auf den Tag zwanzig Jahre her, daß von diesem Balkon aus Pohrlitz zur tschechischen Stadt erklärt wurde. Nach Pohrlitz kam damals eine Abteilung Soldaten als ›Wahlabteilung‹, um eine tschechische Mehrheit zu erreichen . . .
Sofort nach der Versammlung <am 12. 10. 1938> erreichte es die Kommunisten: Es wurden verhaftet« <es folgen 5 Namen>.
»Schon am 12. Oktober während der oben erwähnten Rede von Mödritzer konnte sich der junge Miroslav Blaha so wenig zurückhalten, daß er ausrief: ›Es lebe die Republik!‹ <offensichtlich gemeint: Die ČSR> Das machte sich für ihn nicht bezahlt. Er wurde

ermittelt und ins KZ Dachau eingeliefert, wo er volle fünf Jahre gefangen gehalten wurde.«

E) »750 let města Pohořelic« (750 Jahre Stadt Pohrlitz); Hrsg. v. örtlichen Nationalausschuß; Pohrlitz, 1973; S. 52f.

****

8) A) **Dux, Brüx, Friedland; 14.10.1938**

B) »Dienstberichte aus dem Sudetenland 1938« von Major Groscurth

C) »Der III f <d. h. der für Gegenspionage zuständige Offizier des IV. Armeekorps> meldet über zahlreiche Verhaftungen von SdP-Mitgliedern und Amtswaltern durch die Gestapa westlich der Elbe im Raume Dux, Brüx. Die Verhaftungen sollen auf Grund des Fahndungsbuches vorgenommen sein. Dieses enthalte offensichtlich zahlreiche Fehler.

...

Nach Aussage des Grafen Yorck <d. h. der Beauftragte des Reichspreiskommissars im Sudetengebiet> sollen im Friedländer Zipfel über 2500 Verhaftungen vorgenommen sein. Irgendwelche positiven Unterlagen über die Verhaftungen sind an keiner Stelle zu erlangen.«

E) Groscurth: a.a.O.; S. 330f.

****

9) A) **Marienthal /t. Mariánské Údoli(Olmütz/t. Olomouc/; später Landkreis Bärn) Botenwald /t. Butovice/ (Wagstadt); vor dem 14. 10. 1938**

B) Rudé Právo (Rotes Recht) <Tageszeitung der KPČ>; Prag, Nr. 242 v. 14. 10. 1938; »Artikel ›Der Schrecken geht um‹ über das Vorgehen von Ordnern gegen Arbeiter – vornehmlich Kommunisten – im besetzten Nordmähren.

<C)>Vor uns liegen Dutzende von Nachrichten aus den Kreisen, die von der Okkupationsarmee besetzt wurden. Wir können sie aber aus Zensurgründen nicht veröffentlichen. Wir müssen uns auf die Aufzeichnung jener Tatbestände beschränken, von denen andere Zeitungen schreiben <D 1>. Die Organisation der Sudetendeutschen Partei hatte Verzeichnisse sog. unzuverlässiger Personen vorbereitet, die nach der Besetzung verhaftet werden sollten. Der größte Teil dieser Personen konnte zeitgerecht verschwinden. Im Bezirk Olomouc besetzte das reichsdeutsche Militär auch die Gemeinde Mariánské Údoli <D 2>. Nicht weit von ihr sind einige Häuser, welche die Bezeichnung Burg haben. In ihnen wohnen meistens deutsche Sozialdemokraten und Kommunisten, die im dortigen metallindustriellen Betrieb beschäftigt waren. Am Dienstag nachmittag drangen in diese Häuser einige Zehnergruppen von Ordnern ein. Unmittelbar darauf war aus den Häusern Schreie und verzweifeltes Weinen zu hören. Die Ordner schlugen Männer, Frauen und Kinder blutig und schleppten dann die Männer in Konzentrationslager. Einer Frau wurde der Kopf völlig zerschlagen. Diesem Wüten der Ordner sah das deutsche Militär untätig zu.

Ordner rächen sich an Arbeitern.

Aus Butovice, das auch vom deutschen Militär besetzt wurde, verlautet, daß noch vor dem Eintreffen deutscher Soldaten Henleinordner in der Gemeinde wüteten und politische und gewerkschaftliche Arbeiterfunktionäre aus ihren Wohnungen warfen. Einige Personen wurden böse verwundet und mit unbekanntem Ort verschleppt. Nachrichten von Auseinandersetzungen zwischen angreifenden Henleinleuten und sich wehrenden Arbeitern kamen aus mehreren Orten des besetzten Gebietes von Schlesien und Mähren.«

D 1 a) Hier in der Wiedergabe Malás Anmerkung: »Vier Absätze über die Plünderung tschechischer Geschäfte, Verbannung (vypovídáni) tschechischer Bürger aus dem besetzten Gebiet und Inhaftierung tschechischer Bürger ausgelassen.«

b) Anscheinend erlaubte die tschechische Zensur des Jahres 1938 Berichte über deutsche Maßnahmen gegen Sudetendeutsche, nicht aber gegen Tschechen.

D 2) Marienthal war Ortsteil von Nirklowitz, das bis 1938 seinerseits in die Gemeinde Velká Bistřice (GB + PB Olmütz – Land) eingegliedert worden war; später Teil von Hombok.

E 4) Malá: a. a. O.; S. 21 f.

****

10) A) **Willomitz /t. Vilémov/(Kaaden/t. Kadaň); vor dem 15. 10. 1938**

B) »Protokoll, der Aussage eines Flüchtlings aus der Gemeinde Vilémov bei Kadaň über die Terrorisierung der tschechischen Bevölkerung im besetzten Gebiet, aufgesetzt im Amte des Vorsitzenden des <ČSR->Ministerrates. Der Flüchtling wurde wegen des Verdachtes mißhandelt, daß bei ihm Kommunisten Waffen verteilen <D 1>; Prag, 15. Oktober 1938:

C) Bis Sonntag, den 9. dieses Monats befand ich mich in einer Mühle in Vilémov. Noch am Samstag, den 8. Oktober belieferte ich unsere Truppen. Unsere Soldaten rückten am 9. Oktober ab und unmittelbar darauf kamen die Ordner und verhafteten mich und 6 andere Tschechen. Sie verprügelten uns und brachten uns anschließend mit einem Militärauto nach Kadaň. In Kadaň entließen sie mich nach Fürsprache eines Bekannten, als ich erklärte, daß ich die Mühle in Betrieb halten werde. Dann hielt ich mich bis um 13. Oktober zu Hause auf, da mich die Ordner beobachten; gestern, am 14., lief ich weg und ging zu Fuß nach Hořosedel <D 2>, das auch besetzt ist. Dort überschritt ich die Demarkationslinie <D 3> und eilte nach Prag, um dem Herrn Regierungsvorsitzenden General Syrový <D 4> die Bitte aller Tschechen im besetzten Gebiet vorzutragen, vor den Tyrannen geschützt zu werden, gegen die dort niemand einschreitet. Die Tschechen werden in allen besetzten Ortschaften verhaftet <D 5> und nach Kadaň, Prunéřov, Podbořany <D 6> und andere Städte gebracht, wo sie eingekerkert werden. Ihr Eigentum wird entwendet, mir beispielsweise haben sie 400 Laiber Brot weggenommen, ohne einen Heller zu bezahlen und ähnlich verhalten sie sich auch anderswo, wo sie unseren Leuten Milch, Obst u. ä. wegnehmen. Sie verboten den Verkauf von Geflügel; das Geld für schon verkauftes nahmen die Ordner mit. Sie besetzten die Konsume, verboten ihnen, Geld für Waren anzunehmen und nahmen diese selbst, angeblich für die SdP.

Die Tschechen in den Gefängnissen erhalten dreimal täglich etwas Kaffee schlechterer Sorte ohne Zucker und ein Stückchen Brot. In Zellen mit einer Liege waren wir unser sieben, so daß wir uns beim Schlafen ablösen mußten. Mich haben sie im Verhör gefragt, warum ich meine Vorräte ausgeräumt hatte. Ich antwortete, daß sie der Militärverwaltung gehört hatten. Dann fragten sie mich, wieviel von unseren Einheiten wo gestanden hätten. Ich antwortete, daß ich auf die Verfassung der Republik geschworen hätte und daß die deutsche Kulturnation von mir keinen Verrat verlangen könnte. Sie sagten mir, daß die Deutschen mehr Kultur hätten (jsou kulturnější), als die Tschechen. Dann beschuldigten sie mich, daß bei uns in der Mühle an Kommunisten Waffen verteilt worden seien. In meiner Abwesenheit haben sie die Mühle auch dreimal durchsucht. Ob sie etwas mitgenommen haben, weiß ich nicht. Ich weiß nicht, ob sie auch die anderen gefangenen Tschechen verhörten.

Als ich durch das besetzte Gebiet floh, achtete ich« <es folgen militärische Informationen über Stärke und Verteilung der deutschen Truppen sowie Angaben zu familiären Angelegenheiten.>

»Zurückzukehren halte ich wegen der unfreundlichen Stimmung, die dort gegenüber den Tschechen herrscht, für unmöglich. Ich möchte auch meine Frau herholen. Damit nicht

offenkundig wird, daß ich nicht zurückkehren werde, habe ich zu Hause erklärt, daß ich im tschechischen Gebiet Außenstände habe, die ich benötige, um die Mühle im Gang zu halten. Jetzt werde ich vorgeben, daß ich beim Schmuggel von Devisen gefaßt wurde, damit sie meine Frau nicht dabehalten.
Ich möchte noch hinzufügen, daß die Ordner allen tschechischen Bauern die Pferde wegnehmen und den Deutschen geben, angeblich nur für die Zeit, bis deren requirierte Pferde <D 7> zurückgegeben worden sind.«

D 1) Hier Anmerkung: »Das Protokoll wurde dem <ČSR-> Außen- und Verteidigungsministerium übersandt.«

D 2) d. h. Podersam

D 3) Vermutlich gemeint: Die zeitweilige Grenze zwischen dem Sudetengebiet und der ČSR ab Oktober 1938; endgültige Grenze erst ab 21. 11. 1938.

D 4) S. Jan; geb. 1888; 1926: Verteidigungsminister; 22. 9.–1. 12. 1938 Ministerpräsident, 22. 9. 1938–15. 3. 1939 Verteidigungsminister.

D 5) Von einer Verhaftung berichtete auch die Meldung eines ČSR-Gendarmerieoffiziers vom 10. 10. 1938 unter der Überschrift »Terror im besetzten Gebiet« im Zusammenhang mit einem Fluchtvorgang von einem nichtgenannten Ort:
»So flohen z. B. nach Jablonné <vermutlich Gabel (Senftenberg)> eine Mutter mit 7 Kindern, deren Mann (Tscheche) gleich nach der Besetzung in Handschellen weggebracht worden war. Alle Fakten wurden festgestellt und die Familie fotographiert.«
Vgl. Šamberger, Zdeněk: »Mnichov v dokumentech« (München in Dokumenten); Prag, 1958; Bd. 2; S. 312.

D 6) d. h. Brunnersdorf (Kaaden), Podersam

D 7) Vermutlich gemeint: Von der ČSR-Armee nach deren Mobilmachung am 23. 9. 1938 requiriert; Siehe auch S. 171: A II, B 1, D 4.

E) Malá: a. a. O.; S. 23.

****

11) **A) Allgemein; 17. 10. 1938**

B) »Reiseberichte aus dem Sudetengebiet« von Major Groscurth

C) [Abendessen im Hotel in Marienbad]: »Ich saß dann neben Henlein, der gegenüber von Krebs <D 1> und Jost <D 2> saß und rücksichtslos mit lauter Stimme und energisch auf den Tisch schlagend sich gegen alle Angriffe seitens der Reichsstellen gegen seine Anhänger wandte. Herr Jost sagte gar nichts mehr, gab nur mir gegenüber am nächsten Morgen seiner Wut unverhohlen Ausdruck. Der Gauleiter <d. h. Krebs> redete dem Reichskommissar nach dem Munde und tat so, als wenn er von jeher der beste Freund Henleins gewesen wäre.«

D 1) Krebs, Funktionär der DNSAP, war 1933 seiner Verhaftung durch die ČSR-Behörden zuvorgekommen und in das Deutsche Reich ausgewichen.
Zur Mitwirkung von Krebs bei Festlegung der deutsch-ČSR-Grenze um den 10. 10. 1938:
Siehe S. 295f.: A V, T 2, Ziff. 5b.

D 2) Zu Jost: Siehe S. 182: A II, B 6, D 1.

E) Groscurth: a. a. O.; S. 145.

****

12) A) **Reichenberg; 24. 10. 1938**

B) Rundschreiben der Bezirksleitung SdP:

C) Unter Erinnerung an frühere »mündliche Aufträge <an> alle politischen Leiter wegen der Plakate ›Jüdisches Geschäft‹, ›Tschechisches Geschäft‹...
Die Partei hat ein Interesse daran, daß alle volksfremden Elemente aus dem Sudetengau entfernt werden.«

D) Zur Ursache des Rundschreibens berichtete Groscurth (a. a. O.; S. 158, 329):
Dem Stadtkommandanten der eingerückten deutschen Wehrmacht war vorgeworfen worden, daß Soldaten tschechische und jüdische Geschäfte besucht und in ihnen eingekauft hatten: »Er verlangte sofortige Bezeichnung dieser fraglichen Geschäfte.«
Diese Plakataktion hatte jedoch offensichtlich wenig Wirkung.
Berichte (siehe S. 224ff.: A III, B 27 bis 44, Antworten v.a. auf Frage 12) gerade aus dem angesprochenen Gebiet, dem Stadt- und Landkreis Reichenberg, belegen, daß die Tätigkeit tschechischer Geschäfte davon insgesamt unbeeinflußt blieb.

E) Luža, Radomír: »The Transfer of the Sudetengermans«; New York, 1964, S. 158f.

****

13) A) **Allgemein; nach 25. 10. 1938**

B) Zeitungen für die tschechische Minderheit im Sudetengebiet

C) »Die Nazisten boten der Druckerei Stanovsky... in Neutitschein... finanzielle Unterstützung bei der Herausgabe einer tschechischen Kollaborationszeitschrift an... Der Věstník české menšiny <Anzeiger der tschechischen Minderheit> begann am 25. Oktober 1938 zu erscheinen... Er betonte das Tschechentum übermäßig und wurde darüberhinaus in tschechisch herausgegeben... Schließlich wurde er im Juni 1940 eingestellt... Eine kurze Zeit vor den Wahlen am 4. Dezember 1938 erschien auch in Troppau die Zeitschrift Náš nový domov (Unsere neue Heimat).«

D) Demgegenüber:
»Im abgetretenen Gebiet war auch die Ausgabe tschechischer Zeitungen und Zeitschriften nicht möglich.« <E 2>
»Es gab keine tschechische Presse.« <E 3>

E 1) Bartoš: a. a. O; S. 79, 94f., 152.

E 2) Joza, Jaroslav: »Česká menšina v severních Čechách po Mnichově« (Die tschechische Minderheit in Nordböhmen nach München) in »Dějiny a součastnost« (Geschichte und Gegenwart); Jg. 8 (1966), Nr. 11; S. 35–73.
(Übersetzung in die deutsche Sprache in der Bibliothek des Sudetendeutschen Hauses, München.)

E 3) Maček, Jaroslav: »Zur Problematik der Geschichte der abgetretenen Grenzgebiete, besonders des sogenannten Sudetenlandes in den Jahren 1938–1945« in »Der Weg in die Katastrophe«; Hsg. von u. a. Detlev Brandes; Essen, 1994; S. 57–76, hier S. 59.

****

14 A) **Nürschan /t. Nýřany/ und naheliegende Ortschaften im Kreis Mies/t. Stříbro; 27. 10. 1938**

B) »Bericht... des Landesamtes in Prag an das <ČSR->Innenministerium... über die zwangsweise Übersiedlung (vystěhování) der tschechischen Bevölkerung aus dem besetzten Nýřanska« <d. h. Nürschaner Gebiet>

C) Das Landesamt in Prag (Dr. Toman) meldet am 27. Oktober 1938 um 12.45 Uhr folgendes:

Heute morgen erhielt die gesamte tschechische Zivilbevölkerung in Nýřany den Befehl, die Gemeinde innerhalb von 6 Stunden zu verlassen. <D 1> Als Grund wurde angeführt, daß Sabotage zugelassen worden war. Tatsächlich ist dies nur ein Vorwand. Seit einigen Tagen werden die Tschechen in Gemeinden hinter der Demarkationslinie <D 2> von Mitgliedern der SS und Ordnern der SdP gezwungen, innerhalb von 48 Stunden in die ČSR zu übersiedeln. Dies geschieht unter dem Vorwand der Freiwilligkeit und sie erhalten Ausweise mit der Überschrift Ausweisung <D 3> und der Erlaubnis zur Ausfuhr der Möbel. Bis jetzt gelang es nicht festzustellen, was folgen würde, wenn sie den Weisungen nicht folgen würden. Das gleiche geschieht auch in den Gemeinden Zbuch, Lhotka <vermutlich Lhota>, Touškov, Kozolupy, Litice und Dobřany <D 1>. Einige Leute kamen auch mit sichtbaren Mißhandlungen an; weswegen sie mißhandelt wurden, war nicht zu überprüfen. Zum Zwecke der Verhandlung wurde der Verbindungsoffizier und zwei Unterbeamte nach Stříbro <D 4> entsandt. Es scheint sich um Bemühungen zu handeln, die tschechische Bevölkerung noch vor der Option <D 5> zu vertreiben (vypuditi). Nach Ansicht des Bezirkshauptmannes in Plzeň ist jede Art von Vergeltung unmöglich und die ausgewiesenen (vykázaní) Bürger sind auf unser Gebiet gelassen worden.«

D 1) Zum Gesamtkomplex und Widerlegung:
Siehe S. 273 bis 280: A IV, Exkurs 4.
Zur Verwendung des Berichtes noch 1994 als wahr:
Siehe S. 323: A V, Tab. 2, Ziff. 62.3 v.

D 2) Vermutlich gemeint: Die zeitweilige Grenze zwischen dem Sudetengebiet und der ČSR ab Oktober 1938; endgültige Grenze erst ab 21. November 1938.

D 3) »Ausweisung«: Im Originaltext in deutscher Sprache.

D 4) Vermutlich gemeint: Ein Verbindungsoffizier zwischen der ČSR- und der deutschen Armee wurde nach Mies entsandt.

D 5) Vermutlich gemeint: Die bereits im Münchener Abkommen vom 29. 9. 1938 enthaltene, später durch den Deutsch-ČSR Vertrag vom 20. 11. 1938 vereinbarte Möglichkeit; sie beinhaltete jedoch keinen Zwang zum Wohnsitzwechsel: Siehe S. 108 f. mit den dortigen Anmerkungen.
Zu den Texten: Siehe S. 146 und 151 ff.: A I; D 5 und 9.

E) Šamberger: a. a. O.; S. 314.

****

15) A) **Polička und Göding; 31. 10. 1938**

B) Vorgebliche Abtretung

C) »Vertrauliches Memorandum«
In inhaltlicher Zusammenfassung eines längeren Textes:
Die ČSR habe u. a. auch die Stadt Polička und den Bezirk (okres) Göding abtreten müssen.

D) Zum Gesamtkomplex: Siehe S. 266 bis 272: A IV, Exkurs 3.

E) »Československo a Norimberský proces« (Die Tschechoslowakei und der Nürnberger Prozeß); Hsg. v. <ČSR-> Informationsministerium; Prag, 1946; <Auszug des amtlichen Berichtes der ČSR zur Anklage und Urteilfindung>; S. 83 f., 87 f.

****

16) A) **Allgemein; November 1938**

B) Rede Konrad Henleins vor Vertretern der tschechischen Minderheit in Troppau:

C) »Von Niemandem wird verlangt, seine nationale Zugehörigkeit aufzugeben oder zu verraten ... Der Staat ... verlangt nur Treue und Loyalität.«

E) Bartoš: a. a. O.; S. 79

****

17) **A) Schatzlar (Trautenau) und allgemein; Herbst 1938**

B) Behandlung und soziale Lage der Tschechen, Rückkehrer

C 1) »Anstelle der bisherigen Interessenverbände etablierten sich die Gliederungen der nationalsozialistischen Verbände. Als erste Einrichtung wurde die Nationalsozialistische Volkswohlfahrt (NSV) gegründet. Sie konnte ihrem Namen bald alle Ehre machen, als große Sendungen an Kleidern, Wäsche, Schuhen, Decken, Lebensmittel nach Schatzlar gebracht wurden, die diese Organisation unter ihrem Namen an Bedürftige <D> verteilte. Bemerkenswerterweise wurden dabei auch die im Bergstädtchen wohnenden Tschechen bedacht; selbst Geldzuwendungen erhielten sie, und ihre gestundeten Schulden in den Lebensmittelgeschäften wurden beglichen.

...

Viele noch zurückgebliebene Tschechen arbeiteten in den Kohlenwerken und deren Frauen meist in der Spinnerei. In der Bezahlung waren sie den Deutschen gleichgestellt, und da sie wesentlich höher als vorher war, blieben sie auch gern. Ehemals ausgezogene tschechische Familien kamen sogar wieder zurück.« <E 1>

C 2) »Den <im Sudetengebiet> verbliebenen Tschechen ginge es in jeder Hinsicht gut. Sie würden genau so betreut wie die bedürftigen deutschen Familien. Die deutschen Behörden verhielten sich ihnen gegenüber korrekt. Sehr erstaunt hat den tschechischen Journalisten die Tatsache, daß die leerstehenden Wohnungen der fortgezogenen Tschechen den Besitzern sofort in blitzsauberem und völlig unversehrtem Zustand zurückgegeben werden, falls sie sich wieder melden. Die tschechischen Schulen seien überall dort eröffnet worden, wo die Schüleranzahl ausreichend gewesen sei, und die erforderlichen Lehrer zu Verfügung standen.« <E 2>

D) Die unmittelbare Not der Bevölkerung scheint – möglicherweise durch die Verkehrs- und Versorgungsengpässe zufolge der ČSR-Mobilmachung am 23. 9. 1938 sogar verstärkt – recht groß gewesen zu sein. Jedenfalls vermerkten die geheimen »Grundsätze für den Einsatz der Bezirkshauptleute« des Chefs der Zivilverwaltung der deutschen Heeresgruppe 3 vom 3. 10. 1938 unmittelbar nach Vorschriften der politischen Überprüfung und der »Aufrechterhaltung von Ruhe und Sicherheit«:
»Weiterhin ist sofort die Ernährung der Bevölkerung sicher zu stellen. Ausreichende Hilfe steht durch die NSV zur Verfügung. Mit den örtlichen Beauftragten der NSV ist deshalb umgehend Fühlung zu nehmen.«
Diese Weisung rangierte noch vor solchen nach Einführung einer Teilzensur, der Wiederingangsetzung der Betriebe, dem Verhalten bei Waffenfunden, der Beschlagnahme von Wählerlisten und der Freilassung »wegen ihrer deutschen Gesinnung« verhafteter Sudetendeutscher. <E 3>

E 1) Prätorius: a. a. O.; S. 497, 498.

E 2) Bericht im »Hamburger Weltwirtschaftsarchiv« Nr. 305 (von Anfang November 1938) über Schilderung im »A–Zet Večerni Česke slovo«, Prag.
Nach der Wiedergabe bei Theisinger, Hugo: »Erinnerungen an Böhmen«; Lahntal, 1978; S. 93.

E 3) Wiedergabe der »Grundsätze« bei Svatosch, Franz: »Das Grenzgebiet unter dem Hakenkreuz«; Dissertation der Päd. Hochschule Potsdam, 1969; S. 921 f.; Quelle: Akten des Staatsarchivs Aussig.

****

18) **A) Wüstpohlom (Wagstadt); 3. 11. 1938**

B) Mißhandlungen

C) Verhör des Schulleiters Uhrovič und einer Reihe öffentlich tätiger Tschechen durch deutsche Polizei unter Mißhandlung der Verhörten.

D) Zur Verifikation war kein Wissensträger auffindbar.

E) Šamberger: a. a. O.; S. 317

****

19) **A) Brüx; vor dem 1. 12. 1938** <D 1>

B) Mißhandlungen, Boykott, Verhaftungen

C) Tschechen berichten, daß sich »SdP-Ordner an unseren Leuten dadurch rächen, daß sie sie ohrfeigen.«
Von Ordnern werden Boykott-Wachen vor tschechische Geschäfte und Gaststätten gestellt, um Einkäufe von Deutschen zu verhindern, die ansonsten notiert werden.
»Hunderte tschechischer Männer sind nur deswegen, weil sie tschechischen Vereinen angehörten, festgenommen und dann entweder inhaftiert oder in KZ's nach Deutschland verbracht worden.« <D 2>

D 1) Auch Luža (a. a. O.) berichtete von nicht näher definierten »Verfolgungen« in den Braunkohlengebieten von Brüx und Dux im Herbst 1938.

D 2) Zu zahlreichen Verhaftungen von »SdP-Mitgliedern und Amtswaltern durch die Gestapa . . . im Raum Dux, Brüx« siehe S. 183: A II; B 8.

E) Šamberger: a. a. O.; S. 330 f.

****

20) **A) Dux; 9. XI. 1938**

B) »Bericht des Präsidiums des <ČSR->Innenministeriums an das <ČSR->Außenministerium über die Lage im besetzten Duchcov <D 1> während antijüdischer <D 2> und antitschechischer Ausschreitungen im November 1938; Prag, 5. Dezember 1938«.

C) »Repercussions of the shooting of the Reich German representative in Paris <D 3> were also felt among the population of Duchcov. In the evening all lights went out so that the town was entirely in the dark. <D 4> Through the town about 500 ›ordners‹ <D 4> sauntered, demonstrating for the expulsion of Czechs and Jews. All non-German shops were broken into, fittings demolished, goods partly stolen, partly damaged. <D 4> Only those Jewish shops where trustees were in charge, remained untouched. The metal shutters were entirely destroyed, and windows broken. The Czech restaurant ›Kunčír‹ was entirely demolished. Jews and Czechs were arrested, beaten up and jailed. Their fate is unknown. Germans who served in the Czechoslovak army and had joined up during mobilisation <D 5> were arrested. <D 6> There are about 800 soldiers and 300 <D 7> members of the Gestapo in the town. The police force was incrased, motorised and supplied with light machine guns and hand-grenades. Beggars and prostitutes vanished from the town. Assistance is being paid out and there are many appplicants, so that office works from 8 a.m. till 1.30 p.m. next morning. <D 8> Assistance is not granted to Czechs. All commodities are more expensive. The previous Deputy Mayor Balšan was arrested and put into concentration camp. His liver disease was not taken into consideration. The Sokol Hall has been turned into an inn: Hotel Town of Hamburg. In the vicinity of the Sokol Hall all preparations are made for building barracks. Czech schools are non-existent in the town. Authorities deal with Czech citizens very roughly, Czechs are

constantly threatened with concentration camp and urged to emigrate to the Czecho-Slovak Republic.
The informer handed us a pass, which he had received from the *Geheime Staatspolizei* (Gestapo) office at Dux (Duchov) on the condition that he never returns to Germany, otherwise he would be arrested. He had to leave his photograph at the office.«

D 1) Auch Luža (a. a. O.) berichtete von nicht weiter definierten »Verfolgungen« in den Braunkohlengebieten von Dux und Brüx im Herbst 1938.

D 2) 21) Die polnische Regierung hatte im Oktober 1938 die Pässe aller im Ausland lebenden Staatsbürger, sofern nicht bis 29. 10. durch körperliche Anwesenheit in Polen neubestätigt, als ungültig erklärt.
22) Daraufhin erhielten rd. 17.000 in Deutschland lebende polnische Juden am Tage vor ihrem Übergang in die Staatenlosigkeit die polizeiliche Ausweisungsverfügung und wurden, angesichts polnischer Übernahmeverweigerung, vielfach einfach über die »grüne Grenze« nach Polen gejagt; als Folge gab es eine Reihe von Todesfällen.
23) Der Sohn eines dieser umgekommenen Juden wollte dann am 7. 11. 1938 den deutschen Botschafter in Paris sprechen. Der an seiner Stelle entsandte dritte Sekretär der Botschaft, Ernst vom Rath, erlag am 9. 11. den Folgen auf ihn abgegebener Schüsse.

D 3) Die NS-Führung organisierte deshalb am Abend des 9. 11. im ganzen Deutschen Reich pogromartige Ausschreitungen gegen Juden.

D 4) Von den Wissensträgern J. M., 70567 Stuttgart und O. K., 37075 Göttingen, wird die Verdunkelung der Stadt entschieden bestritten.
Die Zahl der Demonstrationsteilnehmer habe maximal ca. 100 betragen.
Von einer Totalzerstörung aller nichtdeutschen Geschäfte könne keine Rede sein; lediglich vereinzelt seien Schaufensterscheiben eingeschlagen worden.

D 5) Gemeint: Die ČSR-Mobilmachung vom 23. 9. 1938.

D 6) Siehe dazu
S. 172: A II, B 1, D 92 für die Ankündigung Henleins;
S. 182: A II, B 6 für die freilich auch anders zu verstehende Anweisung Henleins vom 12. 10. 1938;
S. 183: A II, B 8 für zahlreiche Verhaftungen von »SdP-Mitgliedern und Amtswaltern durch die Gestapa ... im Raum Dux, Brüx«.

D 7) (Auch) diese Zahlenangabe erscheint überhöht.
Groscurth (a. a. O.; S. 347) berichtete am 26. 10. 1938, daß im »Bezirk Neutitschein nur 1 Führer und 6 Mann vorhanden seien«, was er jedoch als »viel zu schwach besetzt« bezeichnete.

D 8) »Von 8.00 Uhr bis 13.30 Uhr am nächsten Morgen«: Vermutlich falsche Übersetzung des (vermutlich) tschechischsprachigen Berichtsoriginales in die englische Sprache der Wiedergabe.

E) Gajan, Koloman (Hsg.): »Germany and Czechoslovakia 1918–1945«, Prag, 1965; S. 150 f.
Hervorhebung in der Wiedergabe.

****

21) **A) Lundenburg/t. Břeclav/(Nikolsburg), vor dem 1. 12. 1938.**

B) a) »Petition von Flüchtlingen aus dem besetzten Südmähren. Ein Monat Leben in Břeclav, besetzt von deutschen Soldaten«; Göding, »13. 11. 1938« <E 1> oder
b) »Ausführlicher Bericht des Hauptstabes über die Situation im besetzten Břeclav«; Göding, »vor dem 1. Dezember 1938«. <E 2>

C) »Vor der Besetzung am 8. Oktober d. J. verließen auf Befehl unserer Staatsbehörden die <D 1> staatlichen und öffentlichen (veřejní) Beschäftigten unter Zurücklassung ihrer Familie <D 2> ihres Eigentums <D 3> und ihrer Existenz die Stadt Břeclav.

...

Von den Tschechen, die zurückblieben, wurden von der Gestapo ungefähr 150 Männer und Frauen im Alter von 14–70 Jahren verhaftet und inhaftiert. <Es folgt die Darstellung unmenschlicher Haftbedingungen.> Bei der Entlassung aus der Haft war von jedem ein Protokoll zu unterschreiben, in dem die Gestapo eine bestimmte Frist diktierte, innerhalb derer weggezogen werden mußte. Die Entlassenen mußten jedoch unterschreiben, daß sie freiwillig weggehen. Wer sich zu unterschreiben weigerte, wurde mit neuerlicher Inhaftierung bedroht ... Sechs Personen wurden in das Gefängnis nach Wien überführt, ohne daß sie wußten, warum. Bei den Inhaftierten handelte es sich nicht nur um für das Tschechentum öffentlich tätige Sozialisten, Kommunisten und andere, sondern auch um durchaus indifferente Leute, die im öffentlichen oder Vereinsleben völlig unbekannt waren, Reiche wie Arme.

...

Die Rechte und Ansprüche der städtischen Beschäftigten werden nicht respektiert, indem sie pauschal und endgültig ohne Angabe des Grundes entlassen werden, ohne angemessene Kündigung und ohne eventuelle weiterer Geldbezüge. Die Beschäftigten des Bezirkes wurden meistens inhaftiert und kurzfristig ausgewiesen (vyhoštěni), die Stadt entläßt sie jedoch derart aus ihrem Dienst, als ob sie ihren Dienstposten und die Stadt selbst und eigenmächtig verlassen hätten«. <D 4>

D 1) Aussage beachtenswert, daß *»die«*, also alle öffentlichen Bediensteten Tschechen waren.

D 2) Dazu Meldung vom 24. 11. 1938:
»In Břeclav werden tschechische Eltern unter Strafandrohung dazu gezwungen, ihre Kinder für die Hitlerjugend anzumelden.« <E 3>

D 3) Siehe dazu die spätere »Vereinbarung zwischen der deutschen und der tschechoslowakischen Regierung über die Wiederaushändigung zurückgelassener Wohnungseinrichtungen und persönlicher Gebrauchsgegenstände« vom 23. November 1938; S. 153ff.: A I, D 11.

D 4) Der Verhalten der Stadtverwaltung ist wohl als Konsequenz des Befehls der ČSR-Staatsbehörde (siehe Ziff. D1) für alle öffentlichen Beschäftigten zu werten.

E 1) Malá: a. a. O.; S. 37ff. Fundort Staatsarchiv Prag, »MS Německo, PMR.«

E 2) Šamberger: a. a. O.; S. 326ff. Fundort Staatsarchiv Prag, »MS«.
»Šamberger« erwähnt die Petitionsquelle Malás nicht.

E 3) Malá: a. a. O.; S. 43.

****

22) A) **Allgemein; 4. 12. 1938**

B) Vorgang »Sudetendeutsche Ergänzungswahl zum Großdeutschen Reichstag«;
Frage: »Bekennst Du Dich zu unserem Führer Adolf Hitler, dem Befreier des Sudetenlandes und gibst Du Deine Stimme dem Wahlvorschlag der NSDAP?«

C 1) Ergebnisse:

1.1) Vorbemerkung

a) Die Grundlage der Stimmberechtigung war ein Gesetz vom 11. 11. 1938. Im Text (vgl. RGBl. I, 1938, S. 1571) hieß es u. a.:

»§ 2: Wahlberechtigt zur Wahl der sudetendeutschen Abgeordneten sind die spätestens am 4. Dezember 1918 geborenen Männer und Frauen deutschen oder artverwandten Blutes, die durch die Heimkehr der sudetendeutschen Gebiete die Deutsche Staatsangehörigkeit erwarben.«

b) Daher durften sich neben den deutschen und tschechischen Stimmberechtigten im Sudetengebiet auch solche Personen beteiligen, die im »Alt-Reich« oder in Österreich als dem Sudetengebiet zugehörige ČSR-Staatsangehörige ansässig gewesen oder dorthin nach diesem Termin verzogen waren.

c) Zu den Ergebnissen (in tausend Stimmen) vgl. neben verschiedenen Literaturangaben <E 1 bis E 4> v. a.

* zu Gesamt: »Die Ergänzungswahlen zum Großdeutschen Reichstag am 4. Dezember 1938« in »Statistik des Deutschen Reiches«; Hsg. v. Statistischen Reichsamt; Bd. 531; Berlin, 1939; S. 128 – 135, 138.
* zu Tschechen: E 5.

1.2) Zahlen

	Gesamt				
	Summe	Davon: außerhalb des Sudetengebietes	im Sudetengebiet Gesamt	Deutsche	Tschechen
	1 (= 2 + 3)	2	3 (= 4 + 5)	4	5
1. Stimmberechtigte	2,535.	323.	2,212.	•	•
2. Abgegebene Stimmen	2,500.	315.	2.185.	2,039.	146.
3. Ungültige Stimmen	5.	+ 0	5.	2.	3.
4. Abgegebene gültige Stimmen	2,495.	315.	2,180.	2,037.	143.
5. Davon: Ja	2,468.	314.	2,154.	2,036.	118.
Nein	27.	1.	26.	1.	25.

2) Vorkommnisse

Aus verschiedenen Berichten kann man folgende gemeldete Umstände bei der Wahl der Tschechen zusammenfassen:

2.1) Wahlpropaganda in Rakschitz (Znaim):

»In der Agitation vor der Wahl fuhr ein Lautsprecherwagen durch die Gemeinde, von dem aus die Bürger aufgefordert wurden, Hitler zu wählen, damit sie Arbeit, Brot u. ä. bekommen.« <E 6>

2.2) Wahlablauf:

»Auf dem Wahlschein war der Name des Wählers und eine laufende Nummer vermerkt. Personen, die seinerzeit den Anschluß an die ČSR verlangten, erhielten keinen Wahlschein <D 1>... Nach dem in tschechischer Sprache gedruckten Wahlaufruf hatte sich jeder Bürger, der einen Wahlschein erhalten hatte, zur Wahl einzufinden... Besondere Wachen kamen in die Häuser und machten darauf aufmerksam, daß sich jeder Wahlscheinbesitzer zur Wahl begebe, da er sonst eine Geldstrafe erhalte...

Die eigentliche Wahl ging dann so vor sich, daß auf dem Stimmzettel zwei Kreise waren. Ein großer mit der Überschrift ›Ja‹ <D 2> und ein kleiner mit der Überschrift ›Nein‹ <D 2>. Der Wähler konnte seine Entscheidung durch ein Kreuz im entsprechenden Kreis ausdrücken. Die Tschechen hatten Stimmzettel mit grüner <D 3> Farbe.« <E 6>

2.3) Wahlumstände in Wüstpohlom (Wagstadt):

a) »In der Wahlkommission waren nur deutsche Vertreter. Tschechische Frauen forderten, als sie zur Wahl kamen, daß in die Wahlkommission auch zwei tschechische Vertreter aufgenommen werden. Dem wurde entsprochen. Nach Wahlabschluß und vor der Auszählung wurden die tschechischen Vertreter aus dem

Wahllokal verwiesen. Einige Frauen gingen daraufhin zu Bürgermeister Silbermann. Sie forderten, daß zwei tschechische Vertreter auch zur Auszählung zugelassen würden. Dem wurde nicht entsprochen. Der Bürgermeister forderte die Menschen, die vor der Schule versammelt blieben, wo die Wahl abgewickelt wurde, auf, auseinanderzugehen. Als dies nicht erfolgte, ging er auf die Post und telefonierte nach Bilovec <D 4> um die Polizei. Die kam in zwei Autos, umzingelte die Schule und drang auch in sie ein, wo sie bei der Stimmauszählung anwesend war. Als die Frauen merkten, daß sie nichts bewirken können, sangen sie vor der Schule ›Kde domov muj‹ <D 5> und gingen in Ruhe auseinander. Sonst kam es dort zu keinem Zwischenfall.

Bürgermeister Silbermann und Adjunkt Krischke unterschrieben Strafanzeigen, auf Grund derer am 7. Dezember 1938 verhaftet wurden: <Es folgen Namen, Familienstand, Kinder und Beruf des Mannes von vier Frauen.> Sie wurden am 7.12.1938 zunächst nach Opava <D 6> gebracht. Sie wurden überhaupt nicht verhört. Sie sind bis heute im Gefängnis. . . . [Eine Frau] war bei dem Treffen gar nicht dabei. Die Frauen sind als Geiseln für die ganze Gemeinde genommen worden. Die Angaben, die Herr Bürgermeister Silbermann und Krischke in der Strafanzeige machten und die ich <D 7> las, sind völlig unwahr.« <E 7>

b) Zu dem Ort konnte kein Wissensträger (mehr) gefunden werden.

2.4) Zwischenfälle

a) In der Gemeinde Schubirow (Mähr. Trübau) waren die tschechischen Stimmen zu 100% »Nein« bzw. ungültig:

- »Allein aus diesem Grund wurden bereits am 5. Dezember 1938 6 örtliche Bürger mit dem Schuldirektor B. Prchala verhaftet und mißhandelt. Der Legionär <D 8> Strnad wurde dabei angeschossen und vor den Augen seiner Kinder und seiner Frau fast erschlagen. Alle sind noch immer im Gefängnis in Mähr. Schönberg.« <E 8>.
- Wissensträger K. J., 97711 Poppenlauer, 1938 Lehrer, d. h. Kollege in einer 6 km entfernten Gemeinde, hat von Vorgang mit Schuldirektor P. nie gehört. Sonst kein Wissensträger (mehr) auffindbar.

b) In der Gemeinde Rakschitz (Znaim) forderten während der Wahl vor dem Wahllokal einige Frauen offensichtlich lautstark, daß man nicht wählen solle, solange einige Personen keinen Wahlschein erhalten. <D 1>

Dann heißt es: »Verhaftet wurden folgende Personen: [Es folgen die Namen von 2 Frauen und von 2 Männern.] Der Grund für die Verhaftung war, daß die aufgeführten Personen an der Demonstration teilnahmen.« <E 6>.

D 1) Vermutlich Personen, die für die Č-SR optierten.
Siehe S. 108f. mit den dortigen Anmerkungen. Zu den Texten der Bestimmungen: Siehe S. 146 und 151ff.: A I, D 5 und 9.

D 2) Im Originaltext in deutscher Sprache

D 3) Damit wird deutlich, daß über unterschiedliche Farben der Stimmzettel ein Ergebnis nur für Tschechen (bzw. nur für Deutsche) ermittelt werden konnte.
Die Farbkennzeichnung »grün« (im Original: zelený) muß jedoch ein Mißverständnis oder Fehler sein:
Die Wahlverordnung des RdI vom 21. 11. 1938 (zum Text vgl. RGBl. II, 1938, S. 1636) besagte nämlich u. a.:
§ 1, Ziff. 2: » Der Wahlzettel besteht aus weißem oder gelblichen Papier«.
Eine Festlegung, daß tschechische Stimmberechtigte Wahlzettel mit gelblichem Papier erhalten sollten, konnte bisher nicht gefunden werden. Die farbliche Unterscheidung der Wahlzettel folgte jedoch vermutlich dem Muster der Volksabstimmung nach dem Anschluß Österreichs am 10. 4. 1938:
Damals erhielten auf eigenen Wunsch die Wiener Tschechen (1923: ca. 80.000) gelbe

Stimmzettel. Insgesamt stimmten 86.000 Personen ab; von diesen 23.000 mit Ja, 31.000 mit Nein; 32.000 Stimmen waren ungültig.
Vgl. »Vídeňské svobodné listý« (Wiener Freie Blätter); Wien, 3. 3. 1988; S. 1.

D 4) d. h. Wagstadt

D 5) d. h. »Wo ist mein Heim?«: Beginn der Nationalhymne der ČSR

D 6) d. h. Troppau

D 7) Berichterstatter war der Schuldirektor der Nachbargemeinde Bittau.

D 8) Vermutlich gemeint: Angehöriger der Tschecho-Slowakischen Legionen, die aus k. u. k. Kriegsgefangenen und Deserteuren im 1. Weltkrieg ab ca. 1916 z. B. in Rußland gebildet worden waren.

E 1) Bohmann: SiZ; S. 125:
Quelle: »Statistisches Jahrbuch für das Deutsche Reich 1939/40«.

E 2) Luža: a. a. O.; S. 159:
Quelle: »Dokumente [der deutschen Politik, Hsg. v. H. Volz, Berlin, 1940; Bd.] VI, 393. For SdP propaganda activities among the Czechs in the Sudetengau, see the Library of Congress, Manuscript Division, ›The Rehse Collection‹ (Container 468).«

E 3) Bartoš: a. a. O.; S. 22:
Quelle: »K. Henlein: Die Angliederung des Sudetenlandes, Berlin – Videň 1940, S. 11.«

E 4) Singbartl: a. a. O.; S. 102:
Quellen: »D[eutsches] N[achrichten] B[üro], [Berlin; Meldung] Nr. 1987 v. 5. 12. 1938 (vgl. Auswärtiges Amt, Verhandlungen [zur Lösung der sudetendeutschen Frage, Berlin 1938], S. 92).«
»Bohemia <Prager Tageszeitung in deutscher Sprache>, 111. Jhrg., Nr. 287 v. 6. 12. 1938, S.3.«

E 5) Bartoš: a. a. O.; S. 186.
Quelle: »DBA Koblenc [= Deutsches Bundesarchiv Koblenz], R 43/II 1368: Vorläufige Ergebnisse der Reichstagswahlen vom 4. Dezember 1938.«

E 6) Malá: a. a. O.; S. 43 f.

E 7) Malá: a. a. O.; S. 50.

E 8) Malá: a. a. O.; S. 43.

****

23) **A) Brüx, Dux, Bilin, Teplitz-Schönau, Znaim, Pohrlitz (Nikolsburg) usw.; »bis 15. 3. 1939«** <D1>

C) »Anti-tschechische Demonstrationen, bei denen mehrere Tschechen erschlagen und andere schwer verwundet wurden.« <E 1>

D 1) Der Autor selbst hatte ursprünglich eingeschränkter datiert:
»In der Nacht vom 14. zum 15. März 1939 kam es in einer Reihe besetzter Kreise zu einer Reihe neuerlicher antitschechischer Gewalttätigkeiten, die einige tschechische Leben forderten.«
<Dazu Anmerkung:> »Most <D2>, Duchcov <D3>, Teplice, Znojmo, Pohorelice <D4> atd.« <E 2>

D 2) Zu berichteten Vorgängen in Brüx: Siehe S. 189: A II, B 19.

D 3) Zu berichteten Vorgängen in Dux: Siehe S. 189 f.: A II, B 20.

D 4) Die tschechische Stadtchronik von Pohrlitz kennt dieses Datum für derartige Vorgänge nicht.
Sie besagt vielmehr:
»Gleich in den ersten Stunden der Besatzung <d. h. am 9. 10. 1938> veranstaltete die vom Nazismus fanatisierte Jugend der Stadt und ihrer Umgebung eine organisierte Jagd auf Pohrlitzer Patrioten und Kommunisten. Der Bürger Oprchal wurde derart mißhandelt, daß er völlig erblindete.« <E 3>
Lužas ausgeweitete Datierung deckte dies ab.

E 1) Luža: a. a. O.; S. 160.

E 2) Luža, Radomir: » Odsun« (Abschub); Wien, 1953, S. 13.

E 3) »750 let...«: a. a. O.; S. 53.

****

24) **A) Allgemein, v. a. Nordmähren; Frühjahr 1939**

B) Massaker tschechischer Jugendlicher

C) Höhepunkte der Verfolgung war die »sog. Musterung (odvod) der tschechischen Jugend, bei der an mehreren Orten wie z. B. in Nordmähren die Gemusterten für das öffentliche Singen tschechischer Lieder massakriert wurden (byli masakrovani).«

D) Eine Bestätigung obigen Berichtes war trotz zahlreicher Bemühungen nicht zu erhalten; die Reaktionen von Zeitzeugen und damit potentiellen Wissensträgern aus Nordmähren variierten zwischen beträchtlichem Erstaunen und absolutem Unglauben.

E) Bartoš: a. a. O.; S. 121
Die dort angegebenen Quellen enthielten, soweit bisher zugänglich (dzt. 6 von 8), nicht einmal eine Andeutung des Vorganges.
Zur generellen Behandlung von Quellen durch den Autor:
Siehe S. 308f.: A V, Tab. 2, Ziff. 33 q–z.

****

25) **A) Nordböhmen; zwischen September 1938 und September 1939**

B) Soziale Lage der im Sudetengebiet verbliebenen Tschechen

C) »Im abgetrennten Gebiet verblieben <D 1> viele <D 2> Tschechen, und einige von denen, die im September und Oktober 1938 geflohen waren, kehrten zurück, da sie im Binnenland keinen Lebensunterhalt finden konnten. Übrigens begannen auch deutsche Firmen (z. B. Baufirmen) nach dem Abgang der Tschechen den Mangel an Arbeitskräften zu spüren und die führten noch vor Ausbruch des Krieges eine Werbung neuer Arbeitskräfte in Innerböhmen durch.
...
Die soziale Lage der Tschechen, die nach München im abgetrennten Grenzgebiet verblieben, war – relativ – keine schlechte. Viele von ihnen waren qualifizierte Arbeiter, die von der Produktion dringend benötigt wurden. Andere waren Handwerker, von denen, besonders nach Einberufung deutscher Handwerker zum Kriegsdienst, auch die deutsche Bevölkerung abhängig war. Die tschechischen, im Grenzgebiet ansässigen Arbeiter (keinesfalls allerdings die während des Krieges hier ›dienstverpflichteten‹) hatten dieselbe Stellung wie die deutschen Handwerker (d. h. eine bessere als die tschechischen Handwerker im Protektorat) und im großen ganzen gut in materieller Hinsicht ging es auch den tschechischen Gewerbetreibenden. Die Nazis erklärten, daß es den Tschechen im abgetrennten Grenzgebiet besser gehe als den Deutschen, da sie die gleichen Löhne wie die Deutschen hätten, aber keine Beiträge an die NSDAP zahlen

müßten und zu den diversen Sammlungen nur sehr wenig beisteuerten. Es wurde daher auch vorgeschlagen, den Tschechen niedrigere Löhne auszuzahlen. Aus Furcht, qualifizierte Arbeiter zu verlieren, sind die Nazis jedoch hierauf nicht eingegangen.«

D 1) Der Autor schreibt dazu: »Vor dem Einmarsch der Nazi-Armeen flüchteten viele Angehörige der tschechischen Intelligenz (Beamte, Lehrer, Ärzte u. a.), einige Handwerker, viele Eisenbahner und Arbeiter. Unter den Flüchtlingen waren verhältnismäßig wenige Bauern, einerseits deshalb, weil in den vorwiegend industriellen und stark gebirgigen Gebieten ihr Anteil an der Einwohnerzahl gering war, andererseits waren sie viel zu sehr mit dem Boden verbunden und eine Abwanderung hätte den Verlust ihrer Existenzmöglichkeiten bedeutet. Etwa die Hälfte der tschechischen Minderheit Nordböhmens flüchtete in die Resttschechoslowakei. Mit den Tschechen siedelten auch die deutschen Antifaschisten um, denen – ebenso wie vielen Tschechen – Verhaftung und Deportation in Konzentrationslager drohte.«

D 2) Der Autor schätzt, daß von über 280.000 Tschechen im Jahre 1930 im Gebiet des ab 1939 Regierungsbezirks Aussig mindestens 140.000 verblieben.

E) Joža: a. a. O.

****

26) **A) Allgemein auch Schlackenwerth (Karlsbad); mit Schwerpunkt 1939**

B) »Gleichschaltung« tschechischer und deutscher Vereine, tschechische Amtsträger.

C 1) Inhaltliche Zusammenfassung eines längeren Textes:
Ein am 14. 10. 1938 von den NS-Behörden eingesetzter sog. »Stillhaltekommissar« löste bis August 1940 rd 80% aller 6.400 im Sudetengebiet bestehenden Vereine mit 4,6 Mio. Mitgliedern auf. Es durften nur solche Vereine eigenständig bleiben, »die zur Erfüllung besonderer Aufgaben staatsnotwendig« waren, z. B. freiwillige Feuerwehrvereine.
Nach dieser Aktion blieben im Reg. Bez. Aussig 37, im Reg. Bez. Troppau 63 tschechische allgemeine Vereine sowie 177 tschechische freiwillige Feuerwehren mit 4.764 Mitgliedern bestehen.
Darüber hinaus gab es im August 1940 eine Reihe tschechischer Bürgermeister und Ortsbauernführer. <E 1>

C 2) Inhaltliche Zusammenfassung eines längeren Textes:
Der Regierungspräsident in Troppau hatte dem Reichsstatthalter Henlein am 1. 12. 1939 verschiedene Maßnahmen gegen tschechische Bürgermeister mitgeteilt (v. a. Zusammenschluß von mehreren Gemeinden zu Verwaltungsgemeinschaften mit jeweils deutschem Bürgermeister), aber hinzugefügt: »Eine restlose Ausschaltung tschechischer Bürgermeister ist ... noch nicht möglich, da es stellenweise an geeigneten deutschem Ersatz fehlt.« <E 2>

C 3) Inhaltliche Zusammenfassung eines längeren Textes:
Der dabei umgeschichtete Vermögensumfang kann am Gesamtkomplex der gleichfalls aufgelösten (sudeten-)Deutschen Sozialdemokratischen Arbeiterpartei mit den ihr angeschlossenen Organisationen wie folgt umrissen werden: Die Partei selbst mit (zum 31. 12. 1937) über 82000 Mitgliedern besaß neben Häusern z. B. 7 Tages- und 14 Wochenzeitungen, ihre ca. 20 Gewerkschaften mit ca. 250.000 Mitgliedern weitgehend eigene Verbandszeitschriften. Der angeschlossene Wanderverein »Die Naturfreunde« besaß 28 Häuser, die »Arbeiter Turn- und Sportunion« zahlreiche Turnhallen, Sportstätten ect. <D> <E 3>

C 4) »Das tschechische nationale Leben war durch Lahmlegung der legalen Vereinstätigkeit (von den tschechischen Vereinen bleiben nur die Feuerwehrvereine in einem begrenzten Umfang bestehen, da sie von den Nazis aus Sicherheitsgründen nicht zur Gänze aufgelöst werden konnten), sehr geschwächt.« <E 4>

C 5) »Die Vereine wurden den Reichsverbänden angegliedert, Ortsvereine – deutsche wie tschechische – wurden aufgelöst und deren Vermögen eingezogen, Vereinigungen, die den Staatsinteressen widersprachen, wurden liquidiert, die Vermögen verschiedener Stiftungen den Wohlfahrtsverbänden zwangsweise zugewiesen.« <E 5>

C 6) »Eingestellt wurde die Tätigkeit aller Vereine (sowohl der tschechischen wie der deutschen). Während jedoch ein großer Teil der deutschen (von den Nazis allerdings gleichgeschalteten) Vereine nach einer Entscheidung der Nazibehörden ihre Tätigkeit wieder aufnehmen konnten, wurden die tschechischen Vereine praktisch liquidiert.« <E 4>

C 7) »Alles bisher von uns mit Entbehrung, Mühe und Fleiß, Opferbereitschaft und Idealismus Aufgebaute und Erhaltene im vereinsmässigen, kulturellen sowie gewerkschaftlichen Bereich galt nichts mehr. Fangen wir bei den Vereinen an. Der Deutsche Turnverein wurde in den Reichsbund für Leibesübungen eingegliedert, Schützen-Veteranenverein, Heimatsöhne im Weltkrieg, Männergesangsverein, Feuerwehr und all die andern Gliederungen aufgelöst bezw. in die Einheitsorganisationen übernommen. Bund der Deutschen, Deutscher Kulturverband wurden überflüssig, der <Deutsche Hilfsverein> DHV, dessen Obmann ich viele Jahre war, wurde von der DAF – Deutsche Arbeitsfront einkassiert, ich mußte binnen weniger Tage alle Unterlagen, das Geld usw. dem Ortsobmann der DAF aushändigen, es war dies bei uns der Schlosser Ernst. Alle unsere bewährten Vereine und Organisationen wurden liquidiert, gleichgeschaltet.« <E 6>

C 8) Inhaltliche Zusammenfassung längerer Mitteilungen:
Ein bezeichnender Aspekt der Gleichschaltung deutscher Vereinigungen war auch der Ersatz zunächst »übernommener« bisheriger Amtswalter durch NS-treue Funktionäre aus dem »Altreich«: So im Falle der »Sudetendeutschen Volksjugend« (am 8. 5. 1938 ausgerufener Jugendverband der SdP), an deren Spitze nach Eingliederung in die HJ am 13. 2. 1939 statt des bisherigen »Volksjugendführer« Krautzberger der reichsdeutsche Hauptbannführer Prager gestellt wurde. <E 7>

D) Auch dieses Vermögen wurde nach 1938 zunächst vom Deutschen Reich und, nach 1945 von der ČSR/ČSSR/ČSFR eingezogen sowie nach 1990 von der ČR versteigert.

E 1) Bartoš: a. a. O.; S. 95 f.

E 2) Wiedergabe des Schreibens bei Arndt, Veronika: »›Blut und Boden‹ – Politik im ›Sudetengau‹«; Dissertation der Universität Leipzig; 1970; S. 477.

E 3) Kürbisch: a. a. O.; S. 78, 83, 85 ff.

E 4) Joža: a. a. O.

E 5) Prätorius: a. a. O.; S. 497.

E 6) Foh: a. a. O.; S. 9.

E 7) Mitteilungen verschiedener Wissensträger.

****

27) A) **Nordböhmen; von Juli 1939 bis Anfang 1940**

B) Tschechische Flugblätter, illegale Presse

C) »Eine wichtige Rolle im Kampf gegen die Okkupanten spielten auch antinazistische Flugblätter. Manche wurden im okkupierten Gebiet hergestellt, der größte Teil jedoch

stammte aus dem Protektorat. So z. B. brachten tschechische Eisenbahner Flugblätter in das Isertal, sie und ihre Helfershelfer transportierten sie nach Starkenbach und Hochstadt (beide Orte lagen noch im Protektorat,) und von da wurden diese Flugblätter über die Protektoratsgrenze <in das Sudetengebiet> geschmuggelt. Trotz Bespitzelung und trotz schwerer Strafen gelang es den Nazis nicht, die Verbreitung von Flugblättern abzustellen. Bereits aus dem Jahre 1939 besitzen wir Beweise antinazistischer Flugblätter aus dem Iserland, aber auch aus der Gegend von Leitmeritz, Brüx, Dux und Trautenau. Die Flugblätter sollten Optimismus und den Glauben an ein baldiges Ende der Naziherrschaft verbreiten. So spricht ein Flugblatt aus dem Jahre 1939 (also noch vor Kriegsausbruch) die Überzeugung aus, daß sich das Ende der deutschen Herrschaft nähere und fordert die Tschechen auf, die Deutschen fühlen zu lassen, daß sie Okkupanten seien. Ein wenig später in der Brüxer Gegend sichergestelltes Flugblatt wies die Nazis darauf hin, daß sich der Tag der Vergeltung nähere...
Die illegalen Organisationen der KPTsch begannen auch die illegale Zeitung Rudé Právo zu verbreiten. Nach einem Nazibericht von Anfang 1940 ist in Nordböhmen das Rudé Právo in vielen Exemplaren verteilt worden.«

E) Joža: a. a. O.

****

28) **A)** Markt Eisenstein; 8. 4. 1939

B) »Die ›Hundsköpfigen‹ in unserem Gau – Das Chodenland in seiner wechselvollen Geschichte – Uraltes Brauchtum

C) Durch Verfügung des Führers sind die bei der zweiten Grenzziehung vom 24. Nov. 1938 ins Großdeutsche Reich eingezogenen Orte des Chodenlandes endgültig dem Gau Bayerische Ostmark zugeteilt worden. Damit erhält unser Gau einige tausend tschechischsprechender Bewohner, die auf eine wechselvolle Geschichte zurückblicken und in vielerlei Hinsicht ihre Eigenarten, besonders aber ihr altererbtes Brauchtum, sich bewahrt haben.
Die Choden bewohnen ungefähr 14 Dörfer südlich von Taus in Richtung Neuern, von denen die acht Ortschaften Alt- und Neu-Possigkau, Klentsch, Chodenschloß <D>, Meigelshof, Hochofen, Babylon und Böhmisch Kubitzen schon bei der Grenzbestimmung vom 24. November dem Deutschen Reich zugesprochen wurden, um eine Verbindung zwischen dem südlichen und nördlichen deutschbesiedelten Böhmerwaldgebiet zu schaffen. Sie hatten sich von Taus her bis an die deutsche Reichsgrenze an der Schwarzkuppe vorgeschoben und stellten den am weitesten nach Westen reichenden Stamm der Tschechen dar, der einen für den Tschechenstaat von Versailles Gnaden besonderes wichtigen Keil am Further Völkertor bildet.«
Es folgte eine Charakterisierung der Choden, die als ›starrköpfig‹ geschildert werden. Auch auf die Geschichte dieser Volksgruppe wurde ausführlich eingegangen und die schöne bunte Tracht beschrieben.

D) In einem Fernsehfilm von Dr. Eis (siehe S. 268: A IV, Exkurs 3, Anm. 9) wurde die völlige Vertreibung aller Tschechen aus Trhanov (= Chodenschloß) durch Darbietung des Ortschildes im gleichzeitig gesprochenen Text mindestens impliziert, wenn nicht behauptet.

E) BO; Ausgabe v. 8. 4. 1939, S. 41.

****

29) **A) Prachatitz; Juni 1939**

B) »Keine Zurücksetzung der Tschechen«

C) »Bei den Maßnahmen, die Partei und Staat zur Gesundung <D 1> des Landstriches <D 2> ergreifen, werden die eingesessenen Tschechen keineswegs stiefmütterlich behandelt. Man läßt sich vielmehr in vollem Umfang an dem wirtschaftlichen Aufschwung, der bereits im Oktober 1938 einsetzte, teilhaben. Auch der kulturellen Entfaltung des tschechischen Volkstums wird nichts in den Weg gelegt. Wie nachsichtig gerade auf diesem Gebiet vorgegangen wird, beweist die Tatsache, daß die deutschen Behörden in Alt-Prachatitz eine tschechische Schule errichtet haben, obwohl dieser Ort nie zuvor eine solche besessen hatte.«

D 1) Das Land Bayern gab bzw. erwirkte bei Reichsstellen im Vergleich zu anderen Gebieten derart hohe Zuschüsse, daß der Regierungspräsident in Aussig am 6. 7. 1939 empfahl, in Berlin »auf diesen Umstand hinzuweisen und um die Zuteilung weiterer Sondermittel für den Regierungsbezirk aus allenfalls noch vorhandenen Reserven zu bitten«.
Wiedergabe der diesbezüglichen Notiz bei Arndt: a. a. O.; S. 456.

D 2) Gemeint ist v. a. das sog. Dreiländereck Oberdonau (Österreich)/Bayern/Böhmerwald (Böhmen).

E) BO; Ausgabe v. 24./25. 6. 1939; S. 43.

****

30) A) **Orts- bzw. Kreisberichte aus**

Rochlitz (Hohenelbe)	15. 10. 1939
Stettin (Troppau)	17. 11. 1939
Reichenberg	29. 11. 1939; auch Februar bis April 1940
Hohenstadt	29. 11. 1939
Saaz	Februar bis April 1940
Neutitschein	Februar bis April 1940
Hohenelbe	15. 4. 1940
Brüx	15. 4. 1940
Dux	15. 4. 1940

B) In Kurzzusammenfassung:
Mehrere bis zahlreiche Tschechen befinden sich im Gebiet.

E) Boberach, Heinz (Hsg.) »Meldungen aus dem Reich«; 17 Bände; Herrsching, 1984; Bd. II; S. 350ff.: Meldungen vom 13. 10., 17. 11., 29. 11. 1939; vom 15. 4. 1940, S. 1000;
Král, Václav: »Die Deutschen...«: a. a. O; S. 400, 403.

****

31) A) **Aloisdorf (Mähr. Schönberg); Februar 1940**

B) In Kurzzusammenfassung:
Bodengebundene Tschechen profitieren von Kriegswirtschaftsmaßnahmen

E) Boberach: a. a. O.; 9.2.1940; S. 741 f.

****

32) A) **Brüx/Dux; Regierungsbezirk Troppau, März 1940**

B) In Kurzzusammenfassung:
Starke Zunahme deutsch-tschechischer »Mischehen«

E) Boberach: a. a. O.; 8. 3. 1940; S. 856.

****

33) A) **Brüx; April 1940**

B) Tschechen um Brüx

C) Im Gebiet, das »teilweise örtliche tschechische Mehrheiten von über 50%« bei gleichzeitigem Mangel an Arbeitskräften aufweist, sollten 1.200 Wohnungen für 3.500 bis 5.000 »deutsche Arbeitskräfte« gebaut werden. Diese waren nicht beschaffbar. Daher wurden »Ausländer bzw. Protektoratsangehörige (Tschechen)« vorgesehen. Das Vorhaben rief »helle Empörung hervor« und führte zum Vorschlag: »Deutsche Arbeitskräfte« für das Brüxer Kohlengebiet »durch Einsatz der Tschechen im Altreich frei zu machen«.

E) Boberach: a. a. O.; 17.4.40; S. 1012 f.

****

34) A) **Troppau; Nordböhmen; Mai 1940**

B) Tschechen und Rundfunkempfang

C) »Für die weitere Entwicklung des antifaschistischen Kampfes... spielten die vom ausländischen Rundfunk ausgestrahlten tschechischen Nachrichten entschieden eine wichtige Rolle. Selbst im Grenzgebiet, wo die Tschechen von den Nazis bespitzelt wurden, ist es niemals gelungen, das Abhören ausländischer Sender auf die Dauer zu verhindern. <D 1> Empfangen wurden Paris, Moskau, London. Laut Berichten der Naziorgane verstärkte sich im Jahre 1940, nach dem Fall von Paris, vor allem das Abhören des Moskauer Senders. Die vom ausländischen Rundfunk gesendeten Nachrichten wurden durch Flüsterpropaganda lawinenartig unter der tschechischen Bevölkerung verbreitet z. B. bei illegalen Versammlungen in tschechischen Gaststätten.« <E 1>

D) Über die Sanktionen für die Übertretung des allgemein geltenden Verbotes, ausländische Sender zu hören, gibt es unterschiedliche Berichte, nämlich:
Tschechen werden für das Hören ausländischer Sender (nur) genauso bestraft wie Deutsche, obwohl sie weiterverbreiten. <E 2>
Tschechen werden für gleiche Vergehen (z. B. Hören ausländischen Rundfunks) härter bestraft, als Deutsche. <E 3>

E 1) Joža: a. a. O.

E 2) Boberach: a. a. O.; 20. 5. 1940, S. 1158.

E 3) Bartoš: a. a. O.; S. 96 f.

****

35) A) **Troppau; Juni 1940**

B) Tschechisches gewerbliches und industrielles Eigentum

C) »Im Kreise... sind... eine große Zahl gewerblicher und industrieller Betriebe in tschechischer Hand«.

E) Král: »Die Deutschen...«: a. a. O.; S. 409

****

36) A) **Nordböhmen; Mitte 1940**

B) Tschechische Versammlungen

C) »In tschechischen Gaststätten des Erzgebirges, des Iserlandes, des Jeschkengebiets u. a. kamen Tschechen aus der weiteren Umgebung zusammen. Viele dieser Versammlungen waren organisiert. Es wurden Nachrichten der Auslandssender, der illegalen Presse u. a. weitergegeben. Die tschechische Minderheit nutzte auch verschiedene kirchliche Feiertage, Beerdigungen u.ä. zu Zusammenkünften und in einem gewissen Maße auch zu antinazistischen Manifestationen aus. Die tschechische Jugend bekundete ihren Widerstand gegen die Naziokkupation und die Germanisierungsbestrebungen u. a.

auch durch die Weigerung, den Arbeitsdienst im Reich zu leisten. Im Iserland z. B. mußten die Mädchen von Gendarmen mit Gewalt den Arbeitsämtern vorgeführt werden.«

E) Joža: a. a. O.

****

37) A) **Jablonetz (Hohenelbe), Mähr. Neustadt (Sternberg), Hohenstadt; Juni 1940; ähnlich Fulnek (Neutitschein), Hrabin (Troppau); Oktober 1940**

B) Tschechische religiöse Aktivitäten

C) Zahlreiche Übertritte von römisch-katholischer zu tschechischer Kirche, starke Beteiligung an deren Prozessionen in tschechischer Nationaltracht.
Kontaktintensivierung zu Tschechen im »Protektorat«.

E) Boberach: a. a. O.; 16. 6. 1940, S. 1240 f.; 3. 10. 1940, S. 1638 ff.

****

38) A) **Ossegg, Langewiese (Dux); Reichenberg, Hohenelbe, Trautenau; Juni 1940**
Tischau, Eichwald, (Teplitz-Schönau); Raudnig, (Aussig); August 1940
Braunau, Gablonz, Trautenau, Hohenstadt; Oktober 1940

B) Tschechische Jugendliche

C) Sog. »Tramper«-Gruppen zu beobachten. Die Jugendlichen tragen öffentlich tschechische Nationaltrachten und singen in Gruppen tschechische Lieder.

E) Boberach: a. a. O.; 20. 6. 1940, S. 1286; 15. 8. 1940, S. 1473 ff.; 3. 10. 1940, S. 1638 ff.

****

39) A) **Komotau, Hohenelbe, Troppau, Neutitschein; August 1940**

B) Tschechische Arbeitsverweigerungen

C) Zahlreiche tschechische Mädchen lehnen landwirtschaftliche Tätigkeiten im »Altreich« ab; amtliche (deutsche) Anordnung bedenklich, dagegen »keine Druckmittel... anzuwenden«.

D) Es dürfte sich hierbei um eine über das Arbeitsamt erfolgte Einberufung zum sog. Pflichtjahr gehandelt haben, zu dessen Ableistung ab 1. 3. 1938 alle ledigen Mädchen unter 25 Jahren verpflichtet waren, die nach dem 14. Lebensjahr keine weiterführende Schule besuchten, um v. a. »den Mangel an weiblichen Arbeitskräften in der Landwirtschaft mindern <zu> helfen«.
Vgl. Albrecht, Gertrud: »Das Pflichtjahr«; Berlin, 1942; III. Teil, S. 44.
Es dürfte damit eine Maßnahme gewesen sein, die alle Reichsangehörigen betraf und nicht spezifisch nur solche tschechischer Nationalität.

E) Boberach: a. a. O.; 15. 8. 1940, S. 1473 ff.

****

40) A) **Brüx/Dux, Hohenelbe, Freiberg (Neutitschein); Oktober 1940**

B) Tschechische Sprache

C) Wird demonstrativ öffentlich angewendet

E) Boberach: a. a. O.; 3. 10. 1940, S. 1638 ff.

****

41) A) **Allgemein; Oktober 1940**

B) Lebensmittelgroßhandel im Sudetengebiet

C) Ist »vielfach immer noch . . . in den Händen tschechischer Großhändler«.

E) Boberach: a. a. O.; 17. 10. 1940, S. 1684

****

42) A) **Allgemein; November 1940**

B) Verhalten der Tschechen

C) Im Gegensatz zum Vorjahr 1939 bei den Tschechen in diesem Jahr zum Jahresgründungstag der ČSR (28. 10.) weder Festkleidung noch Ausschmückung von Wohnungen und Geschäften festzustellen.

E) Boberach: a. a. O.; 11. 11. 1940, S. 1757 ff.

****

43) A) **Karlsbad; November 1940**

B) In Kurzzusammenfassung:
Flugblätter aus England werden verbreitet

E) Boberach: a. a. O.

****

44) A) **Troppau; November 1940**

B) In Kurzzusammenfassung:
Selbst hergestellte Flugzettel und anonyme Zuschriften werden an »Hoheitsträger der Partei« <d. h. der NSDAP> verschickt

E) Boberach: a. a. O.

****

45) A) **Landkreis Brüx; November 1940**

B) Tschechische Versammlungen und Vereine

C) »Unter dem Deckmantel religiöser Sekten regelmäßig <tschechische> Versammlungen«; tschechische Jugend in eigenen Sportklubs und Musikvereinigungen zu beobachten.

E) Boberach: a. a. O.

****

46) A) **Neuern (Markt Eisenstein); Oktober 1943**

B) Verhandlung vor dem Amtsgericht

C) »Das Überschreiten der Protektoratsgrenze an nicht zugelassenen Stellen und ohne Grenzübertrittspapiere ist verboten und wird bestraft. Einige Protektoratsangehörige hatten versucht, dies trotzdem zu tun. Sie wurden deshalb in Haft genommen und zu einer Gefängnisstrafe von vier Monaten verurteilt. Die Untersuchungshaft wurde angerechnet, außerdem hatten sie die Kosten zu tragen.«

E) BO; Ausgabe vom 6. 10. 1943; S. 80.

****

Anhang III:

Erinnerungsberichte: Tschechen im Sudetengebiet um 1938

Vorbemerkung

Es handelt sich bei den nachfolgenden um Berichte aus der Erinnerung.

A) Ursprung der Berichte

1) Die Berichte im *ersten Teil* mit den Ziffern 1 bis 13 sind bisher unveröffentlicht. Sie gehen v. a. auf Anzeigen zurück, die Ende 1992 in der »Prager Zeitung«, Prag, und der »Sudetendeutschen Zeitung«, München, mit folgendem Text erschienen:
»Deutscher Historiker sucht Erlebnisschilderungen von/über Tschechen, die 1938 in den Sudetengebieten wohnten: Seit wann wohnten Sie selbst oder Ihre Eltern dort und wo? Beruf des Vaters ca im Jahre 1920 und im Jahre 1938? 1938 zum Verlassen Sudetengebiet veranlaßt? Wenn ja, wann und wodurch? Staatsbürgerschaftsoption? Geld- und Eigentumsverhältnisse (Mitnahme, Enteignung)? Wo bis und wo nach 1945 verblieben? Sonstige, wichtige Ereignisse.«

2) Die Berichte im *zweiten Teil* mit den Ziffern 21 bis 50 gehen auf Arbeiten von Herrn H. L., 61137 Schönbach, zurück. Er entwickelte aus eigener Initiative einen Fragebogen, versandte ihn v. a. an die Gemeindebetreuer der Heimatkreise Gablonz und Reichenberg und stellte die Antworten zur Verfügung, die vornehmlich aus dem August 1994 stammen. Das Material ist daher gleichfalls bisher unveröffentlicht.
Jeweils mehrere Antworten brachten sinngemäß zum Ausdruck:
* Anfrage erfolgt zu spät; Wissensträger zwischenzeitlich verstorben.
* Nur zu Teilen des Fragebogens Antworten möglich.

3) Die Berichte im *dritten Teil* mit den Ziffern 61 bis 67 gehen auf einen Aufruf in den böhmerwälder Heimatzeitungen »Hoam« (Backnang) und »Glaube und Heimat« (Beilngries) vom November 1991 zurück, über 1938 in den Betreuungsgemeinden wohnhafte Tschechen zu berichten. Die bisher unveröffentlichten Antworten wurden, meistens in Fotokopie, von Herrn R. G., 83233 Bernau, zur Verfügung gestellt.

4) Die Berichte im *vierten Teil* mit den Ziffern 71 bis 82 sind Veröffentlichungen entnommen.

b) Wiedergabe der Berichte

1) Die Originale der Berichte mit den Ziffern 1 bis 13 und 21 bis 50 sind im Besitz des Verfassers.

2) Für die Wiedergabe wurden
   * die Angaben über die Berichterstatter der Berichte 1 bis 67 anonymisiert (zu den Gründen siehe S. 344);
   * die Schreibweise des Originals incl. Abkürzungen, Zeichensetzung, Hervorhebungen und sonstiger Spezifika, in übersetzten Berichten (deren Originalsprache angegeben ist) auch die darin verwendeten Ortsbezeichnungen beibehalten, sowie
   * ggbf. erforderliche, knappe Erläuterungen <in eckige Klammern> gestellt.

3) Die Wiedergabe der Berichte folgt den Prinzipien:
   * Möglichst viel Originalfassung in platzsparender, aber für heutige Leser aussagefähiger Form.
   a) Deswegen wurden die Berichte der Ziffern 21 bis 50
      * nach Gebieten und Form gegliedert (siehe S. 216), sowie
      * im Raster des sie veranlassenden Fragebogens dargestellt.
   b) Die Wiedergabe der anderen Berichte folgt grundsätzlich dem Raster:
      Laufende Nummer A) *Ort* (Bezirk/Kreis)
      Zur Zusammensetzung der Bevölkerung von erwähnten Orten bzw. Bezirken/Kreisen des Sudetengebietes nach Nationalitäten 1910 bis 1939:
      Siehe S. 330 bis 341: A V, T 3.
      B) *Kurzbeschreibung des Inhaltes*
      C) *Text*; darin, <in eckigen Klammern> Verweise, kürzere Erläuterungen und mündliche Zusätze des Berichterstatters aus verifizierenden Rückfragen
      D) (Evtl. längere) *Anmerkungen, Gegenangaben*
      E) Bei *Berichten*: Angaben zum Berichterstatter, Berichtsform handschriftlich (= hs.) bzw. maschinenschriftlich (= ms.) und Umfang sowie zur Sprache, wenn tschechisch.
      Bei *Wiedergaben*: Quelle, Fundstelle

4) Trotz vieler Bemühungen zur Verifizierung kann aus verständlichen Gründen keine Gewähr für die Richtigkeit der berichteten Ereignisse/Sachverhalte übernommen werden.

****

1) **A) Eger**

B) Abwanderung zugewanderter Tschechen

C) »...

Meine Eltern Johann und Marie H. geb. M. sind 1931 in das 1930/31 gebaute Haus in Eger, S.... 29 eingezogen.

Es ist ein 2½ geschoßiges Haus, das wir fünfköpfig, im Parterre mit 2 Zimmern bewohnten. Im ersten Stock ist eine 3-köpfige tschechische Familie in ebenfalls 2 Zimmer eingezogen, die bis Okt. 1938 geblieben sind. Herr Kreuzer bzw. Krejžar muß aus dem Raum Pilsen zugezogen sein und war bei der ČSD <= den ČSR-Staatsbahnen> beschäftigt. Beim Auszug 1938 nach dem Anschluß, ich war damals 11 Jahre im Juli geworden, kann ich mich an keine Schwierigkeiten erinnern, obwohl mein Vater SdP-Mitglied war.

...

Mein Vater war ungefähr seit 1920 bei der Egerer Dienststelle der RB <= der deutschen Reichsbahn> als Arbeiter bei der Bahnmeisterei tätig. Vor 1938 und danach dann als Rangierer und auch später als Weichenwärter. Der Bahnhof Eger gehörte auch vor 1938, bis zur Vertreibung zur RB-Direktion Regensburg <D>. Die Tschechen hatten aber auch ein Heizhaus und eine Drehscheibe.

In der Mansarde, ebenfalls aus 2 Zimmer bestehend, war eine Familie Dvoršak auch bis 1938 wohnhaft, meines Wissens nach war H. Dvoršak ebenfalls bei der ČSD beschäftigt. In einem Zimmer im Parterre hat eine zweiköpfige Partei gewohnt, dessen Herr vielleicht bei der »Mitropa« als Ober beschäftigt gewesen sein könnte, das weis ich nimmer so genau. In der 1-Zimmerwohnung im 1. Stock hat eine deutsche Familie namens Gellert gewohnt. Er war lange arbeitslos. Als diese tschechischen Bewohner 1938 wieder aus unserem Haus auszogen, nahmen sie ihren gesamten Hausrat mit und übergaben uns die Wohnungen besenrein, genau wie heute ein Wohnungswechsel stattfinden würde.
. . .«

D) Der Bahnhof Eger wurde im 19. Jahrhundert von den damaligen Königlich Bayrischen Eisenbahnen errichtet und blieb bis 1945 Eigentum der Deutschen Reichsbahn.

E) Originalbericht von Herrn W. H., 93107 Thalmassing; zwei hs. Seiten vom 4. 1. 1993.

****

2) A) **Großfürwitz (Luditz)**

B) Verbleib zugewanderter tschechischer Bauern

C) <Wissensträger beschreibt zunächst die geographische Lage der Ortschaft.>
»Die Ortschaft selbst, war rein landwirtschaftlicher Charakter und hatte eine Größe von 59 Hausnummern. Die Ortsbevölkerung war bis zum Jahre 1933 ganz deutsch gewesen. In den darauf folgenden Jahren bis 1936, wechselten 5 landwirtschl. Anwesen ihren Besitzer und gingen in tschechischen Besitztum über. Die Verschuldung der Bauern im Ort nahm zu. Hohe Steueraufkommen brachten Geldnöte mit sich und somit Verkauf oder Versteigerung.
So kamen in dieser Zeit tschechische Fam. vom tschechischen Gebiet und zogen in größere Bauernhöfe mit geringer Habschaft ein. Als die Eingliederung zum Deutschen Reich 1938 erfolgte, verliesen wieder zwei der Fam. ihre etwas kleinere Anwesen, die durch gerichtliche Versteigerung erworben wurden. Diese zwei Fam. zogen von sich aus es vor, mit ihren Mobiliar wieder zurück zu kehren. Die 3 größeren Fam. der Bauernhöfe, verblieben ortsansäsig bis über Kriegsende und Vertreibung der Deutschen.«

Die Namen der tschechischen Bauern:
Wensl Kuhn, Hausn. 8 (früher Bleier)
Josef Vana, Hausn. 17 (früher Schafferhans)
Josef Stastny, Hausn. 33 (früher Selig).
. . .«

D) Originalbericht von Herrn F. G., 94405 Landau: eine ms. Seite vom 22. 4. 1992.

****

3) A) **Sulowitz / tschechisch Sulejovice (Leitmeritz)**

B) Schicksalsablauf eines im Sudetengebiet geborenen Tschechen
». . .
Ich und meine Eltern wurden im Bezirk Litoměřice geboren. Der Vater im Jahre 1900, die Mutter im Jahre 1906 und ich im Jahre 1927. Seit dem Jahre 1927 wohnte ich mit meinen Eltern in Sulejovice/Sulowitz bei Lovosice/Bezirk Litoměřice. Dort wurde ich auch geboren und ging in die Volksschule. Im Jahre 1920 war mein Vater Arbeiter, später Zementmahler in der Zementfabrik von Čížkovice. In der Zeit der Krise <offensichtlich: Weltwirtschaftskrise ab 1930> wurde in dieser Zementfabrik 3 Wochen gearbeitet und 3 Wochen blieben die Arbeiter zu Hause. Aus diesem Grunde legte sich Vater im Jahre 1937 ein kleines Gewerbe zu: Auf den Dörfern kaufte er mit Kannen Milch auf und verkaufte sie in Usti n. L./Aussig in Wohnungen. Seit dem Jahre 1938 fürchteten sich

deutsche Hausfrauen aus Angst vor ihren Landsleuten von einem tschechischen Geschäftsmann zu kaufen; einige liefen meinem Vater um die Ecke in die nächste Straße nach, damit sie kein Deutscher sieht. Aber nach kurzer Zeit hatte mein Vater niemanden, dem er Milch verkaufen konnte. Durch diesen nationalen Haß kam es zum Ende des Gewerbes für unsere Familie.
In Sulejovice lebten Tschechen und Deutsche bis 1933 als Freunde. Sie gingen zusammen in die Arbeit und zu Tanzvergnügen. Wir Kinder spielten zusammen. Ältere Kinder, als ich es war, kannten meist beide Sprachen. Nach Hitlers Machtergreifung und dem Aufstieg der SdP im Grenzgebiet begann der gegenseitige Haß zu wachsen, sodaß wir jüngeren Kinder nicht mehr richtig Deutsch oder Tschechisch lernten, obwohl wir ab der 3. Klasse Deutsch in der Schule hatten. Deutsch lernten wir meistens nur zum Schimpfen beim Werfen von Steinen aufeinander.
Aus dem Grenzgebiet flohen wir mit der Familie aus Angst vor den Nazisten, aber auch deswegen, da der Vater arbeitslos war. Aus dem Grenzgebiet flohen wir in Etappen. Zunächst im Oktober 1938 zu meinen Großeltern nach Podsedice (Bezirk Litoměřice), das jedoch dann auch von der deutschen Armee besetzt wurde, da in dieser Ortschaft ca 30% Deutsche wohnten. Auch in Sulejovice lebten in Jahre 1938 mehr Tschechen als Deutsche. In dieser Zeit ging ich statt auf das tschechische Gymnasium in Aussig in die Städtische Schule in Třebnice. Als wir dann auch aus Podsedice nach Vojniček (Bezirk Louny) flüchten und in einer Kammer bei der Kousine meines Vaters leben mußten, ging ich in überhaupt keine Schule mehr.«
<Im Dezember 1938 kam der Wissensträger samt seiner Familie nach Prag. Er schildert Lebensumstände, NS-geprägten tschechischen Schulunterricht, zwangsweisen Schanzeinsatz im Jahre 1945 in Ostmähren und Teilnahme am sog. Prager Aufstand.>
»Wie Sie sehen, habe ich keine guten Erfahrungen mit den Deutschen gemacht. Persönlich habe ich erlebt, wie sich die Deutschen im Grenzgebiet verhielten und wie sie in Lobositz am 1. Mai 1938 Heil und ›Ein Führer, ein Reich, ein Volk‹ <D 1> gerufen haben. Deswegen betrachte ich die Entschuldigung von Herrn Havel gegenüber den aus den Grenzgebieten abgeschobenen Deutschen <D 2> als Verrat tschechischer nationaler Interessen.«

D 1) Im Original in deutscher Sprache.
Vermutlich falsche Erinnerung. Zutreffende Abfolge: Ein Volk, ein Reich, ein Führer.

D 2) Zum vermutlich gemeinten Vorgang siehe S. 14 mit Anm. I/41 bis 45.

E) Originalbericht von Herrn S. H., Prag 6; zwei ms. Seiten in tschechischer Sprache vom 13. 12. 1992.

****

4) **A) Leitmeritz**

B) Zu- und Wegzug eines tschechischen Pensionistenehepaares

C) »In Leitmeritz, B... gasse..., Neubau 1935, wohnten wir ab Okt. im 1. Stockwerk. Vorher, ebenfalls Erstbezug, war schon ebenerdig ein tschechisches, kinderloses Rentnerehepaar, das aus Prag hierher übersiedelt war, eingezogen. Er war Pensionist, 60-er, Postbeamter, keinerlei politische Tätigkeit merkbar. Er sprach gut deutsch, sie weniger; sprach von ihrem Ehemann nur »der Fischer«. Juni 1938 – nach dem Anschluß Österreichs wurde das Ehepaar unruhig – *übersiedelte* es wieder *nach Prag zurück*.
Normaler Umzug, Wohnung leergeräumt, Spedition von Prag.
Anmerkung: In Leitmeritz 1938 etwa ⅓ Tschechen. Einwohner: 1938–45 fast noch 20% Tschechen!«

E) Originalbericht von Herrn A. M., 76829 Landau; eine hs. Seite ohne Datum (ca Januar 1993); Hervorhebung im Original unterstrichen.

****

5) **A) Stephansruh /tschechisch Příchovice (Gablonz)**

B) Tschechischer Optant für ČS-R/Protektoratszugehörigkeit verbleibt im Sudetengebiet

C) »...
Ich bin Jahrgang 1925 in Příchovice in der Čsr geboren und war bis 1968 dort ansässig. Meine Mutter und Großmutter mütterlicherseits waren Tschechen. Mein Vater hatte den Beruf eines Schuhoberteilmachers gelernt, übte ihn aber nur kurze Zeit aus und war dann selbständiger Landwirt. (Häusler), Als deutscher Antifaschist mit einer Tschechin verheiratet erkämpfte er sich die ČSL. Staatsbürgerschaft nach Par. 1. <D 1>
Die Großeltern meiner Frau waren Tschechischer Nationalität und ihr Großvater mußte 1938 sein Geschäft (Fleischerei) seinem Sohn übergeben, weil er noch die Protektoratsangehörigkeit besaß und diese nicht abgeben wollte. <D 2>
...«

D 1) Gemeint anscheinend das ČSR Dekret Nr. 33/45 des Staatspräsidenten Beneš v. 2. 8. 1945, das in § 1 die deutsche Staatsbürgerschaft der Sudetendeutschen feststellte und in § 3 die Rückgabe der CSR-Staatsbürgerschaft verhieß, wenn die Pflichten eines ČSR-Staatsbürgers nicht verletzt worden waren.

D 2) Offensichtlich mißverständlich:
1938 war »Protektoratsangehörigkeit« unmöglich, da dieses erst am 15. 3. 1939 errichtet wurde. Anscheinend Nichterwerb der deutschen Staatsangehörigkeit wegen Zuzugs nach 1910 oder Ausschlagung durch Option für die Č-SR.
Zu mehreren Berichten aus dem Gebiet Gablonz/Reichenberg über Fortführung von Handwerks- bzw. Handelsgeschäften auch durch verbliebene Tschechen:
Siehe S. 223 f.: A II; B 21–49, Antwort zu Fragen 10–12.

E) Originalbericht von Herrn G. U., 84478 Waldkraiburg; eine ms. Seite vom 30. 1. 1993.

****

6) **A) Arnau /tschechisch Hostinné (Hohenelbe /tschechisch Vrchlabi)**

B) Schicksalsablauf eines im Sudetengebiet geborenen Tschechen
<Der Berichterstatter beginnt mit allgemeinen, politisch – historischen Überlegungen, um dann das Sudetenproblem wie folgt anzusprechen:>
»Da ist die Entstehung unseres tschechoslowakischen Staates im Jahr 1918. Wir sollten uns klarmachen, daß nach dem Fall Österreich-Ungarns unsere damaligen Politiker mit T. G. Masaryk an der Spitze einem tragischen Irrtum erlagen, als sie die Existenz von 3½ Millionen Deutschen, die in den Ländern der böhmischen Krone lebten, unbeachtet ließen. Sie waren zahlreicher als die Slowaken, es handelte sich um keine Minderheit, sondern um eine große Population. Irgendwo hier entstanden die Grundvoraussetzungen für die späteren Probleme. Als dann schließlich die Form eines Einheitsstaates gewählt wurde, war das keine gute Lösung. Vielleicht war damals die Zeit noch nicht reif, aber heute, wo wir und die Slowakei auseinandergehen, ist uns endlich alles klar. Aber da ist es schon ein wenig zu spät. Wir müssen also zugeben, ob wir wollen oder nicht, daß sich die nach dem Ersten Weltkrieg künstlich geschaffenen Staatsgebilde nicht bewährt haben, und wir sollten froh sein, daß in unserem Fall alles mit Hilfe der Vernunft gelöst wurde.
Mit dieser Einleitung wollte ich nur einige meiner Ansichten zur Problematik des Sudetenlandes andeuten. Sie brauchen aber konkrete Angaben, Erlebnisse und Auswirkungen auf die tschechische Bevölkerung, die in irgendeiner Weise von dem Ablauf der Ereignisse betroffen wurde. Ich gehöre zur Generation, die die Ereignisse des Jahres 1938 auf eigener Haut zu spüren bekam. Geboren wurde ich 1918 in Hostinné. Ich hatte zwei Brüder, der ältere Alois wurde 1914 in Hostinné geboren und der jüngere Otto in Mostek-Souvrat <Mastig-Anseith> 1923. Unser Vater Bohuslav Č. war Waldarbeiter.

Seine Schwester Antonie, also unsere Tante hatte in Hostinné einen Obst- und Gemüseladen, den sie von ihrer Mutter, also meiner Großmutter übernommen hatte. Der Großvater väterlicherseits besaß in Hostinné eine Schusterwerkstatt. Wir waren eine tschechische Familie. Tante Antonie hatte einen Deutschen zum Mann. Ihre Kinder František und Lizinka waren also schon gemischt. Franz hat eine Deutsche geheiratet, Liesl, wie sie genannt wurde, heiratete einen Tschechen. Und so war es im Sudetenland in vielen Familien.«
<Der Berichterstatter fährt mit allgemeinen Überlegungen fort und schildert dann die Jugend seines Vaters, dessen Geburtsort und -jahr ungenannt bleiben. Der Vater arbeitete sieben Jahre in verschiedenen Ländern Westeuropas, vor allem in Deutschland, und heiratete 1911 bei Dortmund eine dort besuchsweise weilende Tschechin aus der Umgebung von Pilsen. 1914 kam die Familie nach Arnau. Als der Vater...>
»... vom Krieg <1914–1918> heimgekehrt war, begann er bei der Forstverwaltung zu arbeiten <anscheinend an verschiedenen Orten>. Wir besaßen keine Immobilien, wohnten aber immer in irgendeinem Häuschen der Forstverwaltung, wo wir Haustiere hielten, wir hatten unseren Garten, Obst. Im Jahr 1937 kehrten wir nach Hostinné zurück, wo wir zur Miete bei einem deutschen Gemischtwarenhändler <Salwender> wohnten. Wir zahlten keine Miete, wenn Vater von der Arbeit in der Papierfabrik heimkam, half er dem Händler im Lager, er betreute den großen Garten, kümmerte sich um das Geflügel, die Kaninchen u. ä. Wir konnten für unseren Bedarf uneingeschränkt Eier nehmen, Obst und Gemüse aus dem Garten holen. So lebten wir harmonisch mit dieser deutschen Familie. Mutter war zu Hause und wenn die Frau manchmal im Laden aushelfen mußte, dann kümmerte sie sich um ihr kleines Kind. Ich war zu jener Zeit nicht mehr zu Hause, denn seit 1935 arbeitete ich in Prag in einer Bäckerei. Die Ereignisse stürmten wie eine Lawine hin zum Höhepunkt im September 1938. Im Leben meines Vaters war dies eine große Enttäuschung. Er wußte, wohin alles führen wird und man mußte sich entscheiden. Manche meiner ehemaligen Kameraden marschierten in Uniform durch die Stadt, viele schlugen die Auslagenscheiben jüdischer Geschäfte ein und schmierten mit gelber Farbe das Wort JUDE. <Im Original mit Großbuchstaben in deutscher Sprache> Die Atmosphäre war unerträglich. Vater stellte einen Optionsantrag <D 1>. Er bestellte einen Bauern aus Innerböhmen, um die Möbel abzutransportieren. Wir sollten in das Städtchen Miletín <D 2> umziehen, wo man im örtlichen Armenhaus einen Raum für uns frei gemacht hatte. Inzwischen geschah aber eine unangenehme Sache. Einer der örtlichen jungen SdP-Funktionäre hatte Vater, der mit dem Fahrrad aus Vrchlabi <D 3> kam, mit dem Auto angefahren und ihn in den Graben gestoßen. Vater hatte zwar noch instinktiv das Rad beiseitegerissen und damit das Schlimmste verhütet, aber ein gebrochenes Bein war nicht zu vermeiden. Deutsche Soldaten (es geschah in den ersten Oktobertagen), die ihn fanden, brachten ihn in das Krankenhaus. Am 6. Oktober kam der bestellte Bauer. Mit einem Pferd, auf den Wagen konnte man nicht allzuviel aufladen. Vater war im Krankenhaus und so mußte ich aus Prag anreisen und helfen. Der ältere Bruder war beim Militär, der jüngere 15 Jahre alt. Beim Aufladen half uns auch Herr Salwender (der Hausbesitzer). Mit dem Bauern hatte man vereinbart, daß er mehrmals fahren werde, bis alles abtransportiert sei. Zuerst luden wir die schwereren Sachen auf, Schränke u. ä. Der Wagen war nahezu voll, als plötzlich eine Bande von Halbwüchsigen erschien. Sie riefen uns Beleidigungen zu, es halfen auch keine Ermahnungen seitens Herrn Salwender. Dann aber begannen sie Steine auf das Pferd zu werfen, um es scheu zu machen. Als das Pferd eine schmerzhafte Verletzung am Bein erlitt, bekam der Bauer Angst. Er sagte uns, das Aufgeladene werde er wegfahren, aber weitere Fahrten mache er nicht. Kein Wunder, schließlich war ein Pferd für einen mittleren Bauern der wertvollste Besitz. Was konnten wir machen, wir luden alles wieder ab und begannen die wichtigsten Dinge aufzuladen. Betten, Wäsche, Tisch und Stühle, Geschirr, Geräte, Kleidung – wir warfen einfach alles auf den Wagen. Nicht einmal die Bettgestelle nahmen wir mit. Herr Salwender sagte uns, wir könnten einstweilen alles dalassen, bis die Zeiten ruhiger werden, dann könnten wir alles

abholen. So nahmen wir also von Hostinne Abschied, wir ahnten nicht, daß niemand von unserer Familie je zurückkehren wird. Die Möbel haben wir niemals abgeholt.«... <Anfang 1945 spielte sich dann>... »der weitere Teil des Dramas im sogenannten Sudetenland ab. Selbstverständlich begab sich Vater, zusammen mit dem älteren Sohn, zum damaligen Nationalausschuß in Hostinné. Zuerst besuchte Vater Herrn Salwender. Unser Besitz befand sich noch dort so, wie wir ihn verlassen hatten. In der Familie <Salwender> herrschte Verzweiflung. Die Mitteilung über die Abschiebung war ihnen schon zugestellt worden. Herr Salwender riet meinem Vater, er solle sich um die kleine Villa mit Laden bewerben. Als Vater zu der Behörde kam und seinen Antrag auf Rückgabe unseres Eigentums stellte, wurde ihm gesagt, das Haus sei schon einem tschechischen Interessenten zugeteilt worden – samt unserem Eigentum. Und dabei war außer Herrn Salwender niemand im Haus gewesen. Wie sich später zeigte, hatte sich der zuständige Beamte das Häuschen für seinen Bruder reserviert. Wer könnte auch einer so hübschen Villa widerstehen! Diesen Menschen hatte ich nie in Hostinné gesehen.« <Der Berichterstatter charakterisiert sodann die allgemeine Plünderungsmentalität und bemerkt:> »Ich habe später ein Haus von den hinterbliebenen deutschen Besitzern eines Gablonzer Exportbetriebes gekauft, das nicht konfisziert wurde, da sein deutscher Besitzer während des Krieges im Konzentrationslager Dachau umgekommen war. Heute lebt mein Sohn mit seiner Familie dort. Ich lebe in einem kleinen Dorf im Inneren Böhmens.«

<Der Berichterstatter begründet dann sein Verbleiben fern seiner Geburtsstadt Arnau mit deren Verwahrlosung, schildert das spätere Schicksal seiner Familie und schließt mit einigen allgemeinen Überlegungen:>

»Meiner Meinung nach hätte es, trotz aller Leiden der Jahre nach 1938 und der grausamen Protektoratszeit, nicht zur Vertreibung der deutschen Bevölkerung kommen dürfen. Wie gut hätten wir es heute! Statt der nicht in den Griff zu bekommenden Roma-Bürger gäbe es hier ordentliche und durch die Vergangenheit weise gewordene Menschen, sicher, viele von ihnen hätten in den Jahren der kommunistischen Herren auch mit leeren Händen das Land verlassen, aber nicht alle. Wie viele arbeitsame Hände, gebildete und kluge Fachleute sind fortgegangen. Was ist aus dem Hauseigentum, den altehrwürdigen Denkmälern im Grenzgebiet geworden... Hunderte von Dörfern an der westlichen Grenze wurden samt Friedhöfen und Gräbern dem Erdboden gleichgemacht... Was ist mit den menschlichen Seelen geschehen...«

D 1) Aus dem Bericht ist unklar, ob die Voraussetzungen für eine Option zu Gunsten der Č-SR vorlagen und wie der Antrag beschieden wurde. Da der Vater des Berichterstatters ohnedies nach Innerböhmen verzog, war sie eigentlich nur von deklarativem Charakter.

D 2) Der Ort liegt im Bezirk Humpoletz im geschlossenen tschechischen Sprachgebiet.

D 3) d. h. Hohenelbe.

E) Originalbericht von Herrn F. Č., wohnhaft in einem sehr kleinen, tschechischen Ort; neun hs. Seiten in tschechischer Sprache (Übersetzung: Gudrun Heissig); o. D. (ca. Januar 1993).

****

7) **A) Sichelsdorf (Landskron)**

B) Verbleib zugewanderter tschechischer Bauern

C) »Mein Geburtsort Sichelsdorf, Krs. Landskron, war bis ca. 1920 ein rein deutsches Dorf. Wie es jahrhunderte vorher auch war. Unser Meierhof gehörte bis dahin dem Fürsten Lichtenstein und wurde in dieser Zeit von dem Cech. Staat entschädigungslos enteignet.

Der Meierhof wurde auf sechs cech. Familien aufgeteilt. Für diese Familien wurde bzw. deren Kinder 11 an der Zahl eine Schule gebaut. (1936)
Nachfolgende Namen, die als Vorkämpfer <der Tschechisierung> in die deutsche Gemeinde kamen:

1.) Witschar, war der größte mit 4 Zugpferden
2.) Vanicek
3.) Mottel ging 1945 auf dem Bauernhof Habermann, der in den 30-iger Jahren Bürgermeister war. (Sichelsdorf)
4.) Schwob ging 1945 auf dem Bauernhof vom Maixner (Lehrer) Nachbarort.
5.) Zoffal
6.) Schibohlabek ging eine Tochter 1945 auf dem Bauernhof/Sichelsdorf Wölfel (Edgar) Edgar (Niederort)
ein Sohn ging auf dem Bauernhof Hübl (Berghübl) in Tattenitz, Krs. Hohenstadt.

Die Bahnstation Sichelsdorf hatte einen Vorsteher (Ceche) Suchomil, der 1939 einem deutschen Vorsteher weichen mußte.
Auf dem Meierhof 1939 kam ein Verwalter. Die Cechen konnten alle bleiben <D>. 1945 hat sich fast jeder einen Deutschen Bauernhof angeeignet.
Heute wohnt auf dem riesengroßen Meierhof allein eine geistesgestörte ältere Frau.« <E 1>

D) Zu Meierhöfen wird u. a. auch berichtet:

a) Aus Luditz
Am 27. April 1925 erwarb der aus Chromisl bei Klattau in Innerböhmen zugezogene ehemalige Legionär Franz Diviš den Luditzer Meierhof mit 80 ha Grund. Diviš wurde später der einzige Stadtrat der tschechischen Wahlgruppe; Gesamtzahl der Stadträte 30.
Diviš optierte Ende 1938 nach dem Anschluß für die Č-SR-Staatsbürgerschaft, blieb aber auch nach 1938 und später nach 1945 in ungehindertem Besitz seines Hofes und lebte in Luditz.
Diviš verlor den Hof erst 1948 im Zuge der Kollektivierung der Landwirtschaft in der nun offen kommunistischen CSR. <E 2>

b) Aus Burgstadl (Kaaden): Siehe S. 215: A III, B 13.

c) Aus Schwarzbach (Krumau): Siehe S. 229: A III, B 63.

d) Aus Neumühl (Nikolsburg): Siehe S. 180: A II, B 5.

E 1) Originalbericht von Frau W. L. geb. P., 66130 Saarbrücken; eine ms. Seite o. D. (ca. Januar 1993).

E 2) Vgl. »Aus der Geschichte der Stadt Luditz« in »Heimatbuch des Kreises Luditz«; Hsg. von der Arbeitsgemeinschaft Heimatbuch Kreis Luditz; München, 1971, Neufassung 1993; S. 412–448, hier S. 445; auch S. 407.

****

8) **A) Znaim**

B) Verbleib tschechischer Bewohner neugeschaffener Großsiedlungen

C) »Südwestlich von Znaim wurde in den Zwanziger Jahren die Siedlung <D 1> Mareschau errichtet. <D 2>
Sie umfaßte ungefähr 75–80 Siedlungshäuschen. Sie waren durchweg von Tschechen bewohnt, die überwiegend zuzogen. <D 3>
Die Anwohner dieser Siedlung blieben im Krieg 1939 bis 1945 alle dort, vielleicht bis auf sehr wenige Ausnahmen, welche was am Kerbholz hatten. Als der Krieg zu Ende war, zogen viele junge Leute aus dieser Siedlung als Partisanen durch die umliegenden Ortschaften.« <D 4> <E 1>

D 1) Zu Großsiedlungen wird u. a. auch berichtet:
a) Aus Hohenstadt:
Dort wurde ein enteignetes Gut des Fürsten Liechtenstein im Jahre 1925 parzelliert und die entstandenen landwirtschaftlichen Besitztümer an ca. 30 tschechische Familien übergeben, die aus Wolhynien (UdSSR) zuzogen.
Die Familien verblieben nach dem 1. 10. 1938 im Gebiet und wurden erst um 1950 durch die ČSR mit Bildung einer Kolchose enteignet. <E 2>
Zu Hohenstadt: Siehe auch S. 158: A I, D 15 zu »reichlichen Zuteilungen von Land aus der Bodenreform an Tschechen«.
b) Aus Machendorf (Reichenberg): Siehe S. 220: A III, Antwort zu Frage 5, B 44.
c) Aus Littitz (Mies): Siehe S. 276 in A IV, Exkurs 3.
d) Aus Ruckendorf (Kaplitz): Siehe S. 231: A III, B 67.

D 2) Noch im Gebiet der Stadtgemeinde Znaim gelegen handelte sich um die deutsche Fassung des tschechischen Namens Marešov nach dem Förderer des Vorhabens, dem (ab 1919) ersten tschechischen Bürgermeisters Znaims, Dr. Josef Mareš.
Die Mareschau war Teil des Gesamtprogrammes des »Bauverein Domovina« (etwa Baugenossenschaft Heimat). Mit Staatshilfe der ČSR (v. a. Gesetz über die Bauförderung von 1921, »ČSR-Slg.« Nr. 102: Staat übernahm die Verzinsung und Tilgung von 60–80% der Baukosten; und gab darüberhinaus Steuererleichterungen) errichtete die Domovina bis 1926 insgesamt 462 Wohnungen. Diese wurden nur Mitgliedern zugewiesen: »Mitglied der Domovina kann nur ein Tscheche werden«. <E 3>

D 3) Vornehmlich für die Behörden von Znaim (z. B. Amtsgericht, Post, Bahn, Bezirksämter, Kasernen). Dort lösten nach 1919 viele Tschechen die bisherigen deutschen Beamten und Angestellten ab; <E 4> die Nationalitätenstruktur in der Stadt änderte sich völlig (siehe S. 340 f.: A V, Tab. 3).

D 4) Sie quälten die deutschen Bewohner und wirkten an ihrer Vertreibung mit. <E 4>

E 1) Originalbericht von Frau J. K., 85567 Grafing; eine hs. Seite vom 3. 7. 1993.

E 2) Mitteilung von Wissensträger F. Z., 71549 Überbrücken.

E 3) Vgl. Wrbka, Anton: »Geschichte der Stadt Znaim«; Nikolsburg, 1927; S. 476 f., 482.

E 4) Mitteilungen verschiedener Wissensträger.

****

9) A) **Diebling (Neubistritz)**

B) Verbleib bzw. Abzug zugezogener Tschechen

C) »...
Der Ort befand sich an der Sprachgrenze. Insoweit befanden sich schon immer einzelne Tschechen im Ort. Ebenso gab es Familien mit Angehörigen beider Nationen.
Nach 1918 zogen dann zwei tschechische Familien (Doubek, Bednář) zu, die einstmals deutsche Bauernhöfe erworben hatten. Der Zuzug fand etwa in der Zeit zwischen 1928 und 1932 statt. Beide Familien integrierten sich gut in das Dorf. Sie verblieben auch, als Diebling 1938 zum Deutschen Reich kam. Ob die beiden Familien die Deutsche Staatsangehörigkeit erworben hatten, ist anzuzweifeln. Denn die Söhne der einen Familie wurden, obwohl im wehrfähigen Alter nicht zur Deutschen Wehrmacht eingezogen. Beide Familien blieben unbehelligt. Nach 1945 verhielten sich ebenfalls beide Familien loyal. Das Familienoberhaupt der zuerst zugezogenen Familie (Doubek) widersetzte sich später <d. h. nach 1948> der Kolchosierung, wurde verhaftet und soll entweder in der Haft oder kurz danach an den Folgen der Haft verstorben sein.

Gegen Mitte der 30er Jahre wurde auch eine tschechische Minderheitenschule eingerichtet. Diese bestand bis 1938. Der Lehrer der Schule zog vor dem Anschluß noch weg. Ebenso zogen ein Eisenbahner und ein Straßenwart freiwillig weg. Beide waren Repräsentanten der Sokol-Bewegung.
Einer der Beiden (Eisenbahner) kehrte nach 1945 wieder zurück und wurde zum kommissarischen Bürgermeister eingesetzt. Er war erklärter Sozialdemokrat und verhielt sich den Umständen entsprechend vernünftig und sorgte dafür, daß in unserem Ort die Vertreibung ohne Blutopfer ablief.«

E) Originalbericht von Herrn F. G., 71034 Böblingen; eine ms. Seite vom 25. 8. 1992.

****

10) **A) Tachau**

B) Soziale Lage und Lebensmittelkarten verbliebener Tschechen

C) »Ich... habe von Mai 1939 bis zur Vertreibung im Juni 1946 mit meinen Eltern unser Haus in Tachau, ...straße ... bewohnt.
Aus dieser Zeit kannte ich« <u. a. den nach 1919 zugezogenen> »Herrn Hutter« <, Beruf nicht bekannt>, ihm gehörte das übernächste Haus, das den beiden Häusern meiner Onkel A. W. und J. Z. benachbart war und zwar in der Fohrasiedlung Nr. 1295. Diese Siedlung war 1941–42 mit den bekannt günstigen finanziellen Bedingungen gebaut worden, wie sie im 3. Reich für sogenannte Siedlerhäuser galten und Herr Hutter hatte beim Bau keine Probleme. Sein Sohn war, wie ich, im gleichen Fähnlein, wenn auch in einem anderen Jungzug des Deutschen Jungvolkes (DJ) und meine Cousinen und Cousins waren seine Spielkameraden. Von unterschiedlichen Lebensmittelkarten ist weder diesen, noch mir bekannt geworden.
Zum Dank für die soziale Eigenheimbeschaffung im 3. Reich, hat sich Herr Hutter, der im Krieg nicht eingezogen war, auf seine tschechische Herkunft besonnen und war dann nach 1945 beim tschechischen Narodni Vybor der Stadt Tachau als Kommisar tätig. Seine Aufgabe bestand darin, wenn sich ein zugereister Tscheche aus Innerböhmen ein Haus angesehen hatte, das er zukünftig bewohnen wollte, die deutschen Eigentümer auf die Straße zu setzen. Er war dabei oft radikaler als die einziehenden Tschechen, weil er grundsätzlich nur 20 Minuten Zeit zum Verlassen des Hauses gab. Obwohl er jahrelang Nachbar meiner Onkel war und auch uns kannte, ist er mit uns allen so verfahren. Im Gegensatz zu ihm hatten wir dann als Deutsche in der Tschechoslowakei nach 1945 tatsächlich die berühmten anderen Lebensmittelkarten.«

E) Originalbericht von Herrn F. Z., 82110 Germering; eine ms. Seite vom 7. 11. 1994.

****

11) **A) Liebshausen (Bilin)**

B) Zahlreiche verbliebene Tschechen

C) »In der Gemeinde Liebshausen gab es bis zum Anschluß des Sudetenlandes an das Deutsche Reich vierzehn ortsansässige tschechische Familien. Hinzu kamen noch einige im Meierhof beschäftigte Saison- und andere nicht dauerhafte hier wohnende Arbeiter.
Nachfolgend der Verbleib der ortsansässigen Tschechen nach dem Anschluß des Sudetenlandes an das Deutsche Reich:
Wenzel Storek, Bahnbediensteter, Kreuzbergweg 3:
Ist unbehelligt in seinem Haus geblieben.
Vaclav Zelenka, Bauer, mit Familie Dorfplatz 24:
Ist auf seinem Hof geblieben, behielt seinen ganzen Besitz. 1948 wurde er von den Tschechen enteignet. 1993 erhielt der Erbe Bohumil den Besitz zurück.
... Kosak, Bauer, mit Familie, Dorfplatz 27:
Kam 1925 im Zuge der Bodenreform (hier teilweise Enteignung des Lobkowitz'schen

Meierhofs) aus Innerböhmen nach Liebshausen. Er blieb 1938 auf seinem Hof, wurde 1948 enteignet. Weiteres Schicksal nicht bekannt.

Jiri Vogel, Bauer, mit Familie, Dorfplatz 31:
Behielt seinen Besitz. Wurde 1948 enteignet. Der Sohn erhielt 1993 als Erbe den Besitz zurück.

... Kalhous, Bauer, mit Familie, Dorfplatz 39:
Kam 1925 im Zuge der Bodenreform aus dem Tschechischen nach Liebshausen. Zog bereits vor der Angliederung mit Hab und Gut zurück ins Innerböhmische.

Viktor Vlcek, Kaminkehrer, mit Familie, Haus Nr. 60:
Blieb 1938 in Liebshausen, übte weiter seinen Beruf aus. Sohn Karl lebt heute noch in Liebshausen.

Bohumil Baudis, Schlosser, mit Familie, Haus Nr. 91:
Zog einige Zeit nach dem Anschluß mit Hab und Gut zur Tochter nach Prag.

... Statnik, Straßenwärter, mit Familie, Lahowitzer Str. 126:
Sohn Ladjo blieb in Liebshausen, die übrige Familie zog mit Hab und Gut weg.

Eduard Leifer, Arbeiter, mit Familie, Haus Nr. 85:
Blieb 1938 nach dem Anschluß in Liebshausen.

Jakob Kabath, Arbeiter mit Familie, Haus Nr. 85:
Blieb 1938 nach dem Anschluß in Liebshausen.

Anton Petrzilka, Arbeiter, mit Familie, Zollschänke:
Blieb 1938 nach dem Anschluß in Liebshausen.

Anton Wanitschek, Arbeiter mit Familie, Dorfplatz 72:
Blieb 1938 nach dem Anschluß in Liebshausen. Sohn Anton wohnt jetzt Liebshausen Nr. 56.

... Cmejrek, Arbeiterin mit Familie, Haus Nr. 76 (?):
Zog während der Angliederung mit Hab und Gut nach Tschischkowitz. Sohn Karel wohnt noch dort.

... Kucera, Schuhmacher, mit Familie, Schiedowitzer Str. 17:
Blieb 1938 nach dem Anschluß in Liebshausen. Er ging weiter seinem Beruf nach. Ehefrau Antonia und Tochter Maria wohnen jetzt in Liebshausen Nr. 59.

Nicht vermerkt sind hier die in den 30er Jahren aus Innerböhmen nach hier versetzten Staatsbediensteten, die die entsprechenden deutschen Staatsbediensteten ablösten:
Bahnhofsvorsteher mit Familie,
Postmeister mit Familie und
Gendarm mit Familie.

Diese haben kurz vor dem Anschluß Liebshausen mit Hab und Gut und ohne Druck verlassen.

Weitere Anmerkungen:

Die nach dem Anschluß in Liebshausen gebliebenen Tschechen unterlagen keinerlei Beschränkungen, sie hatten die gleichen Rechte und Pflichten, wie die Deutschen, sie erhielten die gleichen Lebensmittelkarten und Gutscheine, es gab keine Diskriminierung.

Nachteil für die verbliebenen Tschechen:

Die tschechische Minderheitenschule wurde geschlossen. Die Kinder hatten die Möglichkeit, die 4 km entfernte tschechische Schule in Triblitz zu besuchen. Die meisten entschieden sich für die deutsche Schule in Liebshausen...«

E) Originalbericht von Herrn K. K., 82223 Eichenau; zwei ms. Seiten v. November 1994.

****

12) A) **Prachatitz**

B) Tschechen, die 1938 abzogen, wurden »nicht verjagt«; tschechischer Bürgermeister und Gendarmeriehauptmann verblieben

C) <Der Berichterstatter stellt sich zunächst vor: 1910 in Alt-Prachatitz geboren, übersiedelte er mit seinen Eltern, wobei der Beruf des Vaters unerwähnt bleibt, 1922 nach Prachatitz (= P) selbst. Dort besuchte er das Gymnasium, welches 1865 als deutsches mit Schülerheim entstanden und nach 1919 zur tschechischen Anstalt gemacht wurde. Später wurde der Berichterstatter Angestellter in einer Sparkasse, deren Trägerschaft gleichfalls nicht erwähnt wurde.
Er schildert sodann die nationale Lage einschließlich gewisser von ihm als national gesehener Eigenschaften von Deutschen und Tschechen vor und nach 1919. Er meint auch, die später entstandene SdP habe in P. keine großen Erfolge gehabt.>
»Die hiesigen Deutschen waren nicht fanatisiert – weder blickten sie auf die Tschechen herab, noch wollten sie sich rächen. <Wofür, bleibt unklar> Jeder hatte seine Arbeit und kümmerte sich darum. Die deutsche Jugend zeigte sich nur, wenn sie in Gruppen auftrat, als Scharfmacher und die Größe dieser Gruppen änderte sich mit der Anzahl der in P. lebenden Deutschen, die unaufhörlich sank. Eine Reihe junger Deutscher hatte jedoch gute Kameraden und Kameradinnen auf der tschechischen Seite. Es war durchweg bekannt, daß den deutschen Jungen tschechische Mädchen gefielen und deutsche Mädchen insgeheim den tschechischen Burschen nachliefen, deren Mut sie mochten...
Im Jahre 1938 bei der Unterstellung des Sudetengebiets unter das Reich begannen wir Tschechen Drohungen von den deutschen Bürgern wahrzunehmen. Das geschah nicht offen, sondern lediglich in Andeutungen. Niemand sagte laut ›tschechisches Gesindel‹ oder ähnliche Beschimpfungen, über die ich aus anderen Gebieten hörte. Wir in P. spürten nur, daß ein anderer Wind zu wehen begann und die Deutschen anzunehmen begannen, uns von hier zu verdrängen. Diesen Gedanken drückte freilich keiner von ihnen laut aus. Wir verfolgten das polititsche Verhalten unserer Regierung, das für uns eindeutig war – <es hieß> die Stadt zu verlassen. In dieser Zeit arbeitete ich als Angestellter in der P.er Sparkasse. Eines Tages ruft uns unser Direktor zusammen und gibt bekannt: ›Das hier müssen wir einpacken.‹ Wir schickten nach Bauern, die mit Pferdewagen kamen, alles aufluden und uns nach Březí <Ort im tschechischen Sprachgebiet, Bezirk Pisek> übersiedelten. Das geschah im Herbst 1938. Dazu muß ich anmerken, daß uns niemand dirigierte, kontrollierte oder verjagte. Das was wir tun mußten, lag in der Luft (›bylo ve vzduchu‹). Meine Mutter blieb in dieser Zeit noch einige Monate im Haus der Familie in P. und ich übersiedelte nach Bavorov <Bezirk Pisek>. Ähnlich, wie wir, ging die Mehrheit der Tschechen aus P. weg. Die Zuflucht suchten wir bei unseren Verwandten und Bekannten, wo wir auch unser Eigentum deponierten. Die Deutschen mischten sich in dieser Lage in nichts ein, haben niemanden angeschrien oder vertrieben. Nach dem Umzug traf ich mich mit unserem ›Mieter‹, dem Finanzamt des Reiches <vermutlich ist als »Vermieter« die Sparkasse gemeint>. In der Zeit des Einzugs der neuen Mieter war auch bekannt, daß diese ganze Aktion jemand leitet. In unser Haus zog der Reichsdeutsche Gleizner. Der kam aus München hierher ... <und> ... arbeitete am P.er Grundbuchamt. Meine Mutter verblieb noch eine gewisse Zeit, bevor sie zu uns nach Bavorov zog, ... sie durfte bei der Übersiedlung aus P. alles mitnehmen, was sie wollte. Einige Sachen, für die wir keinen Platz hatten, verblieben auf dem Dachboden und das über den ganzen Krieg bis zu unserer Rückkehr im Jahre 1945.
...
Unmittelbar nach dem Krieg waren die Amerikaner in P. Diese interessierten sich für die <Ein->Familienhäuser in den Siedlungen rund um die Stadt, wo sie für ihre Anwesenheitszeit einziehen wollten. Interesse hatten sie auch an unserem Haus (náš barák). Aus der ganzen Siedlung quartierten sie die Eigentümer, ob Tschechen oder Deutsche aus ... Auch unseren Deutschen <offensichtlich Gleizner> ... Unter den Ausquartierten befand sich auch der ehemalige Hauptmann der tschechischen Gendarmerie Tomaško ... Obwohl Tscheche war er im Jahre 1938 in seinem Hause in P. wohnen geblieben. Von der Notwendigkeit schneller Rückkehr erfuhr ich vom Bürgermeister von P. ... In P. war in dieser Zeit und das auch während des ganzen Krieges Herr Pilát Bürgermeister. Ihm gehörte ein Textilgeschäft in P. ... Jetzt besuchte er mich in Březí und erläuterte mir,

daß wir sofort zurückkehren müßten, da sonst in unser Haus amerikanische Soldaten eingewiesen werden würden. Gleich am darauffolgenden Tag war ich zurück. Unser Haus hatte weder von außen noch im Inneren irgendwelche Schäden.

...«

<Der Berichterstatter macht dann einige Feststellungen zum ›odsun‹ der Deutschen aus Prachatitz 1945/46 und schließt mit Angaben zur Bevölkerungsstatistik und zu Gemeindewahlergebnissen von 1919 und 1923.>

E) Originalbericht von Herrn M. V., Prachatice vom 22. 12. 1994; vier ms. Seiten in tschechischer Sprache.

****

13) **A) Burgstadtl (Kaaden)**

B) Zugewanderte Tschechen: Verbleib von Bauern, Versetzung eines Bahnbediensteten

C) »...

Aus meinem Heimatort Burgstadtl, Krs. Kaaden... kann ich... berichten, daß ein einziger Čeche 1938 mit Frau und 3 Kindern unseren Ort verlassen hat, nachdem er sein Häusl seiner Tochter Martha und seinem Deutschen Schwiegersohn Karl Tragl übergeben hatte. Der Mann mit Familienname Aksamit <Zuwanderung nach 1919> war Heizer auf einer Dampflok der Eisenbahn und wurde nach Kladno versetzt...

Zwei weitere čechische Familien: Josef Šafařik und Josef Sedlák, die den ehemaligen Meierhof in Burgstadtl nach dessen Parzellierung (vielleicht 1935?) gekauft hatten, <und daraufhin zuzogen,> verblieben... bis Kriegsende... am Ort und bewirtschafteten ihre Anwesen... unbehelligt... weiter <, ohne irgendwelche> Repressalien oder Benachteiligungen... Der letztgenannte Josef Sedlák war 1945 der örtliche Vertreter des národní Výbor, holte sich als erstes von unseren Bauernhof unsere Dreschgarnitur mit fahrbarem Elektromotor, Dreschwagen und Strohpresse sowie 40.00 <gemeint: 40.000> Stück Ziegel und das erforderliche Bauholz, das mein Bruder zum Umbau unseres Wohnhauses gekauft und auf dem Hof gelagert hatte. S. war auch bei der Erschießung eines Oberlehrers Hugo Hochberger aus Kojetitz, Krs. Kaaden, bei dem čechische »Partisanen« Jagdpatronen gefunden haben wollten, mit anwesend. Die Exekution fand bei der Dorfkapelle in Burgstadtl statt, die gesamte Bevölkerung wurde gezwungen, die Erschießung mit anzusehen.

Die vorgenannten Grundbesitzer Šafařik und Sedlák mit ihren Familien blieben bis Kriegsende unbehelligt auf ihren Anwesen und waren keinerlei Repressalien oder Benachteiligungen ausgesetzt.

...«

E) Originalbericht von Herrn W. L., 82178 Puchheim; eine ms. Seite o. D. (vermutlich Januar 1995).

****

Berichte 21 bis 50:

Die nachfolgenden Berichte beruhen auf einem Fragebogen (siehe dazu S. 203) und wurden oft auch in freier Form ergänzt (siehe nachstehende Zusammenfassung):

Nr.	Berichtsgebiet		Wissensträger			Form		
	Kreis	Ort				Fragebogen		Frei
21	Aussig	Aussig	H. R. K.,	01099	Dresden	X		
22	Bärn	Bärn	Fr. G. F.,	89250	Senden	X	+	X
23	Friedland	Friedland	Fr. H. P.,	87600	Kaufbeuren			X
24	Gablonz	Gablonz	H. G. F.,	95466	Weidenberg			X
25		Johannesberg	H. G. Z.,	87656	Germaringen			X
26		Radl	Fr. M. J.,	87600	Kaufbeuren	X	+	X
27	Reichenberg	Althabendorf	Fr. M. B.,	85570	Markt Schwaben	X		
28		Bösching	H. E. M.,	89407	Dillingen	X		
29		Buschullendorf	H. A. W.,	87616	Markt Oberdorf			X
30		Christophsgrund	H. A. H.,	01069	Dresden	X	+	X
31		Dörfel	Fr.H. S.,	10117	Berlin	X		
32		Eichicht	H. M. R.,	82205	Gilching			X
33		Engelsberg	H. R. Q.,	83404	Ainring	X	+	X
34		Habendorf, Neu	Fr.H. S.,	10117	Berlin	X		
35		Katharinberg	Fr. A. L.,	79843	Löffingen			X
36		Liebenau	H. H. B.,	76287	Rheinstetten	X		
37		Ratschendorf	H. J. K.,	47829	Krefeld	X	+	X
38		Reichenberg	Fr. Ch. B.,	99425	Weimar			X
39		Reichenberg	Fr. T. H.,	07973	Greiz	X		
40		Reichenberg	H. W. S.,	90431	Nürnberg			X
41		Saskal	H. R. B.,	74564	Crailsheim	X		
42		Schönborn	Fr. A. S.,	71277	Rutesheim	X		
43		Weißkirchen	Fr. G. G.,	84508	Burgkirchen	X	+	X
44		Machendorf	H. H. S.,	85540	Haar	X	+	X
45	Gablonz	Marschowitz	H. H. U.,	87600	Kaufbeuren	X		
46		Morchenstern	Fr. B. S.,	71032	Böblingen	X		
47	Reichenberg	Christophsgrund	H. R. S.,	74321	Bietigheim	X	+	X
48		Grottau	H. A. H.,	98250	Senden	X	+	X
49	Gablonz	Gablonz	H. H. L.,	61137	Schönbach	X	+	X
50	Reichenberg	Wetzwalde	H. G. B.,	64823	Groß-Umstadt			X

Frage »1. Wurden die Tschechen aus ihrer Heimatgemeinde vertrieben? Wenn ja, w e r und w a n n?«

Antworten:

Ber 21: »Ich wüßte nicht, wer und wann«.

Ber 22: »Vertrieben wurde keiner«

Ber 25: »Von Vertreibungen ist niemanden etwas bekannt«

Ber 27: »Mir ist kein einziger Fall bekannt«

Ber 28, auch 42, 43, 45, 46, 47: »Nein«

Ber 30: »Herr Holeček hat mir 1962 . . . beim ersten Besuch im Heimatdorf . . . berichtet, daß er mit anderen 1938 nachts vertrieben wurde. Seine Söhne leben im Kreis Liberec und können Auskunft geben . . .

Abzug des tschechischen Militärs aus Aussig

Die Fam. war traurig, daß sie nach ihrer Rückkehr 45/46 und ab 47 fast keine von den früheren Bekannten und Freunden wiederfanden. . .«
<Zu Person und Verbleib von Hr. Josef H. ergibt sich aus Bericht 47:
Herr H. war nach 1919 als öffentlicher Bediensteter (Eisenbahner, zuletzt Stationsvorstand) in das Sudetengebiet versetzt worden, hatte 1938 keinen Grundbesitz, ging 1938 als öffentlicher Bediensteter in die Rest Č-SR, um 1945 wieder im Sudetengebiet in ein Haus zu kommen, das bis dahin einen deutschen Besitzer hatte.
Siehe auch S. 221 und 228: Antworten zu Fragen 5, 6 und v.a. 16 im Bericht 47.>

Ber 31: »Keine Vertreibung bekannt«

Ber 37: »Aus unserer Heimatgemeinde wurde niemand vertrieben«.

Ber 38: »Über Vertreibungen von Tschechen 1938 weiß ich nichts.«

Ber 39: »Im [Reichenberger Innenstadt-]Bereich wurden keine Tschechen vertrieben. Mir selbst ist nichts bekannt.«

Ber 40: »Mir. . . sind. . . solche Fälle, wo 1938 und später Tschechen gezwungen wurden, ihren Wohnsitz im Sudetenland zu verlassen, nicht bekannt. In Reichenberg und Umgebung sind solche Fälle wohl auch nicht vorgekommen. Ich habe Ihren Brief samt Fragebogen auch beim letzten Gildennachmittag der ›Reichenberger Gilde Nürnberg‹ vorgelegt. Auch hier fand sich niemand, der solche Fälle gekannt hat.«

Ber 44: »Kein Tscheche vertrieben«

Ber 48: »Aus der Grenzstadt Grottau/Neiße mit den eingemeindeten Ortsteilen Dönis und Görsdorf, bis 1938 selbständig, sind keine ansässigen Tschechen, die schon seit vor dem 1. Weltkrieg ansässig waren, vertrieben worden.«

****

Frage »2. Wurden Tschechen aus ihrer Heimatgemeinde vertrieben, weil sie im Sinne der CSR politisch tätig gewesen sind?«

Antworten:

Ber 21: »Mir nichts bekannt...«

Ber 26, auch 28, 43, 46, 47: »Nein«

Ber 27: »Mir ist kein einziger Fall bekannt...«

Ber 34: »Im Gegenteil: Herr František Vouhnout ist erst im Krieg nach Dörfel Nr. 394 aus dem Tschechischen gekommen. Er arbeitete bis nach 1945 bei der Textilfirma Ferdinand Engel als Webmeister (leitende Position) obwohl er sich öffentlich zur Benespartei bekannte«.

Ber 37: »Aus unserer Heimatgemeinde wurde niemand vertrieben.«

Ber 39: »Es könnten im Höchstfall frisch zugezogene Polizisten gewesen sein. Mir selbst ist nichts bekannt.«

Ber 48: »Es wurden keine Tschechen wegen polititscher Tätigkeit vertrieben.«

****

Frage »3. Konnten Tschechen, die aus ihrer Heimatgemeinde vertrieben wurden, ihre bewegliche Habe mitnehmen?«

Antwort (einzige):

Ber 30: »Wie ich hörte, nein.«

<Anmerkung: Für die sogar offizielle Möglichkeit dazu: Siehe S. 153ff.: A I, D 11.>

****

Frage »4. Was geschah mit dem Immobilienvermögen der Tschechen, die aus ihrer Heimatgemeinde vertrieben wurden?

Name/Vorname: Beruf: damalige Anschrift/Haus-Nr.: Enteignung? Zwangsverkauf? Selbstverkauf? Neue Eigentümer? Vertr. blieben Eigentümer?«

<Keine einzige Antwort.
Grund: Einzige vorgebliche Vertreibung unter sämtlichen Antworten:
Ber 30, betrifft Person ohne Grundbesitz>

****

Frage »5. Welche Tschechen Ihrer Heimatgemeinde sind aus eigenem Entschluß in das Landesinnere gegangen?

Name/Vorname: Beruf: damalige Anschrift/Haus-Nr.: Wann? Grund?«

Antworten:

Ber 21: »Briefträger, Eisenbahner, Behördenangestellte, Trafikanten«

Ber 23: »Ich bin in Friedland aufgewachsen. Wir wohnten in der Bahnhofstraße und unsere damaligen Nachbarn (vor 1938) waren Eisenbahner, die zur Tschechisierung in unsere Stadt geschickt wurden und viele Kinder haben sollten, auch damit die neuerbaute tschechische Schule nicht halb leer steht. Wie schon gesagt, außer einem halben Dutzend Kindern hatten diese Nachbaren nicht viel und als sie dann 38 in ihre tschech. Heimat zurückkehrten hat man es kaum bemerkt...«

Ber 24: In Gablonz war »das Zusammenleben mit den Tschechen problemlos. Das Groh lebte in der GABELBERGERSTRASSE und inwieweit diese ausgesiedelt oder freiwillig gegangen sind ist mir nicht bekannt. Ich weiß nur von einem Fall der nach Kleinskal <Bezirk Eisenbrod> ging ...«

Ber 25: »Aus der Cronik von Johannesberg habe ich entnommen, daß die tschechischen Beamten (Gemeindeamt, Post usw.) durch deutsche Beamte ersetzt wurden. Diese wenige Tschechen sind im Oktober 1938 in ihre angestammten Gebiete verzogen.«

Ber 26: »Eine Familie Navesník Josef, Eisenbahnschlosser, Radl Nr. 62 (in Miete) übersiedelte mit ihrem Sohn ins Protektorat. Enteignet wurde niemand. Obgenannte Familie beschlagnahmte <nach 1945> ein deutsches Haus samt Mobilar und bewohnte es bis zu ihrem Lebensende. Die deutsche Familie wurde ausgesiedelt.«

Ber 27: »Die im Ort tätigen 4 tschechischen Beamten (Bahnhofsvorstand, Postmeister, Gendarm und 1 Lehrer) wurden beim Wechsel der Staatshoheit in das Landesinnere der ČSR zurückversetzt.«

Ber 28, »Keine(r)«

Ber 29: »Ich selbst bin Jahrgang 1925 u. habe die ganze Zeit miterlebt. Da ich meinen Vater, der monatlich die Stromabrechnungen für die Gemeinde machte, immer dabei helfen mußte, kannte ich die Einwohner unseres Ortes relativ gut.
Deshalb kann ich Ihnen mitteilen, daß ich mich nicht erinnern kann, daß in Buschullersdorf tschechische Familien existierten. Und somit kann ich auch den Fragebogen nicht beantworten. Ich kann mich nicht erinnern, daß irgendwelche Familien durch den Anschluß ans DR ins Innere der CSR weggezogen sind.«
<Anmerkung:
In B. lebten bereits 1921 rd. 30 Nichtdeutsche.>

Ber 32: »Bis 1938 wohnten wir in Klein-Eichicht. Wir erwarben in diesem Jahr von den tschechischen Eheleuten Koucky <Zuzugszeitpunkt und Beruf unbekannt> das Haus in der Feldgasse 129. Das Anwesen kam deshalb zum Verkauf, weil die Familie Koucky sich zum Tschechentum bekannte und mit ›Sack‹ und ›Pack‹ in das Protektorat übersiedelte.
...
1945 nach dem Umbruch erschien der Sohn Koucky und beanspruchte ohne langem Hin und Her das Haus seiner Eltern. Wir zogen aus.
Von einer Vertreibung der Tschechen konnte m. E. keine Rede sein; wer optiert hatte, zog weg.«
<Anmerkung:
Es gibt Belege (siehe z. B. S. 210: A III, B 7, Abschnitt D), wonach selbst sog. Optanten im Sudetengebiet verbleiben konnten.>

Ber 33: »Franziska Nossek, geb. am 2. 9. 1873 vermutl. in Turnauer oder Semiler Gegend, kam um 1920 als Witwe mit dem Sohne Karl nach Engelsberg und bezog das Einfamilienhaus Nr. 34. Eigentümer bis 1945 war der Revierleiter Adolf Johne, wohnhaft im Jagdschloß Neuwiese bei Friedrichswald.
Frau Nossek war Fabriksarbeiterin bei Fa. Franz Prade in Engelsberg.
Der Sohn Karel (Karl) geboren am 25. 1. 1905 (vermutl. Turnau), erlernte das Schreinerhandwerk bei Fa. Rudolf Sperber, Schreinerei und Bestattungsinstitut in Kratzau (Chrastava), Friedländerstraße später Ludwig Thielstraße 57 I. Er arbeitete dort bis zu seinem Wegzuge am 28. 9. 1938!
...
Am 28.9.1938 verließen die Mutter Franziska und der ledige Sohn Karl unter Mitnahme ihres gesamten Mobilars in der Nacht fluchtartig <Grund: Nicht bekannt> den Ort. Ihr Aufenthalt im Protektorat war die Gegend von Turnau. Die Mutter verstarb dort vor 1945!
Der Sohn Karel Nossek kam nach Kriegsende sofort nach Kratzau und übernahm als spravce <d. h. Verwalter> die Tischlerei und das Bestattungsinstitut Sperber in Krat-

zau. Er heiratete 1948 in Kratzau und hatte 2 Söhne. In seiner Eigenschaft als Totengräber hat er in der Folgezeit viele der in der Heimat verbliebenen Deutschen beerdigt. Er verstarb im Frühjahr 1994 in Kratzau und wurde verbrannt!«

Ber 37: »Nach 1918« <kamen vier Tschechen in die Gemeinde, die gemeinsam das Haus Nr. 174 besassen, nämlich> »Jirousek Stephan + Ehefrau, Zaribinsky Emil + Ehefrau.«
<J. verließ nach 1938 mit Ehefrau die Gemeinde,> »wahrscheinlich, deshalb weil JS, zu Zt. der CSR, auf seinem Haus einen beleuchteten roten Stern mit weißem Hammer und Sichel montierte und jeden Abend beleuchtete. Aber, das ist eine reine Annahme!
Dieser rote Stern wurde erst nach dem Einmarsch der Deutschen Truppen entfernt!«

Ber 39: »Unbekannt«

Ber 41: »Ist Herr Pluhář Václav (Schneider) <, ca. 1925 zugezogen,> aus eigenem Entschluß mit Familie ins Landesinnere gegangen.... Dieser ist 1945 nach Saskal zurückgekommen und ist in ein deutsches Haus eingezogen. Ist predseda <d. h. Vorsitzender des Nationalausschusses> geworden.... 1945 hat Herr Pluhář bei der Aussiedlung der Sudetendeutschen fest mitgewirkt.«

Ber 42: a) »Bahnbedienstete«
<Nach 1919 nach Ruppersdorf (Reichenberg) zugezogener tschechischer Eisenbahner Richter, schickte Kinder in tschechische Schule, ging 1938 in Rest-Tschechei.
Brief der Tochter aus dem Jahre 1994 enthält: »Wir hatten ja nicht fort gemußt, aber der Vater war schon alt und wollte wohl wegen der Pension.«>

b) <Habe IX/94 bei tschechischer Familie N. in Reichenberg übernachtet. N. hatte deutschen Vater und tschechische Mutter; deutscher Vater war für KPČ tätig, tschechische Mutter bestand auf tschechischer Erziehung der Kinder.
1938: Brüder deutschen Vaters in SdP, Vater flüchtet mit Familie in die Umgebung von Turnau (tschechisches Sprachgebiet).
1945: KPČ-Vater nach Reichenberg zurück; seine SdP-Brüder mit Familien vertrieben.
Nach 1945 bis 1994: Zwischen Familie N. und den Familien der SdP-Brüder trotz wechselseitig bekannter Anschriften keinerlei Kontakt.>

Ber 43: »Ja«
<Der bis 1919 königlich böhmische Meierhof in Weisskirchen hatte einen deutschen Verwalter.
Der nach 1919 ČSR-eigene Meierhof wurde dem zugezogenen tschechischen> »Verwalter Karasek« <übergeben.
1938 ging H. K. zurück und> »es kam ein deutscher Verwalter«.
<H. K. kam 1945 wieder. Er übernahm sowohl den Meierhof als auch einen weiteren deutschen Hof.
Derzeit sitzt H. K. auf diesem Hof und hat den Meierhof verpachtet.>

Ber 44: »Nach meinem Wissen <gingen v. a. aus dem sog.> ›Neuen Viertel‹ <, einer> auf beschlagnahmten Grund des Grafen Clam-Gallas (Friedland-Reichenberg) nach 1922 erbauten <Siedlung mit in Einzeleigentum stehenden Häusern, wo> zum größten Teil neuzugezogene Tschechen... wohnten <, folgende Personen weg:> Boska, Karl, Futschik, Johann <Berufe unbekannt>, Sudek oder Seidel (<ursprünglich> Leichenbestattung, später <aufgegeben und umgewandelt zur> Polizeistation), Gendarm Reuter, sowie unterhalb Sudek Name unbek....
<Aber:> Noch 1939... gab... es im Ort 22 tschech. Hausbeitzer.«

Ber 45: »Unbekannt«

Ber 46: »Familie Simunek <, alteingesessen, Berichterstatterin hatte mit den Kindern der Familie gespielt, Vater von Beruf Glasschleifer> übersiedelte mit ihrem Hausrat aus Morchenstern <im Kreis Gablonz, 1930 von 7.800 Einwohnern 5.800 Deutsche> nach Gross-Hammer« <im Kreis Gablonz, 1930 unter 3.800 Einwohner praktisch nur Tschechen.>

Ber 47: »Zurückgegangen sind in ihre tschech. Heimat die Staatsbeamten,
1.) H. Petr JORDAN als Gendarm im Orte und
2.) H. Josef HOLECEK mit Familie (2 Ki.) als Bahnhofsvorsteher von Christofsgrund.«

Ber 48: »Die tschechischen Grenzfinanzbeamten und Postbeamten konnten geregelt... ins Innere der Tschechei übersiedeln.
In Grottau/Neiße war eine tschechische Grundschule und die tschechischen Lehrer sind aus eigenem Entschluß ins Innere der Tschechei gegangen mit all ihrer Habe.
...
In einem Haus der Bahnhofstraße ist in die Dachwohnung in den 30er Jahren aus Prag ein tschechischer Schuhmacher mit 3 Kindern gekommen, um die Schuhreparaturen der tschechischen Finanzer und Beamten zu reparieren – wurde von der tschechischen Staatsbank mit finanziert – ist im September 1938 freiwillig wieder nach Prag übersiedelt mit seinen ganzen Mobiliar – es war der tschechische Schuhmacher Minatscheck – es ist ihm kein Haar gekrümmt worden!«

Ber 50: »Nach meinem Wissen war... 1938... nur ein Tscheche in Wetzwalde und zwar der Gendarm Josef Bobr, welcher 1938 mit seiner aus Wetzwalde stammenden Frau ins Innere der Tschechei zurückgekehrt ist.«

****

Frage »6. Haben Tschechen, die aus eigenem Entschluß in das Landesinnere gezogen sind, ihr bewegliches Vermögen mitnehmen können?«

Antworten:

Ber 21: »Ja! Alles! Auch Karnickelstall und Ziege, welches Bild sich mir echt eingeprägt hat«.

Ber 23: »Ich glaube nicht, daß ihnen irgend etwas genommen wurde«.

Ber 24: Er »konnte... alles mitnehmen«.

Ber 25: »Was sie hinterlassen haben entzieht sich meiner Kenntnis«

Ber 26, auch 37, 42, 43, 44: »Ja«

Ber 32: »Ich meine, die Tschechen konnten das bewegliche Vermögen mitnehmen«

Ber 33: »Alles bewegliche Mobiliar wurde mitgenommen«

Ber 39: »Unbekannt«

Ber 41: »Nichts ist ihm von seinem Besitz weggenommen worden«

Ber 47: »Die oben Genannten konnten ohne Schwierigkeiten ihr gesamtes HAB und GUT mitnehmen. Sie wurden dabei nicht belästigt oder behindert.«

Ber 48: »Die Tschechen, die aus eigenen Entschluß in das Landesinnere gezogen sind konnten ihr bewegliches Vermögen voll mitnehmen.«

****

Frage »7. Was passierte mit dem Immobilienvermögen der Tschechen, die aus eigenem Entschluß in das Landesinnere gezogen sind?

Name/Vorname: Beruf: damalige Anschrift/Haus-Nr.: Enteignung? Zwangsverkauf? Selbstverkauf? Neuer Eigentümer? Umsiedl. blieben Besitzer?«

Antworten:

Ber 21: »Diese Tschechen wurden nicht enteignet, man sagte, daß sie später als Protektoratsbürger sogar über die Mieten verfügen konnten...
Teilweise verkauft, vielleicht unter dem Wert, nicht aber enteignet.«

Ber 27: »Ich weiß in meiner Heimatgemeinde keinen tschechischen Immobilienbesitzer«

Ber 32: »Von Enteignung war nichts bekannt«

Ber 37: Abgewanderte »blieben Mitbesitzer«

Ber 39: »Unbekannt«

Ber 44: »Umsiedler blieben Besitzer <= gemeint: Flüchtlinge blieben Eigentümer, Verwaltung durch Gemeinde Machendorf. Durch diese erfolgte> Einweisung von Mietern« <; es folgen Namen von Eigentümern und Mietern.>

Ber 48: »Das Immobilienvermögen der Tschechen, die aus eigenem Entschluß in das Landesinnere gezogen sind wurde treuhänderisch verwaltet ...«

****

Frage »8. Was passierte mit dem Mietzins aus den Immobilien, deren Eigentümer von sich aus in das Landesinnere gegangen sind?«

Antworten:

Ber 21: »Blieb den Tschechen erhalten, die von sich aus einen Hausverwalter bestellten.«

Ber 37: »Den Mietzins kassierte der <tschechische> Mitbesitzer.«

Ber 39: »Unbekannt«

Ber 45: »Mietzins <ging an> Gemeinde Machendorf <. Über Verwendung/Weiterleitung nichts bekannt.>

Ber 47: »diese Konstellation war in unseren Dörfern nicht gegeben.«

Ber 48: »... und die Miete <wurde> an die tschechischen Eigentümer ins Protektorat überwiesen.«

****

Frage »9. Konnten die in Ihren Gemeinde verbliebenen tschechischen Immobilienbesitzer ihr Eigentum behalten? Auflagen? Einschränkungen?«

Antworten:

Ber 21: »Ja ...«

Ber 27: »Mir ist <in meiner Heimatgemeinde> kein tschechischer Immobilienbesitzer bekannt«

Ber 28 auch 45: »Ja«

Ber 37: »Die in der Gemeinde verbliebenen Tschechen konnten ihr Eigentum behalten; es gab keinerlei Einschränkungen.«

Ber 39: »Fam. Vacha, Reichenberg, Lichtensteg 18 <alteingesessen, Schneider, Kinder in tschechischer Schule> konnten ihr Haus behalten ... es gab keinerlei Auflagen, keine Einschränkungen, welche mir bekannt wären.«

Ber 42: <Ja,> »Petera Wenzel, Schönborn 30, Alteisenhändler.«

Ber 44: »Ja, keine <Auflagen>, keine »Einschränkungen«

Ber 46: »Ja. Fam. Petr Bobek, Schulstr.?, Glaswarenerzeuger«.

Ber 48: »In der Stadt Grottau/Neiße konnten die verbliebenen und ansässigen Tschechen ihren Immobilienbesitz/ Häuser/ Grundbesitz als Eigentümer voll behalten z. B.:
1.) Familie Langer/Frau Tschechin – Mann b. deutscher Wehrmacht/ 1945 wieder als Tscheche bekannt – Wohnhaus auf Ullersdorfer Straße
2.) Familie Thomsa/ Tschechen seit vor 1914 – eigenes Haus/Grund – Ullersdorfer Straße –
3.) Fam. Mach/ Tscheche/ Maschinist – eigenes Haus/Grund – dito –
4.) Fam. Karasek/ tsche. Legionär/ 1917/18 i. Sibirien – eigenes Haus/u. Grundstück
5.) Familie Gottstein/ Tscheche/ Fotogeschäft i.eigenen 6-Familienhaus i. Ullersdorfer Straße

6.) Fam. Podheysky + Holicek – eigenes mehrstöckiges Bekleidungshaus in der Wenzelgasse – bis Mai 1945 offen –
7.) Fam. Kopietsky – Zwiebelbauer – eigener Bauernhof – auf der Goldenen Anhöhe
8.) Fam. Patzak – Pferdehändler – eigener Bauernhof – Am Badeteich/ Straß
9.) Fam. Newihosteny – Schneiderei – Goldene Anhöhe
10.) Malerei Massepoust/ eigenes Haus/Grundstück – Fabrikstraße
11.) Schneiderei Durscheck/ eigenes Haus i. Hauptstraße«

Ber 49: »Ja, z. B. Havel, Josef, selbst. Schneider, Gablonz a. d. N., Similigasse 20
Purm, ?, Bäcker, Gablonz a.d.N., Knopfgasse«

****

Frage »10. Wurden tschechischen Gewerbetreibenden ihre Betriebe und Geschäfte enteignet?«

Antworten:

Ber 21: »Nein ...«

Ber 23: »Ein ortsansässiger Tscheche war der Kalpste-Schneider in der Kirchgasse, sie waren in Friedland geblieben, ebenfalls der Pavlik-Schuster in der Schloßgasse. <Beide Familien alteingesessen.> Ich weiß hundertprozentig, daß sie ihren Beruf weiter ausübten. Pavlik hatte 2 Söhne, (ungefähr Jahrgang 21 u. 23) einer ging ins Tschech. einer blieb – <als Fahrer bei der HJ> 1945 waren dann beide Partisanen.«
<Ein Sohn des Klapste war begeisterter Motoradfahrer wurde 1938 NSKK-Mitglied und behielt seine Stellung beim Finanzamt.>

Ber 27: »Nein, keine vorhanden«

Ber 28, auch 42, 44, 46, 49: »Nein«

Ber 30: »Der Konsumverein wurde aufgelöst und enteignet. Mitglieder waren Tschechen und Deutsche.«

Ber 31/34: »Nichts bekannt«

Ber 37: »Trifft nicht zu«

Ber 39: »Geschäfte wurden nicht enteignet Schneidermeister... Vacha konnte... weiterarbeiten... Josef Marischka Reichenberg Neustädter Platz 16 <, alt-eingesessen,> Geschäft mit Herrenbekleidung hatte keinerlei Einschränkung keine Auflagen.«

Ber 48: »In der Stadt Grottau wurden keinen tschechischen Gewerbetreibenden <siehe auch Antwort zu Frage 9> ihre Betriebe und Geschäfte enteignet.«

****

Frage »11. Mußten tschechische Gewerbetreibende ihre Betriebe und Geschäfte schließen aufgrund deutscher Bestimmungen?

Name/Vorname	*damalige Anschrift/Haus-Nr.*	*wann?/aufgrund welcher Bestimm. Branche*? Größe?«

Antworten:

Ber 21: »Mir nicht bekannt«

Ber 26, auch 27, 28, 42, 44, 45: »Nein«

Ber 31/34: »Nichts bekannt«

Ber 37: »Trifft nicht zu«

Ber 39: »Keine Schließung der Geschäfte«

Ber 46: »Unbekannt«

Ber 48: »In der Stadt Grottau mußte kein tschechischer Gewerbetreibender ihre Betriebe und Geschäfte <siehe auch Antwort zu Frage 9> nicht schließen aufgrund deutscher Bestimmungen.«

Ber 49: <Bäcker> »Prum hat m. W. sein Geschäft während des Krieges aufgegeben (Markenwirtschaft). Auch meine Eltern haben das Lebensmittelgeschäft deswegen in 9/39 aufgegeben.«

****

Frage »12. Mußten tschechische Gewerbetreibende ihre Betriebe und Geschäfte schließen, weil die Deutschen die Produkte nicht mehr abnahmen oder dort nicht mehr kauften – weil die Inhaber Tschechen waren?«

Antworten:

Ber 21: »Firma Holub, Aussig, Breite Gasse, Lebensmittelgeschäft, war durchgehend geöffnet.«

Ber 22: Nein: »Schneider Kovac und der Schmied Vrany. Beide kamen im 1. Weltkrieg, heirateten deutsche Frauen waren sehr beliebt und beschäftigt.«

Ber 23: <Beim Schneider Klapste wurde im Oktober 1938 ein Schild aufgehängt: Kauft nicht bei Tschechen!
Vater der Wissensträgerin riet ratsuchendem Herrn Klapste, Schild zu entfernen und nichts zu tun.
Es geschah auch nichts. K. war nach 1939 sogar viel besser beschäftigt, da deutsche Schneider eingezogen.
(Anmerkung: Siehe S. 186: A II, B 12)>

Ber 26, 27, 28, 42, 45: »Nein«

Ber 37: »Trifft nicht zu«

Ber 44: »Nein, im Gegenteil. Sie haben gute Geschäfte getätigt«

Ber 46: »Nichts bekannt«

Ber 48: »In der Stadt Grottau brauchten tschechische Gewerbetreibende ihre Betriebe und Geschäfte ‹siehe Antwort zu Frage 9› nicht schließen, weil sie keinen Absatz mehr hatten.
Im Stadtteil Dönis war ein tschechisches Lebensmittelgeschäft Doleschalek im eigenen Haus – das Eigentum wurde voll anerkannt, hat gegen Lebensmittelkarte verkauft und der Ortsleiter der NSDAP hatte bei ihm sogar sehr viel eingekauft!!«

Ber 49: »m. W. nein«

****

Frage »13. Welche Lebensmittelkarten erhielten die in Ihrer Gemeinde verbliebenen Tschechen?
Wurden diese Tschechen schlechter versorgt als die Deutschen oder erhielten sie die gleichen Karten wie die Deutschen?«

Antworten:

Ber 21: Gleiche Karten, »ausgenommen waren die sogenannten Sonderzuteilungen«

Ber 27: »Die gleichen wie wir«

Ber 28: »Nein« = gleiche Versorgung

Ber 31: »Keine Anhaltspunkte«

Ber 33: »Der einzige Tscheche im Orte, welcher sich zur Volkszählung am 17. 5. 1939 nicht als Deutscher bekannte, ... Josef Swoboda, <Zugzug 1920 wegen Heirat einer Deutschen> ... erhielt samt Ehefrau ... laut Auskunft seiner Schwägerin Frau E. G. <Name und

Anschrift in Deutschland bekannt> die gleichen Lebensmittelkarten wie alle Deutschen im Orte.«

Ber 36: »In Liebenau und in den meist von Tschechen bewohnten Dörfern der Umgebung wurden für Deutsche und Tschechen die gleichen Lebensmittelkarten, in gleicher Höhe und Menge ausgegeben wie in allen anderen Orten. In den dort vorhandenen bäuerlichen Anwesen durften auch Hausschlachtungen durchgeführt werden und die Bewohner galten dann was Fleisch, Fett und Wurst anbelangte, als sogenannte Selbstversorger. Voraussetzung war natürlich, daß sie ihre Ablieferungspflicht erfüllt hatten. Das galt für uns aber genau so.«

Ber 37: »Die Versorgung mit Lebensmittelkarten war den Deutschen gleichgestellt.«

Ber 39: »Unbekannt«

Ber 42: Die Tschechen »erhielten die gleichen Karten.«

Ber 43: »Karten wie die Deutschen«

Ber 44: »Gleiche«

Ber 45: »Ja« <= gleiche Karten, wie die Deutschen>

Ber 47: »Es handelte sich um Ehegatten, die keinerlei Zurückstellung erfuhren.«

Ber 48: »In der Stadt Grottau erhielten die Tschechen bis Mai 1945 die gleichen Lebensmittelkarten wie alle deutschen Bewohner«

Ber 49: »Wie die Deutschen <. Beweis:> (Mein Vater hat in der ‹Gablonzer› Similig. [asse] etc. die Karten ausgetragen)«

****

Frage »14. Waren die in Ihrer Gemeinde verbliebenen Tschechen irgendwelcher Schikanen oder Drangsalierungen seitens deutscher Bürger oder Dienststellen ausgesetzt? Wer? und inwiefern?«

Antworten:

Ber 21: »Wenn sie sich nicht bewußt in den Vordergrund spielten, auffallen wollten, ist ihnen nichts passiert.«

Ber 25: »Andere tschechische Einwohner aus Johannesberg sind geblieben und behandelt worden wie alle anderen Deutschen.«

Ber 26, auch 28, 42, 44, 45: »Nein«

Ber 31: »Nein...
Beispiel: Meine Freundin Kamilla Tullakova wohnte mit ihren Eltern (beide Tschechen) <vermutlich alteingesessen, Beruf unbekannt> in einem eigenen Haus in Neu-Habendorf bei Reichenberg. Sie heiratete 1943 einen Deutschen. <Kamilla wurde 1945 vertrieben, lebte bis zu ihrem Tode in Dessau> Ihre Eltern verblieben nach der Vertreibung in ihrem Haus.«

Ber 32: »Die Tschechen, die in Eichicht oder Heinersdorf wohnten, waren Schikanen oder Drangsalierungen nicht ausgesetzt.«

Ber 35: »In uns. Gemeinde wohnte <unbekannt, seit wann> soweit mir bekannt, bereits vor 1938 eine tsch. Familie <namens Milka, vermutlich Fabrikarbeiter, welche 1938 bis 1945 hier verblieb und> die nach der Vertreibung 45/46 in ein anderes Haus umzog.«

Ber 37: »Keinerlei Drangsalierungen/Schikanen«

Ber 39: »Mir ist Derartiges nicht bekannt«

Ber 43, auch 46: »Ist mir nichts bekannt«

Ber 47: »in keiner Weise, sie waren Dorfbewohner wie jeder andere auch.«

Ber 48: »in der Stadt Grottau/Neiße waren die verbliebenen ansässigen Tschechen keinen irgendwelchen Schickanen oder Drangsalierungen seitens deutscher Bürger oder Behörden/ Dienststellen ausgesetzt!!«

Ber 49: »Keine Drangsalierungen und Schikanen (Zusammenleben wie vorher)«

****

Frage »15. Wie ist es den in Ihrer Gemeinde verbliebenen Tschechen allgemein ergangen – schlechter als den Deutschen oder gleich?«

Antworten:

Ber 24: »En bloc möchte ich sagen, daß es den Tschechen nicht schlecht ging. Sie brauchten nicht einrücken und soweit sie z. B. in Gablonz arbeiteten und über's Wochenende heimfuhren am Montag nicht nur ihr Proviant mitbrachten, sondern auch Hennen, Schweinefleisch usw. gut absetzten.«

Ber 26: »Gleich, keine Schikanen«

Ber 27: »Gleich, es wurden keine Unterschiede gemacht«

Ber 31: »Es gab keinerlei Unterschiede ... Sie waren in jeder Beziehung gleichberechtigt.«

Ber 33: »In keiner Weise.

...

Josef Swoboda geb. 14. 9. 1898 (geb. Ort unbekannt), heiratete am 7. 2. 1920 in Kratzau Marie Gahler, geb. 24. 4. 1892 in Neundorf Kr. Reichenberg.

Er zog 1920 nach Engelsberg in das von seinem Schwiegervater 1920 errichtete 2-Familienhaus ein.

Josef Swoboda war zunächst Fabriksarbeiter, später betrieb er bis 1948 einen Fellhandel.

Er war der einzige Tscheche im Orte, welcher sich zur Volkszählung am 17. 5. 1939 nicht als Deutscher bekannte.

Er hatte, soweit bekannt, keine Repressalien zu erwarten, ja er betrieb während der Zeit des 3. Reiches weiter den Fellhandel.

...

Nach dem Tode seines Schwiegervaters Josef Gahler am 6. 10. 1945 übernahm J. Swoboda das Haus, das nach seinem Tode seine Ehefrau Marie inne hatte. Sie verstarb am 6. 5. 1960 im Altersheim in Vratislavice (Maffersdorf) bei Reichenberg.

Swoboda wurde nach Kriegsende 1. tschechischer Vorsteher im Orte, wurde jedoch schon 1946 von tschechischen Neubürgern (zlatokopcy) <d. h. Goldgräbern> abgelöst, verblieb aber im Narodny Vybor. Deutschen Bürgern gegenüber war er in diesen Jahren loyal, half wo es ging und er konnte! Er verstarb am 31. 3. 1949 in Andelska Hora (Engelsberg) und wurde am hiesigen Friedhof begraben!«

»1935 heiratete in Engelsberg Jaroslav Mudra, geb. 1.8.1887 in Aussig/Elbe, die Witwe Anna Peuker geb. Wesp, geb. 27. 12. 1897 in Lanz bei Falkenau/EGer.

Von Beruf war er Eisenbahner und am tschechischen Bahnhof in Reichenberg beschäftigt. Also CSD Eisenbahner. Er wohnte zusammen mit seiner Frau und dem Stiefsohne Karl Peuker in Engelsberg Nr. 65. Das Haus gehörte seiner Frau Anna!

Bei der Besetzung des Sudetenlandes 1938 übergab er als Stellvertreter des tschech. Bahnhofes Reichenberg die Amtsgeschäfte an die Deutsche Reichsbahn.

Zur Volkszählung am 17. 5. 1993 bekannte er sich als Deutscher und bekam als Dank mit vier weiteren Ortsansässigen die Sudeten Befreiungsmedaille!

Eine Aufnahme des Hauses Nr. 65 in Engelsberg im Gedenkbuch des Ortes, zeigt das Haus mit einer etwa 5 Meter langen Hakenkreuzfahne!

Nach 1945 war auch er Angehöriger des Narodny Vybors, wurde aber bald ausgebootet!

Er verstarb am 24. 11. 1950 in Engelsberg, seine Ehefrau Anna am 15. 6. 1977 ebenfalls in Engelsberg!
1945 hatte er das Haus Nr. 65 von seiner Ehefrau übernommen!«

Ber 37: »Gleich wie der deutschen Bevölkerung«

Ber 38: »In unserer Straße, Arndtstraße 4, wohnte <ich weiß nicht seit wann, er war schon immer da> ein tschechischer Schuhmacher mit seiner Familie, ganz normal. Wir spielten mit den Kindern, sie hieß Břesina, bis 1945. Meine Eltern und Großeltern hatten tschechische Freunde bei Sychrow <Bezirk Turnau>, jahrzehntelang.«

Ber 39: »Maria Šefčik Reichenberg Lichtensteg 22 <,alteingesessen> hatte die selben Rechte wie die Deutschen, es gab keine Einschränkung.
Marie Wolf Reichenberg Lichtensteg 22 <, aus Tabor um 1920 wegen Heirat zugezogen,> Kellnerin
Emma Šimmek Reichenberg Friedländer Str. <, seit langem, Vater Schumacher, eingesessen,> Schneiderin obige Personen hatten keine Einschränkungen.
Familie Votlakal, Wienerstraße, Schneidermeister, hatte sich immer als Tscheche ausgegeben, blieb aber 1938 unbehelligt da.
Bei der Fa. Ing. Otto Sander Reichenberg Wienerstr. 17 wo ich als Kaufm. Angestellte arbeitete hatten wir 3 Tschechen wohnhaft aus dem damal. Protektorat als Heizungsmonteure beschäftigt.
Es waren dies Josef und Jároslav Kučera und Wenzel Hubaček, alle aus Hochstadt.
Sie haben in den Kriegsjahren und auch nach 1945 in der Firma gearbeitet. Sie waren fleißig und mit Kriegsende übernahm Jároslav Kučera die Firma als Treuhänder. Es gab für uns Deutsche keinerlei Benachteiligung. Wir bekamen Unterstützung in jeder Weise.«

Ber 42: »Direkte Nachbarn von uns war eine rein tschechische Famile, <unbekannt, wann gekommen,> die ich seit frühester Kindheit kannte. Die Kinder besuchten mit uns <ab 1930> die deutsche Volksschule, <zwischen den Eltern und mit dem tschechischen Knecht wurde stets tschechisch gesprochen,> der älteste Sohn war bei der Wehrmacht und ist als Soldat gefallen, der Vater, Wenzel Petera, Alteisenhändler, kassierte für die NSV. Sein Gewerbe hat er stets betrieben. Diese Familie hatte immer die gleichen Rechte wie die deutsche Bevölkerung, und alle, die Erwachsenen und Kinder nahmen nachbarschaftliche Hilfe in Anspruch. 1945 wurden sie sofort die größten Feinde, alles war vergessen, sie raubten den deutschen Nachbarn alles, obwohl sie nur Gutes empfangen hatten.«
<Zu den »Räubern« gehörten auch Vater und Sohn Petera; letzerer übernahm das Haus der Wissensträgerin; Mutter Petera bat alle um Verzeihung.
Ähnlich: Örtlicher Tscheche Schneider, Herkunft und Beruf unbekannt, Sohn aus HJ bekannt und in deutscher Wehrmacht später gefallen, Vater wirkte 1945 bei Vertreibung mit.>

Ber 43: »Gleich«

Ber 44: »Besser, keine Einberufungen, Schiebergeschäfte«

Ber 46: »Ich war von September 1942 bis Dezember 1944 in dem Baugeschäft und Sägewerk Rudolf Umann in *Unter-Polaun, Kreis Gablonz* an der Neiße, als Buchhalterin tätig. Die Mehrzahl der dort beschäftigten Arbeiter waren Tschechen aus Groß-Hammer und Umgebung... Einige Arbeiter kamen auch täglich mit dem Zug aus dem Protektorat, zwei von ihnen bis aus der Kreisstadt Semil.
[Es folgen Angaben zu zwei Angestellten, beide Tschechen aus Semil:] Ich hatte mit den beiden ein gutes Arbeitsverhältnis. Schlecht ergangen ist es keinem von den Arbeitern. Sie wurden in der selben Lohnklasse geführt wie die deutschen Arbeiter.«

Ber 47: »Solche Mischehen waren keiner Diskriminierung ausgesetzt.«

Ber 48: »In der Stadt Grottau/Neiße wurden alle Tschechen *menschlich* voll *anerkannt*, im *Gegenteil* sie wurden mit *Glacehandschuhen behandelt*!!!«

****

Frage »16. Was passierte bei Kriegsende, als die in das Landesinnere gegangenen Hausbesitzer wieder zurück kamen?
Wie behandelten diese Tschechen ihre Mieter und die Ihnen von früher bekannten Deutschen?«

Antworten:
<z.T. bereits bei Fragen 4–8, 14, 15>

Ber 21: »Mir ist dazu nichts Nachteiliges bekannt.«

Ber 39: »Bei Kriegsende waren alle Tschechen froh, das alles ein Ende hatte. Es gab von den mit uns lebenden Tschechen keine Übergriffe, keine Ächtung.
Übergriffe gab es nur von den Revolutionstruppen welche die Stadt mit besetzt haben.«

Ber 43: <1945 waren auf unserem Hof zwei französische Kriegsgefangene, Julienne und Pierre Goll.> »Die [ČSR-]Revolutionsgarde erschoß unseren kriegsgefangenen Franzosen«, <Julienne,> »der sich bei der Plünderung zu deutschfreundlich zeigte« <, weil er sich dabei vor den Vater der Berichterstatterin stellte.
Später haben sich die Tschechen mit dem Bemerken, die Kugel habe den Falschen getroffen, bei Pierre G. entschuldigt.
Julienne G. wurde auf dem vorwiegend mit Rotarmisten belegten Soldatenteil des örtlichen Friedhofs in Ruppertsdorf (Stadtteil von Reichenberg) beigesetzt, dessen Gedenkplatte besagt, sie seien im Kampf gegen die Deutschen gefallen.>
<Ähnlicher Vorgang wird aus Mies (von Wissensträger F. V., 61250 Usingen) berichtet: Hier sind im Friedhof zwei sowjetische Offiziere beigesetzt, die vorgeblich im Kampf gegen den Hitlerfaschismus fielen. Tatsächlich wurden sie, wie Zeitzeugen berichteten, von US-Soldaten erschossen, als sie sich betrunken deren Linien näherten.>

Ber 44: »Nach Rückkehr <1945 haben die Tschechen ihren> alten Besitz <wieder> übernommen <und alle> Deutschen vertrieben«

Ber 47: »H. JORDAN, sowie Fam. HOLEČEK kamen 1945 wieder nach Christofsgrund zurück. Insbesondere H. Holecek bemühte sich in einigen Fällen die Übergriffe der Revolutionsgarde zu unterbinden bezw. zu mildern.
Beispiel: Herr Oberlehrer TSCHIEDEL wurde mit seiner Familie in der Nacht vom 16. auf 17. Juni 1945 (wilde Vertreibung) aus den Betten geholt und mußten innerhalb einer Stunde die Wohnung verlassen.
Bei der ›Kontrolle‹ des bescheidenen Gepäcks verhinderte H. HOLECEK Willkürmaßnahmen. Er schickte sogar die Tochter Sieglinde nochmal zurück in die Wohnung (gegen den Widerstand der RG <d. h. ČSR-Revolutionsgarde>) um noch einige Sachen zu holen. H. Holeček mußte für sein vernünftiges Verhalten büßen und war sogar Schikanen seiner Landsleute ausgesetzt.«

****

61) A) **Oberlangendorf (Kaplitz)**

B) Verbleib eines tschechischen Bäckers

C) <In der Gemeinde> »gab es nur einen gebürtigen Tschechen <, nach 1919 zugezogen,> der mit einer Deutschen verheiratet war. Er war selbständiger Bäckermeister und es gab auch 1938 keinerlei Schwierigkeiten mit seinem Gewerbe. Als seine Söhne zur deutschen Wehrmacht einrückten gab er, auch aus Altersgründen, den Betrieb auf.«

E) Fotokopie des Berichtes von Herrn A. K., A 4020 Linz; eine hs. Seite vom 7. 12. 1991.

****

62) A) **Rosenberg (Kaplitz)**

B) Rückkehr versetzter öffentlich bediensteter Tschechen, bei Verbleib der Alteingesessenen

C) »Die Stadt Rosenberg i. Böhmerwald – ich bin dort geboren und von dort vertrieben worden – hatte 1938 etwa 1,100 Einwohner. Davon bekannten sich höchstens 40 Personen zum Tschechentum.
Von diesen waren etwa 10 alteingesessene Rosenberger Bürger. Die übrigen waren aus dem innertschechischen Raum nach Rosenberg versetzt worden. Dies betraf die Familie des Postmeisters, 2 Gendarmen mit Familie, den Trafikanten mit mehreren Kindern und die Leiterin des tschechischen Kindergartens.
Alle Tschechen, die nach Rosenberg versetzt worden waren, sind im Zuge der Angliederung des südböhmischen Raumes an das Deutsche Reich ohne irgendwelche Zwangs- oder sonstige Verfolgungsmaßnahmen seitens der einheimischen Bevölkerung weggezogen.
Die alteingesessenen Tschechen sind in Rosenberg geblieben.«

E) Originalbericht von Herrn R. G., 83233 Bernau/Ch., eine ms. Seite vom 15. 11. 1994.

****

63) A) **Schwarzbach (Krummau)**

B) Rückkehr von Tschechen

C) »In der Gemeinde ... dürften ... vor 1918 ... einige Angestellte des Grafitwerkes und der Brauerei tschechischer Abstammung gewesen sein, ...
In der Gemeinde ... lebten <dann 1938> vor dem Anschluß an Oberdonau 11 tschechische Familien und 2 ledige Tschechen: 3 Gendarmen (2 verh., 1 ledig), 2 beim Gefällskontrollamt (1 verh., 1 ledig), 3 in der Brauerei verh., 1 Bahnhofsvorstand verh., 1 Firma Schuster Zementwarenerzeugung verh., 1 Firma Sladky Sägewerk verh., 1 Habichauhof, landw. Betrieb verh. ... wurde bei der Bodenreform 1925 von der Familie Adamovic erworben <zu Vorgang, Kindern und Schulbesuch siehe S. ...: A III, B 67> ... ein Verwalter, verh.
Es gab auch noch einige tschechische Lehrer und einige Angestellte im Grafitwerk und am Bahnhof, wieviele weiß ich nicht genau ...
Alle Tschechen sind vor dem Einmarsch der deutschen Truppen mit ihren beweglichen Sachen und Gütern ohne irgendwelche Behinderungen in das tschechische Gebiet abgezogen.«

E) Fotokopie des Berichtes von Herrn A. K., A 4020 Linz, eine hs. Seite vom 7. 12. 1991.

****

64) A) **Stögenwald (Krummau)**

B) Rückkehr zugezogener, z.T. öffentlich bediensteter Tschechen

C) »Ich kannte in meiner unmittelbaren Nähe nur 2 tschechische Familien.
1.) Familie Jesch (ob der Name richtig geschrieben ist weiß ich nicht mehr), die nach 1918 den Hof Waltersgrün bewirtschafteten. Vor 1918 gehörte dieser Hof den Schwarzenbergischen. Nach 1938 bewirtschaftete den Hof Josef Nodes mit seiner Frau.
2.) Eine weitere tschechische Familie bewohnte das Eisenbahnhaltestellenhäuschen Stögenwald. Deren Namen weiß ich nicht mehr. Auch diese Familie wurde im Zuge der Tschechisierung erst nach dem 1. Weltkrieg da angesiedelt. Der Mann war bei der Eisenbahn (CSD) und seine Frau verkaufte die Fahrkarten. Nach 1938 bewohnte H. Kerschagel mit seiner Frau dieses Häuschen. H. Kerschagel war bei der Reichsbahn beschäftigt.

Diese zwei tschechischen Familien haben ca. 3 Wochen vor dem Anschluß von Deutschland (etwa 11. 9. 1938) unsere Heimat *freiwillig* verlassen. Ihr bewegliches Inventar wurde an der Haltestelle *Stögenwald* (Güterbahnhof) in Güterwaggons verladen und am gleichen Tag abtransportiert.«

E) Fotokopie des Berichtes von Herrn F. B., 96052 Bamberg; eine hs. Seite vom 29. 1. 1992.

****

65,
66) **A) Untermoldau <im folgenden U.> (Krummau)**

B) Rückkehr zugezogener, öffentlich bediensteter Tschechen

C)

Bericht 65	*Bericht 66*
* Unter Österreich-Ungarn war U. deutsch	
* Die Pfarrei U. bestand aus 4 Gemeinden Sarau mit Rotmühl und Geisleiten Stögenwald mit drei Dörfern Eggetschlag mit Ratschlag und der Gutshof Habichau.«	* »Die Pfarrgemeinde U. bestand aus 4 Kommunalgemeinden Sarau Stögenwald und Ratschlag.«
<Zu Stögenwald: Siehe S. 229: A III, B 64> <Zu Habichau : Siehe S. 229: A III, B 63>	
* Nach 1920 »kamen Finanzer (Grenzwache), welche als ein tschechisches Zollhaus in der nahen Gemeinde Sarau gebaut wurde dort nahe der Grenze wohnte.«	* »In der Gemeinde Sarau war ein Grenzübergang nach Österreich der besetzt war mit Beamte, dieselben siedelten am 1. Oktober 1938 lt. Vertrag ins Innere Böhmens um.«
* »Habichau <gehörte> Fürst Schwarzenberg. Nach dem ersten Weltkrieg kam ein Tscheche Adamowic, er hat mehrere Kinder die gewiß in die tschechische Schule nach Schwarzbach-Stuben gingen.«	
* »1924 kam ein neuer Postmeister, er soll Mauerer gewesen sein und sprach nur gebrochen Deutsch. Kurz vor dem Einmarsch der deutschen Truppen kam noch ein Tscheche als Postbote.«	* »Im Ort U. waren bis Ende September 1938 zwei Familien, Tschechen <,> die an der Grenze und Postamt beschäftigt waren. Dieselben wohnten seit 1919 bei uns, da der Tschechische Staat keine Deutsche in diesem Dienst beschäftigte.« »Diese beiden Familien haben nach dem Anschluß an Deutschland 1938 freiwillig unsere Gemeinde verlaßen, sie siedelten ins Innere Böhmens über. Verletzt oder getötet wurde niemand.«
* »Verloren haben sie nichts ihre Sachen hatten sie bald in Sicherheit.«	»Das ganze Eigentum haben diese Familien mitgenommen.«

E) Fotokopie der Berichte von:

Frau R. S., 84166 Adlkofen; eine hs. Seite vom 8. 11. 1991	Herrn W. P., 73431 Aalen; eine ms. Seite vom 19. 11. 1991

****

67) A) **Ruckendorf (Kaplitz)**

B) Zuzug und Rückkehr von Tschechen

C) »Nach der Bodenreform im Jahre 1928 kam das Grundstück zwischen Moldau und Bahn weg vom Kloster Hohenfurth. <Es bestand aus dem Lachenwitzer Hof und viel freier Fläche.>
Im Lachenwitzer Hof waren <vorher die Hilfskräfte, nämlich> Drescher und Holzarbeiter <untergebracht.> Der wurde dem Agrarier <= Bauern> Jan Doležal und Frau Franziska zugesprochen. Der kam vom Jaisliha <Gegend im tschechischen Sprachgebiet>. Der Sohn Stanislaw übernahm bald den Hof mit Frau und zwei Töchter.
<Auf der freien Fläche wurde noch vor 1930 durch eine private, aber staatlich finanzierte Gesellschaft eine Siedlung von elf Häusern errichtet. Darin> baute sich <auch Jan Doležal> ein Vierfamilienhaus mit Nummer 33. Die Häuser <der Siedlung> gehörten zur Ortschaft Ruckendorf. <Mein> Vater... hat... leider... nur die Hausbesitzer <der Siedlung> aufgeschrieben <,> nicht aber wieviele Familien Angehörige sie hatten...

Nr. 23	Sybal Josef	Flösser aus Roja
Nr. 24	Fiksa Frantisek	Flösser
Nr. 25	Fiksa Josef	
Nr. 26	Havel Frant.	Eisenbahner
Nr. 27	Sebek Antonin	
Nr. 28	Mišta Josef	Fabrikdirektor <der Papierfabrik> in Kienberg >»Moldaumühl«, Brüder Porak über 800 Arbeiter>›
Nr. 29	Havel Antonin	Eisenbahner
Nr. 30	Kappl Frant.	Eisenbahner
Nr. 31	Hanslik Thomas	Wagner
Nr. 32	Vaceck Frant.	
Nr. 33	Doležal Jan	<siehe oben>

...
Am 29. September 1938 verließen diese Siedler <auch Doležal> ihre Häuser die dann von Deutschen bewohnt wurden. Die Gemeinde Ruckendorf übernahm die Treuhandschaft...
Die Čechen kehrten 1945 wieder zurück und verlangten für Sachschäden eine Menge Geld... Doležal war nicht gehässig gegen die Deutschen. Man konnte es auch von den andern uns gegenüber nicht sagen... So lange Deutsche hier waren lebten sie <, die Tschechen> in Saus und Braus. Später mußten die čechischen Frauen Kartoffel klauben gehen im Ruckenhof <Meierhof des 1941 aufgelösten Stiftes Hohenfurth, bis 1945 deutscher Verwalter, ab 1945> Kolchos.
<Zu Doležal>: »Da er später <nach 1945> seiner Ablieferungspflicht nicht nach kam wurde ihm das Haus genommen als Staatseigentum. Er und seine Frau wurden Kolchosarbeiter.«

E) Fotokopie des Berichtes von Frau M. P., A 4073 Wilhering, vier hs. Seiten ohne Datum (ca. November 1991–Januar 1992)

****

71) A) **Saubsdorf (Freiwaldau)**

B) Ausweisung einer tschechisch/deutschen Familie

C) »Ein Vorgang sei, der Gerechtigkeit willen hier in Erinnerung gerufen, der wohl einen kleinen Schatten auf unser Dorf warf. Der in der Gemeindewahl 1937 <D 1> frei gewählte Bürgermeister unseres Dorfes, Engelbert Kaps, verfügte die sofortige Ausweisung der Familie Horalek <D 2> als sie von der Ostsee <D 3> zurückgekehrt war. Frau Horalek war mit ihren beiden Kindern, wie andere Familien auch, im September 1938 ins Reich geflüchtet. Kaum war sie wieder in ihrem Elternhaus am Dickelsberg, wurde ihr das

Es wird bescheinigt, dass Herr Eduard H o r a l e k von der Gestapo wegen seiner früheren politischen Tätigkeit angewiesen wurde, das sudetendeutsche Gebiet nach Regelung seiner familären Angelegenheiten zu verlassen.

Saubsdorf, am 24. Oktober 1938.

Der Ortsleiter der sudetendeutschen
Partei in Saubsdorf.

Der Bürgermeister der
Gemeinde Saubsdorf.

Gemeindeamt Saubsdorf Bez. Freiwaldau - Schlesien -

Ausreisedokument <D 4> präsentiert und sie mußte, trotz heftiger Proteste ihres Vaters Herr Theodor Schroth, innerhalb weniger Stunden das Dorf mit ihren Kindern verlassen. Dieser Akt war nicht nur ungerecht, sondern auch höchst unfair, da doch die Familie Horalek schon über 10 Jahre in Saubsdorf lebte und zu keiner Zeit irgendwie einen Anlaß zu einem unloyalen Verhalten gegeben hatte. Eine ganz kleine Genugtuung widerfuhr dann der Familie Horalek dadurch, als die Eltern von Frau Horalek im Frühjahr <1939> kurz hintereinander verstorben waren. Trotz Widerstandes des Gemeindeoberhauptes setzte mein Vater die Aufenthaltsgenehmigungen durch, damit die Familie an den Beisetzungsfeierlichkeiten teilnehmen konnte.
In der Euphorie jener Tage wollte die NS-Partei im Bunde mit Kaps, auch die tschechischen Familien Valenta sen. und jun. (181) <Hausnummer in Saubsdorf>, die Familie Weiner Rudolf (181), sowie die Familie Votova Mathias (8) ebenfalls aus ihren Häusern jagen. Durch den persönlichen Einsatz, mit allem Risiko, verhinderte Gemeindesekretär Kretschmer diese Ungerechtigkeit. Auch sie waren so unbescholten wie die Familie Horalek, die man total überstürzt aus dem Dorf jagte. Hier kam der Einspruch von Kretschmer buchstäblich zu spät.«

D 1) Offensichtlich falsch: Die am 14.11.1937 fälligen Gemeindewahlen waren verschoben worden und wurden erst am 22. und 29.5. sowie 12. 6. 1938 abgehalten.

D 2) Herr Edvard Horalek, tschechischer Metalldreher aus der Umgebung von Brünn, hatte um 1925 eine Anstellung im nahe gelegenen Nieder-Lindewiese gefunden, dann die Deutsche Elisabeth Schroth aus Saubsdorf geheiratet, wohin er zuzog. Er kandidierte 1928 und 1932 (?) für die Tschechoslovakische Sozialdemokratische Partei in den Gemeinderat in Saubsdorf, wurde jedoch nicht gewählt (Angaben von Wissensträgern).

D 3) Frau Horalek, geb. Schroth flüchtete nach Usedom (Pommern).

D 4) Es bleibt unklar, ob es sich bei diesem »Ausreisedokument« um die auf S. 232 in Faksimile abgedruckte Bescheinigung vom 24. Oktober 1938 handelt (Wiedergabe bei Kretzschmer: a. a. O.; S. 203):

E) Kretschmer, Rudolf: »Saubsdorf im Wandel der Zeiten«, Nördlingen, 1992; S. 197.

****

72) **A) Luditz**

B) Geordneter Abzug der Tschechen ohne Zwischenfälle

C) »Vor dem Einmarsch der deutschen Truppen in das Sudetenland mußte dieses Gebiet von den Tschechen geräumt werden. An dieser Stelle möchte ich vermerken, daß der Abzug der Tschechen völlig geordnet vor sich ging. Weder in unserem Bezirk, noch anderswo kam es zu Zwischenfällen. Es wurde keinem Tschechen ein Haar gekrümmt. Die Sudetendeutschen erwiesen sich als human und friedfertig.«

E) »Heimatbrief für den Kreis Luditz-Buchau und Deutsch-Manetin«, Jg. 38, Nr. 3; Nürnberg, März 1986; S. 2:

****

73) **A) Allgemein**

B, C) <Deutsch-ČSFR> »Nachbarschaftsvertrag sorgt für Verärgerung« <, denn Tschechen wurden 1938 aus dem Sudetengebiet vertrieben.> <E 1>

D) Dazu Leserbrief von Wolfgang J. F. Görner, 8027 Neuried:
»Es gab keine gewaltsame Vertreibung der Tschechen. Die Wahrheit ist, daß die

Regierung der damaligen Tschechoslowakei vor Abtretung der deutschsprachigen Gebiete jene Tschechen mit deren Familien nach Innerböhmen zurückrief, die sie zwischen 1918 und 1938 im Zuge der Tschechisierungsbestrebungen dort angesiedelt hatte. Es waren meistens Beamte (Post, Bahn, Verwaltung), Angehörige der Polizei, Gendarmerie und Armee, sowie tschechische Lehrer mit denen man in den deutschen Gebieten tschechische Schulen gegründet und betrieben hatte. Es wurde aber kein Tscheche von deutschen Behörden ausgewiesen, es gab keinerlei Gewaltakte seitens der einrückenden deutschen Truppen und es gab keinerlei Übergriffe seitens der sudetendeutschen Bevölkerung gegenüber den tschechischen Bewohnern. Es wurden keine Tschechen enteignet, beraubt, vertrieben oder erschlagen, wie 1945 Angehörige der sudetendeutschen Volksgruppe von tschechischem Mob und sogenannten ›Revolutionsgarden‹ ...« <E 2>

E 1) »Münchner Merkur« <Tageszeitung>; Nr. 48 vom 26. 2. 1992.

E 2) »Münchner Merkur« Nr. 67 vom 20. 3. 1992, S. 42.

****

74) **A) Allgemein und Komotau**

B) Diskussion um behauptete Tschechenvertreibung 1938

C) (Nach dem 1. 10. 1938:) »Tschechen wurden vertrieben und mißhandelt, auf Rathäusern, in öffentlichen Gebäuden, wohin sie auch immer befohlen wurden. Sie wurden ohne Hab und Gut grausam ins Inland der CSR getrieben, hatten nur das, was sie am Körper trugen. Gejohle gab es auf Seite der Sudetendeutschen, als die Tschechen wie Vieh aus ihren Häusern herausgetrieben wurden ...« <E 1>

D) Dazu Leserbriefe (in Auszügen) <E 2>:

1. »Die ins deutsche Gebiet nach 1918 zur Tschechisierung entsandten Beamten, Gendarmen, Soldaten und Geheimpolizisten, die meist gar nicht deutsch sprachen, gingen meist vor der Besetzung durch die Wehrmacht in ihre alte Heimat zurück, weil sie sich wohl selbst als Besatzer fühlten, und vom Deutschen Reich nicht beschäftigt worden wären. Sie wurden nicht enteignet, mißhandelt oder verhöhnt. Mir sind keine Ausschreitungen bekannt. Wenn es Einzelfälle gegeben haben soll, dann hatten diese sicher eine Vorgeschichte ...«
   Gerhard Gritsch, 8160 Miesbach

2. »... Ich bin selbst Sudetendeutscher und kann nicht bestätigen, daß die Tschechen 1938 grausam vertrieben wurden, auch in meinem Bekanntenkreis weiß niemand etwas davon.«
   Friedrich Hellmer, 8129 Wessobrunn

3. »Die Randgebiete Böhmens und Mährens, das spätere Sudetenland, waren deutsches Siedlungsgebiet. Seine Bewohner wollten bereits 1918 zu Deutschland, was ihnen entgegen dem Selbstbestimmungsrecht der Völker untersagt wurde. Vielmehr kamen diese Gebiete zur neugegründeten Tschechoslowakei. Jetzt kamen tschechische Beamte in die deutschen Gemeinden ... Diese tschechischen Beamten wurden 1938 verständlicherweise überflüssig und gingen ins Innertschechische zurück. Dabei konnten sie jedoch allen persönlichen Besitz mit nehmen.«
   Ulf Beier, 8832 Weißenburg

4. »Mir ist nichts davon bekannt, daß Tschechen 1938 mißhandelt, ohne Hab und Gut grausam ins Inland der ČSR getrieben – nur mit dem was sie am Körper trugen – oder mit Gejohle wie Vieh aus ihren Häusern getrieben wurden.«
   Ernst Drösel, 8019 Glonn

5. »... Zwischen 1938 und 1939 waren die im Zuge der Unterwanderung seit 1918/19 eingeschleusten Beamten, öffentlichen Angestellten, Lehrer usw. abgewandert, wobei für sie die Möglichkeit bestand, ihren Grundbesitz ordnungsgemäß zu liquidieren und ihre Habe im Rahmen der damals geltenden deutschen devisenrechtlichen Bestimmungen mit sich zu nehmen...«
Richard David, 8170 Bad Tölz

6. »Ich bin aus Komotau, einer Stadt im Sudetenland mit damals 34000 Einwohnern. Ich wohnte dort vor und nach dem Einmarsch der deutschen Truppen. Ich kann mich in all den vielen Jahren – es waren immerhin 34 bis zur Vertreibung – an keinen einzigen Fall erinnern, daß in unserer Stadt und in den Dörfern des Kreises Tschechen verprügelt, mißhandelt und dann ohne Hab und Gut wie Vieh unter dem Gejohle der Sudetendeutschen aus den Häusern herausgetrieben wurden. Dagegen weiß ich und habe es selbst erlebt, daß wir öfter von Tschechen, die in unserer Stadt eine kleine Minderheit waren, in der Turnhalle belagert und auf dem Nachhauseweg belästigt und angegriffen wurden...«
Walter Herles, Realschuldirektor i. R., 8990 Lindau

7. »Als Zeitzeuge kann ich bestätigen, daß Tschechen geflohen sind, die vorher zur Vertschechisierung als Beamte und Polizisten eingesetzt wurden und sich durch Terror der deutschen Bevölkerung unbeliebt machten. Diese konnten ihr gesamtes rechtmäßig erworbenes Eigentum mitnehmen, ob zwar vereinzelt ganze Waffenlager entdeckt worden waren.«
Karl Rotter, 8063 Pfaffenhofen/Glonn

E 1) »Münchner Merkur« Nr. 2 B vom Januar 1992.

E 2) »Münchner Merkur« in Folgeausgaben bis 7. 4. 1992.

****

75) A) **Trautenau**

B) »Wer nicht gehen wollte, der mußte nicht« – Regelmäßige Mietüberweisungen

C) »Als Zeuge lehne ich die Lügen ab, die in dem Beitrag unter dem Titel ›München und die Rechtsordnung‹ <D 1> enthalten waren. Unsere Familie war sehr gegen Henlein aktiv und wir wurden nicht mit Gewalt ausgetrieben, wir sind aus Furcht vor der Verfolgung geflohen. Im Binnenland wurden wir als Flüchtlinge und nicht als Vertriebene evidiert. Wer nicht gehen wollte, der mußte nicht. Viele in Trautenau überstanden die Okkupation. Unser Familienhaus blieb weiter in unserem Besitz und der deutsche Mieter schickte uns regelmäßig die Mietzinsen. <D 2> Das Haus hat uns erst im Juni 1945 ein Mitglied der Revolutionsgarde genommen und meine Eltern mußten viel Mühe darauf verwenden, das Haus zurückzuerhalten...
Sehr lächerlich ist die Behauptung, daß das Vermögen der Republik treu gebliebener Deutscher nicht konfisziert wurde...«

D 1) Der Artikel lag nicht vor.

D 2) Zu ähnlicher Information deutscher Wissensträger: Siehe S. 275f.: A IV, Exkurs 3.

E) Leserbrief von Stanislav Aust, Hradec Králové (Königgrätz) in »Lidové Noviny« (Volkszeitung, Tageszeitung); Prag, 17. 3. 1992;
Wiedergabe der »Sudetendeutsche Zeitung«; Nr. 14; 3. 4. 1992, S. 3 sowie »Münchner Merkur«; 25./26. 4. 1992.

****

76) A) Hohenelbe

B) Behauptete <D 1, 2> Vertreibung eines Tschechen 1938

C) Inhaltliche Zusammenfassung aus einer Fernsehsendung:
Herr Otokar Hanuš, vorgestellt als dzt. Stadtrat von Hohenelbe:
1938 als Tscheche aus Hohenelbe vertrieben

D 1) Brief an Herrn Hanuš v. 12. 6. 1992 in tschechischer Sprache mit der Bitte um Auskünfte blieb ohne Antwort.

D 2) Später war indirekt folgendes feststellbar:
H. Hanuš, geboren 1933, wohnte bis 1938 nicht in Hohenelbe, sondern bei seinen Eltern im ca. 10 km westlich gelegenen Ort Víchova nad Jizerou. Obwohl schon 1910 klar im geschlossenen tschechischen Sprachgebiet liegend wurde der Ort unter dem Namen Wichau (an der Iser) 1938 weitgehend in das Sudetengebiet einbezogen: Von den 1.209 (tschechischen) Einwohnern im Jahre 1930 verblieben nach 1938 jedoch die meisten, nämlich 1.116 in Víchova.
Der Vater von Hn. Hanuš, Anwesenheitszeit in Vichova, politische Einstellung und Beruf 1938 unbekannt, entschloß sich demgegenüber zum Fortzug. Nachdem er in Prag Arbeit gefunden hatte, übersiedelte er Hausrat und gesamte Familie dorthin, wo sie bis 1945 verbieb. Im Verwandtschaftskreis verlor die Familie im sog. Prager Aufstand zwei Schwestern von Mutter Hanušova, die angeblich von abziehenden deutschen Soldaten mit Gewehrkolben totgeprügelt wurden. Nach 1945 ging die ganze Familie nach Hohenelbe.

E) Bayerisches Fernsehen 3. Programm, 31. 5. 1992, Beginn 21.45 Uhr

****

77) A) Feldsberg (Nikolsburg)

B) Zwangsgermanisierung eines Tschechen

C) Inhaltliche Zusammenfassung aus einer Fernsehsendung:
Herr Milan Kobar, vorgestellt als pensionierter Lehrer aus Feldsberg:
1938 als 12jähriger zwangsgermanisiert, Mitglied der HJ, »im Grunde immer Tscheche«, konnte dies aber erst 1945 wieder zeigen.

D) Brief an Hr. Kobar vom 12. 11. 1992 blieb ohne Antwort.

E) ORF 1, 22. 11. 1992, 21.25 Uhr

****

78) A) Weipert (St. Joachimsthal)

B) »Die Sudetendeutschen ... vertrieben die Tschechen« <D>

C) »Ich kann nicht schweigen, wenn ich sehe, welch kurzes Gedächtnis die Sudetendeutschen haben. Haben sie vergessen, was ihrer Ausweisung vorangegangen war? Was haben sie gemacht, als Hitler unser Land überfiel? Es war doch auch ihre Heimat, aber sie zogen weiße Strümpfe an und übten Verrat. Sie begrüßten die Okkupanten mit Blumen und mit Jubel. Sie vertrieben die Tschechen aus ihren Heimstätten und nahmen ihr Eigentum weg. Ihre Kinder ließen sie unter Trommel- und Pfeifenklang marschieren und herausheulen: ›Tschechen ins Gas, die Juden ins Gas‹. Hatte etwa das tschechische Volk den Krieg verschuldet? Haben wir ihre Dörfer ausgebrannt? Haben etwa wir die Konzentrationslager errichtet?
Nach dem verlorenen Krieg konnten sie weggehen zu ihren Volksgenossen. Viele flohen vor Strafe dorthin, lebendig und gesund und mit gestohlenem Gut der Tschechen. Die deutschen Kriegsverbrechen dürfen niemals verschwiegen werden. Dies ist die Ansicht vieler Menschen, die den Krieg, die Besetzung und die Konzentrationslager erlebt haben, in welchen sie ihre Liebsten verloren haben. Wieviele verelendete Menschen aus

den Konzentrationlagern hatten zum Kriegsende das gleiche Gewicht, das die Deutschen im Gepäck in die neue Heimat tragen durften?
Ich möchte meine Zeugenschaft geben. Meine Mutter wurde mit der ganzen Familie durch die Gestapo im Jahr 1940 verhaftet und so steht in meiner Geburtsurkunde Auschwitz als Ort der Geburt. Mama war schwanger, sie überlebte, aber die ganze Familie kam dort um. Mich gaben sie nach der Geburt zur Erziehung in eine deutsche Familie und erst im Jahr 1945 erhielt mich meine Mutter durch Vermittlung des Roten Kreuzes zurück. Wir lebten im Grenzgebiet in der Gemeinde Weipert. Die Grenze zwischen der Tschechoslowakei und Deutschland bildet ein Bächlein, über welches die Deutschen mit leeren Ranzen herübersprangen und zurück mit verschiedentlich versteckt gehaltenen Besitz. Ich entsinne mich auch an zerschlagene Maschinen in den Fabriken und zertrümmerten Haushaltseinrichtungen, die sie uns in Böhmen zurückgelassen haben. Ehe sie zuließen, daß wir daran einen Nutzen hätten, vernichteten sie lieber alles. Dies geschah im Jahr 1946. Mit welchem Recht fordern sie etwas von uns zurück? Fünfzig Jahre nach Kriegsende sind jene unserer Leute noch nicht entschädigt, die ihre[n] Konzentrationslager[aufenthalt] überlebt haben und mit gebrochener Gesundheit zurückgekehrt sind. In Deutschland leben noch Menschen, die viele der Unseren in den Konzentrationslagern gemartert haben. Dem ganzen Volke blieben im Geiste unheilbare Schläge.

E. Kýčková
Záhoří bei Písek.«

D) Das Schicksal der Berichterstatterin ist bedauerlich. Trotzdem ist darauf hinzuweisen, daß ihre Zeugenschaft für 1938 nur auf Hörensagen und für 1945 auf den Erinnerungen eines fünfjährigen Kindes beruhen kann.

E) »Die Gehässigkeit der Sudetendeutschen« im »Zemědělské noviny« (Landwirtschaftliche Zeitung); Prag, 25. 1. 1993; mit Zusatzvermerk »(ČMZN 1.12. – raj)«

****

79) A) Allgemein und Dux

B) Behauptete Tschechenvertreibung 1938

C) Bericht über Diskussionsveranstaltung des »Tschechischen Verbandes für Freiheit« in Prag-Žižkov:
70jähriges Mitglied, »aus dem nordböhmischen Dux stammend«, gibt »Bericht von der Vertreibung der Tschechen aus dem Grenzgebiet im Jahre 1938.«
»›Bei uns begann der Krieg schon 1938‹, sagte uns einer, der 1938 eben deshalb seine Heimat verlassen mußte.«

D) Brief an den Verbandsvorsitzenden v. 3. 6. 1993 mit der Bitte um Belege blieb ohne Antwort.

E) »Wunde Punkte im deutsch-tschechischen Verhältnis« in »Prager Zeitung«, Nr. 19/93 v. 13. 5. 1993, S. 3.

****

80) A) Blauda (Mährisch-Schönberg) <D 1>

B) Tschechenvertreibung 1940

C) »Im Sommer 1945 wurde ich als politisch offenbar höchst gefährlicher 14jähriger zu Zwangsarbeit bei einem tschechischen Bauern <D 2> in Blauda verurteilt. Von ihm – der mich übrigens wie ein Familienmitglied aufnahm – erfuhr ich, daß er und 14 weitere tschechische Blaudaer Bauern <D 1> von ihren Höfen vertrieben und in ein Lager gesteckt worden waren, um arme deutsche Bergbauern auf ihre Anwesen setzen zu können. <D 2> <D 3>

Weder ich noch die übergroße Mehrzahl von Ihnen, meine verehrten Mährisch-Schönberger Landsleute, wußten damals etwas von dieser Aktion. Und da sie zweifellos keine Einmaligkeit darstellte <D 4>, bleibt also auch uns noch ein Stück geschichtlicher Wahrheit aufzuarbeiten.« <E 1>

D 1) a) Der Ort Blauda, in dem es ein großes Gut der tschechischen Adelsfamilie Žerotín gab, liegt nur wenige Kilometer von Hohenstadt entfernt.
Daher könnte relevant sein, daß im Hohenstädter Bereich »reichliche Zuteilungen« aus der Bodenreform an tschechische Bauern erfolgten (siehe S. 158ff.: A I, D 15.)
b) Klärungsbemühungen bei anderen Wissensträgern aus diesem Gebiet blieben ergebnislos.

D 2) Auf direkte Anfrage wurde von MdB Klein mitgeteilt:
a) Der Bauer hieß Karel Kotrly.
b) Es sei zu vermuten, daß die 15 tschechischen Blaudaer Bauern alteingesessen waren, d. h. daß sie, bzw. ihre Väter mindestens seit 1910 in Blauda waren.
c) Das Datum ihrer Vertreibung liege vermutlich um 1940; von einer Entschädigung für ihre Höfe sei nichts bekannt.
d) Das Lager, in das sie von 1940–1945 verbracht wurden, lag in der Hanna (d. h. im Protektorat, südöstlich von Olmütz).
e) Die »armen deutschen Bergbauern« kamen aus dem Altvatergebirge (d. h. aus dem Sudetengebiet).

D 3) Später publizierte der Wissensträger:
Die Verbringung in ein Lager erfolgte »in den letzten Kriegsjahren«. <E 2>

D 4) Von vergleichbaren anderen Aktionen ist (bisher) nichts bekannt.

E 1) »Sudetendeutsche Zeitung«; Nr. 34 v. 26. 8. 1994, S. 1:
Rede von Hans Klein, MdB der CSU und Vizepräsident des Deutschen Bundestages bei Mährisch-Schönberger Heimattreffen in Bad Hersfeld.

E 2) Klein, Hans: »Zwei mährische Sommer« in »Es wird nicht mehr zurückgeschossen . . .«; Hsg. v. Reinhard Appel; Bergisch Gladbach, 1995; S. 179–186; hier S. 182 f., 186.

****

81) A) Spieglitz (Mähr. Schönberg), Mähr. Schönberg

B) Als Vertreibung bezeichneter Abzug von öffentlichen Bediensteten der ČSR aus dem Sudetengebiet

C) <Die Vertreibung der Sudetendeutschen aus Spieglitz 1945/46 erfolgte paralell zur Neuansiedlung von Tschechen aus dem Beskiden-Gebirge in Ostmähren. Sie wurden jedoch nicht heimisch; die Häuser der Sudetendeutschen verfielen, wurden abgerissen; einige> »gerieten in die Hände von Städtern . . . wie Vitezlav Boleslavsky, Bauingenieur. Er hat so ein Haus gekauft, für kaum 1.000 Kronen, damals nicht einmal 250 Mark . . .
Als Fünfzehnjähriger war er weggegangen aus Mährisch-Schönberg/Šumperk, der Kreishauptstadt. Der Vater war Polizeijurist, hatte es zum ›Kommissär‹ gebracht in der eskalierenden Atmosphäre Henleindeutscher Provokationen und wütender tschechischer Gegenwehr. Knapp 25.000 Einwohner, davon rund 4.000 Tschechen. <D 1> Hielt Vater Beleslavsky laut staatsamtlicher Direktive die Streithähne im Kampf der NS-aufgeputschten Anschlußkämpfer und der erbosten Tschechoslowaken auseinander, dann bekam er von Tschechen wütende Drohbriefe, er halte dem Nazi-Gesindel noch die Stange, indem er dessen Umtriebe hoheitlich absichere. Daß ihn die fanatisierten Deutschen haßten, ist nicht weiter hervorzuheben. Der Sohn, der halbwüchsige Vitezslav, . . . hat bei Sommertouren dem deutschen Jungvolk gelauscht, wie es sich daran

ergötzte, daß die deutschen Panzer durch die Täler hinein nach Mähren rollen würden und mit dem slawischen Ungeziefer aufräumen...
Als der Vertrag von München geschlossen... war..., da hatten Leute wie des Schönberger Polizeichefs <D 2> Familie nur noch Stunden, um sich davonzumachen. Ctirad Medlik, der heutige Bürgermeister von Šumperk, ›der erste tschechische Bürgermeister von Mährisch-Schönberg in seiner ganzen Geschichte überhaupt‹, wie er bedeutungsvoll anmerkt, ein humorvoller und distinguierter Kulturmensch, sagt: ›Wir hatten nicht einmal Zeit, vertrieben zu werden, wir mußten einfach davonlaufen.‹ Wahrscheinlich betraf dies an die 400.000 Menschen aus dem zum ›Sudetengau‹ mutierten Grenzgebiet. Was bedeutet Flucht ohne Alternative? Wer also hat hier mit dem Vertreiben angefangen?
Ingenieur Boleslavsky registriert..., irgendwie habe man in dieser Gegend psychologisch den Rücken frei bekommen: Was oben in den Bergen einmal eine deutsche Staatsgrenze hinter einer deutschen Volktumsgrenze war, ist heute eine polnische Staatsgrenze und zugleich die eigene, tschechische Volkstumsgrenze. ›Das beruhigt‹, sagt selbst dieser Mann, der Freunde in Deutschland hat, die Sprache spricht.« <E 1>

D 1) Die tatsächlichen Bevölkerungszahlen v. a. der damaligen Bezirkshauptstadt waren deutlich andere; die Bevölkerungsentwicklung weist die meisten Tschechen als Zuwanderer aus:

	Stadt Mähr. Schönberg		Zur Einordnung: Politischer Bezirk bzw. Landkreis Mähr. Schönberg (in Hundert)	
	Gesamt	davon Tschechen	Gesamt	davon Tschechen
1910	13.329	353	80.4	11.9
1921	13.117	1.991	75.4	14.6
1930	15.718	3.434	81.2	18.1
1939	15.611	*	76.2	11.7

Zur behaupteten Manipulation der Volkszählung 1930 gerade auch in Mährisch-Schönberg durch Mitzählung zeitweilig anwesender tschechischer Eisenbahnbediensteter: Siehe S. 62 für Anm. II/71b.

D 2) Zum Verbleib zahlreicher Tschechen in und im Mähr. Schönberg und zu deren Meinung über die Entwicklung nach dem 1. 10. 1938 kann das Ergebnis der Reichstagswahl vom 4. 12. 1938 (zur Fragestellung und den Gesamtergebnissen siehe S. 110f. mit Anm. IV/70 sowie S. 191ff.: A II, B 22) für den Landkreis Mähr. Schönberg betrachtet werden: Am 17. 5. 1939 sollte die Gesamtzahl der Tschechen des Gebietes 11.705 <E 2> betragen. Am 4. 12. 1938 hatten 6.547 stimmberechtigte Tschechen gültige Stimmen abgegeben, davon waren 5.458 »Ja« und 1.089 (d. h. 16,6%) »Nein«. <E 3>
Die hohe Zahl der Nein-Stimmen deutet auf relativ hohe Freiheit der Stimmabgabe hin; die mehr als ⅔ Mehrheit der Ja-Stimmen könnte als Indiz der Meinung v. a. alteingesessener Tschechen zu den Ereignissen verstanden werden.

E 1) Frank, Michael u. a.: »Niemandsland« in »SZ« Nr. 215 vom 17./18. 9. 1994; S. V 3/21.

E 2) Bartoš: a. a. O; S. 166.

E 3) dgl.: »Národné osvobozenecké hnuti na Severní Moravě 1938–1945« (Die nationale Befreiungsbewegung in Nordmähren 1938–1945); Mähr. Schönberg, 1965; S. 9.

****

82) A) Mährisch Schönberg

B) Vorgebliche Massentötung von Tschechen im Herbst 1938

C) <Die Berichterstatterin <D 1> wurde 1925 in Mährisch-Schönberg geboren. Ihr Vater <D 2>, vordem Assistenzarzt in Gewitsch (t. Jevičko, im tschechischen Sprachgebiet Innermährens), war nach 1919 als »Chefarzt in ein Sanatorium für lungenkranke Kinder »<D 3.1> nach Mähr. Schönberg versetzt worden.
Die Berichterstatterin wurde von einer anderen Stimme <D 1.2> u. a. wie folgt wiedergegeben:>
»Die Stadt war teils tschechisch, teils deutsch <D 3.2> und ... bis 33 war das hier auch eine ruhige Gegend und wir kamen gut miteinander aus. Erst nach 33 fingen die Deutschen allmählich an, ihre Farbe zu wechseln. Zuerst schien das noch ganz ungefährlich zu sein. Sie besannen sich auf ihr Deutschtum, trugen Trachten, trafen sich in ihrem deutschen Gasthaus <D 3.3>, tranken Bier und sangen ihre deutschen Lieder. Aber oft kam zu diesen Treffen auch jemand von der Sudetendeutschen Partei Konrad Henleins. Er hielt Reden vor ihnen und erklärte ihnen, daß sie sich dessen bewußt werden müßten, daß sie zu der übergeordneten Rasse gehören und eigentlich auch zu dem großen deutschen Reich, und so ähnliches Zeug. Die meisten waren arme Bauern, die sich dabei betranken und sich gegenseitig auf die Schulter klopften, aber je länger sie zuhörten, desto aggressiver wurden sie und desto offener zeigten sie ihre Feindschaft.
Ihr Gasthaus lag auf einem Hügel über der Stadt und hieß ›Freundschaft‹ <D 3.3>. Eine bittere Ironie, nicht wahr? Denn hier rotteten sie sich später zusammen und brachen auf, um ihre Freunde von früher, uns, ihre tschechischen und auch jüdischen Nachbarn zusammenzuschlagen. Blut floß damals ziemlich oft. Von woher kam dieser Haß? Sie schienen völlig normal, solange sie keine Uniform trugen. Dann wurden sie plötzlich wie verwildert. Man konnte nicht mehr vernünftig mit ihnen reden. Was heute, wie es mir scheint, nicht viel anders ist. Und es ging so weit, daß auch wir Kinder eines Tages anfinge, uns auf der Straße zu prügeln.«
<An dieser Stelle Einschub der Verfasserin: Die Berichterstatterin> »habe sich an eine sehr pikante Kleinigkeit erinnert. Pikant? Na ja, sie hätte damals so eine Art Spritzpistole gehabt, die mit schwarzer Tusche gefüllt war. Und wenn die deutschen Jungs die tschechischen Jungs angriffen, hat sie diese Tusche auf deren schneeweißen Kniestrümpfe gespritzt. Wie wütend die damals waren!«
<An einer späteren Stelle ihres Berichtes hieß es auf Grundlage von Hörensagen, ein deutscher Schuljunge habe seinem tschechischen Schulkameraden> »bei einer Prügelei 1938 einen Dolch in den Rücken gestoßen und ihn dadurch ernsthaft verletzt. Damit war die Kameradschaft vorbei gewesen.«
<Sodann wieder die weibliche Stimme, jetzt zum Herbst 1938:>
»Ich erinnere mich, daß alles sehr schnell gehen mußte. Meine Mutter organisierte mit Mühe einen alten Lastwagen. Nur das Nötigste konnten wir aus dem Fenster in den Lastwagen werfen. Es war ein einziges Chaos, ein entsetzlicher Schreck. Zehntausende Tschechen mußten im Jahre 1938 nach dem Münchner Abkommen über Nacht ihre Häuser verlassen. Sie wurden nicht abgeschoben, wie sieben Jahre später die Deutschen. <D 3.4a> Es war so, daß ein Nachbar dem anderen Nachbarn das Messer an die Kehle legte – entweder verschwinde oder bereite dich auf das Schlimmste vor. <D 3.4b> So bitter war das Ende unseres Zusammenlebens mit den Deutschen. Es kamen Ordner in Reithosen in unsere Häuser und riefen: Alles raus! <D 3.4.c> Auf den Straßen fand eine Jagd auf uns statt, man schlug und schoß auf uns, Geschäfte wurden ausgeplündert, wer fliehen konnte, floh, viele starben damals. <D 3.5; D 4; D 5>
Wir konnten fliehen, wir wußten sogar, wohin. Mein Vater wurde in Eile in ein anderes Sanatorium versetzt, nach Jevičko. Das war ein Ort, wo er einst als junger Assistenzarzt angefangen hatte ...
Ich lese jetzt eine Autobiographie von Miloš Forman, dem Filmregisseur, und sie erinnert mich an vieles, was ich selbst erlebt habe. Auch er hatte eine solche Kindheit wie ich. Auch er wurde von den deutschen Kindern geschlagen, gequält und schikaniert und auch er mußte mit seinen Eltern flüchten, denn unsere Sudeten sollten deutsch sein. Seine beiden Eltern kamen in diesen Jahren um ...«<D 3.6> <D 3.7>

D 1) Anmerkungen zur Berichterstatterin:

1.1) Der Berichterstatterin, deren Schicksal zu bedauern ist, war deutsch nach eigenem Bekunden »nie fremd« <E>. Sie lehnte laut Begleittext die Berichterstattung in deutscher Sprache trotzdem ab.

1.2) Deswegen wurde sie in der Sendung nach kurzen Originaleinblendungen von einer anderen weiblichen Stimme in deutscher Sprache wiedergegeben; zwischendurch kommentierte auch die Autorin <E>.

D 2) Anmerkungen zum Vater der Berichterstatterin:

2.1) Sachlich handelte es sich beim Vater der Berichterstatterin, Dr. Otakar Reiss, um einen in das Sudetengebiet versetzten öffentlichen Bediensteten der ČSR, der nach 1938 wieder in das tschechische Gebiet zurück versetzt wurde.

2.2) In einem späteren Abschnitt schilderte die Berichterstatterin das Schicksal ihres Vaters nach dessen Rückkehr nach Gewitsch. Er sollte sich dort der Widerstandsbewegung anschließen, indem er u. a. einen Sender besorgte und zum Arbeitseinsatz vorgesehene, gesunde Personen krankschrieb. Er wurde zweimal von NS-Organen verhaftet und starb am 2. 5. 1945 im KZ Theresienstadt.

D 3) Anmerkungen zum Inhalt des Berichtes:

3.1) Zum erwähnten Sanatorium:
Die Wissensträger Frau R. F., 90451 Nürnberg, Frau G. H., 81677 München, Frau E. S., 65189 Wiesbaden, und Herr A. T., 83471 Berchtesgaden, berichteten: Schon im 19. Jahrhundert errichtet war es ursprünglich Privateigentum und bot verschiedene Kuren für vornehmlich deutsche Erwachsene an. Dann ging es in öffentlichen Besitz (Land Mähren?) über und wurde mit zwischen 50 und 80 vornehmlich lungenkranken tschechischen Kindern aus Innermähren belegt.
Es darf vermutet werden, daß diese bei der Volkszählung 1930 den tschechischen Bevölkerungsanteil Mährisch-Schönbergs erhöhten.

3.2) Zur Bevölkerungszusammensetzung von Mähr. Schönberg:
Die »teils/teils« Charakterisierung ist mindestens unpräzise: Tatsächlich war Mähr. Schönberg 1910 fast völlig und auch später weit überwiegend von Deutschen bewohnt.
Siehe die Angaben auf S. 338f.: A V, T 2 und zum vorhergehenden Bericht S. 239 Anmerkung D 1.

3.3) Zum erwähnten Gasthaus:
Über das 1932 erbaute Gasthaus Freundschaft, wegen seiner Lage auch Freundschaftshöhe genannt, berichteten die o.a. Wissensträger übereinstimmend:
Das Lokal war bis in den Herbst 1938 hinein das Vereinslokal der Deutschen Sozialdemokratischen Arbeiterpartei, wo auch Kommunisten verkehrten; »ein ziemlich rauhes, rotes Lokal«, es »wurde von uns gemieden«.
Es erscheint unwahrscheinlich, daß die berichteten Ereignisse in einer solchen Gastwirtschaft stattfanden bzw. von ihr ausgingen.

3.4) Zum Bedeutungsinhalt der Aussagen:
a) Offensichtlich so gemeint, als ob der »Abschub« der (Sudeten-)Deutschen 1945/46 deutlich angenehmer vor sich ging.
b) Es blieb unklar, ob hier allgemein berichtet oder zitiert werden sollte.
c) Zur davon abweichenden, zeitlich differenzierten Darstellung des Abzugs der Tschechen in der tschechischen Stadtchronik von 1946:
Siehe S. 173: A II, B 1, Abschnitt D 10.3.

3.5) Zu den berichteten Vorkommnissen:
Die tschechische Stadtchronik von 1946 (vgl. Jersak: a. a. O.) erwähnte derartige Abläufe nicht.
Die o. a. Wissensträger meinten dazu:
»Unmöglich«, »habe ich weder etwas gesehen, noch gehört«, »höre ich zum

ersten Mal... auch meine ehemaligen Schulkameraden und Altersgenossen haben... nur verständnislos den Kopf schütteln können...«

3.6) Zur Inhaltswiedergabe eines gerade gelesenen Buches:
Die Nacherzählung von (offensichtlich) Miloš Forman und Jan Novak: »Rückblende. Erinnerungen« (Hamburg 1994), ist recht subjektiv:

* Forman (F.) hatte mit Geschwistern und Eltern seinen Hauptwohnsitz nicht im Sudetengebiet, sondern stets in Časlau, im tschechischen Innerböhmen.
* Familie F. baute sich lediglich ab 1927 ein nicht winterfestes »Sommerhotel« Rut am Großen See nahe Hirschberg (Dauba). Der See wurde auf Betreiben der Eltern F., »die als standhafte tschechische Patrioten im Sudetenland auftraten« (S. 38), in Macha-See umbenannt (S. 21). Das Eigentum an diesem Haus blieb ihnen nach 1938 offensichtlich erhalten; jedenfalls lebte F. mit seiner Mutter im Jahre 1941 längere Zeit in ihm. In dieser Zeit besuchte F. die örtliche deutsche Volksschule und wurde von den ansässigen Kindern sehr grob behandelt.
  Das »Hotel« wurde erst 1945 von der Roten Armee verwüstet (S. 58) und 1948 verstaatlicht (S. 60).
* Das gesamte beklagenswerte Schicksal F.s (seine beiden Eltern wurden von der Gestapo verhaftet und kamen später um) ist eine eigene Geschichte. Er ist jedenfalls nicht, wie die Berichterstatterin mindestens impliziert, 1938 nach vorausgegangenen Kinderschikanen mit seinen Eltern aus dem Sudetengebiet geflüchtet.

3.7) Zum Umfeld des Berichtes:
Anstoß der Sendung war anscheinend ein im Frühjahr 1994 in der Prager Zeitschrift »Květy« (Blüten) erschienener, verfasserloser und einschlägig bebilderter Artikel »Češi, Raus!« (Tschechen, raus). In ihm wurde das Schicksal verschiedener Tschechen, vornehmlich öffentlicher Bediensteter (z. B. Eisenbahner) geschildert, die das Sudetengebiet 1938 verließen. Unter ihnen befand sich auch die Berichterstatterin.
In diesem Artikel wurde aus anderen Orten vom Tode »vieler« tschechischer Brückenwachen, die wahrscheinlich bewaffnet waren und von den Ordnern berichtet, die »in die Häuser kamen und brüllten Alles raus!«
Frau K. berichtet von derartigen Vorkommnissen aus Mähr. Schönberg in dieser Darstellung noch nichts. Sie erinnerte sich jedoch damals noch daran, daß der gesamten Familie 1938 von einer ungenannt bleibenden Person/Institution zu einem nicht definierten Zeitpunkt angeboten wurde, sich als Deutsche zu erklären (se dati k Němcům), was der Vater »entschieden ablehnte«. Im Rundfunkbericht war davon nichts mehr zu hören.

D 4) Anmerkungen zur Sendung des Berichtes:

a) Die Sendung wurde am 5. 11. 1994 im Rahmen der sog. »Sendeschiene S 2 Eckpunkt« des Süddeutschen Rundfunks, Stuttgart ausgestrahlt.
b) Mit Schreiben vom 11. 1. 1995 forderte der »Heimatkreis Mährisch-Schönberg e. V., Bad Hersfeld« beim Süddeutschen Rundfunk zu den vorgeblich »vielen« Toten die Bekanntgabe von fünf Namen mit näheren Todesumständen.
c) Im Antwortschreiben vom 2. 2. 1995 ging der Süddeutsche Rundfunk hierauf überhaupt nicht ein.
   Er verwies vielmehr auf ein sog. Sendeprofil von S 2 Eckpunkt, das er seiner Antwort beilegte. Das Datum des Sendeprofils: 8. 12. 1994, d. h. *nach* der Sendung.
d) Das Sendekonzept gab in bemerkenswerter Begriffswahl an, »daß es sich nicht um ein quasi – objektives, journalistisches Konzept, sondern um ein eher publizistisches, von der Subjektivität lebendes Konzept handelt. Erst die Vielfalt der Stimmen über lange Zeiträume lassen generelle Schlüsse auf gesellschaftliche, politische und historische Situationen zu. Die Einzelsendung hat diesen Anspruch nicht.«

e) Zusätzlich offenbarte die »Anstalt des öffentlichen Rechts« Süddeutscher Rundfunk in ihrem Mantelschreiben ein beachtenswertes Selbstverständnis: Der Wahrheitsgehalt selbst ihrer doch wohl zum Hörfunkbereich gehörigen Nachrichtensendungen ist zu bezweifeln, denn die »Ausgewogenheit innerhalb einer Sendung ist im Rahmen der Hörfunkarbeit insgesamt nicht herstellbar und entspricht auch nicht der Satzung des Hauses.«

D 5) Wertung des Berichtes:
Die vorgeblichen Geschehnisse in Mährisch-Schönberg nach dem 1. 10. 1938 sind daher als bewußt unüberprüft und insgesamt als subjektive Desinformation zu bezeichnen.

E) Valter, Jaroslava: »Deutsch war mir nie fremd: Eine Tschechin <Karla Kvasnickova, geb. Reisova> aus den Sudeten erzählt ihre Geschichte«; Sendung des Süddeutschen Rundfunks, Stuttgart; Regie: Eberhard Klasse; 5. 11. 1994, 10.05–10.30 Uhr.

****

Anhang IV:

Exkurs 1:

Dislozierung der ČSR-Armee, paramilitärischer Verbände etc.: Mißweisung der Volkszählung 1930, Folgebewegungen

1 *Vorbemerkung*

Die ČSR hatte zunächst in ihrer Unabhängigkeitserklärung vom 18. 10. 1918 vorgesehen: »Das stehende Herr soll durch eine Miliz ersetzt werden« (vgl. DzS, S. 112).
Wie andere derartige Programmsätze wurde auch dieser nicht verwirklicht: Bereits im Motivenbericht für das ČSR-Wehrgesetz, das am 19. 3. 1920 verabschiedet wurde, hieß es vorgangsrelevant: »Ein im Aufbau begriffener Staat, von dem mehr als ein Viertel aus fremdnationalen Teilen [části] besteht, kann seine Sicherheit nicht einem System örtlicher Milizen überlassen. Die nichtslawischen Elemente sind in den Grenzgebieten angesiedelt, so daß man gerade ihnen die Grenzsicherung nicht anvertrauen kann. Die Einrichtung eines Milizsystems ... würde schon im Frieden zu einer Verstärkung der separatistischen Tendenzen führen.«
Vgl. Kostrba-Skalicky, Oswald: »Bewaffnete Ohnmacht. Die tschechoslowakische Armee 1918–1938« in »Die Erste Tschechoslowakische Republik als multinationaler Parteienstaat«; Hsg. v. Karl Bosl; München, 1979; S. 439–527, hier S. 516 f.
Nach dem Wehrgesetz von 1920 betrug die Friedensstärke bei zweijähriger allgemeiner Wehrpflicht aller tauglichen Männer vom 20. bis zum 60. Lebensjahr 150.000 Mann (vgl. Steinitz, Ernst: »Landes- und Staatskunde der Čechoslowakischen Republik«; Böhmisch Leipa, 1933; S. 226 f.), die in 12 Divisionen und 7 Brigaden gegliedert waren (vgl. Pekař, Josef: »Tschechoslowakische Geschichte«; Prag, 1921; in deutscher Sprache, München, 1988; S. 310).
Ab dem Wehrgesetz vom 1. 10. 1927 betrug die Friedensstärke vom 1. 10. bis 31. 3. jedes Jahres 140.000 und in den anderen Monaten 100.000 Mann (vgl. Urban, K.: »Kurze Zusammenstellung über die Tschechoslowakische Armee«; Berlin, 1929; S. 10): Durch stärkere Einziehung zum nunmehr 1,5jährigen Wehrdienst in der Winterzeit konnte der Arbeitskräftebedarf der Landwirtschaft im Sommer möglichst gedeckt bleiben; gleichzeitig gab es weitere, wichtige Konsequenzen.

1.1 Die Aufgabenstellung

Das ČSR-Volkszählungsrecht (Gesetz vom 8. 4. 1920; »ČSR-Slg.« Nr. 256, S. 547; Regierungsverordnung vom 30. 10. 1920; »ČSR-Slg.« Nr. 592, S. 1505 ff.) schrieb nämlich vor, daß kasernierte Soldaten ohne Rücksicht auf ihre Heimatzugehörigkeit am Dienstort zu erfassen waren. Der in praktisch allen Fällen tschechische Kasernenbefehlshaber hatte sie in gemeinsame Zähllisten, die auch die Nationalität umfaßten, einzutragen (§ 10, 11 der Regierungsverordnung). Diese Erfassungsmethodik wurde von niemandem kontrolliert; Leitlinie des Verhaltens soll gewesen sein, »jeder tschechoslowakische Soldat müsse der tschechoslowakischen Nation zugezählt werden« (vgl. »Sudetendeutschland«; 12. Jg., Nr. 1; Wien, Jänner 1931; S. 1).

Es kann davon ausgegangen werden, daß im Umfeld dieser Vorschrift weitere Vorgänge abliefen, welche die Volkszählungsergebnisse merklich beeinflußten. Dazu gehörten:
Die nationale Zusammensetzung und damit zusammenhängend die Dislozierung militärischer Einheiten; sowie die nationale Zusammensetzung der Angehörigen v. a. gewisser paramilitärischer Verbände.

In der Literatur (vgl. auch z. B. Oberschall: a. a. O. Bohmann, Siz) sind dazu nur verstreute Einzelangaben zu finden. Einigermaßen aussagefähige Zahlen erscheinen jedoch im Zusammenhang auch mit der tschechischen (und sudetendeutschen) Rückwanderung 1938 relevant.

Die Fragen sind:

1. Um etwa wieviel Personen ist vermutlich das Ergebnis der ČSR-Volkszählung von 1930 durch die dargestellten Tatbestände national verschoben worden?
2. Gibt es zusätzliche Hinweise, um die Zahl militärischer und paramilitärischer »Abwanderer« im Jahre 1938 tendenziell zu beurteilen? (Dabei sind die Einheiten nun in Friedensstärke zu betrachten; die Erhöhungen der Zahlen auf Kriegsstärke durch die Teilmobilmachung vom Mai und die Generalmobilmachung vom September 1938 bleiben unberücksichtigt, da sie keine dauernden Verschiebungen darstellten.)

2 Gesamtstärke

2.1 Als Ausgangspunkt ist festzuhalten, daß bei der ČSR-Armee betragen haben soll:

	Texttabelle 1					
	Die ab 1927 gültige Stärke (Kostrba, S. 494)			Die Friedensstärke nach Etat 1929 (Urban, S. 11)		
	Sommer	Durchschn.	Winter	Sommer	Durchschn.	Winter
	1	2	3	4	5	6
Offiziere		10.079			10.079	
Rottmeister		•			8.816	
Berufsmäßige Unteroffiziere		8.816			6.000	
Zwischensumme Berufssoldaten		18.895			24.895	
gerundet		18.9			24.9	
Wehrpflichtige (Tsd.)	100.	•	140.	100.	105.1	140.
Gesamt (Tsd.)	119.	•	159.	125.	130.	165.

Man wird bei den Berufssoldaten wohl Urban auch deswegen folgen, weil am Zählungstag 1. 12. 1930 die ČSR-Volkszählung unter dem Begriff »Militär« insgesamt 164.000 Personen auswies (vgl. Oberschall, S. 16); für die Gesamtzahl kann man wohl bei durchschnittlich 130.000 und im Winter rd. 160.000 bleiben.

2.2 Für die Mannschaftsstärken der einzelnen Einheiten sind in Tabelle A (siehe S. 247) Angaben und Ableitungen zusammengestellt worden.

2.3 Eine (hier nicht wiedergegebene) Prüfung dieser Angaben über die bei Urban verzeichnete Gesamtzahl der Einheiten ergab weitgehende Übereinstimmung mit den *durchschnittlichen* Gesamtzahlen Urbans.
Für die Analyse der Volkszählung 1930, die im Dezember, d. h. im Winter stattfand,ist daher für die Wehrpflichtigen (von 105.000 auf 140.000, siehe oben, Texttabelle 1) eine ca. 25%ige Erhöhung der Durchschnittszahlen der Wehrpflichtigen erforderlich.

3 Anteil der Sudetendeutschen an der ČSR-Armee 1930

3.1 Gesamtgebiet ČSR, Sudetenländer und Sudetendeutsche

Die Zusammensetzung der rd. 160.000 Mann im Dezember 1930 nach Arten und Rangstufen ist bekannt (siehe S. 245, Texttabelle 1).
Davon waren 28.100 (Sudeten- und Karpaten-)Deutsche (Oberschall, S. 46), die in ca. 1.800 Karpaten- und rd. 26.300 Sudetendeutsche zu unterteilen sind. Von letzteren hatten rd. 12.000 ihren Wehrdienst in den Karpatenländern abzuleisten (Oberschall, S. 16 f.).
Von diesen rd. 26.300 sudetendeutschen Angehörigen der ČSR-Armee im Dezember 1930 müssen zunächst die sudetendeutschen Berufssoldaten abgezogen werden, um die Zahl der sudetendeutschen Wehrpflichtigen auf quantitative Sachrichtigkeit zu prüfen.

3.2 Die sudetendeutschen Berufssoldaten

Dazu bringt Oberschall (S. 31) eine Übersicht »Berufstätige Staatsangestellte (ohne Schulwesen) in den Sudetenländern«. Hierbei handelte es sich um »Beamte, Angestellte und Arbeiter« (also ohne Taglöhner).
Oberschall definiert den in dieser Übersicht verwendeten Begriff »Militär« mit »Offiziere und Unteroffiziere, also ohne Mannschaftspersonen, die ja keine Staatsangestellten sind« und gibt für im Dezember 1930 insgesamt 749 Deutsche an.
Bohmann (S. 56) übernimmt diese Zahl unter dem Begriff »Militärberuf (Offiziere)« und ergänzt (S. 57, keine Quellenangabe), offensichtlich für das Gesamtgebiet der ČSR, daß 1930 der Anteil Deutscher »in der Militärverwaltung (Berufsoffiziere usw.) 5,4%« betrug.
Kostrba notierte (S. 519): »Im Februar 1937 bezifferte <der ČSR->Verteidigungsminister F. Machník die Zahl der aktiven Offiziere deutsche Nationalität mit 457, also mit 7,0 Prozent des gesamten Offizierskorps.« Er zeigte weiter auf, daß bei gleichzeitiger Benachteiligung von Slowaken (S. 520) systematisch ganze Waffengattungen (z. B. Luft- und Panzerwaffe, Grenz- und Nachrichtenbataillone; S. 517, 520) »slawisiert«, d. h. praktisch nur mit Tschechen besetzt wurden. Kostrba belegte auch die systematische Bevorzugung sog. ex-Legionäre des 1. Weltkriegs (d. h. von Kriegsgefangenen und Deserteuren aus der k.u.k. Armee Österreichs) und ihrer Söhne. Die Legionäre fielen schon Manstein (, Erich: »Aus einem Soldatenleben«, Bonn, 1958; S. 135) bei einem ČSR-Manöver 1930 durch besondere Kennzeichen an der Uniform auf. Er vermerkte sodann: »Was die Führung anbetraf, so waren nur die ehemaligen Offiziere der k.u.k. Armee vollwertig. Sie wurden jedoch offensichtlich möglichst von den entscheidenden Stellen ferngehalten und im Avancement gegenüber den früheren Legionären zurückgesetzt« (S. 137). Und: »Sehr amüsant war, daß sowohl die Militärattachés wie viele tschechische Offiziere ein kleines, deutsch geschriebenes Handbuch über die tschechische Armee als Quelle ihrer Kenntnisse benutzten« (S. 137 ff.; sollte es sich um Urban gehandelt haben?).

Zurück zur Zahl sudetendeutscher Berufssoldaten in XII/30: Man wird hier von rd. 700 ausgehen können.

3.3 Die sudetendeutschen Wehrpflichtigen

Daraus ergeben sich rd. (26.300 minus 700 =) 25.600 sudetendeutsche Wehrpflichtige, das wären (von einer Gesamtzahl von 140.000) rd. 18,3%.
Dieser %-Satz erscheint niedrig: Die Gesamtzahl der ČSR-Staatsangehörigen in der ČSR 1930 betrug rd. 14,48 Mio., worunter sich 3,07 Mio. Deutsche in Böhmen und Mähren-Schlesien (also ohne Karpatendeutsche) (vgl. Bohmann, S. 13) befanden; d. h. 21,2%.

Da auch Kostrba mehrfach (S. 455, 471) von identischen Anteilen an Bevölkerung und Armee spricht, bestätigt sich, daß in den ČSR-Kasernen die Nationalität besonders spezifisch erfaßt wurde. Es erscheint angemessen, selbst bei für Wehrpflicht ungünstiger Alters- und Ge-

Tabelle A

Die Mannschaftsstärken der ČSR-Armee um 1930

(Friedensstärken[14]) in Tausend Personen mit einer Dezimale)

Waffengattung Einheit		Zusammensetzung (in Klammern z. T. eigene Definitionen etc.)	Mannschaftsstärke Berufssoldaten	Mannschaftsstärke Wehrpflicht.	Mannschaftsstärke Gesamt	(z. T. gerundet) Ansatz Berufssoldaten	(z. T. gerundet) Ansatz Wehrpflicht.	(z. T. gerundet) Ansatz Gesamt	Quelle: Urban S. ...:
		1	2	3	4	5	6	7	8
A) Infanterie									
1. Kompanie			10–13[1]	50–60	61–73	12	58	70	11
2. Bataillon:	An sich	= 4 Kompanien	48	232	280				24
	+ Stab	= 1 Zug (= 1/2 Kompanie)	6	29	35				17
	Gesamt[2]		54	261	315	54	261	315	
3. Regiment:	An sich	= 3 Bataillone[3]	162	783	945				17
		+ Ersatzb. (= 1 Komp.)	12	58	70				17
	+ Stab	= 2 Kompanien	24	116	140				17
	Gesamt					0.2	1.0	1.2	
4. Brigade:	An sich	= 2 Regimenter	0.4	2.0	2.3				17
	+ Stab	(= 1 Kompanie)	12	58	70				
	Gesamt[4]					0.4	2.0	2.4	
5. Division:	An sich	= 2 Brigaden	0.8	4.0	4.8				17
	+ Stab	(~ 1 Bataillon)	54	261	315				15
	Gesamt[5]					0.9	4.3	5.2	
B) Artillerie[6]									
6. Batterie		= 3 Geschütze	7[7]	60	67	7	60	67	11
7. Art.-Abtlg.:	An sich	= 3 Batterien	20	180	200	20	180	200	17
8. Geb. Art.-Abt.		= 3 Batterien	20	180	200				17
		+ 1 Ersatz-Batterie	7	60	67				17
		+ 1 Zug (0,5 Batterien)	3	30	33				17
	Gesamt		30	270	300	30	270	300	
9. Regiment:	An sich	= 3 Art.-Abteilungen	60	540	600				17
		+ 1 Geb.-Art.-Abteilung	30	270	300				17
	+ Stab	= 2[8] Ersatz-Batt. + 1 Zug	20	150	170				17
	Gesamt[9][10]	110	110	960	1.070	0.1	1.0	1.1	
10. Brigade:[11]									
	Stab	(~ 2 Batterien)	15	120	135				
C) Kavallerie									
11. Eskadron			7[12]	80	87				11
12. Regiment		(= ~ 6 Eskadrone)	40	480	520				
13. Brigade:	An sich	= 2 Regimenter[13]	80	960	1.040				
		+ 1 Radfahreskadron	7	80	87				
	+ Stab	(~ 1 Eskadron)	8	80	88				
	Gesamt		95	1.1	1.2	0.1	1.1	1.2	

Anmerkungen:
[1] Darin 3–4 Offiziere, 2–3 Rottmeister; 5–6 berufsmäßige Unteroffiziere.
[2] Gleiche Zahlenannahme auch für Grenzjägerbataillone.
[3] Kostrba (S. 494) gibt demgegenüber ein Infanterieregiment mit 2 Bataillonen und 634 Mann an.
[4] Gleiche Zahlenannahme auch für Gebirgsbrigade.
[5] Ohne Kraftfahr- und Trainbataillone; da nicht in allen Divisionen.
[6] Für alle Arten von Artillerie.
[7] Darin 3 Offiziere und 4 berufsmäßige Unteroffiziere.
[8] Davon 1 Batterie im allgemeinen Stab.
[9] Kostrba (S. 500) bestätigt: Je (Infanterie-)Division habe es ein Artillerieregiment mit je 3 Abteilungen zu je 3 Batterien und diese zu je drei Geschützen gegeben.
[10] Gleiche Zahlenannahme auch für Flakregimenter.
[11] Da die Artilleriebrigaden unterschiedlich mit Regimentern ausgestattet (z. T. 2, z. T. 3), hier nur Stab.
[12] Darin 4 Offiziere und 3 berufsmäßige Unteroffiziere.
[13] Aus Dislozierung (Urban S. 41, 46) zu entnehmen.
[14] Die – hier nicht interessierenden – Kriegsstärken lagen natürlich wesentlich höher. Kostrba (S. 525) nennt für 1 Division mit 3 Regimentern 8 000 Mann.

schlechtsstruktur davon auszugehen, von allen Wehrpflichtigen (= 100%) rd. 20% als sudetendeutschen Anteil anzunehmen.

3.4 Gesamtbild

Daraus würde sich für die ČSR-Armee für 1930 für das Gesamtgebiet der ČSR etwa folgendes Bild ergeben (in Tsd. mit Dezimale):

Texttabelle 2

	Alle	Sudetendeutsche		Andere
	abs.	%	abs.	abs.
	1	2	3 (=1x2)	4
Berufssoldaten	24.9		0.7	24.2
Wehrpflichtige	135.1	20	27.3	107.8
Gesamt	160.0		28.0	132.0

4 ČSR-Armee im Sudetengebiet und anderen Gebieten der ČSR

4.1 Die Gebietsverteilung

Die Garnisonen der ČSR-Armee im Sudetengebiet von 1930 sind bekannt (Urban; S. 39ff.). Sie wurden in Tabelle B (siehe S. 249) weitgehend quantifiziert; kleinere Einheiten, z. B. die Kavallerieeskadron in Dobrzan, d. h. Wiesengrund (Mies), blieben unberücksichtigt.
Die Vollständigkeit der Angaben, bezogen auf den 1.12.1930, ist unsicher: So wird bei Urban in Trautenau nur 1 Grenzjägerbataillon stationiert, während eine andere Angabe (»Sudetendeutschland«, a.a.O.) von 600 tschechischen Infanteristen (d. h. ca. 2 Bataillonen) berichtet, die zum 1.12.1930 in eine neue, noch feuchte Kaserne verlegt wurden.

Tabelle B

Garnisonen der ČSR-Armee 1930 im Sudetengebiet

(in Tausend mit einer Dezimale)

Waffengattung / Einheit	Anzahl	Garnisonsort(e)	Mannschaften je Einheit: Berufssoldaten	Mannschaften je Einheit: Wehrpflicht.	Mannschaften je Einheit: Gesamt	Mannschaften Gesamt: Berufssoldaten	Mannschaften Gesamt: Wehrpflicht.	Mannschaften Gesamt: Gesamt
	1	2	3	4	5	6	7	8
A) Infanterie								
1. Divisionsstäbe	2	Leitmeritz, Troppau	54	261	315	0.1	0.5	0.6
2. Brigadestäbe	4	Komotau, Eger, Znaim, Troppau	12	58	70	+ 0	0.2	0.2
3. Brigaden	1	Brüx	0.4	2.0	2.4	0.4	2.0	2.4
4. Regimentsstäbe	2	Reichenberg, Neuhaus	24	116	140	0.1	0.2	0.3
5. Regimenter	4	Eger, Leitmeritz, Znaim, Troppau	0.2	1.0	1.2	0.8	4.0	4.8
6. Bataillone: je 1		Tachau, Podersam, Rumburg, Kaplitz, Lundenberg, Teschen, Oderberg, Neutitschein,						
7. je 2		Reichenberg, Neuhaus, Mähr. Schönberg						
8. Summe	14		54	261	315	0.6	3.6	4.2
9. ZwSe Infanterie						2.0	10.5	12.5
B) Artillerie								
10. Brigadestäbe	2	Leitmeritz, Troppau	15	120	135	+ 0	0.2	0.3
11. Regimenter	1	Znaim	0.1	1.0	1.1	0.1	1.0	1.1
12. Geb. Art.-Abteilung	4	Bilin, Reichenberg, Mähr. Schönberg, Troppau	30	270	300	0.1	1.1	1.2
13. Art.-Abteilung	2	Mies, Bischhofteinitz	20	180	200	+ 0	0.4	0.4
14. ZwSe Artillerie						0.3	2.7	3.0
C) Andere								
15. Grenzjägerbataillon	6	Tetschen, Trautenau, Winterberg, Eger, Freiwaldau, Freudenthal	54	261	315	0.3	1.5	1.8
16. Flughäfen	2	Eger, Marienbad	•	•	•	0.2	0.3	0.5
17. ZwSe Andere						0.5	1.8	2.3
D) Summe						2.8	15.0	17.8
E) »Volkszählungs-Zuschlag« (siehe S. 245. Ziff. 2.3) 25 %							3.7	3.7
F) Gesamt						2.8	18.7	21.5

Herkunft der Angaben:
Spalte 1, 2: Vgl. Urban: a. a. O.; S. 48 ff.
Spalten 3 bis 5: Siehe Tabelle A, Spalten 2 bis 7.

Die nachfolgende Texttabelle 3 als Fortschreibung von Texttabelle 2 (siehe S. 248) mit dem Anteil des Sudetengebietes aus Tabelle B zeigt daher nun insgesamt etwa folgendes Bild:

Texttabelle 3

Gebiet	Stationierung im Gesamtgebiet der ČSR								
				davon stationiert im					
				Sudetengebiet			anderen Gebiet		
	Alle	Sudeten-deutsche	Andere	Alle	Sudeten-deutsche	Andere	Alle	Sudeten-deutsche	Andere
	1 (=2+3) (=4+7)	2	3	4 (=5+6)	5	6	7 (=8+9)	8	9
Berufssoldaten	24.9	0.7	24.2	2.8			22.1		
Wehrpflichtige	135.1	27.3	107.8	18.7			116.4		
Gesamt	160.0	28.0	132.0	21.5			138.5		

4.2 Die Nationalitätenverteilung

Zur geographischen Verteilung der Nationalitäten der ČSR-Armee wird davon auszugehen sein, daß die Deutschen (Kostrba, S. 520, wird darin von mehreren befragten sudetendeutschen Wissensträgern voll unterstützt) wie folgt disloziert wurden: Die Berufssoldaten, weit überwiegend ehem. k.u.k.-Berufsoffiziere und -unteroffiziere zu praktisch 100% in den Karpatenländern und die Wehrpflichtigen zu gut 90% außerhalb ihres jeweiligen Heimatgebietes. Die offizielle Begründung dafür war, daß der Wehrdienst Gelegenheit geben sollte, die »čechoslovakische Staatssprache«, d. h. die in der Armee übliche Kommandosprache tschechisch, intensiv zu erlernen.

Manstein (S. 137) traf in der Slowakei im Jahre 1930 »eine Gebirgsbatterie, die sich von ihrem Hauptmann bis zum jüngsten Rekruten aus Deutschen vom böhmischen Hang des Riesengebirges zusammensetzte« und notierte: »Als Toussaint und ich in Preßburg das zu Zeiten Maria Theresias errichtete Schloß besichtigen wollten – nicht ahnend, daß dieses zur Kaserne geworden war –, wurden wir alsbald von einer Menge deutscher Rekruten umdrängt. Sie gaben ihrer Freude, deutsche Offiziere zu sehen, nur allzu drastisch Ausdruck. Wir mußten uns, um einen peinlichen Zwischenfall zu vermeiden, schleunigst entfernen. Als ein andermal in Neutra Toussaint mehrere Soldaten auf tschechisch nach dem Weg fragte, gaben sie lachend zur Antwort: ›Sie müssen mit uns schon deutsch sprechen. Die Sprache von *den* Kerlen verstehen wir nicht.‹« (a. a. O.; Hervorhebung im Original).

Bei einem durchschnittlichen Anteil des Gesamtmilitärs an der Gesamtbevölkerung der ČSR von 1930 (164.000 von 14,5 Mio. =) 1,1% führte die spezifische Dislozierung der (Sudeten-)Deutschen in den Karpatenländern dazu, daß dort von 160.000 Deutschen 14.000 deutsche Militärspersonen, d. h. fast 9% gezählt und vermutlich noch mehr vorhanden waren.

Unter Einarbeitung dieser Annahmen läßt sich daher wie folgt ergänzen:

Texttabelle 4

Art	Stationierung im Gesamtgebiet der ČSR								
				davon stationiert im					
				Sudetengebiet			anderen Gebiet		
	Alle	Sudeten-deutsche	Andere	Alle	Sudeten-deutsche	Andere	Alle	Sudeten-deutsche	Andere
	1	2	3	4	5	6	7	8	9
Berufssoldaten	24.9	0.7	24.2	2.8	0	2.8	22.1	0.7	21.4
Wehrpflichtige	135.1	27.3	107.8	18.7	2.7	16.0	116.4	24.6	91.8
Gesamt	160.0	28.0	132.0	21.5	2.7	18.8	138.5	25.3	113.2

5 Erforderliche Ergänzungen: Paramilitärische Verbände und Zivilangehörige

Die durch Regierungsverordnung vom 23.10.1936 geschaffene »Staatsverteidigungswache« (zum Text vgl. »ČSR-Slg.« Nr. 270, S. 1171ff.), welche in tschechischer Sprache als »Stráž Obrany Státu« bezeichnet und mit SOS abgekürzt wurde, war v.a. zum »Schutz der... Staatsgrenzen« (§ 1) geschaffen, von militärischem Personal »militärisch organisiert und ausgebildet« (§ 4), dem ČSR-Innen- und Verteidigungsministerium unterstellt (§ 6) sowie eidlich nicht der Verfassung, sondern dem Präsidenten und der Regierung (§ 7) gebunden.

§ 2, Ziffer 1 der Verordnung legte fest:

»Die Wache besteht:

a) aus Angehörigen der Gendarmerie, der Polizeiwachkorps, der Gemeindesicherheitswache und aus Militärpersonen,
b) aus Angehörigen der Finanzwache und aus Personen, die die Stellung einer anderen öffentlichen Wache bekleiden, aus anderen Bediensteten des Staates, der staatlichen oder vom Staate verwalteten Anstalten, Unternehmungen und Fonds und der Bediensteten öffentlichrechtlicher Korporationen, Anstalten, Unternehmungen und Fonds, gleichgültig ob es sich um ein öffentlichrechtliches oder privatrechtliches Dienstverhältnis handelt, sofern sie nach ihrem Dienstverhältnisse für die Versehung von Wach-, Polizei- oder ähnlichen Diensten bestimmt sind.«

Zu Bestimmungen und Vorgang sind zwei Anmerkungen erforderlich:

Ablaufmäßig wurde damit nur ein lange vorher praktisch bestehender Zustand legalisiert; er kann für 1930 als existent angesehen werden. Weiters ist für die Quantifizierung zu beachten, daß mindestens wesentliche Teile des Polizeikorps und der Gemeindesicherheitswache bereits an anderer Stelle erfaßt sind (siehe S. 74 mit Anm. III/43).

Im einzelnen können festgehalten werden:

5.1 Die Gendarmerie

Urban (S. 69) gibt für die Landesgendarmeriekommandos Böhmen, Mähren und Schlesien um 1930 an, daß hier in 48 »Abteilungen« 315 »Offiziere« und knapp 9.000 »Gendarmen« (= Mannschaften) organisiert waren.

Die Gendarmerie war landesweit tätig. Da das Sudetengebiet (mit 28.900 km^2 von Gesamt 78.800 km^2; siehe S284f.: A V, Tab 1, Zeile 55, Spalte 25) etwa 37% der Fläche der Sudetenländer ausmachte, kann man (linear) von rd. 3.400 »Gendarmen« im Sudetengebiet ausgehen. Wissensträger aus mehreren Bezirken berichteten, daß rd. 80% der Gendarmen Nichtdeutsche waren. Das würde ungefähr 2.700 v.a. Tschechen ergeben.

5.2 Die Finanzwache

An allen Grenzen der ČSR waren Finanzwachen eingesetzt, die 1930 insgesamt 6.000 Offiziere und Mannschaften umfaßt haben sollen.

Die Grenze der ČSR im Sudetengebiet 1938, d.h. insgesamt die gegenüber Deutschland und Österreich betrug (mit 2.100 km von 4.100 km, vgl. Kuhn, Heinrich: »Zur Landeskunde der Tschechoslowakei«; München, 1959; S. 11) bereits rd. 51%; wegen der Schwerpassierbarkeit anderer, v.a. der slowakischen Grenze zu Polen und Rumänien kann man sogar von einem Einsatz zu ca. 60% (d.h. ca. 3.600 Personen) im Sudetengebiet ausgehen. Wissensträger berichten zur Nationalität ähnliches, wie bei der Gendarmerie. Das würde ungefähr 2.900 Personen ergeben.

5.3 Die Personen mit der Stellung einer »öffentlichen Wache«

Zu diesem Personenkreis, der sich neben z.B. Wachen in staatlichen Branntwein- und Tabakherstellungen auch aus Angehörigen von Organisationen wie Sokol (laizistischer Turnverband mit

Jugendorganisation Scouting), Orel (national-christlicher Turnverband) und tschechischen Schützenverbänden zusammengesetzt haben dürfte, sind Zahlen weder für 1930 noch für später bekannt.
Zu 1938 heißt es bei Kostrba (S. 509), daß sich bei der Maimobilisierung insgesamt 10 000 Mann der SOS-Wache an den Grenzen zum Deutschen Reich im Einsatz befanden. Daraus könnte man im Umkehrschluß, freilich mit gewissen Bedenken (1930 im Sudetengebiet geschätzt 2.700 Gendarmen und 2.900 Finanzwächter = 5.600), auf rd. 4 000–5 000 Mann »öffentlicher Wachen« im Sudetengebiet 1930 bzw. 1938 schließen.
Nun muß man wohl annehmen, daß kaum ein Tscheche nur deswegen in das Sudetengebiet zog, um dort einfaches Mitglied von Sokol, Orel oder Nationalgarde zu werden. Sein Zuzug war primär durch Versetzung als z. B. Post- und Bahnbediensteter oder Lehrer motiviert und ist damit dort (siehe S. 71 ff.) aufgeführt; die Zugehörigkeit zu paramilitärischen Organisationen dürfte regelmäßig nur Konsequenz, aber nicht Grund des Zuzugs gewesen sein.
Anders sieht es mit den zugeordneten »Militärpersonen«, also hauptamtlichen (militärischen) Instruktoren aus, welche die Kampffähigkeit dieser Verbände herstellen und erhalten sollten. Den Maßstab der Armee von (25 000 Berufssoldaten bei 125.000 bis 165.000 Mann Gesamtstärke =) rd. 15–20% ansetzend, käme man dann (bei rd. 5.000 Personen Basis, siehe oben) auf rd. 1.000 Personen.

5.4 Die der ČSR-Armee unterstellten Zivilbediensteten

Urban (S. 48 f.) vermerkte für Böhmen und Mähren/Schlesien neben mehreren Depots auch 32 sog. »Ergänzungsbezirkskommandos« als Beschäftigungsorte/Dienstsitze, von denen 9 im Sudetengebiet lagen. Dafür gab es auch Zivilbeamte, -angestellte und -arbeiter. Kostrba (S. 494) bezifferte ihre Zahl, offensichtlich für die gesamte ČSR, für 1927 mit rd. 2.400.
Ihre geographische Verteilung ist auch nicht annähernd zu schätzen: Man kann wegen der vorrangigen Logistikaufgaben im »Hinterland« nur vermuten, daß weniger als der Durchschnittsanteil der Armee im Sudetengebiet (21.500 von durchschnittlich 130.000 = 16%) dort plaziert waren, womit ihre Zahl eine untere Betrachtungsgrenze von rd. 1.000 Personen nicht erreichen würde.

5.5 Zusammenfassung

Als Ergebnis kann zusammengefaßt werden:

	Gesamtzahl von Tschechen im Sudetengebiet
(51) Gendarmerie	2.700
(52) Finanzwache	2.900
(53) öffentliche Wachen	1.000
(54) Zivilbedienstete	+ 0
Gesamt	6.600

6 Familienangehörige

Es ist zu vermuten, daß die Wehrpflichtigen keine Familienangehörigen in ihre Wehrpflichtorte mitnahmen.
Für die Berufssoldaten ist das Gegenteil zu unterstellen. In der Quantifizierung darf man annehmen, daß die bereits dargestellten (siehe S. 72) Verhältnisse der Staatsbediensteten auch bei Berufssoldaten zutrafen; der Faktor 2,0 erscheint angemessen.

7 Mißweisung der ČSR-Volkszählung 1930

Aus den Angaben und Überlegungen im vorhergehenden Abschnitt ist in Tabelle C (siehe unten) die vermutliche Mißweisung der ČSR-Volkszählung von 1930 zu entnehmen:

- Es dürften rd. 27.000 Sudetendeutsche nicht im Sudetengebiet und vermutlich nicht einmal als Deutsche erfaßt worden sein (Zeile 11, Spalte 3).
- Umgekehrt dürften im Sudetengebiet ca. 44.000 vor allem Tschechen erfaßt worden sein, die in andere Gebiete der damaligen ČSR gehörten (Zeile 8, Spalte 4). Sie werden im Gesamttext gerundet mit ca. 50.000 (siehe S. 70) ausgewiesen.

Tabelle C

Mißweisung der ČSR-Volkszählung 1.12.1930 wegen Garnisonsverteilung der ČSR-Armee, mit ihr verbundener paramilitärischer Verbände und Familienangehöriger

(in Tausend mit einer Dezimale)

	Armee- etc. zugehörige selbst	Dazu: Familienangehörige	Mißweisung ČSR-VZ 1930: Sudetendeutsche, die nicht im Sudetengebiet erfaßt wurden	Mißweisung ČSR-VZ 1930: V. a. Tschechen, die im Sudetengebiet erfaßt wurden
	1	2	3 (= 1 + 2)	4 (= 1 + 2)
A) Nicht-Sudetendeutsche, aber im Sudetengebiet ausgewiesen				
1. Berufssoldaten	2.8	5.6		
2. Wehrpflichtige	16.0	0		
3. Zwischensumme Armee	18.8	5.6		24.4
4. Gendarmerie	2.7	5.4		
5. Finanzwache	2.9	5.8		
6. Nationalgarde	1.0	2.0		
7. Zwischensumme paramilit. Verbände	6.6	13.2		19.8
8. Summe A	25.4	18.8		44.2
B) Sudetendeutsche, die nicht im Sudetengebiet ausgewiesen wurden				
9. Berufssoldaten	0.7	1.4		
10. Wehrpflichtige	24.6	0		
11. Zwischensumme Armee = Summe B	25.3	1.4	26.7	

Herkunft der Angaben:
Spalte 1, Zeilen 1–3, 9–11: Siehe S. 250, Texttabelle 4.
Zeilen 4–7: Siehe S. 252, Ziff. 5.5.
Spalte 2: Siehe S. 252, Ziff. 6: Faktor 2 für Berufssoldaten

8 Entwicklungstendenzen 1930–1938

Das »Große Orientierungsheft Tschechoslowakei – Nach dem Stand vom Mai 1938; <Erarbeitet vom [deutschen]> Generalstab des Heeres, 3. Abt. IV; <Berlin,> 1. 5.1938«; rd. 120 MS-Seiten,

Kopie im Bundesarchiv, Militärarchiv Freiburg/Brsg., Archiv-Bez. »RH 53-7/v. 121« <im folgenden zitiert als »GO«> wurde anscheinend fortgeschrieben: Milán Hauner (»Zaři 1938« [Oktober 1938] in »Svědectvi« [Zeugnis]; Paris, Jg. 13 (1975), Heft 49; S. 151–176, hier S. 161) berichtete unter gleicher Quellenbezeichnung zeitlich später datierte Angaben.

8.1 Allgemeine Entwicklung

Die durchschnittliche Friedensstärke der ČSR-Armee erhöhte sich wie folgt:

- 1930 — 130.300 Mann (siehe S. 245)
- Etat 1936: — 182.300 Mann (so GO)
- eff. 1. 10. 1936: — 186.000 Mann (so GO)
- eff. 1. 10. 1937: — 200.000 Mann (so GO)

8.2 Strukturänderung

Diese Mannschaftssteigerung wurde wie folgt umgesetzt (vgl. GO):

a) Die Zahl vorhandener Einheiten wurde vermehrt:
16 leichte Artillerieregimenter stiegen um fünf auf 21,
vier Fliegerregimenter um drei auf sieben,
drei Kraftfahrbataillone wurden um vier auf sieben mehr als verdoppelt,
vier Telefonbataillone um drei auf sieben unter Umbenennung zu Nachrichtenbataillonen aufgestockt.

b) Gewisse Waffengattungen erhielten neue Einheitsebenen:
Das bisherige Kampfwagenbataillon wurde zu einer Panzerbrigade mit 4 Regimentern ausgebaut.
Aus drei Radfahreskadrons (= etwa Kompanien) wurden vier Radfahrbataillone.

c) Darüber hinaus wurden neue Waffengattungen geschaffen:
- Als Konsequenz der seit 1935 im Bau befindlichen Grenzbefestigungen sog. »Spezial-Festungstruppen« in erheblicher Stärke, nämlich 2 Regimenter und 21 selbständige Bataillone.
- Die in Blumenau bei Prossnitz (Mähren) stationierten »Chem.[ischen] Truppen: Art. (Gas-)Rgt. 401«.

Diese Einrichtung könnte auch als Vorbereitung eines offenen Völkerrechtsbruchs durch die ČSR interpretiert werden, da ihr durch das (Genfer) »Protokoll über das Verbot der Verwendung von erstickenden, giftigen oder ähnlichen Gasen ...« vom 17. 6. 1925 (zum Text vgl. [deutsches] RGBl. 1929, Teil II; S. 174) diese Art der Kriegführung verboten war.

8.3 Dislozierung im Sudetengebiet 1938

a) Durch Verschiebungen in den Garnisonen ergab sich für das Sudetengebiet von 1930 bis 1938 eine Erhöhung um 1 Regiment und 13 Bataillone, d. h. ca. 5.000 Mann Friedensstärke oder (im Vergleich zu den ca. 21.500 Mann von 1930, siehe Seite 249, Tabelle B, Zeile F, Spalte 8) ca. 23%.

b) Für die paramilitärischen Verbände ist für Mai 1938 die Zahl von 10.000 bekannt (siehe oben Ziff. 5.3), was eine Verstärkung sogar um über 50% bedeuten könnte.

c) Daraus kann abgeleitet werden, daß dieser Teil der für 1930 ermittelten »Mißweisung« sich für die Abzugsvorgänge von 1938 gleichfalls eher noch erhöhte und durchaus (stets unter Ausklammerung der Mobilisierungskonsequenzen) auch 60 000 Personen durchaus überstiegen haben kann.

8.4 Zusatz für langfristig anwesende Angestellte und Arbeiter bei der Erstellung den Grenzbefestigungen

Die nach 1935 erstellten Grenzbefestigungen waren ein beachtliches Unternehmen: Mit einem Aufwand von über 9 Milliarden ČS-Kronen sollten gegenüber Ungarn, Polen und Deutschland bis 1941 knapp 1.000 km Feldbefestigungen unterschiedlicher Art von einfachen Schützengräben bis zu betonierten Forts errichtet werden (vgl. Kaplan, Václav: »Pevnost Dobrošov« [Festung D. <bei Náchod, Nordböhmen>]; Königgrätz, 1977; S. 7). Die Erstellungsaufträge gingen praktisch nur an tschechische Unternehmen und wurden vornehmlich mit »slawischen« Arbeitnehmern abgewickelt. Leichte Feldbefestigungen sollen (lt. Angaben mehrerer Wissensträger) in einer »Saison« von ca. März bis ca. Oktober eines Jahres bezugsfertig errichtet worden sein. Die durchschnittlichen Erstellungszeiten schwerer, betonierter Werke, definiert als Zeit zwischen dem ersten Arbeitstag und dem Einzug der militärischen Besatzung, lag demgegenüber bei rd. zwei Jahren (vgl. Stehlík, Eduard: »Lexikon tvrzí československého opevnění z let 1935–1938« [Lexikon der Forts der ČSR-Befestigungen aus den Jahren 1935–1938]; Prag, 1992; S. 33ff.). Deswegen waren die erstellenden Arbeiter in Barackensiedlungen und die beaufsichtigenden Angestellten (oft mit Familien) in nahen Orten untergebracht. Eine Bezifferung der Familienangehörigen erscheint jedoch, ohne genauere Basis, wenig sachgerecht. Die Befestigungsarbeiten waren im Herbst 1938 nur teilweise abgeschlossen.
Gegenüber dem Deutschen Reich lagen die Anlagen naturgemäß zum größten Teil im Sudetengebiet. Dort waren rd. 2.100 km Grenze einerseits z.T. mehrfach hintereinander gestaffelt, andererseits in das ČSR-Staatsinnere begradigt, abzudecken. Aus Nordmähren/Nordböhmen ist bekannt, daß in einem rd. 250 km langen Abschnitt von Mähr. Ostrau/Oderberg bis Trautenau im Herbst 1938 allein an vier Forts ohne dazwischen erstellte Feldbefestigungen rd. 3.900 Arbeitnehmer beschäftigt waren (vgl. Stehlik: a. a. O.). Bei etwa dem achtfachen Umfang im gesamten Sudetengebiet erscheinen daher rd. 30.000 und einschließlich der Feldbefestigungen ca. 50.000 Beschäftigte (jeweils ohne Familienangehörige) im Herbst 1938 eine realistische Abschätzung. Sie dürften, mindestens bei den schweren Werken, zu über 90% Nicht-Sudetendeutsche gewesen sein.

8.5 Gesamtumfang der Rückwanderung 1938

Die Mißweisung der Volkszählung 1930 und die zwischenzeitlichen Veränderungen bieten Ansätze zur Verdeutlichung der Rückwanderung von Nicht-Sudetendeutschen aus dem Sudetengebiet 1938 (in Tausend mit – weitgehend – einer Dezimale):

Texttabelle 4

	1938				1930–1938		1938			1938 zu 1930: Differenz
	Pers. selbst	Familien-angeh.	Gesamt genau	Gesamt gerundet	Veränderung Pers. %	Veränderung Pers. absolut	Pers. selbst	Familien-angeh.	Gesamt	
	1	2	3 (=1+2)	4	5	6	7 (=1+6)	8	9 (=7+8)	10 (=9-4)
A) Armee etc										
1) Berufssoldaten	2.8	5.6	8.4		+23%	+0.6	3.4	6.9	10.3	
2) Wehrpflichtige	16.0	0	16.0		+23%	+3.7	19.7	0	19.7	
3) Paramilitär V.	6.6	13.2	19.8			+3.4	10.0	20.0	30.0	
ZwSe A (= 1 bis 3)	25.4	18.8	44.2	ca. 50.			33.1	26.9	60.0	rd. + 10.
B) Befestigungs	0	0	0							
4) Gesamtzahl	0	0	0			30.–50.				
5) davon Nichtdt.	0	0	0	0		27.–47.	27.–47.	•	27.–47.	rd. + 35.
Se (= A + 5)	25.4	18.8	44.2				60.–80.	~ 27.	87.–107.	

Herkunft der Angaben:
Spalte 1–3, : Siehe S. 253: <Tab. C)
5, Zeilen 1, 2: Siehe S. 254: Ziff. 8.3a
6, Zeilen 3 : Siehe S. 254: Ziff. 8.3b
6, Zeilen 4–5: Siehe S. 255: Ziff. 8.4

Anmerkung zur Qualifizierung der Angaben:
In Spalte 7, Zeilen 1 und 7 werden insgesamt rd. 13.400 Berufssoldaten und hauptberufliche Paramilitärpersonen als Rückkehrpotential aus dem Sudetengebiet in die Rest-Č-SR im Herbst 1938 vermerkt.
Von diesem Personenkreis ging ein gewisser Teil in die Slowakei und (in der Zeit bis zum 15. 3. 1939) auch eine Anzahl in die Emigration weiter.
Damit paßt die Größenordnung der Angabe recht weitgehend zu einem anderen Bericht (siehe S. 305: A V, Tab. 2, Ziff. 25b), wonach zu einem nicht genau fixierten Zeitpunkt nach dem 15. 3. 1939 insgesamt 19.000 »Angehörige der tschechischen Armee« aus dem »Sudetengebiet, der Slowakei und der Karpatsukraine« im Protektorat waren.

Im Gesamttext wird (siehe S. 74) lediglich darauf hingewiesen, daß in der Rückwanderung öffentlicher Bediensteter 1938 auch bis zu rd. 10.000 weitere Militärpersonen und um die ca. 35.000 im öffentlichen Auftrag im Sudetengebiet an Beschäftigungsarbeiten »privat« tätige Nichtdeutsche zu beachten sind.

9 Abschlußbemerkung

Der Mobilmachungsplan der ČSR von 1936 umfaßte (lt. Kostrba, S. 520):

	<Gesamt>	Offiziere	Mannschaften
»Slawen	<755.000>	37.600	718.000
Ungarn	<63.000>	750	62.000
Deutsche	<198.000>	5.100	193.000
Gesamt	<1,016.000>	43.500	973 000«

Emanuel Moravec (»Das Ende der Benesch-Republik«; Prag, 1941; S. 356) vermerkte demgegenüber, daß am 27. 9. 1938 sogar 1,5 Mio. Mann »unter den Waffen« standen: »Darunter waren 300.000 Deutsche«.
Zum Verhalten des tschechischen Generalstabes gegenüber den Deutschen (Befehl, ihnen nur Uniformen, aber keine Waffen auszufolgen) und der Deutschen gegenüber der tschechischen Mobilmachung im Herbst 1938 ist an anderer Stelle berichtet worden (siehe S. 172f. in A II, B 1, Abschnitt D 9).

Exkurs 2:

Die Begrenzung des Sudetengebietes von 1938 und ihre kartographische Darstellung

Die konkrete Festlegung der Grenze des Sudetengebietes 1938 ist Grund für die Einbeziehung mehr als einzelner Tschechen in dieses Gebiet. Sie verdient daher Beachtung.
Wegen der bereits aufgezeigten Entwicklung nach 1919 ist der Ausgangspunkt der endgültigen Begrenzung des Sudetengebietes 1938 in der Zeit vor und um 1910 zu suchen.

1) Karten vor 1910

Es liegt eine mehrfarbige »Sprachenkarte von Böhmen« im Maßstab 1:500.000 (und z. T. 1:200.000) vor: »Auf Grund der Ergebnisse der Volkszählung vom 31. Dezember 1900 über die Umgangssprache« von Heinrich Rauchberg erarbeitet und im Verlag R. Lechner, Wien I, erschienen. In ihr wurde je »Ortschaft« das Nationalitätenbekenntnis in acht verschiedenen, zwischen Tschechen und Deutschen komplementären Prozentsatzspannen farbig dargestellt.
Die Darstellung zeigt das bekannte Bild der im längsten Teil der Sprachgrenze völlig getrennten Besiedelung durch Deutsche und Tschechen ebenso deutlich, wie kleinere Übergangsgebiete (v. a. um Pilsen) und wenige beiderseitige Sprachinseln (nämlich eine tschechische um Brüx/Dux sowie zwei deutsche um Budweis und im böhmischen Teil des Iglauer Gebietes).
Es ist zu vermuten, daß vergleichbare Karten von Mähren und Schlesien existieren; sie lagen jedoch nicht vor.

2) Volkszählung von 1910 und kartographische Darstellungen 1918/19

21) Es ist zu vermuten, daß vergleichbar zu 1900 auch die Volkszählung von 1910 kartographisch dargestellt wurde; derartige Karten lagen jedoch nicht vor.

22) Dagegen lag in schwarz-weiß eine Karte mit folgendem Titel vor: »*Böhmen*, die gewesene Provinz Österreich-Ungarns mit den Verwaltungs- <d. h. später politischen> und Gerichtsbezirken und deren Bevölkerungsziffern nach der letzten Volkszählung vom Jahre 1910. Deutschböhmen (Das geschlossene deutsche Gebiet von Ronsberg <Bischofteinitz> bis Braunau)«.
Die Karte im Maßstab etwa 1:500.000 ist abgedruckt in »Deutschböhmen – Recht auf Selbstbestimmung«; Hsg. von der Deutschböhmischen Landesregierung (von 1918/19); Verlag Vademecum, Wien, 1919; S. 128.

23) Aus der Arbeit von Zdeněk Tobolka »Das böhmische Volk« (Prag, 1916) lag eine schwarz-weiße Karte, in sehr großem, nicht angegebenem Maßstab vor. Sie zeigt »Das Gebiet des böhmischen Volkes«, d. h. der Tschechen in Böhmen, Mähren und Schlesien anscheinend aus den Ergebnissen der Volkszählung 1910 und damit (im Umkehrschluß) das Sudetengebiet.
Die Karte wurde auch bei Welisch (, Sophie: »Die sudetendeutsche Frage 1918–1928«;

München, 1980; S. 50) wiedergegeben. Dazu hieß es (S. 49): Die Karte »gab eine Sprachgrenze an, die völlig anders verlief, als die von Benesch <in z. B. dem »Memoire III«; siehe S. 55 für Anm. II/27> beschriebene«.

24) Zum deutschösterreichischen Gesetz vom 22. 11. 1918 über das Gebiet Deutsch-Österreichs gab es eine Vollzugsanweisung des Deutschösterreichischen Staatsrats vom 3. 1. 1919 über die das deutschösterreichische Staatsgebiet bildenden Gerichtsbezirke, Gemeinden und Ortschaften auch des Sudetengebietes.
Vgl. Bohmann: SiZ; S 7. mit Anm. 6.
Daraus wäre eine Karte relativ leicht darstellbar gewesen (siehe Ziff. 25). Sie lag jedoch nicht vor.

25) Schließlich lag eine mehrfarbige Karte vor »Die Grenze an der March und die Gegend von Feldsberg und Hohenau. (Artikel 1 des II. Teiles, Z. 6, der Friedensbedingungen vom 2. Juni <1919>, Artikel 27, Z. 6, der Friedensbedingungen vom 20. Juli und 2. September« <1919>« im Maßstab 1 : 200.000; Hsg. vom Militärgeographischen Institut, Wien.
Die Karte zeigt neben den »ehemaligen Landesgrenzen« und den weit nach Niederösterreich reichenden Gebietsforderungen »der alliierten und assoziierten Mächte« (d. h. der ČSR) auch die »Grenzen Deutschösterreichs auf Grund der Vollzugsanweisung des deutschösterreichischen Staatsrates vom 3. Jänner 1919« (siehe Ziff. 24).
Vergleichbare Karten anderer Gebiete (z. B. um Weitra/ Gmünd) in Oberösterreich könnten existieren; sie lagen jedoch nicht vor.

3) Volkszählung von 1930

In einer Karte von Erich Winkler: »Die Siedlungsgebiete der Deutschen in der Tschechoslowakei« (im »Deutschen Archiv für Landes- und Volksforschung«; Nr. 2/1938; Karte 5) wurden die Ergebnisse der ČSR-Volkszählung 1930 dargestellt. Eine spätere Darstellung im »Sudetendeutschen Atlas«; Hsg. v. E. Meynen; München, 1954; Blatt 4 im Maßstab 1:1,250.000 zeigt im Mehrfarbendruck in vier verschiedenen Prozentsatzspannen die »Siedelgebiete der Sudetendeutschen« (und der Polen). Diese Karte wurde oft reproduziert.

4) Karte vom 19. 9. 1938

41) Zwischen dem ersten (15. 9. 1938 in Berchtesgaden) und dem zweiten Treffen Chamberlain/ Hitler (22./23. 9. 1938) wurde am 19. 9. 1938 »auf Grund von Besprechungen der beteiligten Abteilungen des <deutschen> Auswärtigen Amts und unter Beteiligung von <nicht genannten> Vertretern der Sudetendeutschen Partei . . . eine Aufzeichnung über <Volks->Abstimmung in der Tschechoslowakei« incl. einer Karte erarbeitet.

42) Zum Text der Niederschrift der Besprechung vgl. ADAP; Serie D, Bd. II; Baden/Baden, 1950; Nr. 536, S. 672ff.
Daraus ist neben zahlreichen Details zu entnehmen, daß auf der Basis des Bevölkerungsstandes am Tag der ČSR-Gründung, dem 28. 10. 1918, »der sich aus der österreichischen Volkszählung von 1910 <siehe Ziff. 2> ergibt, ein Abstimmungsgebiet markiert wurde, das von der ČSR zu räumen und von englischem und italienischem, eventuell auch französischem Militär zu besetzen wäre.« Im Gebiet sollten dann alle dort vor dem 28. 10. 1918 Geborenen abstimmen. Das gesamte Gebiet bestand offensichtlich aus Sprachinseln und einem »geschlossenen Siedlungsgebiet«. Die Grenzen des letzteren, in dem zwar je Gemeinde abgestimmt, das Ergebnis aber »einheitlich« festgestellt werden sollte, war so bestimmt, »daß sie gleichzeitig die künftigen Reichsgrenzen darstellen« konnte. Das »einzige vorhandene Exemplar« einer diesen »Gesichtspunkten entsprechende Karte« war im Zeitpunkt der Niederschrift »bereits nach Berchtesgaden <d. h. zu Hitler> gesandt worden«.

43) Die Karte vom 19. 9. 1938 (»geschlossenes Siedlungsgebiet« und Sprachinseln) ist daher ungedruckt.

5) Karte vom 22. 9. 1938

51) Am 22. 9. 1938 fand in Bad Godesberg die erste Besprechung der zweiten Treffens Chamberlain/Hitler statt.

52) Zum Text der Niederschriften vgl. DBFP: 3. Serie, Bd. II; London, 1949; Nr. 1033; S. 463 ff. ADAP II; Nr. 562; S. 694 ff.

Themenrelevante Änderungen zu Ziff. 4:
Hitler verlangte nunmehr:

a) Das Gebiet, dessen »vorläufige Grenze auf der Basis vorhandener Sprachkarten festzulegen sei, ... würde sofort von deutschen Truppen besetzt werden«.
b) Da die Tschechen diese Grenze sicherlich ablehnen würde, wären nach dem Präzedenzfall der Saarabstimmung 1935 [d. h. seit der Besetzung 1918 verdrängte Personen sind abstimmungsberechtigt, in dieser Zeit zugewanderte nicht] unter einer internationalen Kontrollkommission bis November oder Dezember 1938 eine Volksabstimmung durchzuführen.
c) Die Karte des Gebietes wurde unter Anwesenheit weiterer Personen inspiziert und erläutert.
d) An dieser Stelle in ADAP, S. 701, Anmerkung:
»(1) Diese Karte ist nicht vorhanden, aber vermutlich der ähnlich, die dem am folgenden Tage überreichten deutschen Memorandum beigegeben war. (Siehe Anhang VI.)«
Siehe dazu Ziff. 62.

53) Die Karte vom 22. 9. 1938 (vermutlich »geschlossenes Siedlungsgebiet« und Sprachinseln) ist daher ungedruckt.

6) Karte vom 23. 9. 1938

61) Am 23. 9. 1938 fand in Bad Godesberg ein Briefwechsel zwischen beiden und anschließend die zweite Besprechung des zweiten Treffens Chamberlain/Hitler statt.

62) Zu den Texten vgl. DBFP II; Nr. 1057, S. 489 ff. und weitere; ADAP II, Nr. 572, S. 708 f. und weitere.

Themenrelevante Vorgänge:

a) Ch. widersprach der sofortigen Besetzung des Gebietes durch deutsche Truppen, H. bestand darauf in einem Antwortbrief. Im zweiten Schreiben Ch. bat dieser um »a map showing the area proposed to be transferred, subject to the result of the proposed plebiscite.«
b) In einem als Antwort H. übersandten Schriftstück hieß es u. a.
»Auf beiliegender Karte[1] ist das abzutrennende sudetendeutsche Gebiet rot schraffiert. Die Gebiete, in denen über die zu besetzenden Gebiete hinaus ebenfalls noch abgestimmt werden muß, sind grün schraffiert eingezeichnet.
...
Das in der anliegenden Karte bezeichnete deutsche Gebiet wird von deutschen Truppen besetzt ohne Rücksicht darauf, ob sich bei der Volksabstimmung vielleicht in diesem oder jenem Teil des Gebiets eine tschechische Mehrheit herausstellt. Andererseits ist das tschechische Gebiet von tschechischen Truppen besetzt ohne Rücksicht darauf, daß innerhalb dieses Gebietes große deutsche Sprachinseln liegen, die bei der Volksabstimmung sich ohne Zweifel in der Mehrheit zum deutschen Volkstum bekennen werden.«

c) An der oben mit (1) markierten Stelle steht folgende Anmerkung:
»[1] Siehe Anhang VI, sowie Nr. 583, S. 722, Anm. 1.«.
Die angeführte Nr. 583, S. 722, Anm. 1, der ADAP IV besagt:
»[1] Diese Karte wurde nicht aufgefunden. Aus diesem Grunde wird hier im Anhang VI die Karte abgedruckt, die in dem Deutschen Weißbuch *Verhandlungen zur Lösung der Sudetendeutschen Frage* 1938 Nr. 1 enthalten ist.« (Der durch Kursivdruck hervorgehobene Titel ist im Original gleichfalls kursiv gedruckt.

63) Die eigentliche Karte vom 23.9.1938 (offensichtlich »geschlossenes Siedlungsgebiet« in roter, Sprachinseln in grüner Farbe schraffiert) ist also gleichfalls ungedruckt.
Die schwarz-weiße Ersatzkarte des Deutschen Weißbuches ist verschiedentlich zu finden, so z. B. bei Čelovsky (, Boris: »Das Münchener Abkommen von 1938«; Stuttgart, 1958; S. 483) und Rönnefarth (, Helmuth K.G.: »Die Sudetenkrise in der internationalen Politik«; 2 Bde., Wiesbaden, 1961; Bd. 2, nach S. 358).
In DBFP II nach S. 692 ist eine gleichfalls schwarz-weiße »Sketch Map« abgedruckt: Sie ist »based on the Map annexed to the Memorandum handed to the Prime Minister <d. h. Chamberlain> by the Reichschancellor <d. h. Hitler> on September 23, 1938« sowie »prepared in the Foreign Office for publication in the British White Paper Cmd. 5847 of 1938«.
Die britische »Sketch Map« unterscheidet sich von der Karte des Deutschen Weißbuches im vorgesehenen mährischen Volksabstimmungsgebiet östlich der Bahnlinie Brünn-Zwittau recht deutlich.

7) *Die Karte vom 29. 9. 1938*

71) Am 29. 9. 1938 fand in München die nach dieser Stadt benannte Vier-Mächte-Konferenz statt.

72) Zum Text des Abkommens vgl. ADAP II, Nr. 675, S. 812ff.

Themenrelevante Bestimmungen:
a) Durch Ziff. 3: Bildung eines internationalen Ausschusses aus Vertretern der vier Mächte und der ČSR.
b) Durch Ziff. 4: »Etappenweise Besetzung des vorwiegend deutschen Gebietes«:
- Ein Teil, nämlich vier »auf der anliegenden Karte bezeichneten Gebietsabschnitte« vom 1. bis 7. Oktober 1938.
- »Das restliche Gebiet vorwiegend deutschen Charakters wird unverzüglich von dem oben erwähnten internationalen Ausschuß festgestellt und bis zum 10. Oktober durch deutsche Truppen besetzt werden.«

c) »5.) Der in § 3 erwähnte internationale Ausschuß wird die Gebiete bestimmen, in denen eine Volksabstimmung stattfinden soll. Diese Gebiete werden bis zum Abschluß der Volksabstimmung durch internationale Formationen besetzt werden. Der gleiche Ausschuß wird die Modalitäten festlegen, unter denen die Volksabstimmung durchgeführt werden soll, wobei die Modalitäten der Saarabstimmung als Grundlage zu betrachten sind. Der Ausschuß wird ebenfalls den Tag festsetzen, an dem die Volksabstimmung stattfindet; dieser Tag darf jedoch nicht später als Ende November liegen.
6.) Die endgültige Festlegung der Grenzen wird durch den internationalen Ausschuß vorgenommen werden. Dieser Ausschuß ist berechtigt, den vier Mächten Deutschland, dem Vereinigten Königreich, Frankreich und Italien in bestimmten Ausnahmefällen geringfügige Abweichungen von der streng ethnographischen Bestimmung der ohne Volksabstimmung zu übertragenden Zonen zu empfehlen.«

73) Die erwähnten vier »Gebietsabschnitte« haben eine hier nicht relevante Vorgeschichte.
Vgl. dazu vor allem DBFP II, Nr. 1140, 1151, 1157.

74) Die Karte vom 29. 9. 1938 ist als Darstellung lediglich eines Teiles des Sudetengebietes zwar weniger bedeutsam, aber verschiedentlich gedruckt.

8) *Die Karte vom 6. 10. 1938 (d. h. Festlegung des Gesamtgebietes »vorwiegend deutschen Charakters«)*

81) Zwischen dem 29. 9. und dem 6. 10. 1938 fanden mehrere durch Hitler wie auf internationaler Ebene ausgelösten Vorgänge zur Grenzfestlegung statt.

82) a) Hitler fixierte am 2. 10. in Berlin für die Verhandlungen im Internationalen Ausschuß (nachfolgend IA) u. a. folgende Position (zum Gesamttext vgl. ADAP IV; Nr. 12, S. 16 f.):

- Die bis zum 10. Oktober »zu besetzende restliche deutsche Zone... <müsse> grundsätzlich mit der sogenannten Godesberger Linie zusammenfallen... <, wobei> einige kleine Korrekturen zu tschechischen Gunsten zugestanden werden könnten.«
- »Hinsichtlich der Sprachinseln Iglau, Brünn, Olmütz und Konitz erklärte der Führer, daß auf eine Abstimmung in diesen Zonen verzichtet werden könne, falls man auch tschechischerseits auf eine Abstimmung in dem Bezirk zwischen der Zwittauer Sprachinsel und Schlesien verzichte... Es müsse jedoch daran festgehalten werden, daß dieses zwischen Zwittau und Schlesien gelegene Gebiet auf jeden Fall zu Deutschland komme, evtl. unter Verzicht auf die übrigen deutschen Sprachinseln... Den Verzicht auf die Abstimmung in den Sprachinseln soll sich die deutsche Kommission abringen lassen...«

b) Hitlers Festlegungen waren offenbar durch wenig exakte Informationen bestimmt. Über eine Besprechung in Hof am 3. 10. 1938 wurde nämlich u. a. verzeichnet (vgl. ADAP IV, Nr. 17, S. 20 f.):

- »Der Führer hat entschieden, daß man zunächst auf Prachatitz bestehen solle, daß man aber später vielleicht wegen des sentimentalen Wertes dieser Stadt für die Tschechen als Wohnort von Hus einen Austausch gegen Znaim machen könne. Znaim wies im Jahre 1910 12 000 Deutsche gegen 4.000 Tschechen, 1921 12.000 Deutsche gegenüber 8.000 Tschechen und in der letzten Wahl <d. h. spätestens der Gemeindewahl 1938> 30.000 Deutsche gegen 33.000 Tschechen auf.
  Der Führer hat entschieden, daß auf Lundenburg Verzicht geleistet werden müsse.«
- Tatsächlich hatte die Stadt Znaim 1910 rd. 16.000 deutsche bei ca. 2.400 tschechischen Einwohnern, 1921 8.000 Deutsche und rd. 12.000 Tschechen, sowie 1930 und 1939 eine Gesamteinwohnerzahl von jeweils ca. 25.000 bis 30.000 und konnte daher 1938 allein an Wahlberechtigten (d. h. Erwachsenen) nicht (30.000 + 33.000 =) 63.000 aufweisen.
  Schließlich kamen sowohl Prachatitz wie auch Znaim und Lundenburg in das Sudetengebiet, d. h. Hitlers »Verzichte« wurden nicht realisiert.

83) a) Am 5. 10. 1938 unterzeichneten dann die Vertreter der vier Signatare des Münchner Abkommens außerhalb des IA ein Protokoll, in dem es u. a. hieß (zum Gesamttext vgl. ADAP IV, Nr. 30, S. 33; DBFP III, Nr. 128, S. 93 f. berichtet zusammengefaßt, nicht wörtlich):
Die Unterzeichner seien sich »darüber einig geworden, daß das in der anliegenden Karte... eingezeichnete Gebiet dasjenige Gebiet ist, das gemäß Ziffer 4 Absatz 2 des Münchener Abkommens bis zum 10. Oktober 1938 durch deutsche Truppen zu besetzen ist. Sie haben festgestellt, daß dieses Gebiet nach dem Bevölkerungsstande von 1918 von mehr als 50 Prozent Sudetendeutschen bewohnt wurde«.
Zur erwähnten Karte bemerken die ADAP: »Eine Photokopie dieser Karte wurde in einem Aktenband von Referat Pol. IV aufgefunden (5196/E307562-563).«

b) Es ist zu vermuten, daß der Maßstab dieser Karte groß und/oder die Markierung der Grenzlinie undeutlich war.
An anderer Stelle (siehe S. 269 in A IV, Exkurs 3) wird sie als »Generalkarte« bezeichnet, was eigentlich 1 : 100.000 bedeuten könnte. Dann könnte es nur die beiläufige Kennzeichnung mit einem »Kreuzchen« gewesen sein, welche zur (kurzzeitigen) Teilbesetzung der tschechischen Stadt Polička führte.

c) Noch am gleichen 5.10. wurde die Karte der Signatare auch im IA eingebracht (vgl. ADAP IV, Nr. 31, S. 33 f.; DBFP III, Nr. 134, S. 99, wiederum nicht wörtlich).
»Der deutsche Vertreter legte den tschechischen Vertretern nahe, die Antwort auf den Vorschlag der vier Mächte spätestens bis zum 6. Oktober mittags zu übermitteln.«

d) Am 6. 10. 1938 erklärte der ČSR-Vertreter im IA namens seiner Regierung, daß diese »mit tiefem Schmerz... von der Entscheidung der vier Großmächte Kenntnis genommen« habe und sie annehme.
Vgl. ADAP IV, Nr. 41, S. 40. DBFP III, Nr. 140, S. 100, wiederum nicht wörtlich.

84) Die Karte vom 5./.6. 10. 1938 müßte vorhanden sein, lag aber nicht vor.
Im Maßstab ca. 1:200.000 bis 300.000 ist die Linie vom 5. 10. in der Kartendarstellung der britischen Sketch-Map vom 21. 11. 1938 (siehe Ziff. 93 c) enthalten; im Maßstab 1:2,5 Mio. ohne Quellenangabe im »Sudetendeutschen Atlas« (a. a. O.; Blatt 26).

9) Die Karte vom 21. 11. 1938

91) Verschiedene Aktivitäten nach dem 6. 10. 1938 ließen zunächst die Volksabstimmung als Ordnungsprinzip völlig verschwinden:

a) In der Sitzung des IA am 6. 10. wurde nach Diskussion auf Vorschlag der Briten vereinbart, die Frage von Volksabstimmungen direkt zwischen den deutschen und tschechoslowakischen Delegationen zu prüfen.
Vgl. ADAP IV, Nr. 41, S. 41 f.; DBFP III nur zusammengefaßt.

b) Hitler entschied am 11. 10. 1938 u. a., von deutscher Seite sollen keine weiteren Gebiete der Tschechoslowakei für eine Volksabstimmung gefordert werden.«
Vgl. ADAP IV, Nr. 53, S. 52.

c) Von tschechischer Seite sind in den bisher zugänglichen Akten keine Wünsche nach Volksabstimmung verzeichnet, die mindestens im Gebiet Wagstadt/Troppau nach der dortigen Nationalitätenverteilung gute Aussichten gehabt hätten; möglicherweise wegen nachteiliger Folgen für die ČSR-Position in der Slowakei.

d) Jedenfalls beschloß der IA am 13. 10. 1938 »einstimmig..., daß von Volksabstimmungen abzusehen sei«.
Vgl. ADAP IV, Nr. 56, S. 60; DBFP III wiederum nur zusammengefaßt.

92) In der Zeit nach dem 13. 10. 1938 erfolgte dann die endgültige Grenzfestlegung.

a) In der Sitzung des IA vom 13. 10. 1938 war dazu beschlossen worden, daß die ČSR- und die Reichsregierung die endgültige Grenze (d. h. die geringfügigen Abweichungen von der Nationalitätengrenze im Sinne der Ziffer 6 des Münchener Abkommens) durch direkte Verhandlungen festlegen sollten.

b) Zu den Verhandlungen, bei denen es regelmäßig um ethnographisch nicht zu begründende tschechische bzw. deutsche Forderungen ging, vgl. ADAP IV, Nr. 102, S. 116 ff.

c) In der nächsten Sitzung des IA am 21. 11. 1938 wurde dann berichtet, daß diese Verhandlungen zu einer in einer Niederschrift festgelegten Einigung geführt hätten. Diese wurde verlesen.
Die in den ADAP IV (Nr. 135, S. 145) ungedruckte Niederschrift legte (vgl. zum Gesamttext DBFP III, Nr. 266, S. 235 in englischer Übersetzung) u. a. folgendes fest:
»The frontier between the German Reich and Czechoslovakia shall run along the blue-red line traced upon the attached 1:300,000 map (Annex 1) with the provision that where the red line diverges from the blue, the red line shall determine the frontier.«
Daraufhin erfolgte die formelle Einigung (vgl. ADAP IV, Nr. 135, S. 146 f.):
»Der Internationale Ausschuß hat heute von der Niederschrift vom 20. November über die Festsetzung der deutsch-tschecho-slowakischen Grenze durch die Deutsche und die Tschecho-Slowakische Delegation sowie von den dieser Niederschrift beigefügten Karten <An dieser Stelle Anmerkung 2: »Nicht aufgefunden«> Kenntnis genommen. Er stellt fest, daß die in diesen Karten eingezeichnete Grenze die endgültige Grenze im Sinne der Ziffer 6 des Münchener Abkommens ist.«

93) Die Karte vom 21. 11. 1938

d) Eine Karte vom 21. 11. 1938 gibt es daher nicht.

b) Die Publikationen der »Karte über die endgültige Grenzfestsetzung vom 21. November 1938« (z. B. Čelovsky, S. 485, DzS S. 234) entnehmen diese deshalb nicht den amtlichen Akten, sondern wiederum dem offiziösen, vom Auswärtigen Amt herausgegebenen Weißbuch 1938, Nr. 1 »Verhandlungen zur Lösung der sudetendeutschen Frage«. Aus dem Kartenbild geht dabei nicht nur das Sudetengebiet an sich, sondern auch seine (mindestens zeitweilige: Regierungsbezirk noch Karlsbad, nicht Eger) Verwaltungsgliederung im Deutschen Reich hervor.

c) Zu den Basiskarten vom 20. 11. 1938, nämlich 1:300.000 und 1:75.000 ist festzuhalten:

- ADAP IV (Nr. 135, S. 147) besagen, daß beide Karten zwar von den deutschen und ČSR-Unterhändlern unterschrieben, aber in den deutschen Akten »nicht aufgefunden« wurden.
- DBFP III (Nr. 266, S. 235) vermerken, daß die Briten nur die Karte 1:300.000 erhielten und fährt fort: »Not reproduced: See sketch-map at end of volume.« Dort (nach S. 677) heißt es: Die sketch-map im Maßstab ca. 1:200.000
  - ist »based on the Map 1:300,000 attached to the Protocol of November 20, 1938«,
  - definiert eine und zeigt beide erwähnten Linien, nämlich:
    »The ›blue‹ line (provisional boundary agreed upon by the International Comission on October 5, 1938)« und
    »The ›red‹ line.«

  Zur sketch map wird weiter ausgesagt, sie »was prepared in the Foreign Office for publication in the British White Paper, Cmd 5908 of 1938«.

d) Am 23. 11. 1938 wurde durch deutsche und ČSR-Bevollmächtigte in Berlin die Grenzlinie aus dem Kartenwerk 1:75.000 in ein Kartenwerk 1:25.000 übertragen.
Zum Inhalt der Vereinbarung siehe S. 153, A I, D 10.

e) Alle Publikationen weisen die Landverbindung in Mittelmähren zur Sprachinsel Brodek-Wachtl übereinstimmend bereits für November 1938 aus.
Die – im übrigen unbelegte – Darstellung bei Bohmann (: MuG, S. 209), diese sei erst im März 1939 erfolgt, dürfte daher falsch sein.

10) Zur Grenzlinie vom 21. 11. 1938

10.1) Verbale Beschreibung bei Bohmann, MuG, S. 222:
»Die neue Grenze zwischen dem Deutschen Reich und der zweiten Tschechoslowakischen Republik war in Böhmen fast durchgehend entlang der deutsch-tschechischen Sprachgrenze gezogen worden, eine Ausnahme bildete nur die Grenzziehung zwischen dem böhmischen Taus (Domažlice) und dem bayerischen Waldmünchen, wo mehrere Gemeinden von der Tschechoslowakei abgetrennt wurden, obwohl sie zum Teil stets nur von tschechischer Bevölkerung bewohnt waren; es handelt sich dabei um das Gebiet um Klentsch. Im Regierungsbezirk Aussig war der tschechische Bevölkerungsanteil mit 8,5 v. H. vor allem deshalb so hoch, weil es in ihm mehrere Gebiete mit größeren tschechischen Minderheiten gab. In Mähren-Schlesien freilich entsprach der neue staatliche Grenzverlauf infolge des Vorhandenseins größerer deutscher Sprachinseln im Vorraum vor dem geschlossenen deutschen Siedlungsgebiet auf weite Strecken hin nicht der deutsch-tschechischen Sprachgrenze. Als die neuen Landkreise aufgrund der bereits vorhandenen administrativen Gebietseinteilung gebildet waren, wiesen im Regierungsbezirk Troppau acht Landkreise zusammen nicht weniger als 184 tschechische oder überwiegend tschechische Gemeinden auf, darunter Troppau-Land 49, Wagstadt 31, Neutitschein 25, Hohenstadt 47, Landskron 8 und der Landkreis Mährisch-Schönberg 14 tschechische Gemeinden. Je fünf tschechische Gemeinden hatten die Landkreise Mährisch-Trübau und Sternberg. In Südmähren gab es noch drei tschechische Mehrheitsgemeinden, 2 im Landkreis Nikolsburg und 1 im Landkreis Znaim.«

10.2) Relevante kartographische Detaildarstellungen

- Doležal/Křen (»Die kämpfende Tschechoslowakei«; Prag, 1964; S. 137) zeigen in einer Karte auf, daß in Nordwest-, West- und Südböhmen nicht unbeträchtliche, unmittelbar an das Sudetengebiet angrenzende und daher dorthin einbeziehbare Gebiete mit 70–90% deutscher Bevölkerung in der Č-SR bzw. (ab 15. 3. 1939) im Protektorat verblieben.
- Bartoš (»Boj o hranice v roce 1938 na Severní Moravě« [Der Kampf um die Grenze in Nordmähren im Jahre 1938] in »Severní Morava« [Nordmähren]; Mähr. Schönberg; Jg. 23 (1972); S. 3–12, hier S. 5) vergleicht für den Abschnitt westlich Müglitz bis östlich Olmütz die offizielle Demarkationslinie vom 6. 10. 1938, das tatsächlich von deutschen Truppen zeitweilig besetzte Gebiet und die Grenzlinie vom 21. 11. 1938: Es gab zahlreiche Unterschiede, insgesamt aber zu Gunsten der tschechischen Seite.

11) Zusammenfassung

Zur Begrenzung des Sudetengebiets von 1938 gab es folgende kartographischen Darstellungen:

19. 9. 1938: In Berlin erstellte Karte eines einziges Gebietes, in dem nach Besetzung durch internationale Truppen eine international kontrollierte Volksabstimmung stattfinden sollte;
die Karte gibt es nicht mehr.

22. 9. 1938: In Bad Godesberg besichtigte Karte eines einzigen Gebietes, in dem nach Besetzung durch deutsche Truppen bis November/Dezember 1938 eine international kontrollierte Volksabstimmung stattfinden sollte;
die Karte gibt es (auch) nicht mehr.

23. 9. 1938: In Bad Godesberg übergebene Karte mit zwei verschiedenen Gebietskategorien:
- Von deutschen Truppen zu besetzen.
- In der ČSR (zunächst) verbleibend.

Die Karte selbst gibt es (auch) nicht mehr; Ersatzdrucke weisen (mindestens) einen deutlichen Unterschied auf.

29. 9. 1938: In München vereinbarte Karte mit vier voneinander abgesetzten, relativ kleinen »Gebietsabschnitten«, die vom 1.–4. 10. 1938 von deutschen Truppen besetzt wurden.
Diese Karte ist aktenmäßig belegt, aber wegen ihres Teilcharakters irrelevant.
Ohne kartographische Festlegung wurden nur textlich erwähnt:
- Ein noch festzustellendes »restliches Gebiet vorwiegend deutschen Charakters«, das bis zum 10. 10. 1938 von deutschen Truppen besetzt werden sollte sowie, sich damit potentiell überlappend,
- ein weiteres, gleichfalls noch festzustellendes Volksabstimmungsgebiet, das international besetzt und in dem bis Ende November 1938 abgestimmt werden sollte.

6. 10. 1938: Das »restliche Gebiet vorwiegend deutschen Charakters« wurde festgestellt.
Die Karte dieses Gebietes war 1950 vorhanden, wurde jedoch nie publiziert; lediglich ein skizzenhafter Ersatzdruck liegt vor.

21. 11. 1938: Nach Feststellung (am 13. 10.), daß es kein Volksabstimmungsgebiet geben werde, wurde die endgültige Grenze des Sudetengebietes festgestellt.
Die Karte(n) darüber gibt es (auch) nicht mehr, lediglich Ersatzdrucke.

Es mag irrelevant erscheinen, daß die Begrenzung des Sudetengebietes von 1938 aktenmäßig schlecht belegt und die jeweils erwähnten Karten überwiegend nicht (mehr) vorhanden sind. Es erscheint jedoch symptomatisch.

Wichtig ist jedenfalls der Unterschied zwischen den zunächst vorgesehenen und den dann praktizierten Modalitäten:

- In der Begrenzung vom 19. 9. 1938 sollte das gesamte Gebiet durch internationale Truppen besetzt und nach einer international kontrollierten Volksabstimmung vergeben werden.
- In der Begrenzung vom 21. 11. 1938 wurde demgegenüber tatsächlich das gesamte Gebiet durch deutsche Truppen besetzt und ohne Volksabstimmung an das Deutsche Reich angeschlossen.

  (Auch) deswegen war es unausweichlich, daß das Sudetengebiet Teile enthielt, die seit altersher überwiegend tschechisch besiedelt waren und (v. a. in Nordostmähren) nicht hätten einbezogen werden dürfen, müssen und sollen.

Exkurs 3:

Der Vorgang Polička (Ostböhmen)

1 Die Berichte

1.1 In der Literatur

Am 31. 10. 1938 übermittelte der damalige Vizebürgermeister (mistostarosta) von Brünn, Dr. Bohuslav Ečer an »einige Mitglieder des britischen Parlaments« ein vertrauliches Memorandum, in dem u. a. behauptet wurde, die ČSR hätte nach dem Münchener Abkommen u. a.[1] die Gemeinde (obec) Polička[2] abtreten [d. h. für dauernd dem Deutschen Reich überlassen] müssen.[3] Dr. Ečer brachte seine Behauptung unverändert als nunmehriger ČSR-Chefankläger in die Anklageschrift des Internationalen Militärtribunals in Nürnberg 1945/46[4].
Die Behauptung wurde dann von Radomir Luža 1953 und 1964 in seine Arbeiten »Odsun« (Abschub)[5] und »The Transfer of the Sudetengermans«[6] übernommen.

1.2 Im Standbild

Anscheinend im Herbst 1938 wurde das nachfolgende Pressefoto aufgenommen:

Es wird bis 1994 von der nunmehrigen ČR-Nachrichtenagentur Četeka mit der Archiv-Nummer 50.258/24 unter der Bildunterschrift »Evakuace Města Poličky v říjnu 1938« (Die Evakuierung der Stadt Polička im Oktober 1938) vertrieben[7]. Damit wird mindestens impliziert wenn nicht behauptet, daß es sich um die gesamte Bevölkerung der Stadt auf unabsehbare Zeit gehandelt habe.

1.3 Im Bewegtbild

Im Herbst 1938 wurde anscheinend auch die Ausgabe 468/1938 der Wochenschau »Pathé Journal« gedreht.
Sie zeigte u. a. eine Art Treck von bäuerlichen, mit Pferden bespannten Wagen und berichtete im mündlichen Text, daß es sich um eine 1938 erfolgte »Umsiedlungsaktion aus dem rein tschechischen Städtchen Polička in Ostböhmen« handle.

Ein im »Ersten (west-)Deutschen Fernsehen« der ARD im November 1982 gesendeter Film der Sendereihe »Europa unterm Hakenkreuz« mit dem Titel »Prag« zeigte dieses Material; die zuständige Redaktion des Süddeutschen Rundfunks, Stuttgart, berief sich nach Rückfrage für Bild und Text auf obige Quelle.

Ein am 31. 10. 1993 im Fernsehen der ČR erstausgestrahlter Film von Dr. Eis (Titel in seiner deutschsprachigen Fassung[8] »Woher kommst Du? Wohin gehst Du?« unterlegte u. a.[9] folgendes Bildmaterial mit untenstehendem Text:

a) Schild mit der Aufschrift

»Úřady Města Poličky«
(Ämter der Stadt Polička)

b) Abtransport zahlreicher Kinder

c) Beladung von Lkw mit (vermutlich) Akten

»Nach dem Münchener Abkommen im September 1938 mußten alle tschechischen Einwohner die dem Reich angegliederten Gebiete verlassen. Nicht nur Staatsbeamte, Lehrer, Gendarmen: Auf Betreiben der Henleinpartei wurden auch alle Alteingesessenen vertrieben, die hier, ebenso wie ihre deutschen Nachbarn, seit Jahrhunderten zu Hause waren.«[10, 11]

2 Das Problem

Ein Blick auf jede zeitgenössische oder historische Landkarte auch in großem Maßstab zeigte[12], daß entgegen diesen Berichten Polička nach 1938 in der Č-SR und nach dem 15. 3. 1939 im sog. Protektorat verblieb.
Die Literatur über die Stadt wies bereits zum 13. 10. 1938 folgende Mitteilung des ČSR-Außenministeriums an das Innenressort auf: »Polička ist gerettet.«[13]
Was war die Basis der entgegenstehenden Behauptungen, wonach Polička

- abgetreten werden mußte (s. Ziff. 1.1)
- und seine Bevölkerung »evakuiert« (Ziff. 1.2), »umgesiedelt« bzw. »vertrieben« (Ziff. 1.3) wurde?

3 Die Fakten

Es war recherchierbar[14], daß

a) Teile der Stadt Polička zeitweise von deutschen Truppen besetzt waren: Ca. ⅔ der Gemeindefläche ganze zwei Tage (vom 10. bis 12. 10. 1938) und rd. ¼ des Gebietes etwa sechs Wochen (vom 10. 10. bis 24. 11. 1938), sowie daß

b) Teile seiner Bevölkerung (nämlich rd. 1.500 von ca. 6.000, d. h. ca. 25%) aus Angst vor den Deutschen für maximal etwa sechs Wochen geflohen/evakuiert waren.

Polička wurde nicht abgetreten, seine Bevölkerung weder umgesiedelt noch vertrieben.

4 Die Darstellung der Fakten in den Berichten

Alle unter Ziff. 1 dargestellten Berichte in verschiedenen Medien sind falsch, weil mindestens in wichtigen Aspekten übertrieben bzw. unvollständig. Alle Berichterstatter haben ihre mangelnde Sorgfaltspflicht darüber hinaus weit über Polička ausgedehnt – von Göding[15] über Brüx[16] bis Taus[17].

Anmerkungen:

1 Darüber hinaus habe die ČSR den Bezirk (okres) Hodonin (Göding) abtreten müssen.
Tatsächlich: Der *politische* Bezirk G. umfaßte über 50 Gemeinden. Davon wurden vier abgetreten; vom *Gerichts*bezirk G. keine.

2 Bevölkerung 1930: Gesamt ca. 6.000, davon rd. 150 Deutsche.

3 Vgl. »Československo a Norimberský Proces« (Die Tschechoslowakei und der Nürnberger Prozeß); Hsg. v. (ČSR-)Informationsministerium; Prag, 1946; [Auszug des amtlichen Berichtes der ČSR zur Anklage und Urteilsfindung]; S. 83 f., 87 f.

4 a. a. O.

5 Erschienen in Wien, dort S. 13.

6 Erschienen in New York, dort S. 162.

7 Zu einem ähnlichen Bild: Siehe Anm. 14.

8 Der Film wurde vermutlich u. a. bei den von der Ackermanngemeinde und dem »Tschechischen Klub« veranstalteten »Tschechischen Kulturtagen Bamberg« im Juli 1994 öffentlich vorgeführt.
Aus dem Bericht in der Tageszeitung »Fränkischer Tag« (Bamberg) v. 22. 7. 1994 waren keine Einwände zu entnehmen.

9 Der Film zeigte auch ein Schild mit der Aufschrift »Země Česka – Pol. Správa Domažlice-Mistní Obec Trhanov« (Land Böhmen – Politische Verwaltung Taus – Stadtgemeinde Trhanov <d. h. Chodenschloß (Markt Eisenstein)>).
Die Gemeinde Trhanov hatte folgende Bevölkerungsentwicklung:

1921	459 Einwohner; davon 457 Tschechen
1930	398 Einwohner; davon 395 Tschechen
1939	546 Einwohner.

Bei praktisch nur tschechischer Bevölkerung ist daher »Vertreibung . . . aller tschechischen Einwohner« unwahrscheinlich.

10 Diese unzutreffende Aussage für das gesamte Sudetengebiet wurde auch in einer »neuen, verbesserten Übersetzung« (in dieser Form gesendet vom Bayer. Fernsehen; München; 30. 9. 1995, nach 21.20 Uhr) insgesamt beibehalten. Es hieß nunmehr:
»Nach der Unterzeichnung des Münchener Abkommens Ende September 1938 begann sofort die Vertreibung der Tschechen aus den Gebieten, die jetzt dem Reich angegliedert waren.
Die Zwangsaussiedlung richtete sich auf Betreiben der Henlein-Partei gegen die gesamte tschechische Einwohnerschaft – gegen tschechische Verwaltungsbeamte, Polizisten und Lehrer ebenso, wie gegen die tschechischen Familien, die hier schon seit Jahrhunderten ansässig waren.«

11 Der Film disqualifizierte seine Aussage wenige Sendeminuten später selbst: Ein tschechischer Priester berichtete als Zeitzeuge, daß es nach dem 31. 5. 1942 z. B. in Lobositz (Krs. Leitmeritz) »viele Tschechen« gegeben habe.

12 Vgl. z. B. »Atlas Československých dějin« (Atlas der tschechoslowakischen Geschichte); Blatt 37, Karte b <1:2,5 Mio>; Prag, 1965).

13 Abdruck bei Malá:a. a. O.; S. 21.

14 a) Dankenswerterweise wurden dazu vom »Městské muzeum a galerie v Poličce« (Stadtmuseum und Galerie in Polička) v. a. zur Verfügung gestellt:

- Vencovský, Eduard: »Obsazení města Poličky německou armádou v roce 1938« (Die Besetzung der Stadt Polička durch die deutsche Armee im Jahre 1938) in »Poličský zpravodaj« (Poličkaer Berichterstatter); Jg. 1990, sechs Teile in Nr. 4 (April) bis 10 (Oktober); T. 1: S. 7 f.; T. 2: S. 5 ff.; T. 3: S. 7 f.; T. 4: S. 13 f.; T. 5: S. 6 ff.; T. 6: S. 6 ff.
  Es handelte sich um eine Aufzeichnung des damaligen Bürgermeisters von Polička auf Grund authentischer Tagesnotizen des Autors aus dem Jahre 1938. [Nachfolgend zitiert als »Venc.«.]
- Junek, David: »Okupace města Poličky německou armádou v říjnu a listopadu 1938 – přehled základních dat« (Die Besetzung der Stadt Polička durch die deutsche Armee im Oktober und November 1938 – Überblick von Grunddaten); fünfseitiges MS-Manuskript, gefertigt vom damaligen Leiter des Stadtmuseums aus u. a. Zeitungsmeldungen. [Nachfolgend zitiert als »Dat.«.]

b) In der nachfolgenden Teilwiedergabe wird der Ablauf hier themenrelevanter Aspekte rekonstruiert. Ortsbezeichnungen verblieben in der Originalfassung: Es sind zu vermerken Svitava = Zwittau, Května = Blumenau, Limberk = Laubendorf, Modřec = Riegersdorf. Eigene, knappe Erläuterungen wurden in <spitze Klammern> gestellt, die Quellen in [eckige Klammern].
Zum Verständnis heutiger deutscher Leser sind einige Anmerkungen erforderlich.

- »5. Besatzungsgrenze«: Gemäß Münchner Abkommen vom 29. 9. 1938 gab es ein »restliches Gebiet vorwiegend deutschen Charakters«, das »unverzüglich« (erfolgte am 5./7. 10. 1938) vom Internationalen Ausschuß festzustellen und »bis zum 10. Oktober durch deutsche Truppen besetzt werden« sollte. Dieses Gebiet, für das im Feststellungszeitpunkt noch mindestens teilweise eine Volksabstimmung vorgesehen war, wurde bereits zeitgenössisch oft als »5. Zone« bezeichnet. Siehe S. 261 f.: A IV, Exkurs 2.
- »Bezirkshauptmann«: Etwa Landrat, aber staatlich eingesetzt.
- »Ordner«: Kurzbezeichnung für Unterorganisation der S(udeten)d(eutschen) P(artei). Ursprünglich zum Schutz eigener Veranstaltungen gegründet, gibt es für den Herbst 1938 zahlreiche Berichte von aktiven Angriffen auf (z. T. nur vermutete) Gegner der Partei.
- »Boleslav Martinů«: Der 1959 verstorbene bekannte Komponist (z. B. 6 Symphonien, mehrere Orchesterkonzerte und Opern) wurde 1890 in Polička geboren und hatte dort 1938 anscheinend einen namensgleichen Verwandten.

c) Der Text:

»6. 10.: <1938> Zum Entsetzen der ganzen Stadt <d. h. Polička; im folgenden: P.> sendete der Rundfunk die Nachricht, daß in die 5. Besatzungszone auch P. fällt. Durch sofortige Nachfrage beim <ČSR->Außenministerium festgestellt, daß die Demarkationslinie auf der Generalkarte durch Polička führt, das nur mit einem Kreuz gekennzeichnet ist, so daß der Verlauf <der Demarkationslinie> nicht klar zu ersehen ist.« [Dat., S. 1 f.]
»Es war eine Generalkarte, auf der P. nur mit einem Kreuzchen angezeichnet war, über das die rot eingezeichnete Demarkationslinie verlief. Es war daher nicht genau feststellbar, wie weit P. besetzt werden würde, wobei uns wahrscheinlich erschien, daß nur der Westteil der Stadt freibleiben würde.« [Venc., T. 2, S. 5 f.]

7. 10.: »Noch am 7. Oktober erhielt ich die Nachricht, daß die Bezirksbehörde einschließlich Bezirkshauptmann Dr. Žižka umzuziehen hätte. Am gleichen Tage kamen einige Autobusse, ... in welche die Bediensteten die Unterlagen und das Material der Bezirksbehörde verluden. <Hier vermutlich Ursprung des Bewegtbildmaterials Dr. Eis. Siehe oben> Später am gleichen Tage erhielt Dr. Žižka die Anweisung des <ČSR->Innenministeriums, in der Stadt zu verbleiben, während die anderen Bediensteten abzogen. Auch dies erfolgte, wie ich später erfuhr, auf Anordnung des Ministeriums. Daraufhin meinten unsere anderen Menschen, wenn die öffentlichen Bediensteten abziehen, sind die Umstände sicherlich so bedenklich, daß man auch übersiedeln solle. Und so wurde in diesen unglücklichen Tagen ganz P. von Panik erfaßt: Nur weg aus P., weg vor den Deutschen, weg, wohin auch immer und was auch immer der Umzug kosten würde.« [Venc., T 2, S. 6]

»7.–9. 10.: Eine Reihe von Familien (ca. 1.500 Menschen) übersiedelten aus P. aus Angst vor der Besetzung und vor dem Wüten der Ordner.... Der Bürgermeister sandte ein Telegramm mit der Bitte um Hilfe an US-Präsidenten Roosevelt.« [Dat., S. 2] <Der Text lautete:> »Schützen Sie 6.000 Tschechen, welche die Stadt P. in der ČSR bilden, vor der gewaltsamen Besetzung durch die deutschen Soldaten. Der Bürgermeister. Das Telegramm übersetzte Boleslav Martinů ins Englische.
Nach einigen Tagen erfuhr ich, daß das (ČSR-)Außenministerium anfangs die Absendung des Telegramms in die USA untersagte. Es kam dann aber doch durch, da ausländische Zeitungen darüber informierten, die über P. kürzere und längere Berichte sowie Fotos veröffentlichten, eine Zeitung bis aus Neuseeland.« [Venc., T. 2, S. 7] »P. stand wegen der Nachrichten im Rundfunk und in den Tageszeitungen im Mittelpunkt der Aufmerksamkeit.« [Venc., T. 4, S. 13]

ca. 8. 10.: »In den Tagen vor der Besetzung erfuhren wir über das Außenministerium auch vom internationalen Ausschuß, der nach Paragraph 6 des Textes des Münchner Abkommens gebildet worden war <Bildung in Ziffer 3, Aufgabe der Grenzfestlegung jedoch in Ziffer 6>. Der Ausschuß sollte die Ereignisse verfolgen und den Ablauf der Besatzung sowie die endgültige Grenze gemäß des erwähnten Abkommens festlegen. Für die Ausschußmitglieder wurde eine kurze Niederschrift in der Form eines Memorandums angefertigt, das die nationalen, sozialen und wirtschaftlichen Verhältnisse P. nach dem Masarykschen Wissenschaftlichen Wörterbuch wiedergab. Außerdem enthielt es eine knappe Geschichte der Stadt und die Bevölkerungszahlen deutscher und tschechischer Nationalität nach den Volkszählungen der Jahre 1910, 1920 <richtig: 1921> und 1930.... Das Memorandum enthielt auch eine Karte, in der die Demarkationslinie und die Nationalitätengrenze eingezeichnet und die Verkehrswege farbig markiert waren.« [Venc., T. 4, S. 14] »Memoranden wurden auch der deutschen, italienischen, französischen und englischen Botschaft <gemeint: Gesandtschaft> in Prag zugesandt.« [Dat., S. 2]

»10. 10.: (Montag um 14.00 Uhr) kam die deutsche Armee aus Svitava über Května und Limberk (heute Pomezí), wo sie begeistert begrüßt worden war. Sie war dann sehr überrascht, sich in einer schweigenden, ungeschmückten Stadt zu finden. Gleich danach kamen dann Ordner aus den benachbarten Dörfern, um die Armee zu begrüßen. Die gepanzerten Wagen und Autos sammelten sich unterhalb des Rathauses. Die Soldaten begannen, Suppe an die Insassen des Armenhauses zu verteilen und es fanden sich auch welche, die das begrüßten, obwohl keine so große Not vorlag. Am späten Nachmittag verlagerten sich die Soldaten in die Umgebung des Bezirksamtes.

Der Kommandant <Major Finck [Venc., T. 5, S. 7]> gab bekannt, daß er die Stadt besetze. Der Bürgermeister Eduard Vencovský legte Protest gegen die rechtswidrige Besetzung ein. Die Besetzungslinie wurde markiert« <es folgen Abgrenzungen, die ca. ⅔ von P. unter Besatzung stellten>. »Der Kontakt der Stadtbewohner <offensichtlich zwischen Tschechen, die einerseits innerhalb und andererseits außerhalb des besetzten Gebietes von P. verblieben waren> konnte nicht unterbrochen werden und es kam zu einer Reihe von Mißverständnissen, als die Wachen Grenzgänger in das besetzte Gebiet passieren ließen, aber sie dann nicht zurücklassen wollten.

11. 10. Eine Delegation von Bürgern aus P. fuhr nach Prag ab, um sich für die Befreiung P. in den Ministerien und Zeitungsredaktionen einzusetzen, was große propagandistische Wirkung hatte. Es machten sich auf den Weg <es folgen Namen, darunter auch der von Boleslav Martinů>.

Es fanden auch Verhandlungen zwischen dem ČSR-Verbindungsoffizier Leutnant Reichmacher und dem Kommandanten der deutschen Einheiten über die Freigabe der Stadt statt; um ca. 21.00 Uhr wurden sie von deutscher Seite damit unterbrochen, daß die Besetzung definitiv sei.

12. 10. Ganz am Morgen stellten die Einwohner <jedoch> fest, daß die Deutschen in der Nacht (um ca. 03.00 Uhr) die Innenstadt verlassen und eine neue Demarkationslinie errichtet hatten. [Dat., S. 2ff.] <Es folgen Abgrenzungen, die nur mehr ca. ¼ von P. unter Besatzung stellten.

In dieses Gebiet fielen auch die tschechischen Schulen, aber> »in die Masarykschule <anscheinend Volksschule> begannen die Schulkinder sofort ab 11. Oktober zu gehen, in das Gymnasium ab 17. Oktober. Es war zunächst nötig, die Zustimmung des Befehlshabers der Besatzungseinheiten Reinwil zum Besuch des Gymnasiums zu erhalten. Auf meine Bitte rief der Prager Rundfunk alle Mittelschullehrer und -schüler aus den näheren und ferneren Orten (Skuteč, Proseč, Hlinsko) zum Beginn des Schulunterrichtes auf.« [Venc., T. 6, S. 7]

ca. 15. 10. »Nach P. kam... ein Engländer, ein Major in Zivil, entsandt vom erwähnten internationalen Ausschuß, der sich für die Lage der Stadt wirklich interessierte. Wir informierten ihn über unsere Zustände, vor allem der Nationalitäten und übergaben ihm eine Karte des Bezirkes P. mit eingezeichneter Nationalitätengrenze.... Die Verhandlungen dauerten nicht allzulange und der englische Offizier fuhr ohne jede Äußerung zu unseren Problemen ab. Später erfuhren wir, daß er die Angelegenheit unserer Stadt mit der Besatzungsarmee verhandelte und bewies, daß P. nach dem Text des Münchner Abkommens zu Unrecht besetzt worden war.« [Venc., T. 5, S. 6]

»November: ... Beweise des lebhaften Interesses an der Stadt sind verschiedene Zeitungsartikel und ein Brief des Komponisten Bohuslav Martinů an den Bürgermeister E. Vencovský (vom 22. 10. aus Paris).« [Dat., S. 4]. Darin dankt Martinů dem Bürgermeister, »daß es Ihnen gelang, unsere Stadt zu retten.« [Venc., T. 6, S. 8]

»22. 11. Die Mitteilung wird veröffentlicht, daß unsere Stadt von der Besatzung freigemacht werden wird...

24. 11. Um etwa 9.00 Uhr zogen aus dem Bezirksamt die letzten Ordner und deutschen Zöllner in Richtung auf Limberk und Modřec ab und um 10.00 Uhr rückte die ts. Armee unter Oberst Janouch (Hauptverbindungsoffizier und Abschnittsleiter Skuteč) und dem Bürgermeister

in das freigegebene Gebiet ein. An der Uferstraße standen Schüler und Einwohner und begrüßten die vorrückenden Einheiten... Aus der Besatzung wurden auch Gemeinden des Bezirkes P. freigegeben:... Brněnec.« [Dat., S. 4 f.]
<Die letzterwähnte Gemeinde Brněnec, d. h. Brünnlitz mit starkem deutschen Bevölkerungsanteil verblieb im Sudetengebiet. Sie sollte um 1990 weltweit als Sitz des Werkes von Oskar Schindler in den Jahren 1944–45 bekannt werden, der dort rd. 1.200 Juden Zuflucht bot.>

15 Siehe Anm. 1.

16 a) In der gleichen Serie ist ein weiteres Bild mit der Archiv-Nr. 50258.13 erhältlich:

b) Zu diesem Foto teilte das Četeka-Büro Bonn (Dr. Šebestík) im Januar 1994 mit:
Ursprüngliche Bildunterschrift: »Einwohner von Most (= Brüx) auf der Flucht ins Binnenland.«
Autor (d. h. Fotograf) und Ort der Aufnahme: Unbekannt.
Datum der Aufnahme: Anfang Oktober 1938.

c) Als Verwendungen dieses Fotos sind (bisher) bekannt:

- »Tschechoslowakei« (anscheinend offiziöse Monatszeitschrift der ČSR in deutscher Sprache); Orbis-Verlag, Prag; Jg. 1958, Nr. 9; S. 5.
  Bildunterschrift nunmehr:
  »Die tschechoslowakische Bevölkerung der Grenzgebiete verläßt nur mit der allernötigsten Habe den heimatlichen Boden.«
- Als Angebot von Četeka im Herbst 1968
  Vorgeschlagene Bildunterschrift:
  »Evacuation of Czech people from the borderland districts occupied by German armies in the first days of October 1938«
  Dazu (auf der Rückseite des Bildes) ein längerer Text:
  Nach Überschrift »Fifty years since the Munich betrayal« eine umfangreiche Darstellung: Die ČSR wurde durch das »unconditional verdict« der Großmächte gezwungen, »to surrender a large part of its borderland to Nazi Germany... which had, from time immemorial, belonged to Bohemia and Moravia«; die Bevölkerungszusammensetzung des Gebietes bleibt unerwähnt.
- Serke, Jürgen: »Böhmische Dörfer«; Wien, o. J. (ca. 1991); S. 12
  Bildunterschrift nunmehr:

»Die ersten Heimatvertriebenen waren Tschechen, die nach Abschluß des Münchener Abkommens die den Deutschen zugesprochenen Sudeten-Gebiete verlassen mußten.«

- »Deutsche und Tschechen – Neue Hoffnung«; Hsg. u. a.v. Franz Olbert; Prag, 1992, S. 57.
  Bildunterschrift nunmehr:
  »Die tschechischen Flüchtlinge aus dem Grenzland nach dem Münchener Abkommen (1938).«
- »Prager Zeitung« vom 13. 5. 1993
  Bildunterschrift nunmehr:
  »Nach dem Münchner Abkommen von 1938. Tschechische Flüchtlinge aus dem Grenzland. Foto: Archiv.«

[17] Siehe Anm. 9.

Exkurs 4:

Der Vorgang Nürschan mit Littitz (Westböhmen)

I. Die Behauptung

Am 27. 10. 1938 wurde dem tschechischen Innenministerium u. a. gemeldet (siehe S. 186f.: A II, B 14):

- »Heute morgen erhielt die gesamte tschechische Zivilbevölkerung in Nyřani <d. h. Nürschan/ Mies> den Befehl, die Gemeinde innerhalb von 6 Stunden zu verlassen.«
- »Das gleiche geschieht auch in den Gemeinden Zbuch, Lhotka, Touškov, Kozolupy, Litice und Dobřany.«
- »Seit einigen Tagen werden die Tschechen in Gemeinden hinter der Demarkationslinie von Mitgliedern der SS und Ordnern der SdP gezwungen, innerhalb von 48 Stunden in die ČSR zu übersiedeln. Dies geschieht unter dem Vorwand der Freiwilligkeit und sie erhalten Ausweise mit der Überschrift Ausweisung und der Erlaubnis zur Ausfuhr der Möbel.«

II. Die Prüfung der Behauptung in ihrer Gesamtheit

1. Die Orte

Der Ort »Lhotka« konnte nicht zweifelsfrei identifiziert werden: Zwar gab es im Bezirk Pilsen im Jahre 1930 eine Gemeinde dieses Namens[1], doch gehörte diese nicht zum Sudetengebiet des Jahres 1939[2]. Wissensträger[3] vermuteten daher, die tschechische Ortsbezeichnung beziehe sich auf »Lhota«, d. h. Elhotten. Mit diesem Namen waren jedoch im Kreis Mies des Jahres 1939 zwei Gemeinden festzustellen[2]. Da die andere im Jahre 1930 praktisch nur Deutsche als Bevölkerung auswies (nämlich 300 von 303), konnte der Bericht vom 27. 10. 1938 nur Elhotten bei Wiesengrund meinen. Diese Gemeinde wurde daher betrachtet.
Mit »Touškov« konnte sowohl Tuschkau-Stadt wie Tuschkau-Dorf wie auch beide zusammen gemeint sein. Da in Tuschkau-Dorf 1930 praktisch nur deutsche Bevölkerung vorlag (nämlich 522 von 530), konnte nur Tuschkau-Stadt gemeint sein; diese Gemeinde wurde daher betrachtet.
Die anderen Orte waren mit Kosolup, Littitz, Nürschan, Wiesengrund und Zwug (1939 jeweils Kreis Mies) klar zu bestimmen.

2. Bevölkerungsentwicklung der Gemeinden

Weil die Behauptung die Totalvertreibung aller Tschechen dieser Gemeinden umfaßte, war zunächst deren Bevölkerungsentwicklung zu prüfen.
Dabei ergaben sich folgende Besonderheiten:

a) Die Gemeinden Littitz und Nürschan wurden 1938 zwischen dem Sudetengebiet des Deutschen Reiches und der Č-SR geteilt; aus letzterem Gebiet waren etwaige Befehle an Tschechen, das Gebiet zu verlassen, keiner deutschen Behörde zuzurechnen.

b) Die Zahl der Tschechen im Sudetengebiet 1939 wurde von deutscher Seite (siehe Bohmann: SiZ, S. 133) offiziell nicht einmal mehr auf Kreisebene, daher schon gar nicht je Gemeinde veröffentlicht.
Nach Bartoš (a. a. O., S. 168) gab es am 17. 5. 1939 im Kreis Mies unter der Wohnbevölkerung von 68.513 Personen 8.935 (= rd. 13%) Tschechen; die Aufteilung nach einzelnen Gemeinden müßte vorliegen, sollte tschechischerseits veröffentlicht werden, kann jedoch hier (noch) nicht angegeben werden.

Unter Berücksichtigung dieser Tatbestände ergab sich aus der k. österreichischen, ČSR- und DR-Statistik (siehe auch S. 334f.: A V, Tab. 3) folgendes Zahlenbild:

	Bevölkerung							
	1910		1930				1939	
Gemeindegebiete	1910		1930		1939		1939	
	Gesamt	darin Tschechen	Gesamt	darin Tschechen	Gesamt	darin Tschechen	Gesamt	darin Tschechen
Elhotten	317	175	529	372	529	372	367	•
Kosolup	958	241	1.261	476	1.261	476	1.125	•
Littitz	2.074	986	1.776	1.356	1.776	(800)	1.131	(240)
Nürschan	5.671	3.578	5.759	4.657	5.759	(4.300)	4.042	•
Tuschkau Stadt	1.404	51	1.914	421	1.914	421	1.754	•
Wiesengrund	5.888	2.573	6.429	3.676	6.429	3.676	5.443	•
Zwug	1.186	613	2.229	1.595	2.229	1.595	1.878	•
Summe 7 Gemeinden des Kreises Mies	17.498	8.217	20.627	12.553	19.897	(11.600)	15.740	• / •
Summe Kreis Mies					77.042	22.500	68.513	8.935

3. Grobanalyse

Aus der Zahlendarstellung ist zunächst zu entnehmen, daß sich der tschechische Anteil in den Gemeinden zwischen 1910 und 1930 um rd. 50% erhöhte.
Darüber hinaus ist klar zu ersehen, daß zwischen 1930 und 1939 zwar eine gewisse Bevölkerungsverminderung stattfand, die aber weit unter der *Gesamt*zahl von rd. 12.500 Tschechen der sieben Gemeinden im Jahre 1930, sondern insgesamt in der Dimension des 1938 üblichen Abzugs nichtdeutschen Militär- und Verwaltungspersonals lag. Eine Totalvertreibung aller Tschechen aus diesen Gemeinden ist daher bereits rein zahlenmäßig unmöglich zu belegen.

III. Die Prüfung der Behauptung für einzelne Gemeinden

1. Nürschan

a) Ein Teil der Gemeinde verblieb nach 1938 bei der Tschechoslowakei und später im »Protektorat«. Vermutlich von dort verbliebenen Tschechen berichtete Malá (a. a. O.; S. 18) über Proteste am 13. 10. 1938 gegen ihren Anschluß an das Deutsche Reich; ortsnahen Wissensträgern[3] ist hiervon nichts bekannt.

b) Für den Ort selbst wurde mitgeteilt, daß »exponierte Tschechen..., z. B. der Vorsitzende der Sokoln« in die Rest-ČSR zurückkehrten: »Zusammen mit den 2–3000 tschech. Bergleuten... blieben... zahlreiche... tsch. Geschäftsleute... bis 1945 unbehelligt in Nürschan.«[4]
Zu den Bergleuten: Siehe auch S. 158: A I, D 15.

2. Tuschkau

a) Ein tschechischer Bericht aus dieser Gemeinde[5] besagt: »Am Sonntag, den 10. 10. 1938 wurde Touškov eingenommen. Die Stadt war fahnengeschmückt und die Deutschen erwarteten die Ankunft ihres Militärs.
Mehr als 80% der Tschechen zogen sich ins Landesinnere zurück und hinterließen hier ihre Immobilien. Auch sämtliche Juden gingen weg.«

b) Von einem Befehl am 27. 10. 1938 an alle Tschechen, Tuschkau zu verlassen, berichtet diese Ortschronik nichts. Die erwähnten »mehr als 80%« würden in der Gemeinde immer noch absolut deutlich mehr Tschechen belassen haben, als 1910 ansässig waren.

3. Wiesengrund

In der Gemeinde befanden sich drei verschiedene tschechische Personengruppen[3]:

a) Tschechische »private« Zivilisten
Von ihnen wird berichtet, daß, wie allgemein, z. B. Bahn- und Postbeamte den Ort (die Gendarmerie erst ca. ½ Stunde) vor dem Einmarsch deutscher Truppen verließen, alteingesessene Tschechen jedoch unbehindert und unbehelligt verblieben. Am Tage des Einmarsches wurden deutsche und tschechische KP-Angehörige abgeführt und kurzfristig (maximal mehrere Tage) inhaftiert.

b) Militärpersonal
Die vornehmlich Nicht-Deutschen unter den von einem Oberst geführten rd. 500 Mann verschiedener Eskadrons des 1. tschechoslowakischen Kavallerieregiments, Sitz Theresienstadt (Stand 1930) in einer seit vor 1919 bestehenden Kaserne. Dazu kamen die Familienangehörigen tschechischer Offiziere und Berufssoldaten. Sie zogen im Oktober 1938 ab. Es muß angenommen werden, daß die Nationalitätenzuordnung in der Volkszählung 1930 auch in restlichen Zweifelsfällen pro »čechoslovakisch« entschied.

c) Die »Böhmische Landesirrenanstalt«
Die zwischen 1919 und 1938 überwiegend Tschechen unter den Insassen (rd. 2.000 Personen) der gleichfalls seit vor 1919 bestehenden »Anstalt« und die mehreren Hundert Personen des Personals von Ärzten bis zu Küchenhilfen. Es darf vermutet werden, daß die anstaltsgemäße Nationalitätenzuordnung in der Volkszählung 1930 diese grundsätzlich zu »Čechoslovaken« erklärte.
Das Personal wohnte in einer im Gemeindegebiet liegenden Wohnanlage Kindloch und auch einer Siedlung, für die der offizielle Name »Slovány« (Slawen) auch in »Slowakei« abgewandelt wurde. Die Siedlung wurde nach 1919 durch staatliche Personalkredite zum Hausbau auf von deutschen Bauern normal verkauftem Grund stark erweitert.
Wesentliche Teile des Personals gingen vor dem deutschen Einmarsch in einem geschlossenen Transport unter Mitnahme aller Mobilien nach Jungbunzlau (Innerböhmen) und wurden durch bisher arbeitslose bzw. landwirtschaftlich beschäftigte Sudetendeutsche ersetzt, da die Patienten zunächst sämtlich dablieben. Erst später (ca. 1941) kamen in größerer Zahl luftkriegsevakuierte, verkrüppelte Kinder aus dem Ruhrgebiet.
Die Häuser des abgezogenen tschechischen Personals wurden von einer sog. »Treuhandfirma« übernommen. Die von den neuen Mietern zu entrichtende Miete soll auf einem Sperrkonto, von dem die tschechischen Eigentümer nur in Notfällen geringe Beträge abheben konnten, bis 1945 angesammelt worden sein.

4. Generelle Umstände, auch andere Orte

a) Der Basisbericht (siehe S. 273) erwähnte SS-Angehörige.
Dazu erklärten Wissensträger[3]: »17 Tage nach dem Einmarsch gab es in diesen Gemeinden keine ›schwarze‹ SS und auch keine Waffen-SS.«

b) »Der Besitz der 1938 Abgewanderten und Geflohenen wurde nicht enteignet. Aus dem [ca. 15 km von Littitz entfernten] Chotieschau ist mir bekannt, daß Baumeister Bayer die von den Tschechen zurückgelassenen Immobilien treuhänderisch verwaltete und am Monatsende stets die Mieteinnahmen an eine Pilsner Bank überwies (Mitteilung seines Sohnes). Die einzigen echten Ausweisungen von Tschechen aus dem Kreis Mies scheinen in Solislau stattgefunden zu haben. Es handelte sich um drei als besonders deutschfeindlich angesehene Bauern, die 1941 von der Gestapo ins Landesinnere abgeschoben wurden. Der Landrat von Mies war mit dieser Maßnahme eigentlich nicht einverstanden, beugte sich aber letztlich dem Druck der Gestapo (Mitteilung W... F...). Für ihre Höfe erhielten die Betroffenen den normalen Kaufpreis und konnten an ihrem neuen Wohnort wieder Bauernhöfe erwerben.«[4]

c) Aus dem nahegelegenen Lischin wurde von Bemühungen der NSDAP und der Kreisbauernschaft etwa im Jahre 1939 berichtet, tschechische Bauern zu enteignen, um deren Besitz auf ortsansässige Sudetendeutsche zu übertragen: »Vergebens. Niemand gab sich für dieses heuchlerische Unternehmen her«.[6]

5. Littitz

5.1 Allgemeine Geschichte[3]

Ca. 1860:	Neben dem rein deutschen Bauerndorf errichtete Fürst Karl Alexander von Thurn und Taxis auf seinem Gebiet in der Gemeindeflur wegen Inbetriebnahme der Braunkohlengrube Mathilde die Bergarbeiter-»Colonie« Mariaschein, die vornehmlich von zugezogenen Tschechen bewohnt und von diesen als Valcha bezeichnet wurde.
Um 1910:	»Mathilde« ausgebeutet und geschlossen; »Mariaschein/Valcha« (14 Gebäude) »demoliert«; Bergarbeiter verstreuen sich.
1920–1925:	Der nach der ČSR-Bodenreform beschlagnahmte Besitz des Fürsten Thurn und Taxis wurde von der Stadt Pilsen erworben, von dieser mit zunächst 42 und später ca. 150 Häusern bebaut, welche an neu zugezogene Tschechen vergeben wurden. Siehe dazu ähnliche Berichte aus u. a. Znaim, Hohenstadt: S. 210f.; A III, B 8.
1938:	Gemeinde wurde geteilt in: Littitz im Sudetengebiet (Kreis Mies); Litice (d. h. Valcha) in Č-SR/»Protektorat« (Bezirk Pilsen).

5.2 Bevölkerungsentwicklung[7]

	Gesamt-Littitz incl. Valcha			Littitz ohne Valcha (ab '38: Kreis Mies)	
	Deutsche	Tschechen	Gesamt	Gesamt	Tschechen
1860	(ca. 1.200)	(+ 0)	(ca. 1.200)	(ca. 1.200)	(+ 0)
1900	•	•	2.206	•	•
1910	1.080	986	2.074	•	•
1919	(ca. 900)	(ca. 100)	(ca. 1.000)	(ca. 1.000)	(ca. 100)
1921	832	701	1.549	•	•
1930	862	1.356	2.222	1.776	•
1939	•	•	•	1.078	237

5.3 Vorgänge im Jahre 1938

a) Die Littitz-Chronik in der deutschen Darstellung berichtet in (nur) deutscher Sprache[8]: »Für Littitz begann nun <d. h. nach dem Einmarsch der deutschen Truppen am 10. 10. 1938> eine durchgreifende Umgestaltung und Erneuerung. Juden und Tschechen waren schon vor dem Einmarsch unter Mitnahme ihrer beweglichen Habe nach Pilsen, vielleicht auch weiter in die Rumpftschechei geflohen. Ihre Häuser blieben leer zurück. Der vorwiegend tschechische Ortsteil Valcha wurde von Littitz losgelöst. Die Einwohnerzahl von Littitz sank von 2222 auf 1078. Der gleichfalls ausgesiedelte Bürgermeister Rudolf Albl wurde durch Martin Steidl, H.Nr. 214... ersetzt. Die Schreibung des Ortsnamens erfolgt von nun an nicht mehr mit Lititz, sondern so wie jahrhundertelang vor Entstehung der ČSR mit Littitz. Der Ort, bisher zum politischen Bezirk Pilsen gehörig, kam zu Mies, Reg.Bez. Eger mit dem Sitze Karlsbad.«

b) Die Littitz-Chronik in einem nicht datierten, offensichtlich nach 1945 abgefaßten Nachtrag in (nur) tschechischer Sprache[12]:
»Der Rundfunk gab am 4. Oktober 1938 bekannt, daß auch Litice am 10. Oktober 1938 <von deutschen Truppen> besetzt und dem Sudetengau angeschlossen werden würde. Das bedeutete, Tschechen raus aus Litice, da an ihre Stelle Deutsche kommen werden. Deshalb übersiedelten (stěhovali) nicht nur Arbeiter und Handwerker, sondern auch die Hausbesitzer, also fast alle in den Tagen vom 5. bis zum 9. Oktober 1938 aus Litice nach Pilsen und Umgebung, je nachdem, wo wer Wohnung bekam. Der tschechische Bürgermeister <Albl> und alle tschechischen Gemeinderäte verließen das Gemeindeamt, <auch> alle Lehrer. Vielen gelang es nicht, ihr bewegliches Eigentum und ihre Möbel mitzunehmen und die Schule mußte ihre gesamte Einrichtung zurücklassen. Als sie <d. h. die Tschechen> am Sonntag, den 12. Oktober 1938 <der 12. 10. 1938 war jedoch ein Mittwoch>, massenweise nach Litice zurückkamen, um zu versuchen, ob es möglich wäre, in tschechischer Sprache Gottesdienst zu feiern, erhielten sie vom deutschen Befehlshaber die kurze Antwort, Heraus! <Im Original in deutscher Sprache.> So begann die Zeit zwischen dem Oktober 1938 bis zum 6. Mai 1945, in der die tschechische Sprache in Geschäften und auf der Straße verboten war. Den Tschechen, vor allem jenen, auf die es die Deutschen abgesehen hatten, war der Besuch ihres Eigentums nicht gestattet, der Besuch ihrer Gräber am Friedhof sowie die Beisetzung von Tschechen, die in Pilsen verstorben waren, in Litice verboten. Für die von Deutschen beschlagnahmten Wohnungen konnte keiner <der Tschechen> angemessene Miete und der Verwalter der tschechischen Häuser, der Zimmermann Dobner <D., von Wissensträgern als Tischler bezeichnet, wurde (daraufhin?) 1945 im Zuchthaus/KZ Pilsen-Bory erschlagen> legte alles nach seinem Gutdünken fest, so daß viele auf ihr Eigentum noch draufzahlten, anstatt Miete zu erhalten.
Es übersiedelten« (es folgen 14 Namen aus 13 Häusern).

c) Ein Wissensträger[13] berichtete:
»Viele Tschechen <auf Anfrage: Etwa 20 Familien, d. h. ca. 60 Personen> wurden Ende 1938 und Anfang 1939 gezwungen, Littitz zu verlassen. Ich weiß, daß ein Littitzer, der perfekt tschechisch sprach (er lebt nicht mehr), wenige Wochen nach dem Anschluß als Dolmetscher Gestapo-Leute in tschechische Häuser begleitete und die Bewohner zum Verlassen des Reichsgebietes innerhalb einer bestimmten Frist aufforderte. Viele Tschechen, meist Skoda-Arbeiter <auf Anfrage: z. T. politisch tätig>, die sich ab 1920 in Littitz angekauft und Häuser gebaut hatten – es entstand damals die sog. ›Neue Siedlung‹ – waren von dieser Ausweisungs-Aktion betroffen... Es wurde ihnen bei dieser ethnischen Säuberung zwar kein Haar gekrümmt, und sie konnten auch ihre bewegliche Habe mitnehmen, aber sie mußten fort. In ihre Häuser zogen reichsdeutsche Zollbeamte und nach der Besetzung des Protektorats auch andere reichsdeutsche Zivil- und Militärpersonen ein. Littitzer Landsleute, die ich befragt habe, bestätigen mich. Übrigens war Bürgermeister Vesely's Vater, der in unserer nächsten Nachbarschaft ein Fleischhauer-Geschäft betrieb, vor 1938 kein Deutschenhasser.«

d) Vergleich der Angaben

	Tschech. Bericht	Deutsche Chronik	Tschech. Chronik	Deutsche Wissensträger
Wann »vertrieben«?	27. 10.	Vor 9. 10.	Vor 9. 10.	9. 10. + wenige Wochen (d.h. bis ca. 27.10.?)
Wird die Teilung von »Gesamt-«Littitz in • Littitz (Krs. Mies) • Litice-Valcha (Bez. Pilsen) überhaupt erwähnt?	Nein	Ja	Nein	Ja
Woher soll »vertrieben« worden sein?	Aus Gesamt Litice	Aus Littitz (Krs. Mies)	Aus Gesamt Litice	Aus Littitz (Krs. Mies)
Wie viele Tschechen »vertrieben«?	Alle (= ca. 1.400)	»Die« (= alle ?), aber rd. 240 verblieben	Alle (= ca. 1.400)	ca. 80 von ca. 320
Umstände:	Mitnahme z. B. von Möbeln	Keine Angaben	Viele z. B. ohne Möbel	Mobilienmitnahme

e) Vergleichsanalyse

Die Angaben sind widersprüchlich und z.T. inkonsistent. Sie ergeben nur dann ungefähren Sinn, wenn folgender tatsächlicher Ablauf angenommen wird:

- Viele Tschechen aus »Gesamt-«Littitz verließen vor dem 9. 10. »Gesamt-«Littitz mit beweglicher Habe.
- Nach dem 9. 10. kehrten davon diejenigen mit Wohnsitz Litice-Valcha wieder zurück.
- Um den 27. 10. wurden aus Littitz (Mies) mindestens die in der tschechischen Chronik namentlich aufgeführten 14 Familien unter Mitnahme ihrer Mobilien ausgewiesen; diese rd. 50–60 Personen waren alle Ausgewiesenen aus »Gesamt-«Littitz; in Litice-Valcha (Pilsen) verblieben alle ca. 1.400, in Littitz (Mies) rd. 240 von rd. 300 Tschechen.

f) Internationale Nutzung einer schiefen Darstellung

In ziemlich eigenwilliger Darstellung dieser Abläufe hielt der bereits erwähnte Bürgermeister von Litice, Josef Vesely, mindestens seit 1990 jährlich Reden vor internationalem Publikum. Aus der Ansprache am 25.4.1993 vor einem Oberst der US-Luftwaffe und dem Gemeinderatsvorsteher der schweizerischen Partnergemeinde Pilsens, Winterthur, wurde er u. a. wie folgt zitiert[14]:

Litice »lernte schon im Jahre 1938 die rabiate Faust des faschistischen Regimes kennen. Deutschland bezog damals Litice <d. h. die gesamte Gemeinde> in das Sudetengebiet ein, und die <d. h. alle> hiesigen Bürger mußten mit ihren Familien sofort wegziehen (odstěhovat). Den Menschen war nicht gestattet, irgendwelchen Besitz mitzunehmen, sie verließen mit Tränen in den Augen ihre Häuser und suchten verzweifelt Unterkunft in Pilsen und Umgebung, um nicht mit ihren Kindern unter freiem Himmel bleiben zu müssen.«

Der Bürgermeister beklagte zum Schluß seiner Rede die heutige, vergleichbare Entwicklung »auf dem Gebiet des ehemaligen Jugoslawien«.

IV. *Die Sache mit dem Denkmal*

a) Die jährliche Rede erfolgt vor einem Gedenkstein in Littitz, der derzeit, ähnlich mehrdeutig, folgende Inschriften trägt: »In Memory of twelve American flyers, tortured to death by the Germans in Litice«. Darunter die tschechische Inschrift, die in deutscher Übersetzung lautet: »Zur Erinnerung an zwölf amerikanische Flieger, die von den Deutschen in Litice 1945 erschlagen (ubitých) wurden«.

b) Vorgangsbasis dafür war, daß am 25. 4. 1945 nahe Littitz ein beim Luftangriff auf Pilsen abgeschossener US-Bomber abstürzte. Die Instrumentalisierung des Vorganges für anti-(sudeten-)deutsche Zwecke wird bei Betrachtung des von sudetendeutschen Zeugen und von dem tschechischen Historiker Found gesammelten Materials[15] zum Denkmal deutlich:
Der Wissenschaftler fand für die vorgeblich in Littitz nach dem 25. 4. 1945 zu Tode gemarterten US-Flieger in der tschechischen Ortschronik von Littitz u. a. den Namen eines Fliegers, der jedoch nach Founds Recherchen bereits am 19. 4. 1945 bei Pirna (in Sachsen, d. h. rd. 150 km Luftlinie von Pilsen entfernt) gefallen war. Dann las er statt der US-Flieger an gleicher Stelle auch von »sechs unbekannten alliierten Soldaten, davon angeblich fünf Australiern«.
In dieser auch in anderen Einzelheiten unsicheren Quellenlage steht für den Absturz nahe Littitz aber fest: Mindestens zwei der US-Flieger dieses Flugzeuges gerieten in und überlebten ihre (ohnedies nur kurze) Gefangenschaft; einer davon soll sogar 1991 an seiner eigenen Totenfeier teilgenommen haben. Mindestens einer – deutsche Berichte sprechen sogar von zwei – der Flieger wurden an der Abschußstelle verbrannt aufgefunden und das abgeschossene Flugzeug vom Typ B 17 G »Fliegende Festung« hatte nach der vorliegenden Namensliste seiner Besatzung nur acht Mann an Bord. Die derzeitige Aussage des Denkmals von 12 Toten in Littitz kann daher nicht stimmen.
Die Bedeutung des Tatbestandes liegt darin, daß auf unabsehbare Zeit jedes Jahr der Bürgermeister eines Ortes, aus dem die Sudetendeutschen vertrieben wurden, die fehlbegründete Ehrung von Opfern eines Weltkrieges zur Fehldarstellung der Geschichte seines eigenen Ortes durch Behauptung vorgeblicher Massenvertreibung seiner eigenen Landsleute nutzen wird[16].

V. *Zusammenfassung*

1. Der Vertreibungsbericht vom 27. 10. 1938 ist nach Art, Umfang und Zeitraum falsch:
   a) Generell wegen der Bevölkerungszahlen zum 17. 5. 1939
   b) Speziell:
   - Für Nürschan auch wegen Teilung und nachgewiesenem Verbleib von Tschechen im deutschen Teil.
   - Für Tuschkau auch wegen der tschechischen Stadtchronik.
   - Für Wiesengrund auch wegen der Zusammensetzung des tschechischen Bevölkerungsanteils vor 1938.
   - Für Littitz wegen Teilung und nachgewiesenem Verbleib von Tschechen auch im deutschen Teil.

2. Es gab einzelne Fluchtvorgänge und Ausweisungen v.a. nach 1918 zugezogener Tschechen, die unter Mitnahme beweglichen Eigentums und Entschädigung/Miete für Immobilieneigentum wegzogen/wegziehen mußten. Diese Vorgänge betrafen anscheinend ein größeres Gebiet und auch einen längeren Zeitraum, als im Bericht dargestellt wurde bzw. werden konnte, jedoch nicht die Gesamtbevölkerung irgendeiner Gemeinde, sondern stets einzelne Personen bzw. Familien.

Fundorte und Anmerkungen:

1 Vgl. »Orientierungslexikon der Tschechoslowakischen Republik«; Hsg. von Ernst Pfohl; Reichenberg, 1932; S. 295.
2 Vgl. »Sudetendeutsches Ortsnamenverzeichnis«; 2. Aufl.; München, 1987; S. 78 ff., 190 f.
3 Wissensträger A. K., 91126 Schwabach, und T. S., 91522 Ansbach.
4 Wissensträger F. V., 61250 Usingen
5 Vgl. Walter, Jan: »Město Touškov« (Stadt Tuschkau); o.O.; 1993.
Wiedergabe nach (Heimatbrief) »Land an der Miesa«; Dinkelsbühl; Nr. 2/1994; S. 74.
6 Darstellung von L. K. in »Land an der Miesa«; 1965, S. 559 f.

7 »Littitz-Chronik« (Gemeindegedenkbuch von L.); Fotokopie des Originals; 253 Seiten; (im folgenden zitiert als LC;) S. 16, 45, 141, 143, 238.
Auch Pfohl: a. a. O.; S. 305 sowie »Sudetendeutsches Ortsnamenverzeichnis«: a. a. O.; S. 79.
• = Keine Angaben, (Klammerzahlen) = Schätzungen.
Vorhandene Angaben differieren geringfügig.

8 LC, S. 230 f.

9 LC, S. 253.

13 Wissensträger F. B., 90427 Nürnberg.

14 Vgl. »Bericht in Plženský Deník« (Pilsener Tageszeitung) vom 26. 4. 1993

15 Vgl. Found, Karel: »Poslední nálet« (Letzter Luftangriff) <auf Pilsen> in »Minulost západočeského kraje« (Vergangenheit des westböhmischen Kreises); Pilsen, Jg. 1991, Nr. 27; S. 125–136, u. a. S. 131.

16 a) Die Methode, Denkmäler aus ähnlicher Zeit durch falsche Beschriftung umzufunktionieren, kann vergleichbar z. B. in Salzwedel (Sachsen-Anhalt) beobachtet werden: Dort sollen nach einem Denkmaltext 244 KZ-Häftlinge auf einem Eisenbahntransport Anfang April 1945 »von Hitlerfaschisten grausam gefoltert und ermordet« worden sein, während sie nach Aussage von nahe wohnenden Zeitzeugen im Zug Opfer eines US-Luftangriffs wurden.

b) Die Methode, (Sudeten-)Deutsche auch für vorgebliche Verbrechen des NS-Regimes verantwortlich zu machen, war auch für Zwodau (Falkenau) zu notieren.
Die »Prager Volkszeitung« (Nr. 39 v. 29. 9. 72) berichtete:
»In Svatava... war eine ›Filiale‹ des Konzentrationslagers Flossenburg. Neben ihr ein flacher Teich, in dem die Häftlinge strafweise oft stundenlang im Wasser stehen mußten.
Zweieinhalbtausend Sowjetsoldaten kehrten aus diesem Lager nie wieder zurück. Es ist gut daran zu erinnern, auch wenn schon Gras über die Greueltaten gewachsen ist und die Namen einzelner in Vergessenheit geraten sind.«
Dazu (vgl. Theisinger, Hugo: »Erinnerungen an Böhmen«; Lahntal, 1978; S. 376 f.) folgende Richtigstellung:
»Ich, Karl Schmidkunz, letzter Deutscher Bürgermeister von Zwodau – tschechisch Svatava – erkläre hiermit an Eides statt, daß in dem Frauenlager in Zwodau, das man zwischen dem Peterwerk und der Schmiegerfabrik errichtete, nie Männer untergebracht waren und deshalb keine 2.500 russische Kriegsgefangene umgekommen sein konnten. Das Lager war ausschließlich von inhaftierten Frauen belegt.
Es wurde auch zu keiner Zeit beobachtet, daß Häftlinge strafweise im Wasser des Schmiegerteiches stehen mußten.«
Die Erklärung vom 27. 12. 1977 wurde von 16 in der fraglichen Zeit anwesenden Zwodauern eidesstattlich bestätigt.

Anhang V:

Statistische Zahlen und Angaben

TABELLE 1:

Das Sudetengebiet in Böhmen, Mähren und Schlesien (sowie seine Gebietsteile) 1910 bis 1939: Fläche und Bevölkerung nach Nationalitäten

A) *Vorbemerkung*

Die Tabelle soll einen Überblick der Fläche und Bevölkerung des Sudetengebietes sowie seiner Gebietsteile von 1919 bis 1938 im Rahmen des Gesamtgebietes bieten.

Die Zahlen werden in Millionen (,) und/oder Tausend (.) ausgedrückt. Zahlen in (runden Klammern) beruhen auf eigener Ermittlung; geringfügige Rundungen waren gelegentlich erforderlich.

Verwendete Abkürzungen bedeuten:
A/And. = Andere
B, M, S = böhmisch, mährisch, slowakisch
D = deutsch
J = jüdisch
poln. = polnisch
RB = Regierungsbezirk
R.Ang. (Sd.) G. = Reichsangeschlossene (sudetendeutsche) Gebiete
RG. = Reichsgau
Schl. = Schlesien
Se. = Summe
Sud.-/Sd.-Geb. = Sudetengebiet
T = tschechoslowakisch, v. a. tschechisch
vorn. tsch. Geb. Bö/Mä. = vornehmlich tschechisches Gebiet Böhmens/Mährens

B) *Die Senkrechte der Tabelle*

1) Reihenfolge
Das jeweilige Gesamtgebiet von Böhmen, Mähren und (österreichisch-) Schlesien wurde derart dargestellt, daß seine über den Zeitablauf 1910 bis 1939 unterschiedliche Zusammensetzung/Gliederung möglichst vergleichbar verfolgt werden kann.

Orientierungspunkte der Gliederung waren:
a) Der Zustand im Jahre 1910,

b) das Sudetengebiet 1919, wie durch das Deutschen Reich und Deutsch-Österreich von den Siegermächten des Ersten Weltkrieges reklamiert,
c) die Änderungen durch die Verträge von Versailles und St. Germain incl. des dadurch bedingten Arbitrage-Vertrags vom 28. 4. 1920,
d) das dadurch entstehende Sudetengebiet ab 1920,
e) das tschechische bzw. polnische Gebiet ab 1919 unter Aufführung wichtiger deutscher Sprachinseln,
f) Der Zustand nach dem 1.10.1938 in seiner 1939 festgelegten Gliederung.

2) Hinweise zu einzelnen Zeilen (Z)

Z 13.1, 28, 28.1, 28.2: (Zahlen nicht addiert; nur zur Information)

Z 29, 37 : Keine Angaben für 1930, da die Länder Mähren und Schlesien durch Verwaltungsreform der ČSR vom 14. 7. 1927 aufgehoben wurden.

Z 31 : Österreichisch-Schlesien umfaßte 5.147 km², von denen 1.009 km² an Polen abgegeben werden mußten; bei der ČSR verblieben 4.138 km².

Z 57.1 : Aufgliederung von Ausländern nach Nationalität 1910–1930; für 1939 in Spalten 32–33.

C) *Die Waagrechte der Tabelle*

1) Gliederung

Die Tabelle stellt Volkszählungsergebnisse von 1910 bis 1939 nach jeweiliger Staatsangehörigkeit und Umgangssprache/ Nationalität/ Volkszugehörigkeit nebeneinander.

2) Hinweise zu einzelnen *S*palten (= *Sp*):

a) Die nachfolgend aufgeführten Spalten beinhalten auch im jeweiligen Gebiet stationierte Militär- und ähnliche Personen. Dazu:

Sp 5–10: Für 1910 sind die Zahlen festgestellter Militärpersonen darstellungserheblich, da Angaben der Sekundärliteratur für die Gesamtbevölkerung und den Aufriß nach Nationalitäten (neben Unsicherheiten in der gebietsmäßigen Darstellung und der von Ausländern) teils mit und teils ohne Militärpersonen operieren.
Die Zahlen sind der Tabelle auf S. 283 zu entnehmen.

Sp 11, 13: Für 1921 lagen weder Angaben noch Schätzungen zu Militärpersonen vor.

Sp 18, 20: Für 1930 lagen offizielle Angaben nicht vor; eine Schätzung (siehe S. 253 in A IV, Exkurs 1) ergab rd. 27.000 nicht im Sudetengebiet mitgezählte Sudetendeutsche und rd. 44.000 im Sudetengebiet gezählte Tschechen.

Sp 26, 29: Für 1939 wurden im Sudetengebiet rd. 27.000 festgestellt (vgl. VV, S. 328); Sie sind in der Zahl 3,405.000 (in Sp 26, Zeile 62) enthalten.

b) Sp 8, 9: In Zeile 34 sind nicht »kaiserlich österreichische« Inländer, sondern Staatsangehörige des Deutschen Reiches erfaßt.
Diese sog. «Hultschiner« gaben als »Umgangssprache« vorwiegend »Morawisch« oder »mährisch« an, verhielten sich jedoch damals und später national als Deutsche.
Siehe dazu S. 56 für Anm. II/29 b.

c) Sp 18: Die in verschiedenen Zeilen (von 3 bis 62) der Verwaltungsgliederung 1938 angegebenen Zahlen wurden nicht im Rahmen der Volkszählung 1930 erhoben, sondern nach 1938 durch Addition des Standes 1930 je Gemeinde bzw. Gemeindeteil ermittelt.

D) *Quellen*

Siehe die Quellenangaben zu A V, Tab 3 auf S. 328.

	Bevölkerung (Zahlen in Tsd. Personen, Klammerzahlen: eigene Ermittlung)					
			Kais.-österreiche Inländer			
	Gesamt	Ausländer	Gesamt	der Umgangssprache		
				deutsch	b., m., slov.	andere
	a) Die ?? österreichische Statistik gibt an: Gesamt					
Böhmen	6,769.4	56.6	(6,712.8)	2,467.6	4,241.9	3.3
Mähren	2,622.3	17.4	(2,604.9)	719.5	1,869.0	16.4
Schlesien	756.9	15.5	(741.4)	325.5	180.3	235.6
Gesamt	(10,148.6)	(89.5)	(10,059.1)	(3,512.6)	(6,291.2)	(255.3)
	darin Militärpersonen					
Böhmen	39.4	0.2	39.2	16.8	21.5	0.9
Mähren	14.7	1.0	13.7	5.6	6.7	1.4
Schlesien	4.9	+ 0	4.9	2.1	1.2	1.6
Gesamt	(59.0)	(1.2)	(57.8)	(24.5)	(29.4)	(3.9)
	d. h. Zivilpersonen					
Böhmen	(6,730.0)	(56.4)	(6,673.6)	(2,450.8)	(4,220.4)	(2.4)
Mähren	(2,607.6)	(16.4)	(2,591.2)	(713.9)	(1,862.3)	(15.0)
Schlesien	(752.0)	(15.5)	(736.5)	(323.4)	(179.1)	(234.0)
Gesamt	(10,089.6)	(88.3)	(10,001.3)	(3,488.1)	(6,261.8)	(251.4)
	b) Bohmann (MuG, S. 66, 83) verzeichnete in den Grenzen von 1910:					
Böhmen	6,730.1	(17.9)	(6,712.2)	2,467.7	4,241.9	(2.6)
Mähren	2,607.6	(3.7)	(2,603.9)	719.4	1,869.0	(15.5)
Schlesien	756.9	(15.9)	(741.0)	325.5	180.3	(235.2)
Gesamt	(10,094.6)	(37.5)	(10,057.1)	(3,512.6)	(6,291.2)	(253.3)
	c) Demgegenüber Kural (a.a.O.; S. 214 f.) in den Grenzen von 1910:					
Böhmen	•	•	•	•	•	•
Mähren	•	•	•	•	•	•
Schlesien	757.	•	•	326.	•	235.
Gesamt	10,148.	•	•	3,513.	6,291.	•
	In den Grenzen von 1921:					
Böhmen	6,782.	57.	6,725.	2,478.	4,244.	2.
Mähren	2,633.	18.	2,615.	725.	1,874.	16.
Schlesien	656.	13.	643.	287.	214.	142.
Gesamt	10,071.	87.	9,984.	3,490.	6,333.	165.

Lfd. Nr.	Gebietsbezeichnung 1919/20 → 1938	Summen-Bildung	Fläche (km^2)	Bevölkerung 1910: Gesamt	Ausl.	Kais. o. Inländer: Summe	Umgangsspr.: D	B,M,S.	A	Bevölkerung 1921: Gesamt	Ausl.	ČSR-Inländer: Summe	Nationalität: D	T	J	A
1	2	3	4	5	6	7	8	9	10	11	12	13	14	15	16	17
1	Böhmen 1910		52.0	6,769.	56.	(6,713.)	2,468.	4,242.	3.							
2	Deutsch-Böhmen		14.5				2,070.	116.								
3	Nordost-Böhmen		0.9				84.	3.								
4	→ (ab 1938): RB Aussig															
5	→ (ab 1938): RB Eger															
6	Süd-Böhmen		3.3				176.	6.								
7	Südost-Böhmen		0.4				22.	1.								
8	→ (ab 1938): zu Bayern															
9	Sud.-Geb. Böhmen –1918	(=1+2+6+7)	19.1				2,352.	126.								
10	Weitra, Gmünd		0.1	12.	+0	12.	10.	2.	+0							
11	→ (ab 1938): zu Österreich															
12	Sud.-Geb. Böhmen 1919 ff.	(= 9+10)	19.2				2,362.	128.								
13	Vornehml. tschech. Geb. Bö.		32.9				116.	4,116.								
13.1	(davon Prag)						(19.)	(202.)								
14	Summe Böhmen 1919ff.	(=12+13)	52.1	6,781.	56.	6,725.	2,478.	4,244.	3.	6,671.	94.	6,577.	2,173.	4,338.	11.	10.
20	Mähren 1910		22.2	2,622.	17.	(2,605.)	720.	1,869.	16.							
21	Deutsch-Südmähren		1.8				159.	12.								
22	Feldsberg		0.1	10.	+0	10.	5.	5.	+0							
23	→ (ab 1938): zu Österreich															
24	Nordmähren		3.3				316.	14.								
25	Sud.-Geb. Mähren –1918	(=21+24)	5.1				475.	26.								
26	Sud.-Geb. Mähren –1919 ff.	(=22+25)	5.2				480.	31.								
27	Vornehml. tschech. Geb. Mä.		17.1				245.	1,843.								
28	Davon Sprach-Inseln gesamt		(0.5)				(156.)	(66.)								
28.1	Brünn		(0.1)				(93.)	(45.)								
28.2	Iglau, Olmütz		(0.4)				(63.)	(21.)								
29	Summe Mähren 1919–1925	(=26+27)	22.3	2,632.	17.	2,615.	725.	1,874.	16.	2,662.	46.	2,616.	548.	2,048.	15.	5.
30	Ö-Schlesien 1910		5.1	757.	16.	(741.)	325.	180.	236.							
31	davon ČSR 1921 ff.		4.1	613.	16.	(597.)	279.	178.	140.							
32	darin W.-Schl. = SG. –1918		2.8				249.	65.								
33	→ (ab 1938): RB Troppau															
34	+ Hultschin; ab '38: zu Schl.		0.3	45.	+0	(45.)	6.	37.	2.							
35	Sud.-Geb. Schlesien 1921 ff.	(=32+34)	2.9				255.	102.								
36	Vorn. tsch./poln. Geb. Schl.		1.8				30.	113.								
37	Summe Schlesien 1921–1925	(=35+36)	4.4	658.	16.	642.	285.	215.	142.	672.	49.	623.	252.	296.	4	71.
41	Summe Mähren/Schl. 1925 ff.		26.7													
50	Se Bö.+Mä.+Schl. 1910	(=1+20+30)	79.3	(10,148.)	(89.)	(10,059.)	(3,513.)	(6,291.)	(255.)							
51	Sd.-Geb. (o. Spr.-Ins.) –'18	(=9+25+32)	27.0				3,068.	217.								
52	Sd.-Geb. (o. Spr.-Ins.) '21 ff.	(=12+26+35)	27.0				3,097.	261.								
53	→ RG. Sudetenland	(=4+5+33)														
54	→ And. Sd.-Geb. B + M/Schl.	(=7+11+23+34)														
55	→ Se R.Ang G., B + M/Schl.	(=53+54)														
56	Vorn. Tsch./Pol. Geb.	(=13+27+36)	51.8				391.	6,072.								
57	Se Bö.+Mä.+Schl. '21 ff.	(=14+29+37+41)	78.8	10,071.	89.	9,982.	3,488.	6,333.	161.	10,005.	189.	9,816.	2,973.	6,727.	30.	86.
57.1	Ausländer nach Nationalität				89.	+ 89.	+ 56.	(+ 3.)	(+30.)		189.	+ 189.	+ 88.	+ 47.	+0	+ 54.
57.2	Gesamt			10,071.	0	10,071.	3,544.	(6,336.)	(191.)	10,005.	0	10,005.	3,061.	6,774.	30.	140.
61	→ R.Ang. G., Slowakei; '38 zu Oes															
62	→ R.Ang. Sd. Gebiete Gesamt															

Bevölkerung 1930 Gesamt	Ausl.	ČSR-Inländer Summe	Nationalität D	T	J	A	Fläche (km²)	Bevölkerung 1939 Gesamt	Nach Staatsangehörigkeit Ausl., ohne	?	DR-Inländer Summe	dav. D	T	N. Volkszugeh. D	T	Lfd. Nr.
18	19	20	21	22	23	24	25	26	27	28	29	30	31	32	33	1
																1
																2
																3
1,472.							7.3	1,329.	9.	84.	1,236.	1,199.	36.	1,209.	113.	4
856.							7.5	803.	3.	10.	790.	782.	7.	785.	16.	5
																6
																7
92.							1.7	90.	1.		89.	84.	5.	84.	5.	8
																9
																10
98.							1.7	123.	2.		122.	120.	2.	120.	3.	11
																12
																13
																13.1
7,109.	94.	7,015.	2,271.	4,683.	13.	48.										14
																20
																21
																22
232.							2.6	180.	12.	1.	167.	155.	13.	157.	19.	23
																24
																25
																26
																27
																28
																28.1
																28.2
																29
																30
																31
																32
829.							7.8	811.	6.	33.	772.	641.	131.	646.	162.	33
55.							0.3	53.	1.		52.	52.		52.	+ 0	34
																35
																36
																37
3.565.	63.	3,502.	800.	2,582.	17.	103.										41
																50
																51
																52
3,157.							22.6	2,943.	18.	127.	2,798.	2,622.	174.	2,640.	291.	53
477.							6.3	446.	16.	1.	429.	411.	20.	413.	28.	54
3,634.							28.9	3,389.	34.	128.	3,227.	3,033.	194.	3,053.	319.	55
							49.9									56
10,674.	157.	10,517.	3,071.	7,265.	30.	151.	78.8									57
	157.	+ 157.	+ 71.	(+45.)	(0)	(+41.)										57.1
10,674.	0	10,674.	3,142.	(7,310.)	(30.)	(192.)										57.2
16.							+ 0	16.	9.		7.	6.		11.	+ 0	61
3,650.				743.			28.9	3,405.	43.	128.	3,234.	3,039.	194.	3,064.	319.	62

TABELLE 2:

Literaturangaben zur Bevölkerung des Sudetengebietes nach Nationalitäten 1930 sowie zu Bewegungen in 1938/39

A) *Vorbemerkung*

Die Tabelle an sich ist eine gegliederte Zusammenstellung von Angaben und Zahlen aus umfangreichem Textmaterial, das der Tabelle folgend im Abschnitt E (siehe S. 292 ff.) wiedergegeben wird.
Die Zahlen werden in Millionen (,) und/oder Tausend (.) ausgedrückt.

B) *Die Senkrechte der Tabelle*

Die Tabelle (siehe S. 288 bis 291) soll zusammenfassend darstellen, welche Informationen über die Bevölkerung des Sudetengebietes in der Literatur zum jeweiligen Zeitpunkt vorgelegt wurden. Deswegen ist die Reihenfolge insgesamt chronologisch.
Um die Tabelle möglichst kurz zu halten, sind die Angaben z.T. nebeneinander in den jeweiligen Spalten aufgeführt.
Texte und Quellenangaben sind im Abschnitt E (S. 292 ff.) unter der jeweiligen Ziffer zu finden.

C) *Die Waagrechte der Tabelle*

1) Gliederung

Die Tabelle gliedert in den *S*palten (= *Sp*) nach:

- Angaben mit klarem Bezug auf die ČSR-Volkszählung (= VZ) von 1930 oder dieses Jahr; diese in Sp 1– 4.
- Angaben mit unklarem bis falschen Bezug auf den Zustand nach dem 1. 10. 1938; diese in Sp 6– 9.
- Angaben zu Abwanderungszahlen aus den Sudetengebiet 1938/9; diese in Sp 10–13.
- Angaben mit klarem Jahresbezug auf 1939 und später, v. a. aus der VZ des Deutschen Reiches vom 17. 5. 1939; diese in Sp 14–16.

Gemeint sind stets die »Reichsangeschlossenen sudetendeutschen Gebiete«, d. h. nicht nur – als kleineres Gebiet – der Reichsgau Sudetenland.
Einige derartige Angaben sind in [eckigen Klammern] dargestellt.

2) Hinweise zu einzelnen *S*palten (= *Sp*):

Sp 1, 6, 10: Es bleibt oft unklar, ob in diesen Gesamtzahlen die Gesamtbevölkerung (d. h. incl. der Ausländer) oder nur die ČSR-Inländer gemeint sind.
Bei einigen Angaben zu Sp 1 wurde dies durch Fußnoten verdeutlicht.
Zu Gesamtzahlen siehe S. 284 f.: A V, T 1.

Sp 4, 9, 13: Es blieb oft unklar, ob es sich um Personen jüdischen Glaubens oder jüdischer Nationalität handelt.
Zu dieser Alternative siehe S. 45 sowie S. 81 mit Anm. III/95 bis 99). Dort auch Hinweise auf die vermutlichen Zahlen von 1939.
Zu den Angaben: Siehe die jeweiligen Texte in Abschnitt E, S. 292 ff.

Sp 5: Hier wurde in Form einer »Kürzestformulierung« versucht, den inhaltlichen Kern der Aussage wiederzugeben.
Dafür verwendete Abkürzungen sind:
Cz. = Czechoslovakia(n)
d. = deutscher
D. = Deutschland

DR. = Deutsches Reich
G. = Germany
T. = Tschechen
t. = tschechisch
Ts. = Tschechoslowakei
u. = unter
Zum Zusammenhang: Siehe die jeweiligen Texte.

Sp 6, 10: Zur Erleichterung von Durch- und Übersicht wurden oft nicht angegebene Gesamtzahlen durch Addition angegebener Einzelzahlen ermittelt und in (runden Klammern) dargestellt.

Sp 11: Zahlreiche (Sudeten-)D(eutsche), die das Sudetengebiet zunächst verlassen hatten, wurden nach dem 1. 10. 1938 entweder von den ČSR-Behörden zurückgeschickt oder kehrten zurück.
Die aufgeführten Zahlen geben Angaben über diejenigen Personen wieder, die das Gebiet bis mindestens 1945 verlassen mußten.
Zum Zusammenhang: Siehe die jeweiligen Texte.

Sp 15, 16: Bei der DR-Volkszählung 1939 wurden zahlreiche Personen festgestellt, deren Staatsangehörigkeit aus verschiedenen Gründen (siehe dazu S. 79 mit Anm. III/80), z. B. wegen noch nicht abgeschlossener Optionsverfahren (siehe S. 108f. mit Anm. IV/23 bis 32) ungeklärt/ unermittelt blieben.
Die »Volkszugehörigkeit«, zu der man sich zu erklären hatte, ermöglichte eine Darstellung.
Dabei gab es auch unter den Ausländern deutsche »Volkszugehörige«, z. B. aus Danzig und aus dem Teschener Gebiet Polens.

D) *Die Wiedergabe der ausgewerteten Texte*

Zu den dargestellten Angaben sollte in der Wiedergabe ihr gedankliches Umfeld treten, was natürlich nur in Auszügen unterschiedlicher Länge möglich war. Gelegentlich wurde (, stets klar vermerkt,) textlich zusammengefaßt.
Die Wiedergabe folgt grundsätzlich folgendem Raster:

Lfd. Ziffer mit Beschreibung der Publikation
Position a–. . .: Texte der Angaben, sofern Quellen enthalten, auch diese.
Auch: <In eckigen Klammern: Knappe, eigene Zusätze und Kurzverweise auf andere Positionen>
Position q: Quellenangabe des Autors, sofern mehrere Angaben, einzeln je Position.
Position t–z: Eigene Anmerkungen des Bearbeiters zu z. B. Qualität der Angabe, Verweise u. ä.
Nichtvorhandensein bedeutet nicht notwendigerweise Zustimmung zu Angabe oder zu textlichem Umfeld.

Tabelle 2:

Sudetengebiet 1930–39: Bevölkerungsstand 1930, 1939 und Abwanderungen 1938/39

S. ...	Ziffer	Jahr, Autor	ČSR-VZ 1930: Klarer Bezug auf Vorgang und/oder Jahr				Unklarer/dubioser/falscher Aussagenbezug auf 1938					Abwanderung				Jahr	Klarer Jahresbezug: v. a. DR-VZ 1939:		
							Kurztext	Zahlen				Zahlen					Zahlen		
			Ge-samt	Deut-sche	Tsche-chen	Juden	Zusammenhang: Siehe Textauszüge in Abschnitt E:	Ge-samt	Deut-sche	Tsche-chen	Juden	Ge-samt	Deut-sche	Tsche-chen	Juden		Ge-samt	Deut-sche	Tsche-chen
			1	2	3	4	5	6	7	8	9	10	11	12	13		14	15	16
	1 a, b c	'39: Ripka '41:					annexed by G. forced Cz. to cede to G. ... citizens of Cz. race (!)			719. 738.		[170.]	[12.]	[~ 150.]	[7.]				
	2 e, d, g	'45: Šima	3,653.(1)	2,823.	726.	7.				726.				~ 150.					
	3	'46: Nürnberger IM Tribunal					... Bürger t. Rasse(!) abgetreten			738.									
	4	'48: Wheeler-B.					ceded to G.	(3,600.)	2,800.	800.									
	5 a, c y	'49: AA., Berlin			676.											'38: '38:			400. 500.–600.
	6	'50: GB, Prag			456.														
	7 a, b	'53: Luža I					dem Reich einverleibt	(3,571.)	2,832.	739.				~ 100.	17.				
	8 a, b	'56: Wiskemann					became Hitler's subjects	(3,525.)	2,800.	725.				100.					
	9 a b, c d–f g–h	'57: »Dokumentation der Vertreibung«			743. 676.	20. 27.							10.	~ 500. ~ 414.		'39: '39:	3,365. 3,365.	3,004 3,004	194. 319.
	10 a c, b	'58: »Vertreibungsverl.«												~ 550.		'39: '39:	3,408. 3,408.	3,039. 3,064.	194. 319.
	11 b	: Jaksch											5.						
	12	: Šamberger					d. Anteil der Okkupation	3,818.	2,764.	962.									
	13 a, b c	'59: Bohmann I	3,651.(2)	2,823.	737.											'39: '39:	3,405. 3,405.	3,039. 3,064.	194. 319.
	14	Malá					verlor die Ts. ... Tschechen	3,818.		~ 750.									
	15	'61: Procházka I					went to Germany	3,669.	2,806.	~720.–750.									
	16 a, b	Bodensiek										(80.)	3.	70.	7.				
	17	'62: Král I	3,597.(2)		727.														
	18 a–c	'62: Feierabend					im Gebiet lebten			800.		128.–170.	12.	~ 116.	15.				

(1) incl. 76. Ausländer, d. h. ČSR-Inländer 3,577. (2) incl. ? Ausländer, d. h. ČSR-Inländer?

Tabelle 2 *(Fortsetzung)*:

Sudetengebiet 1930–39: Bevölkerungsstand 1930, 1939 und Abwanderungen 1938/39

S. …	Ziffer	Jahr, Autor	ČSR-VZ 1930: Klarer Bezug auf Vorgang und/oder Jahr				Unklarer/dubioser/falscher Aussagenbezug auf 1938					Abwanderung				Klarer Jahresbezug: v. a. DR-VZ 1939:			
							Kurztext	Zahlen				Zahlen				Jahr	Zahlen		
			Ge-samt	Deut-sche	Tsche-chen	Juden	Zusammenhang: Siehe Textauszüge in Abschnitt E:	Ge-samt	Deut-sche	Tsche-chen	Juden	Ge-samt	Deut-sche	Tsche-chen	Juden		Ge-samt	Deut-sche	Tsche-chen
			1	2	3	4	5	6	7	8	9	10	11	12	13		14	15	16
	19	'64: Král II					im Gebiet lebten	3,597.	2,597.	727.									
	20 a–c d, e	: Luža II	3,577(1)		677.		an area, containing …	(3,572.)	2,823.	739.		(91.) (151.)	(11.) 12.	(73.) 116.	(7.) 23.	'39:	3,405.		
	21	: Křen, I					Einwohn. (u.) d. Okkupation	3,818.	2,764.	962.			(11.)	(73.)	(7.)	'39:	3,405.		
	22 a, b c, d e	: Urban												~ 100.		'39: '45: '39:			288. 300.–350. 300.
	23	'65: Brod												~ 120.					
	24 a b	'68: Král III					vor der Okkupation Einbeziehung in DR.	3,617.	2,807.	719. 700.									
	26	'69: Grossmann											13.		15.				
	27 a, b d	'70: Slapnicka												400.		'39: '39:			290. 500.
	28	'72: Nyrop					lost to G.	(3,550.)	2,8(00.)	750.									
	29 a b	'74: Seibt I											10.	~ 400.		('39:)			290.
	30	'75: Hajkova										[152.]	[12.]	[132.]	[8.]				
	31 a–c d	: Bohmann II	3,651.(2)													'39: '39:	3,405. 3,405.	3,039. 3,064.	194. 319.
	32	: Hoensch I					Eingliederung v. … T. in DR.			800.									
	33 a b c, d e f g i, h j k	'78: Bartoš		2,823. 2,819.	739. 726. 758.		im Augenblick der Besetzung			719.		150.	13.	122. 116.–122. 140.–200.	15.	'41: ('39:) '39: '45:			373. 650. 500.–600. 575.–620.

(1) iNur ČSR-Inländer.
(2) Incl. 76. Ausländer, d.h. ČSR-Inländer 3,577.

Tabelle 2 *(Fortsetzung)*:

Sudetengebiet 1930 – 39: Bevölkerungsstand 1930, 1939 und Abwanderungen 1938/39

S. …	Ziffer	Jahr, Autor	ČSR-VZ 1930: Klarer Bezug auf Vorgang und/oder Jahr				Unklarer/dubioser/falscher Aussagenbezug auf 1938					Abwanderung				Jahr	Klarer Jahresbezug: v. a. DR-VZ 1939:		
							Kurztext	Zahlen				Zahlen					Zahlen		
			Gesamt	Deutsche	Tschechen	Juden	Zusammenhang: Siehe Textauszüge in Abschnitt E:	Gesamt	Deutsche	Tschechen	Juden	Gesamt	Deutsche	Tschechen	Juden		Gesamt	Deutsche	Tschechen
			1	2	3	4	5	6	7	8	9	10	11	12	13		14	15	16
	34 c, a d, e	'78: Grünwald									60. 20.–30.		5. 8.						
	35	'80: Proch. II					gingen nach D.		2,806	720.–750.									
	36	'82: Gilbert									20.				~ 20.				
	37 a–c	'83: Hasenöhrl									120.	(183.)	3.	~ 150.	30.				
	38 b, a c	'84: SD-Meldung												152. 180.–200.		'39:			400.
	40	: Rothkirchen				20.–22.													
	41	'88: Josak												122.		'39:			426.
	42 a b c, e	'89: Heumos									22. 27. 19.		15.						
	43	'89: Gabert											5.						
	44 a–b	: Pustejowski											+ 0	~ 400.					
	46	'90: Dienstbier												500.					
	47	: Wlaschek									30.								
	48 a b	: Dagan					brachte … T. unter Nazi-Herrschaft			720.	24.				7.				
	49 b	'91: Prinz											2.						
	50 a	: Schmidt-H.				[27.]													
	51	'92: Svob. Slovo												836.					
	52	: »Omluva«											12.	115.	7.				
	53	: Vašaryova												»die« = alle					
	54	: Křen II												2–300.		'39:			~ 2–300.
	55	: Hoensch II					Eingliederung v. … T. in DR.			800.									
	56	'93: Humphreys					Czechs, who lived there			500.									

Tabelle 2 *(Fortsetzung)*:

Sudetengebiet 1930–39: Bevölkerungsstand 1930, 1939 und Abwanderungen 1938/39

S. …	Ziffer	Jahr, Autor	ČSR-VZ 1930: Klarer Bezug auf Vorgang und/oder Jahr				Unklarer/dubioser/falscher Aussagenbezug auf 1938					Abwanderung				Jahr	Klarer Jahresbezug: v. a. DR-VZ 1939:		
							Kurztext	Zahlen				Zahlen					Zahlen		
			Gesamt	Deutsche	Tschechen	Juden	Zusammenhang: Siehe Textauszüge in Abschnitt E:	Gesamt	Deutsche	Tschechen	Juden	Gesamt	Deutsche	Tschechen	Juden		Gesamt	Deutsche	Tschechen
			1	2	3	4	5	6	7	8	9	10	11	12	13		14	15	16
	57 a	: Seibt II														'39:			400.
	b													~ 400.		'39:			290.
	58	: Giegold									60.								
	59	: Kohout												»Hunderttausende«					
	60	: Eis												»Alle«					
	61	'91: Reissmüller												»Die meisten«					
	62.1	'94: Maček										160.	~ 13.	~ 128.	~ 19.				
	.2 a											~ 185.	13.	~ 155.–160.	15.				
	b															'38:			319.–500.
	c															'39:			410.
	d															'43:			400.
	.3 a											~ 152. (?)	12.						
	b															'38:			319.–500.
	c															'39:			410.
	63 a, b	N.N. (Klen)										150.	13.	122.	15.	?			[420.]
	64	Newman						(3,865.)	3,000.	800.	65.								
	65	Frank										400.							
	66	'95: T. Verf. Gericht												[500.]					

E) *Texte, Quellen und (evtl.) Anmerkungen*

1) Ripka, Hubert: »Munich: Before and After«; London, 1939:
   a) S. 240; Text: Durch das Münchener Abkommen »719.127 Czechs were simply annexed by Germany«.
   b) S. 252; Text:
   »At the end of January 1939 there were about 170.000... refugees from the occupied territories... [in der Rest-ČSR] of whom about 12.000 were anti-Nazi Germans and about 7.000 Jews.«
   Ergänzend das von Ripka gesteuerte Czechoslovak Ministry of Foreign Affairs, London (Hsg.): »Two Years of German oppression in Czechoslovakia«; London, 1941; S. 27:
   c) Text:
   »The agreements of Munich... forced... Czechoslovakia... to cede... to Germany... 738.502... citizens of Czechoslovak language and race.«
   q) Quellen zu a–c: Keine

****

2) Šima, Jaroslav: »Českoslovenští přestěhovalci v letech 1938–1945« (Die tschechoslowakischen Umsiedler in den Jahren 1938–1945«; Prag, 1945:
   a) Vorgeschichte der Angaben
      - Eine ČSR-Regierungsverordnung vom 9. 10. 1938 (vgl. »ČSR-Slg.« 1938, Nr. 220, S. 874 f.) hatte zunächst die polizeiliche Meldepflicht der Flüchlinge aus allen Abtretungsgebieten der ČSR festgelegt.
      - Eine weitere Verordnung vom 11. 11. 1938 (vgl. »ČSR-Slg.« 1938, Nr. 292, S. 997ff.) errichtete eine an alle Behörden der gesamten Č-SR weisungsberechtigte »Anstalt für Flüchtlingsfürsorge« mit den Aufgaben Sozialfürsorge, Ansiedlung und Auswanderung.
      - Der Anstalt beigeordnet gab es auch ein »Institut für Flüchtlingshilfe«. Šima, seit 1939 Direktionssekretär des Institutes, sammelte schon bald statistische Daten.
   b) S. 11 f.; Angaben: Der Kreis der betreuten Personen war zunächst gesetzlich festgelegt: § 19 des Č-SR-Gesetzes vom 2. 2. 1939 legte als Definition des »Flüchtlings« v. a. fest: Eine Person, die »nach dem 20. Mai 1938 das an Deutschland, Polen oder Ungarn abgetretene Gebiet verließ oder verläßt und am 20. Mai 1938 die ČSR-Staatsbürgerschaft besaß, wobei diese auf dem Heimatrecht sowohl im abgetretenen wie auch im jetzigen Gebiet des Č-S-Staates beruhen kann.«
   Von diesem Personenkreis fielen nicht unter das Mandat des Amtes (Rechtsbasis dafür nicht angegeben): »Die Bediensteten des Staates, der Staatsbetriebe und der öffentlichen Ämter oder Einrichtungen, denen auch nach dem Verlassen der angeschlossenen Gebiete ihre dienstlichen Einkommen gesichert waren«.
   Bezogen auf die Familienangehörigen der Staatsbediensteten lag keine Aussage vor.
   c) S. 105; Text: »Tatsächlicher zahlenmäßiger Stand der Übersiedler (tschechoslovakische Staatsangehörige)

Datum	Übersiedlerzahl
27. September 1938	24.359
1. Oktober 1938	28.137
15. Oktober 1938	27.519
1. November 1938	82.009
1. Dezember 1938	145.903
1. Januar 1939	150.882
1. Februar 1939	162.947
1. März 1939	149.254
1. April 1939	155.702
1. Mai 1939	171.860
1. Juni 1939	178.871

1. Juli 1939	193.097
1. August 1939	192.756
1. September 1939	193.277«

<Mit einer anderen Aufstellung auf S. 111 kann für> »VII. 1939« <weitergeführt werden:>

<Gesamtzahl: Vgl. Sima, S. 105 oben	193.097>
<Gesamtzahl mit Religionsbekenntnis, S. 111	177.570>
<Darin, d. h. S. 111> »ohne Bekenntnis	35.743«
<= Gesamt mit Bekenntnis	141.827>
<darin, d. h. S. 111> »israelitisch	14.814«

d) S. 107, Text: »Anzahl der Übersiedler (ts. und fremder Staatsbürgerschaft) nach den Gebieten, aus denen sie übersiedelten... Karteistand zum 1. Juli 1939...

Nationalität der Übersiedler	aus abgetretenen Gebieten			aus der Slowakei	Aus anderen Gebieten	<d. h.: Gesamt>
	an Deutschland	an Polen	an Ungarn			
tschechisch	141.037	18.266	10.059	7.652	398	
slowakisch	352	84	456	290	18	
ukrainisch	318	280	490	32	230	
deutsch	10.496	280	86	50	2.638	<13.550>
jüdisch	18.673	428	164	142	2.626	<22.033>
polnisch	180	146	28	8	30	
ungarisch	54	–	180	22	24	
andere	294	76	162	32	2.438	
Gesamt	171.401	19.560	11.625	8.228	8.402«	<219.216>

e) S. 108, Text:
»Nationale Zusammensetzung der abgetretenen Gebiete nach der <ČSR->Volkszählung von 1930...«<Auszug>

»Nationalität	Im Jahre 1930 anwesende Bevölkerung im Gebiet, angeschlossen an Deutschland	....
tschechisch	725.707	
slowakisch	12.795	
russisch	1.495	
deutsch	2,822.899	
ungarisch	3.806	
polnisch	1.076	
jüdisch	6.659	
andere	2.282	
Gesamt <ČSR Staatsangehörige>	3,576.719	
Ausländer	76.573	
Summe anwesender Bevölkerung	3,653.292	............«

f) S. 109; Text:
»Übersiedler mit ts. Staatsangehörigkeit nach der Nationalität.
Jeweils tatsächlicher Stand. Der bis zur Gesamtzahl verbleibende Rest sind Personen, deren Nationalität nicht festgestellt wurde oder die eine andere... nicht aufgeführte hatten.«

»Monat und Jahr	Nationalität				<d. h.: Gesamt>
	tschechisch slowakisch russisch	deutsch	jüdisch	polnisch	
XI.1938	68.212	8.817	4.765	194	
XII.1938	128.087	10.965	6.234	201	
I.1939	129.087	9.352	6.933	281	
II.1939	140.508	11.123	8.339	303	
III.1939	132.239	7.340	8.576	121	
IV.1939	140.677	7.871	6.293	126	
V.1939	154.780	7.921	8.613	128	
VI.1939	160.822	7.955	9.537	125	
VII.1939	161.231	7.942	10.745	124	<180.042>
VIII.1939	162.143	7.557	9.558	128	
IX.1939	163.743	6.953	9.446	132«	

q) Quellen zu c–f:
Statistische Unterlagen des (erwähnten) Institutes.

x) Anmerkung zur Datenkonsistenz:
Wie viele Tschechen bzw. (Sudeten-)Deutsche mit bisher ČSR-Staatsbürgerschaft *und* Wohnsitz im Sudetengebiet wurden bis zum 1. Juli 1939 nach diesen Angaben als Übersiedler in der Č-SR bzw. dem »Protektorat« erfaßt?

- Zunächst ist generell eine nicht unerhebliche Diskrepanz der Gesamtzahlen (z. B. 1. 7. 39 gg. VII.39 aus den Textteilen f gegen c mit 193.097 gegen rd. 180.042) wegen Nichtangabe bzw. Nichterfassung der Nationalität festzustellen.
- Dies ist nicht auf die Staatsangehörigkeit zurückzuführen:
  Textteil d zeigt auf, daß die Gesamtzahl aller Personen aller Staatsangehörigkeiten zum gleichen Zeitpunkt sogar 219.000 betrug.
- Sodann sind für die tschechischen Übersiedler zwei Randkriterien zu prüfen:
  Es erscheint wahrscheinlich, daß sich unter ihnen kaum Personen mit anderer, als ČSR-Staatsbürgerschaft befanden, aber auch, daß einige von ihnen vor dem 1. 7. 1939 in die Emigration gingen (vgl. in Texteil f für Tschechen aller Gebiete die Abnahme von Februar zu März 1939). Man wird daher wohl von 141.037 (Textteil d) plus x, d. h. vielleicht rd. 150.000 ausgehen müssen.
- Mit hoher Wahrscheinlichkeit treffen für die (Sudeten-)Deutschen beide Prämissen zu:
  Es ist eine nicht unbeträchtliche Zahl von Staatsangehörigen des Deutschen Reiches incl. Österreichs zu vermuten; auch sind verschiedene Emigrationswellen (in Textteil f für Deutsche aller Gebiete von Dezember 1938 zu Januar 1939 und von Februar 1939 zu März 1939) ablesbar. Man müßte daher die 13.550 bzw. 10.496 (Textteil d) sowohl verringern als auch erhöhen.

y) Anmerkung zur Zahl der Juden:
Zu diesen Problemen treten noch die unterschiedlichen Erfassungskriterien. Das Material sei daher lediglich tabellarisch aufbereitet:

Staatsangehörigkeit:	nur ČSR	ČSR und Ausland
Herkunftsgebiet:	alle Abtretungsgebiete und Slowakei	Sudeten-gebiet
Juden nach ...	... Bekenntnis	... Nationalität
Anzahl Juli 1939:	14.814	18.673

****

3) »Československo a Norimberský Proces« (Die Tschechoslowakei und der Nürnberger Prozeß); Hsg. v. (ČSR-)Informationsministerium; Prag, 1946; (Auszug des amtlichen Berichtes der ČSR zur Anklage und Urteilsfindung); S. 94:

a) Text:
»Das Münchner Abkommen zwang die <ČS->Republik, an Deutschland 738.502 Bürger tschechischer Sprache und Rasse (rasy) abzutreten.«

q) Quelle: Keine

x) Anmerkung zur Qualität der Arbeit:
Die erkennbare Fehlmeldung Polička etc. (siehe S. 187: A II, B 15; S. 266 ff. A IV, Exkurs 3) wird offensichtlich ungeprüft (auf S. 83 f., 87 f.) aufgenommen.

****

4) Wheeler-Bennett; John W.: »Munich – Prologue to Tragedy«; New York, 1948, S. 194:

a) Text:
Czechoslovakia »ceded to Germany... a population of 2,800.000 Germans – and 800.000 Czechs«.

q) Quelle: Keine

****

5) »Akten zur Deutschen Auswärtigen Politik 1918–1945«; Serie D, Bd. IV; Baden-Baden 1951 <im folgenden zitiert als »ADAP IV«>; Nr. 121, S. 135:

a) Text und Quelle:
»Aufzeichnung des Vortragenden Legationsrats Altenburg (Pol. Abt.)

Berlin, den 17. November 1938

Der Führer hatte die sofortige Beantwortung folgender Fragen angeordnet:
...
2.) Wieviel Volksdeutsche befinden sich in der neuen Tschechoslowakei?
3.) Wieviel Tschechen fallen mit der neuen Grenzziehung an Deutschland?
4.) Wieviel tschechische Volksangehörige befinden sich in Deutschland?
Nach Fühlungnahme mit dem Reichsinnenministerium (Reg. Rat Essen) sind diese Anfragen wie folgt beantwortet worden:
...
zu 2) Nach Abzug der an Polen und Ungarn fallenden Volksdeutschen verbleiben in der neuen Tschechoslowakei 478 589 Volksdeutsche.
zu 3) An Deutschland sind tschechische Volkszugehörige gefallen:

durch die Linienführung vom 5. Oktober d. J.	637.035
durch die bevorstehende Grenzregulierung	39.478
zusammen:	676.478 <a>

zu 4) Tschechische Volksangehörige im Reich einschließlich Österreich 32.274.
Für die Tschechoslowakei ist die Statistik von 1930 zugrundegelegt. Für die tschechischen Volksangehörigen im Reich die Statistik von 1934. Durchgabe der Angaben erfolgte 14 Uhr 20.

A(ltenburg)«

b) Dazu auch die »Aufzeichnung des Staatssekretärs« vom »10. Oktober 1938«:
Text: »Der Französische Botschafter <in Berlin, d. h. François-Ponçet> hat mir heute telefonisch gesagt, er habe sich die Frage der Volksabstimmung <im Sudetengebiet> noch einmal durch den Kopf gehen lassen und neige nun doch der Meinung zu, daß es besser wäre, ganz ohne Abstimmung auszukommen.
Zur Begründung dieser seiner neuen Haltung führte er u. a. an, daß nach Angaben des Gauleiters Krebs <an dieser Stelle Verweis zur Person von K.> die Zahl der auf tschechischem bezw. deutschem Boden verbleibenden Minorität sich in der Höhe von ungefähr 400.000 Menschen die Waage halte. Herrn Ponçet liegt daran, bei nächster Gelegenheit von

Herrn Krebs diese Zahlen noch weiter bestätigt zu bekommen. <An dieser Stelle Verweis:> »Die Verteilungsliste enthält den folgenden Vermerk: V.L.R. Altenburg (Bitte Herrn Krebs darauf aufmerksam zu machen, daß er wohl noch einmal genaue Ziffern wird liefern müssen.)«
gez. Weizsäcker«

q) Quelle zu b:
»ADAP IV«; Nr. 52, S. 51 f.

x) Anmerkung zur Qualität der Angabe a:
Die schnelle Antwort führte möglicherweise zu falschen Angaben
Sicher ist dies bei der Zahl für die Deutschen in der neuen Tschechoslowakei: Nicht, wie gemeldet, 479.000, sondern (vgl. Bohmann: M+G, S. 270, bezogen auf die angefragte Volkszählung von 1930) nur 338.000.
Wie die rd. 32.000 Tschechen im gesamten Altreich und Österreich 1934 zu den allein in und um Wien 1938 abstimmenden 86.000 Tschechen (siehe S. 191 ff.: A II, B 42, hier S. 193 f. Abschnitt D 3) übergeleitet werden können, bleibe offen.

y) Anmerkung zu zeitgleichen Angaben:
Zwischen diesen rund 676.000 (für 1930) und den angegebenen 400.000 (für 1938) Tschechen im Sudetengebiet liegen Angaben in zeitgenössichen Tagebüchern: Ein deutscher General (vgl. Wagner, Edward: »Der General-Quartiermeister«; München, 1963; S. 79) notierte am 9. 10. 1938 »rund 500.000« und der Reichspropagandaminister Joseph Goebbels am 20. 11. 1938 »500.000 bis 600.000«.

z) Anmerkung zu ähnlicher Angabe aus späterer Zeit und deren Fortentwicklung:
- 1959 erschien von M. Hájek in Prag »Od Mnichova k 15. březnu 1939« (Von München zum 15. März 1939).
- Auf S. 21 bei Hájek berief sich dann Jaroslav Koutek in »Nacistická pátá kolena v ČSR« (Die nazistische fünfte Kolonne in der ČSR); Prag, 1962, S. 244: »In dem von Deutschland und Polen besetzten Gebiet verblieben über 800.000 Tschechen, davon im an Polen angeschlossenen Gebiet ungefähr 120.000«; d. h. im Sudetengebiet rd. 680.000.
- In der italienisch-sprachigen Übersetzung Kouteks »Quinta colona all'Est« (Die fünfte Kolonne im Osten); Rom, 1965, S. 210 waren die gleichen Zahlenangaben zu finden; »verblieben« wurde mit »erano rimasti alle mercé dei nuovi padroni« übersetzt; d. h. sie wurden der Gnade der neuen Herren überlassen.

****

6) »Documents on British Foreign Policy«; 3. Seite, Bd. III; Hsg. v. E. L. Woodward u. a.; London, 1950; Nr. 134, S. 99:

a) Telegramm des Britischen Botschafters in Berlin, Nevile Henderson an das brit. Außenministerium in London v. 5. 10. 1938:
Text und Quelle:
»According to actual Czech statistics for 1930 it would appear – though Czechs deny this – that 456.000 Czechs (including over 100.000 officials and their families who would leave in any case) are reckoned as living in areas handed over to Germany and 357.000 Germans as living in German islands in Czechoslovakia.«

b) Eine spätere Angabe vom 8. 11. 1938 (a. a. O., Nr. 255, S. 225 f.) bezog sich deutlich auf nunmehrige Zahlen von v. a. Tschechen im *Gesamt*gebiet aller Nachbarstaaten der ČSR. Hier wurden dem Deutschen Reich mehr als 750.000 Tschechen und Slowaken zugeschrieben, worin natürlich z. B. rd. 100.000 Tschechen in Wien und Niederösterreich enthalten waren.

****

7) Luža, Radomír: »Odsun« (Abschub); Wien, 1953; S. 13:
Text:
»Durch das Münchner Diktat wurden dem Reich über 739.000 Tschechen <a> zusammen mit mehr als 2,832.000 Deutschen einverleibt... Schon Anfang November 1938 mußten, die

deutschen Demokraten und über 17.000 Juden nicht eingerechnet, rund 100.000 tschechischer Flüchtlinge <b> ihre Güter (státky) verlassen.«

q) Quellen zu a und b: Keine

x) Anmerkung zur Qualität der Arbeit:
Die erkennbare Fehlmeldung Polička etc. (siehe S. 187: A II, B 15; S. 266 ff.: A IV, Exkurs 3) wird offensichtlich ungeprüft (auf S. 13) übernommen.

****

8) Wiskemann, Elizabeth: »Germany's Eastern Neighbours«; London, 1956; S. 51:
Text:

a) »While over 2,800.000 Sudetengermans became Hitler's subjects 725.500 Czechs were forced to do the same.«

b) Fußnote dazu: »Of these 100.000 were actually expelled according to Luža (›Odsun‹; Wien, 1953) p. 13.«

q) Quelle zu a: Keine.

****

9) Bundesministerium für Vertriebene, Flüchtlinge und Kriegssachgeschädigte (Hsg.): »Die Vertreibung der deutschen Bevölkerung aus der Tschechoslowakei«; Band IV/1 der »Dokumentation der Vertreibung der Deutschen aus Ost-Mitteleuropa«; Bonn, 1957; S. 12 f.:

a) Text und Quellen:
»Nach einer Berechnung des Statistischen Zentralamtes in Prag betrug 1930 (nach den Ergebnissen der damaligen Volkszählung) die Zahl der Tschechen und Slowaken in den später an das Deutsche Reich abgetretenen Gebieten 743.086 (vgl. Statistisches Jahrbuch für das Protektorat Böhmen und Mähren 1941, hrsg. vom Statistischen Zentralamt in Prag, Jg. I (1941), S. 284.«

b) Text und Quelle:
»In einer Aufzeichnung des Auswärtigen Amts war die Zahl der an Deutschland gefallenen tschechischen Volkszugehörigen auf 676.478 beziffert worden (nach Volkszählung 1930!); Akten zur Deutschen Auswärtigen Politik, Serie D, Bd. IV, Dok. Nr. 121, S. 135.«

c) Text:
»Unter Berücksichtigung der Änderung der Volkszugehörigkeit jener Bewohner, die bis 1939 zu den Tschechen und Polen gezählt wurden, sich nach der subjektiven Volkstumstheorie dann aber zum Deutschtum bekannten und unter Berücksichtigung der seit 1930 in die sudetendeutschen Gebiete noch übergesiedelten Personen tschechischer Nationalität, dürfte die Zahl der bis Mai 1939 abgewanderten Tschechen an die 500.000 betragen haben.«

d) Text und Quelle:
»Alfred Bohmann, Die Kriegs- und Vertreibungsopfer der Sudetendeutschen (Sudetendeutscher Artikeldienst, Jg. 3, Nr. 12, Juni 1954), berechnet auf Grund des Bevölkerungsrückgangs im »Reichsgau Sudetenland« von 3.157.139 Personen am 1. Dezember 1930 auf 2.943.187 Personen bei der Volkszählung vom 17. Mai 1939 unter Zurechnung des Bevölkerungszuwachses die Zahl der abgewanderten Tschechen mit etwa 414.000 Personen.«

e) Text und Quellen:
»Eugen de Witte, Die sudetendeutsche Emigration 1938 (Sudeten-Jahrbuch der Seliger-Gemeinde 1952, S. 97 ff.), spricht von 40.000 geflüchteten deutschen Sozialdemokraten. Nach einer Äußerung des Hohen Kommisars für Flüchtlingsfragen beim Völkerbund, Sir John Hope Simpson: ›Refugees, a review of the situation since September 1938‹, wurden allein 20.000 deutsche Flüchtlinge von den Tschechen wieder zurückgeschickt, während etwa 10.000 freiwillig zurückkehrten; vgl. W. Jaksch, Benesch war gewarnt, München 1949, S. 75; auch de Witte, a. a. O., S. 99. Die Zahl der aus dem Sudetengau abgewanderten Juden läßt sich annähernd daraus bestimmen, daß sich bei der Volkszählung 1930 20.000 Juden zum Deutschtum bekannten, bei der Volkszählung 1939 im Reichsgau Sudetenland noch 1840 und 251 in den übrigen sudetendeutschen Gebieten. Damit ist allerdings nicht

gesagt, daß die Abgewanderten ausschließlich oder vorwiegend ins Protektorat gelangt sind.«

f) Zahlenangaben nach Staatsangehörigkeit auf S. 13 f.;
Quellen: Angegebene Ergebnisdarstellungen der Volkszählung 1939

g) Zahlenangaben, wie unter f, bei Umformung nach Nationalität

h) S. 99; Text und Quelle:
»Nach Peter Meyer, dem Verfasser des Abschnitts Czechoslovakia in dem Werk: The Jews in the Soviet Satellites, by Peter Meyer <u. a.> Syracuse (USA) 1953, S. 47ff., vor allem S. 60ff., betrug die Zahl der Juden (nach der Volkszählung 1930) in den 1938 abgetretenen Gebieten Böhmens 20.838, Mähren-Schlesiens (einschließlich des an Polen abgetretenen Gebiets von Teschen) 9.600, in den bei der ČSR verbliebenen 55.463 (Böhmen) bzw. 31.650 (Mähren-Schlesien). Bei der Volkszählung vom 17. Mai 1939 wurden im Sudetenland noch 1.534 Juden gezählt gegenüber 27.037 im Jahre 1930«.

x) Anmerkung zum Sachinhalt von c:
Bei den bis 1939 v.a. den Tschechen zugeschlagenen Personen handelt es sich v. a. um Hultschiner, die von der ČSR administrativ regelmäßig als Tschechen erfaßt worden waren (Siehe S. 56 für: Anm. II/29 b).

y) Anmerkung zu Texten von b und d:
Voller Text zu b: Siehe oben S. 295, Ziff. 5 a.
Gedankengang von d: Siehe unten Ziff. 10 b.

****

10) »Die deutschen Vertreibungsverluste«; Hsg. vom Statistischen Bundesamt, Wiesbaden; Stuttgart, 1958;

a) Zahlenangaben auf S. 328ff.; Quellen: Angegebene Ergebnisdarstellungen der Volkszählung 1939

b) Zahlenangaben, wie unter a, bei Umformung nach Nationalität
S. 331 f.: <Nach Darstellung der Gesamtzahl der Tschechen von rd. 320.000 in den »Reichsangeschlossenen sudetendeutschen Gebieten« nach Gebietsteilen heißt es:>
»Diese Zahlen besagen, daß gegenüber der tschechischen Volkszählung vom Jahre 1930 in den sudetendeutschen Gebieten ein Rückgang der tschechischen Bevölkerung eingetreten ist, der vor allem durch die starke tschechische Abwanderung unmittelbar vor dem Anschluß der sudetendeutschen Gebiete an das Deutsche Reich herbeigeführt wurde. Da die Zahl der Tschechen (und Slowaken) in den an das Deutsche Reich abgetretenen Gebieten nach dem Stand von 1930 nach einer Veröffentlichung des Statistischen Zentralamtes in Prag insgesamt 743 086 betrug, umfaßt dieser Rückgang 426.000 Personen; tatsächlich aber ist er noch größer, weil auch jene Personen zugezählt werden müssen, die nach dem Zeitpunkt der Volkszählung 1930 bis Sommer 1938 in die sudetendeutschen Gebiete zugewandert und vor der Angliederung dieser an das Reich auch als erste wieder abgewandert sind. Zusammen dürfte die Zahl der vor der Angliederung der sudetendeutschen Gebiete daraus abgewanderten Tschechen (und Slowaken) 550.000 wohl nicht überschreiten.«

****

11) Jaksch, Wenzel: V. a. »Europas Weg nach Potsdam«; Stuttgart, 1958; 4. Aufl., München, 1990; S. 346:

a) Textliche Zusammenfassung von Angaben und Quellen:
Es gab 1938 zunächst rd. 30.000 politische Flüchtlinge aus dem Sudetengebiet in das Restgebiet der Tschecho-Slowakei.
Von diesen wurden viele von den Č-SR Behörden an die Gestapo des Nazi-Regimes zurückgeliefert.
Glaser (Kurt »Czecho-Slovakia – A critical history«; Caldwell, Ida.,USA; 1961; S. 40 f.)

berichtet aus Jaksch »Der Weg der letzten freien Deutschen« (London, 1940), daß es bis zu 20.000 gewesen sein könnten.
Von den zurückgelieferten und heimatverbliebenen Gegnern des NS-Regimes wurden 7.000–8.000 ins KZ eingeliefert; viele erhielten langjährige Freiheitsstrafen.
b) 5.000 deutsche politische Flüchtlinge mußten ins Exil; Glaser (: a. a. O.) berichtet von 3.000.

****

12) Šamberger, Zdeněk (Hsg.): »Mnichov v dokumentech« (München in Dokumenten); Bd. II, Prag, 1958; Nr. 248, S. 353ff., hier S. 355:
a) Textliche Zusammenfassung von Angaben und Quellen:
Das Dokument Nr. 248 ist eine insgesamt 138 Seiten umfassende, nur teilweise wiedergegebene Notiz vom 25. 10. 1938 »Přehled následku Mnichovského diktatu a Vídeňské arbitráže« (Übersicht der Folgen des Münchner Diktates und des Wiener Schiedsspruches). Mit letzterem ist offensichtlich die Festlegung der slowakisch-ungarischen Grenze vom 2. 11. 1938 gemeint.
Die Zahlenangaben entstammen der Anlage »Gebiet und Bevölkerung« zu diesem Dokument. In ihr werden der deutsche, polnische und ungarische Anteil (zábor) und das der ČSR verbleibende Territorium aufgeführt, sowie die jeweilige Bevölkerung nach Nationalitäten gegliedert. Die genauen Zahlen des deutschen »Anteils« lauten: 962.379 »Tschechen, Slowaken und Ruthenen«, 2,764.631 Deutsche, 90.855 »andere«; insgesamt 3,817.865. Als Quelle wird vermerkt: »Zusammengestellt nach der amtlichen Bekanntmachung ›Übersicht der Folgen des Münchner und Wiener Vertrages. . .‹, die eine Anlage zum Dokument des Staatlichen Zentralarchivs Prag, MPOZ, I, Nr. 41246/39 ist«. Die Anlagen 2 und 3, die Wirtschaftsdaten darstellen, enthalten als Quellenvermerke vornehmlich die Zeitung »Národni listy« vom 29. 1. 1939.
x) Anmerkung zur Qualität der Angaben:
Es muß beeindrucken, daß ein Dokument vom 25. 10. 1938 ohne jede Einschränkung bereits zahlenmäßige Konsequenzen aus dem im Erstellungszeitpunkt erst zukünftigen Wiener Schiedsspruch vom 2. 11. 1938 enthalten kann: Sowohl Umfang als auch Bevölkerung des Abtretungsgebietes sind zu Lasten der ČSR zu gering angegeben.

****

13) Bohmann, Alfred: »Das Sudetendeutschtum in Zahlen«; München, 1959:
a) Zahlenangaben für 1930 auf S. 122.
b) Zahlenangaben für 1939 nach Staatsangehörigkeit S. 125ff..
c) Zahlenangaben wie unter b bei Umformung nach Nationalität. Zu den Angaben heißt es (S. 133):
»Zahlenmaterial über die Gliederung der Bevölkerung in den sudetendeutschen Gebieten nach der Volkszugehörigkeit wurde aus der Volkszählung 1939 vom Statistischen Reichsamt wegen des folgenden Krieges nicht mehr veröffentlicht. Erst während der Arbeiten an den Bevölkerungsbilanzen der Ostgebiete des Deutschen Reiches und der deutschen Siedlungsgebiete im Ausland, die im Auftrag des Bundesministeriums für Vertriebene vom Statistischen Bundesamt im Rahmen einer Gesamterhebung der deutschen Kriegs- und Vertreibungsverluste durchgeführt wurden, konnte aufgefundenes Archivmaterial der Volkszählung 1939 ausgewertet werden. In der folgenden Tabelle sind die Ergebnisse dieser Auswertung zusammengestellt. (Vergl.: Die deutschen Vertreibungsverluste, Stuttgart 1958.) <Siehe Ziff. 10>
Es wird ausdrücklich darauf hingewiesen, daß sich diese und die folgenden 3 Tabellen, die sich also auf die Ergebnisse einer Sonderauszählung der Volkszählung 1939 stützt, nur auf vorläufige, somit noch nicht endgültige bzw. bereinigte Zahlen bezieht, so daß etwa beim Vergleich der jeweiligen Wohnbevölkerung Differenzen auftreten. Bei der gesamten Wohnbevölkerung der reichsangeschlossenen sudetendeutschen Gebiete beträgt diese

Differenz insgesamt 3281 Personen. Die bereinigten Zahlenangaben über die Wohnbevölkerung befinden sich auf den S. 125–132!«

q) Quellen: Angegebene Ergebnisdarstellungen der Volkszählung 1939.

****

14) Malá, Irena/Lejsuk, Petr: »Okupace československého pohraničí hitlerovským Německem po Mnichovu« (Die Besetzung der tschechoslowakischen Grenzgebiete durch Hitler – Deutschland nach München) in »Sborník archivních prací« (Sammelband archivalischer Arbeit); Prag; Jg. IX (1959), S. 3–58:

a) Text S. 6:
»Durch das Münchner und Berliner Diktat verlor die ČSR 3,817.365 Einwohner, davon ca. ¾ Millionen Tschechen.«

q) Quelle:
»Mnichov v dokumentech, II, Praha 1958, S. 355.«

x) Anmerkung zur Qualität der Angabe:
Die Angabe weicht beträchtlich von den Zahlen ihrer Quelle (siehe S. 299, Ziff. 12) ab.

****

15) Procházka, Theodor: »The Delimination of Czechoslovak-German Frontiers after Munich«, in »Journal of Central European Affairs«; Boulder, Colo., USA; Jg. 31, Nr. 2 (Juli 1961); S. 200–225, hier S. 216f.:

a) Text:
»Bohemia and Moravia-Silesia lost... after Munich ... 3,869 000 inhabitants (of whom 200 000 went to Poland)... Some 2,806 000 Germans went to Germany (along with some 720 000–750 000 Czechs).«

q) Quellen: »›Statistisches Jahrbuch für das Protektorat Böhmen und Mähren‹ (Prague, 1941), p. XXX. See also BR., No. 255; ›Prager Presse‹ v. 27. 11. 1938; ›L'Europe Centrale«, (Prague, 1938), p. 737; ›Ceskoslovensko v Mapach‹ (Prague, 1954), map No. 9. The population figures in these sources differ slightly.«

x) Anmerkungen zu Quelle »BR., No. 255«:
- Gemeint ist DBFP, 3. Serie, Bd. III; London, 1950; Nr. 255, S. 225f.: Es wurde bereits dargestellt (siehe S. 296, Ziff. 6b), daß die hier erwähnten 750.000 die Zahl der Tschechen und Slowaken im *Gesamt*gebiet des Deutschen Reiches, nicht aber nur im Sudetengebiet wiedergeben sollte.
- Das DBFP-Dokument Nr. 134 (siehe S. 296, Ziff. 6a) mit seiner dem Sachverhalt entsprechenden Zahl von 456.000 wird von Procházka nicht erwähnt.

y) Anmerkungen zur Entstehungsgeschichte von »The Delimination...«:
Procházka gibt an, die Arbeit sei auf einem Kapitel seiner Dissertation »La Tchechoslovaquie de Munich à Mars 1938«, Universität Paris, 1954 aufgebaut.
Die Wahl des englischen Begriffs im französischen Titel ist beachtenswert; das Datum 1938 vermutlich Korrekturflüchtigkeit.

****

16) Bodensiek, Heinrich: » Das Dritte Reich und die Lage der Juden in der Tschecho-Slowakei nach München« in Vierteljahreshefte für Zeitgeschichte; Jg. IX (1961); S. 249–261:

a) Text S. 249:
»Unter den Flüchtlingen aus dem Sudetengebiet befanden sich bis Anfang November 1938 neben 70.000 Tschechen und 11.000 Deutschen auch 7.000 Juden.«

b) Text S. 256:
Es »konnte bis Anfang Januar 1939 die Auswanderung von 3.000 ›demokratischen Deutschen‹ veranlaßt werden«.

q) Quellen:
zu a: »Frankfurter Ztg., 11. 1. 38. Diese Zahl dürfte eher zu niedrig als zu hoch sein.«
zu b: »Frankf. Ztg., 6., 11., 14. 1. 39.«

****

17) Král, Václav: »Pravda o okupaci« (Die Wahrheit über die Besatzung); Prag; 1962; S. 99:
a) Text:
»Die Tschechoslowakei verlor mit dem an Deutschland abgetretenen Grenzgebieten ein Territorium im Umfang von 28.679 km^2; im Jahre 1930 lebten dort insgesamt 3,596.804 Einwohner, von denen 727.224 tschechischer Nationalität waren.«
q) Quelle: Keine
x) Anmerkung zur Auffassungsentwicklung des Autors:
Siehe S. 304: Ziff. 24 x.

****

18) Feierabend, Ladislav:
181) »Ve vládách druhé republiky« (In den Regierungen der Zweiten Republik); New York, 1961;
182) »Ve vládě protektorátu« (In der Regierung des Protektorates); New York, 1962;
183) In deutscher Sprache beide Bände als »Prag-London«; Bonn 1971.
a) (181,) S. 20; Text:
»Am 26. September <1938> erfuhr ich, daß Hitler in Godesberg... ein Gebiet... verlangte, in dem mehr als 800.000 Tschechen lebten und dazu noch ein Plebiszit in weiteren Bezirken«.
b) (181,) S. 41; Text:
»In der fünften Zone... <für die zunächst Volksabstimmungen vorgesehen waren und die später ohne diese an Deutschland fiel; siehe S. 260 ff. in A IV, Exkurs 2>... lebten nach unserer Schätzung etwa 800.000 Tschechen«.
c) (181,) S. 97 f.; Text:
»Eine schier unlösbare Angelegenheit war <ca. im Januar 1939> der Überschuß an Beschäftigten des öffentlichen Dienstes. Etwa 70 000 Beamte aus den abgetretenen Gebieten, aus der Slowakei und der Karpathenukraine warteten auf ihre Unterbringung, und davon waren mindestens 50.000 überzählig.« <Es folgt eine Darstellung der Anpassungsmaßnahmen, v.a. Frühpensionierungen.>
d) (183,) S. 64 [Nachfolgend wird auch ein Textvergleich der deutschen mit der in Ursprungsfassung 181, S. 98 durchgeführt: »~« bedeutet dabei eine Begriffsänderung; »–« eine Auslassung.]
Text:
»Ein weiteres schwieriges Problem waren die Flüchtlinge aus den Sudetengebieten [~: aus den Grenzkreisen], deren Zahl niemals genau erfaßt wurde. Schätzungen schwankten zwischen 170.000 und 128.000 Personen, darunter etwa 116.000 Tschechen und 12.000 demokratisch gesinnte [–: tschechoslowakische] Deutsche, hauptsächlich Sozialdemokraten. Von allen [–: Nach der Religion unter diesen] Flüchtlingen waren rund 15.000 Juden. Trotz einer vom Innenminister verfügten Grenzsperre nahm die Zahl der Flüchtlinge ständig zu. Diese Absperrung wurde im Ausland vielfach kritisiert. [–: In der Welt gab es viele, die kritisierten, daß wir die Grenzen schließen ließen und Personen, die dem nazistischen Deutschland entkommen waren, nicht in die ČSR hineinlassen wollten.] Gewiß: es kam zu herzzerreißenden Szenen, wenn Flüchtlinge, die illegal über die Grenze gekommen waren, von tschechischer Polizei wieder zurückgeführt wurden oder wenn Asyl heischenden Menschen [–: und solchen Personen, die nach der Flucht aus Deutschland dorthin nicht zurückkehren konnten] das Betreten unseres Territoriums verweigert wurde und wenn diese armen Gehetzten dann tagelang im Niemandsland kampierten. Aber es war für uns eine gebieterische Pflicht, uns in erster Linie um die eigenen Menschen zu kümmern und um Fremde nur insoweit, als es unsere schwachen Kräfte nach München erlaubten. Hätten wir die Grenzen offen gehalten, so wären wir von Flüchtlingen überschwemmt worden. Trotz allem haben wir aber in allen berücksichtigenswerten Fällen das Asylrecht gewährt.«
e) (182,) S. 64 f.; Text: »Eine traurige Sache war die Unterbringung der Beamten des Außenministeriums sowie der Offiziere und der längerdienenden Unteroffiziere der

Armee. Wir waren bemüht, allen eine anständige Beschäftigung zu verschaffen. <Es folgt eine Darstellung der Bemühungen.> Insgesamt konnten von uns etwa 120.000 Beamte, Offiziere, Unteroffiziere und andere Soldaten untergebracht werden. Dabei ging die Zahl der Arbeitslosen ständig zurück; sie war von 92.975 im März <alle Angaben: 1939> auf 16.912 im Juni abgesunken, und im Juli machte sich bereits ein fühlbarer Mangel an bestimmten Arbeitskräften bemerkbar. Es war das eine Folge der deutschen Abwerbung; nach unserer Schätzung arbeiteten im August bereits 80.000 Tschechen im Reiche <x>. Das Wirtschaftsleben des Protektorates lief auf vollen Touren. Im Juni betrug der Wert der Einfuhr 478, der Ausfuhr 479 Millionen Kronen; von der Ausfuhr entfielen vier Fünftel auf Fertigwaren. Ende Juni wurde die amtliche Zuweisung von Arbeitskräften für die Landwirtschaft, Ende Juli die allgemeine Arbeitspflicht eingeführt.«

q) Quellen für a–e: Keine

x) Anmerkung zur Beschäftigung von Tschechen nach 1938 im Deutschen Reich:
Siehe S. 109 mit Anm. IV/44.

****

19) Král, Václav: »Die Deutschen in der Tschechoslowakei 1933–1947«, Prag, 1964; S. 30:

a) Text: Im »besetzten tschechoslovakischen Grenzgebiet... lebten 3,596.804 Einwohner, davon 727.224 Tschechen und 2,596.804 Deutsche...«

q) Quelle: Keine

x) Anmerkung zur Auffassungsentwicklung des Autors:
Siehe S. 304: Ziff 24x.

****

20) Luža, Radomír: »The Transfer of the Sudetengermans«; New York, 1964:

a) Text S. 158:
»On the basis of the Munich agreement the Reich occupied an area of 28,996 sq km containing 2,822.899 Germans and 738.502 Czechs and Slovaks.«

b) Text mit Quellen als Anm. 9 in S. 158:
»The Sudetengau included 2,943,187 inhabitants on the basis of the census of May 17, 1939 (Statistisches Jahrbuch, p. 16). According to this census (Bohmann, Sudetendeutschtum, pp. 124, 133) 3,405,188 inhabitants were incorporated into the Reich. These figures included Czechs, so that the number of Germans would actually be much lower.«

c–f) Text mit Quellen als Anm. 16 in S. 159:
»Up to Nov. 4, 1938, there were 91,625 refugees in the Czechoslovak Republic from the territories ceded to Germany and Poland, among them 72,912 Czechs, 10,817 Germans, 6,765 Jews (Central European Observer, Nov. 25, 1938) <c>. Up to May 1939, the provinces of Bohemia and Moravia accepted some 23,000 Jewish refugees from the Sudetenland (Jaques Vernant, The Refugee in the Post-War World, London 1953, p. 60) <d>.... See also Eugen de Witte, »Die Sudetendeutsche Emigration 1938« in Preidel, Die Deutschen in Böhmen und Mähren, Gräfelfing, 1952, pp. 373–79. Theodor Prochazka (»La Tchécoslovaquie de Munich à mars 1939«, unpublished doctoral dissertation, Université de Paris, 1954, p. 135) estimates the figure of Czech refugees from the Sudetenland to the Historic Provinces after the cession of the Sudeten territories at 116,000 Czechs <e> and 12,000 Germans <f>.«

q) Quellen (in Fußnoten, S. 158) zu a:
»Central European Observer, XVI (Dec. 16, 1938). A total of 3,576,719 Czechoslovak citizens were ceded to the Reich. The figures were approximate, as they were based on the 1930 census. The Germans estimated the number of Czechs – also according to the same census – at 676,478 persons on Nov. 17, 1938... (DGFP, IV, 152). The difference in figures may have been caused by the emigration of many Czechs after September 21. One has to keep in mind when working with statistical data that a certain degree of restraint is necessary in handling the figures. Statistics are not strictly accurate and

differ frequently. However, the figures are indicative of the nature of the real situation.«

x) Anmerkung zur Qualität der Arbeit:
Die erkennbare Fehlmeldung Polička etc. (siehe S. 187: A II, B 15; S. 266ff.: A IV, Exkurs 3) der Ziff. 7 (siehe S. 296f.) wird offensichtlich neuerlich ungeprüft (auf S. 162) übernommen.

y) Anmerkung zur Fortentwicklung der Angaben in der Übernahme durch den nächsten Autor:
Für das »rump territory« der Rest-ČSR, d. h. für die Zeit nach dem 1. 10. 38 wird ausgesagt: »The Czech minority in the Sudetenland numbered over 600.000.« Diese Aussage wird mit »Luža, The Transfer of the Sudeten Germans, pp. 158, 163« belegt.
Vgl. Mastny, Vojtech: »The Czechs under Nazi Rule«; New York, 1971; S. 24.
Luža erwähnte Zahl *und* Zeitraum nur auf S. 158 und bezog sich dort (siehe oben) klar auf die Volkszählung 1930; der (Reichsgau) Sudetenland entstand jedoch erst nach 1938.

****

21) Doležal, Jiři/Křen, Jan: » Die kämpfende Tschechoslowakei«; Prag, 1964; S. 132:

a) Wiedergabe nach Šamberger: (Siehe S. 299, Ziff. 12):
Statt der dortigen Angabe des »verbliebenen Gebietes« wurde nunmehr eine Summe der »Verluste« gezogen.
Auch diese war, wie oben in Ziff. 12 aufgezeigt, aus anderen Gründen falsch, beinhaltete jedoch wiederum 962.379 Tschechen im Sudetengebiet 1938.

x) Anmerkung zum Lernprozeß des Koautors Křen:
Siehe statt dieser fast 1 Mio. von 1964 seine 0,4 bis 0,6 Mio. Tschechen von 1992 auf S. 317, Ziff. 54.

****

22) Urban, Rudolf: »Die sudetendeutschen Gebiete nach 1945«; Frankfurt/M., 1964; S. 43f.:

a) <Ausgehend von Zahlen für 1930 mit über 700.000 Tschechen im Sudetengebiet folgt> Text:
»Das bedeutet jedoch nicht, daß 1938 bis 1945 im Sudetenland eine so große Zahl von Tschechen gelebt hätte. Auch Luža schreibt, bereits Anfang November 1938 hätten etwa 100.000 tschechische Flüchtlinge das Sudetenland verlassen. Diese Zahl mag stimmen. <a> Ein sehr großer Teil der tschechischen Militärpersonen und Beamten ist mit ihren Familien aber noch vor der Besetzung des Landes durch deutsche Truppen abgewandert. Auf diese Weise verschwand das tschechische Bevölkerungselement aus den Bezirken, in denen es bis 1938 vorwiegend aus Familien von Beamten und Militärpersonen bestand, nahezu völlig.«

b–d) <Nach Anführung Bohmanns SiZ, siehe S. 299f., Ziff. 13 folgt> Text:
»Auch von tschechischer Seite wird die Anzahl der Tschechen die von 1939 bis 1945 im Sudetenland gelebt haben, nur mit etwa 300.000–350.000 angegeben. Die Zeitschrift des Ansiedlungsamtes gibt für 1939 287.939 Tschechen im Grenzgebiet an (9,8% der Gesamtbevölkerung) <b>. Nach derselben Zeitschrift lebten bei Kriegsende im Sudetenland etwa 300.000 Tschechen <c>, an einer anderen Stelle wird von 350.000 gesprochen <d> . . . Die Anzahl der tschechischen Altsiedler im eigentlichen Sudetenland lag also nicht viel über 300.000.«

q) Quellen:
Zu a) Luža: »Odsun« <siehe S. 296f., Ziff. 7>
Zu b–d) Jeweils »Osidlováni« (Besiedelung), Zeitschrift des ČSR-Staatsamtes für Ansiedlung; letzteres geschaffen durch ČSR-Präsidialdekret Nr. 27 v. 17. 7. 1945;
b) Jg. II, Nr. 17 v. 25. 1. 1947
c) Jg. I, Nr. 8 v. 10. 9. 1946
d) Jg. I, Nr. 9 v. 25. 9. 1946, S. 146.

****

23) Brod, Toman (Mit-Hsg.): »Die tschechoslowakische Widerstandsbewegung in Bildern 1938–1944«; Prag, 1965; zu Bild Nr. 44 <x>:
   a) Text: »Rd. 120.000 tschechischer Flüchtlinge aus dem Grenzgebiet suchten Zuflucht im Landesinneren.«
   q) Quelle: Keine
   x) Anmerkung zum Bildinhalt:
   Das Bild zeigt eine ältere Frau, die zusammengekauert auf einem von mehreren, am Straßenrand abgestellten Gepäckstücken sitzt.
   y) Anmerkung zur Beurteilung des Autors/Herausgebers Brod:
   »Der Herausgeber ist für seine bedenkenlose Verdrehung der Beweise, um die jetzige und die vergangene Parteipolitik zu rechtfertigen, bekannt.«
   Vgl. Luža, Radomír: »Ausgewählte Bibliographie« in »Geschichte der Tschechoslowakischen Republik 1918–1948«; Hsg. v. Mamatey/Luža (siehe S. 310, Ziff. 35); S. 507–540, hier S. 510.

****

24) Král, Václav (Hsg.): »Das Abkommen von München«; Prag, 1968:
   a) S. 29; Text:
   Im besetzten Gebiet »hatten vor der Okkupation 3,617.233 Einwohner gelebt, von denen 719.127 tschechischer bzw. slowakischer Nationalität und 2,806.638 Einwohner deutscher Nationalität waren«.
   b) S. 313: Bericht des ČSR-Botschafters in Berlin, Mastny, u. a. über ein Gespräch mit Göring am 11. 10. 1938:
   Text: »Einbeziehung von 700.000 Tschechen ins Deutsche Reich.«
   q) Quellen zu a und b: Keine
   x) Anmerkung zur Entwicklung der Angaben des Autors (in Tsd. Personen):

Wann machte er, ...	... auf welchen Zeitpunkt bezogen, ...	... welche Angaben für das Sudetengebiet?				Wiedergabe auf ...	
		Gesamt	davon				
			Deutsche	Tschechen	(andere)	S.	Ziff.
1962	1930	3,597.	*	727.	*	301	17
1964	?	3,597.	2,597.	727.	(273.)	302	19
1968	»vor der Okkupation«	3,617.	2,807.	719.	(91.)	hier	24

   y) Anmerkung zur Fortentwicklung der Angaben in der Übernahme durch den nächsten Autor:
   Unter Angabe von Král 1968 als Quelle wurde formuliert (Hervorhebung nicht im Original):
   »Im Laufe des Oktober und November besetzte die Wehrmacht 28.363 km^2 tschechoslowakischen Gebiets. *Dort lebten* 3.617.000 Einwohner, wovon 2.806.000 deutscher und 719.000 tschechischer beziehungsweise slowakischer Nationalität waren.«
   Vgl. Hass, Gerhart: »Münchner Diktat 1938 – Komplott zum Krieg«; Berlin (Ost), 1988; S. 271.

****

25) Brandes, Detlev: »Die Tschechen unter deutschem Protektorat«; Bd. 1; München, 1969:

a) S. 53; Text:

»Nach dem 15. März <1939> stand die Protektoratsregierung vor der schwierigen Aufgabe, rund 173.000 Beamte, Offiziere, Unteroffiziere und Berufssoldaten aus dem Verteidigungsministerium und der Armee, dem Außenministerium, den abgetrennten Gebieten sowie der Slowakei, die zahlreiche tschechische Beamte aus ihren Ämtern entfernt hatte, in neuen Stellungen unterzubringen. Sie fanden Arbeit in tschechischen Unternehmen, in der kommunalen Selbstverwaltung, in neuen Behörden, die auf deutsches Geheiß geschaffen wurden, wie z. B. der Obersten Preisbehörde, den wirtschaftlichen Fachgruppen und den landwirtschaftlichen Produktions- und Absatzgesellschaften. Einige flohen auch ins Ausland[308].«

b) S. 138; Text:

»Nach der Abtrennung der Sudetengebiete, der Slowakei und der Karpato-Ukraine waren rund 75.000 tschechische Beamte in das Protektorat geströmt und in den Behörden des Protektorats untergebracht worden. Dazu kamen noch rund 19.000 Angehörige der tschechischen Armee, so daß man den Beamtenapparat wohl mit Recht als überbesetzt bezeichnen konnte[942].«

q) Quellen:

Zu a: »[308] Abbau in Prag. Die tschechische Beamtenfrage. In: ›Das Reich‹ vom 26. 1. 1940. Feierabend, Protektorat, S. 65.«

Zu b: »[942] Prager Zeitungsdienst, Jg. 41, Folge Nr. 11 vom 16. 1. 1941 und »Die Zeit« vom 16. 1. 1941 – ZA-Sammlung des Deutschen Auslandsinstituts – T-81, R. 547, 0393 f.«

x) Anmerkung zur Quelle a:

Was mit »Das Reich« gemeint, ist unklar: Das Literaturverzeichnis der Arbeit verzeichnet keine Periodika; die damals bekannte deutsche Wochenzeitung »Das Reich« wurde erstmalig am 26. 5. 1940 (vgl. »Faksimilequerschnitt«; München etc., 1964; S. 13) veröffentlicht.

Feierabend = F. Ladislav: »Ve vládě protektoratu« (In der Protektoratsregierung); New York, 1962; (siehe S. 301 f., Ziff. 182).

****

26) Grossmann, Kurt R.: »Emigration«; Frankfurt/M, 1969; S. 138:

a) Text:

»Als die Hitlertruppen am 15. März 1939 in die Tschechoslowakei einzogen, waren folgende Flüchtlingsgruppen besonders gefährdet:

. . .

Sudetendeutsche politische Flüchtlinge:

Sozialdemokraten, Kommunisten, Katholiken und Demokraten	12.500
Jüdische Flüchtlinge aus dem Sudetenland	14.500
insgesamt	27.000«

q) Quelle: Keine

****

27) Slapnicka, Helmuth: »Die böhmischen Länder und die Slowakei 1919–1945« in »Handbuch der Geschichte der Böhmischen Länder«; Hsg. v. Karl Bosl; Bd IV; Stuttgart 1970:

a, b) S. 104; Text:

»Im Herbst 1938 dürften 400.000 Tschechen aus diesem Gebiet <gemeint: Reichsgau Sudetenland> abgewandert und etwa 200.000 Altreichsdeutsche bis zur Volkszählung (vom 17. 5. 1939) <a> zugewandert sein. Die Zahl der im Sudetengau verbliebenen Tschechen betrug etwa 290.000 <b>, lag also knapp unter 10 v. H. der Gesamtbevölkerung; sie hat sich aber im Laufe des Krieges, als viele deutsche Arbeitskräfte zum Kriegsdienst einrückten und durch Tschechen ersetzt wurden, wieder erhöht. Starke tschechische Minderheiten waren im Gebiet von Brüx und um Hohenstadt verblieben. Für sie bestanden keinerlei Minderheitenschutzbestimmungen.«

c) S. 110; Text:
»70.000 öffentliche Bedienstete strömten aus den abgetretenen Gebieten ... <und> ... der Slowakei ... ins Landesinnere.«

q) Quellen:
Zu a, c: Keine
Zu b: »Bohmann: Sudetendeutschtum <siehe S. 299 f., Ziff. 13> S. 134.
Urban <siehe S. 303, Ziff. 22> S. 42–44. V. Srb: Doosidlováni pohraničí (Die Wiederbesiedelung des Grenzgebietes), R <udé> P <rávo> vom 23. 11. 1967, S. 3 schätzt die Zahl <der im Sudetengebiet verbliebenen Tschechen> auf 500.000.« <d>

****

28) Nyrop, Richard F.: »Czechoslovakia – A country study«, Washington, 1972; S. 35:

a) Text:
»After Munich Bohemia and Moravia lost ... about 2.8 million Germans and approximately 750,000 Czechs to Germany.«

q) Quelle: Keine

x) Anmerkung zum Charakter der Arbeit:
Es handelt sich um eine offizielle Studie: Das verzeichnete Copyright liegt beim »US Government as represented by the Secretary of the Army«.

****

29) Seibt, Ferdinand: »Deutschland und die Tschechen«; München, 1974;

a) S. 271 f., Text:
»Etwa 30 000 Deutsche, Sozialdemokraten und Kommunisten, flohen vor den einrückenden deutschen Truppen und besonders vor ihren Landsleuten, mit denen sie jahrelang in härtester politischer Feindschaft gelebt hatten. Zwei Drittel davon kehrten in den nächsten Wochen wieder zurück. 20.000 ›Unbelehrbare‹ wurden zunächst verhaftet, 7.000 bis 8.000 davon für einige Monate in Konzentrationslager gebracht, eine geringere Zahl erhielt langjährige Freiheitsstrafen. Das waren meist Funktionäre der Sozialdemokratischen Partei, aber auch andere Gegner des ›Anschlusses‹, darunter 47 katholische Priester, von denen sechzehn ums Leben kamen. Aber auch die Angehörigen des Kameradschaftsbundes in der Sudetendeutschen Partei, Anhänger Othmar Spanns und jahrelange Förderer einer ›autonomistischen Lösung‹, wurden angeklagt und einige von ihnen in Konzentrationslager deportiert.«

b) S. 273, Text:
»Etwa 290.000 Tschechen lebten, nach einer großen Abwanderungsbewegung von schätzungsweise 400.000 Personen, fortan in den Grenzen des Deutschen Reiches. Der Großteil ihrer Volksschulen und sämtliche höhere tschechische Schulen wurden aber geschlossen, es verblieb ihnen nur eine tschechische Tageszeitung.«

q) Quellen:
Zu a: Slapnicka <siehe S. 305 f., Ziff. 27>; S. 103.
Zu b: Slapnicka; S. 102.

****

30) Hájková, Alena: »Strana v odboji« (Die Partei im Widerstand); Prag, 1975; S. 101:

a) Text:
»Nach einer Aufstellung des <ČSR-> Innenministeriums kamen ... nach München ... aus dem von Deutschland, Polen und Ungarn besetzten Gebiet nach Böhmen und Mähren insgesamt 152.997 Flüchtlinge (unter ihnen 11.647 Deutsche, 307 Polen, 8.154 angehörige anderer Nationalität und der Rest Tschechen).«

q) Quelle: »AUML [Archiv des Instituts für Marxismus-Leninismus, Prag], C 230, str. 146«.

****

31) Bohmann, Alfred: »Menschen und Grenzen«; Bd. IV: »Bevölkerung und Nationalitäten in der Tschechoslowakei«; Köln, 1975;
  a) S. v. a. 96ff., 210ff.: Zahlenangaben zu 1930; zu Juden in »historischen Ländern«: S. 97, 151.
  b) S. 216: Zahlenangaben zum »Ausmaß der tschechischen Rückwanderung aus den Sudetengebieten 1938/39«
  c) S. 209ff.: Zahlenangaben zu 1939 nach Staatsangehörigkeit: Zu Juden S. 218.
  d) Zahlenangaben wie unter c bei Umformung nach Nationalität
  q) Quellen: Angegebene Ergebnisdarstellungen v. a. von der Volkszählung 1939 und sein eigenes SdZ von 1959 (siehe S. 299f., Ziff. 13); S. 125, 133.

****

32) Hoensch, Jörg K.: »Geschichte der Tschechoslowakischen Republik 1918–1978«; 2. Aufl.; Stuttgart, 1978; S. 87:
  a) Text:
  »Durch die am 1. Oktober beginnende, bis zum 10. Oktober durchzuführende Besetzung der vier Zonen unter Eingliederung von 800.000 Tschechen in das Deutsche Reich verlor die ČSR ihre Lebensfähigkeit.«
  q) Quelle: Keine
  x) Anmerkung zur Formulierung des Autors:
  Die Eingliederung einer größeren Zahl von Tschechen erfolgte nicht durch die erwähnten vier, sondern fast allein durch die sog. 5. Zone.
  Siehe S. 257ff.: A IV, Exkurs 2.

****

33) Bartoš, Josef: »Okupované pohraničí a české obyvatelstvo 1938–1945« (Das besetzte Grenzgebiet und die tschechische Bevölkerung 1938–1945); Prag, 1978;
  a) S. 26, Text:
  »Nach tschechischen amtlichen Angaben gab es im Jahre 1930 in dem von Deutschland besetzten Gebiet der Tschechoslowakei 2,822.899 Deutsche und 738.502 Tschechen.«
  b) S. 138, Text und Quelle:
  »Nach einer Berechnung auf Grundlage der ›Zpráv ÚSÚ‹ <Nachrichten des Statistischen Zentralamtes Prag> 1941, Sp. 116–134 waren auf der Basis der Volkszählung von 1930 im besetzten Gebiet der Böhmischen Länder ohne das Teschener Gebiet 2,818.699 Deutsche und 726.416 Tschechen.«
  c–f) S. 147, Text:
  »V. Král gibt auf der Grundlage weiterer Quellen an, daß im besetzten Gebiet nach der Volkszählung 1930 758.500 <c>, nach tschechoslowakischen Schätzungen im Augenblick der Besetzung 719.000 <d> und nach Nazischätzungen aus der Umgebung Himmlers im Jahre 1941 373.000 <e> Tschechen lebten. Er selbst kommt auf 650.000 <f> Tschechen, die im Grenzgebiet blieben.«
  g–h) S. 71, Text:
  »Es ist völlig real, wenn wir die wirkliche Zahl der Tschechen im von den Nazis abgetrennten Grenzgebiet... im Jahr 1939... auf etwa 600.000, auf jeden Fall über 500.000 <g> schätzen. Auch tschechoslowakische amtliche Schätzungen der Zahl der Tschechen im Grenzgebiet unmittelbar vor der Befreiung <d. h. Mai 1945> bewegten sich zwischen 575.000 und 620.000.« <h>
  i) S. 25, Text:
  »Nach verschiedenen Schätzungen übersiedelten (vystěhovalý) aus dem von Deutschland besetzten Gebiet bis Anfang 1939 in die Restteile der ČSR über 150.000 Personen, von denen rd. 122.000 Tschechen, 15.000 Juden und 13.000 deutsche Antifaschisten waren.«
  S. 71, Text:

»Aus dem von den Nazisten besetzten tschechoslowakischen Grenzgebiet ... sind im Zusammenhang mit der Besetzung ca. 120.000 ... Tschechen ... in das Landesinnere weggegangen.«

j–k) S. 73, Text:
»Nach verschiedenen und schon zitierten Schätzungen betrug die Zahl der Tschechen, die das Grenzgebiet im Zusammenhang mit der deutschen Besetzung verließen, 116.000 bis 122.000 <j> Man muß ergänzen, daß die Nazis die Zahl der Tschechen, die vor der Besatzung fortzogen, auf 140.000 bis 200.000 <k> schätzten, davon aus dem Reg.Bez. Aussig rd. 135.000 (d. h. 47% der Tschechen nach der Volkszählung 1939) und aus dem Reg.Bez. Troppau 55.000.«

q–z) Quellen und Anmerkungen zu Ansichten und Darstellungsweisen des Autors:
Da in einigen Fällen ohnedies eine Trennung nicht möglich, wird nachfolgend zusammengefaßt:
Allgemein:
Der Autor hatte einerseits interessantes Material aus bisher unveröffentlichten Akten publiziert (die endgültigen Volkszählungsergebnisse 1939 nach Nationalitäten; siehe S. 121 ff.: Anm. IV/27 d), vertrat jedoch andererseits ungesicherte Ansichten:

- So wurde öfters das vom 1. 10. 1938 bis 1. 9. 1939 polnische ČSR-Gebiet von Teschen dem Deutschland bereits im Oktober 1938 angegliederten Sudetengebiet zugerechnet, was gerade bei Verwendung der Volkszählungszahlen vom 17. 5. 1939 Schwierigkeiten verursachte.
- Dann wurde das seit 1910 durchgängig belegte, in politischer Beziehung deutsche Nationalitätenbekenntnis der Hultschiner ohne jede Erwähnung des Verhaltens dieser Personengruppe zur ČSR (siehe dazu S. 56: Anm. II/29 b) wiederholt als Zwang und Fälschung bezeichnet (so auf S. 26, 71, 72, 138).

Zu a) Zu a) Quelle (S. 138): »Seznam obcí a okresů, které byly připojeny k Německu, Maďarsku a Polsku« (Verzeichnis der Gemeinden und Bezirke, die Deutschland, Ungarn und Polen angegliedert wurden); Prag, 1938.

Zu b) Es ist bemerkenswert, daß es aus dem gleichen Jahr 1941 vom gleichen Amt zur gleichen Frage auf gleicher Basis der Volkszählung 1930 neben den hier verzeichneten 726.461 auch die Angabe von 743.086 Tschechen (siehe S. 297, Ziff. 9 a) gibt.

Zu c–f) Quelle: V. Král: »Pravda o okupaci« <Die Wahrheit über die Besetzung>, Praha 1964, s. 363.«
Es ist bemerkenswert, daß es vom gleichen Autor mit gleichem Titel eine 1962 erschienene Ausgabe gibt, die keine Seite 363 umfaßt und an anderer Stelle (nämlich S. 99) weder 758.500 noch 650.000, sondern die Angabe 727.224 enthält. Siehe S. 301, Ziff. 17. Man beachte auch S. 304, Ziff. 24 x.

Zu g–h) Quelle: Antoš, Zdeněk: »›Blut und Boden‹ – ke ›konečnému řešení‹ národnostní otázky v sudetské župě« (Zur ›Endlösung‹ der Nationalitätenfrage im Sudetengau) in »Sleszky Sborník« (Schlesischer Almanach); Jg. 64/24 (1966), Nr. 1; S. 32. Dort als Fundstelle »AÚD KSČ fond 23, Jedn. 12 A 305« sowie »-žek: Naše osidlovací situace <Unsere Ansiedlungssituation>, O <sidlování = Zeitschrift des ČSR-Staatsamtes für Ansiedlung, Jg.> II/1947, č. 6, str. 116«.
An dieser Stelle wurde von 570 000 »starousedlíků« d. h. etwa Altsiedlern berichtet.
Bei Antoš auch: »Völlig irreal erscheint uns die Angabe von 800.000 Tschechen, die in den Grenzgebieten gelebt haben sollen und die im Přehled československých dějin <Überblick der tschechoslowakischen Geschichte>, Teil 3, Prag 1960, S. 470 angeführt ist.«

Zu i) Quelle: »A. Hájková: Strana v odboji, Praha 1975, s. 101«
Bei Durchsicht (siehe S. 306, Ziff. 30) wird deutlich, daß die Quelle etwas anderes, nämlich Flüchtlingszahlen aus *allen* Abtretungsgebieten belegte, während der Text des Autors sie allein dem deutsch besetzten Gebiet zuordnete.

Zu j–k) Der Angabenbereich 116.000 bis 122.000 war in etwa auf S. 71 unbelegt aufgeführt auffindbar.
Die Quellenangaben (auf S. 147) umfaßten
- zunächst spezifizierte Akten des Staatlichen Bezirksarchivs Troppau und des Staatsarchivs Potsdam;
- danach »K. Henlein: Die Angliederung des Sudetenlandes, Berlin–Wien 1940, S. 12«.
- Sodann wurde (a. a. O.) berichtet: »J. Joza ... (»Příspěvek k vývoji českoněmeckých vztahů v severních Čechách v době kapitalismu« [Beitrag zur Entwicklung der tschechischdeutschen Beziehungen in Nordböhmen in der Zeit des Kapitalismus]; Aussig, 1971; S. 193 ff., v. a. 220 f.) ... kam in Auswertung dieser und weiterer Quellen zum Schluß, daß die Zahl der im Zusammenhang mit der Besetzung aus dem Grenzgebiet fortgezogenen Tschechen 200 000 <l> betrug, davon aus dem Reg.Bez. Aussig 100.000.«
- Schließlich wurde (a. a. O.) die »Behauptung A. Bohmanns, daß aus dem von Deutschland besetzten Gebiet ›freiwillig‹ 400.000 Tschechen fortgingen, <als> absurd« bezeichnet.

Was Bartos hier meinte, ließ er offen; möglicherweise die Angabe Bohmanns von 414.000 (siehe S. 297, Ziff. 9 d).

****

34) Grünwald, Leopold: »Sudetendeutscher Widerstand gegen Hitler«; München, 1978:

a–b) Text S. 18:
»Von 80.000 Mitgliedern der sudetendeutschen Sozialdemokratischen Partei konnten nur rund 5.000 <a> in freiheitsichernde Emigration entkommen. England, Amerika, Kanada und Skandinavien sowie andere Länder in Übersee gewährten ihnen Asyl. Eine leider nur unvollständige Statistik offenbart, daß allein über 20.000 <b> sudetendeutsche Sozialdemokraten von der Gestapo verhaftet und der überwiegende Teil von ihnen (rund 15 000) jahrelang im Gefängnis und in Konzentrationslagern festgehalten wurde. Die gleiche Zahl wurde sofort nach der Angliederung wirtschaftlich und beruflich durch Entlassung zum Beispiel aus Beamtenstellungen usw. geschädigt.«

c–e) Text, S. 20:
»Die Angaben über die Zahl der Flüchtlinge aus dem Sudetengebiet variieren, doch scheint Übereinstimmung bezüglich der Zahl der politischen Flüchtlinge zu herrschen, etwa 30.000 nach Angaben der Seligergemeinde. Diese beziffert die Zahl der rassisch verfolgten deutschen Juden aus dem Sudetengebiet mit 60.000 <c>, während von jüdischer Seite die Angaben zwischen 20.000 und 30.000 schwanken <d>.
Ein Großteil der politischen Flüchtlinge kehrte – teils gezwungen, teils auf Weisung der Parteistellen (DSAP und KPTsch) – in die Heimat zurück. In die politische Emigration begaben sich:
5.000 Funktionäre und Mitglieder der DSAP;
1.750 Funktionäre und Mitglieder der KPTsch; der tschechische Historiker Jan Křen spricht von 1.000–1.500 Personen, führt aber in seiner Aufgliederung an, daß ›200 Familien‹ in die Sowjetunion emigriert seien <e>;
150 Funktionäre und Mitglieder der Deutschdemokratischen Partei. Dazu kamen noch Angehörige des sudetendeutschen Bürgertums, der katholischen Kirche und die (zahlenmäßig bedeutende) Wirtschaftsemigration.«

f–g) Text, S. 22:
»Die Zahl der eingekerkerten Hitlergegner war so groß, daß selbst dem Staatssicherheitsdienst (SD) Bedenken aufstiegen. Allein die Zugangslisten des KZ Dachau vom Oktober bis Dezember 1938 weisen mehr als 2.500 Namen Sudetendeutscher auf! <f> Angesichts der nahezu 20.000 Inhaftierungen und Verschickungen in die Konzentrationslager ordnete sogar Reinhardt Heydrich, der Chef des SD, bereits am 24. De-

zember 1938 ›eine Überprüfung der Gründe der Festnahme‹ sogenannter staatsfeindlicher Elemente an.« <g>

h) Text, S. 23:
»Kaum ein halbes Jahr nach dem Einmarsch sah sich Heinrich Himmler veranlaßt, die Berliner Reichsregierung darauf hinzuweisen: ›In letzter Zeit konnte festgestellt werden, daß die Tätigkeit der marxistischen Kreise in den zum Reich gekommenen ehemaligen fremdstaatlichen Gebieten – besonders Sudetenland, Protektorat – weitaus stärker ist als im Altreich. Es mußten wegen marxistischer Betätigung dort mehr Personen in Haft genommen werden als im gesamten übrigen Reichsgebiet.‹«

q) Quellen:
Zu a–b) Manuskript von Roman Wirkner.
Zu c) Keine
Zu d) Großmann (Siehe S. 305, Ziff. 26.)
Zu e) Křen, Jan: »V emigraci« (In der Emigration); Prag, 1969.
Zu g) »Anatomie des SS-Staates«; Olten/Freiburg, 1965; Bd. II.; S. 94.
Zu h) »Berichte des Reichsführers SS <etc.> zur innenpolitischen Lage (1939–1944)«; Archivalien im Institut für Zeitgeschichte, München. Bericht vom 24. 3. 1939.

x) Anmerkungen zu Angabe e):
Der zahlenmäßige Umfang des deutschen Teiles der übernational organisierten KPC erscheint offen.
1983 berichtete Jan Foitzik (»Kadertransfer«) in »Vierteljahreshefte für Zeitgeschichte«; Jg. 31, Heft 2; S. 308ff., hier S. 310–312:

- 1937 habe es mindestens 13 000 Mitglieder gegeben.
- Davon habe das NS-Regime mindestens 9.000 verhaftet, die vermutlich nicht alle wiederkehrten.
- Dazu kämen die von Křen berichteten bis zu 1.700 Emigranten.
  Die deutschen KPČ-Mitglieder müssen sich von 1938 bis 1945 jedoch für diese NS-Zeit beachtenswert vermehrt haben, denn
- 1945/46 seien »mindestens 17.000 ideologisch überprüfte sudetendeutsche Kommunisten« der KPD/SED der SBZ als harter Kern eines Politkaders »zur Verfügung« gestellt worden, der dann mit Familienangehörigen rd. 45.000 sudetendeutsche Antifaschisten umfaßte.

****

35) Procházka, Theodor: »Die Zweite Republik 1938–1939« in »Geschichte der Tschechoslowakischen Republik«; Hrsg. v. Victor S. Mamatey und Radomír Luža; Wien, 1980; S. 277:

a) Text:
»Böhmen und Mähren verloren ... 3,869.000 Einwohner <an Deutschland und Polen> ... Ungefähr 2,806.000 Deutsche gingen nach Deutschland (zusammen mit ungefähr 720.000 bis 750.000 Tschechen).«

q) Quelle: Procházka: »Delimination ...«; siehe S. 300, Ziff. 15.

****

36) Gilbert, Martin: »Atlas of the Holocaust«; London, 1982; in deutscher Sprache: »Endlösung«; Hamburg, 1982; S. 24:

a) Text:
»Als die Deutschen damit begannen, die Besetzung des Sudetenlandes vorzubereiten, flohen fast alle 20.000 jüdischen Bewohner dieser Region in die noch unabhängigen tschechoslowakischen Provinzen Böhmen und Mähren. Wer zurückblieb, wurde von den Nazis festgenommen und in ein Konzentrationslager geschickt. Mit der Besetzung des Sudetenlandes durch die Deutschen im Oktober 1938 ...«

q) Quelle: Keine

x) Anmerkungen zur Begriffswahl und Datierung:

Ob mit den erwähnten Bewohnern Personen jüdischer Nationalität oder Konfession oder »Rasse« gemeint waren, blieb offen.
Daß alle wie immer definierten Zurückgebliebenen bereits im Oktober 1938 festgenommen wurden wiederspricht mindestens dem Volkszählungsergebnis vom 17. 5. 1939 (siehe S. 98 für Anm. III/98).

****

37) Hasenöhrl, Adolf: »Kampf – Widerstand – Verfolgung«; Stuttgart, 1983, S. 322:
a) Text:
»Über die Flucht aus den deutschen Randgebieten Böhmen, Mähren und Schlesiens vor dem Anschluß an das Dritte Reich gibt es keine genauen Zahlen. Fest steht, daß mehr als 150.000 Tschechen in das Innere des Landes flohen, daß rund 30.000 deutsche Sozialdemokraten sich teilweise mit ihren Familien auf der Flucht befanden. Nur zum Teil aber haben sie das Landesinnere erreicht, weil wie Eugen de Witte und andere Berichter aussagten, die Züge zwar bereitgestellt waren, aber nicht abfahren durften. Von den über 120.000 deutschen Juden aus den Randgebieten waren ebenfalls über 30 000 auf der Flucht.
. . . In der Zeit vom Oktober 1938 bis 15. März 1939 haben . . . rund 3.000 sudetendeutsche Sozialdemokraten . . . die tschechoslowakische Republik verlassen können.«
q) Quelle: Zum Bericht de Witte siehe S. 297: Ziff. 9e.
x) Anmerkungen zu Verweisen:
Zur Angabe, daß die (Eisenbahn-) Züge mit sudetendeutschen Sozialdemokraten nicht abfahren durften:
Siehe den Bericht über die Fahrt mindestens eines dieser Züge: S. 100 für Anm. III/106.
Der Angabe von über 120.000 *deutschen* Juden im *Sudetengebiet* muß (selbst unter Einbeziehung von Emigranten aus dem Deutschen Reich und Österreich) gegenübergestellt werden, daß es in *ganz* Böhmen und Mähren 1930 nur 118.000 Juden *aller Nationalitäten* gab.
Zum Gesamtkomplex: Siehe S. 97f. für Anm. III/97.

****

38) Boberach, Heinz (Hsg.): »Meldungen aus dem Reich«; 17 Bände; Herrsching, 1984: S. 567:
Text und Quellen: Siehe S. 158f.: A I, D 15; Meldung vom 13. 12. 1939.

****

39) Heumos, Peter: »Flüchtlingslager, Hilfsorganisationen, Juden im Niemandsland« in »Bohemia Jahrbuch«, Jg. 25; München, 1984, S. 245–275:
a) Text S. 252:
»Anfang Oktober 1938 erklärte <der Vorsitzende der sudetendeutschen Sozialdemokraten, Wenzel> Jaksch in einem Gespräch mit dem Lord Mayor <etwa Oberbürgermeister> von London, daß bereits 20.000 sudetendeutsche Flüchtlinge zur Rückkehr in die okkupierten Gebiete gezwungen worden seien.«
q) Quelle:
Akten des britischen Außenministeriums.

****

40) Rothkirchen, Livia: »The Jews of Bohemia and Moravia 1938–1945« in »The Jews of Czechoslovakia«; Hsg. v. Avigdor Dagan; Philadelphia (Pa., USA), 1984; Bd. 3; S. 3–74, hier S. 7 mit Anm. 19:
a) Zusammenfassende Wiedergabe:
Im Jahre 1930 lebten 20.000–22.000 Juden in dem Gebiet, das 1938 den Reichsgau Sudetenland umfaßte. Von ihnen hatten bis zum November 1938 insgesamt 17.000 das Sudetenland verlassen.
q) Quelle: Keine

****

41) Josak, Jiří etc.: »Česky antifašismus a odboj« (Der tschechische Antifaschismus und Widerstand); Prag, 1988; S. 341:

a) Text:

»Im Sudetengau lebten 426.000 Tschechen; 122.000 wurden vertrieben.«

q) Quelle: Keine

****

42) Heumos, Peter: »Die Emigration aus der Tschechoslowakei nach Westeuropa und dem Nahen Osten 1938–1945«; München, 1989:

a–c) S. 16f.: Text mit dazugehörigen Anmerkungen/Quellen:

»Bis zur Volkszählung im Mai 1939 sank die Zahl der Juden in den sudetendeutschen Gebieten von 22.000 <a> auf wenig über 2.000[10], wobei rund 12.000 bereits bis Anfang November 1938 ins Landesinnere übersiedelt waren[11].«

[10] »Die Zahl von 22.000 nach Dok. Nr. 1 der Dokumentation. <= Memorandum der jüdischen Kulturgemeinde in Prag vom August 1938; abgedruckt auf S. 278ff.> Die Angabe für Mai 1939 nach Bohmann, Alfred: Bevölkerung und Nationalität in der Tschechoslowakei. Köln 1975, 218, der für die Zeit vor 1938 mit 27.073 Juden in den sudetendeutschen Gebieten <b> rechnet. Nach Angaben von Marie Schmolka, Leiterin des Prager HICEM-Büros <einer Hilfsorganisation> und Vorsitzende des Zentralen Koordinierungskomitees für Flüchtlinge aus dem Deutschen Reich und Österreich, lag die Zahl der Juden in den Sudetengebieten vor 1938 bei 19.000. <c> FO 371/21588, C 13801/11896/12.

[11] Ebenda. Der aus Böhmen stammende, seit 1926 in Palästina ansässige Zionistenführer Leo Herrmann, 1938 Vertreter der Jewish Agency in London, äußerte dem Foreign Office gegenüber, daß die meisten Juden in den sudetendeutschen Gebieten bereits vor dem Beginn der deutschen Okkupation geflohen seien. FO 371/21584, C 12797/11896/12, Protokollnotiz Makins, 21. 10. 1938.«

d) S. 6: »Etwa 80.000 Angehörige des öffentlichen Dienstes ... mußten ... die abgetretenen Gebiete verlassen«.

e) S. 290: Tabellarische Zusammenfassung von Angaben zu sudetendeutschen Flüchtlingen:

Stand Ende September 1938 in Rest-CSR:	rd. 45.000
Spätere Rückweisung durch CSR Behörden	rd. 20.000
Rückkehr aus eigenem Antrieb	rd. 10.000
Stand 20. 10. 1938: Noch in Rest-CSR	rd. 15.000

q) Zu d: Keine

Zu e: Bericht des britischen Flüchtlingsexperten Simpson vom Royal Institute of International Affairs für den britischen Außenminister Lord Halifax vom 20. 10. 1938.

x) Anmerkung zu Quellenangabe:

<b => Bohmann <siehe S. 307, Ziff. 31> S. 218: An angegebenem Ort Angabe von 27.073 »für die Zeit vor 1938 ... in den sudetendeutschen Gebieten« nicht auffindbar. Lediglich rd. 36.000 Deutsche mit jüdischer Konfession und rd. 30.000 Personen jüdischer Nationalität jeweils in gesamten »historischen Ländern« in 1930 (auf S. 151, 97).

****

43) Gabert, Volkmar: »Eine andere Folge von München« in »Deutsch-tschechische Geschichte von ›München‹ bis ›Potsdam‹«; Hsg. v. Franz Olbert; München, 1989; S. 18f.:

a) Text:

<Ab etwa September 1938 im Sudetengebiet:> »Ca. 5.000 sudetendeutsche Sozialdemokraten wählten den Weg in die Unsicherheit der Emigration in die demokratischen Staaten Europas. Fast 30.000 kamen in die Gefängnisse und Konzentrationslager des Dritten Reiches ... ab 1939 siedelten 1.150 sudetendeutsche Sozialdemokraten in West-Kanada.«

q) Quelle: Keine

****

44) Pustejovsky, Otfrid: »Vom Untergrund zur Revolution im Mai 1945« in »Deutsch-tschechische...«; a. a. O.; S. 85:

a) Text:
<Ab etwa September 1938 im Sudetengebiet:> »Etwa 8.000 sozialdemokratische deutsche Parteifunktionäre wurden zeitweise in Konzentrationslager eingeliefert, Hunderte flohen – gemeinsam mit Gewerkschaftern – nach Holland und von da aus weiter nach Schweden.

b) Text:
»Hinzu kam eine riesige Migrationswelle: Ca. 400.000 Tschechen verließen ihre bisherigen Wohnstätten...«

q) Quellen: Keine

****

45) Šisler, Stanislav: »Odchod českých státních zaměstnanců ze Slovenska v letech 1938–1945« (Weggang tschechischer Staatsangestellter aus der Slowakei 1938–1945) in »Český lid« (Tschechisches Volk [Volkskundezeitschrift]); Prag, Jg. 76 (1989), Nr. 4; S. 231–238:

a) S. 232: Text mit dazugehöriger Anm. 11:
»Aus dem besetzten Grenzgebiet der böhmischen Länder kamen zehntausende staatlicher und anderer öffentlicher Beschäftigter...
Insgesamt übersiedelten (přesídlilo) aus den von Deutschland und Polen besetzten Gebieten der böhmischen Länder 54.083 staatliche und öffentliche Beschäftigte, was zusammen mit ihren Familienangehörigen, ungefähr 160 000 Personen darstellte.« <x>

b) S. 233: Text:
»Die staatliche Umzugsaktion (stěhovací) <dieser Personen> entstand aus dem Beschluß der Regierung der Tschecho-Slowakischen Republik vom 21. Dezember 1938. <y> Darunter war die Sammelüberführung (přestěhování) der Wohnungseinrichtungen und Bekleidung <dieser Personen> aus dem tschechischen Grenzgebiet zu verstehen, das an Hitler-Deutschland und Beck-Polen <z> abgetreten worden war. Die zwangsweise Annexion der Grenzgebiete hatte deren tschechische Bevölkerung zum eiligen Verlassen ihrer Wohnungen genötigt. Außer dem unbeweglichen Eigentum war dadurch die gesamte Wohnungseinrichtung der Tschechen im besetzten Gebiet verblieben. Die staatliche Umzugsaktion umfaßte vor allem die staatlichen Beschäftigten, für die sie nicht nur kostenlos sondern zugleich auch Pflicht war, sofern die Betreffenden nicht bis zum 31. Dezember 1938 <f> selbst den Umzug des beweglichen Eigentums (movitostí) besorgten. Auch andere Kategorien von Beschäftigten und Privatleuten konnten die staatliche Umzugsaktion unter besonderen Bedingungen nutzen.
Mit der Durchführung des Regierungsbeschlusses wurde das <Č-SR-> Verkehrsministerium beauftragt, das zu diesem Zweck die neue Abteilung IV/5 bildete, abgekürzt mit STAS <vermutlich für »*St*átní *a*kce *s*těhovací«, d. h. Staatliche Umzugsaktion> bezeichnet.«

c) S. 234: Text mit dazugehöriger Anm. 29:
»Zum 1. Oktober 1938 waren auf dem Territorium des späteren Slowakischen Staates ohne die an Deutschland, Polen und Ungarn abgetretenen Gebiete... von insgesamt 77.670 staatlichen und sonstigen öffentlichen Angestellten aller Nationalitäten... 20.745 Tschechen tätig. Von diesen wurden bis 30. Juni 1939 17.763 entlassen. Zusammen mit ihren Familienangehörigen bedeutete dies für die böhmischen Länder einen weiteren Zugang von ungefähr 50 000 Personen <x>.«

q) Quellen:
Zu a: »SÚA <Staatliches Zentralarchiv>, STAS, sig. A 1, kr. 1«
Zu b: »SÚA, STAS, sig. A 1, kr. 1 – Verordnung des Vorsitzenden des Ministerrates vom 23. 10. 1938, Nr. 31784.«
Zu c: »SÚA, STAS, sig. B 1, kr. 3...; SÚA, MV-<Ministerstvo vnitra, d. h. Innenministerium>- NR., sig. D 1350, Nr. 5007.«

x) Anmerkung zur Sachaussage:
Das Verhältnis von öffentlichen Bediensteten zur jeweiligen Gesamtpersonenzahl (54.083 zu rd 160.000 bzw. 17.763 zu ca. 50.000) von jeweils rd. 1 zu 3 ist ein bemerkenswertes Indiz für den Umfang der Migrationen im Zusammenhang mit öffentlichen Bediensteten. Zum Gesamtzusammenhang siehe S. 72.

y) Anmerkung verweisender Art:
In diesem Zusammenhang ist auf zwei deutsch-ČSR Vereinbarungen zu verweisen über
Personenrückführung vom 6. 10. 1938 (ohne vereinbarten Endtermin)
Zum Text siehe S. 149: A I, D 6.
Rückgabe von Wohnungseinrichtungen vom 23. 11. 1938 (mit Endtermin 30. 1. 1939);
Zum Text siehe S. 153ff.: A I, D 11.

z) Anmerkung erläuternder Art:
Als tatsächlicher Machthaber Polens im Jahre 1938 wurde sein Außenminister Josef Beck (1894–1944) angesehen.

****

46) Dienstbier, Jiří <x> im Interview mit »Neuer Kronenzeitung« (Tageszeitung, Wien):

a) Wiedergabe in »Rudé Právo« (Rotes Recht, Tageszeitung, Prag); 5. 1. 1990:
Text:
»Nach seiner <Dienstbiers> Ansicht begann der Ablauf der sudetendeutschen Frage keineswegs im Jahre 1945, sondern im Jahre 1938. Er erinnerte an die Abtrennung der Sudeten von der CSR und an die Tatsache, daß eine halbe Million tschechischer Bürger erbarmungslos aus den Sudeten vertrieben wurde (bylo vyhnáno). Der Abschub (odsun) der Deutschen im Jahre 1945 gehört in diesen Zusammenhang.«

b) Original in »Neuer Kronenzeitung«, 13. 1. 1990, S. 4f.:
Der Tag des Gespräches mit Redakteur Kurt Seinitz ist nicht angegeben.
Text: »Chronik der Sudetendeutschen Frage:
›Sie begann nicht 1945, sondern 1938. Damals verlangte ein Großteil der Sudetendeutschen die Lostrennung von der Tschechoslowakei und nach dem Münchner Abkommen wurde eine halbe Million tschechischer Bürger ohne Gnade aus dem Sudetenland vertrieben. Die Vertreibung von 1945 fällt in diesen Kontext. Sie war entstanden auf Anregung von Präsident Benes, unterstützt von allen Parteien und gebilligt von den Siegermächten.‹«

q) Quelle: Keine

x) Anmerkung zur Person:
Dienstbier war im Aussagezeitpunkt Außenminister der ČSSR.

****

47) Wlaschek, Rudolf M.: »Juden in Böhmen«; München, 1990:

a, b) S. 92 Text mit dazugehörigen Anmerkungen:
»Zählen wir zu diesen 22.033 Personen <a> die im Sudetenland Verbliebenen, Verhafteten und die inzwischen nach Übersee Ausgewanderten hinzu, so kommen wir auf eine Zahl von etwa 30.000 Juden, die vor 1938 in den sudetendeutschen Gebieten ansässig waren, eine Zahl, die auch Korherr nennt (289). Nach Korherr gab es am 15. Mai 1939 im Sudetenland 2649 Juden nach den Nürnberger Gesetzen (27.000 hatten sich inzwischen abgesetzt), nach Genschel 2.363 (290). Andere Zahlen erfahren wir bei Šima aus Dokument Nr. 17, und zwar über die Umsiedler nach dem Bekenntnis. Auf dem Gebiet der Rest-Tschechoslowakei wurden im November 1938 12.392 und im Dezember 1938 15.186 Personen mosaischen Glaubens <b> registriert. Die Zahl variierte in den folgenden Monaten nur geringfügig.«

»289 Bundesarchiv Koblenz, R 58/241, Statistischer Bericht vom 19. April 1943 des Inspekteurs für Statistik Korherr an den Persönlichen Stab des Reichsführers SS.

290 Genschel, Helmut: Die Verdrängung der Juden aus der Wirtschaft des Dritten Reiches. Göttingen 1966,26.«

q) Quellen:
Zu a: Šima S. 107: Personen jüdischer Nationalität zum 1. 7. 1939.
<Siehe S. 293, Ziff. 2 d>
Zu b: Šima S. 105.
<Die entsprechende Zahl zum Juli 1939 mit 14.814 siehe S. 292, Ziff. 2c>

x) Anmerkung zur Problematik im Umgang mit statistischem Material:
Trotz Vorliegens derartiger Angaben wurde kein vergleichbares Datum gewählt.
Die territorialen Kriterien mit (Reichsgau) »Sudetenland« und (Reichsangeschlossenem) »sudetendeutschem Gebiet« waren unterschiedlich und blieben unerläutert.
Die Begriffe »jüdische Nationalität« und »mosaischer Glauben« bleiben auch deswegen unvergleichbar, weil der erste Begriff nur ČSR-Staatsangehörige, der zweite jedoch auch Ausländer umfaßt.

****

48) Dagan, Avigdor: »›München‹ aus jüdischer Sicht« in »München 1938«; Hsg. v. Peter Glotz u. a.; Essen, 1990; S. 345–355:

a) Text S. 347:
»In dem durch das Münchner Abkommen von der Tschechoslowakei abgetrennten Gebiet... lebten... <aus Zusammenhang erkennbar: nach der Religionsstatistik der Volkszählung von 1930>...24.000...Juden,... von <denen>...6.345 zur jüdischen Nationalität gemeldet <waren>. Im Ganzen konnten sich ungefähr 17.000 ins Innere des Landes retten.«

b) Text S. 349:
»Die Einverleibung der sogenannten Sudetengebiete in Hitler's Reich brachte 720 000 Tschechen unter die Nazi-Herrschaft.«

q) Quellen: Keine

****

49) Prinz, Friedrich: »Geschichte Böhmens 1848–1948«; Frankfurt/M., 1991:

a, b) Text S. 426 f.:
»Eine böse Überraschung erlebten die Abertausenden sozialdemokratischer und jüdischer Flüchtlinge, als sie den Boden der restlichen Tschechoslowakei betraten und sich hier in Sicherheit wähnten. Das galt vor allem für die Parteifunktionäre und für die Mitglieder der ›Republikanischen Wehr‹, einer paramilitärischen Organisation zum Schutz der Republik, die man vielfach nicht als politisch Verfolgte aufnahm, sondern in die Arme der reichsdeutschen Ordnungsorgane zurückschickte. Der britische ›Daily Telegraph‹ <a> und andere Blätter berichteten damals, daß etwa 20.000 Sudetendeutsche ›mit größter Härte durch die tschechische Gendarmerie und die Zivilbehörden in deutsche Kreise zurückgetrieben‹ und damit der Gestapo ausgeliefert worden seien.
Die tschechoslowakische ›Widerstandsregierung‹ General Syrovys wagte es wegen der massiven Drohungen der NS-Presse nicht, die gewaltsamen Rücktransporte der unglücklichen Opfer völlig zu stoppen und wollte es wohl auch nicht. Auch der Hochkommissar des Völkerbundes für Flüchtlingsfragen, Sir Neill Malcolm vermochte in Prag nichts zu erreichen. Es bedurfte dann größter Anstrengungen und Mühe vor allem auf britischer Seite, daß seit dem Spätherbst 1938 und dem Frühjahr 1939 insgesamt etwa 2.000 <b> sudetendeutsche Sozialdemokraten nach Schweden, England und Kanada auswandern konnten.«

q) Quellen:
Zu a: »Daily Telegraph«, London, 12. 10. 1938.
Zu b: Keine

****

50) Schmidt-Hartmann, Eva: »Tschechoslowakei« in »Die Dimension des Völkermordes«; Hsg. v. Wolfgang Benz; München, 1991; S. 353–379:

a, b) Text (S. 356) und Quellenangabe:

»Wir wissen..., daß am 17. Mai 1939 im Reichsgau Sudetenland statt der 1930 dort lebenden 27.073 Menschen jüdischen Glaubens <a> nur noch 2.363 ›Juden‹ gezählt wurden. 17« <b>

»17 Bohmann, Bevölkerung [<= MuG; siehe S. 307, Ziff. 31>], S. 218.«

q) Quelle zu a: Keine

****

51) N.N.: »Okupace v číslech« (Die Besetzung in Zahlen) in »Svobodné slovo« (Freies Wort; Tageszeitung); Prag, 4. 3. 1992:

a) Text:

»In den Jahren 1938–39 wurden aus dem Sudetengebiet 835.750 Bürger tschechischer Nationalität vertrieben ... <und> kamen ohne Entschädigung um ihr Vermögen.«

q) Quelle: Keine

x) Anmerkung zur Qualität der Angabe:

Behauptungen im gleichen Artikel:	Tatsachen:
»Gemäß des Dekretes Nr. 33/1945 wurden von uns	Das hier gemeinte Beneš-Dekret enthielt nur die Anerkennung der deutschen Staatsbürgerschaft
in die amerikanische Besatzungszone 750.000	richtig: ca. 1,4 Mio
und in die russische Besatzungszone 825.000	richtig: ca. 600.000
Sudetendeutsche abgeschoben.«	

****

52) N. N.: »Komu sluší omluva« (Wer hat sich zu entschuldigen?) [offensichtlich Anspielung auf Entschuldigung von Präsident Havel für Vertreibung der Sudetendeutschen]; Verlag Erika, Prag, 1992; ISBN 80-85612-02-X; S. 42:

a) Text:

»Wanderungen (migrace) nach <dem Zeitpunkt des Abkommens von> München.
Die Zahl der Flüchtlinge aus dem böhmischen und mährischen Grenzgebiet bis zum Ende des Jahres 1938:

114.577	Tschechen
11.647	Deutsche
7.325	Juden
1.000	Personen verschiedener Nationalität.«

q) Quelle:

»Československý rok 1938«; <keine sonstigen Angaben (d. h. weder Verfasser noch Ort, Jahr, Seite)>.

****

53) Vášaryova, Magdalena in der Wiener Tageszeitung »Kurier« vom 23. 6. 1992 in einem Leserbrief unter Bezug auf einen vorausgehenden Artikel:

a) Text:

»Es wäre aber notwendig gewesen, auch die Vertreibung der tschechischen Bevölkerung aus den tschechischen Grenzgebieten (den sogenannten Sudeten) im Jahre 1938 zu erwähnen, als die Leute mit einer bewilligten Norm von 25 Kilogramm pro Person flüchteten.«

q) Quelle: Keine

x) Anmerkung zur Person:

Frau Vášaryova war die damalige Botschafterin der ČSFR in Österreich.

y) Anmerkung zu Folgeaussage:
Dazu erschien im »Kurier« vom 2. 7. 1992 ein weiterer Leserbrief von Frau Dr. Sonja Jordan, A 1190 Wien:
»Als gebürtige Sudetendeutsche (Jahrgang 1920), die ihre Kindheit und Jugend bis 1941 in Tetschen/Elbe, Nordböhmen, verbracht hat, stelle ich fest, daß 1938 keinesfalls die tschechische Bevölkerung aus den tschechischen Grenzgebieten vertrieben wurde, einfach deshalb, weil in diesen rein deutschen Gebieten außer ein paar Eisenbahnern, Postlern und einer... Anzahl von Beamten keine Tschechen wohnten.«

****

54) Kohler, Berthold: »Die Wunden von Besatzung und Vertreibung sind nicht verheilt: Ein Gespräch mit dem Prager Historiker Jan Křen« in »FAZ« vom 31. 7. 1992:
a) Text:
»Die sogenannte ›Vertreibung der Tschechen‹ aus den Grenzgebieten, die in der Debatte um den Nachbarschaftsvertrag zum Politikum geworden war, sei weder ein organisierter Akt der Deutschen noch der Tschechen gewesen, meint Křen. 200.000 bis 300.000 Tschechen, vor allem Polizisten, Verwaltungsbeamte und Funktionäre der tschechischen Grenzlandbewegung, seien damals aus Furcht vor der Rache der Henlein-Anhänger geflohen. Die meisten seien zu Fuß unterwegs gewesen, da es sich oft nur um Distanzen von wenigen Kilometern gehandelt habe. Etwa die gleiche Anzahl Tschechen sei zurückgeblieben. Einige tausend seien gar zurückgekehrt, da die wirtschaftlichen und sozialen Verhältnisse im Binnenland sehr schlecht gewesen seien.«
q) Quelle: Keine
x) Anmerkung zum Lernprozeß des zitierten Autors:
Insgesamt sind die hier angegebenen 0,4 bis 0,6 Mio. im Vergleich zu den 1964 herausgegeben fast 1 Mio. Tschechen (siehe S. 303, Ziff. 21) bei zusätzlicher Differenzierung nach Verbliebenen und Geflohenen eine bemerkenswerte Fortentwicklung.

****

55) Hoensch, Jörg K.: »Geschichte der Tschechoslowakei«; 3. Aufl.; Stuttgart, 1992; S. 95:
a) Text:
»Durch die vom 1. Oktober beginnende, bis zum 10. Oktober durchzuführende Besetzung der vier Zonen unter Eingliederung von 800.000 Tschechen in das Deutsche Reich verlor die ČSR ihre Lebensfähigkeit.«
q) Quelle: Keine

****

56) Humphreys, Rob: »The Czech and Slovak Republics – The Rough Guide«; 2. Aufl.; London, 1993; Abschnitt »The historical framework«; S. 429:
a) Text:
»On Oktober 15 <1938>, German troops occupied Sudetenland to the dismay of the forty percent of Sudeten Germans who hadn't voted for Henlein (not to mention the half million Czechs who lived there).«
q) Quelle: Keine.
x) Anmerkung zum Sachinhalt:
Zu den angeführten »vierzig Prozent«: Bei den Gemeindewahlen im Sommer 1938 entfielen nur rd. 10% der deutschen Stimmen nicht auf Henleins SdP.

****

57) Seibt, Ferdinand: »Deutschland und die Tschechen«; Neuausgabe; Serie Piper 1632; München, 1993:

a) S. 22, Text:
»Die Tschechen im neuen ›Sudetenland‹, annähernd 400.000, fürchteten Vergeltung, nicht immer ganz ohne Grund.«

b) S. 341, Text:
»Etwa 290.000 Tschechen lebten, nach einer großen Abwanderungsbewegung von schätzungsweise 400.000 Personen, fortan in den Grenzen des Deutschen Reiches. Der Großteil ihrer Volksschulen und sämtliche höhere tschechischen Schulen wurden aber geschlossen, es verblieb ihnen nur eine tschechische Tageszeitung.«

q) Quellen:
Zu a: Keine
Zu b: »Slapnicka 1970, 102 <siehe S. 305 f., Ziff. 27>; H. Bodensiek in ZfO 16 (1967) <siehe seine Arbeit von 1961, S. 300, Ziff. 16>; Hoensch 1992, 95 spricht von 800.000 Tschechen, die durch das Münchener Abkommen dem Deutschen Reich einverleibt wurden.« <siehe S. 317, Ziff. 55>

x) Anmerkung:
Die Differenz zwischen den Angaben a) und b) blieb unerläutert.

****

58) Giegold, Heinrich: »Tschechen und Deutsche«; Hof, 1993, S. 61:

a) Text:
»Nach der ›Kristallnacht‹ des 9. November 1938 . . . hatte . . . auch die Verfolgung der 60.000 deutschgesinnten Juden im Sudetenland eingesetzt.«

q) Quelle: Keine,
briefliche diesbezügliche Anfrage blieb ohne Antwort.

****

59) Kohout, Pavel: »Rede über das eigene Land« in der Wiedergabe der »SZ«, München; Nr. 271 v. 24. 11. 1993, S. 10:

a) Text:
»Es ist bemerkenswert, daß jene Vertreter der Sudetendeutschen, die heutzutage die Revision der Vertreibung und das Recht auf ihre alte Heimat verlangen . . . mit keinem Wort die Tatsache . . . erwähnen . . ., daß zunächst im Herbst 1938 nach dem Münchner Diktat Hunderttausende Tschechen binnen einiger Stunden mit leeren Händen aus ihrer alten Heimat vertrieben worden waren.«

q) Quelle: Keine

x) Anmerkung zu Folgeaussage:
Ein in der »SZ« (Nr. 296 vom 23. 12. 1993, S. 30) dazu veröffentlichter Leserbrief von Herrn Ernst Tiltscher, 81825 München, behandelte jene »Tschechen, welche 1938 vertrieben worden sein sollen.« Es hieß darin u. a.:
»Dieser Personenkreis bestand fast restlos aus tschechischen Staatsbediensteten der verschiedenen Dienstzweige, welche im Zuge einer systematischen und rigorosen politischen Slavisierung in rein deutsche Gebiete verpflanzt wurden, viele infrastrukturelle Maßnahmen wie Schulen, Kindergärten etc. nach sich zogen und als Anbahnung einer sanften, ethnischen Säuberung schmerzhaft empfunden wurde. Ein Umstand, der auch viele chancenlose junge Deutsche dem großen braunen Nachbarn in die Arme trieb.
Diese tschechischen Bürger, die noch nicht verwurzelt waren, mußten in ihre Herkunftsorte zurückkehren, welche sie erst vor kurzer Zeit freiwillig verlassen hatten. Alteingesessene aber, so auch die im Zuge der Bodenreform angesiedelten sogenannten tschechischen Kolonisten in den abgetrennten Gebieten behielten in der Regel ihre Bleibe.«

****

60) Eis, Zdeněk: »Woher kommst du, wohin gehst du...?«; Video der Synergia Film AG.; Drehbuch Jiří Reichl; o.O.; 1993; gesendet im staatlichen Fernsehen der ČR am 31. 10. 1993 <x>

a) Text:
»Nach dem Münchener Abkommen im September 1938 mußten alle tschechischen Einwohner die dem Reich angegliederten Gebiete verlassen. Nicht nur Staatsbeamte, Lehrer, Gendarmen: Auf Betreiben der Henleinpartei wurden auch alle alteingesessenen vertrieben, die hier, ebenso wie ihre deutschen Nachbarn, seit Jahrhunderten zu Hause waren.«

q) Quellen (für Text und Bewegtbild): Keine

x) Anmerkung zu begleitendem Bildmaterial und tatsächlichem Ablauf:
Der Zuschauer erhielt während dieses Kommentars optische Eindrücke von anscheinend endgültiger und totaler Vertreibung aus Polička (Ostböhmen)vermittelt.
Zum Gesamtkomplex Polička:
Siehe S. 266ff.: A IV, Exkurs 3.

****

61) Reissmüller, Johann Georg: »Nicht um Materielles geht es« in »FAZ« vom 21. 3. 1994; S. 1:

a, b) Text:
»Die Vertreibung der meisten Tschechen aus den an Deutschland angeschlossenen Gebieten im Herbst 1938 <a> wird von manchen Sudetendeutschen <b> als Kleinigkeit hingestellt.«

q) Quellen zu a, b: Keine

x) Anmerkung zu Folgeaussagen:
Ein von der »FAZ« am 29. 3. 1994 veröffentlichter Leserbrief von Friedbert Volk, 61250 Usingen, wies demgegenüber auf die Angaben von Urban (siehe S. 303, Ziff. 22) und »Omluva« (siehe S. 316, Ziff. 52) hin; ein anderer Brief auf die von der »FAZ« am 31. 7. 1990 publizierten Zahlen von Křen (siehe S. 317, Ziff. 54).

y) Anmerkung zum Lernprozess des Autors:
Der Autor modifizierte später das Volumen seiner Aussage: »Es ist unmoralisch,... die Vertreibung vieler Tschechen aus den Sudetengebieten im Herbst 1938 zu leugnen.«
Vgl. »FAZ« vom 1. 3. 1995, S. 1.

z) Anmerkung zum Wissensstand des Autors:
Der Autor hatte bereits früher beharrlich (siehe S. 31 für Anm. I/39) beleglose Behauptungen vertreten.

****

62) .1 Maček, Jaroslav in »Weiße Flecken in der Geschichte«; Bericht von »UM« über die 3. Konferenz der »Stiftung Bernard Bolzano« und der Ackermann-Gemeinde in Iglau in »Prager Zeitung« Nr. 14 vom 7. 4. 1994, S. 2:

a) Text:
»Für Aufsehen sorgte das Referat des Historikers Jaroslav Maček aus Litoměřice/Leitmeritz, der zum ersten Mal <y> konkretere Zahlen über die Vertreibung tschechischer Bürger aus dem Grenzgebiet nach dem Münchner Abkommen vom September 1938 bekanntgab. Im Innenland entstanden 78 Sammellager, die etappenweise über 160.000 Menschen aufnehmen mußten. Die überwiegende Mehrheit – etwa 80 Prozent – der Flüchtlinge waren Tschechen, über 11 Prozent Juden und über 8 Prozent (!) Deutsche.« <x>

q) Quelle: Keine

x) Anmerkung zum Sachinhalt:
Die Angaben bedeuten »etwa« 128.000 Tschechen, »über« 18.000 Juden und »über« 13.000 Deutsche.

y) Anmerkung zu Verweisen:
Es ist daher anzunehmen, daß die berichtete Erstmaligkeit lediglich den Wissensstand des Berichterstatters U. M. charakterisierte, da ähnliche Zahlen bereits vor Jahrzehnten publiziert worden waren, nämlich (in tausend Personen)
1962 mit 116./15./12.: Siehe S. 301, Ziff. 18; und
1964 mit 116./23./12.: Siehe S. 302, Ziff. 20

****

62) .2 Maček, Jaroslav: »Zur Problematik der Geschichte der abgetrennten Grenzgebiete, besonders des sogenannten Sudetenlandes in den Jahren 1938–1945« in »Der Weg in die Katastrophe«; Hsg. v. u. a. Detlev Brandes; Essen, 1994; S. 58:

a–c) Text:
»Kurz vor dem Einmarsch der deutschen Wehrmacht flohen rund 13.000 deutsche Antifaschisten und über 15.000 Juden <a> aus dem Grenzgebiet. Die genauen Zahlen lassen sich nicht mehr ermitteln, doch handelt es sich um recht zuverlässige Annahmen[3]. Die Zahl der Tschechen, die flüchteten bzw. zurückblieben, läßt sich schwerer einschätzen. Vor dem Einmarsch <x> verließen rund 155.000–160.000 Tschechen <a> das Sudetenland[4]. ... Die Zahlen, die für die zurückgebliebenen Tschechen angegeben werden, schwanken zwischen 319.000 und 500.000 <b>. Eine realistische Annahme ist, daß vor dem Ausbruch des Krieges noch 410.000 <c> <y> Tschechen im Grenzgebiet lebten, was einem Bevölkerungsanteil von 15% entspricht[6].«

q) Quellen:
»[3] Hajková, A.: Strana v odbojí [Die Partei im Widerstand]. Prag 1975, 101. <Siehe S. 306, Ziff. 30>
– Luža, Radomír: The transfer of the Sudeten Germans. London – New York 1964, 158. <Siehe S. 302f., Ziff. 20>
– Die Deutschen in Böhmen und Mähren. Gräfelfing 1952, 373–375.
– Grünwald, Leopold: Sudetendeutscher Widerstand gegen Hitler. Bd. 1. München 1978, 18–23. <Siehe S. 309f., Ziff. 34>
[4] Anlage C ›Zahl der Flüchtlinge aus dem Grenzgebiet. Stand v. 3. 12. 1938‹ zum Erlaß des Innenministers Nr. 87566/38 – 4a v. 21. 10. 1938. Státni ústředni archiv [Staatliches Zentralarchiv] ... Prag, Min. vnitra [Innenministerium].« <x>
»[6] Die Unterschiede ergeben sich auch daraus, ob die Bevölkerung des Hultschiner Ländchens <Siehe S. 56 für: Anm. II/29b> und später des Teschener Gebiets oder nur die Tschechen im sog. Gau Sudetenland in die Berechnung einbezogen wurden. Auch veränderte sich die Anzahl der Tschechen in der Zeit zwischen dem 10. 10. 1938 und dem 5. 5. 1945. <Es ist belegt>, daß kurz nach der Errichtung des Protektorats im Zusammenhang mit der Intensivierung der Kriegswirtschaft und der Einberufung vieler Deutscher zur Armee die Zahl der Tschechen im Sudetenland zu steigen begann und bis zum Jahre 1943 400.000 <y> erreichte. – Státni oblastní archiv Opava [Staatliches Gebietsarchiv Troppau] ..., RFSS Fulnek; ebd. Regierungspräsident Troppau-967. – Siehe auch die vertraulichen Übersichten in Der Sudetengau in Zahlen. Reichenberg 1942–43. – Antoš, Zdeněk: Blut und Boden – ke »konečnému řešení« národnostní otázky v sudetské župě [zur »Endlösung« der Nationalitätenfrage im Sudetengau]. Slezky sbornik 64 (1966), H. l. <Siehe S. 308, Ziff. 33g> – Bartoš, Zdeněk <richtig Jaroslav>: Okupované pohraničí a české obyvatestvo 1938–1945 [Das besetzte Grenzgebiet und die tschechische Bevölkerung]. Praha 1966, 65f. mit weiteren Hinweisen auf Quellen und Literatur.« <Siehe S. 307ff., Ziff. 33>

x) Anmerkungen zum Personenkreis:
Da Šima (siehe S. 292ff., Ziff. 2) zum Dezember 1938 bzw. Januar 1939 nur 128.000 bzw. 129.000 Tschechen, Slowaken und Russen verzeichnete und Staatsbedienstete

ausdrücklich ausklammerte dürften in den 155.000–160.000 zum 3. 12. 1938 diese und/oder deren Angehörige in nicht unbeträchtlichem Umfang enthalten sein.

y) Anmerkungen zum Zeitablauf:
Daß alle Tschechen, die das Sudetengebiet bis zum 3. 12. 1938 verließen, dies vor dem Einmarsch der deutschen Truppen getan haben sollen, erscheint unwahrscheinlich.
Siehe z. B. S. 189f.: A II, B 20 für Dux.
Der vom Autor vorgestellte Zeitablauf des Gesamtvorganges bleibt unklar:
- »Vor dem Ausbruch des Krieges« (d. h. im August 1939): Stand: 410.
- Nach Kriegsbeginn: Ansteigen der Zahl der Tschechen = + ?
- Im »Jahre 1943«: Neuer Stand: 400.

z) Anmerkungen zu weiteren Angaben:
- Beleglos behauptete der Autor zum Sudetengebiet nach 1938 (S. 59): »Es gab keine tschechische Presse.«
- Die vom Autor benutzte Arbeit von Bartoš »Okupované pohraničí...« berichtete seit 1978 das Gegenteil.
  Siehe S. 186: A II, B 13.
- Der Autor behauptete (S. 59, Anm. 7):
  Bohmann SiZ habe »keine Angaben zu diesen Wahlen« <gemeint: vom 4. 12. 1938>.
  Bohmann SiZ S. 125 hat – und sei es knappe – Angaben.

****

62) .3 Maček, Jaroslav: »Flüchtlinge aus dem Grenzgebiet« in »Tschechen und Deutsche <–> historische Tabus«; hsg. von der Stiftung Bernard Bolzano, Prag und der Ackermanngemeinde München; 1994; S. 139–145; hier S. 141ff.

a) Text:
»Nach München wurde beschlossen, das Grenzgebiet nach und nach in 5 Zonen durch die Naziarmee zu besetzen (1.–10. Oktober 1938). <t> Damit begann die Periode der Massenflucht aus dem Grenzgebiet, die allerdings in viel kleinerem Ausmaß schon früher <u> angefangen hatte. Nach der Besetzung kam es an einigen Stellen direkt zu einer Zwangsaussiedlung der tschechischen Bevölkerung, wie z. B. in Nyřaný (Nürschan), in der Nähe von Plzeň (Pilsen) <v>...
Dort, wo tschechische, eventuell jüdische Einwohner blieben, kam es in einigen Fällen zu Mißhandlungen, zu Razzien und Verhaftungen, z. B. in dem okkupierten Ort Pusta Poloma <Siehe S. 189: A II, B 18>, ... um Most (Brüx) <Siehe S. 194: A II, B 23> und Rokytnice (Rochlitz Adlergebirge), in Moravská Chrastova (Mährisch Chrastau), Břeclav (Lundenburg) <Siehe S. 190f.: A II, B 21> u. a.... Die Tschechen, Juden und deutschen Antifaschisten flüchteten natürlich zum größten Teil <u> noch vor dem Eintreffen der Naziarmee, die als Befreierin willkommen geheißen wurde.
Die Flüchtlinge flohen auf die verschiedenste, oft dramatische Weise. Da bloß ein Teil der Flüchtlinge bei Verwandten, Freunden und Bekannten Zuflucht fand, wurde beschlossen, besondere Sammellager <w> für sie zu errichten. Das Innenministerium gab am 21. 10. 1938 in dieser Angelegenheit einen Sondererlaß heraus, laut dessen in den böhmischen Ländern allmählich wenigstens 78 Lager entstanden (Stand Ende November 1938). Manche, die nicht eingerechnet wurden, bestanden bloß für eine beschränkte Zeit, vom 1. 10. bis Anfang November 1938.... Als es nach und nach gelang, die Flüchtlinge aus den Sammellagern unterzubringen, blieben dort noch bis zum 3. 12. 1948 insgesamt 10.328 Flüchtlinge. In sechs von den angeführten Lagern waren immer noch mehr als 300 Personen – in Mährisch Ostrau (Moravska Ostrava) 11.480 Personen <w>, in Brünn (Brno) Umgebung 762, in Mistek (Mistek) 410, Gaya (Kyjov) 370, Ledec nad Sazavou 344 Personen...
Das Innenministerium evidierte insgesamt 151.997 Flüchtlinge aus dem Grenzge-

biet. <a> Dieses Verzeichnis ist absolut glaubwürdig <x>, da auf Grund des Erlasses des Innenministeriums Sonderbeiträge für Flüchtlinge ausgezahlt wurden, die von den Bezirksämtern in den böhmischen Ländern gezahlt wurden.
In die hier angeführte Zahl von 151.997 Personen sind jene nicht eingeschlossen, die schon damals, nach München, aus der CSR flüchteten. Ihre Anzahl kann leider nicht mehr festgestellt, jedoch auch nicht seriös abgeschätzt werden. Weiter wurden die Staatsbeamten nicht eingerechnet, die auch weggehen oder flüchten mußten und denen garantiert wurde, daß sie im Staatsdienst weiter fest angestellt sein werden. Auch die tschechischen Geistlichen aus dem Grenzgebiet (bloß aus der Diözese Hradec Kralove waren es 27 Geistliche, eine größere Anzahl stammte aus der Brünner Diözese und aus dem südmährischen Grenzgebiet, usw.) sind nicht eingerechnet. Die Gesamtzahl dieser nicht eingerechneten Personen kann auf wenigstens 10.000 <y> geschätzt werden. Daher können wir zur Schlußfolgerung gelangen, daß im Zusammenhang mit der gewaltsamen Besetzung der Grenzgebiete an die 160.000 Personen, einschließlich der Familienangehörigen, ins Innere des Landes flüchteten.
Wenn auch die absolute Mehrheit der Flüchtlinge Tschechen bildeten – 85,7% <x> flüchteten auch Juden und Deutsche.... Bis Anfang Dezember 1938 wurden laut Abkommen (der Folge von München) 7.307 Personen gezwungen <z>, ins Grenzgebiet zurückzukehren. Ihre entscheidende Mehrzahl waren deutsche Bürger, meistens Gegner des Faschismus, über deren weitere konkrete Schicksale wir leider sehr wenig wissen...
An zweiter Stelle nach den geflohenen Tschechen <x> folgten Juden (11,23%) – 14.925 Personen, von denen sich weniger als die Hälfte zur jüdischen Nationalität meldete – (5,44%). Die dritte und letzte bedeutende Gruppe unter den Flüchtlingen waren... Deutsche – (8,65%) – 11.647 Personen... Einen geringfügigen Rest der Flüchtlinge bildeten Bürger anderer Nationalität – (0,61%) – 829 Personen und 307 Bürger polnischer Nationalität – (0,23%).
...
Außer den hier angeführten ca. 160.000 Flüchtlingen, die in das Innere des Landes flohen, blieb jedoch im abgetrennten Grenzgebiet noch eine bedeutende Menge Tschechen. Ihre Anzahl ist sehr schwer schätzbar und auch die zeitgenössischen statistischen Angaben sind nicht zuverlässig, und vor allem sind sie unvollständig. Auch die Kriterien unterscheiden sich in den einzelnen Fällen stark voneinander, so daß der Versuch, die Entwicklung der Bevölkerung nach Nationalitäten in dem eingenommenen Grenzgebiet darzustellen immer sehr schwierig, unvollständig und ungenau bleibt. Die bisher veröffentlichten Angaben unterscheiden sich voneinander und sie schwanken zwischen 319.000 und 500.000 Tschechen.... es war jedoch wichtig, ob z. B. die tschechische Bevölkerung aus dem gesamten Gebiet der böhmischen Länder oder bloß aus dem Teil einbezogen wurde, der später den sogenannten Sudetengau bildete, d. h. ohne die okkupierten Teile in Südböhmen und Südmähren, ohne das Hultschiner und Teschener Gebiet usw. Ein gewichtiges Problem stellt auch die Bestimmung der Nationalität bei Mischehen dar, deren Anzahl besonders in gewissen Regionen verhältnismäßig hoch war und wo die Nationalität der Familien, immer nach der gegebenen Lage, schwankte. Ein weiteres Problem bietet das sogenannte Optionsrecht, die Angst vor Aussiedlung usw. Ich glaube, daß auf Grund der Unterlagen, die ich zur Verfügung hatte, die Anzahl der Tschechen in dem besetzten Gebiet an die 410.000 Personen <c>, d. h. ungefähr 15% der dort existierenden Bevölkerung, betragen haben könnte.«

---

q) Quelle zu a:
»Eine Übersicht des Standes der Flüchtlingszahl zum 3. 12. 1938 – die sogenannte Beilage C zum Erlaß des Innenministeriums vom 21. Oktober 1938, Nr. 87566/38-14a – Übersicht über den numerischen Stand der Flüchtlinge – Stand am 3. 12. 1938 – ist erhalten geblieben.«

Quelle zu b, c:
Keine; siehe aber die Angaben des Autors auf S. 320f., Ziff. 62.2

t–z) Anmerkungen zum Sachinhalt:

t) Der Beschluß dazu erfolgte nicht nach, sondern bereits im Münchener Abkommen vom 29. 9. 1983.
Siehe S. 260 in: A IV, Exkurs 2.

u) Der Widerspruch in den Aussagen blieb unerläutert:
Bezogen auf die Flucht vor dem 1.10.1938 heißt es zunächst, diese habe »viel kleineres Ausmaß« gehabt und später, sie sei »natürlich zum größten Teil« in dieser Zeit erfolgt.

v) Dieser Bericht über die Zwangsaussiedlung *der* (d. h. der gesamten) tschechischen Bevölkerung aus Nürschan ist falsch.
Siehe S. 186: A II, B 14 und S. 273ff.: A IV, Exkurs 3.

w) Zu den Massenlagern siehe auch die Angaben aus Mähren S. 102 für Anm. III/129.
Die Zahlendifferenzen (bei einer Gesamtheit von 10.328 Personen allein in einem Lager 11.480 Personen) sind wohl Korrekturflüchtigkeiten.

x)
- Die Zahl von rd. 152.000 für den 3. 12. 1938 ist weder nach Territorium noch nach Staatsangehörigkeit differenziert.
- Šíma (siehe S. 292f., Ziff. 2) verzeichnete:

	ČSR-In- und Ausländer		ČSR-Inländer	
	Gesamt	darin aus dem Sud. Gebiet	Gesamt	darin aus dem Sud. Geb.
Dezember 1938	*	*	146.	*
Januar 1939	*	*	151.	*
Juli 1939	219.	171.	193.	*

- Es dürfte sich daher bei den rd. 152.000 »Flüchtlingen aus dem Grenzgebiet« zum 3. 12. 1938 um einen Personenkreis handeln, der auch ČSR-Ausländer umfaßte und nicht nur aus dem Sudetengebiet kam.
- Die angegebene Aufteilung nach Nationalitäten verwirrt:

Nationalität	absolut	%	d. h. 100% sind ca. . . .
Tschechen	(keine Angabe)	85,7	*
Juden	(keine Angabe)	5,44	*
Deutsche	11.647	8,65	(~ 134.600)
Polen	307	0,23	(~ 133.500)
andere	829	0,61	(~ 135.900)
Gesamt	151.997	100,63	

Einerseits wurden mehr als 100% nach Nationalitäten verteilt, andererseits ergeben 100% nicht rd. 152.000, sondern 134.000 bis 136.000 Personen.

y) Die Zahl von 10.000, in der die »Staatsbeamten«, d. h. wohl öffentliche Bedienstete, enthalten sein sollen, erscheint unwahrscheinlich niedrig:
Siehe S. 71ff. mit den dortigen Nachweisen und Quellen.

z) Es ist bisher kein deutsch-ČSR Abkommen aus der Zeit nach dem 1. 10. 1938 bekannt, daß einen Vertragspartner *gezwungen* hätte, Flüchtlinge aus seinem Gebiet in das Gebiet des Anderen zurückzuliefern.
Es ist nur bekannt, daß ČSR-Behörden, ohne dazu verpflichtet zu sein, sudetendeutsche NS-Gegner zwangen, in das Sudetengebiet zurückzukehren.
Dazu und zu ihrem weiteren Schicksal siehe S. 100 für Anm. III/106.

****

63) N. N.: »Der Kreis der Bürger der Tschechischen Republik, die 1938 aus den Grenzgebieten vertrieben wurden«; o. O.; 15. 5. 1994. <x>

a–b) Text:

»– Nach dem Münchner Diktat (29. 9. 1938) wurden aus den Grenzgebieten der böhmischen Länder mehr als 150.000 Personen, davon 122.000 Tschechen, 15.000 Juden und 13.000 antifaschistisch gesinnte Deutsche vertrieben. <a> Allein die Verluste an ihrem persönlichen Eigentum betrugen nach unvollständigen Angaben 357.000.000 Kronen.

– In den besetzten Grenzgebieten wurden schon vom Oktober 1938 an insgesamt 10.000 Tschechen und antifaschistisch orientierter Deutschen verhaftet. Die nazistische Staatsverwaltung des neu gebildeten Sudetengaus hat den Rest der tschechischen Bevölkerung/mehr als 420.000 Personen <b> praktisch um alle Rechte sei es im wirtschaftlichen, Nationalitäten- oder politischen Bereich gebracht.«

q) Quellen zu a, b: Keine

x) Anmerkungen zu Herausgeber und Vorgang:

- Es handelt sich um eine vervielfältigte Unterlage, die während des Sudetendeutschen Tages 1994 in Nürnberg auflag. Als Verteiler stellte sich Herr Miloslav Klen vor.
- Zur herausgebenden Personengruppe: Siehe S. 95 f. für Anm. III/90 b.

****

64) Newman, Barry: »Tale of 2 Houses« in » Wall Street Journal«; New York vom 15. 7. 1994

a–d) Text:

»Karlovy Vary, the belle epoque spa of Karlsbad, lies in the Sudetenland, a region once home to 65.000 Jews <a>, 800.000 Czechs <b> and three million Germans. It was the Sudeten Germans that Hitler was ›protecting‹ in 1938. After the Munich Conference allowed... the Germans... to annex the Sudetenland, they eliminated Jews. Of 120.000 who lived in the Czech lands, 30.000 outlasted the Holocaust; fewer than 6.000 remain. Then Czechs eliminated Germans. Eduard Beneš, the pre-Communist postwar president, decreed their expulsion in 1945. At Potsdam, the Allies approved. As Germans fled toward Bavaria, Czechs took revenge: They murdered 40.000 <c>; many died at the end of a rope.«

q) Quellen zu a bis c: Keine

****

65) Frank, Michael: »Niemandsland« in »SZ«, Nr. 215 vom 17./18. 9. 1994, Seite V 3/21:

a–b) Text:

»1938 hatte Mähr. Schönberg »knapp 25.000 Einwohner, davon rund 4.000 Tschechen«. <a>, <x> Ein ČSR-»Polizeijurist« bzw. »Kommissär« bzw. »Polizeichef... hatte nicht einmal Zeit vertrieben zu werden, mußte einfach davon laufen... Wahrscheinlich betraf dies an die 400.000 <b> Menschen aus dem zum ›Sudetengau‹ mutierten <ČSR->Grenzgebieten.«

q) Quelle zu a, b: Keine

x) Anmerkung zur Qualität der Angaben am Beispiel a:

Die tatsächliche Bevölkerung von Mährisch Schönberg war weit geringer; die Bevölkerungsentwicklung weist die meisten der für Mitte 1938 durchaus denkbaren rd. 4.000 Tschechen als Zuwanderer in der Zeit nach 1919 aus:

	Gesamt	davon Tschechen
1910	13.229	353
1921	13.117	1.991
1930	15.718	3.434
1939	15.611	(keine Angabe)

****

66) Verfassungsgericht der Tschechischen Republik, Brünn:
»Entscheidung« <x> Nr. 14/94 vom 16. 3. 1995; S. 23 f.:

a) Text:
»Folge des Münchener Abkommens war u. a. der zwangsweise Weggang (nucený odchod) von etwa einer halben Million Tschechen aus den Grenzgebieten <y> in den Rest der Republik.«

q) Quelle der Angabe: Keine

x) Anmerkung zum Vorgang:
Die Entscheidung betraf den Antrag des heimatverbliebenen Sudetendeutschen und ČR-Staatsangehörigen Rudolf Dreithaler aus Reichenberg, das Dekret des damaligen ČSR-Präsidenten Beneš Nr. 108/1945 der »ČSR-Slg.« vom 25. 10. 1945 (zum Text vgl.: DdV; Bd. 1, S. 263 ff.) aufzuheben (na zrušení). Die Verfassungsmäßigkeit wurde expressis verbis weder bestritten, noch geprüft.

y) Anmerkung zum Umfang der Angabe:
Auch aus dem weiteren Textumfeld blieb unklar, ob sich die Zahlenangabe nur auf das Sudetengebiet, oder auch das Olsa-Gebiet und die (Süd-)Slowakei bezog.

****

TABELLE 3

Bevölkerungsentwicklung einzelner Orte und Bezirke/Kreise des Sudetengebietes 1910 bis 1939

A) *Vorbemerkung*

Die Tabelle soll für solche Gemeinden und Bezirke/Kreise des Sudetengebietes, zu denen im Text, den Dokumenten und Berichten Aussagen erfolgten, den Informationscharakter durch Darstellung der national gegliederten Bevölkerungsentwicklung 1910 bis 1938 quantitativ umrahmen.
Da die Aussagen vornehmlich zu Tschechen erfolgten, umfaßt die Tabelle jene Gemeinden und Bezirke/Kreise[1] des Sudetengebietes, in denen nach 1938 z. T. beträchtliche Anteile ortsanwesender Personen tschechischer Nationalität angegeben werden.
Die Tabelle ist daher nicht repräsentativ für das gesamte Sudetengebiet. Diese Angaben enthält Tabelle 1 (siehe S. 284 f.).
Die Zahlen werden in Millionen (,) und/oder Tausend (.) ausgedrückt; 0 heißt Null, +0 heißt mehr als Null, aber kleiner als z. B. 50.
Leerstellen bedeuten, daß keine plausiblen Angaben gefunden wurden; Klammerzahlen sind eigene Rundungen.

B) *Die Senkrechte der Tabelle*

1) Verwendete Abkürzungen bedeuten:
PB = Politischer Bezirk
GB = Gerichtsbezirk
StK = Stadtkreis) Gelegentlich in der Aussagenquelle auch
LK = Landkreis) als »Gebiet <z. B.> Gablonz« bezeichnet.

2) Vergleichsfähigkeit

a) Zwischen üblichen Verwaltungseinheiten wurden dann in runden Klammern zusammengefaßte Bezirke/Kreise aufgeführt, wenn gewisse Aussagen nur für diese Zusammenfassung vorlagen.
Beispiel: (Brüx/Dux)

b) Zur Vergleichbarmachung war es in Fällen von Eingemeindungen auch erforderlich, gewisse Orte doppelt aufzuführen:
Beispiel: Znaim – '38 = bis 1938
Znaim '39 = in 1939

c) Um den Umfang der Tabelle im Rahmen ihrer aufgeführten Zwecksetzung möglichst zu begrenzen, blieben geringfügige Änderungen zwischen der Zuordnung von Gemeinden zu (bis 1938) PB/GB und (ab 1938) StK/LK v. a. dann unbeachtet, wenn sie innerhalb des Sudetengebietes erfolgten.

C) *Die Waagrechte der Tabelle*

1) Gliederung
Die Tabelle stellt dar
- Bevölkerungszahlen absolut
- Anteilszahlen der Tschechen
- die Stellen, an denen in Text, Dokumentation oder Berichten Aussagen zur Gemeinde o. ä. verzeichnet sind.

2) Hinweise zu einzelnen *Sp*alten (= Sp):

Sp 3–27: *Bevölkerungs*zahlen in Tsd(.) Personen
Erläuterung v. a. zu verwendeten Abkürzungen:
Ges = Gesamt
Se = Summe
AL = Ausländer (entsprechend jeweiligem Zustand)
StL = Staatenlose (sofern gesondert ausgewiesen)
? = Staatsangehörigkeit am 17. 5. 1939 »unermittelt und ungeklärt«
D = Deutsche
T = Tschechen
(Klammerzahlen) sind eigene Ermittlungen aus zweifelsfreien Unterlagen.

Sp 3–24: Aus Volkszählungen 1910, 1921, 1930, 1939[2]

Weitere *Bevölkerungs*angaben für Tschechen 1939
- In Spalte 20 sind auch Personen mit am 17. 5. 1939 unermittelter oder ungeklärter Staatsangehörigkeit enthalten, die bei späteren und vornehmlich unpublizierten Auswertungen der Volkszählung als Tschechen mit und ohne Reichsangehörigkeit erkannt wurden.
- In Spalte 23 sind Tschechen mit am 17. 5. 1939 geklärter Reichszugehörigkeit ausgewiesen.
- Werden Spalten 20 und 23 addiert, ergeben sich in . . .

. . . Sp. 24: *Gesamtzahlen* von Personen tschechischer Volkszugehörigkeit[3].

Bekannt geworden wurden wenigstens für einige Landkreise auch Angaben zu sog. Optanten. Diese ergeben in . . .

. . . Sp. 25: *Teilzahlen* von Personen tschechischer Volkszugehörigkeit[4]

Darüber hinaus haben verschiedene deutsche Stellen z. T. vor Vorliegen der Volkszählungszahlen vom 17. 5. 1939 gebietliche Schätzungen durchgeführt. Diese sind von unterschiedlicher Plausibilität.
Insgesamt vorstellbare Daten sind aufgeführt in . . .

. . . Sp 26: *Gebietszahlen* von Personen tschechischer Volkszugehörigkeit.[5]

Wenig wahrscheinliche/unplausible Angaben sind zum informativen Quervergleich aufgeführt in . . .

. . . Sp 27: *Sonstige Angaben*[6]

Sp 28–31: Verhältniszahlen
% Anteil der Tschechen auf der Ebene Bezirk/Kreis 1910, 1921, 1930, 1939.

Sp 32: Fundstellen
für Berichte zum Reg. Bez., Bezirk/Kreis, Gemeinde

Quellen und Anmerkungen:

[1] Quellen (allgemein): »Orientierungslexikon der Tschechoslowakischen Republik«; Hsg. von Ernst Pfohl, Reichenberg, 1932 i. d. F. »Ortslexikon Sudetenland« (Reprint); Nürnberg/München, 1987.
»Sudetendeutsches Ortsnamenverzeichnis«; Hsg. vom Sudetendeutschen Archiv; 2. Aufl.; München, 1987.

[2] Quellen
- für 1910:
  a) »Österreichische Statistik«; Hsg. von der K. K. Statistischen Zentralkommission, Wien; 1. Bd., 2. Heft, 2. Bd., 1. Heft; Wien, 1913/1914.
  b) »Orts-Repertitorium für das Königreich Böhmen«; Zusammengestellt im Auftrage der K. K. Statthalterei; Prag, 1913.
  c) »Spezialortsrepertorium von Mähren«; Hsg. von der K. K. Statistischen Zentralkommission; Wien; 1918.
  d) »Die Ergebnisse der Volkszählung vom 31. Dezember 1910 in Schlesien nach Bevölkerungszahl, . . . Umgangssprache . . .«; Hsg. vom Landesstatistischen Amte; Troppau, 1912.
- für 1921, 1930:
  a) »Čechoslovakische Statistik«; Hsg. v. Statistischen Staatsamt, Prag: Bd. 9, Heft 1/1924; Bd. 98, Heft 7/1934.

b) »Statistický lexikon obcí v zemi České« (Statistisches Lexikon der Gemeinden im Lande Böhmen); Prag, 1923 und 1934.
c) »Statistický lexikon obcí na Moravě a ve Slezsku« (Statistisches Lexikon der Gemeinden in Mähren und in Schlesien); Prag, 1924.
d) »Statistický lexikon obcí v zemi Moravskoslezské« (Statistisches Lexikon der Gemeinden im Lande Mähren-Schlesien); Prag, 1935.
b–d) Jeweils herausgegeben vom ČSR-Innenministerium und vom Statistischen Staatsamt, Prag.
• für 1939:
a) »Statistisches Jahrbuch für das Deutsche Reich«; Jg. 1941/ 42.
b) »Statistik des Deutschen Reiches«; Bd. 552, Heft 1; 1943.
Jeweils herausgegeben vom Statistischen Reichsamt, Berlin.
Für die Wiedergabe der Quellen sind auch herangezogen worden:
• Bohmann: SiZ, MuG.
• Örtliche Fundstellen (z. B. in verschiedenen Heimatbüchern), wenn die Plausibilität der Angaben v. a. im Zeitvergleich gegeben schien.
Die Tschechenzahlen der Kreise etc. (Spalte 17) nach Bartoš: a. a. O.

[3] a) Quellen für Spalte 24:
Für Regierungsbezirke und andere summierte Gebiete (oberhalb Landkreis):
Bohmann: SiZ, S. 134.
Für ausgewählte Kreise mit hohem tschechischen Anteil aus Akten des Staatsarchivs Troppau:
Bartoš: a. a. O.; S. 166; für alle Kreise des Reg.Bez. Troppau auch Svatosch: a. a. O.; S. 467.
b) Bartoš qualifizierte die von ihm ausgewerteten Akten v. a. des Staatsarchives Troppau: »Hier geht es deutlich um Endergebnisse« (S. 147).
c) Diskussion der Quelle Bartoš: Siehe S. 121 f. für Anm. IV/27 d.

[4] a) Quellen für Spalte 25: Siehe S. 162 f.: A I, D 19.
b) Diskussion der Quelle: Siehe S. 121 f. für Anm. 27 c, e.

[5] Quellen für Spalte 26:
Siehe S. 160 ff.: A I, D 17 in der Auswertung auf S. 122 für Anm. IV/ 27 g.

[6] Quellen für Spalte(n) 27:
a) Regierungsbezirk Aussig:
Siehe S. 122 für Anm. IV/27 g.
b) Regierungsbezirk Troppau:
Unterspalte A:
Gesamtzahl lt. »Die Deutschen in der Tschechoslowakei«; Hsg. von Václav Král; Prag, 1964; S. 441; Basis: Schriftliche Angabe Henleins vom 15. 4. 1941.
Angaben zu »Hohenstadt, Landskron, Mähr. Schönberg«:
Siehe S. 158 f.: A I D 15 in der Auswertung auf S. 123 für Anm. IV/27 h.
Unterspalte B:
Antoš, Zdeněk: a. a. O.; S. 32.
Auszugsweise Wiedergabe bei Bartoš: a. a. O.; S. 147.
Diskussion der Quellen Antoš und Bartoš: Siehe S. 122 f. für Anm. IV/27 g, h.

Hinweis:

Die Zahlenangaben der Tabelle 3 folgen, gebietsweise geordnet, auf den Seiten 330 bis 341.

Lfd. Nr.	Gebiet: Name Bezirk/Kreis	Gebiet: Bezeichnung Gemeinde	Bevölkerung – In Volkszählung von … 1910 Ges.	1910 A L	1910 ö. Inländer Se	1910 ö. Inländer D	1910 ö. Inländer T	1921 Ges.	1921 A L	1921 ČSR-Inländer Se	1921 ČSR-Inländer D	1921 ČSR-Inländer T	1930 Ges.	1930 A L	1930 ČSR-Inländer Se	1930 ČSR-Inländer D	1930 ČSR-Inländer T
0	1	2	3	4	5	6	7	8	9	10	11	12	13	14	15	16	17
1	Regierungsbezirk Aussig (Nordböhmen) *												1,472.				881.
2	Aussig	PB = St + Lk	117.8	3.0	(114.8)	108.5	6.4	120.7	4.0	(116.7)	96.2	20.3	132.9	3.7	129.2	103.0	25.9
3		Aussig – Stadt: – '38	39.3	1.6	(37.7)	35.6	2.0	39.8	2.2	(37.6)	30.8	6.9	43.8	1.9	41.9	32.9	8.7
4		'39											71.3				
5		– Land: – '39											61.7				11.2
6		Mariaschein	3.6	0.1	(3.5)	3.3	0.2	3.7	0.1	(3.6)	2.9	0.7	4.4	0.1	(4.3)	3.6	0.7
7		Raudnig	0.9	0.0	0.9	0.5	0.4	0.9	+ 0	(0.9)	0.3	0.6	0.9	+ 0	(0.9)	0.2	0.7
8	Bilin	GB = LK	36.5	0.6	(35.9)	28.9	6.9	36.5	0.7	(35.8)	23.5	12.2	40.0	0.6	39.4	24.2	15.0
9		Bilin	9.4	0.2	(9.2)	7.7	1.5	9.7	0.3	(9.4)	6.0	3.3	10.7	0.2	10.5	6.1	4.2
10		Liebshausen	1.3	+ 0	(1.3)	1.2	0.1	1.3	+ 0	(1.3)	0.9	0.4	0.7	+ 0	(0.7)	0.5	0.2
11	Braunau	LK = GB +GB W'd	43.4	0.8	(42.6)	42.1	0.5	39.0	0.7	(38.3)	35.8	2.4	38.6	0.7	37.9	34.8	3.1
12			8.0	0.2	(7.8)	7.5	0.2	6.8	0.3	(6.5)	5.7	0.8	7.3	0.2	(7.1)	6.0	1.1
13	Brüx	PB = LK	101.8	1.3	(100.5)	75.3	25.1	102.3	2.1	(100.2)	59.0	40.7	108.2	1.8	106.4	61.3	44.8
14		Brüx: – '38	25.7	0.3	(25.4)	21.4	4.0	27.2	1.0	(26.2)	17.0	8.8	28.2	0.7	27.5	17.5	9.7
15		'39											43.3				
16		Oberdorf	0.1	0	0.1	0.1	0	0.1	0	(0.1)	0.1	0	0.1	0	(0.1)	0.1	0
17		Triebschitz	1.6	+ 0	(1.6)	1.0	0.6	1.6	+ 0	(1.6)	0.7	0.9	1.7	+ 0	(1.7)	0.7	1.0
18	Dauba	PB	25.4	0.1	(25.3)	24.4	0.9	25.5	0.2	(25.3)	22.2	3.1	26.3	0.2	26.1	21.7	4.5
19		LK											28.3				5.3
20		Hirschberg	2.0	+0	(2.0)	2.0	0	2.2	+0	(2.2)	2.0	0.2	3.1	0.1	{3.0)	2.6	0.4
21	Dux	GB = LK	47.9	0.5	(47.4)	32.6	14.9	47.4	0.9	(46.5)	26.9	19.6	50.3	0.7	49.6	28.5	21.0
22		Dux	12.4	0.2	(12.2)	8.0	4.1	12.6	0.3	(12.3)	6.3	6.0	13.0	0.2	12.8	6.5	6.3
23		Langewiese	0.2	0	0.2)	0.2	0	0.2	0	0.2	0.2	0	0.2	0	0.2	0.2	+ 0
24		Ossegg	9.6	0.1	(9.5)	7.9	2.4	9.2	0.1	(9.1)	5.7	3.4	9.4	0.1	(9.3)	5.9	3.3
25	(Brüx + Dux)		(149.7)				(40.9)	(149.7)				(60.3)	(158.5)				(65.8)
26	Friedland	PB = LK	50.7	1.7	(49.0)	48.7	0.3	41.2	1.2	(40.0)	38.6	1.4	40.0	1.3	38.7	36.7	1.9
27		Friedland	6.9	0.3	(6.6)	6.5	0.1	6.2	0.2	(6.0)	5.5	0.4	6.3	0.2	(6.1)	5.5	0.6
28		Rückersdorf	1.5	+ 0	(1.5)	1.5	+ 0	1.3	+ 0	(1.3)	1.3	+ 0	1.2	+ 0	(1.2)	1.2	+ 0
29	Gablonz	PB	99.0	1.5	(97.5)	90.9	6.6	86.2	2.1	(84.6)	70.7	13.8	101.9	2.1	99.7	81.8	17.8
30		LK											113.5				26.3
31		Gablonz	29.5	0.8	(28.7)	26.3	2.4	26.9	0.9	(26.0)	22.0	3.9	34.0	1.2	32.8	27.0	5.6
32		Johannesberg	2.9	+ 0	(2.9)	2.9	0	2.4	+ 0	(2.4)	2.3	0.1	2.4	+ 0	(2.4)	2.3	0.1
33		Marschowitz	0.6	0	0.6	0.6	+ 0	0.6	+ 0	(0.6)	0.5	0.1	0.7	+ 0	(0.7)	0.5	0.2
34		Morchenstern	8.1	0.1	(8.0)	7.4	0.7	7.2	0.1	(7.1)	5.3	1.7	7.8	0.1	(7.7)	5.7	2.0
35		Radl	1.8	+ 0	(1.8)	1.8	0	1.5	+ 0	(1.5)	1.5	+ 0	1.6	+ 0	(1.6)	1.5	0.1
36		Stefansruh	3.9	+ 0	(3.9)	3.4	0.4	2.8	+ 0	(2.8)	2.2	0.5	2.8	+ 0	(2.8)	2.3	0.5
37	Hohenelbe	PB	45.5	0.7	(44.8)	43.3	1.5	41.3	0.6	(40.7)	37.3	3.4	42.4	0.5	41.9	38.1	3.8
38		LK											66.0				17.3
39		Anseith	1.8	+ 0	(1.8)	1.8	+ 0	1.6	+ 0	(1.6)	1.5	0.1	0.7	0	(0,7)	0.7	+ 0
40		Arnau	4.3	0.1	(4.2)	4.0	0.2	4.1	0.1	(4.0)	3.5	0.4	4.5	0.1	(4.4)	3.8	0.6
41		Hohenelbe	7.0	0.1	(6.9)	6.2	0.7	6.8	0.1	(6.7)	5.4	1.3	7.0	0.1	(6.9)	5.6	1.2
42		Jablonetz	1.6	+ 0	(1.6)	0.4	1.1	1.3	+ 0	(1.3)	0.3	1.0	1.3	+ 0	(1.3)	0,3	1.0
43		Mastig	0.8	+ 0	(0.8)	0.8	0	0.8	+ 0	(0.8)	0.7	+ 0	1.0	+ 0	(1.0)	0,9	0.1
44		Oberrochlitz	2.6	+ 0	(2.6)	2.5	+ 0	2.1	+ 0	(2.1)	2.0	0.1	2.0	+ 0	(2.0)	1.8	0.2
45		Ponikla	2.1	+ 0	(2.1)	0.1	2.0	1.8	+ 0	(1.8)	0.1	1.7	1.8	+ 0	(1.8)	0,1	1.7
46		Wichau	1.3	0	1.3	0	1.3	1.1	+ 0	(1.1)	+ 0	1.1	1.1	+ 0	(1.1)	+ 0	1.1

						Weitere Angaben				Tschechen in % v. Ges.					
1939						1939				'10	'21	'30	'39	Berichte zum Gebiet v. a. Seite …	Lfd. Nr.
Ges.	AL, StL.	?	DR-Inländer							100% = Spalte …					
			Se	D	T	T	T	T	T	3	8	13	18		
18	19	20	21	22	23	24	25	26	27	28	29	30	31	32	0
1,329.	9.	84.	1,236.	1,199.	36.	113.3		144.						160, 195 ff., 200 f., 263, 309	1
123.3			116.8	112.8	3.9	(8.7)				5	17	19	7	100, 117	2
															3
67.1			63.9	62.0	1.8	4.1								100, 117, 179, 216 ff.	4
56.2			52.9	50.8	2.1	4.6			20.					100, 117, 122, 160	5
3.8														126	6
0.7														201	7
33.6			28.0	25.8	2.1	6.7				19	33	38	20	126, 194	8
9.1														249	9
0.6														212	10
34.4			33.8	33.6	0.2					1	6	8	1	158, 160, 201	11
6.4														90	12
40.9			69.9	64.6	5.2	25.0	12.6			25	40	41	27	122, 126, 162, 183, 197 f., 202	13
														249, 271	14
36.5														179, 189, 194, 199 f., 321	15
(0.1)														126	16
1.3														126	17
										4	12	17			18
25.5			23.8	23.2	0.5	1.6						19	6		19
3.1														242	20
39.5			31.6	29.4	2.2	9.5	8.1			31	41	42	24	122, 126, 162, 183, 194, 197 f.	21
9.6														179, 189 f., 199, 237	22
(0.2)														201	23
7.7														201	24
(120.4)					(7.4)	(34.5)	(20.7)	48.						122, 158, 160, 190, 199, 201, 257	25
36.6			36.1	36.0	0.1					1	3	5	1	183	26
5.8														216 ff.	27
1.1														182	28
										7	16	18		54 f.	29
98.0			90.0	84.2	4.8	13.0						23	13	(158), 160	30
28.8														201, 216 ff.	31
2.4														216 ff.	32
0.7														216 ff.	33
6.7														216 ff.	34
1.5														216 ff.	35
2.5														207	36
										3	8	7			37
62.2			54.1	49.5	4.5	12.4	24.7					26	20	122, 127, (158), 160, 162	38
0.7														208 ff.	39
4.3														208 ff.	40
6.3														199, 201, 208 ff., 235 f.	41
1.2														201	42
1.0														208 ff.	43
(1.9)														199	44
1.6														161	45
1.1														235 f.	46

Lfd. Nr.	Gebiet: Name Bezirk/Kreis	Gebiet: Bezeichnung Gemeinde	Bevölkerung – In Volkszählung von … 1910: Se	1910: A L	1910: ö. Inländer Se	1910: ö. Inländer D	1910: ö. Inländer T	1921: Se	1921: A L	1921: ČSR-Inländer Se	1921: ČSR-Inländer D	1921: ČSR-Inländer T	1930: Se	1930: A L	1930: ČSR-Inländer Se	1930: ČSR-Inländer D	1930: ČSR-Inländer T
0	1	2	3	4	5	6	7	8	9	10	11	12	13	14	15	16	17
1	Fortsetzung Regierungsbezirk Aussig																
2	Komotau	PB = LK	74.8	1.2	(73.6)	71.5	2.1	78.8	1.7	(77.0)	70.3	6.5	90.2	1.5	88.7	76.7	11.6
3		Görkau-Neuhaus	5.8	0.1	(5.7)	5.7	+0	5.8	0.1	(5.7)	5.5	0.2	6.4	0.1	(6.3)	5.9	0.3
4		Komotau	19.1	0.5	(18.6)	18.1	0.2	21.1	0.8	(20.3)	18.2	1.9	33.3	0.9	32.4	27.6	4.4
5		Priesen	1.2	+0	(1.2)	1.2	+0	1.3	+0	(1.3)	1.2	0.1	1.5	+0	(1.5)	1.3	0.2
6	Leitmeritz	PB	90.7	0.6	(90.1)	71.4	18.4	90.9	1.4	(89.5)	59.9	28.7	97.8	1.2	96.6	60.7	34.3
7		LK											79.2				18.0
8		Leitmeritz	15.4	0.2	(15.2)	13.2	2.0	17.0	0.5	(16.5)	11.0	5.1	18.5	0.4	18.1	10.9	6.5
9		Lobositz	5.1	0.1	(5.0)	4.2	0.8	5.1	0.1	(5.0)	3.4	1.5	5.9	0.2	(5.7)	3.7	2.0
10		Podseditz	0.5	0	0.5	0.2	0.3	0.6	+0	(0.6)	0.1	0.5	0.7	+0	(0.7)	0.1	0.6
11		Sulowitz	0.6	+0	(0.6)	0.4	0.2	0.8	+0	(0.8)	0.4	0.4	1.1	+0	(1.1)	0.4	0.6
12	Reichenberg	PB	130.1	3.2	(126.9)	118.2	8.5	122.9	4.1	(118.8)	101.2	17.3	135.4	4.4	131.0	109.0	21.6
13		StK + LK											145.2				29.0
14		LK											71.4				14.5
15		Althabendorf	2.5	0.1	(2.4)	2.4	+0	2.2	+0	(2.2)	2.1	0.1	2.4	+0	(2.4)	2.3	0.1
16		Bösching	0.8	+0	(0.8)	0.4	0.3	0.7	+0	(0.7)	0.2	0.5	0.5	+0	(0.5)	–	–
17		Buschullendorf	1.5	+0	(1.5)	1.5	0	1.3	+0	(1.3)	1.3	+0	1.5	+0	(1.5)	1.5	+0
18		Christophsgrund	0.8	+0	(0.8)	0.8	0	0.7	+0	(0.7)	0.7	+0	0.8	+0	(0.8)	0.8	+0
19		Dörfel	4.2	+0	(4.2)	4.1	+0	3.6	+0	(3.6)	3.0	0.5	3.6	0.1	(3.5)	2.9	0.6
20		Eichicht	1.8	+0	(1.8)	1.2	0.6	1.7	+0	(1.7)	0.9	0.8	2.3	+0	(2.3)	1.1	1.1
21		Engelsberg	0.8	+0	(0.8)	0.8	0	0.7	+0	(0.7)	0.7	+0	0.7	+0	(0.7)	0.6	+0
22		Grottau	4.5	0.4	(4.1)	4.0	0.1	3.9	0.4	(3.5)	3.2	0.3	4.2	0.3	(3.9)	3.3	0.6
23		Katharinberg	1.0	+0	(1.0)	1.0	0	0.9	+0	(0.9)	0.9	+0	0.8	+0	(0.8)	0.8	+0
24		Liebenau	3.0	+0	(3.0)	2.5	0.5	2.6	+0	(2.6)	1.6	0.9	2.4	+0	(2.4)	1.4	1.0
25		Machendorf	2.2	0.1	(2.1)	1.9	0.2	1.3	+0	(1.3)	1.1	0.2	1.9	+0	(1.9)	1.6	0.3
26		Ratschendorf	1.4	+0	(1.4)	1.4	+0	1.2	+0	(1.2)	1.2	+0	1.4	+0	(1.4)	1.3	+0
27		Reichenberg – '38	36.4	1.2	(35.2)	32.9	2.2	35.0	2.0	(33.0)	27.9	5.0	38.6	1.9	36.6	30.0	6.3
28		'39											73.8				
29		Saskal	0.5	+0	(0.5)	0.5	0	0.4	0	0.4	0.3	0.1	0.4	+0	(0.4)	0.3	0.1
30		Schönborn	1.1	+0	(1.1)	1.1	0	1.0	+0	(1.0)	0.9	+0	1.0	+0	(1.0)	0.9	+0
31		Weißkirschen	1.7	+0	(1.7)	1.7	0	1.6	+0	(1.6)	1.5	0.1	1.7	+0	(1.7)	1.5	0.1
32		Wetzwalde	1.6	+0	(1.6)	1.6	0	1.5	+0	(1.5)	1.5	+0	1.5	+0	(1.5)	1.4	+0
33	(Gablonz + Hohenelbe +	PB					(16.6)					(34.5)					
34	Reichenberg Land)	LK															(58.1)
35	Rumburg	PB = LK	29.8	0.5	(29.3)	29.2	0.1	25.3	0.5	(24.8)	24.2	0.6	28.1	0.5	27.6	26.3	1.2
36		Rumburg	10.5	0.2	(10.3)	10.3	+0	9.1	0.3	(8.8)	8.5	0.3	10.5	0.3	10.2	9.3	0.8
37	Teplitz-Schönau	PB = LK	102.9	3.3	(99.5)	86.7	12.8	103.3	4.4	(98.9)	75.9	22.4	111.2	4.4	106.8	80.4	25.3
38		Eichwald	4.4	0.1	(4.3)	3.9	0.4	4.1	0.2	(3.9)	3.4	0.5	4.4	0.2	(4.2)	3.6	0.5
39		Hertine	1.8	+0	(1.8)	1.5	0.3	1.9	+0	(1.1)	1.4	0.5	2.0	+0	(2.0)	1.5	0.5
40		Ließnitz	0.7	0	0.7	0.6	0.1	0.7	0	0.7	0.5	0.2	0.7	+0	(0.7)	0.5	0.2
41		Schallau	0.9	+0	(0.9)	0.9	+0	0.9	0	0.9	0.9	+0	1.0	0	1.0	0.8	0.2
42		Teplitz-Schönau	26.8	0.9	(25.9)	23.7	2.1	28.9	1.6	(27.3)	22.5	4.4	30.8	1.7	29.1	23.1	5.2
43		Tischau	2.6	0.1	(2.5)	2.2	0.3	2.5	0.1	(2.4)	1.8	0.6	2.9	0.1	(2.8)	2.0	0.7
44		Voitsdorf	1.0	+0	(1.0)	1.0	0	0.8	+0	(0.8)	0.8	+0	0.7	+0	(0.7)	0.7	+0
45	Tetschen	PB = LK	120.4	3.5	(116.9)	115.4	1.5	115.3	3.7	(111.6)	105.6	5.8	125.9	3.9	122.0	111.9	9.9
46		Bodenbach	13.4	1.2	(12.2)	11.6	0.6	15.1	1.3	(13.8)	12.1	1.7	22.7	1.4	21.3	17.4	3.8
47		Böhm. Kammitz	5.0	0.1	(4.9)	4.9	0	4.5	0.1	(4.4)	4.3	0.1	4.8	0.1	(4.7)	4.4	0.3
48		Tetschen	10.6	0.7	(9.9)	9.9	+0	11.2	0.8	(10.4)	9.3	1.1	12.8	0.7	12.1	9.9	2.1
49	Trautenau	PB	85.5	0.8	(84.7)	65.7	19.0	76.8	0.8	(76.0)	55.7	20.1	80.4	0.8	79.6	56.2	23.2
50		LK											79.0				
51		GB Schatzlar	10.7	0.2	(10.5)	9.9	0.5	10.0	0.2	(9.8)	8.7	1.1	9.8	0.1	9.6	8.5	1.1
52		Haindorf	0.1	0	0.1	0.1	0	0.1	0	0.1	0.1	0	0.1	0	0.1	0.1	0
53		Johannisbad	0.2	+0	(0.2)	0.2	0	0.3	+0	(0.3)	0.3	+0	0.4	+0	(0.4)	0.3	+0
54		Schatzlar, Gemeinde	3.5	0.1	(8.4)	2.9	0.5	3.6	0.1	(3.5)	2.7	0.8	3.6	0.1	(3.5)	2.8	0.7
55		Trautenau	16.1	0.2	(15.9)	14.4	1.5	14.6	0.3	(14.3)	11.4	2.8	15.9	0.3	15.6	11.6	3.9
56	Warnsdorf	PB = LK	39.3	1.1	(38.2)	37.6	0.6	34.5	1.1	(33.4)	31.5	1.8	38.4	1.2	37.2	34.4	2.7
57		Warnsdorf	28.2	0.8	(22.4)	21.9	0.5	20.3	0.9	(19.4)	18.2	1.1	22.6	0.1	21.6	20.0	1.6

1939						Weitere Angaben 1939				Tschechen in % v. Ges.				Berichte zum Gebiet v. a. Seite …	Lfd. Nr.
			DR-Inländer							'10	'21	'30	'39		
										100% = Spalte …					
Se	AL, StL.	?	Se	D	T	T	T	T	T	3	8	13	18		
18	19	20	21	22	23	24	25	26	27	28	29	30	31	32	0
															1
85.4			82.9	81.6	1.2										2
6.3															3
33.5														201, 235, 249	4
1.3														126	5
										20	32	35			6
71.5			66.8	65.0	1.8	5.3		7.				23	7	122, 158, 160, 197 f.	7
17.3														206, 249	8
5.1														205 f.	9
0.5														205 f.	10
1.0														205 f.	11
										7	14	16		54 f.	12
133.3			124.2	120.3	3.8	(11.1)						20	10	127, 182, 186	13
64.1			57.5	55.1	2.4	8.1	9.6							122, 162	14
2.3														216 ff.	15
0.4														216 ff.	16
1.4														216 ff.	17
0.8														216 ff.	18
3.3														216 ff.	19
2.0														216 ff.	20
0.6														216 ff.	21
3.7														216 ff.	22
0.7														216 ff.	23
2.0														216 ff.	24
1.7														216 ff.	25
1.2														216 ff.	26
–														249	27
69.2						3.0								179, 186, 199, 201, 216 ff.	28
0.4														216 ff.	29
1.0														216 ff.	30
1.5														216 ff.	31
1.4														216 ff.	32
														122, (158), 160	33
					(11.7)	(33.5)			15.						34
39.4			39.2	39.1	0.1					+0	2	4	+0		35
9.5														249	36
97.1			88.9	85.5	3.4	10.0		16.		12	22	23	10	54 f., 122, 160	37
3.7														201	38
1.6														126	39
0.6														125	40
0.9														126	41
26.3														194	42
2.5														201	43
0.7														126	44
118.1			116.2	115.5	0.6					1	5	8	•		45
20.1														179	46
4.4														114	47
12.6														249	48
										22	26	29			49
73.4			71.7	70.6	1.0							•	•	160, 197 f.	50
8.9															51
0.1														126	52
0.4														115	53
3.2														171, 172, 188	54
14.8														201, 235, 248 f., 255	55
37.7			37.1	36.9	0.2					2	5	10	•		56
21.2														179	57

Gebiet			Bevölkerung														
			In Volkszählung von ...														
Lfd. Nr.	Name Bezirk/Kreis	Bezeichnung Gemeinde	1910					1921					1930				
			Se	A	ö. Inländer			Se	A	ČSR-Inländer			Se	A	ČSR-Inländer		
				L	Se	D	T		L	Se	D	T		L	Se	D	T
0	1	2	3	4	5	6	7	8	9	10	11	12	13	14	15	16	17
1	Regierungsbezirk Eger												856				69.
2	Asch	PB = LK	44.9	3.6	(41.3)	41.3	+ 0	39.3	2.8	(36.5)	36.3	0.2	45.0	2.9	42.1	41.5	0.5
3		Asch	21.9	2.1	(19.8)	19.8	0	19.5	1.6	(17.9)	17.8	0.1	22.9	1.7	21.2	20.9	0.3
4		Roßbach	4.5	0.3	(4.2)	41.3	+ 0	3.9	0.3	(3.6)	3.6	+ 0	4.3	0.3	(4.0)	4.0	+ 0
5	Bischofteinitz	PB	49.3	0.2	(49.1)	38.0	11.1	49.3	0.4	(48.9)	36.4	12.4	48.3	0.3	48.0	34.8	13.2
6		LK											35.2				
7		Bischofteinitz	3.0	+ 0	(3.0)	2.8	0.2	3.1	0.1	(3.0)	2.6	0.4	3.1	0.1	(3.0)	2.5	0.5
8	Eger	PB = St + LK	69.1	4.8	(64.3)	64.0	0.2	68.3	4.3	(64.0)	61.8	2.0	77.0	4.2	72.8	67.5	5.1
9		Eger: – '38	26.7	3.5	(23.2)	23.0	0.1	27.5	3.0	(24.5)	23.1	1.3	31.5	2.8	28.7	25.1	3.5
10		'39											32.9				4.0
11	Elbogen	PB = LK	41.8	0.9	(40.9)	40.4	0.4	38.6	0.8	(37.8)	36.8	0.9	40.8	0.8	40.0	38.6	1.4
12		Neurohlau	0.9	+ 0	(0.9)	0.9	0	0.8	+ 0	(0.8)	0.8	+ 0	1.1	0.1	(1.0)	1.0	+ 0
13	Falkenau	PB = LK	54.2	0.7	(53.5)	52.6	0.9	56.2	1.0	(55.2)	52.8	2.3	61.6	1.0	60.6	56.9	3.7
14		Zieditz	1.5	+ 0	(1.5)	1.3	0.2	1.7	+ 0	(1.7)	1.4	0.3	1.8	+ 0	(1.8)	1.5	0.3
15		Zwodau	4.0	+ 0	(4.0)	3.8	0.2	4.1	0.1	(4.0)	3.6	0.4	4.4	0.1	(4.3)	3.8	0.5
16	Graslitz	PB = LK	39.2	0.6	(38.6)	38.6	+ 0	36.2	0.5	(35.7)	35.6	0.1	38.9	0.6	38.3	37.9	0.4
17		Graslitz	13.9	0.3	(13.6)	13.6		12.5	0.2	(12.3)	12.2	+ 0	13.9	0.3	13.6	13.4	0.2
18	Kaaden	PB = LK	42.6	0.3	(42.3)	42.0	0.3	42.4	0.5	(41.9)	40.4	1.3	42.9	0.4	42.5	40.3	2.0
19		Brunnersdorf	2.2	+ 0	(2.2)	2.2	0	2.2	+ 0	(2.2)	2.1	0.1	2.3	+ 0	(2.3)	2.1	0.2
20		Burgstadtl	0.2	0	0.2	0.2	+ 0	0.2	+ 0	(0.2)	0.2	+ 0	0.2	0	0.2	0.2	+ 0
21		Kaaden	8.6	0.1	(8.5)	8.5	+ 0	8.3	0.1	(8.2)	7.6	0.5	8.6	0.1	(8.5)	7.7	0.7
22		Willomitz	1.0	0	1.0	1.0	+ 0	1.1	+ 0	(1.1)	1.1	+ 0	1.0	+ 0	(1.0)	0.9	0.1
23	Karlsbad	PB = StK + LK	78.8	1.4	(77.4)	77.1	0.2	76.9	2.4	(74.5)	72.5	1.8	90.7	2.6	88.0	83.8	3.8
24		Drahowitz	4.3	0.1	(4.2)	4.3	0	4.6	0.1	(4.5)	4.3	0.1	6.2	0.2	(6.0)	5.8	0.2
25		Karlsbad: – '38	17.5	0.5	(17.0)	16.8	0.1	19.5	1.3	(18.2)	17.2	0.9	23.9	1.3	22.6	20.9	1.4
26		'39											54.7				
27		Schlackenwerth	2.6	0.1	(2.5)	2.5	0	2.6	0.1	(2.5)	2.5	+ 0	3.0	+ 0	(3.0)	2.7	0.2
28	Luditz	PB	28.9	0.1	(28.8)	28.2	0.6	27.7	0.2	(27.5)	26.8	0.7	27.5	0.1	27.4	26.0	1.3
29		LK											32.8				
30		Buchau	2.2	+ 0	(2.2)	2.2	+ 0	2.0	+ 0	(2.0)	2.0	+ 0	1.8	+ 0	(1.8)	1.7	0.1
31		Großfürwitz	0.4	0	0.4	0.4	0	0.4	+ 0	(0.4)	0.4	+ 0	0.4	+ 0	(0.4)	0.4	+ 0
32		Luditz	1.9	+ 0	(1.9)	1.8	+ 0	2.0	+ 0	(2.0)	1.9	0.1	2.0	+ 0	(2.0)	1.9	0.1
33	Marienbad	PB = LK	32.0	0.3	(31.7)	31.7	+ 0	31.1	0.6	(30.5)	29.8	0.5	33.4	0.6	32.8	31.6	1.1
34		Marienbad	6.3	0.2	(6.1)	6.1	+ 0	6.9	0.4	(6.5)	6.1	0.3	7.2	0.3	(6.9)	6.3	0.5
35		Sangerberg	1.8	+ 0	(1.8)	1.8	0	1.4	+ 0	(1.4)	1.4	+ 0	1.5	+ 0	(1.5)	1.5	+ 0
36	Mies	PB	73.1	0.3	(72.8)	59.9	12.9	75.4	1.0	(74.4)	54.1	20.0	79.1	0.8	78.3	53.9	24.2
37		LK											77.0				22.5
38		Chotieschau	2.5	+ 0	(2.5)	2.3	0.2	2.8	0.1	(2.7)	2.1	0.6	2.9	0.1	(2.8)	2.1	0.7
39		Elhotten	0.3	0	0.3	0.1	0.2	0.3	0	0.3	0.1	0.2	0.5	0	0.5	0.1	0.4
40		Kosolup	1.0	+ 0	(1.0)	0.7	0.2	0.9	0.1	(0.8)	0.6	0.2	1.3	+ 0	(1.3)	0.7	0.5
41		Lischin	0.4	0	0.4	0.4	+ 0	0.4	0	0.4	0.3	0.1	0.4	0	0.4	0.3	0.1
42		Littitz: – '38	2.1	+ 0	(2.1)	1.1	1.0	1.5	+ 0	(1.5)	0.8	0.7	2.2	+ 0	(2.2)	0.9	1.3
43		'39											1.8				
44		Mies	4.6	+ 0	(4.6)	4.4	0.1	4.9	0.1	(4.8)	4.2	0.5	5.3	0.1	(5.2)	4.6	0.6
45		Nürschan: – '38	5.7	+ 0	(5.7)	2.1	3.6	5.8	+ 0	(5.8)	1.4	4.4	6.0	+ 0	(6.0)	1.3	4.7
46		'39											5.7				
47		Solislau	0.3	0	0.3	0.1	0.2	0.3	0	0.3	0.1	0.2	0.3	0	0.3	0.1	0.2
48		Staab	3.1	+ 0	(3.1)	2.6	0.5	3.0	+ 0	(3.0)	2.2	0.8	3.3	+ 0	(3.3)	2.4	0.9
49		Tuschkau – Stadt	1.4	+ 0	(1.4)	1.3	0.1	1.5	+ 0	(1.5)	1.2	0.2	1.9	+ 0	(1.9)	1.5	0.4
50		Wiesengrund	5.9	+ 0	(5.9)	3.3	2.6	5.1	+ 0	(5.1)	2.4	2.7	6.4	+ 0	(6.4)	2.7	3.7
51		Zwug	1.2	+ 0	(1.2)	0.6	0.6	2.0	+ 0	(2.0)	0.6	1.4	2.2	+ 0	(2.2)	0.6	1.6
52	Neudek	PB = LK	36.3	0.4	(35.9)	35.9	+ 0	32.8	0.4	(32.4)	32.2	0.2	37.7	0.6	37.1	36.5	0.6
53		Neudek	6.9	0.1	(6.8)	6.8	0	7.0	0.1	(6.9)	6.7	0.1	9.0	0.2	(8.8)	8.6	0.2
54	Podersam	PB = LK	43.8	0.1	(43.7)	42.3	3.0	43.3	0.5	(42.8)	37.5	5.2	44.9	0.4	44.5	36.2	8.2
55		Kaschitz	0.3	0	0.3	0.3	+ 0	0.3	0	0.3	0.3	+ 0	0.3	0	0.3	0.3	+ 0
56		Podersam	3.4	+ 0	(3.4)	3.4	+ 0	3.3	0.1	(3.2)	2.8	0.4	3.7	+ 0	(3.7)	3.0	0.7
57		Scheles	0.8	0	0.8	0.8	+ 0	0.9	+ 0	(0.9)	0.7	0.2	1.2	+ 0	(1.2)	0.8	0.3
58		Zürau	0.4	0	0.4	0.4	0	0.4	+ 0	(0.4)	0.4	+ 0	0.4	+ 0	(0.4)	0.4	+ 0

1939						Weitere Angaben 1939				Tschechen in % v. Ges.				Berichte zum Gebiet v. a. Seite ...	Lfd. Nr.
			DR-Inländer							'10	'21	'30	'39		
										100% = Spalte ...					
Se	AL, StL.	?	Se	D	T	T	T	T	T	3	8	13	18		
18	19	20	21	22	23	24	25	26	27	28	29	30	31	32	0
80.3	3.	10.	790.	782.	7.	16.									1
44.7			44.5	44.5	+0					+0	1	1	+0		2
23.1															3
4.2														101	4
										22	25	30			5
33.5			33.3	33.1	0.2									158	6
3.0												–	–	158, 249	7
78.8			78.3	78.3	+0					+0	3	7	+0	55	8
														249	9
35.5			35.3	35.2	+0									176, 204 f.	10
37.4			37.2	37.0	0.1					1	2	3	+0		11
1.0														126	12
58.5			58.3	58.1	0.2					2	4	6	+0		13
1.7														170, 171, 172, 173 f.	14
4.1														280	15
35.5			35.4	35.4	+0					+0	+0	1	+0	55	16
12.6															17
39.5			39.0	38.9	0.1					1	3	5	+0	117 f., 171	18
2.1														184 f.	19
0.2														215	20
7.7														171	21
0.9														184 f.	22
87.4			86.8	86.5	0.1					+0	2	4	+0	100, 127, 202	23
3.3														126	24
															25
53.3														100, 177, 324	26
2.8														173, 196 f.	27
										2	3	5			28
30.2			29.8	29.7	0.1							•	+0		29
1.7														126	30
0.4														205	31
2.0														173, 210, 233	32
33.7			33.5	33.4	+0					+0	1	3	+0		33
7.7														176, 185, 249	34
1.4														155 f.	35
										18	27	31			36
68.5			62.9	58.9	4.0	9.						28	13	158, 186 f.	37
2.7														275 f.	38
0.4														186 f., 273 f.	39
1.1														186 f., 273 f.	40
0.4															41
														186 f., 273 ff.	42
1.1															43
5.7														168 ff., 186 f., 249	44
														186 f., 273 ff., 321	45
4.0															46
0.3														276	47
2.9														126	48
1.8														186 f., 273 ff.	49
5.4														186 f., 248, 273 ff.	50
1.9														186 f., 273 f.	51
36.0			35.9	35.9	+0					+0	1	2	+0		52
8.4														100 f.	53
39.9			38.0	37.3	0.6	2.				7	12	18	5		54
0.3														126	55
3.2														184 f., 249	56
1.1														126	57
0.3														33	58

Lfd. Nr.	Gebiet: Name Bezirk/Kreis	Gebiet: Bezeichnung Gemeinde	Bevölkerung – In Volkszählung von … 1910					1921					1930				
			Se	A	ö. Inländer			Se	A	ČSR-Inländer			Se	A	ČSR-Inländer		
				L	Se	D	T		L	Se	D	T		L	Se	D	T
0	1	2	3	4	5	6	7	8	9	10	11	12	13	14	15	16	17
Fortsetzung Regierungsbezirk Eger																	
1	Pressnitz	PB = LK	31.5	0.7	(30.8)	30.7	+ 0	26.7	0.5	(26.2)	26.0	0.2	28.7	0.5	(28.2)	27.6	0.5
2		Weipert	11.9	0.5	(11.4)	11.4	+ 0	10.4	0.3	(10.1)	10.0	0.1	11.8	0.4	(11.4)	11.1	0.2
3	Saaz	PB	49.5	0.4	(49.1)	46.1	3.0	47.8	0.6	(47.2)	37.9	9.2	50.9	0.5	50.4	37.3	12.8
4		LK											51.0				12.3
5		Postelberg	3.6	+ 0	(3.6)	3.2	0.4	3.4	+ 0	(3.4)	2.0	1.3	3.3	+ 0	(3.3)	1.7	1.5
6	St. Joachimsthal	PB = LK	18.7	0.2	(18.5)	18.4	+ 0	17.2	0.1	(17.1)	16.8	0.3	18.0	0.1	17.9	17.2	0.7
7		St. Joachimsthal	7.5	+ 0	(7.5)	7.5	+ 0	7.1	0.1	(7.0)	6.8	0.2	7.3	0.1	(7.2)	6.8	0.4
8	Tachau	PB	43.4	0.2	(43.2)	43.1	+ 0	42.4	0.4	(42.0)	41.7	0.3	41.2	0.3	40.8	40.0	0.8
9		LK											60.2				
10		Tachau	6.6	0.1	(6.5)	6.5	+ 0	6.7	0.1	(6.6)	6.4	0.2	7.1	0.1	(7.0)	6.5	0.5
11		Turban	0.2	0	0.2	0.2	0	0.2	+ 0	(0.2)	0.2	0	0.2	0	0.2	0.2	0

Andere, reichsangeschlossene sudetendeutsche Gebiete:
Teil 1: **Südböhmen; zu Bayern**

13	Bergreichenstein	GB	16.9	+ 0	(16.9)	8.8	8.1	16.2	0.2	(16.0)	8.5	7.5	15.5	0.1	15.4	8.7	6.7
14		LK											19.2				
15		Rehberg	1.7	0	1.7	1.7	0	1.7	0	1.7	1.7	+ 0	1.8	0	1.8	1.8	+ 0
16	Markt Eisenstein	GB Neuern	16.7	0.1	(16.6)	16.2	0.4	17.7	0.3	(17.4)	16.5	0.9	18.6	0.3	18.3	17.0	1.3
17		LK											33.9				7.2
18		Babilon	0.2	0	0.2	0	0.2	0.2	0	0.2	+ 0	0.2	0.2	0	0.2	+ 0	0.2
19		Böhm. Kubitzen	0.3	0	0.3	+ 0	0.3	0.3	+ 0	(0.3)	+ 0	0.3	0.4	+ 0	(0.4)	+ 0	0.4
20		Chodenschloss	0.5	+ 0	(0.5)	+ 0	0.5	0.7	+ 0	(0.7)	+ 0	0.7	0.4	+ 0	(0.4)	+ 0	0.4
21		Hammern	1.4	+ 0	(1.3)	1.3	+ 0	1.4	+ 0	(1.4)	1.4	+ 0	1.5	+ 0	(1.5)	1.4	+ 0
22		Hochofen	0.6	0	0.6	+ 0	0.6	0.6	0	0.6	+ 0	0.6	0.5	0	0.5	+ 0	0.5
23		Klentsch	1.4	+ 0	(1.4)	0.2	1.2	1.4	+ 0	(1.4)	0.2	1.2	1.4	+ 0	(1.4)	0.2	1.2
24		Meigelshof	0.9	0	0.9	+ 0	0.9	0.8	+ 0	(0.8)	+ 0	0.8	0.8	+ 0	(0.8)	0	0.8
25		Neuern	2.4	+ 0	(2.4)	2.3	0.1	2.6	0.1	(2.5)	2.3	0.2	3.2	0.1	(3.1)	2.8	0.3
26		Possigkau	2.1	+ 0	(2.1)	0.2	1.9	2.0	+ 0	(2.0)	0.2	1.7	1.8	+ 0	(1.8)	0.2	1.6
27	Prachatitz	LK											39.1				7.2
28		Prachatitz	4.5	+ 0	(4.5)	3.4	1.1	4.3	0.2	(4.1)	2.4	1.7	4.7	0.1	(4.6)	2.37	2.28
29		Winterberg	5.3	+ 0	(5.3)	4.6	0.6	4.8	0.1	(4.7)	3.7	1.0	4.9	0.1	(4.8)	3.6	1.2

Teil 2: **Südböhmen; zu Österreich**

30	Gmünd	Gebiet			12.6	10.4	2.2										
31		sd. Teil LK											10.4				8.4
32		Rottenschachen	2.2	+ 0	(2.2)	1.7	0.5	2.1	0.1	(2.0)	0.1	1.9	1.8	0.1	(1.7)	+ 0	1.7
33	Kaplitz	PB	53.8	0.1	(53.7)	50.8	2.8	52.0	1.7	(50.3)	45.3	4.9	50.3	1.5	48.8	42.8	5.9
34		LK											47.2				
35		Hohenfurth	1.7	+ 0	(1.7)	1.7	+ 0	1.7	0.1	(1.6)	1.5	0.1	2.0	0.1	(1.9)	1.7	0.2
36		Kaplitz	2.4	+ 0	(2.4)	2.2	0.1	2.3	0.1	(2.2)	1.7	0.5	2.3	0.1	(2.2)	1.6	0.6
37		Oberlangendorf	0.5	–	–	0.5	+ 0	0.5	+ 0	(0.5)	0.5	0	0.6	+ 0	(0.6)	0.6	+ 0
38		Rosenberg	1.1	+ 0	(1.1)	1.1	0	1.0	0.1	(0.9)	0.9	+ 0	1.0	+ 0	(1.0)	0.9	0.1
39		Ruckendorf	0.4	0	0.4	0.4	0	0.4	+ 0	(0.4)	0.4	+ 0	0.4	+ 0	(0.4)	0.4	+ 0
40	Krummau	PB	61.1	.2	(60.9)	45.2	15.7	59.9	0.9	(59.0)	42.1	16.9	61.9	0.8	61.1	44.3	16.7
41		LK											48.5				
42		Krummau	8.7	.1	(8.6)	7.3	1.3	8.2	0.3	(7.9)	5.9	2.0	8.7	0.2	(8.5)	6.4	2.0
43		Schwarzbach	1.6	+ 0	(1.6)	0.6	+ 0	0.5	+ 0	(0.5)	0.5	+ 0	0.5	+ 0	(0.5)	0.5	+ 0
44		Stögenwald	1.0	0	1.0	1.0	+ 0	0.9	+ 0	(0.9)	0.9	+ 0	0.9	+ 0	(0.9)	0.9	+ 0
45		Untermoldau	0.5	0	0.5	0.5	+ 0	0.4	+ 0	(0.4)	0.4	+ 0	0.4	+ 0	(0.4)	0.4	+ 0

						Weitere Angaben				Tschechen in % v. Ges.				Berichte zum Gebiet v. a. Seite ...	Lfd. Nr.
1939						1939				'10	'21	'30	'39		
Se	AL, StL.	?	DR-Inländer							100% = Spalte ...					
			Se	D	T	T	T	T	T	3	8	13	18		
18	19	20	21	22	23	24	25	26	27	28	29	30	31	32	0
26.9			26.6	26.6	+0					+0	1	2	+0		1
10.7														236 f.	2
										6	19	25			3
44.3			41.7	40.3	1.4	3.0						24	7	199	4
2.6														126	5
16.3			16.2	16.2	+0					+0	2	4	+0	55	6
6.6														119	7
										+0	1	2			8
56.5			56.3	56.3	+0							•	+0		9
6.5														212, 249	10
0.2														126	11
90.3			89.2		5.3	5.5									
															13
18.9			18.8	18.7	0.1										14
1.8														172	15
														172	16
32.8			32.2	27.8	4.4	≦ 3.0									17
0.3														198	18
0.3														172, 198	19
0.5														198, 268	20
1.4														198	21
0.5														198	22
1.0														198, 263	23
0.7														198	24
3.4														126, 172, 202	25
1.7														198	26
38.7			38.2	37.4	0.8	5.0									27
4.4														171, 198 f., 213 ff., 261	28
4.6														249	29
123.7			121.6		2.1	2.5									
														56, 258	30
7.4			7.2	6.5	0.7	≦ 3.0									31
1.6														115	32
										5	9	12			33
47.8			47.4	47.0	0.4							•	1		34
1.9														126, 231	35
2.3														90, 249	36
0.6														228	37
1.0														229	38
0.5														231	39
										26	28	27			40
49.4			48.5	47.9	0.6							•	•		41
8.4														90, 171	42
0.6														115, 229	43
0.8														229 f.	44
0.4														230	45

Lfd. Nr.	Gebiet: Name Bezirk/Kreis	Gebiet: Bezeichnung Gemeinde	Bevölkerung In Volkszählung von ... 1910: Se	1910: A L	1910: ö. Inländer Se	1910: ö. Inländer D	1910: ö. Inländer T	1921: Se	1921: A L	1921: ČSR-Inländer Se	1921: ČSR-Inländer D	1921: ČSR-Inländer T	1930: Se	1930: A L	1930: ČSR-Inländer Se	1930: ČSR-Inländer D	1930: ČSR-Inländer T
0	1	2	3	4	5	6	7	8	9	10	11	12	13	14	15	16	17
1	Regierungsbezirk Troppau/»Nordmähren«												82.9				227.
2	Bärn	PB	29.6	0.1	(29.5)	29.5	+0	27.8	0.3	(27.5)	27.3	0.2	27.5	0.3	27.2	26.7	0.5
3		LK													37.2		2.2
4		Bärn	3.4	+0	(3.4)	3.3	+0	3.0	0.1	(2.9)	2.9	+0	3.0	+0	(3.0)	2.8	0.2
5		Hombok	1.0	+0	(1.0)	1.0	+0	1.4	+0	(1.4)	1.1	0.3	1.5	+0	(1.5)	1.2	0.2
6	Freiwaldau	PB = LK	68.8	1.9	(66.9)	66.8	0.1	66.1	2.2	(63.9)	63.0	0.9	71.7	1.9	69.8	67.0	2.7
7		Freiwaldau	6.9	0.2	(6.7)	6.6	+0	6.7	0.3	(6.4)	6.1	0.3	8.3	0.3	(8.0)	6.7	1.2
8		Saubsdorf	1.7	+0	(1.7)	1.7	+0	1.5	+0	(1.5)	1.5	+0	1.7	+0	(1.7)	1.7	+0
9	Freudenthal	PB	49.3	0.4	(48.9)	48.9	+0	45.8	1.1	(44.7)	44.2	0.5	49.1	0.8	48.3	47.2	1.0
10		LK											49.0				1.4
11		Freudenthal	8.1	0.1	(8.0)	7.9	+0	8.2	0.3	(7.9)	7.6	0.3	9.7	0.2	(9.5)	9.0	0.4
12	Hohenstadt	PB	70.8	0.2	(70.6)	33.1	37.4	68.4	0.7	(67.7)	27.0	40.6	68.8	0.6	68.2	26.0	42.1
13		LK											62.2				36.3
14	Landskron	GB	31.4	0.1	(31.3)	21.4	9.9	29.8	0.3	(29.5)	19.0	10.5	28.5	0.2	(28.3)	17.8	10.4
15		LK											34.6				11.5
16		Landskron	6.8	+0	(6.8)	6.4	0.4	6.5	0.1	(6.4)	5.4	1.0	6.5	0.1	(6.4)	5.3	1.1
17		Sichelsdorf	0.9	+0	(0.9)	0.8	+0	0.8	+0	(0.8)	0.8	+0	0.8	+0	(0.8)	0.7	0.1
18	Mähr. Schönberg	PB	80.4	0.4	(80.0)	68.1	11.9	75.4	1.1	(74.3)	59.6	14.6	81.2	1.1	80.1	61.7	18.1
19		LK											79.4				18.0
20		Aloisdorf/Goldenstein	1.4	+0	(1.4)	1.4	+0	1.2	+0	(1.2)	1.2	+0	1.3	+0	(1.3)	1.2	0.1
21		Blauda	2.7	+0	(2.7)	+0	2.6	2.6	+0	(2.6)	+0	2.5	2.9	+0	(2.9)	+0	2.8
22		Mähr. Schönberg	13.3	0.2	(13.1)	12.7	0.4	13.1	0.4	(12.7)	10.6	2.0	15.7	0.5	(15.2)	11.6	3.4
23		Spieglitz	0.5	+0	(0.5)	0.5	+0	0.4	0	0.4	0.4	+0	0.4	0	0.4	0.4	0
24	(Hohenstadt + Landskron + M. Schönberg)																(65.8)
25	Mähr. Trübau	GB	30.0	0.2	(29.8)	27.9	1.9	27.8	0.4	(27.4)	25.1	2.3	28.9	0.7	28.2	25.1	3.0
26		LK											36.5				4.8
27		Schubirow	0.9	0	0.9	0	0.9	0.8	0	0.8	+0	0.8	0.7	+0	(0.7)	+0	0.7
28	Neutitschein	PB	85.2	0.7	(84.5)	44.8	39.6	82.1	2.0	(80.1)	36.2	43.6	86.2	1.5	84.7	37.7	46.8
29		LK											86.3				38.0
30		Freiberg	5.4	+0	(5.4)	0.2	5.1	5.0	0.1	(4.9)	0.2	4.7	4.9	0.1	(4.8)	0.2	4.6
31		Fulnek	3.6	+0	(3.6)	3.4	0.1	3.0	0.2	(2.8)	2.4	0.4	3.5	0.1	(3.4)	2.7	0.6
32		Nesselsdorf	4.1	0.1	(4.0)	3.0	1.0	4.7	0.3	(4.4)	0.7	3.7	4.8	0.2	(4.6)	0.6	4.0
33		Neutitschein	13.9	0.2	(13.7)	11.6	2.0	13.2	0.5	(12.7)	8.4	3.9	13.8	0.4	13.4	9.2	4.9
34	Sternberg	PB	60.7	0.2	(60.5)	48.1	12.3	58.7	0.9	(57.8)	40.8	16.9	59.1	0.6	58.5	40.3	18.0
35		LK											48.1				9.5
36		Mähr. Neustadt	5.0	+0	(5.0)	4.9	0.1	4.6	0.1	(4.5)	3.8	0.6	4.7	0.1	(4.6)	4.0	0.6
37	Troppau	PB	97.8	2.4	(95.4)	60.5	34.0	97.4	4.1	(93.3)	47.6	44.7	115.6	3.1	112.5	48.6	62.8
38		Stadt + LK											96.2				53.3
39		(nur) LK											48.0				31.8
40		Hrabin	0.9	+0	(0.9)	+0	0.9	0.9	+0	(0.9)	+0	0.9	0.9	+0	(0.9)	+0	0.8
41		Stettin	0.8	+0	(0.8)	+0	0.7	0.7	0.1	(0.6)	+0	0.6	1.1	+0	(1.1)	+0	0.9
42		Troppau: – '38	30.8	1.2	(29.6)	27.2	2.0	33.5	2.0	31.5	23.0	8.5	36.0	1.5	34.5	23.0	11.5
43		'39											48.2				
44	Wagstadt	PB	45.5	0.4	(45.1)	14.3	30.3	45.4	1.5	(43.9)	11.6	32.1	47.7	0.9	46.8	12.1	34.6
45		LK											57.1				40.0
46		Botenwald	3.5	+0	(3.5)	2.9	0.5	3.8	0.1	(3.7)	3.1	0.6	3.5	0.1	(3.4)	2.7	0.7
47		Wüstpohlom	1.0	+0	(1.0)	+0	1.0	1.0	+0	(1.0)	+0	1.0	1.1	+0	(1.1)	+0	1.1

						Weitere Angaben				Tschechen in % v. Ges.				Berichte zum Gebiet v. a. Seite …	Lfd. Nr.
1939						1939				'10	'21	'30	'39		
Se	AL StL.	?	DR-Inländer Se	D	T	T		T	T	(=8.7) (zu 5)	(12) (10)	(17) (15)	(25) (18)		
18	19	20	21	22	23	24		27 A	27 B	28	29	30	31	32	0
		33.	772.	641.	131.	160.–162.		200.						195, 196, 199, 200, 263	1
										+ 0	+ 0	2			2
			36.9	36.7	0.2	0.2						•	+ 0		3
			3.0											216 ff.	4
2.4			2.4											183 f.	5
70.0			69.4	69.4	0.1	0.1				+ 0	1	4	+ 0		6
7.4			3.0											249	7
1.7			1.7	1.7	+ 0									231 ff.	8
										+ 0	1	2			9
48.3			48.0	48.0	+ 0	0.1						•	+ 0		10
10.1														114, 249	11
										53	59	61		158, 199, 201, 211, 238	12
60.3			57.7	28.9	28.8	31.1			36.2			58	52		13
										32	35	•			14
2.6			28.3	23.6	4.6	8.7						33	27	263	15
.2														88	16
3														209 f.	17
										15	19	22			18
			74.5	64.1	10.3	11.7						23	15	173, 263	19
														199	20
														237 f.	21
														173, 239 ff., 249, 324	22
														238 f.	23
					{43.7)	(51.5)		80.						123	24
										6	8	10			25
			35.5	33.2	2.4	2.9						13	8	263	26
														193	27
										46	53	54			28
			68.0	53.4	14.6	29.7			38.1			44	35	123, 158, 190, 199, 263	29
														127, 201	30
														201	31
4.8														127	32
13.5														186, 199, 201, 249	33
										20	28	30			34
46.7			45.5	41.3	4.2	4.7–5.1						20	11	263	35
4.4														201	36
										35	46	54			37
95.3			91.4	57.6	33.7	35.6–36.2						55	38	158, 200	38
47.8			45.9	20.6	25.2	26.5–26.7			31.5					123, 263	39
0.8														201	40
1.0														199	41
–														249, 262	42
47.6			45.4	36.9	8.4	9.1–9.5								187 f., 201 f.	43
										66	71	73		262	44
54.7			50.2	19.5	30.6	34.1			41.0			70	62	123, 263	45
3.2														183	46
1.2														189, 192 f., 321	47

Lfd. Nr.	Gebiet: Name Bezirk/Kreis	Gebiet: Bezeichnung Gemeinde	Bevölkerung in Volkszählung von … 1910: Se	1910: A L	1910: ö. Inländer Se	1910: ö. Inländer D	1910: ö. Inländer T	1921: Se	1921: A L	1921: ČSR-Inländer Se	1921: ČSR-Inländer D	1921: ČSR-Inländer T	1930: Se	1930: A L	1930: ČSR-Inländer Se	1930: ČSR-Inländer D	1930: ČSR-Inländer T
0	1	2	3	4	5	6	7	8	9	10	11	12	13	14	15	16	17
(Fortsetzung Regierungsbezirk Troppau)																	
1	Zwittau	GB	28.2	.1	(28.1)	27.3	0.8	25.9	.3	(25.6)	23.2	2.4	27.2	.3	26.9	23.9	2.9
2		LK											49.7				
3		Blumenau	0.6	0	0.6	0.6	0	0.7	+0	(0.7)	0.6	+0	0.6	+0	(0.6)	0.6	+0
4		Brümlitz	0.6	+0	(0.6)	0.3	0.3	0.6	+0	(0.6)	0.3	0.3	0.6	+0	(0.6)	0.3	0.3
5		Laubendorf	1.9	0	1.9	1.8	+0	1.9	+0	(1.9)	1.8	0.1	1.8	+0	(1.8)	1.6	0.1
6		Riegersdorf	0.3	0	0.3	0.3	+0	0.3	+0	(0.3)	0.3	+0	0.3	+0	(0.3)	0.3	+0
7		Zwittau	9.6	.1	(9.5)	9.4	0.1	9.3	.2	(9.1)	8.2	0.9	10.5	.2	10.3	9.1	1.2

Andere, reichsangeschlossene Sudetendeutsche Gebiete:

Teil 3: **Südmähren, zu Österreich**

Lfd. Nr.	Name Bezirk/Kreis	Bezeichnung Gemeinde	1910: Se	1910: A L	1910: Se	1910: D	1910: T	1921: Se	1921: A L	1921: Se	1921: D	1921: T	1930: Se	1930: A L	1930: Se	1930: D	1930: T
8	Neubistritz	GB	13.4	+0	(13.4)	13.0	0.4	12.0	.6	(11.4)	10.6	0.8	11.1	.3	10.8	9.4	1.3
9		LK											19.9				
10		Diebling	0.4	0	0.4	0.4	+0	0.5	+0	(0.5)	0.4	0.1	0.4	+0	(0.4)	0.3	0.1
11	Nikolsburg	PB	49.1	.2	(48.9)	46.9	1.2	52.5	1.7	(50.8)	42.9	6.3	53.6	1.4	52.2	40.9	9.0
12		LK											86.2				
13		Ausspitz	3.5	+0	(3.5)	3.0	0.4	3.5	.1	(3.4)	2.0	1.3	3.7	.1	(3.6)	1.9	1.7
14		Feldsberg	–	–	–	3.3	0.1	3.3	.3	(3.0)	2.3	0.6	3.4	.3	(3.1)	1.9	1.1
15		Lundenburg	8.5	.2	(8.3)	4.7	3.6	12.5	.5	(12.0)	2.0	9.5	13.9	.2	(13.7)	1.6	11.2
16		Neumühl	0.2	0	0.2	0.2	0.2	0.2	+0	(0.2)	0.2	+0	0.3	+0	(0.3)	0.2	0.1
17		Pohrlitz	3.0	+0	(3.0)	2.7	0.3	3.8	.1	(3.7)	1.2	2.2	4.3	.1	(4.2)	1.2	2.8
18		Pulgram	1.1	+0	(1.1)	1.0	0.1	1.1	+0	(1.1)	1.0	0.1	1.1	+0	(1.1)	0.9	0.2
19	Znaim	PB	95.0	.6	(94.4)	73.9	19.8	95.9	2.9	(93.0)	59.1	33.2	103.9	2.3	100.8	60.2	39.8
20		LK											102.6				–
21		Deutsch-Knönitz/Kinitz	0.6	+0	(0.6)	+0	0.6	0.7	+0	0.7	+0	0.7	0.7	+0	(0.7)	+0	0.7
22		in Misslitz	3.2	+0	(3.2)	2.8	0.3	3.0	0.1	(2.9)	1.6	1.3	4.4	.1	(4.3)	2.0	2.3
23		Frainersdorf	0.8	0	0.8	0.7	0.1	0.6	+0	(0.6)	0.3	0.3	0.5	+0	(0.5)	0.3	0.2
24		Groß Maispitz	0.6	+0	(0.6)	+0	0.6	0.5	+0	0.5	0	0.5	0.5	0	0.5	+0	0.5
25		Rakschitz	1.1	+0	(1.1)	0.1	1.0	1.1	+0	(1.1)	+0	1.1	1.2	+0	(1.2)	+0	1.1
26		in M. Kromau	2.1	+0	(2.1)	1.5	0.6	3.5	.1	(3.4)	0.5	2.8	3.5	.1	(3.4)	0.3	3.0
27		Schattau	2.3	+0	(2.3)	2.2	0.1	2.1	.1	(2.0)	1.2	0.7	2.1	.1	(2.0)	1.3	0.7
28		Schiltern	1.0	+0	(1.0)	1.0	+0	1.1	+0	(1.1)	1.0	0.1	1.1	+0	(1.1)	1.0	0.1
29		Schönwald	0.2	+0	(0.2)	0.2	0	0.4	+0	(0.4)	0.1	0.3	0.6	+0	(0.6)	0.1	0.5
30		Znaim: – '38	18.8	.3	(18.5)	16.1	2.4	21.2	1.0	(20.2)	8.0	11.7	25.9	.8	25.1	8.4	16.1
31		'39											31.0				

1939						Weitere Angaben 1939			Tschechen in % v. Ges.				Berichte zum Gebiet v. a. Seite ...	Lfd. Nr.
			DR-Inländer						'10	'21	'30	'39		
									(=8.7)	(12)	(17)	(25)		
Se	AL, StL.	?	Se	D	T	T	T	T	(zu 5)	(10)	(15)	(18)		
18	19	20	21	22	23	24	27 A	27 B	28	29	30	31	32	0
									3	9	11			1
49.6			48.7	48.0	0.7	1.3					•	1		2
0.6													269	3
0.5													270	4
1.8													269	5
0.3													269	6
10.4													88, 260 f., 269	7
181.7			169.3		12.2	19.0								
									3	7	12			8
19.1			18.5	18.1	0.4						•	•		9
0.3													211 f.	10
									2	12	17			11
77.9			73.0	63.5	7.7	(7.0?)					•	•	263	12
3.0													163	13
2.9													56, 236, 258	14
11.3													163, 190 f., 249, 261, 321	15
0.2													180	16
3.3					1.4								118, 182 f., 194 f.	17
1.0													180 f.	18
									21	35	39			19
91.6			85.2	81.1	4.0	(4.0?)					•	•	263	20
–													163	21
3.7														22
0.4													180	23
0.5													163	24
–													163, 192, 193	25
2.9														26
1.7													180 f.	27
1.1													180 f.	28
0.5													180 f.	29
													249, 261	30
25.0													163, 194, 210 f.	31

C:

Quellen- und Literaturverzeichnis

(Diese Zusammenstellung enthält wichtige benutzte, auch nichtzitierte Materialien)

A) Ungedruckte Aussagen und Quellen

a) Berichte von Wissensträgern zu Vorgängen im Sudetengebiet 1938–1940

- Namen und z. T. auch Anschriften der Wissensträger wurden aus verschiedenen Gründen anonymisiert. Dazu gehören v. a. allgemeiner Datenschutz, aber auch mitgeteilte Befürchtungen vor Sanktionen in der ČR. Diese erscheinen nicht ganz unbegründet (siehe S. 76f. für Anm. III/90, Abschnitt 8d).
  Die Originale der Aussagen mit Namen und Anschriften werden im Sudetendeutschen Archiv München deponiert und mit ausreichender Sperrfrist versehen werden.

- Die nachfolgende Bezifferung der schriftlichen Berichte nach dargestellter Gruppierung (siehe S. 203: A III Vorbemerkung), Methodik von Erfassung und Darstellung (siehe S. 41f. mit Anm. II/10 bis 13) folgt der Wiedergabe der Berichte in Anhang 3 (siehe S. 204ff.):

1)	W. H.;	93107	Thalmassing	v. 4. 1. 1993.
2)	F. G.;	94405	Landau	v. 22. 4. 1993.
3)	S. H.;	CZ 16000	Prag 6	v. 13. 12. 1992.
4)	A. M.;	76829	Landau	v. ca. Jan. 1993.
5)	G. U.;	84478	Waldkraiburg	v. 30. 1. 1993.
6)	F. C.;		sehr kleiner Ort in ČR	v. ca. Jan. 1993.
7)	W. L.;	66130	Saarbrücken	v. ca. Jan. 1993.
8)	J. K.;	85567	Grafing	v. 3. 7. 1993.
9)	F. G.;	71034	Böblingen	v. 25. 8. 1992.
10)	F. Z.;	82110	Germering	v. 7. 11. 1994.
11)	K. K.;	82223	Eichenau	v. ca. Nov. 1994.
12)	M. V.;	CZ 38301	Prachatitz	v. 22. 12. 1994.
13)	W. L.;	82178	Puchheim	v. ca. Jan. 1995.
21)	R. K.;	01099	Dresden	v. 21. 8. 1994.
22)	G. F.;	89250	Senden	v. 22. 9. 1994.
23)	H. P.;	87600	Kaufbeuren	v. 8. 9. 1994.
24)	G. F.;	95466	Weidenberg	v. 4. 8. 1994.
25)	G. Z.;	87656	Germaringen	v. 23. 8. 1994.
26)	M. J.;	87600	Kaufbeuren	v. 8. 9. 1994.
27)	M. B.;	85570	Markt Schwaben	v. 3. 8. 1994.
28)	E. M.;	89407	Dillingen	v. 2. 8. 1994.
29)	A. W.;	87616	Markt Oberdorf	v. 5. 8. 1994.
30)	A. H.;	01069	Dresden	v. ca. Aug. 1994.
31)	H. S.;	10117	Berlin	v. 19. 8. 1994.
32)	M. R.;	82205	Gilching	v. 6. 8. 1994.
33)	R. Q.;	83404	Ainring	v. 10. 8. 1994.
34)	H. S.;	10117	Berlin	v. 18. 8. 1994.
35)	A. L.;	79843	Löffingen	v. 11. 8. 1994.
36)	H. B.;	76287	Rheinstetten	v. 23. 8. 1994.
37)	J. K.;	47829	Krefeld	v. 22. 8. 1994.
38)	Ch.B.;	99425	Weimar	v. 12. 8. 1994.
39)	T. H.;	07973	Greiz	v. 20. 9. 1994.
40)	W. S.;	90431	Nürnberg	v. 11. 8. 1994.
41)	R. B.;	74564	Crailsheim	v. 9. 8. 1994.
42)	A. S.;	71277	Rutesheim	v. 16. 8. 1994.
43)	G. G.;	84508	Burgkirchen	v. 6. 8. 1994.
44)	H. S.;	85540	Haar	v. 14. 10. 1994.
45)	H. U.;	87600	Kaufbeuren	v. ca. Sept. 1994.

46) B. S.;	71032	Böblingen	v. 20. 10. 1994.
47) R. S.;	74321	Bietigheim	v. 29. 11. 1994.
48) A. H.;	98250	Senden	v. 20. 11. 1994.
49) H. L.;	61137	Schönbach	v. 1. 12. 1994.
50) G. B.;	64823	Groß-Umstadt	v. 13. 11. 1994.

61) A. K.;	A 4020	Linz	v. 7. 12. 1991.
62) R. G.;	83233	Bernau/Ch.	v. 15. 11. 1994.
63) A. K.;	A 4020	Linz	v. 7. 12. 1991.
64) F. B.;	96052	Bamberg	v. 29. 1. 1992.
65) R. S.;	84166	Adlkofen	v. 8. 11. 1991.
66) W. P.;	73431	Aalen	v. 19. 11. 1991.
67) M. P.;	A 4073	Wilhering	v. ca. Ende 1991.

- Verschiedene, vornehmlich mündliche Aussagen (im Text gekennzeichnet) stammen von

E. B.;	73779	Deisizau
B. D.;	CZ 11000	Prag
R. F.;	90451	Nürnberg
F. H.;	85567	Grafing
G. H.;	81677	München
J. H.;	92637	Weiden
K. J.;	97711	Poppenlauer
A K.;	91126	Schwabach
E. K.;	81476	München
O. K.;	37075	Göttingen
E. L.;	76227	Karlsruhe
J. M.;	70567	Stuttgart
H. P.;	83052	Bruckmühl
A. R.;	86529	Schrobenhausen
E. S.;	65189	Wiesbaden
F. S.;	A 1090	Wien
J. S.;	73230	Kirchheim/Teck
T. S.;	91532	Ansbach
A. T.;	83471	Berchtesgaden
F. V.;	61250	Usingen
A. Z.;	71549	Überbrücken
F. Z.;	A 4040	Linz

b) »A[uswärtiges] A[mt des Deutschen Reiches], P[olitische] A[bteilung; Akten-]R[egisternummer] 103738.
»Zusatzvereinbarung [vom] 4. März 1939« [zum DR-ČSR Vertrag vom 20. November 1938]; 1 Seite.

c) »Bayerische Ostmark« (NSDAP-Tageszeitung, Bayreuth):
Sammlung das Sudetengebiet betreffender Ausschnitte aus den Jahren 1938ff.; 83 Seiten; Manuskriptsammlung des Sudetendeutschen Archivs, München, Nr. F 197.

d) Europarat: »Feuille d'Information n°30 <−> Droits de l'homme«, Januar–Mai 1992; 6 Seiten.

e) Dgl., Secretariat General: »Notification of Declaration«; Straßburg, 29. 4. 1992; 3 Seiten.

f) Generalstab des <deutschen> Heeres, 3. Abt. IV: »Großes Orientierungsheft Tschechoslowakei«; Berlin, 1. 5. 1938.
Kopie des Bundesarchivs, Militärarchiv Freiburg/ Brsg., Archiv Bez. RH 53-7 v. 121.

g) Habel, Fritz Peter: »Sudetendeutsche Nachkriegsverluste 1945/46«; Grafing b. München, 1992; 89 Seiten; Sammlung des Sudetendeutschen Archivs, München, Nr. F 795.

h) Junek, David: »Okupace města Poličky německou armádou v říjnu a listopadu 1938 – přehled základních dat« (Die Besatzung der Stadt Polička durch die deutsche Armee im Oktober und November 1938 – Überblick von Grunddaten); MS-Manuskript in tschechischer Sprache, gefertigt ca. 1988 vom damaligen Leiter des Stadtmuseums aus v. a. Zeitungsmeldungen, 5 Seiten.

i) »Littitz-Chronik«
(Gemeindegedenkbuch der Gemeinde Littitz, Krs. Mies); 253 Seiten.

j) Reichspostministerium <des Deutschen Reiches; im Juli 1994 eigengefertigter> Aktenbericht aus Bestandsgruppe 47.01 im Bundesarchiv Potsdam:
»Freigabe der im Oktober 1938 zeitweilig beschlagnahmten Wohnungseinrichtung eines tschechischen Postbeamten«;

k) dgl.
»Personalbestand und -aufbau der Deutschen Reichspost in den sudetendeutschen Gebieten Oktober bis Dezember 1938«

B) Gedruckte Quellen

1. Amtliche Veröffentlichungen und Sammlungen

a) International
»United Nations Treaty Series«; <bisher: über 390 Bände>; New York, 1946 ff.
<Zitiert als »UNTS«>

b) Deutsches Reich/Deutschland, deutsche Staaten etc.
»Akten zur Deutschen Auswärtigen Politik 1918–1945«; Serie D; Bd. II, IV, Baden-Baden, 1950 ff.
<Zitiert als »ADAP II«, »ADAP IV«>
In englischer Sprache: »Documents on German Foreign Policy«; Series D; Vol. III, IV; Washington, 1949 ff.
<Zitiert als »DGFP«>
»Bundesgesetzblatt« <der Bundesrepublik Deutschland>; Bonn, 1952 ff.
<Zitiert als »BGBl«>
»Bundestag. Fünfter Deutscher...«: Bundestagsdrucksache V/1679.
<Justiz:> Oberlandesgericht München: Entscheidung 4 U 157/51.
Bundesgerichtshof: Entscheidung IV ZR 201/51
»Protektorates Böhmen und Mähren. Sammlung der Gesetze und Verordnungen des...«; Prag, 1939 f.
»Reichsgesetzblatt« <des Deutschen Reiches>; Berlin, 1933 ff.
<Zitiert als »RGBl.«>
»Reichs- und Staatsanzeiger« <des Deutschen Reiches>; Berlin, Jg. 1938.
»Sachsen. Vorschriftensammlung für die Verwaltung in...«; Hsg. v. Gerhard Brunner; Stuttgart, 1992.
»Sudetendeutsches Ortsnamenverzeichnis«; Hsg. v.d. Bundesanstalt für Landeskunde und Raumforschung; Bad Godesberg, 1963; 2. Aufl.; München, 1987.
»Vertreibung der deutschen Bevölkerung aus der Tschechoslowakei. Die...«; Bd. IV (in 2 Teilen) der Reihe »Dokumentation der Vertreibung der Deutschen aus Ost-Mitteleuropa«; Hsg. v. Bundesministerium für Vertriebene, Flüchtlinge und Kriegssachgeschädigte; Bonn, 1957; Nachdruck Deutscher Taschenbuch Verlag 1984.
<Zitiert als »DdV«>
»Württembergischen Gesetze, Sammlung der...«; Hsg. v. A.L. Reyscher; zahlreiche Bde.; Tübingen, 1847.

c) Österreich

»Deutsch-Böhmen – Recht auf Selbstbestimmung«; Hsg. von der Deutschböhmischen Landesregierung; Wien, 1919.

»Reichsgesetzblatt für die im Reichsrathe <Österreichs> vertretenen Königreiche und Länder«; Jg. 1863, 1896; Wien.

d) Tschechoslowakei

»Československo a Norimberský proces« (Die ČSR und der Nürnberger Prozeß); Hsg. v. (ČSR-)Informationsministerium; Prag, 1946.

»Nález Ústavního soudu České Republiky <–> Pl. S 14/94« (Entscheidung des Verfassungsgerichtshofes der ČR; Nr. 14/94); Brünn, 16. 3. 1995.

»Sbírka zákonů a nařízení státu Československého«; z. T. auch »Sammlung der Gesetze und Verordnungen des Čechoslovakischen Staates«; Prag, 1919 – 1938, 1945 ff.
<Zitiert als »ČSR-Slg.«>

»Sbírka zákonů a nařízení státu Česko-Slovenského« auch »Sammlung der Gesetze und Verordnungen des Čecho-Slovakischen Staates«; Prag, 1938/39.

»Two Years of German oppression in Czechoslovakia«; Hsg. v. ČSR (-Exil-)Außenministerium; London, 1941.

»Úřední věstník československý« (Tschechoslowakisches Amtsblatt); Hsg. v. d. ČSR (-Exil-) Regierung; London, 1940 ff.

e) Andere Staaten

»Britisch Foreign Policy 1919–1939. Documents on. . .«; 3. Serie, Band II, III; London, 1950.
<Zitiert als »DBFP II«, »DBFP III«>

»United States <–> The Conference of Berlin (The Potsdam Conference) 1945. Foreign Relations of the. . .«; Hsg. v. US-Außenministerium; 2 Bde.; Washington, 1960.

<Ungarn>: »Gesetz Nr. LXXII des Jahres 1993 über die Rechte der nationalen und ethnischen Minderheiten«; Hsg. v. Amt für nationale und ethnische Minderheiten; Budapest, 1993.

2. Amtliche statistische Zahlenwerke und Darstellungen

»Čechoslovakische Statistik«; Hsg. v. Statistischen Staatsamt, Prag; Bd. 9, Heft 1/1924; Bd. 98, Heft 7/1934.

»Die deutschen Vertreibungsverluste«; Hsg. v. Statistischen Bundesamt, Wiesbaden; Stuttgart, 1958.
<Zitiert als »VV«>

»Die Ergänzungswahlen zum Großdeutschen Reichstag am 4. Dezember 1938« in »Statistik des Deutschen Reiches«; Hsg. v. Statistischen Reichsamt Berlin; Bd. 531; Berlin, 1939.

»Österreichische Statistik«; Hsg. von der K.K. Statistischen Zentralkommission, Wien; 1. Bd., 2. Heft, 2. Bd., 1. Heft; Wien, 1913/1914.

»Orts-Repertitorium für das Königreich Böhmen«; Zusammengestellt im Auftrage der k.k. Statthalterei; Prag, 1913.

»Statistický lexikon obcí v zemi České« (Statistisches Lexikon der Gemeinden im Lande Böhmen); Hsg. vom ČSR-Innenministerium und vom Statistischen Staatsamt; Prag, 1923 und 1934.

»Statistický lexikon obcí na Moravě a ve Slezsku« (Statistisches Lexikon der Gemeinden im Mähren und in Schlesien); Hsg. vom ČSR-Innenministerium und vom Statistischen Staatsamt; Prag, 1924.

»Statistický lexikon obcí v zemi Moravskoslezské« (Statistisches Lexikon der Gemeinden im Lande Mähren-Schlesien); Hsg. vom ČSR-Innenministerium und vom Statistischen Staatsamt; Prag, 1935.

»Statistik des Deutschen Reiches«; Hsg. vom Statistischen Reichsamt, Berlin; Bd. 552, Heft 1; Berlin, 1943.

»Statistisches Jahrbuch der DDR 1956«; Hsg. v. d. Staatlichen Zentralverwaltung für Statistik; Berlin(-Ost), 1957.
»Statistisches Jahrbuch für das Deutsche Reich«; Hsg. vom Statistischen Reichsamt, Berlin; Jg. 1941/42; Berlin, 1943.
»Statistisches Jahrbuch für das Protektorat Böhmen und Mähren 1941«; Hsg. vom Statistischen Zentralamt; Prag, 1941.
»Wirtschaft und Statistik«; Hsg. vom Statistischen Reichsamt, Berlin; Jg. 20 (1940), Heft 5/6; S. 84–88.

3. Allgemeine Nachschlagewerke

- Krallert-Sattler, Gertrud: »Kommentierte Bibliographie zum Flüchtlings- und Vertriebenenproblem in der Bundesrepublik Deutschland, in Österreich und in der Schweiz«; Wien, 1989.
- Kuhn, Heinrich: »Zur Landeskunde der Tschechoslowakei«; München, 1959.
- »Orientierungslexikon der Tschechoslowakischen Republik«; Hsg. von Ernst Pfohl; Reichenberg, 1932 i. d. F. »Ortslexikon Sudetenland« (Reprint); Nürnberg/München, 1987.
- »Sudetendeutscher Atlas«; Hsg. v. E. Meynen; München, 1954.

C) Darstellungen (auch in Sammelwerken und Zeitschriften)

Ahrens, Wilfried: »Verbrechen an Deutschen«; Arget, 1983.
Alexander, Manfred (Hsg.): »Deutsche Gesandtschaftsberichte aus Prag Teil I: Von der Staatsgründung bis zum ersten Kabinett Beneš (1918–1921)«; München, 1983.
Antoš, Zdeněk: »›Blut und Boden‹: ke konečnému řešení národnostní otázky v sudetské župě« (Zur Endlösung der Nationalitätenfrage im Sudetengau) in »Sleszky Sborník« (Schlesischer Almanach); Troppau, Jg. 64/24 (1966), Nr. 1; S. 28ff.
Arndt, Veronika: »›Blut und Boden‹-Politik im ›Sudetengau‹«; Dissertation der Universität Leipzig; 1970.
Ash, Timothy: »Im Namen Europas«; München, 1993.

Bartoš, Josef: »Boj o hranice v roce 1938 na Severní Moravě« (Der Kampf um die Grenze in Nordmähren im Jahre 1938) in »Severní Morava« (Nordmähren); Mähr. Schönberg; Bd. 23 (1972); S. 3–12.
dgl.: »Národně osvobozenecké hnutí na Severní Moravě 1938–1945« (Die nationale Befreiungsbewegung in Nordmähren 1938–1945); Mähr. Schönberg, 1965.
dgl.: »Odboj proti nacistickým okupantům na severozápadní Moravě« (Widerstand gegen die nazistischen Besatzer in Nordwestmähren); Mähr. Schönberg; 1946.
dgl.: »Okupované pohraničí a české obyvatelstvo 1938–1945« (Das besetzte Grenzgebiet und die tschechische Bevölkerung 1938–1945); Prag, 1978.
Bartošek, Karel: »Pražské povstání 1945«; Prag, 1960.
Teilweise in deutscher Sprache: »Der Prager Aufstand 1945«; Berlin (-Ost), 1965.
Becher, Walter: »Zeitzeuge«; München, 1990.
Bělina, Pavel/Pokorný, Jiří (Hsg.): »Dějiny zemí Koruny česke« (Geschichte der Länder der böhmischen Krone); 2 Bände; Prag, 1993.
Beneš, Edvard: »Paměti« (Erinnerungen). Prag, 1947.
Beneš, Edvard: »Šest let exilu a druhé světové války« (Sechs Jahre des Exils und Zweiten Weltkriegs); London, 1945.
Benz, Wolfgang (Hsg.): »Die Dimension des Völkermords«; München, 1991.
dgl.: »Die Vertreibung der Deutschen aus dem Osten«; Frankfurt/Main, 1985.
»Beschlüsse zur Deutschlandpolitik«; 3 Bände; Hsg. v. Bund der Vertriebenen; Bonn, 1984ff.
Beschloss, Michael: »Auf höchster Ebene«; Düsseldorf, 1993.

Biman, Stanislav/Cílek, Roman: »Partie hnědých pěšáků« (etwa: Die Landpartie der braunen Infantrie); Aussig, 1976.

In deutscher Sprache: »Der Fall Grün und das Münchner Abkommen«; Berlin(-Ost), 1983.

Bismarck, Klaus von: »Aufbruch aus Pommern«; München, 1992.

Blumenwitz, Dieter: »Der <1.> Prager Vertrag«; Bonn, 1985.

dgl.: »Die Beneš-Dekrete aus dem Jahre 1945 unter dem Gesichtspunkt des Völkerrechts«; Bonn, 1993.

Boberach, Heinz (Hsg.): <SS-SD-> »Meldungen aus dem Reich«; 17 Bde.; Herrsching, 1983.

Bodensiek, Heinrich: »Das Dritte Reich und die Lage der Juden in der Tschecho-Slowakei nach München« in »Vierteljahreshefte für Zeitgeschichte«; Stuttgart, Jg. 9 (1961); S. 249–261.

Böddeker, Günter: »Die Flüchtlinge«; München, 1980.

Bohmann, Alfred: »Das Sudetendeutschtum in Zahlen«; München, 1958.
<Zitiert als »SiZ«>

dgl.: »Die Kriegs- und Vertreibungsopfer der Sudetendeutschen« in »Sudetendeutscher Artikeldienst«; München, Jg. 3, Nr. 12 (Juni 1954); S. 1ff.

dgl.: »Menschen und Grenzen – Bd. 4: Bevölkerung und Nationalitäten in der Tschechoslowakei«; Köln, 1975.
<Zitiert als »MuG«>

Bornemann, Felix: »›Weil Sie Deutscher sind. . .‹«; Stuttgart, 1964.

Borth, Fred: »Aus der Heimat vertrieben«; Bisamberg, 1993.

Bracher, K. D.: »Zeitgeschichtliche Erfahrungen als aktuelles Problem« in »Aus Politik und Zeitgeschichte« (Beilage zur Wochenzeitung »Das Parlament«); Bonn; Nr. 11/87; S. 3–14.

Brand, Walter: »Auf verlorenem Posten«; München, 1985.

Brandes, Detlev: »Die Tschechen unter deutschem Protektorat«; 2 Bde.; München, 1969–1975.

dgl.: »Eine verspätete tschechische Alternative zum Münchner ›Diktat‹«. Edvard Beneš und die sudetendeutsche Frage 1938–1945« in »Vierteljahreshefte für Zeitgeschichte«; München, Jg. 42, Heft 2 (April 1994); S. 221–242.

dgl.: »Großbritannien und seine osteuropäischen Alliierten 1939–1943«; München, 1988.

Brod, Toman: »Die tschechoslowakische Widerstandsbewegung 1938–1944 in Bildern«; Prag, 1965.

Brouček, Miloslav J.: »Československá tragédie« (Die tschechoslowakische Tragödie); New York, 1956.

Brügel, Johann W.: »Tschechen und Deutsche 1918–1938«; München, 1967.

dgl.: »Zankapfel Deutsch-Böhmen« in »Bohemia Jahrbuch«; München (1980); Bd. 21/I; S.376–382.

Bruyn, Günter de: »Zwischenbilanz«; Frankfurt/M., 1992.

Bubeničkova, Růzena: »Deset říjnových dnů roku 1938« (10 Tage des Oktober 1938) in »Odboj a revoluce <–> zprávy« (Widerstand und Revolution – Nachrichten); Prag; Jg. 6 (1968), Nr. 4; S. 118–183.

Čelovsky, Boris: »Das Münchner Abkommen von 1938«; Stuttgart, 1958.

dgl.: »Řešení české otázky podle německých dokumentů 1933–1945« (Die Lösung der tschechischen Frage nach deutschen Dokumenten 1933–1945); Mährisch-Ostrau, 1995.

Černý, Václav: »Paměti IV« (Erinnerungen IV); Toronto (Kanada), 1976.

César, Jaroslav/Černý, Bohumil: »Od sudeto-německého separatismu k plánům odvětý« (Vom sudetendeutschen Separatismus bis zu den Plänen der Rache); Reichenberg, 1960.

dgl. »Politika německých buržoazních stran v Československu v letech 1918–1938« (Die Politik der deutschen bourgeoisen Parteien in der ČSR in den Jahren 1918–1938); 2 Bde.; Prag, 1962.

Clausewitz, Carl von: »Vom Kriege«; 4. Aufl; Berlin, 1912.

Dagan, Avigdor: »›München‹ aus jüdischer Sicht« in »München 1938«; (Mit-)Hsg. v. Peter Glotz; Essen, 1990; S. 345–355.

Dědinová, Sidonia: »Slyšme i druhou stranu« (Hören wir auch die andere Seite); Budweis, 1991.

Dennler, Wilhelm: »Die böhmische Passion«; Freiburg/ Brg., 1953.
Döllner, Josef: »Blättern im Heimatgedenkbuch der Gemeinde Zieditz« in »Sudetenjahrbuch 1992 der Seliger-Gemeinde«; München, 41. Jg. (1991); S. 101–106.
»Dokumente der Menschlichkeit aus der Zeit der Massenvertreibungen«; Hsg. v. Göttinger Arbeitskreis; Kitzingen, 1950.
Doležal, Jiří: »Příspěvek k boji KSČ za národní osvobození v letech 1939–1941« (Beitrag zum Kampf der KPTS. für die nationale Befreiung in den Jahren 1939–1941) in »Otázky národní a demokratické revoluce v ČSR« (Fragen der nationalen und demokratischen Revolution der ČSR); (Mit-)Hsg. v. Václav Král; Prag, 1955; S. 20–38.
Doležal, Jiří/Křen, Jan (Hsg.): »Die kämpfende Tschechoslowakei«; Prag, 1964.

Ermacora, Felix: »Die sudetendeutschen Fragen«; München, 1992.

Faltys, Antonín: »Postavení českého pohraničí v rámci Velkoněmecké říše v letech 1938–1945« (Die Stellung des tschechischen Grenzgebietes im Rahmen des Großdeutschen Reiches in den Jahren 1938–1945) in »Historie a Vojenství« (Geschichte und Soldatentum); Prag, Jg. 7 (1968); S. 386–420.
Feierabend, Ladislav: »Ve vládách druhé republiky (In den Regierungen der Zweiten Republik); New York, 1961.
dgl.: »Ve vládě protektorátu (In der Regierung des Protektorats); New York, 1962.
dgl.: »Prag-London«; Bonn, 1971.
Fierlinger, Zdeněk: »Ve službách ČSR« (In den Diensten der ČSR); Prag, 1947.
Filip, Ota: »Die stillen Toten unterm Klee«; München, 1992.
Fischer, Alexander (Hsg.): »Teheran, Yalta, Potsdam«; 3. Aufl.; Köln, 1985.
Foh, Karl: »Erinnerungen«; Hammelburg, 1993.
Foitzik, Jan: »Kadertransfer« in »Vierteljahreshefte für Zeitgeschichte«; Stuttgart, Jg. 31 (1983); Heft 2; S. 308–334.
Forman, Milovak, Jan: »Rückblende«; Hamburg, 1994.
Found, Karel: »Poslední nálet« (Letzter Luftangriff) <auf Pilsen 1945> in »Minulost západočeského krajé« (Vergangenheit des westböhmischen Kreises); Pilsen; Jg. 1991, Nr. 27; S. 125–136.
Franzel, Emil: »Die Vertreibung – Sudetenland 1945–1946; München, 1967.

Gabert, Volkmar: »Eine andere Folge von München« in »Deutsch-tschechische Geschichte von ›München‹ bis ›Potsdam‹«; Hsg. v. Franz Olbert; München, 1989; S. V
Gajan, Koloman (Hsg.): »Germany and Czechoslovakia 1918–1945«; Prag, 1965.
»Gesamterhebung zur Klärung des Schicksals der deutschen Bevölkerung in den Vertreibungsgebieten«; Hsg. vom »Kirchlichen Suchdienst, einem Verbundwerk von Deutschem Caritasverband <katholisch> und Diakonischem Werk <evangelisch> Deutschland«; 3 Bde.; München, 1965.
Giegold, Heinrich: »Tschechen und Deutsche«; Hof, 1993.
Gilbert, Martin: »Atlas of the Holocaust«; London, 1982.
In deutscher Sprache: »Endlösung«; Hamburg, 1982.
Glaser, Kurt: »Czecho-Slovakia«; Caldwell (‚Ida., USA), 1961.
Glotz, Peter (Mit-Hsg.): »München 1938«; Essen, 1990.
Gordon, Helmut: »Die Beneš-Denkschriften«; Berg, 1990.
Groscurth, Helmuth: »Tagebücher eines Abwehroffiziers 1938–1940«; Hsg. v. Helmut Krausnick; Stuttgart, 1970.
Grossmann, Kurt R.: »Emigration«; Frankfurt/M, 1969.
Grünwald, Leopold: »Sudetendeutsche – Opfer und Täter«; Wien, 1983.
dgl.: »Sudetendeutscher Widerstand gegen Hitler«; München, 1978.
dgl.: »Wir haben uns selbst aus Europa vertrieben«; München, 1985.
Grulich, Rudolf: »Ordensschwestern im Sudetenland« in »Sudetenland«; München; Jg. 33 (1991), Nr. 9; S. 254–257.

dgl.: »Vergangenheit muß aufgearbeitet werden« in »Mitteilungen des sudetendeutschen Priesterwerkes«, Königstein, Jg. 1994, Nr. 2; S. 16–17.

Habel, Fritz Peter: »Der Stoff, aus dem Legenden sind: Zum Anteil von Edvard Beneš an der Vertreibung der Sudetendeutschen 1945/46« in »Literaturspiegel«; Hsg. vom Arbeitskreis Sudetendeutscher Akademiker; München, Nr. 39 (April 1995); S. 1–16.

dgl. »Deutsche im östlichen Europa: Zur Vorgeschichte der Vertreibung« in »Geflohen und vertrieben« <Begleitbuch zur Fernsehtrilogie »Flucht und Vertreibung«>; Hsg. v. Rudolf Mühlfenzl; Königstein, 1981; S. 46–69.

dgl.: »Die Sudetendeutschen«; München, 1992.
<Zitiert als »Die Sd.«>

dgl.: »Die Zahl deutscher Vertriebener in der SBZ/ DDR im Jahre 1950« in »Sudetenland«; München, Jg. 36 (1994), Nr. 2; S. 162–172, 199–202.

dgl.: »Dokumente zur Sudetenfrage«; München, 1984.
<Zitiert als »DzS«>

dgl.: »Nach 40 Jahren. Deutschenvertreibung aus Ostmitteleuropa 1945/46 in der Literatur und Diskussion von 1985« in »Sudetenland«; München, Jg. 28 (1986) Nr. 3, S. 209–225, Nr. 4, S. 304–311; Jg. 29 (1987) Nr. 1, S. 30–39, Nr. 3, S. 224–230.

dgl.: »Vertreibungsverluste der Sudetendeutschen 1945/46: Neuester Forschungsstand und politische Schätzungen« in
a) »Sudetenland«; München, Jg. 37 (1995), Heft 2; S. 187–192, 222–229.
b) »Odsun [–] Die Vertreibung der Sudetendeutschen«; Hsg. v. Sudetendeutschen Archiv, München; 1995; S. 175–192.
<Zitiert als »VVSd«>›

Hahn, Karl Josef: »Nazi-Opfer im Sudetenland« in »Mitteilungen des Sudetendeutschen Priesterwerkes«; Jg. 1984, Nr. 4; S. 8–9.

Hájek, Miloš: »Od Mnichova k 15. březnu 1939« (Von München zum 15. März 1939); Prag, 1959.

Hájková, Alena: »Strana v odboji« (Die Partei im Widerstand); Prag, 1975.

Hanušová, Libuše: »Co s nimi? Dokumentární svědectví nacistické propagandy o velezrádné činnosti pohraničních Němců v Československu« (Was mit ihnen tun? Dokumentarische Zeugnisse der nazistischen Propaganda über die hochverräterischen Aktivitäten der Grenzdeutschen in der ČSR); Prag, 1946.

Hasenöhrl, Adolf: »Kampf – Widerstand – Verfolgung der sudetendeutschen Sozialdemokraten«; Stuttgart, 1983.

Hass, Gerhart: »Münchner Diktat 1938 – Komplott zum Krieg«; Berlin(-Ost), 1988.

Hauner, Milan: »Září 1938« (Oktober 1938) in »Svědectví« (Zeugnis); Paris, Jg. 13 (1975), Heft 49; S. 151–176.

Hejl, Vilém: »Rozvrat« (Zersetzung); Prag, 1990.

Henisch, Heinz K.: »First Dance in Karlsbad«; State College (, Pa., USA), 1993.

Henke, Klaus Dietmar: »Der Weg nach Potsdam« in »Die Vertreibung der Deutschen aus dem Osten«; Hsg. v. Wolfgang Benz; Frankfurt/M, 1985; S. 49–69, 233–236.

Heumos, Peter: »Die Emigration aus der Tschechoslowakei nach Westeuropa und dem Nahen Osten 1938–1945«; München, 1989.

dgl.: »Flüchtlingslager, Hilfsorganisationen, Juden im Niemandsland« in »Bohemia Jahrbuch«; München, Jg. 25 (1984); S. 245–275.

Hoehne, Heinz: »Der Orden unter dem Totenkopf«; Gütersloh, 1967.

Hoensch, Jörg K.: »Geschichte der Tschechoslowakischen Republik 1918–1965«; Stuttgart, 1966; 2. Aufl.: . . . – 1978«; 1978; 3. Aufl.: »Geschichte der Tschechoslowakei«; 1992.

Höss, Konstantin (Hsg.): »Die SdP im Parlament«; Karlsbad, 1937.

Hofmann, Herbert (Hsg.): »Das Heimatbuch von Roßbach«; Hof, 1970.

Humphreys, Rob: »The Czech and Slovak Republics – The Rough Guide«; 2. Aufl.; London, 1993.

Hupka, Herbert: »Unruhiges Gewissen«, München, 1994.

Ignatieff, Michael: »Blood and Belongings: Journey into the New Nationalism«; London, 1993. In deutscher Sprache: »Reisen in den neuen Nationalismus«; Frankfurt/Main, 1994.

Jahn, Manfred (Hsg.): »Die Sudetendeutschen nach 1918...«; Dresden, 1993.
Jaksch, Wenzel: »Benesch war gewarnt«; München, 1949.
dgl.: Europas Weg nach Potsdam«; Stuttgart, 1958; 4. Aufl.; München, 1990.
Janeček, Oldřich: »Z počátků odboje 1938–1941« (Aus den Anfängen des Widerstandes 1938–1941); Prag, 1969.
Jaroš, Václav (Hsg.): »Šest let okupace« (Sechs Jahre Besatzung); Prag, 1946.
Jermář, Jaromír: »Právo na domov« (Recht auf Heimat); Prag, 1967.
Jersák, Jan: »Šumpersko 1938–1945« (Das Gebiet um <Mährisch> Schönberg 1938–1945); Mähr. Schönberg, 1946
Josak, Jiří (Mit-Hsg.): »Český antifašismus a odboj« (Der tschechische Antifaschismus und Widerstand); Prag, 1988.
Joza, Jaroslav: »Česká menšina v severních Čechách po Mnichově« (Die tschechische Minderheit in Nordböhmen nach München) in »Dějiny a současnost« (Geschichte und Gegenwart); Jg. 8 (1966), Nr. 11; S. 35–73.
(Deutsche Übersetzung in der Bibliothek des Sudetendeutschen Hauses, München.)
Mit gleichem Titel in »Odboj a revoluce <-> zprávy« (Widerstand und Revolution – Nachrichten); Prag; Jg. 6, Nr. 1 (Februar 1968); S. 37–75.

Kaden, Helene (Hsg.): »Die faschistische Okkupationspolitik in Österreich und der Tschechoslowakei 1938–1945«; Berlin (Ost), 1958.
Kaplan, Václav: »Pevnost Dobrošov« (Festung Dobroschow); Königgrätz, 1977.
Keil, Theo (Hsg.): »Die deutsche Schule in den Sudetenländern«; München, 1967.
Kennan, George F.: From Prague after Munich«; Princeton (N. J., USA); 1968.
dgl.: »Memoirs (1925–1950)«; New York, 1967 i. d. Fassung Bantam Edition 1969.
Kimminich, Otto: »Die Benesch-Dekrete« in »Sudetenland«; München, Jg. 36 (1994), Nr. 3; S. 214–230.
Klein, Hans: »Zwei mährische Sommer« in »Es wird nicht mehr zurückgeschossen...«; Hsg. v. Reinhard Appel; Bergisch Gladbach, 1995; S. 179–186.
Klimek, Antonín/Kubů, Eduard: »Československá zahraniční politika 1918–1938« (Tschechoslowakische Außenpolitik 1918–1938); Prag, 1994.
Kmoníček, Josef: »Příspěvek k dějinám Vrchlabska v letech 1938–1941« (Beitrag zur Geschichte des Gebietes Hohenelbe in den Jahren 1938–1941) in »Odboj a revoluce <-> zprávy« (Widerstand und Revolution – Nachrichten); Prag, Jg. 6, Nr. 1 (Februar 1968); S. 157–169.
Konečný, Zdeněk/Mainuš, František: »Pracovní nasazení Čechů v Německu před vypuknutím druhé světové války« (Der Arbeitseinsatz von Tschechen in Deutschland vor dem Ausbruch des Zweiten Weltkrieges) in »Sborník prací filosofické fakulty Brněnské university« (Sammelband von Arbeiten der Philosophischen Fakultät der Brünner Universität); Brünn, Jg. 16 (1969); S. 121–142.
Kořalka, Jiří: »Jak se stal německý lid v Československu kořistí fašismu« (Wie das deutsche Volk in der ČSR dem Faschismus zum Opfer fiel) in »Československý časopis historický«; (Tschechoslowakische historische Zeitschrift); Prag, Jg. III (1955), Nr. 1; S. 52–81.
Kornrumpf, Martin: »In Bayern angekommen«; München, 1979.
Kostrba-Skalitzky, Oswald: »Bewaffnete Ohnmacht. Die tschechoslowakische Armee 1918–1938« in »Die Erste Tschechoslowakische Republik als multinationaler Parteienstaat«; Hsg. v. Karl Bosl; München, 1979.
Koutek, Jaroslav: »Nacistická pátá kolona v ČSR« (Die nazistische fünfte Kolonne in der ČSR); Prag, 1962.
In italienischer Sprache: »Quinta colonna all'Est« (Die fünfte Kolonne im Osten); Rom, 1965.
Král, Václav (Hsg.): »Das Abkommen von München 1938«; Prag, 1968.
dgl. (Hsg.): »Die Deutschen in der Tschechoslowakei 1933–1947«; Prag, 1964.

dgl.: »Pravda o okupaci« (Die Wahrheit über die Besatzung); Prag, 1962.
Křen, Jan: »Die Konfliktgemeinschaft«; München, 1993.
dgl.: »Do emigrace« (In die Emigration); Prag, 1963.
dgl.: »V emigraci« (In der Emigration); Prag, 1969.
Kretschmer, Rudolf: »Saubsdorf im Wandel der Zeiten«; Nördlingen, 1992.
Kriseová, Eva: »Václav Havel«; Berlin, 1991.
Krockow, Christian Graf von: »Heimat. Eine Einführung in das Thema« in »Heimat. Analysen, Themen, Perspektiven«; Hsg. v. der Bundeszentrale für politische Bildung; Bonn, 1990; Bd. 1, S. 56–69.
Kučera, Jaroslav: »Odsun nebo vyhnání?« (Abschub oder Vertreibung?); Prag, 1992.
dgl.: »Odsunové ztráty sudetoněmeckého obyvatelstva« (Die Abschubverluste der sudetendeutschen Bevölkerung); Prag, 1992.
dgl.: »Statistische Berechnungen der Vertreibungsverluste – Schlußwort oder Sackgasse?« in »Der Weg in die Katastrophe«; (Mit-) Hsg. von Detlev Brandes; Essen, 1994; S. 187–200.
Kürbisch, Friedrich G.: »Chronik der sudetendeutschen Sozialdemokratie 1863–1938«; Stuttgart, 1982.
Kuffner, Hanuš: »Náš štát a světovy mír«; Prag, 1918.
In deutscher Sprache: »Unser Staat und der Weltfriede«; Warnsdorf, 1922.
Kural, Václav: »Konflikt místo společenství?« (Konflikt statt Gemeinschaft?); Prag, 1994

Lehmann, Albrecht: »Im Fremden ungewollt zuhaus«; München, 1991.
Lemberg, Hans/Seibt, Ferdinand (Hsg.): »Deutsch-tschechische Beziehungen in der Schulliteratur und im populären Geschichtsbild«; Braunschweig, 1980.
»Luditz. Heimatbuch des Kreises...«; Hsg. von der Arbeitsgemeinschaft Heimatbuch Kreis Luditz; München, 1971; Neufassung 1993.
Luža, Radomír: »Odsun«; Wien/Kopenhagen, 1953.
dgl.: »The Transfer of the Sudetengermans«; New York, 1964.

Maček, Jaroslav: »Flüchtlinge aus dem Grenzgebiet« in »Tschechen und Deutsche <–> historische Tabus«; (Mit-)Hsg. von der Ackermann-Gemeinde; München, 1994; S. 138–145.
dgl.: »Zur Problematik der Geschichte der abgetretenen Grenzgebiete, besonders des sogenannten Sudetenlandes in den Jahren 1938–1945« in »Der Weg in die Katastrophe«; (Mit-) Hsg. von Detlev Brandes; Essen, 1994; S. 57–76.
Mainuš, František: »České školství v pohraničí za nacistické okupace se zvláštním zřetelem k severní Moravé a Slezsku« (Das tschechische Schulwesen in den Grenzgebieten zur Zeit der narzistischen Besetzung unter besonderer Berücksichtigung Nordböhmens und Schlesiens in »Slezsky sborník« (Schlesischer Almanach); Troppau, Jg. 57 (1959), Nr. 3; S. 277–312.
dgl.: »Totálni nasazení« (Totaler Einsatz); Brünn, 1970.
Malá, Irena/Lejsuk, Petr: »Okupace československého pohraničí hitlerovským Německem po Mnichovu« (Die Besetzung der tschechoslowakischen Grenzgebiete durch Hitler-Deutschland nach München) in »Sborník archivních prácí« (Sammelband archivalischer Arbeit); Prag; Jg. IX (1959), Nr. 1; S. 3–58.
Mannheimer, Max: »Erinnerungen eines sudetendeutschen Juden« in »Sudetenjahrbuch 1995 der Seliger-Gemeinde«; München, 44. Jg. (1994); S. 38 f.
Manstein, Erich: »Aus einem Soldatenleben«; Bonn, 1958.
Mastny, Vojtech: »The Czechs under Nazi Rule«; New York, 1971.
Meadows, Donella und Dennis: »Beyond the Limits«; Post Mills (, Vt., USA), 1992.
In deutscher Sprache: »Die neuen Grenzen des Wachstums«; Stuttgart, 1992.
Mitchell, B. R.: »European Historical Statistics 1750–1970«; London, 1975.
Moravec, Emanuel: »Das Ende der Benesch-Republik«; Prag, 1941.
Moynihan, Daniel Patrick: »Pandaemonium. Ethnicity in International Politics«; Oxford, 1993.
Müller, Rolf-Dieter/Ueberschär, Gerd R.: »Kriegsende 1945«; Frankfurt/M, 1994.
Murašková, G. P./Nosková, A. F.: »Naciolnálně územní otázka v kontextu poválečné reality východní Evropy v letech 1945–1948« (Die Frage des Nationalgebietes im Zusammenhang

mit der Nachkriegsrealität Osteuropas in den Jahren 1945–1948) in »Slovanský přehled« (Slawischer Überblick); Prag, Jg. 80 (1994), Nr. 2; S. 155–164.

Nawratil, Heinz: »Vertreibungsverbrechen an Deutschen«; München, 1982.

N. N.: »Komu sluší omluva« (Wer hat sich zu entschuldigen?); Verlag Erika, ISBN 80-85612-02-X; Prag, 1992.

Nováček, Silvestr: »Mikulovsko a Pohořelicko od nástupu nacismu k osudnému Mnichovu« (Das Gebiet von Nikolsburg und Pohrlitz vom Aufkommen des Nazismus bis zum schicksalhaften München); Brünn, 1960.

Nowak, Karl F.: »Chaos«; München, 1923.

Nyrop, Richard F.: »Czechoslovakia <-> A country study«; Prag, 1992.

Olbert, Franz (Mit-Hsg.): »Deutsche und Tschechen – Neue Hoffnung«; Prag, 1992.

Oberschall, Albin: »Berufliche Gliederung und soziale Stellung der Deutschen in der Tschechoslowakei«; Teplitz-Schönau; o. J. (nach 1936).

Orlík, Josef (Hsg.): »Opavsko a severní Morava za okupace« (Das Troppauer Gebiet und Nordmähren während der Besatzung); Mähr. Ostrau, 1961.

Otáhal, Milan (Hsg.): »Češi, Němci, odsun« (Tschechen, Deutsche, Abschub); Prag, 1990.

dgl.: »Deset pražskych dnů <-> 17.–27. listopad 1989« (Zehn Prager Tage – 17.–27. November 1989); Prag, 1990.

dgl.: s. a. Podiven

Otruba, Gustav: »Nationale Fragen im Spiegel der Wiener Flugschriften 1848« in »Wiener Geschichtsblätter«; Wien, Jg. 37 (1982), Nr. 3; S. 129–158.

Overmans, Rüdiger: »Die Toten des Zweiten Weltkriegs in Deutschland« in »Der Zweite Weltkrieg«; Hsg. von Wolfgang Michalka; München u. a., 1989; S. 858–873.

Pachta, Jan/Reiman, Pavel: »O nových dokumentech k otázce Mnichova« (Über neue Dokumente zur Frage München) in »Příspěvky k dějinám KSČ« (Beiträge zur Geschichte der KPTs.); Hsg. v. Jan Pachta; Prag, Bd. 1 (1957); S. 104–133.

Pasák, Tomáš: »Přemysl Pitters Initiative bei der Rettung deutscher Kinder im Jahre 1945 und seine ablehnende Haltung gegenüber der inhumanen Behandlung der Deutschen in den tschechischen Internierungslagern« in »Der Weg in die Katastrophe«; (Mit-)Hsg. von Detlev Brandes; Essen, 1994; S. 201–213.

dgl.: »Vývoj Vlajky v období okupace« (Die Entwicklung der Vlajka <= Flagge; Name der tschechischen NS-Organisation> in der Zeit der Besatzung) in »Historie a vojenství« (Geschichte und Soldatentum); Jg. 5 (1966); S. 846–895.

Pekař, Josef: »Tschechoslowakische Geschichte«; Prag, 1921; deutsche Fassung München, 1988.

Pischel, Werner: »Sudetenland und Deutsche Reichsbahn« in »Eisenbahn im Sudetenland«; Hsg. v. Siegfried Bufe; Eggelham, 1991.

Pithart, Petr: »Dějini a politika« (Geschichte und Politik); Prag 1990.

dgl. Siehe Podiven

Podiven (= Otáhal, Milan/Pithart, Petr/Příhoda, Petr): »Češi v dějinách nové doby« (Die Tschechen in der Geschichte der Neuzeit); Prag, 1991.

Pokorný, Jiří: »Die böhmischen Länder 1918–1994«; Prag, 1994.

Prätorius, Karl: »Schatzlar und seine Bezirksgemeinden«; Marburg, 1993.

Příhoda, Petr: Siehe Podiven

Přikryl, Josef: »Jihovýchodní Morava v boji proti okupantum« (Südostmähren im Kampf gegen die Besatzer); Brünn, 1965.

dgl.: »1. Čs. partyzánská brigáda Jana Žižky (srpen – listopad 1944)« (Die 1. ČSR-Partisanenbrigade Jan Žižka (August – November 1944)); Mährisch Ostrau, 1976.

Prinz, Friedrich: »Geschichte Böhmens 1848–1948«; München, 1968; 2. Aufl., Frankfurt/M, 1991.

dgl.: »Szenenwechsel«; München, 1995.

Procházka, Theodor: »Die Zweite Republik 1938–1939« in »Geschichte der Tschechoslowakischen Republik«; Hsg. v. Victor S. Mamatey und Radomir Luža; Wien, 1980; S. 275–291.

dgl.: »The Delimination of Czechoslovak-German Frontiers after Munich« in »Journal of Central European Affairs«; London, Jg. 31, Nr. 2 (Juli 1961); S. 200–225.
Pustejovsky, Otfrid: »Vom Untergrund zur Revolution im Mai 1945« in »Deutsch-tschechische Geschichte von ›München‹ bis ›Potsdam‹«; Hsg. v. Franz Olbert; München, 1989; S.

Rabl, Kurt (Hsg.): »Das Recht auf die Heimat«; München, 1965.
Rádl, Emanuel: »Válka Čechů s Němci«; Prag, 1928.
In deutscher Sprache: »Der Kampf zwischen Tschechen und Deutschen«; Reichenberg, 1928.
Raschhofer, Hermann: »Die Sudetenfrage«; München, 1953, 2. Aufl. 1988.
Renan, Ernest: »Qu'est-ce qu'une nation? et autres essais politique«; Hsg. v. Joël Roman; Paris, 1992.
Richter, Karel: »Sudety«; Prag, 1994.
Richter, Wally: »Letzte Tage im Sudetenland«; München, 1987.
Ripka, Hubert: »Munich before and after«; London, 1939.
Rönnefarth, Helmuth K. G.: »Die Sudetenkrise in der internationalen Politik«; 2 Bde.; Wiesbaden, 1961.
Rothkirchen, Livia: »The Jews of Bohemia and Moravia 1938–1945« in »The Jews of Czechoslovakia«; Hsg. v. Avigdor Dagan; 3 Bde., Philadelphia, (Pa., USA); 1984; Bd. 3; S. 3–74.
Rouček, Libor: »Die Tschechoslowakei und die Bundesrepublik Deutschland 1949–1989«; München, 1990.

Šamberger, Zdeněk (Hsg.): »Mnichov v dokumentech« (München in Dokumenten); Bd. II, Prag, 1958.
»Saubsdorf«; Hsg. v.d. »Arbeitsgemeinschaft der Gemeinde Saubsdorf«; Nürnberg, 1980.
Schenz, Marko: »Bundespräsident Richard Kirchschläger«; Wien, 1984.
Schimitzek, Stanislaw: »Truth or conjecture? German Civilian War Losses in the East«; Warschau, 1966.
Schmidt-Hartmann, Eva: »Tschechoslowakei« in »Die Dimension des Völkermordes«; Hsg. v. Wolfgang Benz; München, 1991; S. 353–379.
Schmied, Erich: »Probleme der deutschen Volkszugehörigkeit« in »Sudetenland«; München; Jg. 28 (1986); Nr. 1; S. 51–54.
Schreitter-Schwarzenfeld, Karl: »Die Sudetendeutschen in ihrer gesellschaftlichen Stellung«; Prag, 1933.
Schultz-Naumann: »Die letzten 30 Tage«; 2. Aufl.; München, 1980.
»750 let města Pohořelic« (750 Jahre Stadt Pohrlitz); Hsg. v. örtlichen Nationalausschuß; Pohrlitz, 1973.
Seibt, Ferdinand: »Deutschland und die Tschechen«; München, 1974; 2. Aufl. 1993.
Serke, Jürgen: »Böhmische Dörfer«; Wien, o. J. (ca. 1991).
Šíma, Jaroslav: »Českoslovenští přestěhovalci v letech 1938–1945« (Die tschechoslowakischen Umsiedler in den Jahren 1938–1945); Prag, 1945.
Singbartl, Hartmut: »Die Durchführung der deutsch-tschechoslowakischen Grenzregelung von 1938 in völkerrechtlicher und staatsrechtlicher Sicht«; München, 1979.
Šisler, Stanislav: »Odchod českých státních zaměstnanců ze Slovenska v letech 1938–1945« (Der Weggang tschechischer Staatsangestellter aus der Slowakei 1938–1945) in »Česky lid« (Tschechisches Volk); Prag, Jg. 76 (1989), Nr. 4; S. 231–238.
Škorpil, Pavel: »Probleme bei der Berechnung der tschechoslowakischen Todesopfer des nationalsozialistischen Deutschlands« in »Der Weg in die Katastrophe«; (Mit-)Hsg. v. Detlev Brandes; Essen, 1994, S. 161–164.
Sládek, Zdeněk: »Historie v nepokřiveném zrcadle <–> Československo v letech 1939–1968« (Geschichte im unverzerrten Spiegel - Die ČSR in den Jahren 1939–1968); Prag, 1991.
Slapnicka, Helmuth: »Die böhmischen Länder und die Slowakei 1919–1945« in »Handbuch der Geschichte der Böhmischen Länder«; Hsg. v. Karl Bosl; Bd. IV; Stuttgart, 1970, S. 2–150.

Slezák, Lubomír: »Zemědělské osídlování pohraničí Moravy a Slezska v letech 1945–1947« (Die landwirtschaftliche Ansiedlung der Grenzgebiete von Mähren und Schlesien in den Jahren 1945–1947) in »Československý časopis historický« (Tschechoslowakische historische Zeitschrift); Prag, Jg. XXII (1974); S. 1–28.

Šnejdárek, Antonín: »Revanšisté proti Československu« (Revanchisten gegen die Tschechoslowakei); Prag, 1963.

Soják, Vladimír (Hsg.): »Mnichov v dokumentech« (München in Dokumenten); Prag, 1958.

Staněk, Tomáš: »Odsun Němců z Československa 1945–1947« (Der Abschub der Deutschen aus der Tschechoslowakei 1945–1947); Prag, 1991.

Stehlík, Eduard: »Lexikon tvrzí československého opevnění z let 1935–1938« (Lexikon der Forts der ČSR-Befestigungen aus den Jahren aus den Jahren 1935–1938); Prag, 1992.

Steinert, Marlies: »Die 23 Tage der Regierung Dönitz«; Düsseldorf, 1967.

Steinitz, Ernst: »Landes- und Staatskunde der Čechoslovakischen Republik«; Böhmisch Loipa, 1933.

Štěpánek, Zdeněk: »Péče o utečence z okupovaného pohraničí Moravy a Slezska v letech 1938–1939« (Die Fürsorge für Flüchtlinge aus dem besetzten Grenzgebiet Mährens und Schlesiens in den Jahren 1938–1939) in »Časopis Matice Moravské« (Zeitschrift des Nationalvereins Mährens); Brünn, Jg. 62 (1993), Nr. 1; S. 43–54.

Strothmann, Dietrich: »Schlesien bleibt unser« in »Die Vertreibung der Deutschen aus dem Osten«; Hsg. v. Wolfgang Benz; Frankfurt/Main, 1985; S. 209–218.

Svatosch, Franz: »Das Grenzgebiet unter dem Hakenkreuz«; Dissertation der Päd. Hochschule, Potsdam; 1969.

Sykora, Jaroslav: »Mnichovský diktát a jížní Morava« (Das Münchner Diktat und Südmähren) in »Vlastivědný věstník moravský« (Mährische heimatkundliche Blätter); Brünn, Jg. 25 (1973), Nr. 2; S. 158–168.

dgl.: »Jižní Morava v prvních dnech po Mnichovu« (Südmähren in den ersten Tagen nach München) in »Odboj a revoluce« (Widerstand und Revolution); Prag, Jg. 6 (1988), Nr. 4; S. 208–226.

Teltschik, Horst: »329 Tage«; Berlin, 1991.

Theisinger, Hugo: »Erinnerungen an Böhmen«; Lahntal, 1978.

Thorwald, Jürgen: »Das Ende an der Elbe«; Stuttgart, 1950, 5. Aufl. 1953.

Tobolka, Zdeněk: »Das böhmische Volk«; Prag, 1916.

Tomeš, Jozef: »Historie v letech zkoušky« (Die Geschichte in den Jahren der Prüfung); Prag, 1985.

Urban, K.: »Kurze Zusammenstellung über die Tschechoslowakische Armee«; Berlin, 1929.

Urban, Rudolf: »Demokratenpresse im Lichte Prager Geheimakten«; Prag, 1943.
In tschechischer Sprache: »Tajné fondy III. sekce« (Die geheimen Finanzmittel der 3. Abteilung <des ČSR-Außenministeriums>); Prag, 1943.

dgl.: »Die sudetendeutschen Gebiete nach 1945«; Frankfurt/M, 1964.

Veiter, Theodor: »Kein Schlußstrich«; München, 1994.

Vencovský, Eduard: »Obsazení města Poličky německou armádou v roce 1938« (Die Besetzung der Stadt Polička durch die deutsche Armee im Jahre 1938) in »Poličský zpravodaj« (Poličkaer Berichterstatter); Polička, Jg. 1990; sechs Teile in Nr. 4 (April) bis 10 (Oktober).

»Vertreibung und Vertreibungsverbrechen«; Hsg. von der Kulturstiftung der Vertriebenen; Bonn, 1979.

Walters, Vernon: »Die Vereinigung war vorhersehbar«; München, 1994.

Wehle, Kurt: »The Jews in Bohemia and Moravia 1945–1948« in »The Jews of Czechoslovakia«; Hsg. v. Avigdor Dagan; Philadelphia (Pa., USA), 1984; 3 Bde., Bd. 3, S. 499–530.

»Weißbuch zur Vertreibung der Sudetendeutschen«; Hsg. v. Wilhelm Turnwald; München, 1957. <Zitiert als »WB«>
Teilweise in tschechischer Sprache: Siehe Dědinová.

Welisch, Sophie: »Die sudetendeutsche Frage 1918–1928«; München, 1980.
Weschta, Wilhelm: »Mies 1877–1945«; Dinkelsbühl, 1971.
Wheeler-Bennett, John W.: »Munich – Prologue to Tragedy«; New York, 1948.
Wiskemann, Elizabeth: »Germany's Eastern Neighbours«; London, 1956.
Witte, Eugen de: »Die sudetendeutsche Emigration 1938« in »Sudetenjahrbuch der Seliger-Gemeinde 1952«; München, 1951; S. 97ff.
Wlaschek, Rudolf: »Juden in Böhmen«; München, 1990.
Wrbka, Anton: »Geschichte der Stadt Znaim«; Nikolsburg, 1927.
Wulffen, Barbara von: »Der Mährer Zdeněk Rothrekl und seine ›Böhmische Folklore‹« in »Sudetenland«; München, Jg. 36 (1994), Nr. 1; S. 71ff.

Zayas, Alfred M. de: »Die Anglo-Amerikaner und die Vertreibung der Deutschen«; München, 1978.
dgl.: »Anmerkungen zur Vertreibung der Deutschen aus dem Osten«; Stuttgart, 1986.

D *Periodische Medien (v. a. Zeitungen, Zeitschriften)*

1. Durchgängig

»Brücke. Die ...« <Wochenzeitung der sudetendeutschen Seligergemeinde>; München, Jg. 1992ff.
»Bulletin« des Presse- und Informationsamtes der (deutschen) Bundesregierung; werktäglich, Bonn; Jg. 1985ff.
<Zitiert als: »Bulletin«>
»Eesti Ringvade« (Estnische Rundschau) <wöchentliches Mitteilungsblatt des estnischen Außenministeriums> [in englischer Sprache]); Reval; Jg. 1991ff.
»Parlament. Das ...« <Wochenzeitung, Beilage:> »Aus Politik und Zeitgeschichte«; Bonn; Jg. 1985ff.
»Prager Zeitung« <Wochenzeitung [in deutscher Sprache]>; Prag, Jg. 1992ff.
<Zitiert als: »PZ«>
»Spiegel. Der ...« <Wochenzeitschrift>; Hamburg; Jg. 1992ff.
»Sudetendeutsche Zeitung« <Wochenzeitung der Sudetendeutschen Landsmannschaft>; München; Jg. 1992ff.
»Süddeutsche Zeitung« <Tageszeitung>; München, Jg. 1985ff.
<Zitiert als »SZ«>
»Sudetenland« <Vierteljahreszeitschrift>; München, Jg. 1986ff.
»TIME« (Wochenzeitschrift); New York; Jg. 1992ff.

2. Einzelne Ausgaben

2.1 Audiovisuelle Medien

	Ausstrahlung
• AR Deutschlands (über Süddeutscher Rundfunk Stuttgart): FS-Serie »Europa unterm Hakenkreuz«; Teil »Prag«	November 1982
• Bayerisches Fernsehen:	31. 5. 1992
dgl. Schwarz, Karl Peter: »Odsun«	30. 9. 1995
• ČR-Fernsehen:	31. 10. 1993
Eis, Zdeněk (Drehbuch: Reichl, Jiři): »Woher kommst du, wohin gehst du ...?«; Video der Synergia Film AG; o. O.	
Auch: Bayerisches Fernsehen	30. 9. 1995
• Österreichischer Rundfunk, Fernsehen:	22. 11. 1992
• Süddeutscher Rundfunk: Walter, Jaroslawa: »Deutsch war mir nie fremd«	5. 11. 1994

- Westdeutscher Rundfunk: Uttitz, Friedrich: »Tschechen und Deutsche oder Tschechen und Sudetendeutsche« — 28. 11. 1994

2.2 Printmedien

	Ausgabe vom ... (v. = verschiedene)
• »Ascher Rundbrief« <Heimatzeitung>; München	8. 3. 1952
• »Aus unserer Sicht« <Sudetendeutscher Pressedienst>; München	10. 6. 1969
• »A-Zet Večerní České slovo« (Abendliches tschechisches Wort) <Tageszeitung>; Prag	Oktober 1938
• »Braunauer Rundbrief« <Heimatzeitung>; Rohr (Ndby.)	v., 1994
• »Český Böhmen Express« <Monatszeitung>; Prag	August 1994
• »Český deník« (Tschechisches Tagblatt); Prag	27. 8. 1994
• »Cíl« (Ziel) <Sozialdemokratische Zeitschrift>; Prag	23. 5. 1947
• »Daily Mail« <Tageszeitung>; London	6. 8. 1945
• »Deutscher Ostdienst« <wöchentliches Organ des Bundes der Vertriebenen>; Bonn <Zitiert als »DOD«>	v. 1994, 1995
• »Dnešek« (Heute) <Liberale Wochenzeitschrift>; Prag	v. 1945, 1946
• »Forum« <Wochenzeitung>; Prag	21. 2. 1990
• »Frankfurter Allgemeine Zeitung« <Zitiert als »FAZ«>	v. 1992ff.
• »Frankfurter Rundschau <Tageszeitung>	28. 9. 1994
• »Kronenzeitung. Neue ...« <Tageszeitung>; Wien	13. 1. 1990
• »Kurier« <Tageszeitung>; Wien	23. 6., 2. 7. 1992
• »Květy (Blüten) <Wochenzeitung>; Prag	16. 3. 1994
• »Lidové Noviny« (Volkszeitung) <Tageszeitung>; Prag	v. 1992–1994
• »Luditz-Buchau und Deutsch-Manetin. Heimatbrief für den Kreis ...«; Jg. 38, Nr. 8	März 1986
• »Miesa. Land an der ...« <Heimatzeitung>	v. 1965, 1994, 1995
• »Mladá Fronta Dnes« (Die junge Front heute) <Wochenzeitung>; Prag	v., 1994
• »Münchner Merkur« <Tageszeitung>	v., 1992
• »New York Reviews« <Wochenzeitschrift>	9. 6. 1994
• »Obzory« (Rundschau) <linkskatholische Wochenzeitschrift>); Prag	6. 10. 1945
• »Osidlování« (Besiedelung) <Organ des ČSR-Staatsamtes für [tschechische] Besiedelung [des Sudetengebietes nach 1945]>	6. 10. 1945, v., 1946
• »Plžĕnsky Deník« (Pilsener Tageszeitung)	26. 4. 1993
• »Prager Wochenblatt«	9/1994
• »Presse. Die ...« <Tageszeitung; wöchentliche Beilage> »Spectrum«; Wien	28. 8. 1993, 9. 7. 1994
• »Riesengebirgsheimat« <Heimatzeitung>; Nürnberg	Nov. 92–Dez. 1994
• »Rudé Právo« (Rotes Recht) <KPČ-Tageszeitung>; Prag. Seit 1995: »Právo« (Recht)	5. 1., 7. 9. 1990, 31. 10. 1995
• »Stern« <Wochenzeitschrift>; Hamburg	22. 12. 1993
• »Sudetendeutschland« – »Zeitschrift der sudetendeutschen Freiheitsbewegung«; Wien	Jänner 1931
• »Svobodné slovo« (Freies Wort) <Tageszeitung>; Prag	v., 1990 –1994
• »Telegraph«; Prag	16. 8. 1994

- »Tschechoslowakei« <offiziöse Monatszeitschrift>; Prag — Sept. 1958
- »Wall Street Journal« <Tageszeitung>; New York — 15. 7. 1994
- »Welt. Die ...« <Tageszeitung>; Bonn, ab 1993 Berlin — v. 1991 ff.
- »Zeit. Die ...« <Wochenzeitschrift>; Hamburg — 22. 7. 1994
- »Zemědělské Noviny« (Landwirtschaftliche <Tages->Zeitung); Prag — 25. 1. 1993